大学赤本シリーズ

321

中央大学

理工学部－学部別選抜

一般方式・英語外部試験利用方式・共通テスト併用方式

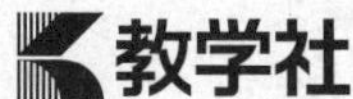

はしがき

おかげさまで，大学入試の「赤本」は，今年で創刊70周年を迎えました。

これまで，入試問題や資料をご提供いただいた大学関係者各位，掲載許可をいただいた著作権者の皆様，各科目の解答や対策の執筆にあたられた先生方，そして，赤本を使用してくださったすべての読者の皆様に，厚く御礼を申し上げます。

以下に，創刊初期の「赤本」のはしがきを引用します。これからも引き続き，受験生の目標の達成や，夢の実現を応援してまいります。

本書を活用して，入試本番では持てる力を存分に発揮されることを心より願っています。

編者しるす

＊　＊　＊

学問の塔にあこがれのまなざしをもって，それぞれの志望する大学の門をたたかんとしている受験生諸君！　人間として生まれてきた私たちは，自己の欲するままに，美しく，強く，そして何よりも人間らしく生きることをねがっている。しかし，一朝一夕にして，この純粋なのぞみが達せられることはない。私たちの行く手には，絶えずさまざまな試練がまちかまえている。この試練を克服していくところに，私たちのねがう真に人間的な世界がはじめて開かれてくるのである。

人生最初の最大の試練として，諸君の眼前に大学入試がある。この大学入試は，精神的にも身体的にも，大きな苦痛を感ぜしめるであろう。あるスポーツに熟達するには，たゆみなき，はげしい練習を積み重ねることが必要であるように，私たちは，計画的・持続的な努力を払うことによって，この試練を克服し，次の一歩を踏みだすことができる。厳しい試練を経たのちに，はじめて満足すべき成果を獲得できるのである。

本書は最近の入学試験の問題に，それぞれ解答を付し，さらに問題をふかく分析することによって，その大学独特の傾向や対策をさぐろうとした。本書を一般の参考書とあわせて使用し，まとはずれのない，効果的な受験勉強をされるよう期待したい。

（昭和35年版「赤本」はしがきより）

挑む人の、いちばんの味方

1954年に大学入試の過去問題集を刊行してから70年。赤本は大学に入りたいと思う受験生を応援しつづけてきました。これからも，苦しいとき落ち込むときにそばで支える存在でいたいと思います。

そして，勉強をすること，自分で道を決めること，努力が実ること，これらの喜びを読者の皆さんが感じることができるよう，伴走をつづけます。

そもそも赤本とは…

受験生のための大学入試の過去問題集！

70年の歴史を誇る赤本は，500点を超える刊行点数で全都道府県の370大学以上を網羅しており，過去問の代名詞として受験生の必須アイテムとなっています。

なぜ受験に過去問が必要なのか？

大学入試は大学によって問題形式や頻出分野が大きく異なるからです。

赤本の掲載内容

傾向と対策

これまでの出題内容から，問題の「**傾向**」を分析し，来年度の入試に向けて具体的な「**対策**」の方法を紹介しています。

問題編・解答編

- 年度ごとに問題とその解答を掲載しています。
- 「**問題編**」ではその年度の試験概要を確認したうえで，実際に出題された過去問に取り組むことができます。
- 「**解答編**」には高校・予備校の先生方による解答が載っています。

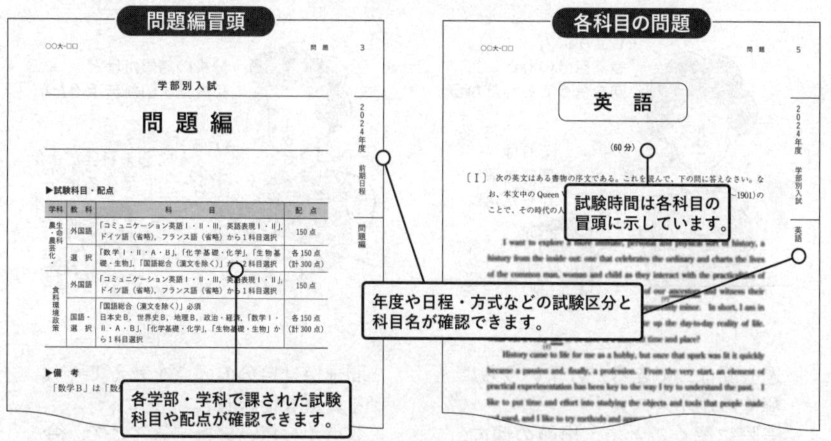

他にも，大学の基本情報や，先輩受験生の合格体験記，在学生からのメッセージなどが載っていることがあります。

掲載内容について

著作権上の理由やその他編集上の都合により問題や解答の一部を割愛している場合があります。なお，指定校推薦入試，社会人入試，編入学試験，帰国生入試などの特別入試，英語以外の外国語科目，商業・工業科目は，原則として掲載しておりません。また試験科目は変更される場合がありますので，あらかじめご了承ください。

受験勉強は

過去問に始まり，

STEP 1 なにはともあれ

まずは解いてみる

過去問は，**できるだけ早いうちに解く**のがオススメ！
実際に解くことで，**出題の傾向，問題のレベル，今の自分の実力**がつかめます。

STEP 2 じっくり具体的に

弱点を分析する

間違いは自分の弱点を教えてくれる**貴重な情報源**。
弱点から自己分析することで，**今の自分に足りない力や苦手な分野**が見えてくるはず！

合格者があかす
赤本の使い方

傾向と対策を熟読
(Fさん／国立大合格)

大学の出題傾向を調べるために，赤本に載っている「傾向と対策」を熟読しました。

繰り返し解く
(Tさん／国立大合格)

１周目は問題のレベル確認，２周目は苦手や頻出分野の確認に，３周目は合格点を目指して，と過去問は繰り返し解くことが大切です。

過去問に終わる。

STEP 3 志望校にあわせて

苦手分野の重点対策

参考書や問題集を活用して，苦手分野の**重点対策**をしていきます。**過去問を指針**に，合格へ向けた具体的な学習計画を立てましょう！

STEP 1▶2▶3 サイクルが大事!

実践を繰り返す

STEP 1～3を繰り返し，実力アップにつなげましょう！
出題形式に慣れることや，**時間配分を考えること**も大切です。

目標点を決める
(Yさん／私立大合格)
赤本によっては合格者最低点が載っているので，それを見て目標点を決めるのもよいです。

時間配分を確認
(Kさん／私立大学合格)
赤本は時間配分や解く順番を決めるために使いました。

添削してもらう
(Sさん／私立大学合格)
記述式の問題は先生に添削してもらうことで自分の弱点に気づけると思います。

新課程入試 Q&A

2022 年度から新しい学習指導要領（新課程）での授業が始まり，2025 年度の入試は，新課程に基づいて行われる最初の入試となります。ここでは，赤本での新課程入試の対策について，よくある疑問にお答えします。

Q1. 赤本は新課程入試の対策に使えますか？

A. もちろん使えます！

旧課程入試の過去問が新課程入試の対策に役に立つのか疑問に思う人もいるかもしれませんが，心配することはありません。旧課程入試の過去問が役立つのには次のような理由があります。

● 学習する内容はそれほど変わらない

新課程は旧課程と比べて科目名を中心とした変更はありますが，学習する内容そのものはそれほど大きく変わっていません。また，多くの大学で，既卒生が不利にならないよう「経過措置」がとられます（Q３参照)。したがって，出題内容が大きく変更されることは少ないとみられます。

● 大学ごとに出題の特徴がある

これまでに課程が変わったときも，各大学の出題の特徴は大きく変わらないことがほとんどでした。入試問題は各大学のアドミッション・ポリシーに沿って出題されており，過去問にはその特徴がよく表れています。過去問を研究してその大学に特有の傾向をつかめば，最適な対策をとることができます。

出題の特徴の例	・英作文問題の出題の有無 ・論述問題の出題（字数制限の有無や長さ） ・計算過程の記述の有無

新課程入試の対策も，赤本で過去問に取り組むところから始めましょう。

Q2. 赤本を使う上での注意点はありますか？

A. 志望大学の入試科目を確認しましょう。

注意

過去問を解く前に，過去の出題科目（問題編冒頭の表）と 2025 年度の募集要項とを比べて，課される内容に変更がないかを確認しましょう。ポイントは以下のとおりです。科目名が変わっていても，実際は旧課程の内容とほとんど同様のものもあります。

英語・国語	科目名は変更されているが，実質的には変更なし。 **▶▶ ただし，リスニングや古文・漢文の有無は要確認。**
地歴	科目名が変更され，「歴史総合」「地理総合」が新設。 **▶▶ 新設科目の有無に注意。ただし，「経過措置」（Q3参照）により内容は大きく変わらないことも多い。**
公民	「現代社会」が廃止され，「公共」が新設。 **▶▶「公共」は実質的には「現代社会」と大きく変わらない。**
数学	科目が再編され，「数学 C」が新設。 **▶▶「数学」全体としての内容は大きく変わらないが，出題科目と単元の変更に注意。**
理科	科目名も学習内容も大きな変更なし。

数学については，科目名だけでなく，どの単元が含まれているかも確認が必要です。例えば，出題科目が次のように変わったとします。

旧課程	「数学Ⅰ・数学Ⅱ・数学A・数学B（数列・ベクトル）」
新課程	「数学Ⅰ・数学Ⅱ・数学A・**数学B（数列）・数学C（ベクトル）**」

この場合，新課程では「数学C」が増えていますが，単元は「ベクトル」のみのため，実質的には旧課程とほぼ同じであり，過去問をそのまま役立てることができます。

Q3.「経過措置」とは何ですか？

A. 既卒の旧課程履修者への対応です。

多くの大学では，既卒の旧課程履修者が不利にならないように，出題において「経過措置」が実施されます。措置の有無や内容は大学によって異なるので，募集要項や大学のウェブサイトなどで確認しておきましょう。

○旧課程履修者への経過措置の例

- 旧課程履修者にも配慮した出題を行う。
- 新・旧課程の共通の範囲から出題する。
- 新課程と旧課程の共通の内容を出題し，共通範囲のみでの出題が困難な場合は，旧課程の範囲からの問題を用意し，選択解答とする。

例えば，地歴の出題科目が次のように変わったとします。

旧課程	「日本史 B」「世界史 B」から１科目選択
新課程	「**歴史総合**，日本史探究」「**歴史総合**，世界史探究」から１科目選択※ ※旧課程履修者に不利益が生じることのないように配慮する。

「歴史総合」は新課程で新設された科目で，旧課程履修者には見慣れないものですが，上記のような経過措置がとられた場合，新課程入試でも旧課程と同様の学習内容で受験することができます。

新課程の情報は WEB もチェック！
より詳しい解説が赤本ウェブサイトで見られます。
https://akahon.net/shinkatei/

科目名が変更される教科・科目

	旧課程	新課程
国語	国語総合 国語表現 現代文A 現代文B 古典A 古典B	現代の国語 言語文化 論理国語 文学国語 国語表現 古典探究
地歴	日本史A 日本史B 世界史A 世界史B 地理A 地理B	歴史総合 日本史探究 世界史探究 地理総合 地理探究
公民	現代社会 倫理 政治・経済	公共 倫理 政治・経済
数学	数学Ⅰ 数学Ⅱ 数学Ⅲ 数学A 数学B 数学活用	数学Ⅰ 数学Ⅱ 数学Ⅲ 数学A 数学B 数学C
外国語	コミュニケーション英語基礎 コミュニケーション英語Ⅰ コミュニケーション英語Ⅱ コミュニケーション英語Ⅲ 英語表現Ⅰ 英語表現Ⅱ 英語会話	英語コミュニケーションⅠ 英語コミュニケーションⅡ 英語コミュニケーションⅢ 論理・表現Ⅰ 論理・表現Ⅱ 論理・表現Ⅲ
情報	社会と情報 情報の科学	情報Ⅰ 情報Ⅱ

目　次

2022 年度 問題と解答

最新年度の解答用紙は，赤本オンラインに掲載しています。
https://akahon.net/kkm/chuo/index.html

※掲載内容は，予告なしに変更・中止する場合があります。

掲載内容についてのお断り

著作権の都合上，下記の英文および全訳を省略しています。
2023 年度：一般方式・英語外部試験利用方式
「英語」大問Ⅵ

基本情報

沿革

1885（明治 18）	英吉利法律学校創設
1889（明治 22）	東京法学院と改称
1903（明治 36）	東京法学院大学と改称
1905（明治 38）	中央大学と改称，経済学科開設
1909（明治 42）	商業学科開設
1920（大正 9）	大学令による中央大学認可
1926（大正 15）	神田錦町から神田駿河台へ移転
1948（昭和 23）	通信教育部開設
1949（昭和 24）	新制大学発足，法・経済・商・工学部開設
1951（昭和 26）	文学部開設
1962（昭和 37）	工学部を理工学部に改組
1978（昭和 53）	多摩キャンパス開校
1993（平成 5）	総合政策学部開設
2000（平成 12）	市ヶ谷キャンパス開校
2004（平成 16）	市ヶ谷キャンパスに法務研究科（ロースクール）開設

2008（平成 20）　後楽園キャンパスに戦略経営研究科（ビジネススクール）開設
2010（平成 22）　市ヶ谷田町キャンパス開校
2019（平成 31）　国際経営学部と国際情報学部開設
2023（令和　5）　茗荷谷キャンパス開校

ブランドマーク

このブランドマークは，箱根駅伝で広く知られた朱色の「C」マークと，伝統ある独自書体の「中央大学」を組み合わせたものとなっています。2007 年度，このブランドマークに，新たに「行動する知性。」というユニバーシティメッセージを付加しました。建学の精神に基づく実学教育を通じて涵養された知性をもとに社会に貢献できる人材，という本学の人材養成像を示しています。

学部・学科の構成

大　学

●法学部　茗荷谷キャンパス

法律学科（法曹コース，公共法務コース，企業コース）
国際企業関係法学科
政治学科（公共政策コース，地域創造コース，国際政治コース，メディア政治コース）

●経済学部　多摩キャンパス

経済学科（経済総合クラスター，ヒューマンエコノミークラスター）
経済情報システム学科（企業経済クラスター，経済情報クラスター）
国際経済学科（貿易・国際金融クラスター，経済開発クラスター）
公共・環境経済学科（公共クラスター，環境クラスター）

●商学部　多摩キャンパス

経営学科
会計学科

国際マーケティング学科

金融学科

※商学部では，各学科に「フレックス・コース」と「フレックス *Plus 1*・コース」という2つのコースが設けられている。なお，フリーメジャー（学科自由選択）・コースの合格者は，入学手続時に商学部のいずれかの学科のフレックス・コースに所属し，2年次進級時に改めて学科・コースを選択（変更）できる。

●**理工学部**　後楽園キャンパス

数学科

物理学科

都市環境学科（環境クリエーターコース，都市プランナーコース）

精密機械工学科

電気電子情報通信工学科

応用化学科

ビジネスデータサイエンス学科

情報工学科

生命科学科

人間総合理工学科

●**文学部**　多摩キャンパス

人文社会学科（国文学専攻，英語文学文化専攻，ドイツ語文学文化専攻，フランス語文学文化専攻〈語学文学文化コース，美術史美術館コース〉，中国言語文化専攻，日本史学専攻，東洋史学専攻，西洋史学専攻，哲学専攻，社会学専攻，社会情報学専攻〈情報コミュニケーションコース，図書館情報学コース〉，教育学専攻，心理学専攻，学びのパスポートプログラム〈社会文化系，スポーツ文化系〉）

●**総合政策学部**　多摩キャンパス

政策科学科

国際政策文化学科

●**国際経営学部**　多摩キャンパス

国際経営学科

●**国際情報学部**　市ヶ谷田町キャンパス

国際情報学科

（備考）クラスター，コース等に分属する年次はそれぞれで異なる。

大学院

法学研究科 / 経済学研究科 / 商学研究科 / 理工学研究科 / 文学研究科 / 総合政策研究科 / 国際情報研究科 / 法科大学院（ロースクール）/ 戦略経営研究科（ビジネススクール）

大学所在地

茗荷谷キャンパス

多摩キャンパス

後楽園キャンパス

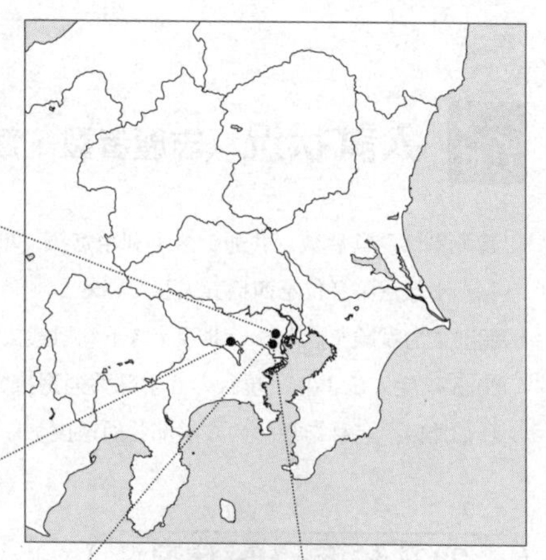

市ヶ谷田町キャンパス

茗荷谷キャンパス	〒112-8631	東京都文京区大塚 1-4-1
多摩キャンパス	〒192-0393	東京都八王子市東中野 742-1
後楽園キャンパス	〒112-8551	東京都文京区春日 1-13-27
市ヶ谷田町キャンパス	〒162-8478	東京都新宿区市谷田町 1-18

入試データ

入試状況（志願者数・競争率など）

○競争率は受験者数（共通テスト利用選抜〈単独方式〉は志願者数）÷合格者数で算出し，小数点第2位を四捨五入している。

○個別学力試験を課さない共通テスト利用選抜〈単独方式〉は1カ年分のみの掲載。

○2025年度入試より，現行の6学部共通選抜では国際経営学部の募集を停止する。それに伴い，名称を現行の6学部共通選抜から5学部共通選抜に変更する。

2024年度 入試状況

● 6学部共通選抜

<table>
<tr><th colspan="3">区分</th><th>募集人員</th><th>志願者数</th><th>受験者数</th><th>合格者数</th><th>競争率</th></tr>
<tr><td rowspan="6">法</td><td rowspan="3">4教科型</td><td>法律</td><td>20</td><td>308</td><td>293</td><td>106</td><td rowspan="3">2.5</td></tr>
<tr><td>国際企業関係法</td><td>5</td><td>10</td><td>10</td><td>3</td></tr>
<tr><td>政治</td><td>5</td><td>67</td><td>67</td><td>42</td></tr>
<tr><td rowspan="3">3教科型</td><td>法律</td><td>36</td><td>1,185</td><td>1,115</td><td>153</td><td rowspan="3">5.8</td></tr>
<tr><td>国際企業関係法</td><td>10</td><td>147</td><td>141</td><td>33</td></tr>
<tr><td>政治</td><td>20</td><td>403</td><td>391</td><td>98</td></tr>
<tr><td rowspan="4">経済</td><td colspan="2">経済</td><td>60</td><td>1,031</td><td>986</td><td>215</td><td>4.6</td></tr>
<tr><td colspan="2">経済情報システム</td><td>5</td><td>101</td><td>100</td><td>11</td><td>9.1</td></tr>
<tr><td colspan="2">国際経済</td><td>10</td><td>176</td><td>169</td><td>25</td><td>6.8</td></tr>
<tr><td colspan="2">公共・環境経済</td><td>5</td><td>118</td><td>115</td><td>16</td><td>7.2</td></tr>
<tr><td>商</td><td colspan="2">フリーメジャー</td><td>70</td><td>1,206</td><td>1,146</td><td>287</td><td>4.0</td></tr>
</table>

（表つづく）

区		分	募集人員	志願者数	受験者数	合格者数	競争率
文	人文社会	国文学	7	151	145	41	3.7
		英語文学文化	7	237	226	70	
		ドイツ語文学文化	3	90	85	30	
		フランス語文学文化	3	105	99	38	
		中国言語文化	3	62	62	19	
		日本史学	3	120	114	28	
		東洋史学	4	50	46	16	
		西洋史学	4	129	124	30	
		哲学	3	93	91	22	
		社会学	3	184	172	36	
		社会情報学	3	89	87	27	
		教育学	3	101	95	20	
		心理学	3	168	162	31	
		学びのパスポートプログラム	2	37	35	8	
総合政策	政策科		25	427	404	111	3.0
	国際政策文化		25	323	306	128	
国際経営	4教科型		10	32	31	12	2.6
	3教科型		20	283	269	60	4.5
計			377	7,433	7,086	1,716	—

(備考)

- 法学部，文学部及び総合政策学部の志願者数・受験者数は，第1志望の学科・専攻（プログラム）で算出している。
- 法学部，文学部及び総合政策学部は志望順位制のため，学科・専攻（プログラム）ごとの倍率は算出していない。

●学部別選抜〈一般方式〉

区分				募集人員	志願者数	受験者数	合格者数	競争率
法	4教科型	法律		60	638	595	228	2.6
		国際企業関係法		5	47	43	17	2.5
		政治		20	126	116	60	1.9
	3教科型	法律		269	2,689	2,533	606	4.2
		国際企業関係法		60	527	496	155	3.2
		政治		128	1,152	1,089	326	3.3
経済	I (2/14)	経済		135	2,055	1,893	314	5.0
		経済情報システム		79	606	556	156	
		公共・環境経済		60	777	720	164	
	II (2/15)	経済		90	1,293	1,158	151	4.7
		国際経済		113	1,135	1,033	319	
商	A (2/11)	会計	フレックス	115	1,087	1,035	289	3.4
			フレックス Plus 1	40	267	263	66	
		国際マーケティング	フレックス	120	1,159	1,103	356	
			フレックス Plus 1	20	151	145	38	
	B (2/13)	経営	フレックス	130	1,632	1,539	296	4.8
			フレックス Plus 1	20	347	327	48	
		金融	フレックス	40	743	697	187	
			フレックス Plus 1	15	82	75	20	
理工	数			32	817	702	205	3.4
	物理			33	920	785	226	3.5
	都市環境			45	796	680	155	4.4
	精密機械工			80	1,365	1,147	303	3.8
	電気電子情報通信工			65	1,166	969	257	3.8
	応用化			78	1,351	1,111	290	3.8
	ビジネスデータサイエンス			65	758	660	178	3.7
	情報工			66	1,683	1,424	267	5.3
	生命科			43	481	419	167	2.5
	人間総合理工			32	234	195	58	3.4
文	人文社会	国文学		29	459	441	130	3.4
		英語文学文化		77	487	464	210	2.2
		ドイツ語文学文化		22	123	115	50	2.3
		フランス語文学文化		34	264	250	114	2.2
		中国言語文化		23	162	154	66	2.3
		日本史学		43	450	438	165	2.7

（表つづく）

区		分	募集人員	志願者数	受験者数	合格者数	競争率
文	人文社会	東洋史学	25	152	146	56	2.6
		西洋史学	25	254	242	76	3.2
		哲学	36	322	307	110	2.8
		社会学	47	443	423	166	2.5
		社会情報学	43	187	182	70	2.6
		教育学	32	301	295	98	3.0
		心理学	41	416	393	112	3.5
		学びのパスポートプログラム	10	66	59	14	4.2
総合政策	政策科		30	955	854	118	6.8
	国際政策文化		30	806	709	113	
国際経営			70	1,171	1,106	324	3.4
国際情報			60	1,052	992	181	5.5
計			2,735	34,154	31,078	8,075	—

(備考)

- 経済学部，商学部及び総合政策学部の志願者数・受験者数は，第１志望の学科（コース）で算出している。
- 経済学部，商学部及び総合政策学部は志望順位制のため，学科ごとの倍率は算出していない。

●学部別選抜〈英語外部試験利用方式〉

区分			募集人員	志願者数	受験者数	合格者数	競争率
経済	I（2/14）	経済	13	432	409	88	4.2
		経済情報システム	8	119	109	11	
		公共・環境経済	7	334	320	100	
	II（2/15）	経済	9	409	369	86	4.5
		国際経済	13	439	401	87	
理工		数	3	2	2	0	―
		物理	2	14	12	7	1.7
		都市環境	2	25	20	11	1.8
		精密機械工	2	16	12	6	2.0
		電気電子情報通信工	2	24	17	10	1.7
		応用化	2	27	20	9	2.2
		ビジネスデータサイエンス	2	16	14	6	2.3
		情報工	2	7	6	2	3.0
		生命科	2	10	8	5	1.6
		人間総合理工	5	9	7	5	1.4
文	人文社会	国文学	若干名	13	13	5	2.6
		英語文学文化		31	30	13	2.3
		ドイツ語文学文化		11	11	8	1.4
		フランス語文学文化		23	21	9	2.3
		中国言語文化		9	9	4	2.3
		日本史学		12	12	5	2.4
		東洋史学		12	12	5	2.4
		西洋史学		21	17	7	2.4
		哲学		21	21	8	2.6
		社会学		35	32	12	2.7
		社会情報学		12	12	4	3.0
		教育学		12	12	3	4.0
		心理学		34	33	6	5.5
		学びのパスポートプログラム		9	8	3	2.7
総合政策		政策科	5	68	56	26	2.3
		国際政策文化	5	128	107	45	
国際経営			20	640	616	228	2.7
国際情報			5	147	136	25	5.4
計			109	3,121	2,884	849	―

（備考）
- 経済学部及び総合政策学部の志願者数・受験者数は，第１志望の学科で算出している。
- 経済学部及び総合政策学部は志望順位制のため，学科ごとの倍率は算出していない。

●学部別選抜〈大学入学共通テスト併用方式〉

区分			募集人員	志願者数	受験者数	合格者数	競争率
法		法律	52	630	552	231	2.4
		国際企業関係法	13	80	67	22	3.0
		政治	26	238	213	102	2.1
経済	I (2/14)	経済	9	153	131	16	3.8
		経済情報システム	7	53	43	15	
		公共・環境経済	6	26	22	21	
	II (2/15)	経済	6	69	59	7	4.1
		国際経済	12	21	18	12	
商	フリーメジャー	A	10	163	150	50	3.0
		B	10	123	110	37	3.0
理工		数	13	219	198	55	3.6
		物理	10	248	228	60	3.8
		都市環境	9	252	228	48	4.8
		精密機械工	20	271	252	65	3.9
		電気電子情報通信工	20	310	294	67	4.4
		応用化	25	352	314	110	2.9
		ビジネスデータサイエンス	13	255	231	54	4.3
		情報工	13	314	286	47	6.1
		生命科	10	239	217	90	2.4
		人間総合理工	12	109	101	35	2.9
総合政策		政策科	15	95	74	28	2.2
		国際政策文化	15	126	96	50	
国際経営			10	94	70	23	3.0
国際情報			10	210	196	55	3.6
計			346	4,650	4,150	1,300	—

(備考)

- 経済学部及び総合政策学部の志願者数・受験者数は，第1志望の学科で算出している。
- 商学部フリーメジャー・コースは，学部別選抜A（2/11実施）・学部別選抜B（2/13実施）それぞれ10名の募集。
- 経済学部及び総合政策学部は志望順位制のため，学科ごとの倍率は算出していない。

●大学入学共通テスト利用選抜〈単独方式〉

区	分			募集人員	志願者数	合格者数	競争率
法	前期選考	5教科型	法律	115	1,566	1,103	1.4
			国際企業関係法	19	256	182	1.4
			政治	52	392	262	1.5
		3教科型	法律	24	1,279	411	3.1
			国際企業関係法	6	610	187	3.3
			政治	12	533	203	2.6
	後期選考		法律	6	68	13	5.2
			国際企業関係法	3	29	5	5.8
			政治	6	61	8	7.6
経済	前期選考	4教科型	経済	16	380	118	3.0
			経済情報システム	7	52	19	
			国際経済	11	41	16	
			公共・環境経済	6	27	11	
		3教科型	経済	8	367	37	6.8
			経済情報システム	4	57	15	
			国際経済	5	72	21	
			公共・環境経済	3	38	6	
	後期選考		経済	5	104	5	10.2
			経済情報システム	5	35	5	
			国際経済	5	45	5	
			公共・環境経済	5	20	5	
商	前期選考	4教科型	経営 フレックス	14	298	138	2.0
			会計 フレックス	14	198	111	
			国際マーケティング フレックス	14	79	57	
			金融 フレックス	8	73	26	
		3教科型	経営 フレックス	12	701	144	4.2
			会計 フレックス	12	309	78	
			国際マーケティング フレックス	12	278	91	
			金融 フレックス	4	99	20	
	後期選考		経営 フレックス	4	48	4	8.7
			会計 フレックス	4	40	4	
			国際マーケティング フレックス	4	30	4	
			金融 フレックス	4	21	4	

（表つづく）

区		分		募集人員	志願者数	合格者数	競争率
理工	前期選考	物理		5	389	87	4.5
		都市環境		9	347	57	6.1
		精密機械工		8	405	111	3.6
		電気電子情報通信工		10	328	73	4.5
		応用化		10	476	129	3.7
		ビジネスデータサイエンス		13	317	64	5.0
		情報工		7	425	58	7.3
		生命科		5	215	68	3.2
		人間総合理工		8	135	39	3.5
文	人文社会	前期選考	4教科型 専攻フリー	40	692	290	2.4
			3教科型 国文学	11	203	74	2.7
			英語文学文化	11	272	99	2.7
			ドイツ語文学文化	6	73	32	2.3
			フランス語文学文化	5	100	40	2.5
			中国言語文化	6	75	30	2.5
			日本史学	5	137	35	3.9
			東洋史学	6	91	41	2.2
			西洋史学	6	148	47	3.1
			哲学	5	138	50	2.8
			社会学	5	197	63	3.1
			社会情報学	3	69	19	3.6
			教育学	3	120	38	3.2
			心理学	3	132	26	5.1
			学びのパスポートプログラム	2	37	11	3.4
		後期選考	国文学	若干名	18	3	6.0
			英語文学文化		12	1	12.0
			ドイツ語文学文化		19	5	3.8
			フランス語文学文化		9	2	4.5
			中国言語文化		9	0	—
			日本史学		4	0	—
			東洋史学		6	2	3.0
			西洋史学		9	1	9.0
			哲学		7	2	3.5
			社会学		11	3	3.7
			社会情報学		6	0	—
			教育学		10	2	5.0
			心理学		10	2	5.0
			学びのパスポートプログラム		4	0	—

（表つづく）

区分			募集人員	志願者数	合格者数	競争率
総合政策	前期選考	政策科	24	423	118	2.9
		国際政策文化	25	445	180	
	後期選考	政策科	5	56	9	5.2
		国際政策文化	5	38	9	
国際経営	前期選考	4教科型	7	160	69	2.3
		3教科型	17	933	231	4.0
	後期選考	4教科型	3	29	3	9.7
		3教科型	3	68	2	34.0
国際情報	前期選考	4教科型	10	106	42	2.5
		3教科型	10	392	136	2.9
	後期選考		5	124	24	5.2
計			755	16,414	5,716	—

(備考)

- 経済学部，商学部及び総合政策学部の志願者数は，第1志望の学科（コース）で算出している。
- 経済学部，商学部及び総合政策学部は志望順位制のため，学科ごとの倍率は算出していない。

2023年度 入試状況

●6学部共通選抜

区分			募集人員	志願者数	受験者数	合格者数	競争率
法	4教科型	法律	20	363	340	118	2.5
		国際企業関係法	5	9	9	3	
		政治	5	86	82	53	
	3教科型	法律	36	1,311	1,241	156	5.5
		国際企業関係法	10	122	119	47	
		政治	20	364	348	107	
経済	経済		60	989	945	238	4.0
	経済情報システム		5	111	103	21	4.9
	国際経済		10	250	239	44	5.4
	公共・環境経済		5	117	113	15	7.5
商	フリーメジャー		70	1,268	1,215	302	4.0
文	人文社会	国文学	7	176	164	41	4.2
		英語文学文化	7	185	175	65	
		ドイツ語文学文化	3	90	85	29	
		フランス語文学文化	3	251	245	45	
		中国言語文化	3	100	97	27	
		日本史学	3	123	116	19	
		東洋史学	4	58	49	16	
		西洋史学	4	107	101	27	
		哲学	3	82	74	26	
		社会学	3	251	241	46	
		社会情報学	3	111	107	31	
		教育学	3	101	97	24	
		心理学	3	208	203	26	
		学びのパスポートプログラム	2	53	52	6	
総合政策	政策科		25	372	363	101	3.0
	国際政策文化		25	295	281	116	
国際経営	4教科型		10	44	41	14	2.9
	3教科型		20	314	296	60	4.9
計			377	7,911	7,541	1,823	—

（備考）• 法学部，文学部及び総合政策学部の志願者数・受験者数は，第１志望の学科・専攻（プログラム）で算出している。
• 法学部，文学部及び総合政策学部は志望順位制のため，学科・専攻（プログラム）ごとの倍率は算出していない。
• 新型コロナウイルス感染症等対応のための特別措置を実施し，上表以外に，経済学部２名，文学部２名の合格者を出した。

●学部別選抜〈一般方式〉

区分				募集人員	志願者数	受験者数	合格者数	競争率
法	4教科型	法律		60	647	596	241	2.5
		国際企業関係法		5	42	39	16	2.4
		政治		20	107	98	46	2.1
	3教科型	法律		269	2,786	2,628	608	4.3
		国際企業関係法		60	541	517	139	3.7
		政治		128	920	871	318	2.7
経済	I(2/14)	経済		135	2,386	2,204	263	
		経済情報システム		79	386	350	178	5.9
		公共・環境経済		60	1,196	1,123	180	
	II(2/15)	経済		90	1,336	1,185	148	5.4
		国際経済		113	1,387	1,266	309	
商	A(2/11)	会計	フレックス	115	1,023	972	280	3.4
			フレックス *Plus 1*	40	241	231	64	
		国際マーケティング	フレックス	120	1,214	1,157	360	
			フレックス *Plus 1*	20	160	150	43	
	B(2/13)	経営	フレックス	130	2,137	2,002	377	4.6
			フレックス *Plus 1*	20	360	334	52	
		金融	フレックス	40	672	631	213	
			フレックス *Plus 1*	15	100	95	24	
理工	数			32	769	648	216	3.0
	物理			33	856	728	237	3.1
	都市環境			45	848	677	169	4.0
	精密機械工			80	1,350	1,142	374	3.1
	電気電子情報通信工			65	952	771	260	3.0
	応用化			78	1,389	1,128	297	3.8
	ビジネスデータサイエンス			65	772	659	175	3.8
	情報工			65	1,815	1,541	301	5.1
	生命科			43	527	440	117	3.8
	人間総合理工			32	337	288	54	5.3
文	人文社会	国文学		29	503	485	125	3.9
		英語文学文化		77	588	564	240	2.4
		ドイツ語文学文化		22	183	177	61	2.9
		フランス語文学文化		34	528	510	127	4.0
		中国言語文化		23	238	226	80	2.8
		日本史学		43	519	499	155	3.2

(表つづく)

<table>
<tr><th colspan="3">区　分</th><th>募集人員</th><th>志願者数</th><th>受験者数</th><th>合格者数</th><th>競争率</th></tr>
<tr><td rowspan="8">文</td><td rowspan="8">人文社会</td><td>東洋史学</td><td>25</td><td>158</td><td>147</td><td>53</td><td>2.8</td></tr>
<tr><td>西洋史学</td><td>25</td><td>309</td><td>299</td><td>90</td><td>3.3</td></tr>
<tr><td>哲学</td><td>36</td><td>229</td><td>219</td><td>93</td><td>2.4</td></tr>
<tr><td>社会学</td><td>47</td><td>564</td><td>539</td><td>178</td><td>3.0</td></tr>
<tr><td>社会情報学</td><td>43</td><td>219</td><td>208</td><td>70</td><td>3.0</td></tr>
<tr><td>教育学</td><td>32</td><td>310</td><td>304</td><td>88</td><td>3.5</td></tr>
<tr><td>心理学</td><td>41</td><td>610</td><td>579</td><td>107</td><td>5.4</td></tr>
<tr><td>学びのパスポートプログラム</td><td>10</td><td>76</td><td>71</td><td>11</td><td>6.5</td></tr>
<tr><td rowspan="2">総合政策</td><td colspan="2">政策科</td><td>30</td><td>881</td><td>775</td><td>113</td><td rowspan="2">6.2</td></tr>
<tr><td colspan="2">国際政策文化</td><td>30</td><td>885</td><td>765</td><td>134</td></tr>
<tr><td colspan="3">国際経営</td><td>70</td><td>1,172</td><td>1,102</td><td>319</td><td>3.5</td></tr>
<tr><td colspan="3">国際情報</td><td>60</td><td>985</td><td>918</td><td>183</td><td>5.0</td></tr>
<tr><td colspan="3">計</td><td>2,734</td><td>36,213</td><td>32,858</td><td>8,286</td><td>―</td></tr>
</table>

（備考）
- 経済学部，商学部及び総合政策学部の志願者数・受験者数は，第１志望の学科（コース）で算出している。
- 経済学部，商学部及び総合政策学部は志望順位制のため，学科ごとの倍率は算出していない。
- 新型コロナウイルス感染症等対応のための特別措置を実施し，上表以外に，法学部１名，経済学部１名，総合政策学部１名，国際経営学部１名の合格者を出した。

●学部別選抜〈英語外部試験利用方式〉

区分		募集人員	志願者数	受験者数	合格者数	競争率
経済 Ⅰ(2/14)	経済	13	505	465	42	6.1
	経済情報システム	8	134	127	12	
	公共・環境経済	7	370	352	100	
経済 Ⅱ(2/15)	経済	9	368	338	70	4.8
	国際経済	13	643	582	123	
理工	数	3	1	1	0	—
	物理	2	2	1	1	1.0
	都市環境	2	11	7	4	1.8
	精密機械工	2	17	12	6	2.0
	電気電子情報通信工	2	15	12	10	1.2
	応用化	2	32	19	7	2.7
	ビジネスデータサイエンス	2	12	12	5	2.4
	情報工	2	5	3	2	1.5
	生命科	2	20	17	4	4.3
	人間総合理工	5	13	9	5	1.8
文 人文社会	国文学	若干名	15	14	3	4.7
	英語文学文化		52	49	16	3.1
	ドイツ語文学文化		18	18	4	4.5
	フランス語文学文化		44	43	13	3.3
	中国言語文化		20	18	7	2.6
	日本史学		22	22	8	2.8
	東洋史学		12	12	5	2.4
	西洋史学		20	19	7	2.7
	哲学		19	18	6	3.0
	社会学		53	49	14	3.5
	社会情報学		17	16	3	5.3
	教育学		19	19	6	3.2
	心理学		39	37	8	4.6
総合政策	政策科	5	50	37	13	2.9
	国際政策文化	5	129	98	34	
国際経営		20	635	615	198	3.1
国際情報		5	141	139	17	8.2
計		109	3,453	3,180	753	—

(備考)• 経済学部及び総合政策学部の志願者数・受験者数は，第1志望の学科で算出している。
• 経済学部及び総合政策学部は志望順位制のため，学科ごとの倍率は算出していない。
• 新型コロナウイルス感染症等対応のための特別措置を実施し，上表以外に，総合政策学部１名の合格者を出した。

- 文学部人文社会学科の学びのパスポートプログラムは，学部別選抜〈英語外部試験利用方式〉での募集は行っていない（2024 年度より募集が実施される）。

●学部別選抜〈大学入学共通テスト併用方式〉

区分			募集人員	志願者数	受験者数	合格者数	競争率
法	法律		52	528	469	206	2.3
	国際企業関係法		13	102	90	30	3.0
	政治		26	147	128	85	1.5
経済	Ⅰ(2/14)	経済	9	104	82	17	3.0
		経済情報システム	7	30	22	12	
		公共・環境経済	6	20	17	12	
	Ⅱ(2/15)	経済	6	56	35	7	3.6
		国際経済	12	42	33	12	
商	フリーメジャー	A	10	134	123	35	3.5
		B	10	134	119	40	3.0
理工	数		13	210	194	65	3.0
	物理		10	233	216	78	2.8
	都市環境		9	198	175	62	2.8
	精密機械工		20	242	221	66	3.3
	電気電子情報通信工		20	208	187	58	3.2
	応用化		25	341	324	115	2.8
	ビジネスデータサイエンス		13	310	288	78	3.7
	情報工		13	380	339	58	5.8
	生命科		10	234	217	66	3.3
	人間総合理工		12	141	132	26	5.1
総合政策	政策科		15	98	72	25	2.3
	国際政策文化		15	223	180	84	
国際経営			10	104	86	20	4.3
国際情報			10	198	182	53	3.4
計			346	4,417	3,931	1,310	―

(備考)
- 経済学部及び総合政策学部の志願者数・受験者数は，第1志望の学科で算出している。
- 経済学部及び総合政策学部は志望順位制のため，学科ごとの倍率は算出していない。
- 商学部フリーメジャー・コースは，学部別選抜A（2/11実施）・学部別選抜B（2/13実施）それぞれ10名の募集。
- 新型コロナウイルス感染症等対応のための特別措置を実施し，上表以外に，理工学部3名の合格者を出した。

2022 年度 入試状況

● 6 学部共通選抜

区分			募集人員	志願者数	受験者数	合格者数	競争率
法	4教科型	法律	20	359	334	116	2.5
		国際企業関係法	5	17	17	3	
		政治	5	63	59	44	
	3教科型	法律	36	1,210	1,139	139	5.8
		国際企業関係法	10	140	135	40	
		政治	20	305	288	89	
経済	経済		60	937	887	199	4.5
	経済情報システム		5	101	97	21	4.6
	国際経済		10	132	124	25	5.0
	公共・環境経済		5	109	103	19	5.4
商	フリーメジャー		70	1,179	1,115	282	4.0
文	人文社会	国文学	7	127	123	40	3.1
		英語文学文化	7	170	164	55	
		ドイツ語文学文化	3	79	71	27	
		フランス語文学文化	3	96	93	44	
		中国言語文化	3	75	71	36	
		日本史学	3	142	137	26	
		東洋史学	4	59	57	15	
		西洋史学	4	102	93	35	
		哲学	3	113	105	33	
		社会学	3	114	107	57	
		社会情報学	3	111	108	19	
		教育学	3	83	76	26	
		心理学	3	166	157	37	
		学びのパスポートプログラム	2	78	75	10	
総合政策	政策科		25	311	299	84	3.1
	国際政策文化		25	232	227	85	
国際経営	4教科型		10	29	29	10	2.9
	3教科型		20	277	258	53	4.9
計			377	6,916	6,548	1,669	—

（備考）
- 法学部，文学部及び総合政策学部の志願者数・受験者数は，第 1 志望の学科・専攻（プログラム）で算出している。
- 法学部，文学部及び総合政策学部は志望順位制のため，学科・専攻（プログラム）ごとの倍率は算出していない。
- 新型コロナウイルス感染症等対応のための特別措置を実施し，上表以外に，文学部 2 名，総合政策学部 1 名の合格者を出した。

●学部別選抜〈一般方式〉

区分				募集人員	志願者数	受験者数	合格者数	競争率
法	4教科型	法律		60	631	576	218	2.6
		国際企業関係法		5	58	54	24	2.3
		政治		20	118	110	52	2.1
	3教科型	法律		269	2,515	2,368	638	3.7
		国際企業関係法		60	410	388	167	2.3
		政治		128	739	694	261	2.7
経済	I(2/14)	経済		149	2,198	2,026	293	4.5
		経済情報システム		86	565	512	110	
		公共・環境経済		67	1,074	996	378	
	II(2/15)	経済		99	1,375	1,230	141	4.7
		国際経済		126	1,562	1,446	424	
商	A(2/11)	会計	フレックス	115	1,134	1,078	297	3.5
			フレックス *Plus 1*	40	296	280	69	
		国際マーケティング	フレックス	120	1,182	1,126	357	
			フレックス *Plus 1*	20	157	152	41	
	B(2/13)	経営	フレックス	130	1,491	1,365	295	4.1
			フレックス *Plus 1*	20	346	312	59	
		金融	フレックス	40	886	824	255	
			フレックス *Plus 1*	15	83	76	18	
理工	数			32	693	621	277	2.2
	物理			33	752	663	275	2.4
	都市環境			45	650	561	196	2.9
	精密機械工			80	1,240	1,078	359	3.0
	電気電子情報通信工			65	1,195	1,059	325	3.3
	応用化			78	1,287	1,126	475	2.4
	ビジネスデータサイエンス			65	917	812	202	4.0
	情報工			65	1,460	1,292	330	3.9
	生命科			43	552	488	168	2.9
	人間総合理工			32	494	435	91	4.8
文	人文社会	国文学		29	472	450	161	2.8
		英語文学文化		77	730	692	299	2.3
		ドイツ語文学文化		22	226	217	75	2.9
		フランス語文学文化		34	310	293	139	2.1
		中国言語文化		23	190	179	87	2.1
		日本史学		43	609	585	177	3.3

（表つづく）

<table>
<tr><th colspan="3">区　　分</th><th>募集人員</th><th>志願者数</th><th>受験者数</th><th>合格者数</th><th>競争率</th></tr>
<tr><td rowspan="8">文</td><td rowspan="8">人文社会</td><td>東洋史学</td><td>25</td><td>213</td><td>207</td><td>95</td><td>2.2</td></tr>
<tr><td>西洋史学</td><td>25</td><td>270</td><td>258</td><td>111</td><td>2.3</td></tr>
<tr><td>哲学</td><td>36</td><td>309</td><td>294</td><td>113</td><td>2.6</td></tr>
<tr><td>社会学</td><td>47</td><td>446</td><td>432</td><td>210</td><td>2.1</td></tr>
<tr><td>社会情報学</td><td>43</td><td>298</td><td>286</td><td>83</td><td>3.4</td></tr>
<tr><td>教育学</td><td>32</td><td>308</td><td>297</td><td>127</td><td>2.3</td></tr>
<tr><td>心理学</td><td>41</td><td>569</td><td>540</td><td>167</td><td>3.2</td></tr>
<tr><td>学びのパスポートプログラム</td><td>10</td><td>104</td><td>95</td><td>22</td><td>4.3</td></tr>
<tr><td rowspan="2">総合政策</td><td colspan="2">政策科</td><td>30</td><td>512</td><td>435</td><td>115</td><td rowspan="2">3.6</td></tr>
<tr><td colspan="2">国際政策文化</td><td>30</td><td>666</td><td>548</td><td>155</td></tr>
<tr><td colspan="3">国際経営</td><td>70</td><td>1,286</td><td>1,221</td><td>217</td><td>5.6</td></tr>
<tr><td colspan="3">国際情報</td><td>60</td><td>1,154</td><td>1,084</td><td>208</td><td>5.2</td></tr>
<tr><td colspan="3">計</td><td>2,784</td><td>34,732</td><td>31,861</td><td>9,356</td><td>—</td></tr>
</table>

（備考）
- 経済学部，商学部及び総合政策学部の志願者数・受験者数は，第1志望の学科（コース）で算出している。
- 経済学部，商学部及び総合政策学部は志望順位制のため，学科ごとの倍率は算出していない。
- 新型コロナウイルス感染症等対応のための特別措置を実施し，上表以外に，法学部1名，経済学部6名，商学部3名，理工学部6名，文学部1名，総合政策学部1名，国際情報学部2名の合格者を出した。

●学部別選抜〈英語外部試験利用方式〉

区分			募集人員	志願者数	受験者数	合格者数	競争率
経済	I (2/14)	経済	5	363	341	45	5.0
		経済情報システム	4	169	157	21	
		公共・環境経済	3	337	314	97	
	II (2/15)	経済	3	305	270	77	2.0
		国際経済	5	459	426	264	
理工		数	3	1	1	0	—
		物理	2	9	6	0	—
		都市環境	2	2	2	1	2.0
		精密機械工	2	15	11	8	1.4
		電気電子情報通信工	2	7	5	4	1.3
		応用化	2	14	11	9	1.2
		ビジネスデータサイエンス	2	13	13	6	2.2
		情報工	2	5	4	1	4.0
		生命科	2	8	7	5	1.4
		人間総合理工	5	8	6	4	1.5
文	人文社会	国文学	若干名	33	29	7	4.1
		英語文学文化		59	59	19	3.1
		ドイツ語文学文化		13	11	5	2.2
		フランス語文学文化		24	24	10	2.4
		中国言語文化		19	19	9	2.1
		日本史学		21	19	6	3.2
		東洋史学		16	15	6	2.5
		西洋史学		18	16	7	2.3
		哲学		22	19	6	3.2
		社会学		32	28	14	2.0
		社会情報学		38	34	6	5.7
		教育学		17	16	5	3.2
		心理学		25	23	8	2.9
総合政策		政策科	5	42	30	12	2.4
		国際政策文化	5	127	90	37	
国際経営			20	729	700	181	3.9
国際情報			5	244	228	14	16.3
計			79	3,194	2,934	894	—

(備考)• 経済学部及び総合政策学部の志願者数・受験者数は，第１志望の学科で算出している。
• 経済学部及び総合政策学部は志望順位制のため，学科ごとの倍率は算出していない。
• 新型コロナウイルス感染症等対応のための特別措置を実施し，上表以外に，経済学部１名の合格者を出した。

●学部別選抜〈大学入学共通テスト併用方式〉

区分			募集人員	志願者数	受験者数	合格者数	競争率
法	法律		52	557	514	189	2.7
	国際企業関係法		13	97	90	52	1.7
	政治		26	138	132	75	1.8
経済	Ⅰ（2/14）	経済	9	156	141	27	4.0
		経済情報システム	7	50	43	14	
		公共・環境経済	6	86	80	25	
	Ⅱ（2/15）	経済	6	87	69	10	4.7
		国際経済	12	59	52	16	
商	フリーメジャー		20	229	210	55	3.8
理工	数		13	150	137	58	2.4
	物理		10	163	153	55	2.8
	都市環境		9	191	177	62	2.9
	精密機械工		20	282	261	81	3.2
	電気電子情報通信工		20	330	311	94	3.3
	応用化		25	289	268	128	2.1
	ビジネスデータサイエンス		13	313	289	74	3.9
	情報工		13	497	459	93	4.9
	生命科		10	240	219	81	2.7
	人間総合理工		12	224	210	58	3.6
総合政策	政策科		15	103	84	31	2.2
	国際政策文化		15	170	123	64	
国際経営			10	64	58	10	5.8
国際情報			10	289	271	54	5.0
計			346	4,764	4,351	1,406	—

（備考）• 経済学部及び総合政策学部の志願者数・受験者数は，第1志望の学科で算出している。
• 経済学部及び総合政策学部は志望順位制のため，学科ごとの倍率は算出していない。
• 商学部フリーメジャー・コースは，学部別選抜A（2/11 実施）・学部別選抜B（2/13 実施）それぞれ10名の募集。
• 新型コロナウイルス感染症等対応のための特別措置を実施し，上表以外に，法学部1名，理工学部1名，総合政策学部1名，国際情報学部1名の合格者を出した。

入学試験要項の入手方法

出願には，受験ポータルサイト「UCARO（ウカロ）」への会員登録（無料）が必要です。出願は，Web 出願登録，入学検定料の支払いおよび出願書類の郵送を，出願期間内に全て完了することで成立します。詳細は，大学公式 Web サイトで 11 月中旬に公開予定の入学試験要項を必ず確認してください。紙媒体の入学試験要項や願書は発行しません。

また，「CHUO UNIVERSITY GUIDE BOOK 2025」（大学案内）を 5 月下旬より配付します（無料）。こちらは大学公式 Web サイト内の資料請求フォーム，テレメールから請求できます。

入試に関する問い合わせ先

中央大学　入学センター事務部入試課
https://chuo-admissions.zendesk.com/hc/ja
月～金曜日 9:00～12:00，13:00～16:00
※土・日・祝日は受付を行っていません。
詳細は大学公式 Web サイトにて確認してください。
https://www.chuo-u.ac.jp/connect/

合格体験記 募集

2025 年春に入学される方を対象に，本大学の「合格体験記」を募集します。お寄せいただいた合格体験記は，編集部で選考の上，小社刊行物やウェブサイト等に掲載いたします。お寄せいただいた方には小社規定の謝礼を進呈いたしますので，ふるってご応募ください。

応募方法

下記 URL または QR コードより応募サイトにアクセスできます。
ウェブフォームに必要事項をご記入の上，ご応募ください。
折り返し執筆要領をメールにてお送りします。

※入学が決まっている一大学のみ応募できます。

☞ http://akahon.net/exp/

応募の締め切り

総合型選抜・学校推薦型選抜 …… 2025年 2 月 23 日
私立大学の一般選抜 …… 2025年 3 月 10 日
国公立大学の一般選抜 …… 2025年 3 月 24 日

受験にまつわる川柳を募集します。
入選者には賞品を進呈！
ふるってご応募ください。

応募方法　http://akahon.net/senryu/　にアクセス！☞

気になること、聞いてみました！

在学生メッセージ

大学ってどんなところ？ 大学生活ってどんな感じ？
ちょっと気になることを，在学生に聞いてみました。

以下の内容は 2020〜2023 年度入学生のアンケート回答に基づくものです。ここで触れられている内容は今後変更となる場合もありますのでご注意ください。

メッセージを書いてくれた先輩 ［法学部］D.S. さん C.K. さん Y.K. さん ［商学部］Y.W. さん ［文学部］阿部龍之介さん ［総合政策学部］R.T. さん

大学生になったと実感！

一番実感したことは様々な人がいるということです。出身地も様々ですし，留学生や浪人生など様々な背景をもった人がいるので，違った価値観や考え方などと日々触れ合っています。高校であったおもしろいノリなどが他の人にはドン引きされることもありました。（D.S. さん／法）

高校生のときと大きく変わったことは，強制されることがないことです。大学生は，授業の課題を出さなくても何も言われません。ただし，その代償は単位を落とすという形で自分に返ってきます。自己責任が増えるというのが大学生と高校生の違いです。（阿部さん／文）

一番初めに実感した出来事は，履修登録です。小学校，中学校，高校とずっと決められた時間割で，自分の学びたいもの，学びたくないものなど関係なく過ごしてきましたが，大学は自分の学びたいものを選んで受けられるので，大学生になったなと感じました。（Y.W. さん／商）

大学生活に必要なもの

パソコンは絶対に用意しましょう。課題はほとんどが web 上での提出です。Word や Excel などは使う頻度がすごく多いです。課題だけでなくオンラインの授業もまだありますし，試験を web 上で行う授業もあります。タブレットだったり，モニターを複数用意しておくと，メモしたり課題をしたりするときや，オンライン授業を受ける上で楽になると思います。モニターが複数あると，オンラインと並行して作業がある授業にはとても役に立ちます。（D.S. さん／法）

自炊をする力です。私自身，一冊のレシピ本を買い，週に 5 回は自炊をしています。料理は勉強と同じでやった分だけ上達し，その上達はとても嬉しいものです。また，大学生になると色々な出費があります。そのため，うまくお金をやりくりしないといけないので，自炊をして，日々の出費を減らすことも大切です。（Y.K. さん／法）

この授業がおもしろい！

国際企業関係法学科では英語が 16 単位必修で，英語の授業が他の学科よりも多いのですが，気に入っている授業は英語のリスニング・スピーキングの授業です。この授業は世界で起こっている社会問題や国際問題などをリサーチして，その内容をプレゼンするというものです。外国人の先生による授業で，帰国子女の学生が多くいるなかでプレゼンディスカッションをしているので，英語力が一番伸びている実感があります。（D.S. さん／法）

「メディアリテラシー」です。インターネットが普及した現在では，マスメディアだけでなく我々も情報発信が容易にできてしまうので，情報を受け取る側だけでなく送る側の視点からもメディアリテラシーを適用していく必要性を学ぶことができます。（R.T. さん／総合政策）

大学の学びで困ったこと＆対処法

高校での学習内容から一気に専門的な内容に発展したことです。私は法学部で憲法や民法などの法律科目を履修していますが，法学の基礎的な知識やニュアンスをまったく知らない状態で授業に臨んでしまったので，最初はついていくのが大変でした。大学の講義は高校の授業とは大きく違って，自分が学びたい学問に詳しい教授の話を聞かせてもらうという感じなので，自分での学習が不可欠になります。特に法学は読む量がすごく多く，法学独特の言い回しにも慣れるのがとても大変で苦労しました。（D.S. さん／法）

4000 字を超えるような文章を書く必要があるということです。大学に入るまで，文章を書くという行為自体をあまりやってこなかったこともあり，言葉の使い方や参考文献の書き方，人が見やすいようなレポートの作成の仕方を習得することに時間がかかりました。（Y.K. さん／法）

高校のときに私立文系コースにいたので，数学はほとんど勉強していないうえに，数学Bなどは学んでもおらず，統計学など，数学が必要となる科目は基礎的なところから理解に苦しむところがありましたが，過去問や，教科書を見て対処しました。（Y.W. さん／商）

部活・サークル活動

大学公認のテニスサークルに所属しています。他大学のテニスサークルや同じ大学の他のテニスサークルと対戦したりすることもあります。合宿もあったりしてとても楽しいです。（R.T. さん／総合政策）

法学会に入っています。一言で言うと，法律に関する弁論を行うサークルです。いわゆる弁論大会のようなものが他校と合同で開催されたり，校内の予選を行ったりと活発に活動しています。（C.K. さん／法）

交友関係は？

大学の規模がそこまで大きくないということもあり，同じ授業を取っている人がちょくちょくいたりして，そういった人たちとよく話をするうちに友達になりました。(R.T. さん／総合政策)

中央大学には国際教育寮があり，私はそこに所属しています。寮生の3分の1から半分くらいは外国人留学生で，留学生と交流できるチャンスがたくさんあります。この寮では，料理などは自分でするのですが友達と一緒にもできますし，シアタールームや会議室があるので一緒に映画を見たり課題をしたりもしています。他学部の学生とも仲良くできますし，先輩とも交友関係を築くことができます。(D.S. さん／法)

いま「これ」を頑張っています

民法の勉強です。模擬裁判をするゼミに入っており，必修の民法の授業に加えてゼミでも民法の勉強をしています。模擬裁判をすることによって法律を実際の裁判でどのように使うのか具体的にイメージすることができ，さらに民法に興味が湧きます。(C.K. さん／法)

自分は公認会計士の資格を取るために中央大学を目指し，入学しました。今は，経理研究所というところに所属し，毎日，大学の授業と会計の勉強を，いわばダブルスクールのような形で，時間を無駄にしないように生活しています。(Y.W. さん／商)

普段の生活で気をつけていることや心掛けていること

家から大学までがとても遠いのと，キャンパスが広大で移動にも時間がかかるので，常に余裕をもって行動するようにしています。決して難度は低くないですが，大学生活以外でも重要なことだと思うので，常に意識するようにしています。（R.T. さん／総合政策）

手洗い・うがいは大事だと思います。しかも，こまめにすることが重要なポイントだと思います。また，季節の変わり目や環境が変わるときには心も体も疲れやすくなってしまうので，なるべく早く寝てしっかりご飯を食べるようにしています。（C.K. さん／法）

健康を維持するために筋トレをしています。まず，一人暮らし用のアパートを借りるときに，４階の部屋を選びました。階段なので，毎日の昇り降りで足腰を鍛えています。また，フライパンも通常より重いものにして，腕を鍛えています。（阿部さん／文）

おススメ・お気に入りスポット

ヒルトップと呼ばれる食堂棟があり，広いのに昼休みは激しく混雑しています。しかし，授業中はものすごく空いていて，自分の空き時間に広い空間で食べる昼ご飯はとても有意義に感じられてお気に入りです。（R.T. さん／総合政策）

FOREST GATEWAY CHUO です。新しくきれいな建物で，コンセント完備の自習スペースも整っています。英語などのグループワークで使えるようなスペースもあり非常に便利です。トイレもとてもきれいです。（C.K. さん／法）

入学してよかった！

多摩キャンパスは，都心の喧騒から離れたところにありますが，落ち着いた環境でキャンパスライフを送ることができます。友達と過ごすにはちょっと物足りない感はありますが，自分１人の時間を大切にする人にとってはとても恵まれている環境だと思います。（R.T. さん／総合政策）

志が高い学生が多いことです。中央大学は弁護士や公認会計士など，難関資格を目指して勉強している学生が多いので，常にそのような人を見て刺激を受けることができます。将来のことを考えている学生も多いですし，そのサポートも大学がしっかり行ってくれるので，志が高くて将来やりたいことが明確に決まっている人には特におすすめです。（D.S. さん／法）

学生が気さくで優しく，司法試験や公務員試験，資格取得などの勉強をしている人が９割方で，真面目な人が多いです。周りの人が司法試験のために勉強している姿に刺激を受け，勉強を頑張ろうという意欲が湧いてきます。（C.K. さん／法）

目標に向かって努力ができる環境が整っていることです。勉強を継続するために必要なこととして，自分の意思以外にも，周りの環境も大切になってくると思います。そのため，自分の掲げた目標を達成できる環境がある大学に入れたことは本当によかったと思います。（Y.K. さん／法）

高校生のときに「これ」をやっておけばよかった

スポーツです。サークルに入ってない人や体育を履修していない人が，運動やスポーツをする機会は大学にはないので，運動不足になりがちです。できれば高校のうちからいろんなスポーツに慣れ親しんで，丈夫な体を作っておけばよかったなと思いました。（R.T. さん／総合政策）

みごと合格を手にした先輩に，入試突破のためのカギを伺いました。
入試までの限られた時間を有効に活用するために，ぜひ役立ててください。

（注）ここでの内容は，先輩方が受験された当時のものです。2025 年度入試では当てはまらないこともありますのでご注意ください。

・アドバイスをお寄せいただいた先輩・

H.N. さん　理工学部（生命科学科）
一般方式 2023 年度合格，東京都出身

受験は狭い世界での戦いとなります。しかし，その狭い世界を極めることで逆に広い世界が広がります。受験をただの通過点として見るのではなく，その世界に没入して頑張ることが大切です。また，受験は個人戦とよく言われますが，家族や友人などいろいろな人に支えられているという感謝を忘れずにいたからこそ，やりきることができました。

その他の合格大学　成蹊大（理工），日本大（理工，文理，生物資源科）

入試なんでもQ&A

受験生のみなさんからよく寄せられる，
入試に関する疑問・質問に答えていただきました。

「赤本」の効果的な使い方を教えてください。

A　共通テストが終わるまではパラパラ見る程度で，本格的に解いたのは共通テストが終わってからでした。まずは一度，全科目時間無制限で解いて，傾向や問題形式を知った後に勉強の計画を立てました。意見は分かれると思いますが，第一志望以外の大学でも最低で３年分，第一志望の大学は５年分以上解くのがおすすめです。解き終わった後にどこを間違えたのかを復習しながら，間違えたところをノートなどにまとめておくと試験直前や後日に確認ができるので便利でしょう。また，よく言われていることですが，過去問は自分の学力を伸ばすためのものではなく，あくまでも傾向や問題形式に慣れるためのものと捉えてください。

１年間のスケジュールはどのようなものでしたか？

A　７月まではとにかく自分の基礎を積み重ねることを意識して，特に数学と英語に力を入れて勉強しました。また，英語では構文や文法といった部分を意識して取り組み，数学は授業で扱った問題の復習を完璧になるまでやりました。夏休みは選択科目の化学に力を入れて勉強すると同時に，復習も並行して行いました。学校で未習の部分もあると思いますが，この時期までに化学の問題集を１周しておくとよいでしょう。９月以降の勉強がやりやすくなります。９月からは苦手な英語を克服するために英単語を必ず１日２時間以上，隙間時間を使ってやるように心がけ，共通テストまでに単語帳を３周しました。また，ほかの科目でもなるべく９月以降は実戦を意識して，予習を重点的に行いました。

中央大学理工学部を攻略する上で特に重要な科目は何ですか？

A 数学です。特に中央大学は MARCH の中でも数学が難しいことが有名で，数学でしっかり点数が取れるかどうかで合否が決まってきます。特に微分と積分が頻出なので，計算がよどみなくできるようになるまで徹底的に練習しました。最初の設問を間違えると後の設問も全滅してしまうような問題が頻出なので，最初の設問をしっかり間違えないで計算することが大切です。検算などで微分は積分をして，積分は微分をして元の式に戻るかどうか確認するように心がけていました。

苦手な科目はどのように克服しましたか？

A 私は英語が苦手だったので，英語は必ず毎日触れるようにしていました。7月までに文法を完璧にして，9月以降はとにかく量をこなしました。特に9月以降は毎日英単語帳をやることで，文章の中でわからない単語というのは直前期にはほとんどなくなりました。単語を覚えて英文を読むという繰り返しで，インプットとアウトプットをバランスよく行うことで英文が読めるようになりました。また，中央大学では文法問題が出ますが配点はそれほど大きくないので，読解問題を重点的に過去問などで対策していました。

スランプに陥ったとき，どのように抜け出しましたか？

A 直前期にかなりのプレッシャーで夜に眠れなかったり，食欲が落ちてしまったり，勉強が手に付かなくなってしまう時期があったので，そのときは友達と一緒に予備校の自習室で勉強するようにしていました。友達と一緒にいることで少しリラックスして緊張がなくなりました。また，先生や親，友達に悩みや心配事を相談することで気分が少し楽になりました。悩みがあるとどうしても視野が狭くなってしまいがちです。視野を広げるために少し休むことも時には大切です。

科目別攻略アドバイス

みごと入試を突破された先輩に，独自の攻略法や
おすすめの参考書・問題集を，科目ごとに紹介していただきました。

英　語

毎日英語に触れましょう。読解問題で点数を取るためには，絶対に単語力が必要です。具体的にどのように覚えていたかというと，単語帳の CD を買ってきて寝る前に流したり，覚えられない単語などはメモをしておいて，後日それがわかるかどうか自分でテストをしていました。また，どうしても覚えられない単語は油性ペンで腕に書いて覚えたりしました。基本的な熟語が絡んだ問題が読解問題でも出るので，基本的な熟語は全部覚えておいたほうがいいでしょう。

おすすめ参考書　『鉄緑会東大英単語熟語 鉄壁』（KADOKAWA）

数　学

特に微積分の問題がよくでるので，計算はよどみなくできるようにしたほうがいいでしょう。検算をすることも大切です。問題演習のときの数学全体の解き方としては，まずそれぞれの大問を 5 〜15 分ぐらいかけて解いてみます。そこで難しい問題と簡単な問題を見分けて簡単な問題だけしっかりと確実に解いていきます。そして，手が止まったらほかの問題を解くようにしていました。

おすすめ参考書　『理系数学の良問プラチカ』（河合出版）

化　学

大問Ⅰの総合問題は正誤の組み合わせを選ばせる形式や受験生が知らないような知識を使う問題も出題されるので，解きにくいのではないかと思います。ですが，基本的に出題される問題は教科書に書いてあることが大半なので，私は隅から隅まで直前に教科書を読み込みました。目新しい問題，難しい問題も毎年出てくるので，そういった問題は無理せず，解けるところをしっかりと解ききることが大切です。

おすすめ参考書　『鎌田の有機化学の講義』（旺文社）

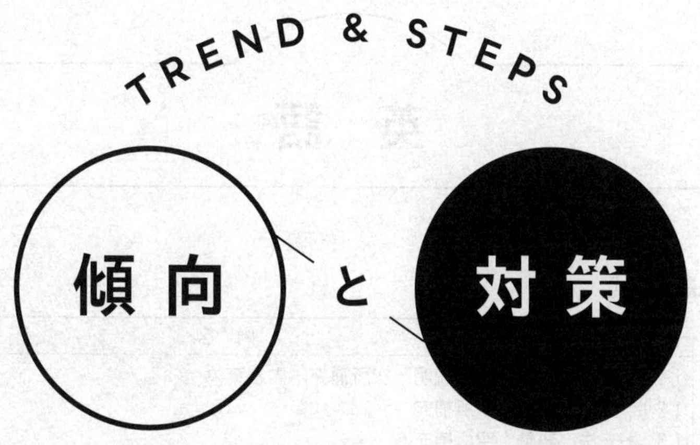

科目ごとに問題の「傾向」を分析し，具体的にどのような「対策」をすればよいか紹介しています。まずは出題内容をまとめた分析表を見て，試験の概要を把握しましょう。

注　意

「傾向と対策」で示している，出題科目・出題範囲・試験時間等については，2024 年度までに実施された入試の内容に基づいています。2025 年度入試の選抜方法については，各大学が発表する学生募集要項を必ずご確認ください。

英　語

▶一 般 方 式

年度	番号	項　目	内　容
2024 ●	〔1〕	読　　解	内容説明，空所補充，内容真偽
	〔2〕	文法・語彙	空所補充
	〔3〕	文法・語彙	空所補充
	〔4〕	文法・語彙	同意表現
	〔5〕	読　　解	空所補充
	〔6〕	読　　解	空所補充
2023 ●	〔1〕	読　　解	内容説明，空所補充，内容真偽
	〔2〕	文法・語彙	空所補充
	〔3〕	文法・語彙	空所補充
	〔4〕	文法・語彙	同意表現
	〔5〕	読　　解	空所補充
	〔6〕	読　　解	空所補充
2022 ●	〔1〕	読　　解	内容説明，空所補充，内容真偽
	〔2〕	文法・語彙	空所補充
	〔3〕	文法・語彙	空所補充
	〔4〕	文法・語彙	同意表現
	〔5〕	読　　解	空所補充
	〔6〕	読　　解	空所補充

（注）●印は全問，◑印は一部マークシート法採用であることを表す。

読解英文の主題

年度	番号	主　題
2024	〔1〕	月に居住地建設へ
	〔5〕	1．窓ガラスで冷房　2．ホテルへのクレーム
	〔6〕	可動合成細胞の研究
2023	〔1〕	飛行機の二酸化炭素削減問題
	〔5〕	1．空気中から水を採取　2．会計ソフトについて
	〔6〕	永遠の命の獲得のヒントとなるクラゲのライフサイクル

2022	〔1〕	宇宙探査機，火星へ行く
	〔5〕	1．プラスチックのリサイクル問題　2．求人応募
	〔6〕	新技術で解明された「レターロック」

効率よく英文を読む力がカギとなる 語彙・構文と文法・語法，読解力のバランスが要

01 出題形式は？

全問マークシート法による選択式となっている。例年，文法・語彙問題3題，読解問題3題で計6題の出題である。ただし，読解問題のうちの1題は2つの課題文からなるもので，近年は同じ出題パターンとなっている。試験時間は80分。

02 出題内容はどうか？

読解問題については，例年テーマが多岐にわたっている。自然科学に関するものが多いが，2023年度に引き続き2024年度でも，TOEICや英検で出題されるような手紙・メール形式の英文が取り上げられている。全体として専門的で高度な英文ではなく標準的な文章であり，専門的な語には語注が与えられている。設問は内容把握に関するものが比較的多い。

03 難易度は？

読解問題，文法・語彙問題ともに標準的である。読解問題は，内容真偽があり，英文を1文1文読解する読み方では時間内に解答することは難しい。それなりのスピードで問題文を読み，設問に関わる箇所を的確に見つけ出す必要があり，それに慣れていないと難しく感じられるかもしれない。

対策

01 読解問題

例年，英文のテーマは多岐にわたっているが，科学技術，動植物や人間に関する生物学にまつわる英文がよく出題されるので，日頃から自然科学や生物学に関する書物や文章に親しんでおくとよいだろう。また，メールのような実用的な英文も取り上げられているので，それも考慮しておくとよい。やや専門的な話題が取り上げられることもあるので，頻出の基本語句にとどまらず，それぞれの分野において特徴的な表現に慣れておくようにするとよい。そのためには自前の単語帳を作って未知の語句に出合うたびに書きこんで，それを繰り返し復習するのが効果的である。

市販の問題集を使う際には，『大学入試 ぐんぐん読める英語長文』（教学社）など，英文構造や単語，また各段落についての解説が詳しいものを選ぶとよい。まずは1冊仕上げて読解力の礎を築こう。

02 文法・語彙問題

文法・語彙問題は，訓練を積んでおけば確実に得点につながるので，頻出問題集の類いを1冊は完全にマスターしておくことが重要である。1冊をマスターしたら，次は過去問などでできるだけ多くの問題を解き，文法知識を確実なものにしていきたい。その際，受験生が間違えやすいポイントを完全網羅した総合英文法書『大学入試 すぐわかる英文法』（教学社）などを手元に置いて，調べながら学習すると効果アップにつながるだろう。

03 会話文問題

ここ数年は大問では出題されていないが，英文読解にも生かせるので，対策は立てておく方がよいであろう。会話文では，発言の内容から会話の場面設定や展開・流れなどを的確に捉えなければならない。相手の発言の主旨に留意し，会話が行われている場面の前後の状況も頭に入れつつ情報を整理できるとよい。また空所の直前，直後に必ず手がかりがあるので，よく注意して読むよう心がけよう。

中央大「英語」におすすめの参考書

✓『大学入試 ぐんぐん読める英語長文』（教学社）
✓『大学入試 すぐわかる英文法』（教学社）
✓『中央大の英語』（教学社）

数 学

▶一般方式・英語外部試験利用方式

年度	番号	項 目	内 容	
2024 ◑	〔1〕	図形と方程式，積分法	曲線の存在領域，面積	
	〔2〕	確 率	2数の差が3の倍数になる確率	
	〔3〕	数 列，微 分 法	関数列の漸化式	
	〔4〕	数列，積分法，極 限	関数列の定積分，漸化式，極限値	⊘証明
2023 ◑	〔1〕	複素数平面，確 率	複素数平面上の点と条件付き確率	
	〔2〕	図形と計量，三角関数，微 分 法	正五角形の対角線，余弦定理，三角比の近似値	
	〔3〕	微・積分法	曲線，接線，変曲点，面積	
	〔4〕	数 と 式	恒等式を満たす整式	
2022 ◑	〔1〕	積 分 法，三角関数	積分方程式，三角関数の加法定理	
	〔2〕	図形と計量	三角比，加法定理，半角公式，2直線のなす角	
	〔3〕	微・積分法	曲線，接線，変曲点，面積	⊘証明・図示
	〔4〕	複素数平面	3次方程式の複素数解と実数解	⊘図示

（注） ●印は全問，◑印は一部マークシート法採用であることを表す。

▶共通テスト併用方式

年度	番号	項 目	内 容	
2024	〔1〕	複素数平面	複素数の絶対値の値域	
	〔2〕	数 列，微 分 法	4次関数の最小値，不等式の証明，数学的帰納法	⊘証明
	〔3〕	図形の性質，図形と方程式	三角形の内心の軌跡，相加・相乗平均	
	〔4〕	積 分 法，極 限	定積分，不等式の証明，区分求積法，極限値	⊘証明

年度	番号	項目	内容	
2023	〔1〕	高次方程式	複2次方程式，相反4次方程式	⊘証明
	〔2〕	積分法，無限級数	三角関数の定積分と無限級数	⊘証明
	〔3〕	図形と方程式，微分法	関数の最大最小問題	
	〔4〕	微分法	曲線の接線，不等式，極値条件を満たす関数列	
2022	〔1〕	図形と計量，微分法	二等辺三角形の面積，外接円の半径，内接円の半径	
	〔2〕	確率	n 枚のカードから条件を満たす2枚を取り出すときの確率	
	〔3〕	整数の性質	条件を満たす整数の和への素数の分解	⊘証明
	〔4〕	積分法，数列，極限	区分求積法，級数，極限値	⊘証明

(注)　4題のうち3題を選択して解答。

出題範囲の変更

2025年度入試より，数学は新教育課程での実施となります。詳細については，大学から発表される募集要項等で必ずご確認ください（以下は本書編集時点の情報）。

2024年度（旧教育課程）	2025年度（新教育課程）
数学Ⅰ・Ⅱ・Ⅲ・A・B（数列，ベクトル）	数学Ⅰ・Ⅱ・Ⅲ・A・B（数列）・C（ベクトル，平面上の曲線と複素数平面）

微・積分法を中心に広範囲から出題 工夫された良問で，総合力が求められる

01　出題形式は？

一般方式・英語外部試験利用方式：大問4題で，マークシート法による選択式2題，記述式2題という構成である。問題文の空所を完成させるマークシート法問題は，解答群から正解を選ぶ形式である。記述式の2題の解答用紙にはそれぞれB4判用紙の片面が与えられており，スペースは十分である。試験時間は100分。

共通テスト併用方式：大問4題のうち3題を選択する形式である。全問記述式で，解答用紙は1題につきB4判用紙の片面が与えられている。試験時間は100分。

02 出題内容はどうか？

最大・最小，曲線の接線・凹凸，関数のグラフ，面積など，微・積分法に関する問題が多い。それ以外では，数列，確率，複素数平面などが頻出項目といえる。

全体的に図を描いて考えさせる問題が多い。また，証明問題や融合問題も多く，できるだけ広範囲から出題しようという意図がうかがえる。

03 難易度は？

全般的に，工夫された良問が出題されている。教科書の章末問題よりはやや難度が高く，かなりレベルの高いものも１，２題含まれることがあるので，問題の難易を見極めて解ける問題を確実に解くなど時間配分に注意が必要である。

対策

01 基礎力の充実

基礎的な力の充実がなければ解けない問題が多い。定理や公式はただ覚えるというだけでなく，それらが導かれるプロセスや少しつっこんだ考察が必要であり，さらにそれらを自由に駆使できる力が求められる。

02 計算力の養成

例年，計算力を要する問題が出題されている。頻出問題の模範解答に目を通して解法パターンを身につけるとともに，実際に手を動かして解答が出るまで粘り強く実戦練習する必要がある。また，記述式の問題では，単に計算するだけではなく，論理的な記述も重要である。練習を通じてわかりやすい解答作成の力をつけよう。

03 豊かな図形的感性を磨く

例年，図形・グラフを扱う問題がよく出題されており，図形的センスを必要とするものもよく出題されている。特に，線分の通過する領域，空間図形，面積，体積などの問題では図が重要である。いろいろな図形の性質を理解し，図を要領よく描けるようにするとともに，イメージを正確に思い浮かべ，問題解決に必要な部分を適切に抽出する力を養成しておきたい。なお，問題の文章がヒントになることが多いので，注意深く問題文を読むことも重要である。

04 マークシート法対策

一般方式・英語外部試験利用方式の一部はマークシート法であるが，工夫された良問が多く，必ずしも易しくはない。しかし，その特徴を逆に利用することも大切である。ときには解答群の中から問題に適するものを見つけるなどして，とにかく結論をうまく出してしまうことも必要である。一方，比較的誤りやすい選択肢が解答群の中に含まれていることがあるので，得られた結果が解答群の中にあっても安心せず，必ず点検をして確実に得点したい。

物　理

▶一般方式・英語外部試験利用方式

年度	番号	項　目	内　容
2024 ◑	〔1〕	力　学	繰り返される2物体の衝突 ⊘証明
	〔2〕	電磁気	勾配のある磁場中を運動する回路と渦電流
	〔3〕	熱力学	ポアソンの式の導出
2023 ◑	〔1〕	力　学	斜方投射と第一・第二宇宙速度
	〔2〕	電磁気	磁場中を落下する2本の導体棒（20・70字） ⊘論述
	〔3〕	波　動	レンズの式の導出
2022 ◑	〔1〕	力　学	鉛直ばね振り子と自由落下する物体の衝突 ⊘論述・描図
	〔2〕	電磁気	コンデンサーを含む直流回路と RLC 直列回路
	〔3〕	熱力学	単原子分子理想気体の熱サイクル

（注）●印は全問，◑印は一部マークシート法採用であることを表す。

▶共通テスト併用方式

年度	番号	項　目	内　容
2024	〔1〕	力　学	側壁に衝突を繰り返しながら落下する小球
	〔2〕	電磁気	磁場中を運動する導体棒による振動回路
	〔3〕	波　動	結晶中を通過する偏光 ⊘描図
2023	〔1〕	力　学	落下した2球の衝突 ⊘論述
	〔2〕	電磁気	磁場と電場を受けて運動する荷電粒子の跳ね返り
	〔3〕	波　動	3つの平面波の干渉 ⊘描図
2022	〔1〕	力　学	単振り子の衝突 ⊘描図・論述
	〔2〕	電磁気	コンデンサーの極板間距離の変化 ⊘描図
	〔3〕	波　動	全反射の数学的考察 ⊘描図・論述

力学・電磁気が中心
高度な物理的センスが必要！

01 出題形式は？

一般方式・英語外部試験利用方式：試験時間 90 分で，大問 3 題の出題。例年，〔1〕がマークシート法による選択式，〔2〕〔3〕が記述式であったが，2022 年度からは大問 1 題が記述式で，残りの大問 2 題がマークシート法となった。いずれの形式でも空所補充の誘導形式が主で，マークシート法では文字式または数値などを選択する形式。記述式では証明や論述，描図が求められることもある。2023 年度は字数指定のある論述問題が出題された。

共通テスト併用方式：物理 3 題，化学 3 題，生物 3 題の合計 9 題（数・物理・都市環境学科は生物を除く合計 6 題）から 3 題を選択して解答する方式。試験時間は 100 分である。すべて記述式で，論述問題や過去には導出の過程も含めて解答するものもあり，一般方式・英語外部試験利用方式とは大きく異なっている。描図やグラフの作成は，数値計算や実験データの解析が必要であったり目新しい設定であったりするなど，理科系志望者としての能力を確かめる形式となっている。

02 出題内容はどうか？

出題範囲は「物理基礎，物理」である。

例年，力学，電磁気からの出題が中心である。電磁気では，静的なものよりは動的，過渡現象が出題対象となることが多い。これらの分野以外では，波動と熱力学のいずれかが出題されている。また，図を描かせたり，図やグラフ，実験結果の表から情報を読み取らせるといった，高度な物理的センスを要求する出題も見られる。さらに，近似式や数列の取り扱いを必要とする問題など，数学的な力を求められる問題も多い。例年，いずれもよく練られた良問であり，教科書にもある基本事項が中心であるが，複屈折による偏光の位相のずれなど，受験生には見慣れない題材を用いた問題が出題されたこともあるので，落ち着いて問題文を読むこと。

03 難易度は？

基本的事柄，典型的な解法を組み合わせる高度な物理的思考力や解析能力が要求されると見ておくべきである。また，選択式，記述式ともに前問の結果を利用して解いていく誘導形式の問題が多いので，最初の設問には十分に注意して取りかかり，その後は問題を丁寧に読み，内容をよく把握しながら解答を進めていく訓練が必要である。また，計算問題では近似式などが問題文中に与えられていない場合もあるので要注意である。

対策

01 教科書を中心にして，理解のための学習を

まず，教科書を中心にして，基本事項を十分に理解し，自らの力で公式や法則を導出，または説明できるよう基礎固めに励んでおきたい。授業で行われる実験には意欲的に取り組み，科学的に探究する能力を向上させる機会を大事にしたい。また，公式の言外の意味をつかむという，物理的イメージの裏づけをきちんと理解する学習が大切である。『大学入試 ちゃんと身につく物理』や『大学入試 もっと身につく物理問題集』，『体系物理』（いずれも教学社）などの参考書・問題集でトレーニングしておこう。

02 流れをつかむトレーニングを

見慣れない問題には誰もが戸惑うものであるが，設問には流れがあり，必ず丁寧に正解へと誘導してくれる。何度も問題文を読み，この流れをつかむことが大切である。本書を用いて，過去問で十分にトレーニングを積んでおくとよいであろう。

03 近似計算の練習

物理では条件が複雑である場合，数学的な取り扱いを可能にするために，

近似計算をすることが多い。この近似を使う問題がかなりの頻度で出題されているので，十分に慣れておくようにしたい。日常的に使いこなしておかないと，いざというときに活用できない。

04 解答のポイントを見極める

導出過程を含む解答形式や，論述・証明問題への対策として，何が解答のポイントであるかを見極め，簡潔に要旨をまとめる練習をしておきたい。

05 グラフに慣れる

描図・グラフの問題にも十分に気をつけたい。教科書にある図やグラフを注意して読み取る力をつけておくとよい。また，実験をしたときには，その結果をグラフにする習慣をつけておくこと。

化　学

▶一般方式・英語外部試験利用方式

年度	番号	項　目	内　容
2024 ◑	〔1〕	総　　合	分子の極性，気体，トリアセチルセルロース，同素体，生成熱・燃焼熱，同位体，状態図，化学反応式，結晶格子，アミノ酸 ⊘計算
	〔2〕	変　　化	反応速度 ⊘計算
	〔3〕	状態・無機	凝固点降下，無機物質の反応 ⊘計算
	〔4〕	高 分 子	合成繊維，合成ゴム ⊘計算
2023 ◑	〔1〕	総　　合	原子の構造，実在気体，化学変化とエネルギー，芳香族化合物の異性体，アニリンの合成，アミノ酸・タンパク質の反応，塩の反応，ケイ素，反応速度，気体の溶解度 ⊘計算
	〔2〕	状　　態	ボイルの法則と気体の反応，気体の質量 ⊘計算
	〔3〕	変　　化	中和滴定 ⊘計算
	〔4〕	有　　機	アルケンの付加反応とオゾン分解，熱化学 ⊘計算
2022 ◑	〔1〕	総　　合	無機化合物の性質，合成ゴム，反応速度，溶解度積，蒸気圧降下，電離度と pH，結晶格子，鉛蓄電池，飽和水蒸気圧，沸点上昇，有機化合物の反応 ⊘計算
	〔2〕	変　　化	溶解熱の測定実験 ⊘計算
	〔3〕	理論・無機	アルミニウムとその化合物，溶融塩電解，結晶格子の計算 ⊘計算
	〔4〕	有　　機	エステルの構造決定 ⊘計算

(注) ●印は全問，◑印は一部マークシート法採用であることを表す。

▶共通テスト併用方式

年度	番号	項　目	内　容
2024	〔1〕	状態・構造	気体の反応，飽和蒸気圧，分圧 ⊘計算
	〔2〕	構造・変化	イオン結晶，結晶格子の計算，熱化学 ⊘計算
	〔3〕	有機・変化	芳香族化合物の構造決定 ⊘計算
2023	〔1〕	状　　態	浸透圧 ⊘計算
	〔2〕	変　　化	電気分解 ⊘計算
	〔3〕	高分子・有機	芳香族化合物の構造決定，合成高分子化合物 ⊘計算

2022	〔1〕	無機・理論	アンモニアソーダ法	✓計算
	〔2〕	変化・無機	硫酸鉄(Ⅱ)七水和物の合成実験，酸化還元滴定	✓計算
	〔3〕	有機・構造	アセチレンの製法と反応，ビニロン	✓計算

計算問題が多く出題される 正確さとスピードを！

01 出題形式は？

一般方式・英語外部試験利用方式：マークシート法と記述式が各２題となっている。記述式の問題は，化学反応式や構造式を書かせるものや，計算問題の結果の数値を書かせるものが出題されている。計算問題の計算過程は，例年求められていない。試験時間は 90 分。

共通テスト併用方式：物理３題，化学３題，生物３題の合計９題（数・物理・都市環境学科は生物を除く合計６題）から３題を選択して解答する方式。全問記述式で，一般方式・英語外部試験利用方式で出題されている小問集合形式の大問は見られない。過去には，論述問題や計算過程を記述させる問題も出題されていた。試験時間は 100 分。

02 出題内容はどうか？

出題範囲は「化学基礎，化学」である。

一般方式・英語外部試験利用方式の〔1〕の小問集合問題は，理論化学分野を中心にさまざまな分野から幅広く出題されている。答えの数値を選ばせる計算問題，元素記号や化合物などの正しい組み合わせを答えさせる選択問題，2024 年度は見られなかったが正誤を判定させる問題などである。

また，いずれの方式でも理論分野では例年，混合気体の反応と分圧，熱化学，酸・塩基，酸化還元反応，化学平衡などが主に出題されている。有機分野では，典型問題だけでなく，総合力が問われる問題も多い。

03 難易度は？

マークシート法は基本的な内容が中心であるが，正しい数値や異性体の数を答えるのには，選択式であっても，ある程度の時間を必要とする。記述式は，理論分野の計算は標準的であるが，有機分野では年度によってはやや難しい問題も出題され，かなりの知識と応用力が必要である。また，共通テスト併用方式では，大問によって解答に要する時間に差がある年度もある。問題選択で不利にならないように，過去問を研究しておくこと。全体的に標準レベルであるが，長めの問題文であることが多いので，要点を読み取る能力が要求されている。

対策

01 理論

物質の性質や反応に関する幅広い知識を身につけるには，教科書を満遍なく学習すること。さらに解答のスピードを上げることが高得点につながる。記述式の対策は，理論化学全体，特に，気体の状態方程式と分圧，物質の溶解度，酸・塩基や酸化還元反応の量的な関係や pH，電池，電気分解，化学平衡などに関する標準レベルの計算問題を演習しておくとよい。

02 無機

単独の大問としてはあまり出題されない分野であるが，周期表の理論や，金属と無機塩類の性質などの内容がよく出題されるので，単体や無機化合物の性質は体系的に整理しておくこと。金属イオンの性質と沈殿生成反応は頻出なので，陽イオンの反応への対策は欠かさないようにしたい。さらに実験考察力や応用力が問われるような問題への対策も必要である。

03 有 機

代表的な有機化合物の構造や反応式を系統的に覚え，失点を少なくすることから始めるとよい。脂肪族，芳香族を問わず，エステルの構造決定に関する内容がよく出題されている。近年は，長めのリード文を読んで，その内容を把握して解くタイプの問題が多くなり，総合問題としての意味合いが強まっている。詰め込み型の学習ではなく，理解力の養成が必要である。高分子化合物についての出題は比較的少ないが，差がつきやすいため，学習が手薄にならないようにきちんと対策をしておきたい。

04 計 算

計算問題の分量が多いので，計算の正確さとスピードを身につけておく必要がある。過去には計算過程を書かせる問題が出題されたこともあり，普段から単に計算結果を書くだけでなく，単位や有効数字などを確実に処理して，ミスなく解答を導く練習をしておく必要がある。

生　物

▶一般方式・英語外部試験利用方式

年度	番号	項　目	内　容
2024 ◑	〔1〕	代謝，細胞	呼吸の過程，ATP の合成，細胞内共生，輸送タンパク質 ⊘論述
	〔2〕	総　合	動物の初期発生，DNA の構造，母性因子の極性，アゴ形態の適応進化 ⊘論述
	〔3〕	生　態	東京のバイオーム，植生と遷移（30 字 2 問） ⊘論述
	〔4〕	生　態	生態系の構造，生物間の相互作用，生態系のエネルギー収支（50 字 2 問） ⊘論述
2023 ◑	〔1〕	総　合	細胞分裂，核型と DNA，複製，物質循環，個体群，生態系の保全 ⊘計算
	〔2〕	進化・系統	地質時代と生物界の変遷，進化のしくみ，植物の系統
	〔3〕	遺伝情報，生殖・発生	遺伝子発現，mRNA の輸送・修飾，ショウジョウバエの発生 ⊘論述
	〔4〕	総　合	ドメイン，代謝，光合成色素，細胞の進化，細胞の増殖と温度 ⊘計算・論述
2022 ◑	〔1〕	総　合	浸透圧調節，ホルモン，遺伝子の発現，個体群，生物群集と生態系
	〔2〕	遺伝情報，代謝	PCR 法，タンパク質の構造，酵素反応（50 字） ⊘論述
	〔3〕	代謝，生態	C_4 植物と CAM 植物，地球温暖化
	〔4〕	総　合	系統と分類，植物の生殖と発生，食物連鎖，日本のバイオーム（40 字 2 問） ⊘論述

（注）　●印は全問，◑印は一部マークシート法採用であることを表す。

▶共通テスト併用方式

年度	番号	項　目	内　容
2024	〔1〕	遺伝情報	PCR 法，電気泳動法，変異（30 字 4 問，100 字他） ⊘論述・計算
	〔2〕	体内環境，生殖・発生	体温・血糖濃度の調節，幹細胞，肝臓，腎臓，イモリの肢の再生 ⊘論述
	〔3〕	生　態，進化・系統	世界・日本のバイオーム，葉の形と年平均気温，植物の陸生化（20 字） ⊘計算・論述

年度	番号	項目	内容
2023	〔1〕	遺伝情報	DNAの複製，遺伝子発現，突然変異，ウイルスゲノム，PCR法 ✓計算・論述
	〔2〕	総合	興奮の伝導と伝達，細胞骨格と物質輸送，解糖系の反応経路（100字） ✓計算・論述
	〔3〕	進化・系統，生態	系統と分類，個体数ピラミッドと栄養段階
2022	〔1〕	遺伝情報，生殖・発生	体細胞分裂と卵割，染色体，カエルの発生 ✓論述・計算
	〔2〕	総合	遺伝子の導入，エチレンの作用，抗酸化活性の計測 ✓計算
	〔3〕	総合	生物界と大気組成の変遷，細菌の同化，ドメイン，大腸菌のゲノム ✓計算

標準レベルの出題が中心
論述・計算問題に対処できる力を

01 出題形式は？

一般方式・英語外部試験利用方式：大問４題。従来は〔１〕がマークシート法で，〔２〕以降は記述式であったが，2023年度は〔１〕と〔２〕がマークシート法で，〔３〕〔４〕が記述式，2024年度はすべての大問でマークシート法と記述式が混在している形式であった。試験時間は90分。

共通テスト併用方式：大問３題ですべて記述式である。物理３題，化学３題，生物３題の合計９題から３題を選択して解答する方式。試験時間は100分。

年度や方式にもよるが，空所補充問題や名称などを答える問題のほか，実験考察問題，論述問題，計算問題がみられることが多い。過去には描図問題も出題されていた。論述問題は字数制限があるものもある。2023年度以前の一般方式・英語外部試験利用方式の〔１〕は小問集合形式で，文章の正誤を判断させる問題が多かったが，2024年度ではそのような出題はみられなかった。

02 出題内容はどうか？

出題範囲は「生物基礎，生物」である。

各分野から幅広く出題されており，１題の中に複数の分野を含んだ総合問題もみられる。全体に，広い範囲から出題しようとする意図が感じられ，どの分野からも出題されると考えておく必要がある。特に遺伝情報，代謝，生殖・発生，体内環境，生態，進化・系統からの出題が多い。

03　難易度は？

標準レベルの知識や理解を問う問題が多いが，問題量が多く，論述問題や実験考察問題，計算問題も含まれる。全体的な難易度は，一般方式・英語外部試験利用方式は標準程度，共通テスト併用方式はやや難～難である。多くの場合，順序立てて論理的に考えれば正解が導き出せ，意外な答えが要求されることもない。計算問題は，与えられた条件から計算方法を考える問題が多く，計算問題のセンスを身につけるための取り組みが求められる。論述問題は標準レベルのオーソドックスな内容が多いが，正確な理解がないと，ポイントを押さえた論述は難しいので，やはり日頃の学習が問われる。数は少ないが，細かい知識を必要とする問題もある。論述・計算問題が多いので，時間配分には注意が必要である。

対策

01　基本的な知識の習得

基本的な問題で点を落とすことがないようにしたい。また，発展的な問題にあたる場合も，まず基本的な内容を正しく理解していることが前提である。出題範囲が広いので，どの分野ももれなく，教科書に書かれていることを正確に理解し，自分の頭に定着させておくことが必要である。具体的には，日々の授業を大切にして内容を正しく理解するほか，教科書を十分に読み込んで重要用語を書き出すなどしておきたい。記憶を確実なものにするには，『生物の良問問題集［生物基礎・生物］』（旺文社）などの基本的な問題集を活用するのが効果的である。

02 発展問題への対処

見慣れない問題が出ても，惑わされず落ち着いて対処する必要がある。そのためには，『実戦 生物重要問題集 生物基礎・生物』（数研出版）などの問題集で発展的な問題を数多く経験して慣れておこう。特に，リード文が長い問題に取り組むことが，対策として効果的であろう。最初は時間がかかるだろうが，リード文をよく読み，問題を解く手がかりとなる部分を探すことができる力，つまり問題文の読解力を高めておくとよい。そして，問題の意図に沿う形で答えることができるよう論理的に正しく考える力を，さまざまな問題を解く中で養っておくこと。

03 論述対策

字数制限のある論述では，ポイントをはずさないよう表現する能力が必要である。そのためには，まずはその問題が何を問うているのかを，しっかり把握することが大切である。このことに気をつけながら，問題集の論述問題に取り組んでみる。そして自分の答案を何度も読み直し，文章のおかしなところは妥協せずに手直しをする。この繰り返しが，表現力を磨くことになる。また，教科書の索引などを利用して，重要な用語の説明や現象の理由などの説明を限られた字数にまとめる練習をしておくのも，字数に対する感覚が身につくので効果的である。

04 計算問題対策

まずは教科書レベルの代表的な計算問題を確実に解けるよう，前述した問題集などで練習しておこう。また，教科書では見慣れないものが出題されることもあるので，公式化して覚えるのではなく，与えられた条件を整理し，論理的に考えて正しい式を立てる力がつくよう，意識して練習しておく必要がある。さまざまな問題にあたって，これらの能力を高めよう。

2024年度

問題と解答

一般方式・英語外部試験利用方式

問題編

▶試験科目・配点

〔一般方式〕

教科	科目	配点
外国語	コミュニケーション英語Ⅰ・Ⅱ・Ⅲ，英語表現Ⅰ・Ⅱ	100 点
数学	数学Ⅰ・Ⅱ・Ⅲ・A・B	100 点
理科	物理学科・電気電子情報通信工学科 「物理基礎，物理」「化学基礎，化学」から1科目選択 上記以外の学科 「物理基礎，物理」「化学基礎，化学」「生物基礎，生物」から1科目選択	100 点

▶備　考

- 「数学B」は「数列，ベクトル」から出題する。
- 数学科は「数学」の配点を 200 点に換算する。

〔英語外部試験利用方式〕

- 指定の英語資格・検定試験のスコアおよび合格級により，中央大学独自の「外国語」の受験が免除される。
- 各外部試験のスコアおよび合格級は出願資格としてのみ使用する。
- 合否判定は，一般方式の「数学」および「理科」の2教科2科目の合計得点（200 点満点〈数学科は 300 点満点〉）で行う。

英 語

(80分)

I 次の英文を読み，設問に答えなさい（*印の語は〔注〕を参照しなさい)。(34点)

It was 60 years ago, on September 12, 1962, that President John F. Kennedy promised to put a man on the Moon before that decade was over. Now NASA has stated that humans will be living and working there within the next 10 years. If that sounds like an extraordinarily expensive and ambitious project, remember the words of President Kennedy, who, during that same speech, pointed out that humans choose to do such things "not because they are easy but because they(ア) are hard." That idea remains as true today as it was then. Building a permanent *settlement on the Moon will be one of the most difficult things humans have ever done, and it brings up several immediate questions.

For a start, where on the Moon would such a settlement be? Not everywhere on our closest neighbor is equal when it comes to living there. [1] the path of its *orbit, the Moon has a long day-night cycle, with each day or night lasting more than two weeks on Earth. This means that the most likely place for human settlements is near one of the poles, where light is all but permanent and the temperature extremes are much less severe than in the regions around the equator. There is also thought to be a lot of water at the poles (though Chinese scientists have just reported that pieces of glass found on other parts of the Moon's surface contain water, raising the possibility of another source for astronauts to use for fuel and drink). Two specific sites often mentioned are Mount Malapert, near the south pole, and the edge of the Peary crater, near the north.

Having chosen the location, we would then have to consider what kind of *accommodation to build. There are two possible forms: below the surface in underground tubes, or on the surface in biodomes. Underground has the advantage of greater protection from *meteorite strikes and from *solar radiation, which is around 200 times more powerful on the Moon than on Earth. But overground offers easier access and transport, [2] the mental comfort of being "outside." A mixture of the two is most likely. Moon buildings could be created with 3D-printing technology, using regolith — moon dust — as the main construction material.

Like any Earth city, settlements would need energy and food, so where would they be found? The former will come from a mixture of solar power and water, which could be broken down into hydrogen and oxygen to make fuel. As for the latter, food would need to be brought from Earth at first, but eventually it could be grown in special laboratories on the Moon.

Six space agencies aim to put people on the Moon — NASA, the European Space Agency, Russia, China, Japan, and India — as do individual billionaires like Elon Musk and Jeff Bezos. Allowing all to build on the Moon will cause serious legal and practical problems. In legal terms, the Moon is covered by a 1966 agreement, which states <u>it</u>(イ) shall be "free for exploration and use by all countries." This agreement will have to be changed to suit the demands of private people.

Whatever the mix of nations and cultures, every person there will have to deal with the huge physical and psychological consequences of living in one-sixth gravity almost 385,000 kilometers from Earth. Most of these effects are [3] unknown. For example, our bodies have evolved in Earth gravity over tens of thousands of years: how will <u>they</u>(ウ) adapt to a much lighter force? And while it's true that astronauts have spent more than a year at a time on the International Space Station (ISS), Earth has always been visible just below them. How will it feel when their home planet is little bigger in the *lunar sky than the Moon is in ours? Psychologists already warn that astrophobia — fear of space itself — could be a future worry. Loneliness would surely also be an immediate problem.

[4] so many problems, the idea of setting up settlements on the Moon does sound extremely difficult. But the rewards of achieving that goal go beyond President Kennedy's idea that humans are driven by the need to achieve the impossible. He could not have imagined that today's nations would have their eyes

on a more physical prize: Helium-3, a substance necessary for producing nuclear power in the future, which is hard to find on Earth.

Then again, even Helium-3 is unlikely to justify the massive effort and expense of permanent lunar living. Estimates of cost vary hugely, but NASA has calculated that it costs over $20,000 for every kilo of equipment <u>it</u>(エ) sends to the Moon. Online science project *Wendover* suggests a figure of $36 billion is needed to support four astronauts for a year, or about $100 million a day.

Spending such a huge sum is about more than just achieving a goal or collecting Helium-3. One day, through nuclear war, pandemics, or climate change, we might find ourselves no longer able to live on Earth, and in such a situation having a second home could be the only way our species lives on. "Single-planet species don't survive," said John Young, the ninth man to walk on the Moon. "Sooner or later, it will be one of the motivations of having bases on the Moon." Nor is a lunar settlement the final goal. A base on the Moon would be a jumping-off point for missions to Mars and other planets. No matter how difficult it sounds, it seems certain that eventually humans will move beyond their own planet and begin to spread into space itself.

*〔注〕settlement 居住地　orbit 軌道　accommodation 住居
meteorite 隕石　solar radiation 太陽放射　lunar 月の

設 問

1．下線部(ア)～(エ)が指すものをA～Dよりそれぞれ1つ選び，その記号をマークしなさい。

(ア) <u>they</u>

A．humans　B．the next 10 years

C．NASA scientists　D．such things

(イ) <u>it</u>

A．putting people on the Moon

B．the Moon

出典追記：How humans will colonise the Moon - and when it will happen, The Telegraph on August 24, 2023 by Boris Starling

C. building on the Moon

D. the 1966 agreement

(ウ) <u>they</u>

A. changes in gravity　B. our bodies

C. astronauts　D. these effects

(エ) <u>it</u>

A. NASA　B. the cost

C. equipment　D. Helium-3

2. 本文の［　1　］〜［　4　］に入る最も適当なものをA〜Dよりそれぞれ1つ選び，その記号をマークしなさい。

1. A. Until　B. Around　C. Due to　D. In spite of

2. A. regardless of　B. without
   C. as well as　D. in terms of

3. A. still　B. already　C. no longer　D. scarcely

4. A. Unfortunately　B. Unlike
   C. Whatever　D. With

3. 次の1〜4の問いの答えとして最も適当なものをA〜Dよりそれぞれ1つ選び，その記号をマークしなさい。

1. What reason for choosing the poles for Moon settlements is NOT mentioned?

   A. It is easier to land a spaceship on the poles than other parts of the Moon.

   B. There seems to be water available at the poles.

   C. It is daylight almost all the time at the poles.

   D. It is neither extremely hot nor extremely cold at the poles.

2. Why will the 1966 agreement need to be changed?

   A. There are six space agencies all aiming to build settlements on the

Moon.

B. It will be difficult to find space on the Moon for everyone.

C. It is not only countries that aim to build on the Moon but also rich individuals.

D. The 1966 agreement did not consider the existence of Helium-3.

3. In what way will living on the Moon be different from staying on the ISS?

A. There is less gravity on the Moon than on the ISS.

B. The Earth looks much bigger from the ISS than from the Moon.

C. Astronauts have only spent a few months on the ISS at one time.

D. The astronauts on the ISS are all highly trained and experienced.

4. What reason for building a settlement on the Moon is NOT mentioned?

A. There is a valuable resource on the Moon that could be used for nuclear power.

B. If something happens to the Earth, the Moon could save our species.

C. Humans are driven to achieve difficult or impossible things.

D. There are a lot of important research projects that can be done on the Moon.

4. 次のA～Gの英文で，本文の内容に一致しているものを<u>2つだけ</u>選び，その記号をマークしなさい。

A. NASA has just started building a settlement on the Moon.

B. A recent report suggests the poles are not the only parts of the Moon with water.

C. It is more likely settlements will be built on the surface rather than underground.

D. Moon dust is not suitable for constructing buildings.

E. Water will be used both for drinking and for making fuel.

F. Helium-3 means it is worth spending a lot of money to build on the Moon.

G. John Young thinks we will not be able to survive on the Moon.

Ⅱ　次の1～10の英文の空所に入る最も適当なものをA～Dよりそれぞれ1つ選び，その記号をマークしなさい。(10点)

1．Her project team is planning to make its (　　) available online.

A．productivity　B．product　C．producing　D．productive

2．I asked one of my colleagues for (　　).

A．an advice　B．advices　C．advising　D．advice

3．The very thing (　　) once saved us may now be destroying us.

A．that　B．at　C．though　D．what

4．(　　) in London, he had a number of opportunities to discuss the issues.

A．During　B．While　C．Despite　D．Unless

5．This workshop will (　　) you to reconsider your behavior to date.

A．cause　B．have　C．make　D．let

6．I'd recommend this car, since it (　　) smoothly.

A．shows　B．buys　C．drives　D．looks

7．Whether AI is (　　) of consciousness is a matter of debate.

A．capable　B．possible　C．able　D．potential

8．Facing tough situations, top players often seem to have no fear of losing (　　).

A．whatever　B．whenever　C．whichever　D．whoever

9．The patient was asked to lie (　　) her face down.

A．about　B．for　C．toward　D．with

10. The coach was (　　) mean to me yesterday.

A. of being　　B. to be　　C. being　　D. been

Ⅲ 次の1～10の英文の空所に入る最も適当なものをA～Dよりそれぞれ1つ選び，その記号をマークしなさい。(10点)

1. As the seats were all (　　), I watched the performance standing up.

A. left　　B. gotten　　C. taken　　D. made

2. The old man lived alone but enjoyed (　　) visits from the neighbors.

A. occasional　　B. operational　　C. additional　　D. proportional

3. We tried to finish the project a week (　　) of schedule.

A. regardless　　B. because　　C. ahead　　D. out

4. The young writer was (　　) up with people criticizing his latest novel.

A. kept　　B. put　　C. come　　D. fed

5. The rising crime (　　) was certainly a critical problem to tackle.

A. prevention　　B. rate　　C. scene　　D. suspect

6. Zinc is a fairly active metal that (　　) in both acids and strong alkalis.

A. evolves　　B. dissolves　　C. involves　　D. resolves

7. This information is strictly (　　) because it contains the personal data of our customers.

A. confidential　　B. conditional　　C. conventional　　D. conceptual

8. The baggage may be checked again at the (　　) of departure.

A. cost　　B. risk　　C. mercy　　D. point

9. The boy felt sick and was ( ) home by the teacher.

A. stayed B. gone C. sent D. got

10. The poor management by the company president was to ( ) for the bankruptcy.

A. blame B. explain C. result D. cause

Ⅳ 次のA～Lに示された1と2の英文の組み合わせのうち，1の文で示されている内容から判断して2の文の内容が妥当と考えられるものを4つだけ選び，その記号をマークしなさい。例を参照のこと。(12点)

(例) 1：I'm 18 years old and Takeshi is 10 years old.
2：I'm much older than Takeshi. (妥当)/I'm a little younger than Takeshi. (誤っている)

A. 1：The dish consists of ingredients known only to the chef.
2：The ingredients in this dish are not known by anyone except the chef.

B. 1：However we travel, we're not going to arrive on time.
2：We're going to be late unless we find a different way to get there.

C. 1：We ought to finish this job as fast as we can.
2：We don't need to complete this job as quickly as that.

D. 1：Had I heard about it, I would have gone to the party.
2：Since I didn't know about the party, I didn't go.

E. 1：I can't wait for my exam results to be announced.
2：I'm not looking forward to hearing about how I did on my exam.

F. 1：My daughter is out on a school excursion today.

2 : My daughter was unable to go on her school trip today.

G. 1 : Considering the weather, we are expecting the game to go ahead.

2 : We believe the game will be delayed on account of the weather.

H. 1 : I couldn't follow what the man was telling me at all.

2 : I only understood a part of what the man was saying.

I. 1 : As far as I'm aware, the project is proceeding as scheduled.

2 : To my knowledge, the project is going according to plan.

J. 1 : Above everything else, cost is our priority.

2 : Cost is not the most important thing for us.

K. 1 : He doesn't intend to leave before the game is over.

2 : He is planning to go home only after the game ends.

L. 1 : I don't have any idea where she went.

2 : I think I might have a clue where she has gone.

V 次の設問1，2に答えなさい（＊印の語は〔注〕を参照しなさい）。(20点)

設 問

1．次の英文を読み，本文の空所［ 1 ］～［ 5 ］に入る最も適当なものをA～Dよりそれぞれ1つ選び，その記号をマークしなさい。

A WINDOW OF HOPE

In hot parts of the world, it takes a lot of energy to keep buildings comfortably cool. Researchers hope to reduce that energy with a new window coating. [1] air conditioners, it doesn't need power to work.

As it comes through windows, sunshine is a big source of heat in buildings. Sunlight contains both the visible light we can see and the invisible light — *ultraviolet and *infrared — we can't. All three types can pass through glass. Windows need to let visible light through but not [2] two, explains lead researcher Tengfei Luo. "Except for heating up a room, they really don't do anything." Another problem is that ultraviolet and infrared can't leave Earth's atmosphere, so they end up [3] to global warming.

To create the coating, Luo's team investigated how certain materials could be placed in ultrathin layers to reflect unwanted forms of light back to space. They used a supercomputer to analyze millions of different combinations of materials before eventually, after two days of calculations, [4] one that seemed to work. They tested the coating in a desert building in Arizona and were pleased to discover it reduced the temperature by six degrees. The new coating may offer a solution to [5].

*〔注〕ultraviolet 紫外線 infrared 赤外線

1．A．Similar to B．Unlike
C．Unfortunately D．In contrast

出典追記：Think of this new tech as sunglasses for our windows, Science News Explores on March 21, 2023 by Kendra Redmond, Society for Science & the Public

2. A. the other B. both of
C. another D. other

3. A. causing B. bringing
C. enabling D. contributing

4. A. find B. found
C. having found D. finding

5. A. the issue of high energy use in hot climates
B. the high cost of installing windows in desert towns
C. the problem of manmade climate change
D. people trying to heat their houses efficiently

2. 次の英文を読み，本文の空所［ 1 ］～［ 5 ］に入る最も適当なものをA～Dよりそれぞれ1つ選び，その記号をマークしなさい。

Dear Sunshine Resorts

I am writing to complain about our stay at your resort in Florida from July 2 to July 14. It was one of the worst holiday [1] my family and I have ever had.

First of all, there was the room. We had booked a family suite with two bedrooms, but when we arrived at the resort we [2] there had been a misunderstanding and only an ordinary twin room was available. Since we have two young children, this was obviously not large enough, but [3] find us a more suitable room, all the hotel could offer was two extra mattresses to lay upon the floor. It was extremely crowded and uncomfortable, as you can imagine.

Next was the food. Your resort pamphlet had promised two restaurants, but it turned out that one was in the process of being renovated and was not open. The single remaining restaurant was not spacious enough for all the guests, with the result that we spent a long time waiting in line each meal for a table to become available. And when we finally did get inside, was the food [4] waiting for? No, it was not. It was low-quality, limited in range, and often cold.

Finally, there were the facilities. We chose your resort because of the outdoor pools and play areas you provide for families. What your pamphlet failed to mention, however, was that there was an extra charge of $20 for use of these areas each day! Considering the high cost of the accommodation and meals, we were shocked to say the least.

All in all, we were extremely disappointed with our stay. Therefore, [5].

Sincerely,

Caroline Howard

1. A. experiencing B. experience
   C. experienced D. experiences
2. A. had informed B. informed
   C. were informed D. be informed
3. A. rather than B. neither
   C. instead of D. nevertheless
4. A. worth B. remained
   C. found D. nice
5. A. the hotel cannot be better next time
   B. we have decided to cancel our holiday
   C. we would like to ask for some of our money back
   D. we will not be eating at your hotel restaurant again

Ⅵ 次の英文を読み，本文の空所［ 1 ］～［ 7 ］に入る最も適当なものをA～Gよりそれぞれ1つ選び，その記号をマークしなさい。ただし，同じものを繰り返して選ぶことはできない（＊印の語は〔注〕を参照しなさい）。(14点)

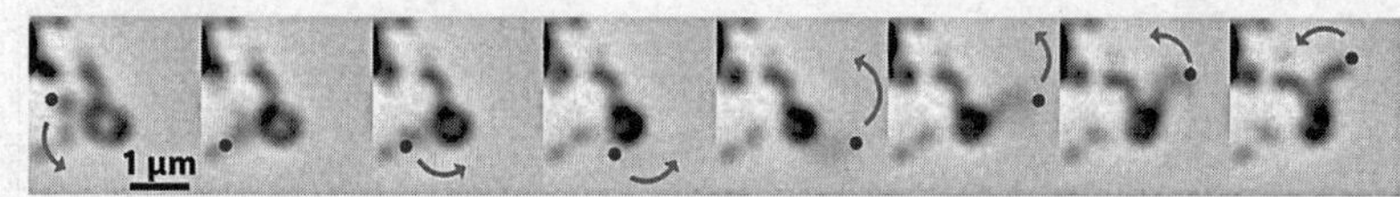

Figure. The "moving" syn3.0 cell

As a child, Makoto Miyata loved *tinkering with radios and amplifiers. Now his interest in tinkering with things has only grown — but as a *cellular biologist, he ［ 1 ］. For a paper in *Science Advances*, Miyata's team at Osaka Metropolitan University in Japan has adjusted the genes of the smallest *synthetic life-form to make it move on its own, hinting at how minimal genetic additions could have helped *primordial cells begin to move.

Researchers ［ 2 ］ how the earliest natural cells might have developed movement. Such studies have used a bacteria called *Spiroplasma*: single-celled organisms that move by simply bending, flexing and changing their shape — not by using specialized *appendages, as many other bacteria do. In *Spiroplasma*, scientists ［ 3 ］ this kind of cell movement. But confirming these genes' precise roles experimentally has proved challenging.

The team turned to a synthetic cell, called JCVI-syn3.0 (syn3.0 for short), which researchers at the J. Craig Venter Institute created in 2016. The cell functions with a record-breakingly small total of 473 genes — humans, by comparison, have more than 20,000. But syn3.0 can't move.

Miyata and his colleagues inserted combinations of the seven movement-associated *Spiroplasma* genes into syn3.0 cells. He says he clearly remembers the moment he ［ 4 ］ the previously *stationary synthetic cells "dancing." Nearly half had taken on new shapes; some had even developed twisting forms to swim, just like *Spiroplasma*.

Miyata had imagined creating a synthetic cell that could move, but he says it was still "quite surprising" when it actually happened. He [5], according to National Institute of Standards and Technology cellular engineer Elizabeth A. Strychalski, who [6] a presentation ahead of its release. "When they showed the video of these organisms swimming and how their shapes had changed, you could almost feel the audience's shock," she says. Miyata's team found that introducing combinations of just two genes was enough to produce *Spiroplasma*-like movement.

Although it's hard to imagine what conditions caused cells' first movements billions of years ago, this research [7] them take that massive jump. The study also has implications for the future, Strychalski says: "Mobile synthetic cells might someday be engineered to find dangerous bacteria, viruses, or even cancer cells in the human body."

*〔注〕tinkering with いじる　cellular biologist 細胞生物学者
synthetic 合成の　primordial 原始の
appendage 付属肢（動物の足など）　stationary 静止している

A．was not involved in the study but attended
B．have long been working to understand
C．looked through a microscope and saw
D．does it at a much smaller scale
E．wasn't the only one surprised
F．shows how small changes could help
G．had already identified seven genes likely to aid

出典追記：Scientists Create the Smallest-Ever Moving Cell, Scientific American on April 1, 2023 by Saugat Bolakhe

数 学

（100分）

（注） 満点が100点となる配点表示になっていますが，数学科は満点が200点であり，各問の配点は2倍となります。

I 次の問題文の空欄にもっとも適する答えを解答群から選び，その記号をマーク解答用紙にマークせよ。ただし，同じ記号を2度以上用いてもよい。(20点)

aを1以上の実数，bを実数とし，関数$f(x)$, $g(x)$, $h(x)$を以下で定める。

$$f(x) = -\Big|2|x| - 1\Big|, \qquad g(x) = ax + b, \qquad h(x) = e^x$$

ただし，eは自然対数の底である。

(1) すべての実数xに対し$f(x) \leqq g(x)$が成り立つ(a, b)の範囲は，条件$a \geqq 1$の下では，$b \geqq 1$のとき$a \leqq$ ア であり，$\frac{1}{2} \leqq b \leqq 1$のとき$a \leqq$ イ である。$b < \frac{1}{2}$のとき条件を満たすaは存在しない。

(2) 実数pに対し，$x = p$における$y = h(x)$の接線の方程式は$y =$ ウ である。したがって$a = e^p$のとき，すべての実数xに対し$g(x) \leqq h(x)$が成り立つのは$b \leqq$ エ のときであり，これはaとbの関係として$b \leqq$ オ と表される。

(3) すべての実数xに対し$f(x) \leqq g(x) \leqq h(x)$が成り立つような$(a, b)$全体のなす領域を$D$とする。$D$における$a$の最大値は カ である。また，$D$の面積は キ である。

問題Iのア，イの解答群

ⓐ 1　ⓑ $\frac{3}{2}$　ⓒ 2　ⓓ $\frac{5}{2}$　ⓔ 3

ⓕ b　ⓖ $\frac{3}{2}b$　ⓗ $2b$　ⓘ $\frac{5}{2}b$　ⓙ $3b$

問題Ⅰのウの解答群

ⓐ $e^p x+p$　ⓑ $e^p x+p+1$　ⓒ $e^p x+p-1$

ⓓ $e^p x-p+1$　ⓔ $e^p x-p-1$　ⓕ $e^p x+(p+1)e^p$

ⓖ $e^p x+(p-1)e^p$　ⓗ $e^p x+(-p+1)e^p$　ⓘ $e^p x-(p+1)e^p$

問題Ⅰのエの解答群

ⓐ p　ⓑ $p+1$　ⓒ $p-1$

ⓓ $-p+1$　ⓔ $-p-1$　ⓕ $(p+1)e^p$

ⓖ $(p-1)e^p$　ⓗ $(-p+1)e^p$　ⓘ $-(p+1)e^p$

問題Ⅰのオの解答群

ⓐ $\log a$　ⓑ $1+\log a$　ⓒ $-1+\log a$

ⓓ $1-\log a$　ⓔ $-1-\log a$　ⓕ $a(1+\log a)$

ⓖ $a(-1+\log a)$　ⓗ $a(1-\log a)$　ⓘ $-a(1+\log a)$

問題Ⅰのカの解答群

ⓐ $\dfrac{1}{e^2}$　ⓑ $\dfrac{1}{\sqrt{e}}$　ⓒ $\sqrt{e}$　ⓓ $2\sqrt{e}$　ⓔ e　ⓕ $2e$　ⓖ e^2

問題Ⅰのキの解答群

ⓐ $\dfrac{e-2}{2}$　ⓑ $\dfrac{e-1}{2}$　ⓒ $\dfrac{e}{2}$　ⓓ $\dfrac{e+1}{2}$　ⓔ $\dfrac{e+2}{2}$

ⓕ $\dfrac{e-2}{4}$　ⓖ $\dfrac{e-1}{4}$　ⓗ $\dfrac{e}{4}$　ⓘ $\dfrac{e+1}{4}$　ⓙ $\dfrac{e+2}{4}$

II 次の問題文の空欄にもっとも適する答えを解答群から選び，その記号をマーク解答用紙にマークせよ。ただし，同じ記号を2度以上用いてもよい。(20点)

n を3以上の整数とする。$1, 2, \ldots, n$ の数がひとつずつ書かれた n 枚のカードがある。これらをよく混ぜて一枚のカードを引き，そこに書かれた数を X とする。そのカードを元に戻し，よく混ぜてからもう一度一枚のカードを引き，そこに書かれた数を Y とする。このとき $X-Y$ が3の倍数である確率を $p(n)$，$X-Y-1$ が3の倍数である確率を $q(n)$，$X-Y+1$ が3の倍数である確率を $r(n)$ とする。

(1) $q(3) =$ [ク] である。

(2) $r(n)$ は $q(n)$ を用いて $r(n) =$ [ケ] と表せる。

等式 $p(n)+q(n)+r(n)=1$ と (2) から，$p(n)$ を求めれば $q(n)$ と $r(n)$ も求まる。そこで，$p(n)$ について考察する。

(3) n が3の倍数であるとき，$p(n) = \dfrac{[コ]}{[サ]}$ が成り立つ。

(4) $n-1$ が3の倍数であるとき，$p(n) = \dfrac{[シ]}{[ス]}$ が成り立つ。

(5) $n-2$ が3の倍数であるとき，$p(n) = \dfrac{[セ]}{[ソ]}$ が成り立つ。

問題IIのクの解答群

ⓐ 0　ⓑ $\frac{1}{9}$　ⓒ $\frac{2}{9}$　ⓓ $\frac{1}{3}$　ⓔ $\frac{4}{9}$　ⓕ $\frac{5}{9}$　ⓖ $\frac{2}{3}$　ⓗ $\frac{7}{9}$　ⓘ $\frac{8}{9}$　ⓙ 1

問題IIのケの解答群

ⓐ $q(n)$　ⓑ $2q(n)$　ⓒ $\frac{1}{2}q(n)$

ⓓ $1-q(n)$　ⓔ $1-2q(n)$　ⓕ $2-q(n)$

ⓖ $\frac{1}{2}(1-q(n))$　ⓗ $\frac{1}{2}(1-2q(n))$　ⓘ $\frac{1}{2}(2-q(n))$

問題IIのコ，シ，セの解答群

ⓐ 1　ⓑ 2　ⓒ 4　ⓓ 8　ⓔ 16

ⓕ $n-2$　ⓖ $n-1$　ⓗ $n+1$　ⓘ $n+2$　ⓙ $n+3$

ⓚ n^2-2　ⓛ n^2-1　ⓜ n^2+1　ⓝ n^2+2　ⓞ n^2+3

問題 II のサ，ス，ソの解答群

ⓐ 3　ⓑ 5　ⓒ 7　ⓓ 9　ⓔ n^2

ⓕ $3n-2$　ⓖ $3n-1$　ⓗ $3n$　ⓘ $3n+1$　ⓙ $3n+2$

ⓚ $3n^2-2$　ⓛ $3n^2-1$　ⓜ $3n^2$　ⓝ $3n^2+1$　ⓞ $3n^2+2$

III 関数 $f(x)$, $g(x)$ と $n=1,2,3,\ldots$ に対し $s_n(x)=f(x)^n+g(x)^n$ とおき，さらに

$$s_1(x)=x, \qquad s_2(x)=x^2+2$$

が成り立つとする。以下の問いに答えよ。(30 点)

(1) $f(x)g(x)$ と $s_3(x)$ を求めよ。

(2) $s_{n+2}(x)$ を $s_n(x)$ と $s_{n+1}(x)$ を用いて表せ。

(3) $s_n(x)$ の $x=0$ における値 $s_n(0)$ と微分係数 $s_n'(0)$ を求めよ。

IV $n=1,2,3,\ldots$ に対し，$I_n=\displaystyle\int_0^{\frac{\pi}{2}}\sin^n x\,dx$ とおく。また，$I_0=\displaystyle\int_0^{\frac{\pi}{2}}1\,dx$ とする。以下の問いに答えよ。(30 点)

(1) $(n+1)I_{n+1}=nI_{n-1}$ を示せ。

(2) nI_nI_{n-1} を求めよ。

(3) $I_{n+1}<I_n$ を示せ。

(4) 極限 $\displaystyle\lim_{n\to\infty} nI_n^2$ を求めよ。

物　理

(90分)

I　次の問題の答えを，記述解答用紙の所定の場所に書きなさい。(40点)

図1のように，水平な床の上に質量が m_A の物体Aと質量が m_B の物体Bが置かれている。ただし，$m_A > m_B$ であるとする。物体Aと床との間の摩擦は常に無視できるが，物体Bと床との間には摩擦がはたらき，その動摩擦係数は μ' である。物体Aを物体Bに衝突させたときの，その後の物体A，物体Bの運動を考察しよう。ここで，物体Aと物体Bの衝突では極めて短時間に強い力（撃力）がはたらくため，衝突の際に床が物体Bに及ぼす静止摩擦力の影響を考える必要はない。そのため，物体Aと物体Bの衝突の直前・直後で運動量は保存される。さらに，物体Aと物体Bの間の反発係数（はねかえり係数）は1であるとする。また，重力加速度の大きさを g とする。図1に示されているように x 軸を定め，物体A，物体Bはすべて x 軸に沿った方向にのみ運動するものとする。

図1

まずはじめに物体Bを床の上に静止させた。この状態で床の上を速度 V で物体Aを運動させ，静止している物体Bに衝突させた。物体Aが物体Bに1回目の衝突をした後，物体A，物体Bはともに x 軸の正の向きに運動したが，やがて物体Bは床の上に静止し，物体Bが完全に静止した後に物体Aが物体Bに再度衝突した。以後，物体Aと物体Bはこのような衝突を繰り返した。物体Aと物体Bが n 回衝突した直後の物体Aの速度を u_n，物体Bの速度を w_n とする。

問い

1．下の文中の(1)〜(6)にあてはまる数式を書きなさい。

物体Aと物体Bとの間の反発係数が1であることと運動量保存の法則を用いることで，1回目の衝突直後の物体Aの速度 u_1 と物体Bの速度 w_1 は，m_A，m_B，V を用いて $u_1 =$ (1)，$w_1 =$ (2) と表される。

衝突後の物体Bの運動は，物体Bにはたらく動摩擦力のため，加速度が (3) の等加速度運動となる。したがって，物体Aと物体Bが1回目の衝突をしてから物体Bが静止するまでの時間 t_B を w_1，g，μ' を用いて表すと $t_B =$ (4) であり，物体Bが1回目の衝突をしてから静止するまでに床の上を移動した距離を w_1，g，μ' を用いて表すと (5) である。一方，物体Aが距離 (5) を移動するために必要な時間 t_A を u_1，w_1，g，μ' を用いて表すと $t_A =$ (6) である。

2．2回目の衝突は必ず物体Bが完全に静止した後に起きる。つまり $t_A > t_B$ である。$m_A > m_B$ を用いることで，$t_A > t_B$ であることを証明しなさい。

3．n 回目の衝突の後，物体Bが再び静止するまでに物体Bが移動する距離を L_n とする。$\dfrac{u_{n+1}}{u_n}$，$\dfrac{w_{n+1}}{w_n}$，および $\dfrac{L_{n+1}}{L_n}$ をそれぞれ m_A，m_B を用いて書きなさい。

4．1回目から N 回目までの衝突により物体Bが移動した距離の総和を L とおくと，

$$Lm_Bg\mu' = \frac{1}{2}m_AV^2\left(1 - \boxed{(7)}\right)$$

となる。(7)にあてはまる数式を m_A，m_B，N を用いて書きなさい。ただし，必要に応じて以下の公式を用いてよい。

$$1 + r + r^2 + \cdots + r^{k-1} = \frac{1 - r^k}{1 - r} \quad (r \neq 1,\ k \text{は正の整数})$$

Ⅱ 次の文章の空欄にあてはまる数式または語句を解答群の中から選び，マーク解答用紙の所定の場所にマークしなさい。(30点)

固定した磁石のそばで金属板（銅板）を動かそうとすると，金属板の動きを妨げる方向に力がはたらく。この様子を考察してみよう。

まず金属板のかわりに一辺がL[m]の正方形の回路 pqrsp を考えて，この回路を磁場に垂直な面内におく（図1）。このとき磁場は正方形回路の辺 pq に平行な方向に一定の勾配をもって変化するものとする。すなわち，正方形回路の辺 pq に平行な方向に座標軸xをとると，x座標がx[m]のところの磁束密度の大きさ$B(x)$[T]は

$$B(x) = ax + b$$

と与えられる。ただし，a[T/m]，b[T]は定数である。また磁束密度は紙面から手前に向かう方向を正の方向とする。

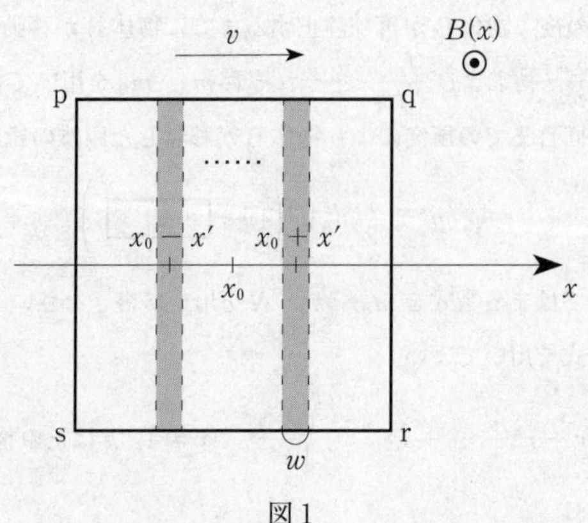

図1

正方形回路を貫く磁束は次のように考えることができる。正方形回路で囲まれた領域を，x軸方向にその間での磁束密度の変化が無視できるほど小さな幅w[m]の短冊状の領域（長さL）に分け，それぞれの領域を貫く磁束を考える（図1）。正方形回路の中心の座標をx_0[m]とすると，そこからx'[m]だけ離れた$x_0 + x'$にある短冊状の領域を貫く磁束Φ[Wb]は，［(1)］と与えられる。一方，正方形回路の中心から反対側にx'だけ離れた$x_0 - x'$にある短冊状の領域を貫く磁束も同様に考えると，

この２つの短冊状の領域を貫く磁束の総和は [(2)] となる。このことから，正方形回路全体を貫く磁束の総和は [(3)] であると言える。

正方形回路を x 軸正の方向に一定の速さ v[m/s]で動かす。このとき，時間 Δt[s]の間に回路の中心は $v\Delta t$ だけ移動するので，その間の回路を貫く磁束の変化を考えると正方形回路に生ずる起電力の大きさ V[V]は [(4)] となる。正方形回路の自己インダクタンスは無視できるものとし，回路全体の電気抵抗を R[Ω]とすると，回路に流れる電流の大きさ I[A]は [(5)] である。また回路に流れる電流の向きは，回路を動かす方向に磁場が増加する場合（$a > 0$）には， [(6)] である。回路に電流が流れることにより回路の各辺に力がはたらく。このとき回路の辺 qr の部分にはたらく力の x 軸方向の成分は，正方形回路の中心の座標が x_0 のとき，その向きも含めて [(7)] となる。回路の他の辺にはたらく力も考慮すれば，回路全体にはたらく力の x 軸方向の成分は向きも含めて [(8)] となる。したがって，回路を x 軸方向に一定の速さ v で動かすために時間 Δt の間に外力がする仕事は [(9)] であり，これは回路に流れる電流の大きさ I を用いて [(10)] と表すこともできる。一方，回路を動かす方向に磁場が減少する場合（$a < 0$）は，回路に流れる電流の向きは [(11)] であり，回路全体にはたらく力の x 軸方向の成分はその向きも含めて [(12)] となる。以上のことから，いずれの場合でも回路の動きを妨げる方向に力がはたらくことがわかる。

金属板での電流の流れ方を考えるために，一辺が $L_n = L\left(1 - \dfrac{n}{N}\right)$（$n = 0, 1, \cdots, N - 1$）の正方形の回路を，図２のように直線部分が平行かつ等間隔になるように固定した模型を考える。それぞれの正方形回路の自己インダクタンスや相互インダクタンスは無視できるものとすると，個々の正方形回路に流れる電流は上の考察をそのまま適用することが出来て，同じ向きに電流が生ずると考えられる。回路は断面積と抵抗率が一定の細い導線で作られているとすると，正方形回路に流れる電流は [(13)] と考えられる。このような電流を渦電流とよんでいる。

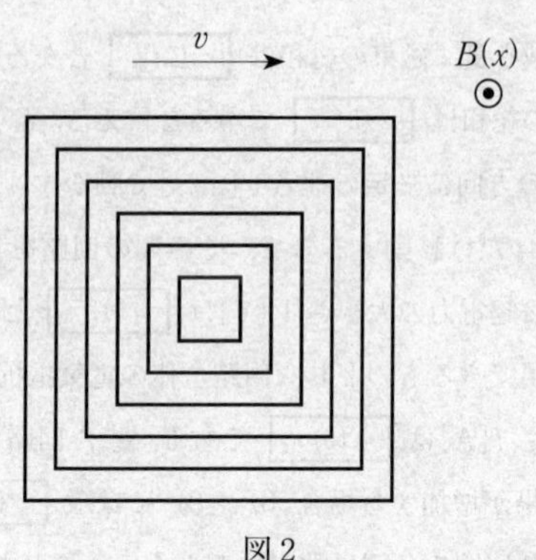

図2

［解　答　群］

(1)に対するもの

(a)　$(ax_0 + ax' + b)L^2$　　(b)　$-(ax_0 + ax' + b)L^2$

(c)　$(ax_0 - ax' + b)L^2$　　(d)　$-(ax_0 - ax' + b)L^2$

(e)　$(ax_0 + ax' + b)Lw$　　(f)　$-(ax_0 + ax' + b)Lw$

(g)　$(ax_0 - ax' + b)Lw$　　(h)　$-(ax_0 - ax' + b)Lw$

(2)に対するもの

(a)　$(ax_0 + b)Lw$　　(b)　$-(ax_0 + b)Lw$　　(c)　$2(ax_0 + b)Lw$

(d)　$-2(ax_0 + b)Lw$　　(e)　$2bLw$　　(f)　$-2bLw$

(g)　bL^2　　(h)　$-bL^2$

(3)に対するもの

(a)　ax_0L^2　　(b)　$-ax_0L^2$　　(c)　bL^2

(d)　$-bL^2$　　(e)　$(ax_0 + b)Lw$　　(f)　$-(ax_0 + b)Lw$

(g)　$(ax_0 + b)L^2$　　(h)　$-(ax_0 + b)L^2$

(4)に対するもの

(a)　$|a|L$　　(b)　$|a|L^2$　　(c)　$|b|L$　　(d)　$|b|L^2$

(e)　$|a|Lv$　　(f)　$|a|L^2v$　　(g)　$|b|Lv$　　(h)　$|b|L^2v$

(5)に対するもの

(a) $\frac{1}{R}|a|L$　(b) $\frac{1}{R}|a|L^2$　(c) $\frac{1}{R}|b|L$　(d) $\frac{1}{R}|b|L^2$

(e) $\frac{1}{R}|a|Lv$　(f) $\frac{1}{R}|a|L^2v$　(g) $\frac{1}{R}|b|Lv$　(h) $\frac{1}{R}|b|L^2v$

(6)，(11)に対するもの

(a) 時計回り（p → q → r → s → p）

(b) 反時計回り（p → s → r → q → p）

(7)に対するもの

(a) $-(ax_0+aL+b)IL$　(b) $(ax_0+aL+b)IL$

(c) $-(ax_0-aL+b)IL$　(d) $(ax_0-aL+b)IL$

(e) $-\left(ax_0+a\frac{L}{2}+b\right)IL$　(f) $\left(ax_0+a\frac{L}{2}+b\right)IL$

(g) $-\left(ax_0-a\frac{L}{2}+b\right)IL$　(h) $\left(ax_0-a\frac{L}{2}+b\right)IL$

(8)，(12)に対するもの

(a) aIL　(b) $-aIL$　(c) aIL^2　(d) $-aIL^2$

(e) aI^2L　(f) $-aI^2L$　(g) ax_0IL　(h) $-ax_0IL$

(9)に対するもの

(a) $a^2L^4v\Delta t$　(b) $a^2L^4v^2\Delta t$　(c) $aL^2v\Delta t$　(d) $aL^2v^2\Delta t$

(e) $\frac{a^2L^4}{R}v\Delta t$　(f) $\frac{a^2L^4}{R}v^2\Delta t$　(g) $\frac{aL^2}{R}v\Delta t$　(h) $\frac{aL^2}{R}v^2\Delta t$

(10)に対するもの

(a) $IR\Delta t$　(b) $I^2R\Delta t$　(c) $IR^2\Delta t$　(d) $I^2R^2\Delta t$

(e) $\frac{I}{R}\Delta t$　(f) $\frac{I^2}{R}\Delta t$　(g) $\frac{I}{R^2}\Delta t$　(h) $\frac{I^2}{R^2}\Delta t$

(13)に対するもの

(a) L_n に依らない　(b) L_n^2 に比例する　(c) L_n に比例する

(d) $\sqrt{L_n}$ に比例する (e) L_n^2 に反比例する (f) L_n に反比例する
(g) $\sqrt{L_n}$ に反比例する (h) $|L_n - L|$ に比例する

Ⅲ 次の文章の空欄にあてはまる数式または語句を解答群の中から選び，マーク解答用紙の所定の場所にマークしなさい。(30点)

アクリルパイプの片側にゴム栓をしてシリンダーを作り，机の上に立てて，ゴム栓の上に小さくちぎった綿を置く。ピストンをシリンダーに装着して，ピストンを思い切り押し込んだ。すると，綿が発火した。(図1参照。) このことは，シリンダー内の気体の温度が急上昇したことを意味する。この現象を考察してみよう。

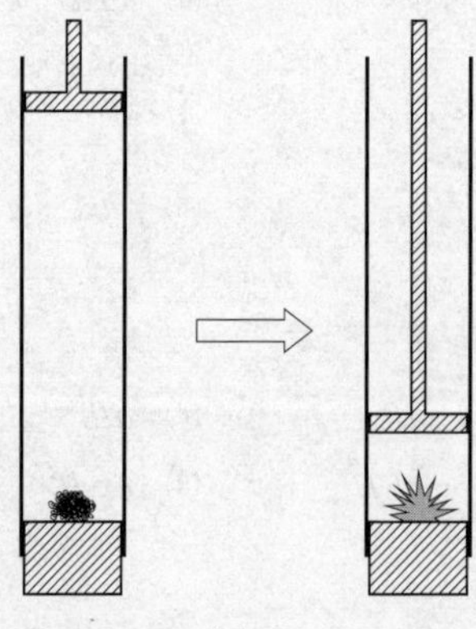

図1

ピストンを速く動かしたため，気体の圧縮過程の間の外部との熱の出入りは非常に小さく無視できる。このような気体の状態変化を (1) という。このとき， (2) より，気体の内部エネルギーの増分 ΔU は，外部から気体にされた仕事 W と等しい。

ピストンを急に押し込むことで実現した (1) の途中における気体の微小変化を詳しく見てみることにする。この微小変化の間に，気体の体積が

$$V \to V + \Delta V \tag{A}$$

と変化したとする。このときの気体の絶対温度は T，圧力は p であったとすると，

$$W = \boxed{\quad (3) \quad} \Delta V$$

が成り立つ。

シリンダー内には n モルの理想気体が入っているものとする。この定積モル比熱を C_V，定圧モル比熱を C_p とすると，絶対温度 T のときの内部エネルギーは

$$U = \boxed{\quad (4) \quad} T$$

で与えられる。微小変化(A)に伴って，気体の絶対温度が $T \to T + \Delta T$ と変化したとすると，ΔT と ΔV の間に次の等式が成り立つことになる。

$$\boxed{\quad (3) \quad} \Delta V = \boxed{\quad (4) \quad} \Delta T$$

この式に，理想気体の状態方程式とマイヤーの関係から得られる等式

$$\boxed{\quad (5) \quad} = nR$$

を用いると，次の関係式が得られる。

$$\frac{\Delta T}{T} + \boxed{\quad (6) \quad} \frac{\Delta V}{V} = 0 \qquad \text{(B)}$$

この関係式は，適切な定数 a があって

$$TV^a = 一定 \qquad \text{(C)}$$

であれば成り立つ。このことを確かめてみよう。それには，TV^a の微小変化 $\Delta(TV^a)$ に対する次の数学公式を用いればよい。

$$\Delta(TV^a) = \Delta T \times V^a + T \times aV^{a-1} \times \Delta V$$

(C)より，$\Delta(TV^a)$ は常に零であることから

$$\frac{\Delta T}{T} + \boxed{\quad (7) \quad} \frac{\Delta V}{V} = 0$$

という関係式が導かれる。したがって，定数 a を正しく選べば，確かに(B)が成り立つことになる。

空気の主成分である窒素や酸素は，室温で気圧が1気圧に近い場合には二原子分子理想気体とみなすことができる。このとき $C_V = \frac{5}{2}R$ である。また，二原子分子理想気体でもマイヤーの関係は成り立つ。したがって，$a = \boxed{\quad (8) \quad}$ と求められる。

さて，冒頭に述べた気体の圧縮実験で，シリンダー内の気体の体積が元の体積の $\frac{1}{10}$ になったとする。このとき圧縮後の気体の絶対温度は，圧縮前の気体の絶対温度の約 (9) 倍になることになる。ピストンを押し込む前の気体の温度がセ氏27℃のとき，押し込んだ後の気体の温度は約セ氏 (10) ℃にもなる。

［解 答 群］

(1)に対するもの

(a) 定積変化　(b) 等温変化　(c) 定圧変化　(d) 断熱変化

(2)に対するもの

(a) ボイルの法則　(b) シャルルの法則

(c) 熱力学第1法則　(d) 熱力学第2法則

(3)に対するもの

(a) p　(b) $-p$　(c) $\frac{1}{p}$　(d) $-\frac{1}{p}$

(e) T　(f) $-T$　(g) $\frac{1}{T}$　(h) $-\frac{1}{T}$

(4)，(5)に対するもの

(a) nC_V　(b) nC_p　(c) $-nC_V$　(d) $-nC_p$

(e) $n(C_p+C_V)$　(f) $n(C_p-C_V)$　(g) $n(C_V-C_p)$　(h) $n\frac{C_p}{C_V}$

(6)に対するもの

(a) $\frac{C_V}{C_p-C_V}$　(b) $\frac{C_V}{C_V-C_p}$　(c) $\frac{C_p}{C_p+C_V}$　(d) $\frac{C_p}{C_p-C_V}$

(e) $\frac{C_p-C_V}{C_V}$　(f) $\frac{C_V-C_p}{C_V}$　(g) $\frac{C_p+C_V}{C_V}$　(h) $\frac{C_p-C_V}{C_p}$

(7)に対するもの

(a) $a-1$　(b) $1-a$　(c) $-a$　(d) a

(e) $\frac{1}{a}$　(f) $-\frac{1}{a}$　(g) $\frac{1}{a-1}$　(h) $\frac{1}{1-a}$

⑻に対するもの

(a) 0.2　(b) 0.4　(c) 0.6　(d) 0.8
(e) 1.2　(f) 1.4　(g) 1.6　(h) 1.8

⑼に対するもの

(a) $10^{0.2} \fallingdotseq 1.6$　(b) $10^{0.4} \fallingdotseq 2.5$　(c) $10^{0.6} \fallingdotseq 4.0$　(d) $10^{0.8} \fallingdotseq 6.3$
(e) $10^{1.2} \fallingdotseq 16$　(f) $10^{1.4} \fallingdotseq 25$　(g) $10^{1.6} \fallingdotseq 40$　(h) $10^{1.8} \fallingdotseq 63$

⑽に対するもの

(a) 180　(b) 280　(c) 380　(d) 480
(e) 580　(f) 680　(g) 780　(h) 880

化　学

（90 分）

問題Ⅰ，Ⅱの解答は，マーク解答用紙の指定された欄にマークしなさい。問題Ⅲ，Ⅳの解答は，記述解答用紙の解答欄に書きなさい。必要な場合は，次の値を用いなさい。

アボガドロ定数：$N_A = 6.0 \times 10^{23}$/mol

気体定数：$R = 8.3 \times 10^3$ Pa·L/(K·mol)

原子量：H = 1.0，C = 12，N = 14，O = 16，Na = 23，Si = 28，S = 32，
Cl = 35.5，Mn = 55

Ⅰ　以下の問い(1)～(10)の解答は，それぞれの解答群のどれに該当するか。番号を1つ選んでマークしなさい。(40 点)

(1)　次の(ア)～(エ)の分子を極性分子と無極性分子に分類したとき，正しい組み合わせはどれか。

(ア)　メタン

(イ)　クロロメタン

(ウ)　メタノール

(エ)　四塩化炭素

［解答群］

	極性分子	無極性分子
①	(ア), (イ), (ウ)	(エ)
②	(イ), (ウ), (エ)	(ア)
③	(ア), (イ)	(ウ), (エ)
④	(ア), (エ)	(イ), (ウ)
⑤	(イ), (ウ)	(ア), (エ)
⑥	(ウ), (エ)	(ア), (イ)
⑦	(ア)	(イ), (ウ), (エ)
⑧	(エ)	(ア), (イ), (ウ)

(2)　二酸化炭素と一酸化炭素だけからなる混合気体**A**がある。**A**の質量を以下の測定で求めた。**A**に含まれる一酸化炭素の体積百分率の値として，最も近い値はどれか。ただし，気体はすべて理想気体としてふるまい，空気は体積比で窒素80%，酸素20%の混合気体とみなせるものとする。

測定

常に一定温度に保たれている体積一定の容器の内部を真空にし，その容器全体の質量を量ったところ 122.350 g であった。次に容器の内部を全圧 1.00×10^5 Pa の空気で満たし，その質量を量ったところ 123.070 g であった。再度容器の内部を真空にし，全圧 1.00×10^5 Pa の混合気体**A**で満たし，その質量を量ったところ 123.290 g であった。

［解答群］

①　10%　②　20%　③　30%　④　40%

⑤　50%　⑥　60%　⑦　70%　⑧　80%

(3)　セルロースに硫酸や塩化亜鉛などの存在下で無水酢酸を作用させると，セルロースのヒドロキシ基がすべてアセチル化され，トリアセチルセルロースが生成する。セルロース 648 g を完全にアセチル化するのに必要な無水酢酸の質量として，理論上，最も近い値はどれか。

[解答群]

① 102 g　② 204 g　③ 306 g　④ 408 g
⑤ 612 g　⑥ 816 g　⑦ 1224 g　⑧ 1632 g

(4) 次の(ア)～(カ)の物質の組を，互いに同素体であるものと同素体ではないものに分類したとき，正しい組み合わせはどれか。

(ア) 水と氷
(イ) 水と過酸化水素
(ウ) ダイヤモンドと黒鉛
(エ) 二酸化窒素と一酸化窒素
(オ) オゾンと酸素
(カ) 黄リンと赤リン

[解答群]

	互いに同素体	同素体ではない
①	(ア)，(イ)，(エ)	(ウ)，(オ)，(カ)
②	(ア)，(ウ)，(カ)	(イ)，(エ)，(オ)
③	(ア)，(エ)，(オ)	(イ)，(ウ)，(カ)
④	(ア)，(オ)，(カ)	(イ)，(ウ)，(エ)
⑤	(イ)，(ウ)，(エ)	(ア)，(オ)，(カ)
⑥	(イ)，(ウ)，(オ)	(ア)，(エ)，(カ)
⑦	(ウ)，(オ)，(カ)	(ア)，(イ)，(エ)
⑧	(エ)，(オ)，(カ)	(ア)，(イ)，(ウ)

(5) 飽和炭化水素 C_nH_{2n+2}（気体または液体）の生成熱および燃焼熱がそれぞれ106 kJ/molおよび2220 kJ/molであるとき，炭素原子の数 n はいくつか。ただし，CO_2（気体）および H_2O（液体）の生成熱は，それぞれ394 kJ/molおよび

286 kJ/mol とする。

［解答群］

① 1　② 2　③ 3　④ 4
⑤ 5　⑥ 6　⑦ 7　⑧ 8

(6) 有機化合物の反応を研究する際には，^{2}H や ^{13}C のような安定な同位体を導入した分子を利用することがある。^{1}H および ^{12}C からできているベンゼン（$^{12}C_6{}^{1}H_6$）のモル質量は約 78.0 g/mol である。これに対して，^{2}H や ^{13}C を用いてモル質量約 80.0 g/mol のベンゼンを作ることを想定する。質量数が ^{1}H や ^{12}C より 1 ずつ大きな同位体を用いるので，ベンゼンの水素原子および炭素原子の合計 12 個のうちのいずれか 2 個を ^{2}H または ^{13}C とし，残りの水素および炭素を ^{1}H と ^{12}C とすればよい。このとき，同位体の相互の位置が異なる構造を区別して考えると，全部で何通りの構造のベンゼンが考えられるか。

［解答群］

① 6 通り　② 7 通り　③ 8 通り　④ 9 通り
⑤ 10 通り　⑥ 11 通り　⑦ 12 通り　⑧ 13 通り

(7) 温度と圧力によって，物質がどのような状態にあるかを示した図を状態図（相図）という。図 1 はある純物質 **X** の状態図の概略である。3 本の曲線で分けられたそれぞれの領域では，純物質 **X** は固体，液体，気体のどれかで存在する。このとき，点 A の名称，曲線 AB の名称，点 C から点 D に物質を冷却した際に観察される状態の変化について，適切な用語の組み合わせはどれか。

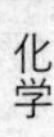

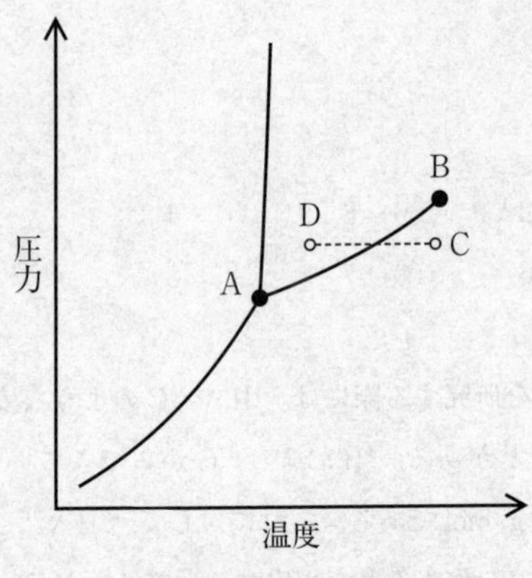

図1 純物質Xの状態図

[解答群]

	点Aの名称	曲線ABの名称	点Cから点Dへの状態変化
①	三重点	融解曲線	凝固
②	三重点	融解曲線	凝縮
③	三重点	蒸気圧曲線	凝固
④	三重点	蒸気圧曲線	凝縮
⑤	臨界点	融解曲線	凝固
⑥	臨界点	融解曲線	凝縮
⑦	臨界点	蒸気圧曲線	凝固
⑧	臨界点	蒸気圧曲線	凝縮

(8) イオン化傾向が小さい金は濃硫酸に溶けないが，酸化力の強い王水（濃硝酸と濃塩酸を体積比1：3で混合した溶液）には溶ける。酸化されたとき金は3価になりやすく，生じる錯イオンの配位数は通常4である。これらのことに基づいて，次に示した金と王水との化学反応式の中のa，c，fにあてはまる数値を求めたとき，適切な組み合わせはどれか。

$$\mathrm{Au} + a\mathrm{HNO_3} + b\mathrm{HCl} \longrightarrow [\mathrm{AuCl}_c]^{d-} + e\mathrm{NO} + f\mathrm{H_2O} + g\mathrm{H^+}$$

［解答群］

	a	c	f
①	1	3	1
②	1	3	2
③	1	4	1
④	1	4	2
⑤	2	3	1
⑥	2	3	2
⑦	2	4	1
⑧	2	4	2

(9)　図2はケイ素の結晶の単位格子である。面心立方格子に似ているが，さらに隙間にケイ素原子が入り込んだ構造をしている。単位格子の一辺の長さは 5.4×10^{-8} cm である。この単位格子に含まれるケイ素原子の数は［(ア)］個なので，ケイ素の結晶の密度 ρ は［(イ)］〔g/cm³〕となる。空欄［(ア)］，［(イ)］にあてはまる最も適切な値の組み合わせはどれか。

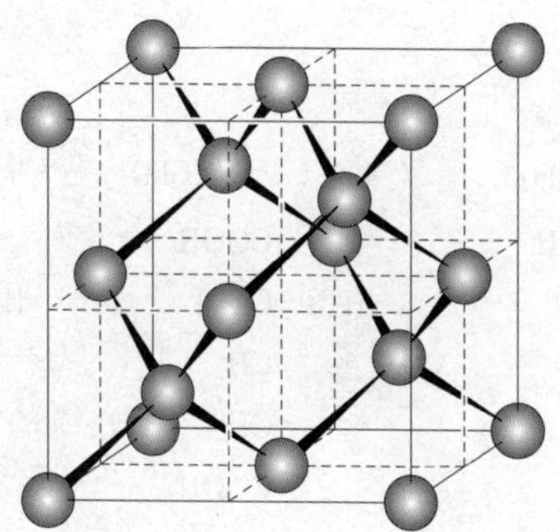

図2　ケイ素の結晶の単位格子

［解答群］

	(ア)	(イ)
①	8	1.2
②	8	2.4
③	8	3.6
④	8	5.4
⑤	18	1.2
⑥	18	2.4
⑦	18	3.6
⑧	18	5.4

(10) 図3に示す3種類のアミノ酸，アラニン（Ala），グルタミン酸（Glu），リシン（Lys）を溶解した希塩酸（pH 2.5）を，陽イオン交換樹脂をつめたカラム（ガラス管の先にコックが付いたもの）の上から流し，すべてのアミノ酸を樹脂に吸着させた。その後，pH を 2.5 から 11.0 まで徐々に上げながら，緩衝液をカラムの上から流していくと，アミノ酸がカラムの下から流出した。アミノ酸の流出する順番として正しいものはどれか。（A→B→Cは，Aが1番目，Bが2番目，Cが3番目に流出することを示す。）

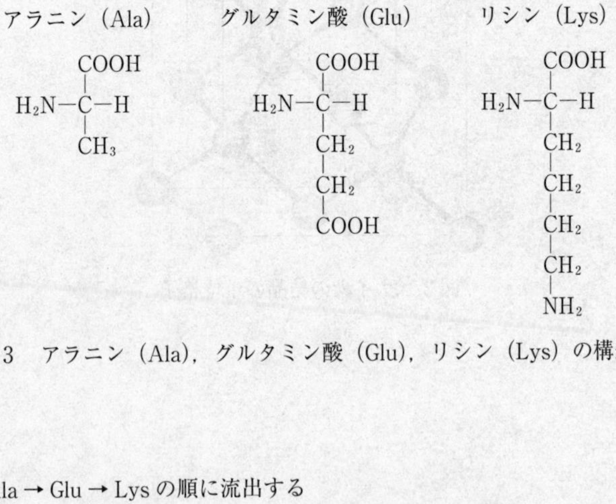

アラニン（Ala）: $H_2N-CH(CH_3)-COOH$

グルタミン酸（Glu）: $H_2N-CH(COOH)-CH_2-CH_2-COOH$

リシン（Lys）: $H_2N-CH(COOH)-CH_2-CH_2-CH_2-CH_2-NH_2$

図3　アラニン（Ala），グルタミン酸（Glu），リシン（Lys）の構造

［解答群］

① Ala→Glu→Lysの順に流出する

② Ala → Lys → Glu の順に流出する

③ Glu → Ala → Lys の順に流出する

④ Glu → Lys → Ala の順に流出する

⑤ Lys → Ala → Glu の順に流出する

⑥ Lys → Glu → Ala の順に流出する

⑦ Lys と Glu は同時に流出し，あとから Ala が流出する

⑧ Ala が先に流出し，あとから Lys と Glu が同時に流出する

Ⅱ 次の文章を読み，以下の問い(1)～(6)に答えなさい。ただし，気体は理想気体としてふるまうものとし，水への溶解は無視できるものとする。数値は有効数字 2 桁で答え，必要な場合は，次の値を用いなさい。(20 点)

27 ℃での水の飽和蒸気圧：3.6×10^3 Pa

過酸化水素水に酸化マンガン(Ⅳ) MnO_2 を加えると，過酸化水素 H_2O_2 の分解反応が進行する(a)。この反応の速度は H_2O_2 の濃度〔mol/L〕にほぼ比例し，反応速度を v〔mol/(L·min)〕，速度定数を k〔/min〕として式(i)で表せる。

$$v = k[H_2O_2] \qquad \cdots(\mathrm{i})$$

この反応速度や速度定数を，図 1 のような装置を用いた実験により測定した。

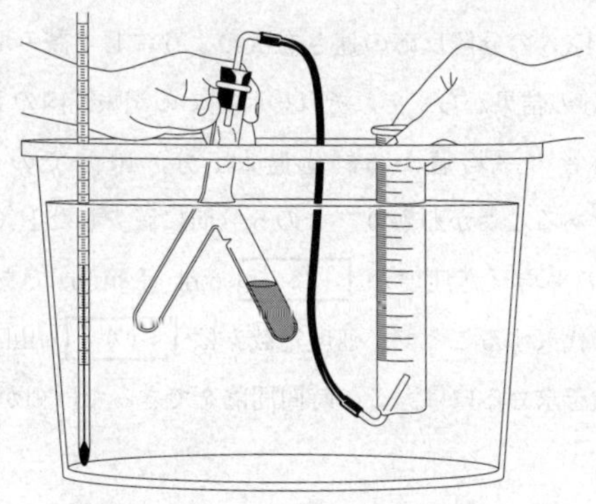

図 1 過酸化水素の分解反応装置

実験操作

ふたまた試験管の片側に粒状の MnO_2 を 1.0 g，その反対側に濃度 1.60 mol/L の過酸化水素水 10 mL を入れ，両者を混ぜ合わせて<u>発生する気体を水上置換法で捕集してその物質量を求めた</u>(b)。反応のあいだ，試験管は水槽につけて反応温度を 27 ℃で一定に保った。MnO_2 と過酸化水素水を混ぜ合わせた時刻を 0 分として，各経過時間までに発生した気体の物質量をグラフにまとめると図 2 のようになった。

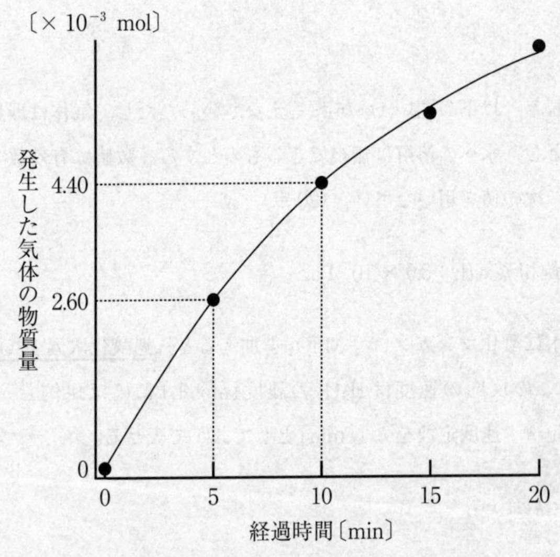

図 2　経過時間と発生した気体の物質量

このグラフから H_2O_2 の分解反応の速さを次のようにして読み取ることができる。経過時間 5 分と 10 分の結果から，それぞれの時刻での試験管内の H_2O_2 濃度〔mol/L〕が求められる。両者の平均値から経過時間 5 分～10 分での平均 H_2O_2 濃度が [(ア)] mol/L であることがわかり，この 5 分間に減少した H_2O_2 濃度から，経過時間 5 分～10 分での平均反応速度が [(イ)] mol/(L·min) であることがわかる。これらの値を式(i)に代入することで，速度定数 k は [(ウ)] /min と見積もられる。より正確に速度定数を求めるには，この時間間隔をできるだけ細かくとることが必要である。

問い

(1)　下線部(a)の反応における MnO_2 のはたらきについて，次の解答群①～⑨の中から最も適切な説明を1つ選び番号で答えなさい。

[解答群]

①　酸化剤としてはたらき，反応の速度定数を大きくする
②　酸化剤としてはたらき，反応の速度定数を小さくする
③　酸化剤としてはたらくが，反応の速度定数を変えない
④　還元剤としてはたらき，反応の速度定数を大きくする
⑤　還元剤としてはたらき，反応の速度定数を小さくする
⑥　還元剤としてはたらくが，反応の速度定数を変えない
⑦　それ自身は変化せず，反応の速度定数を大きくする
⑧　それ自身は変化せず，反応の速度定数を小さくする
⑨　それ自身は変化せず，反応の速度定数も変えない

(2)　下線部(b)について，ちょうど1 mol の H_2O_2 が分解したとき，発生した気体の種類とその物質量について，次の解答群①～⑨の中から最も適切なものを1つ選び番号で答えなさい。

[解答群]

①　酸素が2 mol 発生する
②　酸素が1 mol 発生する
③　酸素が0.5 mol 発生する
④　水素が2 mol 発生する
⑤　水素が1 mol 発生する
⑥　水素が0.5 mol 発生する
⑦　酸素と水素がそれぞれ2 mol 発生する
⑧　酸素と水素がそれぞれ1 mol 発生する
⑨　酸素と水素がそれぞれ0.5 mol 発生する

(3) 下線部(b)について，発生した気体の性質として，次の解答群①～⑥の中から最も適切な記述を1つ選び番号で答えなさい。

[解答群]

① 発生した気体を空気と混合して点火すると爆発する

② 発生した気体に湿ったヨウ化カリウムデンプン紙をさらすと青変する

③ 発生した気体に濃アンモニア水を近づけると白煙を生じる

④ 発生した気体中に火のついた線香を入れると線香が炎をあげて燃える

⑤ 発生した気体に湿った赤リトマス紙をさらすと青変する

⑥ 発生した気体を石灰水に通すと白濁を生じる

(4) 空欄 (ア) ～ (ウ) にあてはまる数値として，次の解答群①～⑧の中から最も適切なものを1つ選びそれぞれ番号で答えなさい。ただし，試験管内の溶液の体積は反応中一定とみなせるものとする。

[(ア)の解答群]

① 0.20 ② 0.35 ③ 0.44 ④ 0.52

⑤ 0.70 ⑥ 0.90 ⑦ 1.3 ⑧ 1.4

[(イ)の解答群]

① 0.036 ② 0.072 ③ 0.14 ④ 0.18

⑤ 0.28 ⑥ 0.36 ⑦ 0.70 ⑧ 1.4

[(ウ)の解答群]

① 0.029 ② 0.080 ③ 0.10 ④ 0.40

⑤ 2.5 ⑥ 9.7 ⑦ 13 ⑧ 35

(5) 下線部(b)の操作は図1の装置を用いて行った。反応開始からある時間が経ったあと，メスシリンダー内の気体の体積は27℃，1.026×10^5 Pa で 83 mL であった。発生した気体の物質量を有効数字2桁で求めたところ，(エ).(オ) $\times 10^{(カ)}$ mol であった。空欄 (エ) ～ (カ) にあてはまる数値として，次の解答群の中から正しいものを1つ選びそれぞれ番号で答えなさい。

[(エ)の解答群]

① 1　② 2　③ 3　④ 4　⑤ 5
⑥ 6　⑦ 7　⑧ 8　⑨ 9

[(オ)の解答群]

① 1　② 2　③ 3　④ 4　⑤ 5
⑥ 6　⑦ 7　⑧ 8　⑨ 9　⓪ 0

[(カ)の解答群]

① −4　② −3　③ −2　④ −1　⑤ 0
⑥ 1　⑦ 2　⑧ 3　⑨ 4

(6) この実験のようにして，経過時間と発生した気体の物質量の関係から開始直後の反応速度(c)を求めることができる。実験をさらに長時間行うと，やがて反応は完了し，発生した気体の物質量(d)は一定値になる。

実験操作で述べた実験条件のもと，下記のⅠ～Ⅲのみ条件を変えて，3種類の独立な実験を行った。

Ⅰ．試験管に入れる 1.60 mol/L の過酸化水素水の体積を 10 mL から 20 mL に増やした。

Ⅱ．試験管をつける水槽の温度を調整し，反応温度を 27 ℃から 37 ℃に上げた。

Ⅲ．試験管に入れる 1.0 g の粒状の MnO_2 を，それをよくすり潰した微細な粉末状のものに変えて同じ質量だけ入れた。

下線部(c)と(d)の結果は，実験条件を変える前に比べてどうなるか。Ⅰ～Ⅲそれぞれに対し，次の解答群①～⑨の中から最も適切なものを1つ選び番号で答えなさい。ただし，Ⅰ～Ⅲに対して同じ解答を選んでもよい。

［解答群］

	下線部(c)	下線部(d)
①	速くなる	増える
②	速くなる	変わらない
③	速くなる	減る
④	変わらない	増える
⑤	変わらない	変わらない
⑥	変わらない	減る
⑦	遅くなる	増える
⑧	遅くなる	変わらない
⑨	遅くなる	減る

Ⅲ 次の文章を読み，以下の問い(1)～(5)に答えなさい。必要な場合は，次の値を用いなさい。(20点)

水のモル凝固点降下：1.9 K･kg/mol

純水の凝固点：273.15 K

質量モル濃度 a〔mol/kg〕の塩化ナトリウム水溶液**A**，質量モル濃度 b〔mol/kg〕の硫酸ナトリウム水溶液**B**，溶質の種類が不明な質量モル濃度 b〔mol/kg〕の水溶液**C**，および溶質の種類と濃度が分からない水溶液**D**がある。水溶液**A**～**D**に以下の実験を行い，その結果を示す。ただし電解質はすべて電離するものとし，水溶液**A**～**D**はすべて希薄溶液であり，溶質の質量は溶媒の質量に比べて非常に小さいものとする。

実験

実験1：**A**と**B**を質量比1：1で混合した水溶液の凝固点を精密に求めると，271.63 Kであった。

実験2：**A**と**B**を質量比3：1で混合した水溶液の凝固点を精密に求めると，272.01 Kであった。

実験3：BとCを質量比1：1で混合したとき，沈殿は生じなかった。この混合水溶液の凝固点を精密に求めると，271.63 K であった。

実験4：BとDを混合したところ，白色の沈殿を生じた。

問い

(1) 図1は，**実験1**で得られた冷却時間と温度の関係を示すグラフである。凝固点を示す温度は図中の(ア)〜(エ)のどれか。最も適切なものを1つ選び記号で答えなさい。

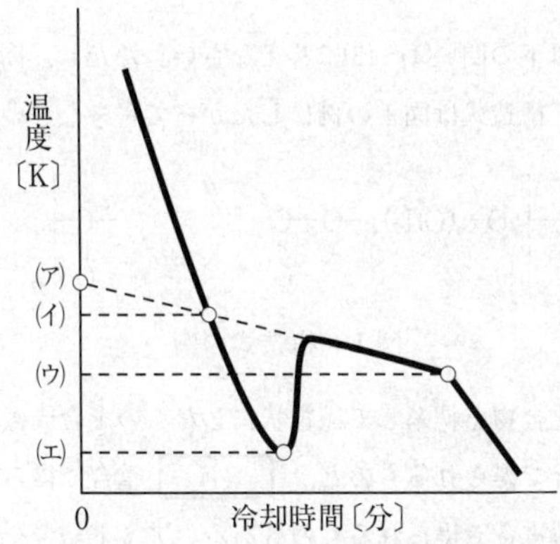

図1　冷却時間と温度の関係を示すグラフ

(2) 塩化ナトリウム水溶液Aの質量モル濃度 a〔mol/kg〕，および硫酸ナトリウム水溶液Bの質量モル濃度 b〔mol/kg〕をそれぞれ求め，有効数字2桁で答えなさい。

(3) 0.100 mol/kg の硫酸ナトリウム水溶液を 1.00 kg 調製するのに必要な硫酸ナトリウム十水和物の質量は何 g か。小数点以下第1位まで求めなさい。

(4) 水溶液Cの溶質として考えられるものを，次の解答群①〜⑥の中からすべて選び番号で答えなさい。

[解答群]

① 塩化カリウム　　② 硫酸カリウム　　③ 塩化アルミニウム

④　酢酸ナトリウム　　⑤　グルコース　　⑥　スクロース

(5)　水溶液**D**の溶質として考えられるものを，次の解答群①～⑥の中からすべて選び番号で答えなさい。

［解答群］

①　硝酸カリウム　　②　硝酸カルシウム　　③　塩化バリウム
④　塩化アルミニウム　　⑤　ヨウ化カリウム　　⑥　酢酸鉛(Ⅱ)

Ⅳ　次の文章を読み，以下の問い(1)～(8)に答えなさい。ただし，高分子化合物の末端の構造は無視してよい。構造式は図1の例にしたがって書きなさい。(20点)

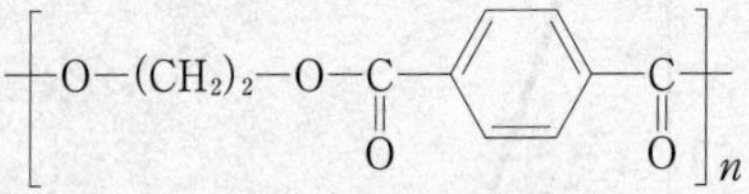

$$\left[\text{O}-(\text{CH}_2)_2-\text{O}-\underset{\underset{\text{O}}{\|}}{\text{C}}-\text{C}_6\text{H}_4-\underset{\underset{\text{O}}{\|}}{\text{C}}\right]_n$$

図1　構造式の例

鎖状の合成高分子化合物を紡糸して繊維状にしたものを合成繊維という。合成繊維には，［(ア)］重合で得られるものと，［(イ)］重合で得られるものが多く知られており，ほかに開環重合で得られるものもある。アミド結合を介して［(ア)］重合した構造を持つ合成繊維をポリアミド系合成繊維といい，脂肪族アミドの高分子化合物を一般にナイロンと呼ぶ。1935年，米国デュポン社の<u>ウォーレス・カロザースは，世界初の合成繊維であるナイロン66を合成した</u>(a)。タンパク質と同様にアミド結合を多く持つナイロンからは，肌触りや光沢が絹に似た糸をつくることができる。1938年，デュポン社はナイロンを「石炭と空気と水からつくられ，クモの糸より細く，鋼鉄よりも丈夫な繊維」として発表した。この繊維は，長い鎖状分子のアミド結合間で［(ウ)］結合が働いているため，ポリエステルなどに比べて強い繊維となる。実際，ナイロンの最初のヒット商品はストッキングであった。1940年5月，米国で初めて売り出された500万足のナイロンストッキングは4日で売り切れたと言われている。

(b)<u>ナイロン66は，アジピン酸と二価アミンである化合物**A**の混合物を加熱し，生成する水を除去しながら［(ア)］重合することで得られる</u>。(c)<u>実験室で合成する場合には，アジピン酸のかわりに加熱を必要としないアジピン酸ジクロリドを用いる</u>。

ベンゼン環がアミド結合でつながった芳香族アミドの高分子化合物をアラミドとい

う。アラミド繊維(d)は引っ張り強度が非常に高く，弾性，耐熱性にも優れているため，航空機の複合材料，消防服，防弾チョッキなどに利用されている。

問い

(1) 空欄 (ア) ～ (ウ) にあてはまる語句を答えなさい。

(2) 下線部(a)について，カロザースは，ナイロン66の発明よりも前に，世界初の合成ゴムであるクロロプレンゴムの開発に成功している（1931年）。クロロプレンゴムに含まれる塩素の質量パーセントを求め，整数で答えなさい。

(3) 下線部(b)について，アジピン酸の分子数を n として，ナイロン66が生成する化学反応式を書きなさい。

(4) 下線部(c)について，ナイロン66の合成を以下の**手順1～4**のように行った。

手順

手順1：ビーカーに水 50 mL を入れ，炭酸ナトリウム約 1 g を溶かし，さらに化合物**A** 8.0×10^{-3} mol を溶かした。

手順2：試験管に溶媒**B** 10 mL を入れ，アジピン酸ジクロリド 8.0×10^{-3} mol を溶かした。

手順3：**手順1**で調製した溶液に**手順2**で調製した溶液を静かに注ぎ入れると，2種の溶液の界面にナイロン66の薄い膜が生成した。

手順4：この薄い膜をピンセットで静かに引き上げ，ガラス棒に巻き付け，アセトンと水で交互に洗った後，乾燥させた。

溶媒**B**として適当なものを次の解答群①～④の中から1つ選び番号で答えなさい。

［解答群］

① ヘキサン　② メタノール　③ エタノール　④ 水

(5) 問い(4)の**手順1～3**においてアジピン酸ジクロリドの75％が反応したとき，ナイロン66は何 g 生成するか。有効数字2桁で答えなさい。

(6) 問い(4)の**手順1～3**で得られたナイロン66の平均分子量を測定したところ，3.39×10^4 であった。このナイロン66は1分子中に平均何個のアミド結合を含むか。整数で答えなさい。

(7) 問い(4)の**手順1～3**において，アジピン酸ジクロリドの代わりにセバシン酸ジクロリド（$C_{10}H_{16}O_2Cl_2$）を用いてナイロン610を合成した。得られたナイロン610の重合度が220であったとき，この高分子化合物の平均分子量はいくつか。有効数字2桁で答えなさい。

(8)　下線部(d)について，代表的なアラミド繊維であるポリ（p-フェニレンテレフタルアミド）の原料となる2種類の単量体のうち，二価アミンである化合物の構造式を書きなさい。

生　物

（90分）

I 以下の文章を読み，問い(1)～(5)に答えなさい。(25点)

細胞で起こる代謝のうち，物質が分解されてエネルギーを放出する反応は［(ア)］に分類される。好気呼吸はその代表例である。好気呼吸によって発生するエネルギーはATPの合成に使われる。1分子のグルコースが二酸化炭素と水にまで完全に分解されるとき，ATPの合成量は最大38分子とされている。しかし，実際の細胞でのATP合成量は，30分子程度であることがわかってきている。しかもこの値は，すべての生物種で一定というわけではなく，細胞外環境に応答して変化することもある。では，好気呼吸のATP合成量が決まった値にならないのはなぜだろうか。

好気呼吸は大きく3種類の代謝経路に分けることができる。このうち，呼吸基質として糖や有機酸を二酸化炭素にまで分解するのは，解糖系とクエン酸回路である。解糖系とクエン酸回路には，リン酸基をもつ物質からリン酸基をADPに結合させてATPを合成する過程がある。これは①基質レベルのリン酸化とよばれている。基質レベルのリン酸化では，ADPに結合できるリン酸基の数は決まっており，合成されるATPの分子数もその数で決まる。したがって，好気呼吸のATP合成量が決まった値に定まらないのは，好気呼吸の最終段階である［(イ)］で合成されるATPの分子数に違いが生じるためである。

［(イ)］は②ミトコンドリアの中で起こる一連の酸化還元反応である。その進行にともなって，ミトコンドリア内膜で隔てられた2つの空間に，水素イオン濃度の勾配が形成される。③水素イオンは，ミトコンドリア内膜に埋め込まれたATP合成酵素の内部を通り，2つの空間の濃度の高い方から低い方に向かって移動する（図1）。このとき，④ATP合成酵素は，この水素イオンが移動するエネルギーを利用し，ADPと無機リン酸からATPを合成する。近年の研究により，1個の水素イオンの移動で生成されるATPの分子数は，生物種間で異なることがわかってきた。また，1分子のグルコースの完全分解で形成される，水素イオンの濃度勾配の大きさは常に一定とは限

らず，その大きさによってもATPの合成量は変化する。このような (イ) によるATP合成のしくみは，1961年に化学浸透共役説としてミッチェルによって提唱され，現在では基質レベルのリン酸化に対して， (ウ) とよばれている。

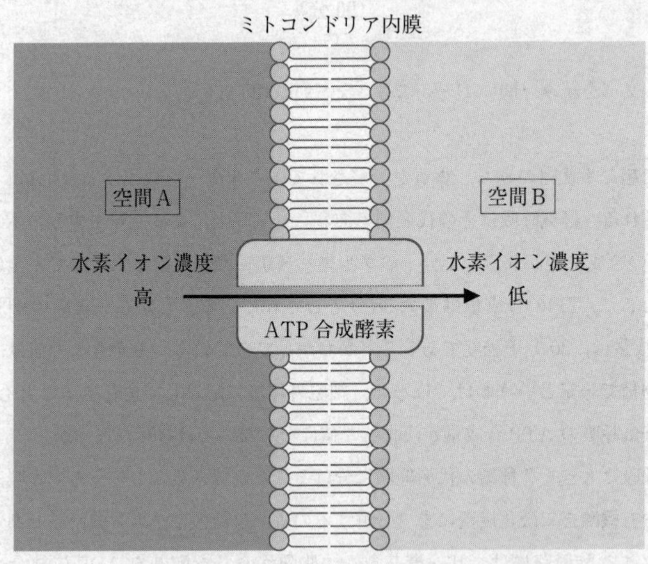

図1 ATP合成酵素を介した水素イオンの移動

(1) 文章中の空欄 (ア) ～ (ウ) について，つぎの問い(i)，(ii)に答えなさい。

(i) (ア) ～ (ウ) にもっともよくあてはまる語を答えなさい。

(ii) 【マーク解答】 (イ) と同じ機構でATPを合成する代謝を以下の［選択肢］から2つ選び，記号をマークしなさい。

［選択肢］

(a) 酵母によるアルコールの生成

(b) 乳酸菌による乳酸の生成

(c) 光合成細菌による硫黄（S）の生成

(d) 光合成のうちチラコイド膜で起こる反応

(e)　光合成のうちストロマで起こる反応

(2)　下線部①に関連し，好気呼吸以外にも基質レベルのリン酸化を含む代謝がある。脊椎動物の筋繊維は，強い筋収縮時にATPが枯渇しないようにエネルギーを貯蔵している。このとき，ADPに結合させるリン酸基をもつ物質の名称を答えなさい。

(3)　下線部②について，ミトコンドリアは，真核生物の祖先が好気性の細菌を細胞内に取り込んで成立した細胞小器官であると考えられている。この考えの根拠となるミトコンドリアの特徴を2つ答えなさい。

(4)　【マーク解答】下線部③について，図1中の空間Aと空間Bに相当するのはどこか。適切なものを以下の［選択肢］からそれぞれ1つずつ選び，記号をマークしなさい。

［選択肢］

(a)　細胞外
(b)　細胞質基質
(c)　ミトコンドリアのマトリックス
(d)　ミトコンドリアのクリステ
(e)　ミトコンドリアの内膜と外膜の間

(5)　【マーク解答】物質を輸送するタンパク質は，一般に，下の［選択肢1（分類）］で示す3種類に分けることができる。下線部④について，ATP合成酵素は，ATPを合成する反応だけでなく，その逆のATPを加水分解する反応も触媒することが知られている。ATP合成酵素において，つぎの(i)または(ii)の反応が進行しているとき，そのATP合成酵素は［選択肢1（分類）］のどれに分類できるか。適切なものを1つ選び，記号をマークしなさい。また，ここで選択した分類のタンパク質がもつはたらきの例として適切なものを，後の［選択肢2（はたらき）］からそれぞれ2つずつ選び，記号をマークしなさい。

(i) ATPの合成

(ii) ATPの加水分解

[選択肢1（分類)]

(a) チャネル

(b) ポンプ

(c) 輸送体（担体)

[選択肢2（はたらき)]

(a) 動物の細胞内での低いナトリウムイオン濃度の維持

(b) 動物の細胞内での高いカリウムイオン濃度の維持

(c) シナプスでの神経伝達物質の放出

(d) 筋収縮時の細胞内でのカルシウムイオン濃度の上昇

(e) 赤血球での細胞内への酸素の取り込み

(f) 小腸の上皮細胞でのグルコースの取り込み

(g) 腎臓の細尿管や集合管の細胞での水の再吸収

(h) 植物細胞でのオーキシンの取り込みと排出

Ⅱ 以下の文章を読み，問い(1)〜(7)に答えなさい。(25点)

多細胞動物の卵は，受精後，速い細胞分裂である［(ア)］を繰り返し，細胞数を増やす。それぞれの細胞は，やがて，特殊な形態や機能をもつように変化するが，これを細胞の分化という。まず，原腸胚期には，胚の外側を覆う［(イ)］と原腸の壁を形成する［(ウ)］が分化する。多くの多細胞動物では，さらに，間充織や筋などの組織となる［(エ)］が分化する。隣接する組織や細胞の間ではたらく［(オ)］によって，より複雑な構造がつくられる。例えばイモリでは，脳組織の一部が膨らんで［(カ)］へと分化するが，この［(カ)］が変化してつくられる眼杯はやがて，近くの表皮にはたらきかけ，表皮を［(キ)］へと分化させる。胚の体軸などの基本構造は，発生のより早い時期に決定されることが多い。例えばショウジョウバエでは，①未受精卵の中にすでに分布が偏っている因子が見られる。これは卵形成のときに雌親から送られる物質が卵の一端に集積するためで，発生が進むと，この情報をもとにして胚の前後軸が決定される。

ヒトの右手を鏡に映した形は，もとの右手とは重なり合わない。②このような特徴を「キラリティ」，あるいは，「キラルな構造をもつ」という。巻貝の殻は典型的なキラル構造である（図1）。ある種の巻貝では，D型とS型の違いが，フォルミンとよばれるタンパク質と深く関係していることがわかってきた。フォルミンは，細胞内のアクチンフィラメントと結合するタンパク質で，この巻貝では，③フォルミン遺伝子のmRNAが卵形成のときに未受精卵の中にすでに蓄積されている。巻貝の殻のキラリティは，個体間の相互作用にも深く影響する。ひとつの典型的な例が交尾行動である。D型とS型の形態が混在する巻貝集団では，交尾器の配置がD型とS型で異なり，互いに同じキラリティの巻貝間の方が交尾しやすい。④このような集団では，やがてD型とS型のグループ間で分離が起こり，種分化が進むことがある。

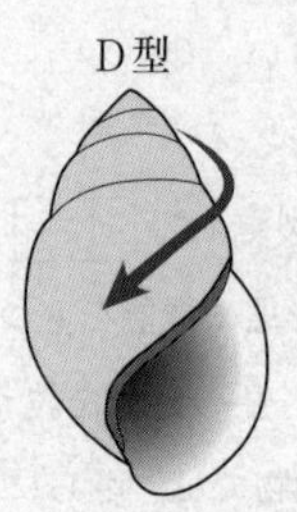

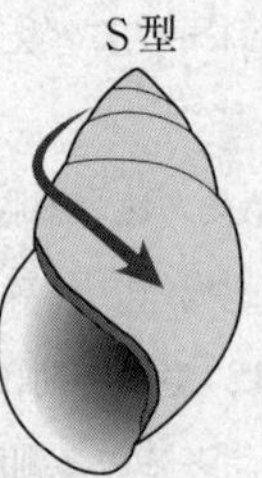

図1 巻貝のキラリティ

殻の先端側から見て，時計回りに巻いているものをD型（左側），反時計回りに巻いているものをS型（右側）とよぶ。知られている巻貝全種（約7万種）のうち，9割はD型である。

(1) 【マーク解答】文章中の空欄 (ア) ， (オ) ～ (キ) にあてはまる適切な語を以下の［選択肢］から選び，記号をマークしなさい。

［選択肢］

(a) 眼 胞　(b) 水晶体　(c) 誘 導
(d) 細胞質分裂　(e) 視神経　(f) 卵 割

(2) 文章中の空欄 (イ) ～ (エ) にあてはまるもっとも適切な語を答えなさい。

(3) 下線部①，③のように，卵形成時に未受精卵の中に蓄積するものがある。その中で，次世代となる幼生の形態に影響するような遺伝子を何とよぶか。もっとも適切な名称を答えなさい。

(4) 下線部②について，生体高分子の中にもキラルな構造をもつ例が知られており，DNA はそのひとつである。DNA 分子の特徴を，「キラル」という言葉を使って，数行以内で説明しなさい。

〔解答欄〕 縦 4 センチ×横 15.5 センチ

(5) 【マーク解答】図2は，卵や胚におけるフォルミンの分布の違いが，成体の殻のキラリティと，どのように関係するかを示している。以下の各記述について，

図2の観察結果と合致する場合は①を選び，マークしなさい。合致しない，あるいは，図2の観察からは明確には判別できない場合は②を選び，マークしなさい。

(a)　1細胞期にフォルミンがあるときはD型，ないときはS型になるので，フォルミンはキラリティを決めるスイッチとしてはたらく。

(b)　フォルミンがないとS型になる，別のしくみがある。

(c)　4細胞期に細胞分裂が起こる方向と，殻のキラリティは一致する。

(d)　フォルミンのはたらきを抑制する薬剤で卵を処理すると，D型になる。

(e)　フォルミン mRNA やフォルミンを，細胞の分裂後に不均等に分布させるしくみがある。

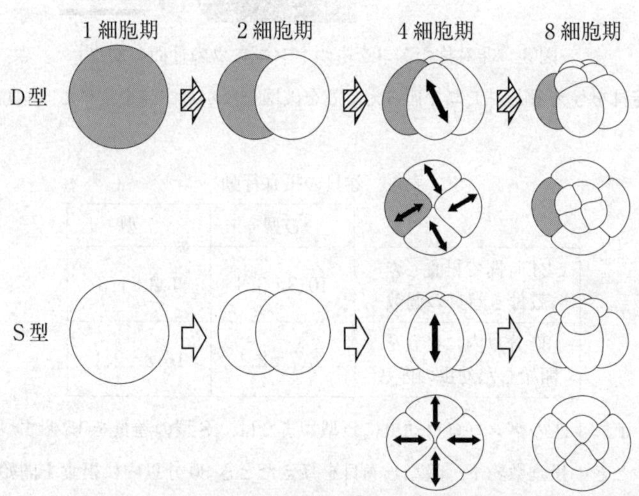

図2　巻貝におけるフォルミン遺伝子の発現パターン

灰色の部分はフォルミン mRNA，および，その翻訳後のタンパク質が観察される領域を示す。フォルミンが発現している卵はすべてD型，フォルミンが発現していない卵はすべてS型になる。両向きの黒矢印は細胞分裂の方向を示す。4細胞期，8細胞期の2段目は，それぞれ胚の上側から見た模式図である。

(6)　巻貝のキラリティが捕食者の形態や摂食行動にどのように影響するかを調べるために，図3のように非対称なアゴをもつゲンゴロウの仲間の幼虫を使った実験を行った。殻付きの巻貝，または，殻を取り除き中味だけにした貝を，幼虫に与えたときの結果を表１に示す。この観察から，アゴ形態の適応進化について，どのようなことが考えられるか，数行以内で記述しなさい。

〔解答欄〕 縦４センチ×横15.5センチ

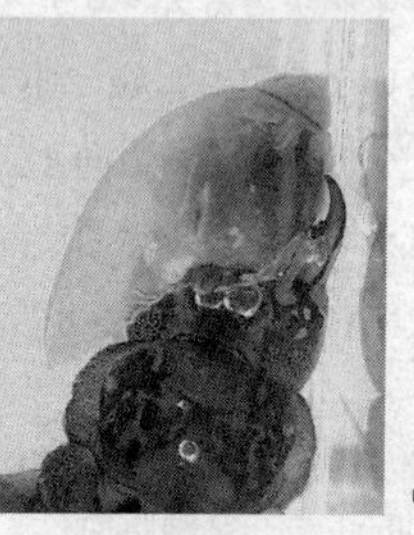

図３　非対称なアゴをもつゲンゴロウの仲間の幼虫

巻貝を与えると，アゴで捕らえて殻を破壊しながら中味を食べる（右）。

表１　巻貝の摂食行動

	D型	S型
24時間で摂食した殻付き巻貝の個数	10.3±3.3	1.8±1.3
30分以内に摂食を開始した幼虫の匹数	16.7±2.1	16.3±2.1

上，１匹のゲンゴロウ幼虫にD型，または，S型の巻貝を15個ずつ与えたときの摂食数。下，殻なし巻貝を与えたとき30分以内に摂食を開始した幼虫の匹数（総数33匹）。４回の実験の平均値と標準偏差を示す。

(7)　下線部④に示す種分化を引き起こす要因を何とよぶか。もっとも適切な名称を答えなさい。

Ⅲ 以下の文章を読み，問い(1)〜(6)に答えなさい。(25点)

東京都は，山地，丘陵地，台地，低地，島しょ部で構成されており，山地では，スギやヒノキなどの人工林が広く分布する。人工林に加え，自然の樹林も残っており，ブナなどの落葉広葉樹を含む［(ア)］も分布している。また，尾根付近などの比較的乾燥した場所には，モミやツガを含む［(イ)］がみられる場合がある。中央大学の多摩キャンパス周辺には，多摩丘陵や，武蔵野台地がある。この一帯には，スダジイ，タブノキ，シラカシなどの常緑広葉樹を含む［(ウ)］が断続的に分布するが，主な樹林は，クヌギやコナラなどの落葉広葉樹を特徴とする二次林である。このような二次林は，とくに江戸時代以降拡大したと考えられているが，現在は減少を続けている。

常緑広葉樹と落葉広葉樹の違いのひとつが，季節によらず葉をつける常緑性の有無①である。常緑広葉樹は，落葉広葉樹に比べ暖かい地域に適応しており，1年を通して葉をつけ，光合成を継続する。一般に常緑広葉樹は，葉のクチクラ②が厚く，葉の単位面積あたりの生産に必要な有機物の量も多い。一方，落葉広葉樹は，常緑広葉樹に比べ寒さの厳しい地域に適応しており，秋に落葉し，冬季に葉をつけない。この一因として，葉の有機物の増減を考えると，冬季に葉をつける場合は［(エ)］ため，生育に不利になるからである。落葉広葉樹の中でも，クヌギやコナラは代表的な陽樹である。常緑性に加え，陽樹と陰樹の違い③など，樹木の光合成の特性を知ることは，森林の成り立ちを理解するうえで重要である。このような知識を応用して，森林の遷移やそれを通した地域の人間社会の変遷④を考えることもできる。

(1) 【マーク解答】文章中の空欄［(ア)］〜［(ウ)］にあてはまるもっとも適切な語を，それぞれ以下の［選択肢］から選び，記号をマークしなさい。

［選択肢］

(a) 亜熱帯多雨林　(b) 照葉樹林　(c) 硬葉樹林
(d) 夏緑樹林　(e) 針葉樹林　(f) 高山植生

(2) 【マーク解答】以下の(a)〜(d)は，下線部①の常緑性の有無に関して，広葉樹と針葉樹を含めた常緑樹や落葉樹の記述である。それぞれの記述が正しければ①を，誤っていれば②をマークしなさい。

(a)　一般に，冬の寒さが厳しい地域ほど，落葉樹が増加し，常緑樹が減少する。
(b)　葉が古くなるほど光合成速度は減少する傾向がある。
(c)　葉が生じてから落葉するまでの期間が，2～3年を超える常緑樹もある。
(d)　常緑樹と落葉樹は適応する気候が異なり，一般に，森林で混生しない。

(3)　【マーク解答】以下の(a)～(e)は，下線部②のクチクラに関する記述である。それぞれの記述が正しければ①を，誤っていれば②をマークしなさい。

(a)　一般的な葉のつくりにおいて，表皮の外側に存在する。
(b)　光と二酸化炭素を取り入れやすい場所にあるため，葉緑体の密度が高い。
(c)　一般に，常緑広葉樹の葉は，この物質が多いため，光沢が強い。
(d)　動物と植物の両方に存在し，主成分が同じである。
(e)　植物が陸上生活に適応する過程で，重要な役割を果たした。

(4)　【マーク解答】文章中の空欄 (エ) にあてはまるもっとも適切な文を，以下の［選択肢］から選び，記号をマークしなさい。

［選択肢］
(a)　光合成による生産量が，成長による増加量を上回る
(b)　光合成による生産量が，呼吸による消費量を上回る
(c)　光合成による生産量が，枯死による損失量を上回る
(d)　成長による増加量が，光合成による生産量を上回る
(e)　呼吸による消費量が，光合成による生産量を上回る
(f)　現存量が，光合成による生産量を上回る

(5)　下線部③に関連して，遷移過程における光合成と成長に着目したとき，陽樹と陰樹の幼木それぞれにとって有利な特性を，30字以内で書きなさい。それぞれ光飽和点，もしくは，光補償点のどちらかの語を用いること。ただし，句読点は1字と数える。

(6)　【マーク解答】下線部④に関連して，以下の［選択肢］は過去もしくは現在の

武蔵野台地における，自然の変化や人の営みの実例である。現在この地域において伝統的な二次林が減少している要因を2つ選び，記号をマークしなさい。

［選択肢］

(a) 落ち葉や下草を採取し，家畜の飼料や敷料として使用する。

(b) モウソウチクの樹林への侵入が拡大する。

(c) 樹木の伐採後の切り株から，萌芽を選んで育成する。

(d) 落ち葉を発酵させ，温度の高い苗床を作り，さつまいもの苗を育てる。

(e) 樹木の伐採や落ち葉の採取が減り，樹林が放置される。

(f) 堆肥や薪から作る灰を，畑で使う。

Ⅳ 以下の文章A，Bを読み，問い(1)～(9)に答えなさい。(25点)

A 生物は生態系において，非生物的環境と他の生物との間でさまざまなつながりを形づくりながら，生息・生育している。これらのつながりを明らかにすることは，生態系管理などを通した持続可能な地域づくりのために必要不可欠である。生態系におけるさまざまなつながりは，大きく3つに分けることができる。非生物的環境が生物におよぼす影響を作用とよび，反対に生物のはたらきが非生物の環境を変化させることを［(ア)］とよぶ。そして，生物が互いに影響しあうことを生物間相互作用とよぶ。生物間の関係はさらに，いくつかの種類に細分化できる①。同様の関係は，異種の間だけでなく，同種の個体間でもみられる場合がある②。

図1　生物間相互作用の例

写真中の2つの種をそれぞれX，Yとする。A：Xは猛禽類（チョウゲンボウ），Yはネズミ。B：Xはヒメバチ，Yはヨモギギクの花序の中にいるタマバエの幼虫（写真には写っていない)。C：Xはクマノミ，Yはイソギンチャク。D：Xはコナラ，Yはアズマネザサ。

(1)　文章中の空欄 (ア) にもっともよくあてはまる語を答えなさい。

(2)　【マーク解答】下線部①について，図1の写真A～Dは，どのような種間の相互作用を示しているか。以下の［選択肢］の中からもっとも適したものを選び，記号をマークしなさい。

［選択肢］

(a)　捕食寄生　　(b)　被食者—捕食者関係　　(c)　種間競争　　(d)　相利共生

(3)　【マーク解答】種間の相互作用がそれぞれの種の生存に有利な場合を「○」，不利な場合を「×」としたとき，図1の写真A～Dにおいて，種Xと種Yが受ける影響の組み合わせとして適切なものを以下の表1から選び，記号をマークしなさい。

表1　それぞれの種への影響

［選択肢］	種X	種Y
(e)	○	○
(f)	○	×
(g)	×	○
(h)	×	×

(4) 下線部②にあるように，種間の関係だけでなく，同種の個体間の関係も生態系において重要な役割を果たしている。一般に同種の個体間の競争は，異種の個体間の競争に比べて激しいと言われている。その理由について，生態的地位（ニッチ）という語を用いて，50字以内で述べなさい。ただし，句読点は1字と数える。

B　生物間の相互作用は，生物群集の種組成や種ごとの個体数の変動に影響を与える。一方で，生態系における物質循環やエネルギーの流れは，群集を構成する種の生理的・生態学的役割によって決まる。図2は，ある生態系における物質やエネルギーの動きを示す。

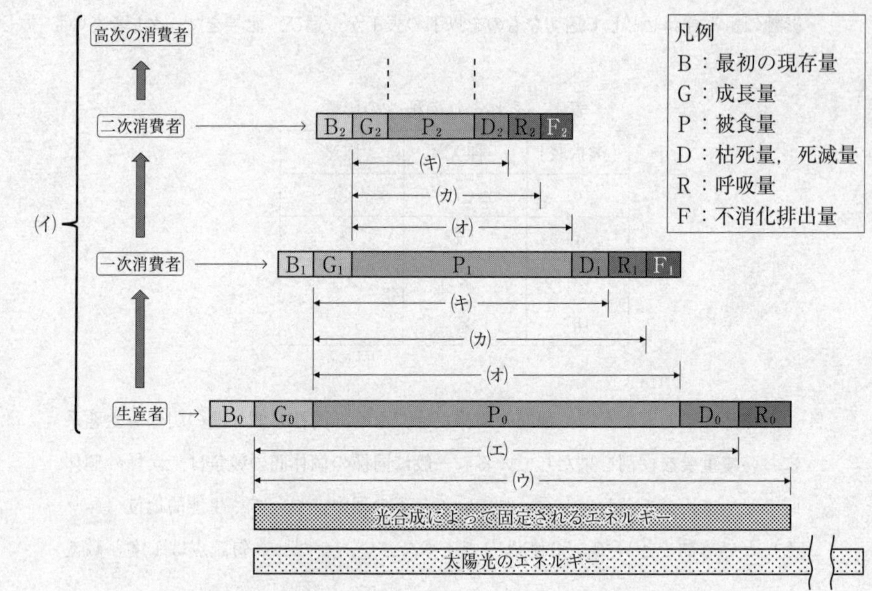

図2　生態系における物質とエネルギーの動き

(5)　図2中の(イ)で示す区分を何とよぶか，答えなさい。

(6)　図2中の(ウ)，(エ)にあてはまる，生産者の物質生産に関するもっとも適切な語を答えなさい。

(7)　図2中の(オ)〜(キ)にあてはまる，もっとも適切な語を答えなさい。

(8)　【マーク解答】生態系において，生物の体を構成している物質の一部は消費者に利用されるが，消費・消化されずに有機物として残る部分も生じる。この部分は図2中の何に相当するか，以下の［選択肢］から2つ選び，記号で答えなさい。

［選択肢］

(a)　B：最初の現存量　(b)　G：成長量　(c)　P：被食量

(d)　D：枯死量，死滅量　(e)　R：呼吸量　(f)　F：不消化排出量

(9) 長期的に残った有機物は，例えば化石燃料として，現代社会において重要な役割を果たしている。有機物が生態系に蓄積されるためには，どのような条件が満たされる必要があるか，(8)の［選択肢］にある語を適宜用いて，50字以内で説明しなさい。ただし，句読点は1字と数える。

解答編

英語

I 解答 1．(ア)―D (イ)―B (ウ)―B (エ)―A
2．1―C 2―C 3―A 4―D
3．1―A 2―C 3―B 4―D
4―B・E

全訳

《月に居住地建設へ》

1 60年前の1962年9月12日のことだった。ジョン=F.ケネディ大統領は60年代が終わるまでに月に人を送ると約束した。今，NASAが今後10年以内に人間が月に住み，月で仕事をしているようにすると宣言している。もし，それがとんでもなくお金がかかる野心的なプロジェクトのように聞こえるとしたら，ケネディ大統領の言葉を思い出してほしい。大統領は，同じスピーチで，人間がそのようなことをやると決めるのは「それがたやすくできるからではない。それが困難だからなのだ」ということを指摘した。その考え方はそのときと同様，今日でも本当である。月に人が住む居住地を作ることは，人間が今まで成し遂げてきた中でも最も困難なことの一つとなろう。そして，それはすぐにいくつもの疑問を引き起こす。

2 まず最初に，そのような居住地は月のどこになるかということだ。地球に最も近い隣の星である月は，そこに住むとなると，どこでも同じだというわけにはいかない。月はその軌道のために，昼と夜の周期が長く，1日の昼もしくは夜は，地球の2週間以上にわたって続く。このことの意味は，人間の居住地として最も可能性のある場所が，月の極の一つに近いところになるということだ。なぜなら，極では，光がほぼ永久的に射しており，温度の寒暖が赤道地域よりもはるかに厳しくないからである。また，月の両極にはたくさんの水があると考えられてもいる（中国人科学者が報告したばかりであるが，月の表面の他の場所で発見されたガラスの破片には水が含まれており，宇宙飛行士が燃料や飲料水として使えるもう一つの資源がある可能性が高まった)。しばしば言及される二つの特定の場所は，南極に近いマラパート山と北極に近いピアリー・クレーターの端である。

3 場所を選んだとして，次にどのような種類の住居を作るかを考えなければならないだろう。二つの形態が考えられる。一つは月の地下に作る地下チューブ形のものであり，もう一つは地上にバイオドームの形で作るものである。地下に作れば，地上部のものと比べ，隕石の落下や地球の約 200 倍も強力な月における太陽放射から守られるという利点がある。しかし，地上部に作れば，「外に」いるという安心感とともに，アクセスと輸送がもっと簡単である。この二つの混合型が最もあり得そうだ。月に作る建築物は月塵（月の土壌の細粒物）であるレゴリスを主な建築資材として使い，3D プリント技術で作られるかもしれない。

4 地球のどの都市とも同じように，居住地にはエネルギーと食料が必要であろう。したがって，それらをどこで見つけてくるか。前者のエネルギーは太陽エネルギーと水の混合物から得られるであろう。水は水素と酸素に分解してエネルギーを作ることが可能だ。後者である食料については，最初は地球から持って来る必要があるだろう。しかし，やがては，月の特別な実験室で栽培される可能性がある。

5 イーロン=マスクやジェフ=ベゾスのような個人の億万長者と同様，NASA，欧州宇宙機関，ロシア，中国，日本，インドの 6 つの宇宙機関も月に人を送ることを目的としている。すべての人が月に建物を建てることを許せば，深刻な法的問題や現実的な問題が生じるだろう。月に関する法的なことに関しては，1966 年合意で扱われており，「すべての国が自由に開発・利用」ができることになっている。この合意は，民間人の要求にも合うように改訂されなければならないだろう。

6 国や文化がどれだけ混合していようとも，地球からほぼ 385,000 キロ離れたところにあり，重力が地球の 6 分の 1 の月に住むとなれば，すべての人がそのとてつもなく大きな身体的，精神的影響に対処しなければならなくなるだろう。この影響についてはまだ知られていない。例えば，人間の身体は地球の重力を受けながら何万年と進化してきた。この人間の身体がはるかに少ない重力にどう適応するだろうか。宇宙飛行士が国際宇宙ステーション（ISS）で一度に１年以上過ごしたことがあるのは確かだが，彼らには常に自分たちの真下に地球は見えていた。月から見る空において，自分たちの故郷である地球が，地球から見る空の月とほとんど変わらないような小ささだったらどんな感じがするだろうか。心理学者はすでに宇宙そのものを恐れる天体恐怖症が将来心配事になるだろうと警告している。孤独も確かに直近の問題になるだろう。

7　これほど多くの問題があれば，月に居住地を作るということは，極度に困難なように聞こえる。しかし，その目標を達成したときの報酬は，不可能なことを達成する必要性というものが人間を駆り立てる原動力となっているというケネディ大統領の考えをも超えたものとなる。彼は，今日の諸国がもっと物理的な報酬，つまりヘリウム３に目を付けていることなど想像できなかっただろう。ヘリウム３は将来原子力エネルギーを生み出すのに必要な物質で，地球上では見つけにくいのである。

8　そこでも再び，ヘリウム３でさえ，月に永住的に住むための膨大な労力と費用を正当化できそうもないということがある。そのかかる費用の見積もりには相当大きなばらつきがあるが，NASA が計算したところでは，NASA が月に送る資材１キロ毎に 20,000 ドル以上かかる。ウェンドーバーというオンライン科学プロジェクトが出している数字は，４人の宇宙飛行士を１年間支えるのに必要な額は 360 億ドルであり，これは１日約１億ドルである。

9　そのような膨大な金を使うのは，単に目標を達成するとかヘリウム３を採取することだけではない。いつか核戦争，パンデミック，もしくは気候変動で，もはや地球には住めなくなるかもしれない。そして，そのような状況では第二のすみかがあることが人間という種が生き続けられる唯一の方法となる可能性がある。「一つだけの惑星では人間という種は生き残れない。遅かれ早かれ，それが月に基地を持つ動機の一つになるだろう」と月面を歩いた９番目の男であるジョン=ヤングは言った。また月の居住地が最終的なゴールというわけでもない。月の基地は火星や他の惑星を探査するミッションの出発点となるかもしれない。どんなに困難なことに聞こえようとも，結局，人間は自分たち自身の惑星を超えて，宇宙そのものへ増殖していくことは確かなように思われる。

解説

1. (ア) not because *A* but because *B* の構文になっていることに注意。but because 以下の主語の they は not because 以下の主語の they と同じ。この they は前出の複数形の名詞を指すので，humans「人間」，もしくは such things「そのようなこと」であるが，easy「簡単」と hard「困難」という形容詞にふさわしいのは such things である。つまり，「そのようなことをするのは簡単だからではなく，難しいから」ということ。

(イ) it の前の which states は関係代名詞節で，which の先行詞は a 1966 agreement「1966 年合意」である。states は動詞で「(その合意が)～ということを述べている」という意味。そのことを念頭において，it 以下を直訳すれば，「それは『すべての国による開発と利用に関して自由』であるべきだ」ということで，it は「開発と利用」の対象物，つまり the Moon だとわかる。D の the 1966 agreement「1966 年合意」は開発と利用の対象物ではないので不適。

(ウ) they の後の adapt 以下を直訳すれば，「はるかにもっと軽い力に適応する」となる。ここで force「力」は文前半にある gravity「重力」の言い換えだとわかることがポイント。「もっと軽い重力に適応する」ものは何かと言えば，文全体の主語の our bodies「我々の身体」だとわかる。

(エ) 文の構造理解がポイント。it sends to the Moon が前の every kilo of equipment を修飾する関係代名詞節であることが理解できれば「それが月に送る1キロ毎の装備」と訳せる。装備を月に送るのは，but 以下の主語で，費用を calculated「計算した」のは NASA である。

2. 1. 月が a long day-night cycle「長い昼と夜のサイクル」となるのは，the path of its orbit「月が通る軌道」のためだと考えられるので，理由を表す C の Due to ～「～のために」が正解。B の Around は「～の周囲を」となり，「軌道の周囲」では意味をなさなくなる。

2. 居住地を地下に作った場合と地上に作った場合のメリットを比べている部分。空所直前では，「(居住地を) 地上に作れば，アクセスと輸送が (地下より) もっと簡単」とあり，空所直後では，the mental comfort of being "outside"「『外に』いることの精神的な楽さ」と述べている。居住地を地上に作ることの二つのメリットを並べているので，C の as well as ～「～と同様に」が適切。ちなみに，A の regardless of ～ は「～にも関わらず」，Dの in terms of ～ は「～の点では」の意。

3． 重力が地球の6分の1（one-sixth gravity）の月に住むことの影響（effects）はどうかということであるが，are unknown「知られていない」を修飾する副詞としては，Aの still「まだ」が適切。Cの no longer ～「もはや～でない」やDの scarcely「ほとんど～でない」では，「知られていないことがまったくない」か「ほとんどない」ことになり，文脈にまったく沿わない。

4．「月に居住地を建設するのは難しい」という文が続くので，空所部分は「非常に多くの問題があるので」と理解するのが妥当。この意味で使えるのは，Dの前置詞 With である。Bの Unlike「～と違って」だと「多くの問題と違って」となり，文全体の意味が不明となる。

3．1．「月の居住地の候補に月の両極を選んだ理由として挙げられていないのは？」

A.「月の他の箇所と比べ両極は宇宙船が着陸しやすい」

B.「月の両極で水が手に入るようである」

C.「月の両極にはほぼ常に日が当たっている」

D.「月の両極では極端に暑いことも，極端に寒いこともない」

Bは，第2段第5文（There is also …）に説明がある。C，Dは同段第4文（This means that …）に説明がある。Aは本文に言及がないので，これが正解。

2．「1996年合意の修正が必要な理由は？」

A.「6つの宇宙機関が皆，月に居住地を建設しようとしている」

B.「月に全員分のスペースを見つけるのは難しいだろう」

C.「月での建設を目的にしているのは国だけでなく，金持ちの人々もいる」

D.「1966年合意はヘリウム3の存在を考慮していなかった」

第5段第1文（Six space agencies …）にイーロン=マスクやジェフ=ベゾスという大金持ちも月に人を送ろうとしていると述べられている。そして同段最終文（This agreement will …）で，suit the demands of private people「民間人の要求にも合うように」と述べられている。同段第3文（In legal terms, …）より，1996年合意は all countries「すべての国」が対象であったが，これからは大金持ちの民間人も対象にする必要があるということ。この内容に一致するのはCである。

3.「月での生活とISSでの生活との違いはどのようなものか？」

A.「ISSより月のほうが重力が少ない」

B.「地球は月からよりもISSからのほうがはるかに大きく見える」

C.「宇宙飛行士は一度に数カ月ISSで過ごしたことがある」

D.「ISSの宇宙飛行士たちは皆，高度な訓練を受け経験豊富である」

第6段第4・5文（And while it's … is in ours?）にISSでは地球が常に見えるが月では地球が大きく見えないことが述べられている。よって，Bが一致する。Cは，第6段第4文（And while it's …）でmore than a year at a time「一度に1年以上」，ISSで過ごしたとなっているので，a few monthsは間違い。AおよびDは言及がないので不可。

4.「月に居住地を建設する理由のうち，挙げられていないのは？」

A.「月面には原子力に使える貴重な資源がある」

B.「地球に何かあった場合，月が我々の種族を救う可能性がある」

C.「人類は難しく実現不可能なことを成し遂げるよう駆り立てられている」

D.「月で行うことができる多くの重要な研究プロジェクトがある」

Aの資源に関しては第7段第3文（He could not …）に一致する。また，Bは第9段第2文（One day, through …）に核戦争や気候変動などで地球に住めなくなったときに，月がa second home「第二の家」になると述べられていることと一致する。Cは第7段第2文（But the rewards …）のケネディ大統領の言葉，「人間は不可能なことを達成する必要性に駆り立てられている」と一致する。Dはそのような研究がなされても不思議ではないが，本文では言及されていない。

4. 選択肢の意味は以下の通り。

A.「NASAは月に居住地を建設し始めたばかりだ」

B.「最近の報告では，月の両極が水が存在する唯一の場所ではないということが示唆されている」

C.「地下よりむしろ地表に居住地が建設されるだろう」

D.「月塵は建物の建設には適していない」

E.「水は飲料用と燃料作りの両方に使用されるようになるだろう」

F.「ヘリウム3は，月での建設に多額のお金を費やす価値があることを意味する」

G.「ジョン=ヤングは，人間は月で生き延びることはできないと考えている」

Bは，第2段第5文後半の括弧の中（though Chinese scientists…）で，「中国人科学者によって月の表面の他の部分で見つけられたガラスの破片に水が含まれていると報告されたばかりである」と述べられていることと一致する。また，Eは第2段第5文括弧の中の後半部分（raising the possibility…）「宇宙飛行士が燃料と飲料水に使うもう一つの資源になる可能性を高めている」と一致する。

Ⅱ 解答

1—B **2**—D **3**—A **4**—B **5**—A **6**—C
7—A **8**—A **9**—D **10**—C

解説

1.「彼女のプロジェクトチームはその商品がオンラインで入手できるように計画している」

派生語の問題。それぞれの意味は，A. productivity「生産性」，B. product「商品」，C. producing は produce「生産する」の現在分詞，D. productive「生産性のある」。空所の後ろに「オンラインで入手できる」とあることから，「商品」の意味でないと文脈に合わない。

2.「私は同僚の一人にアドバイスを求めた」

advice は不可算名詞。したがって，AやBのように冠詞がついたり，複数形になったりはしない。D. advice が正解。

3.「かつて私たちを救ったまさにそのものが今，私たちを滅ぼそうとしているかもしれない」

The very thing … saved us までが主語の部分なので，空所には関係代名詞が入るとわかる。したがって，Aの that が正解。なお，Dの what は先行詞，the very thing があるので不可。また，the very thing の very は強調「まさに」の用法。

4.「彼はロンドンにいる間にその問題について議論する機会が多くあった」

in London は he was in London の he was の省略形。よって後ろに節をとる接続詞を選ぶ。Aの During「～の間に」やCの Despite「～にもかかわらず」は前置詞なので不可。使えるのはBの While「〜している間に」である。Dの Unless「〜でない限り」は意味が合わない。

5.「このワークショップでは，これまでのあなたの行動を考え直させてくれる」

使役動詞の問題。Bの have，Cの make，Dの let は，すべて to 不定詞ではなく，原形が後続する。to 不定詞が続くのは，Aの cause だけである。cause *A* to *do* で「*A* に〜させる」の意味になる。

6.「走りが滑らかなので，私はこの車を勧めます」

smoothly「滑らかに」が副詞なので，動詞には完全自動詞が来る必要がある。Aの shows やBの buys には目的語が必要。また，Dの looks には補語が必要。Cの drives は他動詞でも自動詞でも使えるが，ここでは自動詞の用法である。

7.「AI が意識を持てるかどうかは議論になるところだ」

Bの possible やCの able の後ろに前置詞 of は続かない。Dの potential を入れると「AI が意識の可能性である」というおかしな意味になる。Aの capable は be capable of 〜「〜できる」の形で使うので，これが正解。ここでは「意識を持てる」の意味。

8.「困難な状況に直面しても，トッププレイヤーは負けることをまったく恐れていないように思われることが多い」

no 〜 whatever で否定の強調形「まったく〜でない」の意味になる。

9.「その患者はうつぶせになることを求められた」

付帯状況の with を選ばせる問題。with *A doing / done* で「*A* が〜の状態で」を意味し，*A* が意味上の主語，分詞 *doing / done* が意味上の述部となる。分詞の代わりに形容詞，副詞，前置詞句が入ることもあり，ここでは副詞 down が使われている。直訳すると「顔が下である状態で」，つまり「うつぶせになる」ということ。

10.「コーチは昨日，私に卑劣な態度をとっていた」

ここでの mean は動詞の「意味する」ではなく，形容詞で「卑劣な，意地悪な」という意味。状態動詞（be）自体は通常進行形にならないが，もし進行形になった場合は一時的状態を表す。ここでは「通常は卑劣ではないが，昨日は一時的に私に対して卑劣であった」ということ。be 動詞の進行形は be being の形になるので，Cが正解。

III 解答

1－C　2－A　3－C　4－D　5－B　6－B
7－A　8－D　9－C　10－A

解説

1.「満席だったので，私は立って演技を見た」

take a seat で「座る」という意味。直訳すると「すべての席が座られていた」となり，つまり「満席だった」ということ。

2.「その老人は一人暮らしだったが，近所の人がときどき訪ねてくれるのを楽しんでいた」

ここでの visits は「訪問」という名詞。「近所の人の訪問」を修飾する形容詞としては頻度を表すAの occasional「ときどきの」が適切。

3.「私たちは予定より1週間早くそのプロジェクトを終えようとした」

ahead of schedule で「予定より早く」の意。反対に「予定より遅れて」は behind schedule と言う。

4.「その若い作家は彼の最新の小説を人々が批判するのにうんざりしていた」

be fed up with ～で「～にうんざりしている」の意。with 以下は people が意味上の主語。criticizing 以下が意味上の述部になっていることに注意。

5.「犯罪率が高くなっているのは確かに取り組むべき重要な問題だ」

rising「増えている」という形容詞にふさわしいのは，Bの rate「率，割合」である。Aの prevention「防止」では文意をなさない。

6.「亜鉛は酸や強アルカリの両方に溶解するかなり活性度の高い金属である」

active metal「活性金属」は，水や酸と反応して容易に溶解する金属のこと。in とつながって「(～に) 溶解する」に相当するのは，Bの dissolves である。Aは evolve into ～で「～に発達する，進化する」，Cは be involved in ～の形で「～に含まれる」，Dは resolve into ～で「～に分解する」となる。

7.「この情報は厳しく極秘扱いにされている。なぜなら我が社の顧客の個人情報が含まれているからである」

「顧客の個人情報が含まれ」ていれば，その情報は人に漏らしてはいけない。その意味を表すのは，Aの confidential「秘密の」である。

8.「荷物は出発時にもう一度検査されるかもしれない」

空港などで荷物チェックがあるのは，「出発時」である。この意味になるのは，Dの point である。point は「場所」も「時間」も表す。at the point of departure は「出発時に」という意。ちなみに，Cの mercy は at the mercy of ～「～のなすがままに」の形で使われ，これは必須イディオムである。

9.「その男の子は病気になって，先生に家に帰された」

主語の the boy「その男の子」が受け身の形で不自然でないのは，Cの sent のみ。能動態の the teacher sent the boy home「先生はその男の子を家に送り返した」を受動態にした形である。

10.「その会社の倒産は社長のひどい経営のせいである」

A is to blame for *B*「*A* は *B* の責任がある」は不定詞の必須表現。Bの explain「説明する」は for を後ろに置かない。Cの result は result in ～で「～という結果になる」，Dの cause は他動詞で「～を引き起こす」の意。

Ⅳ　解答　A・D・I・K

解説

A．1．「その料理はシェフだけが知っている具材で作られている」

2．「この料理の具材はシェフ以外の誰にも知られていない」

1の consist(s) of ～は「～からできている」の意味。2の except は「～を除いて」の意味。1はシェフだけが知っている具材，2はシェフ以外誰も知らないということで，表現は異なるが同じ意味内容になっている。

B．1．「私たちがどんな方法で行ったとしても時間通りには着けない」

2．「私たちはそこに行く違う方法を見つけない限り，遅れてしまう」

1では何をしても時間通りに着けないということだが，2では「別の方法を見つける」ことができれば，遅れずに済むということなので意味が異なる。

C．1．「できるだけ早くこの仕事を終えるべきだ」

2．「それほど早くこの仕事を終える必要はない」

1では「早く仕事を終えるべき」と言い，2では「早く終える必要はない」と正反対の話になっている。

D．1．「もしパーティーのことを聞いていたら，私は行っただろう」

2．「私はそのパーティーのことを知らなかったので，行かなかった」

1の Had I heard は If I had heard（仮定法過去完了）の倒置形。実際は行かなかったので，意味内容は2と同じになる。

E．1．「私は試験の結果発表が待ちきれない」

2．「私は試験をどれくらいできたかを聞くのが楽しみではない」

1の文にある I can't wait は「待てない」ではなくて「待ちきれない」という意味。2は「楽しみにしていない」ということで，意味は正反対になる。

F．1．「私の娘は学校の遠足で今日は出かけている」

2．「私の娘は今日学校の遠足に行けなかった」

1の out は「出かけている（状態で）」の意味になる。a school excursion は「学校の遠足」のこと。2の school trip も同じ意味。1は「遠足に行った」，2は「行けなかった」で意味が逆。

G．1．「天気を考えれば，試合は行われるだろう」

2．「試合は天気のために延期されるだろう」

1は「試合が行われる」と予測し，2は「試合が延期される」と言っているので意味が正反対になっている。1の go ahead は，この文脈では「行われる」という意味。また，2の on account of ～ は「～のために」という必須表現。

H．1．「私はその男の言っていることにまったくついていけなかった」

2．「私はその男が言っていることの一部しかわからなかった」

1は not ～ at all「まったく～でない」という全否定。2は a part「一部」だが理解できたという話なので，意味が異なる。

I．1．「私が知っている限りでは，そのプロジェクトは予定通り進んでいる」

2．「私の知る限りでは，そのプロジェクトは計画に従って進んでいる」

1の As far as I'm aware も2の To my knowledge も，ともに「私の知る限りでは」の意。また，1の as scheduled は「予定通り」という意味で，2の according to plan「計画に従って」とほぼ同じ意味。したがって，この2文は同じ意味を伝えている。

J．1．「他の何よりもコストが最優先だ」

2．「コストは私たちにとって最も重要なものではない」

1の above everything else は「他の何よりも」という意味。また priority は「優先事項」のこと。したがって，1では「コストが重要」という意味だが，2では「重要でない」と言っているので意味が逆になっている。

K．1．「彼はゲームが終わる前に帰る気はない」

2．「彼はゲームが終わって初めて帰る予定だ」

1と2では表現は異なるが，どちらも「ゲームが終わるまで帰らない」と同じ主旨のことを言っている。なお，2の only after ～ は「～が終わって初めて」の意。

L．1．「彼女がどこへ行ったのか，私はまったく知らない」

2．「彼女がどこへ行ってしまったのか，私はその手がかりを持っているかもしれない」

1の don't have any idea は have no idea と同じで「まったくわからない」の意。2の clue は「かぎ，手がかり」の意味なので，1は「わからない」，2では「手がかりがある」と言っているので，意味が異なる。

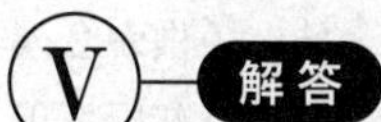

1．1－B　**2**－A　**3**－D　**4**－D　**5**－A
2．1－D　**2**－C　**3**－A　**4**－A　**5**－C

全訳

1．**《窓ガラスで冷房》**

希望の窓

1　世界の暑い地域では，建物を快適な涼しさに保つには多くのエネルギーがいる。研究者たちは窓に新しいコーティングをしてそのエネルギーを減らしたいと思っている。エアコンと違い，新しいコーティングは動かすための電力が不要だ。

2　太陽光は窓から入ってきて，建物の大きな熱源となっている。太陽光は私たちが見ることができる可視光線と，見ることができない紫外線や赤外線という不可視光線の両方がある。この3種類の光はすべてガラスを通り抜けられる。窓は可視光線が通り抜けられる必要はあるが，他の2つはその必要がない，と主任研究者のテンフェイ=ルオは説明する。「部屋を暖めるという点以外，紫外線と赤外線は実際何もしない」と彼は言う。もう一つの問題は，紫外線と赤外線は地球の大気圏から出られないので，結局，地球温暖化に寄与してしまう。

3　コーティングを作るために，ルオの研究チームは，ある素材を極薄の層の中にどのように置いたら不必要な種類の光を反射させ宇宙に戻せるかを調べた。彼らはスーパーコンピュータを使って，何百万というさまざまな素材の組み合わせを分析した。そして，2日間の計算の後にやっとうまくいきそうな素材を見つけた。その素材のコーティングをアリゾナ州の砂漠の中にある建物で検証したところ，6度は温度が下がることがわかって彼らは喜んだ。この新しいコーティングによって，暑い気候の地域における高エネルギー使用の問題が解決されるかもしれない。

2.《ホテルへのクレーム》

サンシャイン・リゾート様

1　私は7月2日から7月14日までフロリダの貴リゾートに宿泊した者ですが，一言苦情を言うためにこれを書いています。今回の宿泊は私の家族と私にとって今まで経験した休暇旅行の中で最悪のものの一つでした。

2　まず第一に，部屋のことがあります。ベッドルームが2部屋あるファミリースイートを予約しておいたのに，貴リゾートに到着してみると，誤解があって普通のツインの部屋しかないと知らされました。幼い子供が2人いたので，この広さでは明らかに不十分でしたが，もっと適切な部屋を用意する代わりに，ただ床に敷くマットレスを2つ用意してくれただけでした。想像がつくと思いますが，これでは非常に狭苦しく，落ち着けるものではありませんでした。

3　次は食べ物です。貴リゾートのパンフレットでは，レストランが2つあると約束されていましたが，行ってみると一つはリフォーム中で開いていませんでした。残り一つのレストランは宿泊客すべてが食べるのに十分な広さがなく，結果的に毎回の食事で席が空くまで長時間列を作って待つことになりました。やっと中に入れたと思ったら，あれが待つだけの価値がある食べ物でしょうか？　まったく違います。低品質，種類も少なく，冷めていることも多かったです。

4　最後に，施設のことがあります。私たちが貴リゾートを選んだのは，家族用の屋外プールと遊び場があったからです。しかし，パンフレットでは，これらの場所を利用するのに毎日20ドルの追加料金がかかるとは書いてありませんでした！　高い宿泊料と食事代を考えると，控えめに言ってもショックでした。

5　全体的に言って，今回の宿泊は非常に失望するものでした。ですので，宿泊代の一部の返金をお願いします。

敬具

キャロライン=ハワード

解説

1．1． 主節で「動かすのに電力（power）が必要でない」と言っている。エアコンでは電力がいる。したがって，BのUnlikeを入れて「エアコンと違って，窓の新しいコーティングは電力が要らない」と考えるのが妥当。DのIn contrast「対照的に」は意味的には適切だが，文法的には副詞的働きをしているので，後に名詞のair conditionersをいきなり持ってくることはできない。

2． 前文で窓を通ることができる光についてAll three types「3つすべての種類」が挙げられている。実際に必要なのはvisible light「可視光線」だけで，他の2つは不要だと理解できる。Cのanother「もう一つは」は残りの2つを意味しないので不適。また残りの2つは限定されているので，定冠詞theが必要。したがって，Aのthe otherが適切。Bのboth ofは，both of the twoのようにtheが必要なので，使えない。

3． end up *doing*は「結局～することになる」の必須表現。主語theyは同じ文中のultraviolet and infrared「紫外線と赤外線」を受ける。この2つがatmosphere「大気中」にあれば，結果として地球の気温が上がるということ。その意味になり，かつ前置詞toが続くのは，Dのcontributing「貢献する」である。Aのcausingは，cause *A* to *do*，またCのenablingは，enable *A* to *do*の形になるので，ここでは使えない。

4． after two days of calculations「2日間の計算の後で」が挿入句になっているのでわかりにくいかもしれないが，空所はbefore節の動詞に当たる部分。beforeの後に主語がないので，このbeforeは接続詞ではなく前置詞の用法である。したがって，空所の動詞は動名詞にする必要があり，A，Bは使えない。Cのhaving foundとすると「見つけてしまった前に」ということになり，意味不明となる。したがって，Dのfindingを入れ

「見つける前に」とするのが正解となる。

5. 選択肢の訳は以下の通り。

A.「気温が高いときの高エネルギー使用の問題」

B.「砂漠の町に窓を設置することの高いコスト」

C.「人工の気候変動の問題」

D.「人々が自分の家を効率的に暖房しようとすること」

第1段第2・3文（Researchers hope to … power to work.）からわかる通り，この英文全体は窓の新しいコーティングによって建物の冷房用エネルギーの削減が可能という話である。したがって，Aを入れ，「新しいコーティング（The new coating）が解決になるかもしれない」と理解するのが妥当。

2．1. one of ～「～の一つ」なので空所には名詞の複数形が来る。したがって，experience の複数形であるDの experiences が適切。「最悪のいくつかあった経験の一つ」ということ。

2. inform は「知らせる」という他動詞。空所直前の主語 we は客なので，there had been a misunderstanding and …「誤解があった，そして…ということ」を「知らされた」と受け身で理解するのが妥当。したがって，Cの were informed が正解。

3. 空所直後の find us の主語は，後の the hotel であることに気づくこと。また，find という原形の動詞が来ていることからCの instead of は使えないことがわかる。Bの neither は neither *A* nor *B*「*A* も *B* も～でない」と両方を否定する表現だが，少なくとも two extra mattresses「追加の2つのマットレス」は用意してくれているので，これも意味上不適。Dの nevertheless「しかしながら」だとより適切な部屋を見つけてくれたことになり，合わない。Aの rather than が適切で，*A* rather than *B*「*B* よりも（むしろ）*A*」の rather than *B* が先に来て rather than *B*, *A* の形になっていると考えられる。空所を含む部分は「もっと適切な部屋を見つける代わりに，ホテルが用意してくれたのは床に敷く2つのマットレスだけだった」という意味合いになり，これが正解。

4. 空所直後の waiting が -ing 形であることに注目すれば，worth *doing*「～する価値がある」が適切だとわかる。意味上も「やっと中に入れたが，その食べ物は待つだけの価値があったのか？　いや，ない」とつながり，自然である。

5. 選択肢の訳は以下の通り。

A.「貴ホテルは次回改善されることはあり得ない」

B.「休暇をキャンセルすることにした」

C.「お金の一部は返してほしい」

D.「貴ホテルのレストランでは二度と食事しない」

第5段第1文（All in all, …）で失望の気持ちを伝え，その後 Therefore「ですから」と続くので，何か行動を起こすことを伝えていると推測できる。よってAは合わない。Bはすでにこのリゾートを利用してしまっているので不可。Cはひどいサービスに対する要求として十分に考えられるので，これが正解。Dはレストラン以外の，他のいろいろなクレームを考えれば不十分。

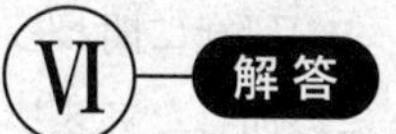

1―D　**2**―B　**3**―G　**4**―C　**5**―E　**6**―A　**7**―F

全訳

《可動合成細胞の研究》

1　子供の頃，宮田真人はラジオやアンプをいじるのが大好きだった。今でも彼のものいじりへの関心は大きくなるばかりであるが，細胞生物学者として，ラジオやアンプなどよりもはるかに小さなものをいじっている。科学雑誌 *Science Advances* に向けて，日本の大阪公立大学の彼の研究チームは最も小さな合成生命体の遺伝子を使って，その細胞が自力で運動ができるようにしようとしてきた。これは，原始の細胞が最少の遺伝子付加で運動を始めることができたことを暗示している。

2　研究者たちは，最も初期の自然細胞がどのように運動能力を獲得したのか，それを理解するためにずっと以前から研究を続けてきた。このような研究では，スピロプラズマというバクテリアが使われてきた。スピロプラズマは単細胞の生命体であり，自分の身体を曲げたり，収縮させたり，また身体を変化させたりして動く。しかし，他の多くのバクテリアのように運動に特化した付属肢を使って動くことはない。スピロプラズマでは，この種の細胞の運動を可能にしていると思われる7つの遺伝子がすでに確認されている。しかし，これらの遺伝子の正確な役割を実験的に確認することは困難であった。

3 宮田の研究チームはJCVI-syn3.0（略称syn3.0）という合成細胞に目を向けた。この細胞は2016年にJ.クレイグ・ベンター研究所の研究者たちが作った細胞である。この細胞は記録的に数が少なく，全部で473個の遺伝子で機能する。人間はそれと比較すれば，20,000以上の遺伝子を持っている。しかし，このsyn3.0は運動ができない。

4 宮田とその同僚たちは，運動と関連するスピロプラズマの7つの遺伝子を組み合わせたものをsyn3.0細胞に挿入してみた。宮田は顕微鏡をのぞいて，以前は静止していた合成細胞が「踊る」のを見たときのことをはっきりと覚えていると言う。ほぼ半数の細胞が新しい形になっており，その中の一部は泳ぐために，ちょうどスピロプラズマのように身体をねじってさえいた。

5 宮田は運動できる合成細胞を作ることを想像していたが，それでも実際，それができたときには「まったく驚いた」と彼は言う。この研究に関わってはいなかったが，この細胞が発表される前のプレゼンに参加したアメリカ国立標準技術研究所の細胞工学者のエリザベス=A.ストリチャルスキによれば，驚いたのは宮田だけではなかった。「宮田の研究チームが，この生命体が泳ぎ身体をどのように変化させたか，その姿を撮影した映像を見せたときの，聴衆のあの驚きときたら」と彼女は言う。宮田の研究チームが発見したのは，たった2つの遺伝子の組み合わせを使っただけでスピロプラズマのような運動を引き起こすのに十分だということだった。

6 何十億年も前にどのような条件が細胞の最初の運動の原因だったのか，それを想像するのは難しいが，この研究によって，いかに小さな変化があのような大飛躍の一助となり得るかということがわかる。この研究は将来にとっても意味があるとストリチャルスキは言う。「可動合成細胞はいつの日か工学的に作られ，危険なバクテリア，ウイルス，また人の身体の中のがん細胞でさえ見つけられるようになるかもしれない」と。

解説

1． 第1段第1文（As a child, …）で宮田は，子供の頃はラジオやアンプをいじっていたことが述べられ，空所の直前に，「今では細胞生物学者として」とある。細胞はいじる対象としては，ラジオやアンプよりはるかに小さい。よってDの「（彼は）それをはるかに小さなスケールで行っている」が入る。it はここでは，tinkering with things「ものをいじること」を指している。

2．主語が Researchers と複数形なので，A，E，F は自動的に除外できる。次の文に Such studies「このような研究」とあることから，B の「理解するために長い間研究してきた」が適切。C の「顕微鏡をのぞいて見た」，G の文末 aid「助ける」は空所後の「どのようにして最も初期の細胞が運動を始めたのか」という目的節の内容と合わない。

3．文の主語は scientists と複数形なので，残った選択肢の中の A，E，F は自動的に除外できる。続く文（But confirming these …）に these genes'「これらの遺伝子の」とあることから，G の「(この種の細胞運動）を助けそうな 7 つの遺伝子をすでに特定していた」が適切。C の「(研究者たちはこの種の細胞運動を）顕微鏡をのぞいて見た」は不自然ではないが，these genes'「これらの遺伝子の」とのつながりが不自然である。

4．文末の "dancing"「踊っている」に着目する。C の文末 saw は，知覚動詞 see *A doing* の構文をとるので，「彼（宮田）が顕微鏡を見て，以前は静止していた合成細胞が『踊っている』のを見た」とうまくつながる。

5．前の文（Miyata had imagined …）では，宮田が，合成細胞が動いているのを見て驚いたと述べている。また同段第 3 文（"When they showed …）で，発表を聴いていた他の研究者も驚いたということを the audience's shock という言葉でストリチャルスキが述べている。したがって，E の「彼（宮田）だけがこの研究で驚いた人間ではなかった」が適切。

6．空所の直後に a presentation とあることからも，A の「その研究に関わってはいなかったが，（発表に先立って行われたプレゼンには）参加した」が適切。次の文（"When they showed …）で「彼らが（映像を）見せたとき」とあり，3 人称で語っていることからも，ストリチャルスキは発表側ではなく聴衆側だったとわかる。

7．最後の選択肢 F を入れ「(この研究によって）いかに小さな変化が大きな飛躍をもたらすのに役立つかということがわかる」と訳してみて，最終段で研究の意義をまとめる文として不自然さがないことを確認しておく。空所直後が them take となっていることからも，help *A* (to) *do* の形をとる help を含む F が適切。

講評

2024年度は，2023年度とほぼ同じ形式。読解問題が3題で，うち1題は2つに分かれている。文法・語彙問題が3題で，大問は計6題である。記述式はなく，すべてマークシート法による選択式の出題である。

読解問題の内容は，自然科学に関するものが多いが，2024年度は大問Vの2が2023年度と同様，TOEICや英検で出題されるような実用的な内容に関する出題になっている。読解問題は，おおむね標準的で設問もそれほど紛らわしいものはない。文法・語彙問題は，類語，関係代名詞，接続詞などの基本的なもの，またイディオム表現など，基本をしっかり押さえておけば十分に解答できるレベルの問題である。

全般的に，基本的な英文の内容把握に関する問題が中心。読解問題は英文全体の内容が把握できていれば解きやすい問題であり，内容真偽や全体の内容把握の問題も設問の関連箇所を見つけだせば，それほど紛らわしいものではない。

数　学

I　解答　**(1)ア**―ⓒ　**イ**―ⓗ　**(2)ウ**―ⓗ　**エ**―ⓗ　**オ**―ⓗ
(3)カ―ⓒ　**キ**―ⓕ

解説

《曲線の存在領域，面積》

a，b は実数で，$a \geqq 1$ を満たす。

$C_1 : y=f(x)=-|2|x|-1|$

$C_2 : y=g(x)=ax+b$

$C_3 : y=h(x)=e^x$

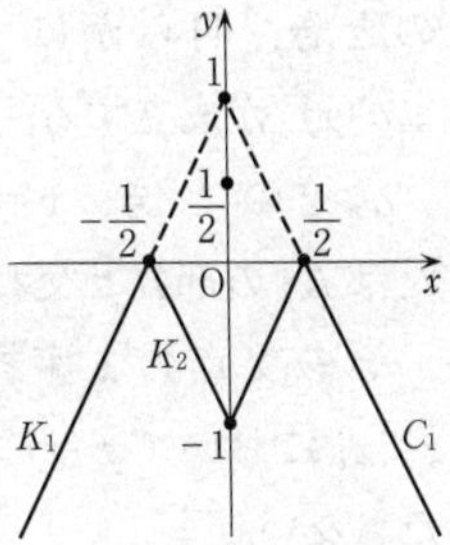

C_1 のグラフは右図のM型（逆W型）。

C_1 の $x \leqq -\dfrac{1}{2}$ の部分を K_1 とおき，C_1 の $-\dfrac{1}{2} \leqq x \leqq 0$ の部分を K_2 とおく。

$f(x)=-|2|x|-1|$ について

• $0 \leqq x$ のとき，$|x|=x$ より　　$f(x)=-|2x-1|$

さらに，$\dfrac{1}{2} \leqq x$ のとき，$2x-1 \geqq 0$ より　　$f(x)=-(2x-1)=-2x+1$

$0 \leqq x < \dfrac{1}{2}$ のとき，$2x-1<0$ より　　$f(x)=-\{-(2x-1)\}=2x-1$

• $x<0$ のとき，$|x|=-x$ より　　$f(x)=-|2(-x)-1|=-|-2x-1|$

さらに，$-\dfrac{1}{2} \leqq x < 0$ のとき　　$-2x-1 \leqq 0$ より

$f(x)=-(2x+1)=-2x-1$

$x<-\dfrac{1}{2}$ のとき，$-2x-1>0$ より　　$f(x)=-(-2x-1)=2x+1$

以上より

$$f(x)=\begin{cases}-2x+1 & \left(\frac{1}{2}\leqq x\right)\\ 2x-1 & \left(0\leqq x<\frac{1}{2}\right)\\ -2x-1 & \left(-\frac{1}{2}\leqq x<0\right)\\ 2x+1 & \left(x<-\frac{1}{2}\right)\end{cases}$$

(1) (i) $a\geqq 1$, $b\geqq 1$ のとき，右図より，$1\leqq a\leqq 2$ のとき，明らかにすべての x に対し，$f(x)\leqq g(x)$ が成立する。

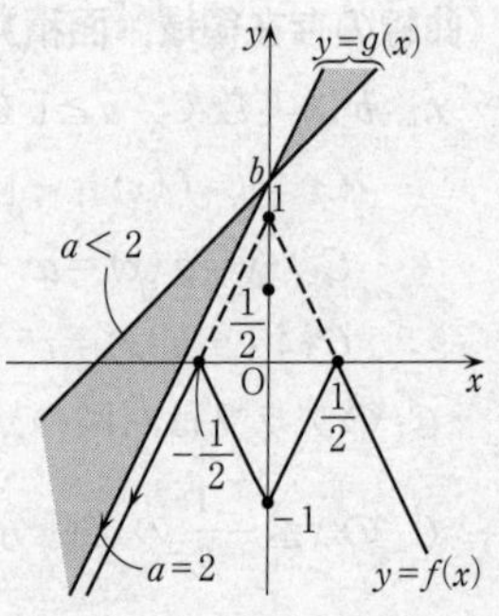

$a>2$ のとき，$y=g(x)$ は $y=f(x)$ の K_1 または K_2 の部分と交わる。

その交点の x 座標を x_1 (<0) とおくと，$x<x_1$ において $f(x)>g(x)$ となり，題意を満たさない。

よって，不等式 $f(x)\leqq g(x)$ がつねに成り立つのは，$(1\leqq)\ a\leqq 2$ のときである。(→ア)

(ii) $a\geqq 1$, $\frac{1}{2}\leqq b\leqq 1$ のとき，右図より

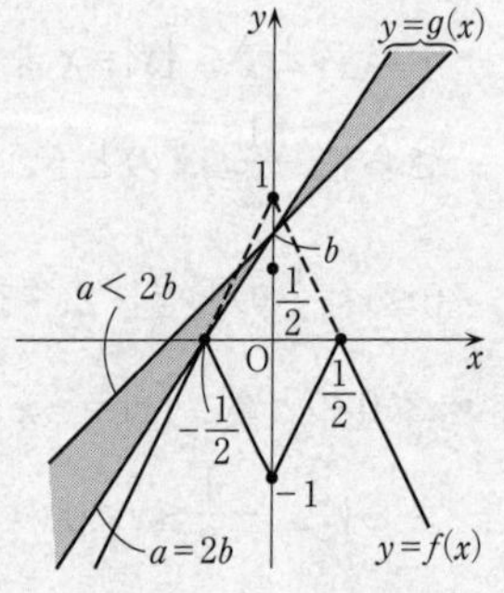

$f(x)\leqq g(x)$ に $x=-\frac{1}{2}$ を代入して

$$0=f\left(-\frac{1}{2}\right)\leqq g\left(-\frac{1}{2}\right)=-\frac{1}{2}a+b$$

$\therefore\quad (1\leqq)\ a\leqq 2b$ (→イ)

なお，図より $a>2b$ のとき，$y=g(x)$ は $y=f(x)$ の K_2 の部分と交わり，その交点を x_2 (<0) とおくと，$x<x_2$ において，$f(x)>g(x)$ となる部分が存在し，題意を満たさない。

(iii) $a\geqq 1$, $b<\frac{1}{2}$ のとき，C_2 と $K_1\cup K_2$ の部分は必ず共有点をもち，$f(x_0)>g(x_0)$ を満たす $x_0(<0)$ が存在する。

(i)～(iii)より，求める $(a,\ b)$ の範囲 D_1 は次図の通り。

$$D_1=\left\{(a,\ b)\,|\,b\geqq\frac{1}{2}a,\ 1\leqq a\leqq 2\right\}$$

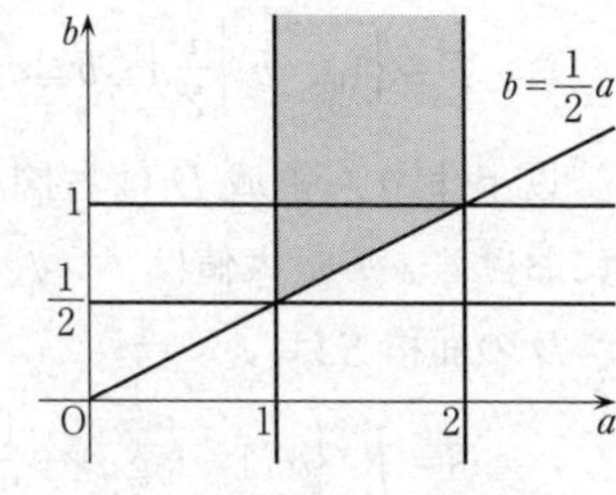

(2)　$x=p$ における C_3 の接線 l の方程式は，

$h'(x)=e^x$ より

$$\begin{aligned} l : y &= h'(p)(x-p)+h(p) \\ &= e^p(x-p)+e^p \\ &= e^px+(-p+1)e^p \quad (\to ウ) \end{aligned}$$

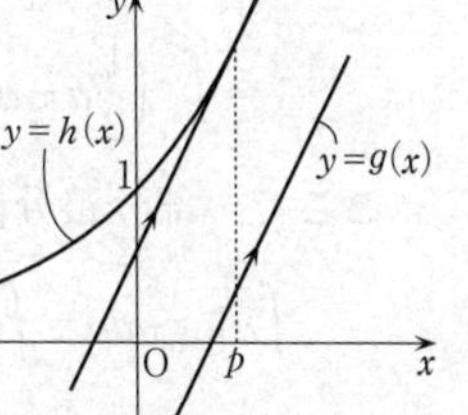

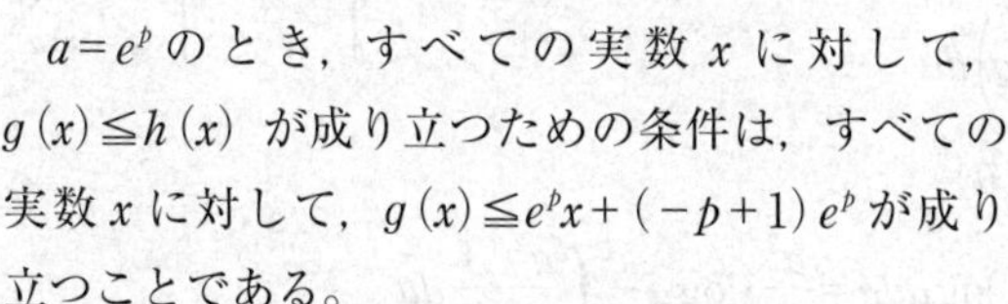

$a=e^p$ のとき，すべての実数 x に対して，$g(x)\leqq h(x)$ が成り立つための条件は，すべての実数 x に対して，$g(x)\leqq e^px+(-p+1)e^p$ が成り立つことである。

すなわち　$e^px+b\leqq e^px+(-p+1)e^p$

$$b\leqq(-p+1)e^p \quad (\to エ)$$

また，$a=e^p \Longleftrightarrow p=\log a$ より

$$b\leqq a(1-\log a) \quad (a\geqq 1) \quad (\to オ)$$

$$\therefore\ D_2=\{(a,\ b)\,|\,b\leqq a(1-\log a),\ a\geqq 1\}$$

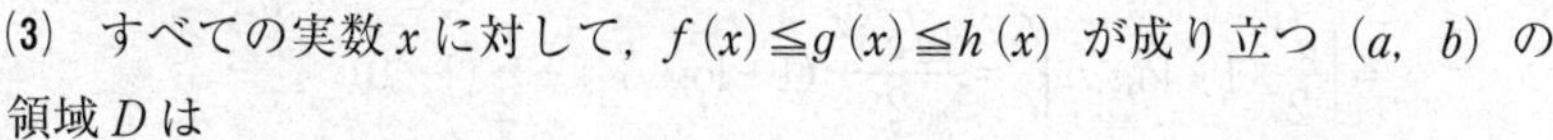

(3)　すべての実数 x に対して，$f(x)\leqq g(x)\leqq h(x)$ が成り立つ $(a,\ b)$ の領域 D は

$$\begin{aligned} D &= D_1\cap D_2 \\ &= \left\{(a,\ b)\,\middle|\,\frac{1}{2}a\leqq b\leqq a(1-\log a),\ 1\leqq a\leqq 2\right\} \end{aligned}$$

$w(a)=a(1-\log a)$ $(1\leqq a\leqq 2)$ とおく。積の導関数の公式を用いて

$$\begin{aligned} w'(a) &= 1\cdot(1-\log a)+a\cdot\left(-\frac{1}{a}\right) \\ &= -\log a\leqq 0 \quad (a\geqq 1) \end{aligned}$$

ゆえに，$b=w(a)$ $(1\leqq a\leqq 2)$ のグラフは減少する。

$b=\frac{1}{2}a$ と $b=w(a)$ の $1\leqq a\leqq 2$ における交点の a 座標は

$$a(1-\log a)=\frac{1}{2}a$$

$$\log a=\frac{1}{2}$$

$a=\sqrt{e}$　($2<e<3$ より，$1\leqq a\leqq 2$ を満たす)

$\therefore\quad D=\left\{(a,\ b)\,\middle|\,\frac{1}{2}a\leqq b\leqq a(1-\log a),\ 1\leqq a\leqq\sqrt{e}\right\}$

以上より，領域 D は右図の通りで，D における a の最大値は　$\sqrt{e}$　(→カ)

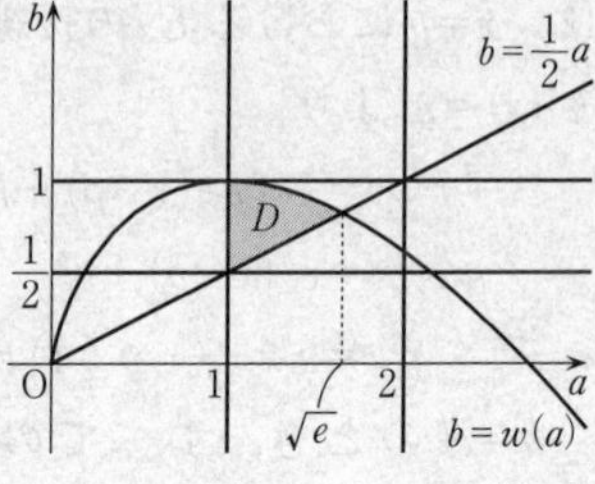

D の面積 S は

$$S=\int_1^{\sqrt{e}}\left\{a(1-\log a)-\frac{1}{2}a\right\}da$$

$$=\int_1^{\sqrt{e}}\left(\frac{1}{2}a-a\log a\right)da$$

ここで，部分積分法より

$$\int a\log a\,da=\int\left(\frac{a^2}{2}\right)'\log a\,da=\frac{a^2}{2}\cdot\log a-\int\frac{a^2}{2}\cdot\frac{1}{a}da$$

$$=\frac{a^2}{2}\cdot\log a-\frac{a^2}{4}+C$$

ゆえに

$$S=\left[\frac{a^2}{4}-\left(\frac{a^2}{2}\cdot\log a-\frac{a^2}{4}\right)\right]_1^{\sqrt{e}}$$

$$=\left[\frac{a^2}{2}(1-\log a)\right]_1^{\sqrt{e}}=\frac{(\sqrt{e})^2}{2}(1-\log\sqrt{e})-\frac{1}{2}(1-0)$$

$$=\frac{e-2}{4}\quad(\rightarrow キ)$$

Ⅱ　解答

(1)ク―ⓓ　**(2)ケ**―ⓐ　**(3)コ**―ⓐ　**サ**―ⓐ
(4)シ―ⓝ　**ス**―ⓜ　**(5)セ**―ⓝ　**ソ**―ⓜ

解説

《2数の差が3の倍数になる確率》

(1)　$n=3$ のときの $X-Y-1$ の値は右の通り。

X＼Y	1	2	3
1	−1	−2	−3
2	0	−1	−2
3	1	0	−1

$X-Y-1$ が 3 の倍数になるのは，$(X,\ Y)=(1,\ 3),\ (2,\ 1),\ (3,\ 2)$ の3通り。

ゆえに　$q(3)=\frac{3}{3^2}=\frac{1}{3}$　(→ク)

(2)　$1\leqq X\leqq n$，$1\leqq Y\leqq n$ および X と Y は対等だから

$$X-Y+1=-(Y-X-1)$$

より，$X-Y-1$ が3の倍数である $(X,\ Y)$ の組の個数と，$X-Y+1$ が3の倍数である $(X,\ Y)$ の組の個数は等しい。

ゆえに　　$r(n)=q(n)$　(→ケ)

(3)　$X-Y$ が3の倍数であるとき，X と Y を3で割った余りは等しい。

すなわち，X と Y はともに3で割り切れる数，3で割って1余る数，3で割って2余る数のいずれかである。

n が3の倍数であるとき，$n=3k$ $(k=1,\ 2,\ \cdots)$ とすると $k=\dfrac{n}{3}$ で，1，2，…，$3k$ $(=n)$ のうち3で割り切れる数は k 個，3で割って1余る数は k 個，3で割って2余る数は k 個あるから

$$p(n)=\left(\frac{k}{n}\right)^2+\left(\frac{k}{n}\right)^2+\left(\frac{k}{n}\right)^2=\frac{3k^2}{n^2}=\frac{3\left(\frac{n}{3}\right)^2}{n^2}=\frac{1}{3}\quad (\to コ，サ)$$

(4)　$n-1$ が3の倍数であるとき，$n=3k+1$ とすると $k=\dfrac{n-1}{3}$ で，1，2，…，$3k$，$3k+1$ $(=n)$ のうち3で割り切れる数は k 個，3で割って1余る数は $k+1$ 個，3で割って2余る数は k 個あるから

$$p(n)=\left(\frac{k}{n}\right)^2+\left(\frac{k+1}{n}\right)^2+\left(\frac{k}{n}\right)^2=\frac{3k^2+2k+1}{n^2}=\frac{3\left(\frac{n-1}{3}\right)^2+2\left(\frac{n-1}{3}\right)+1}{n^2}$$

$$=\frac{(n-1)^2+2(n-1)+3}{3n^2}=\frac{n^2+2}{3n^2}\quad (\to シ，ス)$$

(5)　$n-2$ が3の倍数であるとき，$n=3k+2$ とすると $k=\dfrac{n-2}{3}$ で，1，2，…，$3k$，$3k+1$，$3k+2$ $(=n)$ のうち3で割り切れる数は k 個，3で割って1余る数は $k+1$ 個，3で割って2余る数は $k+1$ 個あるから

$$p(n)=\left(\frac{k}{n}\right)^2+\left(\frac{k+1}{n}\right)^2+\left(\frac{k+1}{n}\right)^2=\frac{3k^2+4k+2}{n^2}$$

$$=\frac{3\left(\frac{n-2}{3}\right)^2+4\left(\frac{n-2}{3}\right)+2}{n^2}$$

$$=\frac{(n-2)^2+4(n-2)+6}{3n^2}=\frac{n^2+2}{3n^2}\quad (\to セ，ソ)$$

III 解答

(1)　$s_n(x)=f(x)^n+g(x)^n$　$(n=1,\ 2,\ 3,\ \cdots)$　……(＊)

$s_1(x)=x,\ s_2(x)=x^2+2$　……(＊＊)

途中の計算式では，簡単にするため，$f(x)$，$g(x)$，$s_n(x)$ をそれぞれ，f，g，s_n とおく。

(＊)，(＊＊)より

$$s_1{}^2=(f+g)^2=f^2+g^2+2fg=s_2+2fg$$

$$2fg=s_1{}^2-s_2=x^2-(x^2+2)=-2$$

$\therefore$　$f(x)g(x)=-1$　……(答)

$$s_1{}^3=(f+g)^3=f^3+g^3+3fg(f+g)=s_3+3\cdot(-1)\cdot s_1$$

$\therefore$　$s_3(x)=s_1(x)^3+3s_1(x)=x^3+3x$　……(答)

(2)

$$\begin{aligned}s_{n+2}(x)&=f^{n+2}+g^{n+2}=(f+g)(f^{n+1}+g^{n+1})-f\cdot g^{n+1}-g\cdot f^{n+1}\\&=(f+g)(f^{n+1}+g^{n+1})-f\cdot g(f^n+g^n)\\&=s_1\cdot s_{n+1}-f\cdot g\cdot s_n\\&=xs_{n+1}(x)+s_n(x)\end{aligned}$$

$\therefore$　$s_{n+2}(x)=xs_{n+1}(x)+s_n(x)$　……(※)　……(答)

(3)　(※)，(＊＊)に $x=0$ を代入すると

$$\begin{cases}s_{n+2}(0)=s_n(0) & \cdots\cdots① \\ s_1(0)=0 & \cdots\cdots② \\ s_2(0)=2 & \cdots\cdots③\end{cases}$$

自然数 n に対して，①，②より，n が奇数のとき

$$s_n(0)=s_{n-2}(0)=\cdots=s_3(0)=s_1(0)=0$$

①，③より，n が偶数のとき

$$s_n(0)=s_{n-2}(0)=\cdots=s_4(0)=s_2(0)=2$$

ゆえに

$$s_n(0)=\begin{cases}0 & (n：奇数)\\ 2 & (n：偶数)\end{cases}\quad\cdots\cdots④\quad\cdots\cdots(答)$$

(＊＊)，(※)より，帰納的に $s_n(x)$ は x の n 次多項式である。よって，任意の実数 x において，$s_n(x)$ は微分可能である。

(※)の両辺を x で微分して

$$s_{n+2}{}'(x)=1\cdot s_{n+1}(x)+xs_{n+1}{}'(x)+s_n{}'(x)$$

$\therefore$　$s_{n+2}{}'(0)=s_{n+1}(0)+s_n{}'(0)$　……⑤

④，⑤および $s_2'(x)=2x$ より　$s_2'(0)=0$

$$s_{2n+2}'(0)=s_{2n+1}(0)+s_{2n}'(0)=s_{2n}'(0)$$

$$\therefore\quad s_{2n+2}'(0)=s_{2n}'(0)=\cdots=s_2'(0)=0 \quad\cdots\cdots⑥$$

④，⑤および $s_1'(x)=1$ より　$s_1'(0)=1$

$$s_{2n+1}'(0)=s_{2n}(0)+s_{2n-1}'(0)$$

$$\therefore\quad s_{2n+1}'(0)=s_{2n-1}'(0)+2$$

$a_n=s_{2n-1}'(0)$ とおくと

$$\begin{cases} a_1=s_1'(0)=1 \\ a_{n+1}=a_n+2 \quad (n=1,\ 2,\ 3,\ \cdots) \end{cases}$$

$\{a_n\}$ は初項1，公差2の等差数列である。

ゆえに

$$a_n=s_{2n-1}'(0)=1+2(n-1)=2n-1 \quad\cdots\cdots⑦$$

⑥，⑦より

$$s_n'(0)=\begin{cases} n & (n：奇数) \\ 0 & (n：偶数) \end{cases} \quad\cdots\cdots(答)$$

解説

《関数列の漸化式》

(1)　$(f+g)^2$ を展開して，$s_2(x)$ を用いる。

(2)　$(f^{n+2}+g^{n+2})$ を，$(f^{n+1}+g^{n+1})$ と (f^n+g^n) を用いて，変形する。

(3)　$s_n(0)$，$s_n'(0)$ ともに n が奇数と偶数の場合に分けて考える。漸化式(※)から，逐次 $s_n(x)$ が求められる。

また，漸化式(※)から，次の事実が簡単に証明できる。

(i) $s_n(x)$ は x の n 次多項式である。

(ii) $s_{2n-1}(x)$ は奇関数であり，$s_{2n}(x)$ は偶関数である。

また，(ii)より，$s_{2n-1}'(x)$ は偶関数であり，$s_{2n}'(x)$ は奇関数である。

参考　漸化式(※)より，順次 $s_n(x)$ の具体形が求められる。

$$s_1(x)=x,\quad s_2(x)=x^2+2$$

$$s_3(x)=x^3+3x,\quad s_4(x)=x^4+4x^2+2$$

$$s_5(x)=x^5+5x^3+5x$$

$$s_6(x)=x^6+6x^4+9x^2+2$$

Ⅳ 解答　$I_n=\int_0^{\frac{\pi}{2}}\sin^n x dx \quad (n=1,\ 2,\ 3,\ \cdots)$ ……(＊)

$I_0=\int_0^{\frac{\pi}{2}}1\,dx=\frac{\pi}{2}$ ……①

$0<x<\frac{\pi}{2}$ のとき，$\sin x>0$ より

$I_n>0 \quad (n=0,\ 1,\ 2,\ \cdots)$

(1) $n\geqq 1$ とする。(＊)より，部分積分法を用いて

$$\begin{aligned} I_{n+1}&=\int_0^{\frac{\pi}{2}}\sin x\cdot\sin^n x dx=\int_0^{\frac{\pi}{2}}(-\cos x)'\cdot\sin^n x dx \\ &=\Big[(-\cos x)\cdot\sin^n x\Big]_0^{\frac{\pi}{2}}-\int_0^{\frac{\pi}{2}}(-\cos x)\cdot(n\sin^{n-1}x\cos x)\,dx \\ &=n\int_0^{\frac{\pi}{2}}(1-\sin^2 x)\cdot\sin^{n-1}x dx \\ &=n(I_{n-1}-I_{n+1}) \end{aligned}$$

∴　$(n+1)I_{n+1}=nI_{n-1}$ ……(※)　(証明終)

(2) (※)の両辺に I_n (>0) をかけると

$(n+1)I_{n+1}I_n=nI_nI_{n-1}$ ……②

$a_n=nI_nI_{n-1}$ $(n=1,\ 2,\ 3,\ \cdots)$ とおくと，②より

$a_{n+1}=a_n \quad (n=1,\ 2,\ 3,\ \cdots)$ ……③

$I_1=\int_0^{\frac{\pi}{2}}\sin x dx=\Big[-\cos x\Big]_0^{\frac{\pi}{2}}=1$ ……④

①，③，④より

$a_n=a_{n-1}=\cdots=a_1=I_1I_0=\frac{\pi}{2}$

∴　$nI_nI_{n-1}=\frac{\pi}{2} \quad (n=1,\ 2,\ 3,\ \cdots)$ ……⑤ ……(答)

(3) $0<x<\frac{\pi}{2}$ のとき，$0<\sin x<1$ より，辺々に $\sin^n x$ (>0) をかけると

$0<\sin^{n+1}x=\sin^n x\sin x<\sin^n x$

ゆえに　$0<\int_0^{\frac{\pi}{2}}\sin^{n+1}x dx<\int_0^{\frac{\pi}{2}}\sin^n x dx$

∴　$I_{n+1}<I_n$　(証明終)

(4) $n \geqq 1$ のとき，(3)より　$I_{n+1} < I_n < I_{n-1}$

この辺々に nI_n (>0) をかけると

$$nI_{n+1}I_n < nI_n{}^2 < nI_nI_{n-1}$$

すなわち

$$\frac{n}{n+1}\{(n+1)I_{n+1}I_n\} < nI_n{}^2 < nI_nI_{n-1} \quad \cdots\cdots ⑥$$

⑤，⑥より

$$\frac{n}{n+1}\cdot\frac{\pi}{2} < nI_n{}^2 < \frac{\pi}{2}$$

ここで，$\lim_{n\to\infty}\frac{n}{n+1}\cdot\frac{\pi}{2} = \lim_{n\to\infty}\frac{1}{1+\frac{1}{n}}\cdot\frac{\pi}{2} = \frac{\pi}{2}$ より

$$\lim_{n\to\infty} nI_n{}^2 = \frac{\pi}{2} \quad \cdots\cdots (答)$$

解説

《関数列の定積分，漸化式，極限値》

(1) I_{n+1} を部分積分法を用いて変形する。

(2) (1)の等式の両辺に I_n をかける。

(3) $0 < \sin x < 1$ $\left(0 < x < \frac{\pi}{2}\right)$ を用いる。

(4) ⑥の不等式を導くことで解答につながる。

講評

どの問題も出題者が受験生に何を求めているかが明確な良問である。一番重要な分野は，微・積分法であるが，重要な分野からまんべんなく出題されている。

Ⅰ 本問の核心部分は $y=f(x)$ の折れ線グラフである。グラフを描いて，関数の大小を比較する。なお，$|-x|=|x|$ より，$f(x)$ は偶関数で，$y=f(x)$ のグラフは y 軸対称である。標準問題である。

Ⅱ 確率の問題で，誘導があるので従えばよい。X と Y を 3 で割った余りに着目した。標準問題である。

Ⅲ (1)の $f(x)g(x)$ の値が大きなヒントである。これより漸化式が簡

単に求められる。設問にはないが，漸化式より，$s_n(x)$ は x の n 次多項式であり，n が奇数のとき，$s_n(x)$ は奇関数であり，n が偶数のとき，$s_n(x)$ は偶関数であることがわかる。このことから，(3)の結果が導かれる。易しい問題である。

Ⅳ 三角関数の定積分の問題であり，頻出事項である。部分積分法で漸化式は求められる。(1)から(2)の漸化式を得る部分は興味深い。(3)の不等式は，積分区間で，$0 \leqq \sin x \leqq 1$，両端を除いて，$0 < \sin x < 1$ から求められる。(2)，(3)から(4)を求める。標準問題である。

物　理

I 解答

1. (1) $\dfrac{m_{\mathrm{A}}-m_{\mathrm{B}}}{m_{\mathrm{A}}+m_{\mathrm{B}}}V$　(2) $\dfrac{2m_{\mathrm{A}}}{m_{\mathrm{A}}+m_{\mathrm{B}}}V$

(3) $-\mu' g$　(4) $\dfrac{w_1}{\mu' g}$

(5) $\dfrac{{w_1}^2}{2\mu' g}$　(6) $\dfrac{{w_1}^2}{2\mu' g u_1}$

2. $\dfrac{t_{\mathrm{A}}}{t_{\mathrm{B}}}=\dfrac{w_1}{2u_1}=\dfrac{m_{\mathrm{A}}}{m_{\mathrm{A}}-m_{\mathrm{B}}}>1$　($\because$　$m_{\mathrm{A}}>m_{\mathrm{B}}>0$)

$\therefore$　$t_{\mathrm{A}}>t_{\mathrm{B}}$　(証明終)

3. $\dfrac{u_{n+1}}{u_n}=\dfrac{m_{\mathrm{A}}-m_{\mathrm{B}}}{m_{\mathrm{A}}+m_{\mathrm{B}}}$, $\dfrac{w_{n+1}}{w_n}=\dfrac{m_{\mathrm{A}}-m_{\mathrm{B}}}{m_{\mathrm{A}}+m_{\mathrm{B}}}$, $\dfrac{L_{n+1}}{L_n}=\left(\dfrac{m_{\mathrm{A}}-m_{\mathrm{B}}}{m_{\mathrm{A}}+m_{\mathrm{B}}}\right)^2$

4. $\left(\dfrac{m_{\mathrm{A}}-m_{\mathrm{B}}}{m_{\mathrm{A}}+m_{\mathrm{B}}}\right)^{2N}$

解説

《繰り返される2物体の衝突》

1. (1)・(2)　運動量保存則より

$$m_{\mathrm{A}}V=m_{\mathrm{A}}u_1+m_{\mathrm{B}}w_1 \quad \cdots\cdots①$$

反発係数の定義より

$$1=-\frac{u_1-w_1}{V-0} \quad \cdots\cdots②$$

①, ②を連立して解くと

$$u_1=\frac{m_{\mathrm{A}}-m_{\mathrm{B}}}{m_{\mathrm{A}}+m_{\mathrm{B}}}V,\ \ w_1=\frac{2m_{\mathrm{A}}}{m_{\mathrm{A}}+m_{\mathrm{B}}}V$$

(3)　加速度を a として運動方程式をたてると

$$m_{\mathrm{B}}a=-\mu' m_{\mathrm{B}}g \qquad \therefore \quad a=-\mu' g$$

(4)　単位時間あたり速さが $\mu' g$ 減少するので

$$t_{\mathrm{B}}=\frac{w_1}{\mu' g}$$

(5)　物体Bが1回目の衝突をしてから静止するまでに床の上を移動した距

離を L_1 とおく。等加速度直線運動の距離の公式より

$$L_1 = w_1 t_B - \frac{1}{2}\mu' g t_B{}^2 = \frac{w_1{}^2}{2\mu' g}$$

別解　反発係数 1 の衝突（完全弾性衝突）では力学的エネルギーは保存されるので，力学的エネルギーと仕事の関係より

$$\frac{1}{2}m_B w_1{}^2 - \mu' m_B g L_1 = 0 \qquad \therefore \quad L_1 = \frac{w_1{}^2}{2\mu' g}$$

(6)　物体Aは等速直線運動をするので

$$t_A = \frac{L_1}{u_1} = \frac{w_1{}^2}{2\mu' g u_1}$$

2. 以下のように $t_A - t_B > 0$ を示してもよい。

$$t_A - t_B = \frac{w_1}{\mu' g}\left(\frac{w_1}{2u_1} - 1\right) = \frac{w_1}{\mu' g}\left(\frac{m_A}{m_A - m_B} - 1\right) = \frac{w_1}{\mu' g}\cdot\frac{m_B}{m_A - m_B} > 0$$

$$(\because \quad m_A > m_B > 0)$$

$\therefore \quad t_A > t_B$

3. 問い 1 の(1)，(2)と同様に運動量保存則，反発係数の 2 式を連立して解くと

$$u_{n+1} = \frac{m_A - m_B}{m_A + m_B}u_n = \left(\frac{m_A - m_B}{m_A + m_B}\right)^{n+1} V$$

$$w_{n+1} = \frac{2m_A}{m_A + m_B}u_n = \frac{2m_A}{m_A + m_B}\left(\frac{m_A - m_B}{m_A + m_B}\right)^{n} V$$

$$= \frac{2m_A}{m_A - m_B}\left(\frac{m_A - m_B}{m_A + m_B}\right)^{n+1} V$$

$$\therefore \quad \frac{u_{n+1}}{u_n} = \frac{m_A - m_B}{m_A + m_B}, \quad \frac{w_{n+1}}{w_n} = \frac{m_A - m_B}{m_A + m_B}$$

問い 1 の(5)と同様に考えて

$$L_n = \frac{w_n{}^2}{2\mu' g} \qquad \frac{L_{n+1}}{L_n} = \frac{w_{n+1}{}^2}{w_n{}^2} = \left(\frac{m_A - m_B}{m_A + m_B}\right)^2$$

4. $\dfrac{L_{n+1}}{L_n} = r$ とおくと，$L_n = r^{n-1}L_1$ であるので

$$L = L_1 + L_2 + \cdots + L_N = L_1(1 + r + \cdots + r^{N-1})$$

$$= \frac{1 - r^N}{1 - r}L_1 = \frac{1 - r^N}{1 - r}\cdot\frac{w_1{}^2}{2\mu' g}$$

$$= \frac{1-r^N}{1-\left(\frac{m_A-m_B}{m_A+m_B}\right)^2}\cdot\frac{1}{2\mu' g}\left(\frac{2m_A}{m_A+m_B}V\right)^2 = (1-r^N)\frac{m_A}{2m_B\mu' g}V^2$$

$$\therefore\quad Lm_Bg\mu' = \frac{1}{2}m_AV^2(1-r^N) = \frac{1}{2}m_AV^2\left\{1-\left(\frac{m_A-m_B}{m_A+m_B}\right)^{2N}\right\}$$

別解 $u_0 = V$, $\frac{u_{n+1}}{u_n} = \frac{m_A-m_B}{m_A+m_B}$ より，$u_N = \left(\frac{m_A-m_B}{m_A+m_B}\right)^N V$ である。また，反発係数1の衝突（完全弾性衝突）では力学的エネルギーは衝突の前後で保存されるので，力学的エネルギー変化は物体Bにはたらく摩擦のした仕事の総量に等しいから

$$\frac{1}{2}m_AV^2 - \mu' m_BgL = \frac{1}{2}m_Au_N{}^2 = \frac{1}{2}m_A\left(\frac{m_A-m_B}{m_A+m_B}\right)^{2N}V^2$$

$$\therefore\quad Lm_Bg\mu' = \frac{1}{2}m_AV^2\left\{1-\left(\frac{m_A-m_B}{m_A+m_B}\right)^{2N}\right\}$$

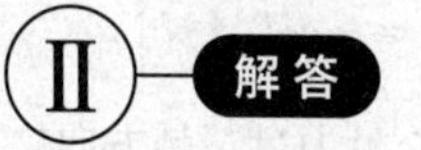

(1)—(e) **(2)**—(c) **(3)**—(g) **(4)**—(f) **(5)**—(f) **(6)**—(a) **(7)**—(e) **(8)**—(d) **(9)**—(f) **(10)**—(b) **(11)**—(b) **(12)**—(c) **(13)**—(c)

解説

《勾配のある磁場中を運動する回路と渦電流》

(1) $\Phi = B(x)Lw = \{a(x_0+x')+b\}Lw = (ax_0+ax'+b)Lw$〔Wb〕

(2) x_0-x' にある短冊状の領域を貫く磁束 Φ'〔Wb〕は $\{a(x_0-x')+b\}Lw$ と書けるので

$$\Phi+\Phi' = 2(ax_0+b)Lw\text{〔Wb〕}$$

(3) (1), (2)のように考えると，正方形回路を貫く磁束の磁束密度の平均は ax_0+b〔Wb/m²〕であることがわかる。よって，正方形回路全体を貫く磁束の総和 Φ_{Total}〔Wb〕は

$$\Phi_{\text{Total}} = (ax_0+b)L^2\text{〔Wb〕}$$

(4) ファラデーの電磁誘導の法則より

$$V = \left|-\frac{\Delta\Phi_{\text{Total}}}{\Delta t}\right| = \left|-\frac{\{a(x+v\Delta t)+b\}L^2-(ax+b)L^2}{\Delta t}\right| = |a|L^2v\text{〔V〕}$$

(5) オームの法則より

$$I=\frac{V}{R}=\frac{1}{R}|a|L^2v\text{〔A〕}$$

(6) 回路を正の向きに貫く磁束が増加するので，レンツの法則より時計回り（p→q→r→s→p）の向きに誘導電流が生じる。

(7) q→r の向きに電流が流れるので，フレミングの左手の法則より力の向きは x 軸方向負の向きである。よって，辺 qr の部分にはたらく力 F_{qr}〔N〕は

$$F_{qr}=-IB\left(x_0+\frac{L}{2}\right)L=-\left(ax_0+a\frac{L}{2}+b\right)IL\text{〔N〕}$$

(8) r→s，p→q に流れる電流がそれぞれ受ける力は同じ大きさで逆向きになるのでその合力は 0 である。辺 sp の部分にはたらく力 F_{sp}〔N〕は

$$F_{sp}=IB\left(x_0-\frac{L}{2}\right)L=\left(ax_0-a\frac{L}{2}+b\right)IL\text{〔N〕}$$

であるので，回路全体にはたらく力は

$$F_{qr}+F_{sp}=-\left(ax_0+a\frac{L}{2}+b\right)IL+\left(ax_0-a\frac{L}{2}+b\right)IL=-aIL^2\text{〔N〕}$$

(9) 回路にかかる合力が 0 になればよいので，必要な外力は x 軸方向に aIL^2 である。よって，時間 Δt の間に外力がする仕事 W〔J〕は，$I=\frac{1}{R}aL^2v$ を代入して

$$W=aIL^2\times v\Delta t=\frac{a^2L^4}{R}v^2\Delta t\text{〔J〕}$$

(10) 外力が回路にした仕事はジュール熱として消費されるので

$$W=IV\Delta t=I^2R\Delta t\text{〔J〕}$$

(11) 回路を正の向きに貫く磁束が減少するので，レンツの法則より反時計回り（p→s→r→q→p）の向きに誘導電流が生じる。

(12) $a<0$ では流れる電流の向きが逆向きになるので，辺 qr，sp にはたらく力の向きも逆向きになる。よって

$$F_{qr}=\left(ax_0+a\frac{L}{2}+b\right)IL,\ \ F_{sp}=-\left(ax_0-a\frac{L}{2}+b\right)IL$$

であるので

$$F_{qr}+F_{sp}=aIL^2\text{〔N〕}$$

参考　$a<0$ であるので aIL^2 は負の値であり，回路は x 軸方向負の向き，

つまり回路の動きを妨げる方向に力を受けている。

⒀　一辺が L_n の正方形の回路の抵抗を R_n，速さ v で動かしたときに流れる電流の大きさを I_n とおく。抵抗率と断面積が一定であるならば，抵抗の大きさは導線の長さに比例するので

$$R_n=\frac{L_n}{L}R$$

ここまでの考察と同様に考えると

$$I_n=\frac{1}{R_n}|a|L_n{}^2v=\frac{1}{\frac{L_n}{L}R}|a|L_n{}^2v=\frac{L|a|v}{R}L_n$$

よって，I_n は L_n に比例する。

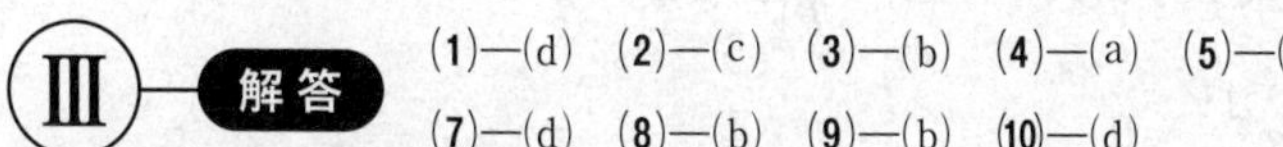

Ⅲ　解答　⑴―(d)　⑵―(c)　⑶―(b)　⑷―(a)　⑸―(f)　⑹―(e)
⑺―(d)　⑻―(b)　⑼―(b)　⑽―(d)

解説

《ポアソンの式の導出》

⑴・⑵　気体に与えられた熱量を Q，気体の内部エネルギー変化を ΔU，外部から気体がされた仕事を W とおくと，熱力学第1法則は

$$\Delta U=Q+W$$

と表される。断熱変化では外部との熱のやり取りがないため，$Q=0$ であり，$\Delta U=W$ が成り立つ。

⑶　微小変化の間，気体の圧力は一定とみなせる。外部から気体にされた仕事は体積の減少量 $-\Delta V$ に圧力 p をかけることによって求められるので

$$W=-p\Delta V$$

⑷　気体の内部エネルギーは，外部と仕事のやり取りをしないで，つまり体積一定のままで，絶対零度から絶対温度 T まで気体を温めるのに必要なエネルギーであるので

$$U=nC_VT$$

⑸　マイヤーの関係は $C_p-C_V=R$ であり，気体を構成する分子数によらず成り立つ。よって

$$n(C_p-C_V)=nR$$

⑹　理想気体の状態方程式より

$$p=\frac{nRT}{V}$$

$-p\Delta V=nC_V\Delta T$ に上式を代入し移項すると

$$nC_V\Delta T+nRT\frac{\Delta V}{V}=0$$

両辺を nC_VT で割ると

$$\frac{\Delta T}{T}+\frac{R}{C_V}\cdot\frac{\Delta V}{V}=0$$

マイヤーの関係式より

$$\frac{\Delta T}{T}+\frac{C_p-C_V}{C_V}\cdot\frac{\Delta V}{V}=0$$

(7)　与えられた数学公式の両辺に $\frac{1}{TV^a}$ をかけると

$$\frac{\Delta T}{T}+a\frac{\Delta V}{V}=0$$

参考　与えられた数学公式は積の微分法，合成関数の微分法により以下のように導出することができる。T，V は例えば時間 t を媒介変数として表すことができる。TV^a を t で微分すると

$$\frac{d(TV^a)}{dt}=\frac{dT}{dt}\times V^a+T\times\frac{dV^a}{dt}=\frac{dT}{dt}\times V^a+T\times aV^{a-1}\times\frac{dV}{dt}$$

両辺 dt 倍して，微小時間 dt における変化量 $\Delta(TV^a)$，ΔT，ΔV を比較する式にすると

$$\Delta(TV^a)=\Delta T\times V^a+T\times aV^{a-1}\times\Delta V$$

を得る。

(8)　(6)，(7)より

$$a=\frac{R}{C_V}=\frac{2}{5}=0.4$$

(9)　圧縮後の気体の絶対温度を T' とおく。式(C)より

$$TV^a=T'\left(\frac{V}{10}\right)^a \qquad \therefore\quad \frac{T'}{T}=10^a=10^{0.4}\fallingdotseq 2.5$$

(10)　セ氏27℃を絶対温度に直すと

$$T\fallingdotseq 27+273=300\,[\mathrm{K}]$$

圧縮後の絶対温度 T' は

$T' \fallingdotseq 300 \times 2.5 = 750$〔K〕

750 K をセ氏温度に直すと

$750 - 273 = 477 \fallingdotseq 480$〔℃〕

講評

出題数は大問3題で，力学，電磁気，熱力学から各1題だった。Ⅰは解答のみ答える問題と証明問題，Ⅱ・Ⅲは空所に適当な式や語句を選択肢から選ぶ形式であった。

Ⅰ　一方にだけ摩擦がはたらく2物体が衝突を繰り返す問題。設定自体はあまり見慣れないが，そこまで難解な設定ではなく，また問題の大部分が1回目の衝突までの内容であるため，それほど難度は高くない。誘導に乗りながら1つずつ丁寧に解き進めることが大切である。4などは誘導に乗るだけでなく，〔別解〕のように力学的エネルギーと仕事の関係に着目できると物理的意味を踏まえて解答できてより深く理解することができる。

Ⅱ　金属板に生じる渦電流を正方形回路に区切って解析する問題。磁場の勾配があるものの基本は典型的な問題の解法を当てはめていけばよい。問題文をよく読みながら設定をしっかりとつかみたい。

Ⅲ　ポアソンの式を導出する問題。易しいのでケアレスミスに注意しながら完答を目指したい。後半は式変形や代入をしていけばよく，物理的な要素は少ない。途中で与えられる数学公式は初見の受験生も多かったかもしれないが，落ち着いて解答したい。

化　学

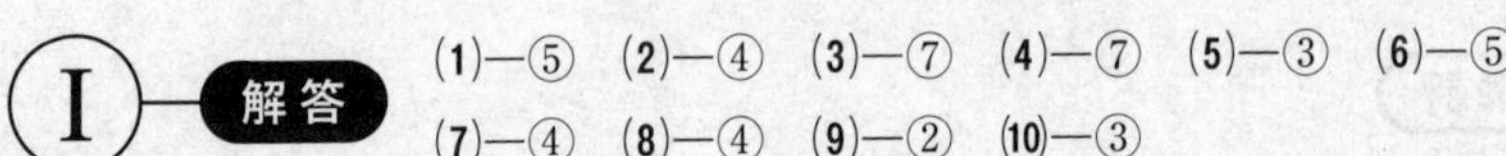

I 解答 (1)—⑤　(2)—④　(3)—⑦　(4)—⑦　(5)—③　(6)—⑤
(7)—④　(8)—④　(9)—②　(10)—③

解説

《小問 10 問》

(1)　炭素原子を基準にすると，(ア)〜(エ)はすべて正四面体形だが，対称性から(ア)と(エ)は極性が打ち消しあうので無極性分子である。右図は(ア)メタン。

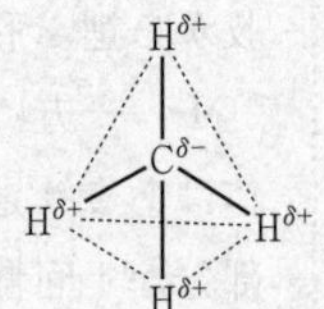

(2)　容器に入れた空気の質量は

$123.070-122.350=0.720$〔g〕

混合気体 **A** の質量は　$123.290-122.350=0.940$〔g〕

温度，圧力，体積が同じ場合，気体の質量は分子量に比例する。

空気の平均分子量は，$28\times\frac{80}{100}+32\times\frac{20}{100}=28.8$ なので，混合気体 **A** の平均分子量は

$$28.8\times\frac{0.940}{0.720}=37.6$$

混合気体 **A** 中の一酸化炭素を x〔%〕とすると

$$28\times\frac{x}{100}+44\times\frac{100-x}{100}=37.6 \qquad x=40〔\%〕$$

(3)　セルロースのアセチル化は

$$\left[C_6H_7O_2(OH)_3\right]_n \xrightarrow{\text{アセチル化}} \left[C_6H_7O_2(OCOCH_3)_3\right]_n$$

と表され，ヒドロキシ基 1 個をアセチル化するのに無水酢酸（$(CH_3CO)_2O=102$）1 分子が必要。セルロースの単位構造 $C_6H_{10}O_5=162$ なので，セルロース 648 g 中のヒドロキシ基は

$$\frac{648}{162n}\times 3n=12〔\text{mol}〕$$

したがって，必要な無水酢酸は

$12\times 102=1224$〔g〕

(4) 同じ元素からできている単体で性質が異なるものを同素体という。

(5) 飽和炭化水素 C_nH_{2n+2} の生成熱および燃焼熱を表す熱化学方程式は

$$nC\ (黒鉛) + (n+1)\ H_2\ (気) = C_nH_{2n+2} + 106\,kJ \quad \cdots\cdots ①$$

$$C_nH_{2n+2} + \frac{3n+1}{2}O_2\ (気) = nCO_2\ (気) + (n+1)\ H_2O\ (液) + 2220\,kJ \quad \cdots\cdots ②$$

CO_2 (気) および H_2O (液) の生成熱を表す熱化学方程式は

$$C\ (黒鉛) + O_2\ (気) = CO_2\ (気) + 394\,kJ \quad \cdots\cdots ③$$

$$H_2\ (気) + \frac{1}{2}O_2\ (気) = H_2O\ (液) + 286\,kJ \quad \cdots\cdots ④$$

$-①+③\times n+④\times(n+1)$ より

$$C_nH_{2n+2} + \frac{3n+1}{2}O_2\ (気) = nCO_2\ (気) + (n+1)\ H_2O\ (液) + (680n+180)\ kJ$$

これを②と比較して　$680n+180=2220$　∴　$n=3$

(6) (i) ^2H が2個の場合……3通り（○で囲った原子が ^2H）

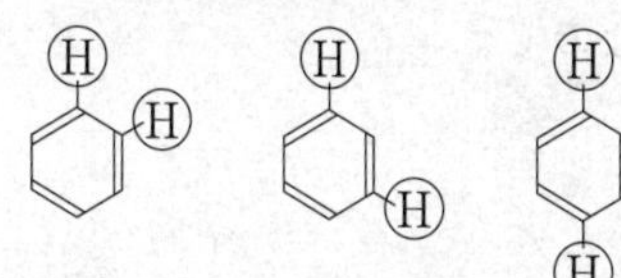

(ii) ^2H, ^{13}C が1個ずつの場合……4通り（○で囲った原子が ^2H, ^{13}C）

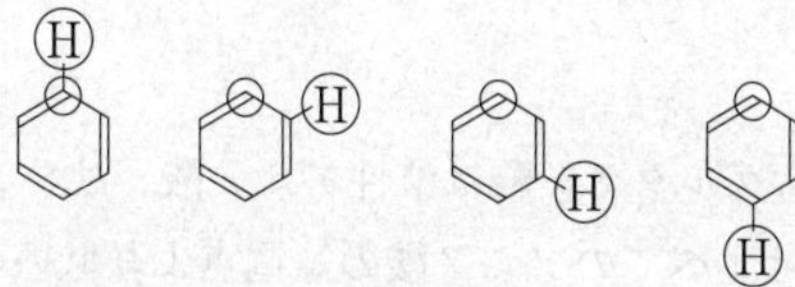

(iii) ^{13}C が2個の場合……3通り（○で囲った原子が ^{13}C）

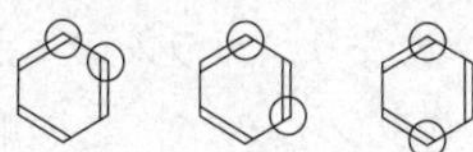

(i)〜(iii)より，合計10通り。

(7) 点C→点Dは気体→液体の変化。

(8) Auの配位数が4であることから　$c=4$

Auの酸化数が+3であることから，$[AuCl_4]$ イオンの価数は

$$+3+(-1)\times 4=-1$$

つまり　$d=1$

未定係数法により

H原子の数から　$a+b=2f+g$

N原子の数から　$a=e$

O原子の数から　$3a=e+f$

Cl原子の数から　$b=4$

電荷から　$0=-1+g$

以上より　$(a,\ b,\ e,\ f,\ g)=(1,\ 4,\ 1,\ 2,\ 1)$

(9)(ア) 単位格子に含まれる原子数は，頂点$\left(\frac{1}{8}\text{個分}\times 8\right)$，面の中心$\left(\frac{1}{2}\text{個分}\times 6\right)$，立体内部（4個）なので

$$\frac{1}{8}\times 8+\frac{1}{2}\times 6+4=8\text{ 個}$$

(イ) 密度〔g/cm^3〕$=\dfrac{\text{単位格子中の原子の質量〔g〕}}{\text{単位格子の体積〔}cm^3\text{〕}}$から求める。

単位格子の質量はケイ素原子8個分なので

$$\frac{28}{6.0\times 10^{23}}\times 8\text{ g}$$

したがって

$$\rho=\left(\frac{28}{6.0\times 10^{23}}\times 8\right)\div(5.4\times 10^{-8})^3$$

$$=2.37\fallingdotseq 2.4\text{〔}g/cm^3\text{〕}$$

(10)　アラニンは中性アミノ酸，グルタミン酸は酸性アミノ酸，リシンは塩基性アミノ酸である。pH2.5はすべてのアミノ酸の等電点より低いので，すべてのアミノ酸は陽イオンになり樹脂に吸着する。その後pHを上げていくと，等電点に達したアミノ酸は双性イオンになり，カラムの下から流出する。等電点は グルタミン酸<アラニン<リシン なので，この順に流出する。

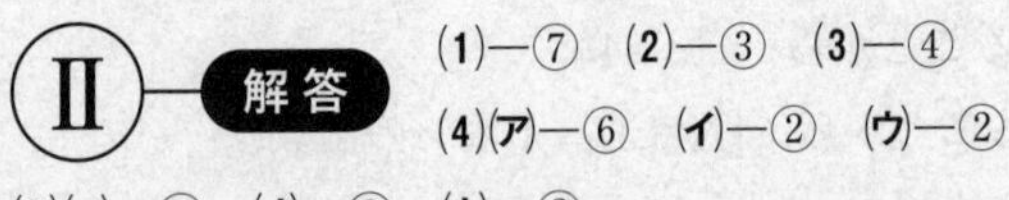

II 解答　**(1)**—⑦　**(2)**—③　**(3)**—④

(4)(ア)—⑥　**(イ)**—②　**(ウ)**—②

(5)(エ)—③　**(オ)**—③　**(カ)**—②

(6) Ⅰ－④　Ⅱ－②　Ⅲ－②

解説

《反応速度》

(1)　この反応において MnO_2 は触媒としてはたらく。

(2)　この反応は，$2H_2O_2 \longrightarrow 2H_2O + O_2$ と表される。

(4)(ア)　0分～5分に発生した O_2 の物質量は 2.60×10^{-3} mol なので，消費された H_2O_2 は

$$2.60\times10^{-3}\times2=5.20\times10^{-3}\,[\text{mol}]$$

したがって，5分後の H_2O_2 の濃度は

$$1.60-\frac{5.20\times10^{-3}}{10\times10^{-3}}=1.08\,[\text{mol/L}]$$

同様に，10分後の H_2O_2 の濃度は

$$1.60-\frac{4.40\times10^{-3}\times2}{10\times10^{-3}}=0.72\,[\text{mol/L}]$$

したがって，5分～10分での平均の H_2O_2 の濃度は

$$\frac{1.08+0.72}{2}=0.90\,[\text{mol/L}]$$

(イ)　5分～10分の間に減少した H_2O_2 の濃度は

$$1.08-0.72=0.36\,[\text{mol/L}]$$

なので，平均反応速度は

$$\frac{0.36}{5}=0.072\,[\text{mol/(L·min)}]$$

(ウ)　(ア)・(イ)の結果を(i)に代入して

$$k=\frac{v}{[H_2O_2]}=\frac{0.072}{0.90}=0.080\,[\text{/min}]$$

(5)　全圧 1.026×10^5 Pa のうち，水蒸気の圧力が 3.6×10^3 Pa だから，O_2 の分圧は

$$1.026\times10^5-3.6\times10^3=9.90\times10^4\,[\text{Pa}]$$

求める物質量を n[mol] とすると，気体の状態方程式より

$$9.90\times10^4\times83\times10^{-3}=n\times8.3\times10^3\times(273+27)$$

$$\therefore\ n=3.3\times10^{-3}\,[\text{mol}]$$

(6) Ⅰ．(c)濃度が同じなので，反応速度も変わらない。

(d)最初に入れる H_2O_2 の物質量が増えるので，発生する O_2 の物質量も増える。

Ⅱ. (c)温度が高くなると速度定数が大きくなるので，反応速度は速くなる。

(d)最初に入れる H_2O_2 の物質量が変わらないので，発生する O_2 の物質量も変わらない。

Ⅲ. (c)触媒の性能が上がるので，反応速度は速くなる。

(d)最初に入れる H_2O_2 の物質量が変わらないので，発生する O_2 の物質量も変わらない。

Ⅲ 解答

(1)―(イ)

(2) a：0.20mol/kg　b：0.40mol/kg

(3) 31.7g

(4)―⑤・⑥　**(5)**―②・③・⑥

解説

《凝固点降下，無機物質の反応》

(1)　過冷却が起きなかった場合，右図の矢印のような温度変化になったと考え，P点の温度を凝固点とみなす。

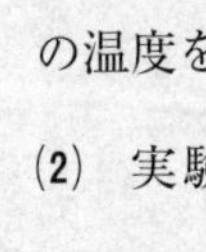

(2)　実験1：$\frac{1}{2}a$〔mol/kg〕の NaCl と $\frac{1}{2}b$〔mol/kg〕の Na_2SO_4 の混合溶液になる。

$$NaCl \longrightarrow Na^+ + Cl^-$$

$$Na_2SO_4 \longrightarrow 2Na^+ + SO_4^{2-}$$

のように電離するので，この溶液の総イオン濃度は

$$\frac{1}{2}a\times 2+\frac{1}{2}b\times 3=\left(a+\frac{3}{2}b\right)\text{〔mol/kg〕}$$

この溶液の凝固点が 271.63K であることから

$$273.15-271.63=1.9\times\left(a+\frac{3}{2}b\right)$$

$$\therefore\quad 2a+3b=1.6\quad\cdots\cdots(\text{i})$$

実験2：$\frac{3}{4}a$〔mol/kg〕の NaCl と $\frac{1}{4}b$〔mol/kg〕の Na_2SO_4 の混合溶液

になる。実験1と同様に考えて，総イオン濃度は

$$\frac{3}{4}a\times2+\frac{1}{4}b\times3=\left(\frac{3}{2}a+\frac{3}{4}b\right)〔\mathrm{mol/kg}〕$$

凝固点降下から　$273.15-272.01=1.9\times\left(\frac{3}{2}a+\frac{3}{4}b\right)$

∴　$2a+b=0.8$　……(ii)

(i), (ii)より　$a=0.20$〔mol/kg〕, $b=0.40$〔mol/kg〕

(3)　求める $Na_2SO_4\cdot10H_2O$ (=322) の質量を x〔g〕とすると，溶質 (Na_2SO_4) の物質量は $\frac{x}{322}$〔mol〕, 溶媒の質量は $1.00-\frac{\frac{142}{322}x}{1000}$〔kg〕である。

この質量モル濃度が 0.100 mol/kg なので

$$\frac{x}{322}\div\left(1.00-\frac{\frac{142}{322}x}{1000}\right)=0.100\qquad\therefore\quad x=31.7〔\mathrm{g}〕$$

(4)　水溶液Cの溶質が水に溶けて電離し，n 個のイオンに分かれるとする。実験3において(2)と同様に考えて，総イオン濃度は

$$\frac{1}{2}\times0.40\times3+\frac{1}{2}\times0.40\times n=(0.60+0.20n)〔\mathrm{mol/kg}〕$$

凝固点降下から　$273.15-271.63=1.9\times(0.60+0.20n)$

∴　$n=1$

つまり，水溶液Cの溶質は非電解質である。よって，解答群の中の非電解質の⑤，⑥が水溶液Cの溶質と考えられる。

(5)　実験4より，水溶液Dの溶質は Na_2SO_4 と反応して白色の沈殿を生じる物質である。解答群の中で該当するのは，②（沈殿は $CaSO_4$），③（沈殿は $BaSO_4$），⑥（沈殿は $PbSO_4$）である。

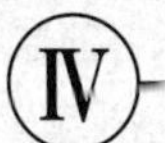

解答　(1)(ア)縮合　(イ)付加　(ウ)水素

(2) 40 %

(3) $n\mathrm{H_2N{-}(CH_2)_6{-}NH_2}+n\mathrm{HO{-}\underset{\underset{O}{\|}}{C}{-}(CH_2)_4{-}\underset{\underset{O}{\|}}{C}{-}OH}$

2024年度　外部試験利用 一般・英語　化学

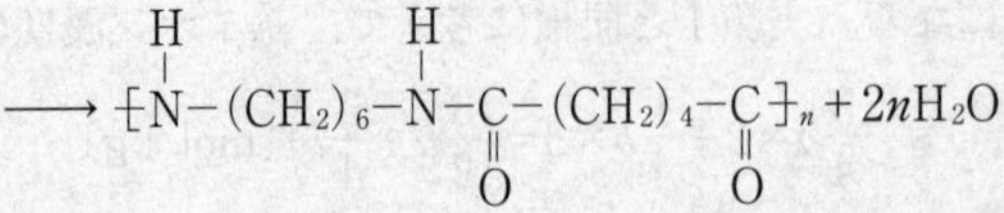

$$\longrightarrow \left[\mathrm{N(H)-(CH_2)_6-N(H)-C(=O)-(CH_2)_4-C(=O)} \right]_n + 2n\mathrm{H_2O}$$

(4)—① **(5)** 1.4 g

(6) 300 個 **(7)** 6.2×10^4

(8)  $H_2N-C_6H_4-NH_2$

解説

《合成繊維，合成ゴム》

(1)(ア)・(イ) 2つの単量体からH_2Oなどがとれて縮合反応を繰り返すことで高分子化合物ができる場合を縮合重合，二重結合をもつ分子同士が付加反応を繰り返すことで高分子化合物ができる場合を付加重合という。

(ウ) 次図の点線のように，アミド結合の間に水素結合を形成する。これは，タンパク質の二次構造と同じ。

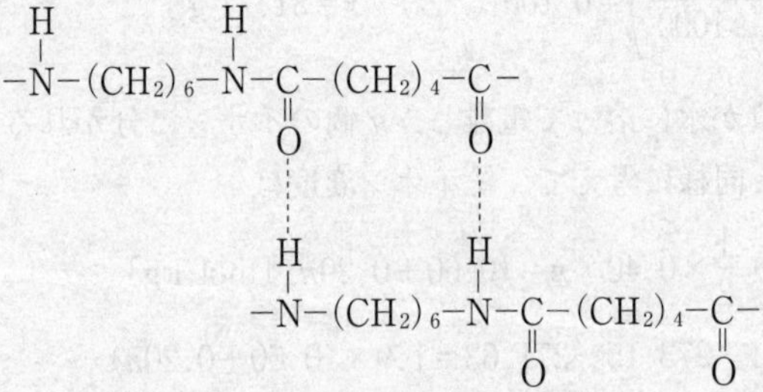

$$\mathrm{-N(H)-(CH_2)_6-N(H)-C(=O)-(CH_2)_4-C(=O)-}$$

（各C=OのOと，下の鎖のN−HのHとの間に点線の水素結合）

$$\mathrm{-N(H)-(CH_2)_6-N(H)-C(=O)-(CH_2)_4-C(=O)-}$$

(2) クロロプレンゴムの構造式は

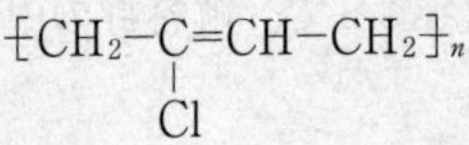

$$\left[\mathrm{CH_2-C(Cl)=CH-CH_2} \right]_n$$

構成単位は$C_4H_5Cl=88.5$なので，求める質量パーセントは

$$\frac{35.5}{88.5}\times100=40.1\fallingdotseq40〔\%〕$$

(4) 化合物**A**（ヘキサメチレンジアミン）の水溶液とアジピン酸ジクロリドの溶液が，2層に分離する必要がある。したがって，溶媒**B**は水と混ざらないものを選ぶ。

(5) ナイロン66の構成単位は　$C_{12}H_{22}N_2O_2=226$

$$8.0\times10^{-3}\times\frac{75}{100}\times\frac{1}{n}\times226n=1.356\fallingdotseq1.4〔\mathrm{g}〕$$

(6)　このナイロン66の重合度は　$\frac{3.39\times10^4}{226}=150$

構成単位1個につきアミド結合は2個あるので

$150\times2=300$ 個

(7)　セバシン酸ジクロリドの構造式は

$$\mathrm{Cl-\underset{\underset{O}{\|}}{C}-(CH_2)_8-\underset{\underset{O}{\|}}{C}-Cl}$$

ナイロン610（ロクジュウ。6は二価アミンに含まれる炭素数，10は二価カルボン酸に含まれる炭素数）の構造式は

$$\mathrm{\left[\overset{\overset{H}{|}}{N}-(CH_2)_6-\overset{\overset{H}{|}}{N}-\underset{\underset{O}{\|}}{C}-(CH_2)_8-\underset{\underset{O}{\|}}{C}\right]_n}$$

構成単位は，$C_{16}H_{30}N_2O_2=282$ なので，平均分子量は

$282\times220=6.204\times10^4\fallingdotseq6.2\times10^4$

(8)　アラミド繊維の構造式は

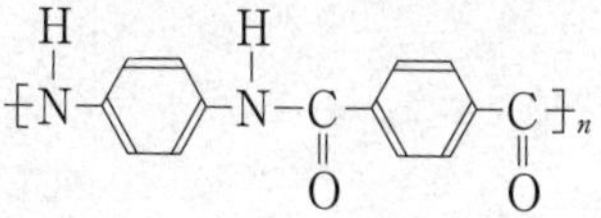

$$\mathrm{\left[\overset{\overset{H}{|}}{N}-C_6H_4-\overset{\overset{H}{|}}{N}-\underset{\underset{O}{\|}}{C}-C_6H_4-\underset{\underset{O}{\|}}{C}\right]_n}$$

講評

Ⅰ・Ⅱがマークシート法，Ⅲ・Ⅳが記述式で，2023年度までと同じ形式であった。

Ⅰ　2023年度までと同様，全分野からの小問10問であった。2024年度は正誤問題はなく，計算問題の数値やあてはまるものの組み合わせを選ばせる問題だった。特殊な問題はないが，全体にしっかりした知識が必要であり，実力が反映されやすいといえよう。

Ⅱ　反応速度に関する実験結果の処理法，および反応速度の理論についての出題だった。問題前半の数値処理は典型問題かつ計算も繁雑ではなかったので，むしろ(6)のような知識の整理のほうが難しいかもしれない。

Ⅲ　凝固点降下に関する出題だった。(2)・(4)の計算はわかりづらく，

(3)の質量モル濃度もあまり見かけない設定だったため，正答率は低かったかもしれない。最後の(5)は無機化学の知識問題だった。

Ⅳ　合成高分子化合物の生成実験と計算問題だった。この分野は学習がおろそかになっている受験生も多く，その点で差がついただろう。

全体の難易度は計算，知識ともに標準レベル。日頃の学習の成果が得点に結びつきやすい問題なので，しっかり学習して臨みたい。

生物

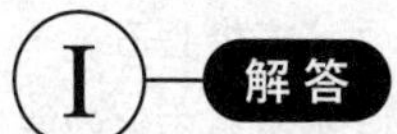

(1)(i)(ア)異化　(イ)電子伝達系　(ウ)酸化的リン酸化

(ii)―(c)・(d)

(2)クレアチンリン酸

(3)・独自の環状 DNA をもつ。

・細胞分裂時以外も独自に分裂して増殖する。

・内外異質の二重膜構造をもつ。

・好気性の細菌と同様の大きさ（70S）のリボソームをもつ。

などから2つ

(4)**A**―(e)　**B**―(c)

(5)(i)（分類）―(a)　（はたらき）―(d)・(g)

(ii)（分類）―(b)　（はたらき）―(a)・(b)

解説

《呼吸の過程，ATP の合成，細胞内共生，輸送タンパク質》

(1)(ii)　リード文にも記載されているように，電子伝達系では，その進行にともなって，膜で隔てられた2つの空間に形成された水素イオンの濃度勾配によって ATP が合成される。(c)光合成細菌では，硫化水素（H_2S）が分解され硫黄（S）が形成される際，細胞膜で隔てられた細胞外と細胞内の2つの空間に水素イオンの濃度勾配が生じ，これによって ATP が合成される。また，(d)光合成では，葉緑体のチラコイド膜で隔てられたストロマとチラコイド内腔の2つの空間に水素イオンの濃度勾配が生じ，これによって ATP が合成される。

(5)(i)　ATP 合成酵素は，水素イオンの受動輸送にもとづくエネルギーを用いて ATP を合成する。水素イオンの受動輸送は，水素イオンが膜輸送タンパク質であるチャネルを通過することによって起こる。したがって，ATP を合成する反応を触媒する ATP 合成酵素は，チャネルに分類されるといえる。

はたらきについては，(d)・(g)が正解。(d)筋収縮時には，筋繊維に含まれる筋小胞体の膜上に存在するカルシウムチャネルが開くことでカルシウムイオンが細胞質基質に放出され，細胞内でのカルシウムイオン濃度が上昇する。(g)バソプレシンが腎臓に作用すると，細尿管や集合管の細胞膜上に存在する水チャネル（アクアポリン）が活性化し，水の再吸収が促進される。

(ii) ATP 合成酵素は，(i)とは逆に，ATP の加水分解によって生じるエネルギーを用いて，水素イオンを能動輸送することもある。水素イオンの能動輸送は，水素イオンが膜輸送タンパク質であるポンプを通過することによって起こる。したがって，ATP を加水分解する反応を触媒する ATP 合成酵素は，ポンプに分類されるといえる。

はたらきについては，(a)・(b)が正解。動物細胞の細胞膜上に存在するナトリウムポンプは，ナトリウムイオンを細胞外へ排出して細胞内でのナトリウムイオン濃度を低い状態に維持し，カリウムイオンを細胞内へ取り込んで細胞内でのカリウムイオン濃度を高い状態に維持する。

なお，［選択肢２（はたらき）］の(c)・(e)・(f)・(h)が起こる仕組みは以下の通り。

(c)神経伝達物質はエキソサイトーシスにより放出される。

(e)赤血球膜は酸素分子を透過させ，ヘモグロビンに酸素を取り込む。

(f)小腸上皮細胞膜のナトリウム-グルコース共輸送体によって取り込まれる。

(h)オーキシンを取り込む aux タンパク質と排出する PIN タンパク質は輸送体である。

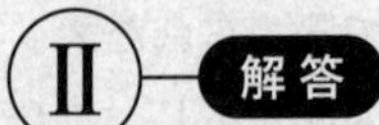

(1)(ア)―(f) **(オ)**―(c) **(カ)**―(a) **(キ)**―(b)

(2)(イ)外胚葉 **(ウ)**内胚葉 **(エ)**中胚葉

(3)母性効果遺伝子

(4) 2本のヌクレオチド鎖がつながった二重らせん構造を形成している。このらせんは，右巻きまたは左巻きにねじれたキラルな構造である。

(5)(a)―① **(b)**―① **(c)**―② **(d)**―② **(e)**―①

(6) ゲンゴロウのアゴが非対称なのは，個体数の多いD型の巻貝を効率よく摂食できるように適応進化した結果であると考えられる。

(7)生殖的隔離

解説

《動物の初期発生，DNAの構造，母性因子の極性，アゴ形態の適応進化》

(4)　DNAの構成単位は，リン酸，デオキシリボース（五炭糖），塩基が結合したヌクレオチドである。DNA分子では，2本のヌクレオチド鎖が塩基どうしの水素結合でつながってはしご状となっており，これがねじれて二重らせん構造を形成している。DNAの二重らせんは，そのほとんどが右巻きであるが，特殊な環境下においては左巻きのらせんが形成される。したがって，DNA分子はキラルな構造をもつといえる。解答では「DNAが2本のヌクレオチド鎖がつながった二重らせん構造を形成していること」「DNAのらせんが，右巻きまたは左巻きにねじれたキラルな構造であること」の2点を盛り込みたい。

(5)　図2の観察からは，フォルミンを発現しているD型の卵では卵割ごとに1つの細胞にフォルミンが分配され，極性が形成されることによって，D型の殻が時計回りになることがわかる。また，フォルミンを発現していないS型の卵ではフォルミンの分配による極性が形成されないため，S型の殻が反時計回りになることがわかる。

(a)　図2の観察結果と合致する。図2より，フォルミンが発現しているD型では殻が時計回りになり，フォルミンが発現していないS型では殻が反時計回りになっていることがわかる。したがって，フォルミンが巻貝のキラリティを決めるスイッチとしてはたらくといえる。

(b)　図2の観察結果と合致する。図2より，殻が反時計回りとなるS型では，フォルミンの分配による極性が形成されず，放射卵割が生じていることがわかる。したがって，フォルミンが発現していないS型では，殻が反時計回りになる別のしくみがあるといえる。

(c)　図2の観察からは明確には判別できない。(b)の〔解説〕同様，S型ではフォルミンの分配による極性が形成されず，放射卵割が生じている。したがって，4細胞期に細胞分裂が起こる方向と，反時計回りとなるS型の殻のキラリティが一致しているとは判別できない。

(d)　図2の観察からは明確には判別できない。図2より，フォルミンが発現していないとS型になることがわかる。したがって，フォルミンのはたらきを抑制する薬剤で卵を処理すると，D型ではなくS型になると考えられる。

(e)　図2の観察結果と合致する。図2より，フォルミンを発現しているD型の卵では卵割ごとに1つの細胞にフォルミンが分配されていることがわかり，分裂後にはその分布が不均等になっている。

(6)　表1より，非対称なアゴをもつゲンゴロウの仲間の幼虫では，殻付きの巻貝をエサとして与えた場合，個体数の少ないS型よりも個体数の多いD型を多く捕食していることがわかる。また，殻なしの巻貝をエサとして与えた場合は，それぞれの型（キラリティ）に関係なく捕食していることがわかる。このことより，このゲンゴロウの仲間の幼虫では，個体数の多いD型の巻貝を効率よく摂食しやすいようにアゴが非対称になるような適応進化が起こったと考えられる。

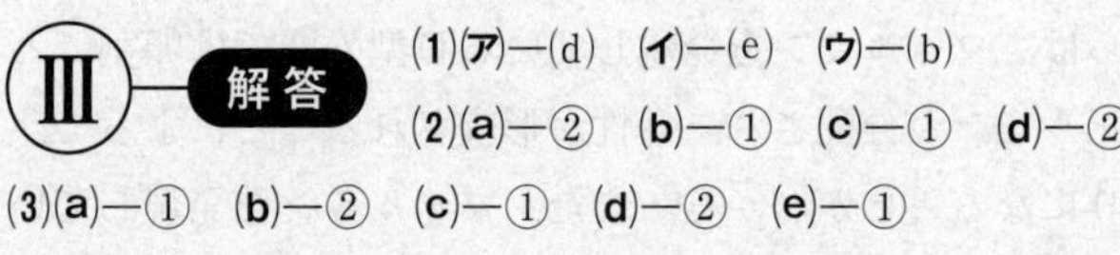

Ⅲ　解答

(1)(ア)—(d)　(イ)—(e)　(ウ)—(b)

(2)(a)—②　(b)—①　(c)—①　(d)—②

(3)(a)—①　(b)—②　(c)—①　(d)—②　(e)—①

(4)—(e)

(5)　陽樹の幼木：光飽和点が高く，日がよく当たる明るい場所で生育しやすい。(30字以内)

陰樹の幼木：光補償点が低く，日当たりの悪い日陰になる場所でも生育できる。(30字以内)

(6)—(b)・(e)

解説

《東京のバイオーム，植生と遷移》

(2)(a)　誤文。日本において，亜寒帯に植生している針葉樹林では，落葉樹よりも常緑樹の方が多い。

(b)　正文。葉が古くなると，葉緑体に含まれる光合成色素などが分解され，光合成速度が減少する傾向がある。

(c)　正文。葉が生じてから落葉するまでの期間が，5年以上の常緑樹も存在する。

(d)　誤文。リード文に中央大学の多摩キャンパス周辺には，常緑広葉樹が断続的に分布するが，主な樹林は落葉広葉樹を特徴とする二次林であるといった内容が記載されていることから，常緑樹と落葉樹は森林で混生していることがわかる。

(3)(a)・(b)・(e) (a)・(e)正文，(b)誤文。植物において，クチクラは葉の表皮組織の外側に存在しており，蒸散の防止や内部の保護といった役割を果たす。現生の陸上植物は，進化の過程でクチクラを発達させたことによって乾燥環境に適応していったと考えられている。クチクラに葉緑体は存在しておらず，ここで光合成は行われない。

(c) 正文。日本において，暖温帯に植生している常緑広葉樹林である照葉樹林では，クチクラの発達した硬くて光沢のある葉をもつ。

(d) 誤文。動物がもつクチクラの主成分は硬タンパク質であるが，植物がもつクチクラの主成分はクチンやロウである。動物と植物の両方に存在するが，主成分は異なる。

(4) 冬の間は日照時間が短く，葉をつけていても十分に太陽光を得ることができないが，葉を維持すればその代謝を行う必要がある。リード文には「葉の有機物の増減を考えると」とあるため，(e)の「呼吸による消費量が，光合成による生産量を上回る」ことが原因であると考えられる。

(5) それぞれの幼木における有利な特性が問われているので，陽樹の幼木では「光飽和点が高いこと」，陰樹の幼木では「光補償点が低いこと」について言及したい。

(6) 中央大学の多摩キャンパス周辺の武蔵野台地における，自然の変化や人の営みの実例に関する正誤問題である。教科書レベルを超えた細かい知識が要求される問題ではあるが，一般的に，二次林が伐採などの人が加える適度なかく乱によって生じることを元にして考えていけば正答できるだろう。

(b)以前までは食用（タケノコ）や竹材として利用されていたモウソウチクが輸入などにより利用されなくなり，放置され，樹林の生長が阻害されることによって，伝統的な二次林が減少している。

(e)樹木の伐採や落ち葉の採取が減り（人が加える適度なかく乱がなくなり），樹林が放置されることで，伝統的な二次林が減少している。

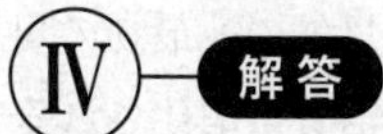

(1)環境形成作用

(2)A—(b) **B**—(a) **C**—(d) **D**—(c)

(3)A—(f) **B**—(f) **C**—(e) **D**—(h)

(4) 異種の個体間に比べて同種の個体間の方がニッチの重なりが大きく，

資源をめぐる競争が激しくなるため。(50字以内)

(5)栄養段階

(6)(ウ)総生産量　(エ)純生産量

(7)(オ)摂食量（被食量）　(カ)同化量　(キ)生産量

(8)―(d)・(f)

(9)　枯死量や死滅量，不消化排出量として生態系に蓄積された有機物が分解者によって分解されない条件。(50字以内)

解説

《生態系の構造，生物間の相互作用，生態系のエネルギー収支》

(2)・(3)　図1のA ～Dについて，それぞれの生物間相互作用は次の通り。

A. チョウゲンボウ（種X）はネズミ（種Y）を捕食する。

→被食者ー捕食者関係→種Xは生存に有利（○），種Yは生存に不利（×）

B. ヒメバチ（種X）はタマバエ（種Y）に卵を産み付け，寄生する。

→捕食寄生→種Xは生存に有利（○），種Yは生存に不利（×）

C. クマノミ（種X）はイソギンチャク（種Y）を棲み家にする。イソギンチャク（種Y）はクマノミ（種X）から食料を得る。

→相利共生→種Xも種Yも生存に有利（○）

D. コナラの芽生え（種X）とアズマネザサ（種Y）は生活空間を奪い合う。

→種間競争→種Xも種Yも生存に不利（×）

(4)　生態的地位（ニッチ）とは，資源（食物や生活空間や交配相手など）をどのように利用するかなど，各生物種が生態系内で占めている位置のことで，各生物種がどのような環境条件で生活でき，どのような資源を必要とするかなどをまとめた考え方である。一般に，異種間よりも同種間の方がニッチの重なりが大きいため，必然的に資源をめぐる競争が激しくなる。

(8)　生態系において，消費者に消費・消化されずに有機物として残る部分に相当するエネルギー量について問われている問題である。したがって，正解としては，消費されることのない(d)枯死量，死滅量や消化されずに体外へと排出される(f)不消化排出量が適切である。これら以外の(a)最初の現存量や(b)成長量，(c)被食量や(e)呼吸量は消費者によって消費・消化される（または消費・消化されうる）エネルギー量であるため，正解としては不適切である。

(9) 化石燃料は，地質時代にかけて堆積した動植物などの死骸・排出物が長期的に地中に蓄積してできたものである。本問では，化石燃料について触れた上で“有機物が生態系に蓄積されるために必要な条件”について問われている。つまり，(8)の選択肢のうち(d)枯死量，死滅量と(f)不消化排出量に注目し，化石燃料の成り立ちについて言及すればよい。解答では「生態系に有機物として蓄積されるエネルギー量は枯死量や死滅量，不消化排出量であること」「蓄積された有機物が分解者によって分解されないこと」の2点を盛り込みたい。

講評

大問4題の出題であり，2023年度と比べ，小問の数は減少したが，論述問題の数は増加した。また2024年度では，計算問題の出題は見られなかった。難易度は，2023年度同様，例年に比べてやや易化した。Ⅱ．(5)の考察問題，Ⅱ．(4)・(6)の論述問題で差がついたことが予想される。

Ⅰ　呼吸の過程，ATPの合成，細胞内共生，輸送タンパク質に関する出題であった。ほとんどの問題が教科書レベルであったため，ここでしっかりと得点しておきたい。

Ⅱ　動物の初期発生，DNAの構造，母性因子の極性，アゴ形態の適応進化に関する出題であった。基本的な問題が多かったが，(4)・(6)の論述問題や(5)の考察問題に関しては苦労した受験生が多かったと思われる。

Ⅲ　東京のバイオーム，植生と遷移に関する出題であった。(2)・(3)は従来出題されていた小問集合問題（正誤問題）に近い形式であった。(6)は教科書レベルを超えた細かい知識を必要とする問題であった。

Ⅳ　生態系の構造，生物間の相互作用，生態系のエネルギー収支に関する問題であった。(2)・(3)ではヒメバチが寄生バチであることやコナラの芽生えとササが競争関係であることを知っておく必要があった。

いずれも従来からの頻出分野である遺伝情報，代謝，細胞，生殖・発生，生態，進化・系統から出題された。2024年度は特に生態での出題が目立った。大問によっては時間がかかるものもあるので，90分という与えられた時間を有効に使うことを意識して取り組むとよいだろう。

共通テスト併用方式

問題編

▶試験科目・配点（個別試験）

教　科	科　　　目	配　点
数　学	「数学Ⅰ・Ⅱ・Ⅲ・A・B」から4題出題し，そのうち任意の3題を選択解答	150点
理　科	数学科・物理学科・都市環境学科 「物理基礎，物理」「化学基礎，化学」から各3題，計6題出題し，そのうち任意の3題を選択解答 上記以外の学科 「物理基礎，物理」「化学基礎，化学」「生物基礎，生物」から各3題，計9題出題し，そのうち任意の3題を選択解答	150点

▶備　考

- 「数学B」は「数列，ベクトル」から出題する。
- 数学科は「数学」の配点を300点に換算する。
- 合否判定は，上記の個別試験と大学入学共通テストの「英語」（150点満点）の合計得点（450点満点〈数学科は600点満点〉）で行う。

数 学

(100分)

(注)

1．問題は，Ⅰ～Ⅳの4題あります。そのうち3題を選択して解答してください。

2．満点が150点となる配点表示になっていますが，数学科は満点が300点であり，各問の配点は2倍となります。

Ⅰ　i を虚数単位，x, y を実数とし，複素数 α, β を次のように定める。

$$\alpha = 3x - 3 + yi, \qquad \beta = 6y + 2xi$$

以下の問いに答えよ。(50点)

(1) $\alpha - \beta + \dfrac{1}{2}i$ が実数となる (x, y) 全体は xy 平面内の直線をなす。この直線を ℓ とするとき，ℓ の方程式を求めよ。

(2) $\alpha\beta$ が実数となる (x, y) 全体は xy 平面内の円をなす。この円を C とするとき，C の中心の座標と半径を求めよ。

(3) ℓ と C の2交点 P, Q の座標を求めよ。

(4) (x, y) が線分 PQ 上を動くとき，$|\beta|^2$ のとりうる範囲を求めよ。

II　n を 2 以上の自然数，$a_1, a_2, \ldots, a_n$ は $1 \geqq a_1 \geqq a_2 \geqq \cdots \geqq a_n > 0$ を満たす定数とし，4 次関数 $f_n(x)$ を

$$f_n(x) = 3x^4 - 4(a_1 + a_2 + \cdots + a_n)^{\frac{1}{4}} x^3 + a_1 a_2 \cdots a_n$$

とおく。以下の問いに答えよ。(50 点)

(1) $f_n(x)$ の最小値を与える x の値 α を求めよ。

(2) n に関する数学的帰納法により，不等式 $f_n(x) \geqq 1 - n$ が成り立つことを証明せよ。

(3) $f_n(\alpha) = 1 - n$ となる $a_1, a_2, \ldots, a_n$ をすべて求めよ。

III　xy 平面上に 2 点 A$(-1, 0)$, B$(1, 0)$ をとる。点 C は y 座標が正かつ $\angle\mathrm{ACB} = \dfrac{\pi}{3}$ を満たしながら動く。$\triangle$ABC の内接円の中心を O(x, y)，内接円と辺 AC, 辺 BC, 辺 AB との接点をそれぞれ P, Q, R とする。以下の問いに答えよ。(50 点)

(1) AP, BQ を x で表せ。また，CP を y で表せ。

(2) O(x, y) の軌跡を表す方程式と，x, y のとりうる範囲を求めよ。

(3) $\triangle$ABC の面積 S を y で表し，S の値のとりうる範囲を求めよ。

(4) 四角形 OQBR の面積を T，4 辺の長さの和を L とするとき，$\dfrac{T}{L^2}$ の最大値とそのときの x を求めよ。

IV 以下の問いに答えよ。(50点)

(1) 次の積分を求めよ。

$$\int_{\frac{1}{3}}^{\frac{2}{3}} \sin(3\pi x)\,dx$$

(2) $1 \leqq k \leqq n$ を満たす自然数 k, n に対し，次の積分を求めよ。

$$\int_{\frac{k-1}{n}}^{\frac{k}{n}} |\sin(n\pi x)|\,dx$$

(3) $1 \leqq k \leqq n$ を満たす自然数 k, n に対し，次の不等式を示せ。

$$\frac{2}{n\pi}\cdot\frac{1}{1+\dfrac{k}{n}} \leqq \int_{\frac{k-1}{n}}^{\frac{k}{n}} \frac{|\sin(n\pi x)|}{1+x}dx \leqq \frac{2}{n\pi}\cdot\frac{1}{1+\dfrac{k-1}{n}}$$

(4) 次の極限を求めよ。

$$\lim_{n\to\infty}\sum_{k=1}^{n}\frac{1}{n}\cdot\frac{1}{1+\dfrac{k}{n}}$$

(5) 次の極限を求めよ。

$$\lim_{n\to\infty}\int_0^1 \frac{|\sin(n\pi x)|}{1+x}dx$$

物　理

（理科 3 題で 100 分）

（注）　問題は，「物理」：Ⅰ～Ⅲ，「化学」：Ⅰ～Ⅲ，「生物」：Ⅰ～Ⅲの９題あります。そのうち３題を選択して解答してください。「生物」は精密機械工学科，電気電子情報通信工学科，応用化学科，ビジネスデータサイエンス学科，情報工学科，生命科学科，人間総合理工学科受験者のみ選択解答できます。

Ⅰ　次の問題の答えを解答用紙の所定の場所に書きなさい。(50 点)

図１のように，鉛直な側壁をもつ深さ h[m]，幅 L[m]の溝がある。水平な床の上から質量 m[kg]の小球を速度 v[m/s]で水平方向に発射したところ，小球は溝の中に落下した。図１は側壁１，２に垂直な断面を表しており，小球の運動は図１の平面内で行われるものとする。なお，床，側壁の表面はすべて滑らかで，摩擦や空気抵抗は無視してよい。また，小球が側壁に衝突する直前と直後では小球の速度の水平方向成分のみが変化すると考えてよい。小球の速度成分は図１における水平右向き，鉛直下向きをそれぞれ正にとり，重力加速度の大きさを g[m/s^2]とする。小球を質点とみなして，以下の問いに答えなさい。ただし，必要に応じて以下の公式を用いてよい。

$$1 + r + r^2 + \cdots + r^{k-1} = \frac{1 - r^k}{1 - r} \ (r \neq 1,\ k\text{ は正の整数})$$

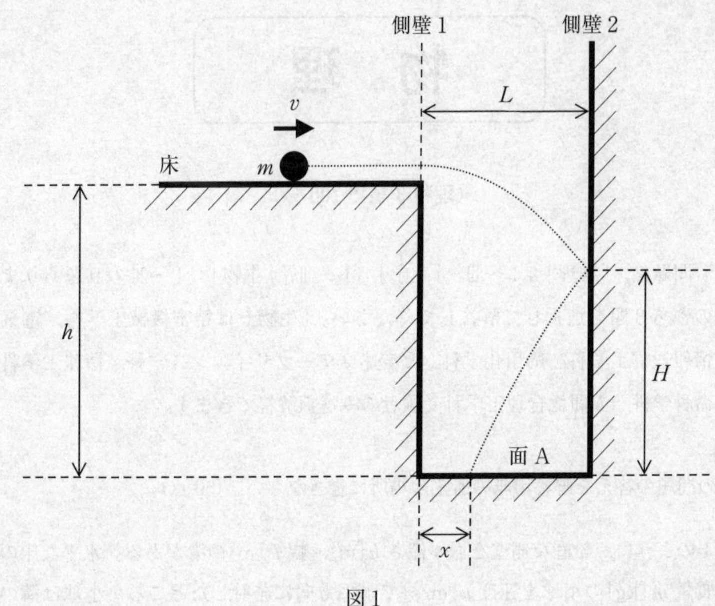

図1

まず，小球と側壁1，2の間の反発係数が $e=1$，すなわち弾性衝突の場合を考える。小球は床面からとび出した後，側壁2，溝の底の面Aの順に衝突した。m，g，v，L，h のうち必要なものを用いて，次の問1～5に答えなさい。

問い

1．小球が床面をはなれてから面Aに衝突するまでに要する時間を答えなさい。

2．面Aに衝突する直前の小球の速度の鉛直方向成分を答えなさい。

3．小球が最初に側壁2に衝突したときの面Aからの高さ H[m]を答えなさい。

4．小球が面Aに衝突したときの側壁1からの距離 x[m]を答えなさい。

5．小球が床面からとび出した後，最初に側壁2に衝突し，次に側壁1に衝突することなく面Aに衝突するためには，小球の発射速度 v が $v_{\min}<v<v_{\max}$ の範囲になければならない。このときの $v_{\min}$ と $v_{\max}$ をそれぞれ答えなさい。

次に，小球と側壁1，2の間の反発係数 e が1より小さい非弾性衝突の場合を考える。床面からとび出す速度 v を大きくすると，小球は側壁1，2に合計 n 回衝突した後に面Aに衝突した。n は2以上の整数とする。このとき，次の問6～10に答えなさい。

問い

6．小球と側壁の i 回目の衝突直後における小球の速度の水平方向成分を m，g，v，L，e，i のうち必要なものを用いて答えなさい。ただし，i は1以上 n 以下の整数とする。

7．小球と側壁の i 回目の衝突から $i+1$ 回目の衝突までに要する時間を m，g，v，L，e，i のうち必要なものを用いて答えなさい。ただし，i は1以上 $n-1$ 以下の整数とする。

8．小球が床面をはなれてから i 回目の側壁との衝突までに要する時間を m，g，v，L，e，i，h のうち必要なものを用いて答えなさい。ただし，i は1以上 n 以下の整数とする。

9．小球が側壁と合計 n 回衝突した後に面Aに衝突するためには，小球の発射速度 v が $v_{\min}(n) < v < v_{\max}(n)$ の範囲になければならない。このときの $v_{\min}(n)$ と $v_{\max}(n)$ の比 $\dfrac{v_{\max}(n)}{v_{\min}(n)}$ を m，g，v，L，e，h，n のうち必要なものを用いて答えなさい。

10．衝突回数 n を大きくしていくと，比 $\dfrac{v_{\max}(n)}{v_{\min}(n)}$ はどのような値に近づいていくか。m，g，v，L，e，h のうち必要なものを用いて答えなさい。

Ⅱ　次の問題の答えを解答用紙の所定の場所に書きなさい。(50点)

図1のように，2本の互いに平行な金属レールが，距離をd[m]あけて置かれている。レールにそって右向きを正とするx軸をとり，レールの右端の点を図のように点P，点Qと名付ける。これらのレールを橋渡しするように導体棒が置かれており，導体棒はレールに対して常に垂直を保ったまま，x軸方向に自由に動かすことができるものとする。導体棒はレールに電気的に接触しており，その接点を図のように点P′，点Q′と名付ける。図の手前から奥の向きには，常に大きさB[T]の一様な磁束密度がかかっている。x軸の正の向きを力，速度，加速度の正の向き，Q→Q′→P′→Pの順にたどる向きを電流の正の向きとする。レールおよび導体棒の電気抵抗，摩擦や空気抵抗はすべて無視できるものとする。また，導体棒はレールの長さに比べて十分短い範囲で動かすものとする。PとQの間にさまざまな回路をつないだ場合についての以下の問いに答えなさい。

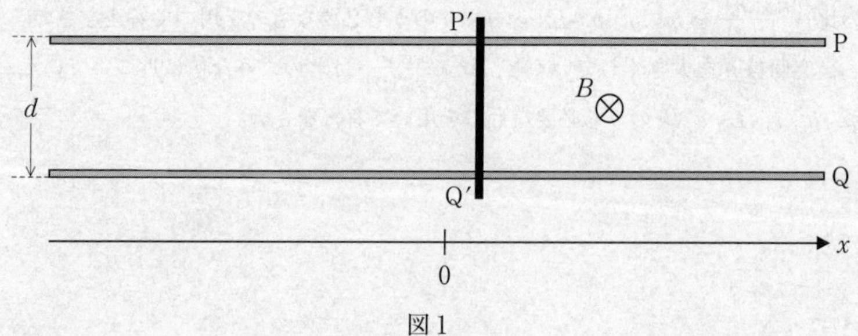

図1

まず，導体棒の質量が無視できる場合を考える。

問い

1．図2(ア)のように，PとQの間に電気容量C[F]のコンデンサーをつないだ。最初，コンデンサーには電荷が蓄えられておらず，導体棒は静止しているものとする。その後，導体棒に外力を加えて動かしていった。

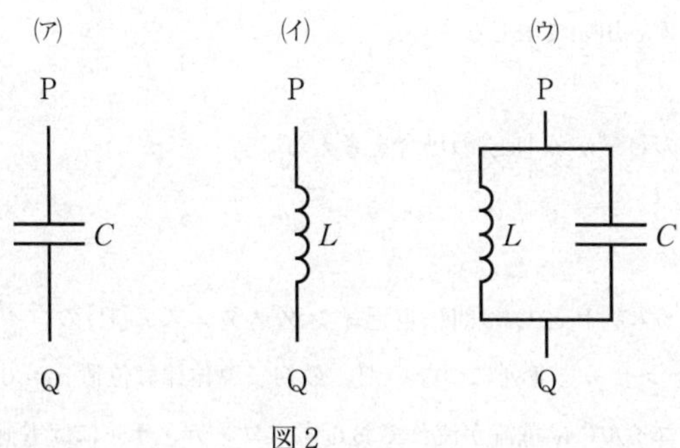

図2

(a) 導体棒の速度がv[m/s]のとき，コンデンサーのP側の極板にq[C]，Q側の極板に$-q$[C]の電荷が蓄えられているとする。qをB, C, d, vのうち必要なものを用いて表しなさい。

(b) 短い時間Δt[s]の間に，導体棒の速度をΔv[m/s]変化させた。導体棒を流れる電流I[A]をB, C, d, Δv, Δtのうち必要なものを用いて表しなさい。

(c) 導体棒を加速度a[m/s^2]で加速させているとき，電流が導体棒におよぼす力F_{C}[N]をa, B, C, dのうち必要なものを用いて表しなさい。

(d) 静止している導体棒を，一定の加速度で速度w[m/s]まで加速させる過程で外力がする仕事は，コンデンサーにエネルギーとして蓄えられる。この仕事を，B, C, d, wのうち必要なものを用いて表しなさい。

2．図2(イ)のように，PとQの間に自己インダクタンスL[H]のコイルをつないだ。最初，導体棒は位置$x=0$[m]で静止しており，コイルには電流が流れていないものとする。その後，導体棒に外力を加えて動かしていった。

(a) 短い時間Δt[s]の間に，導体棒の位置がΔx[m]変化し，コイルを流れる電流がΔI[A]変化したとする。ΔIをB, d, L, Δxのうち必要なものを用いて表しなさい。

(b) (a)の結果と，位置xが0のときの電流Iが0であることを用いると，Iはxに比例することがわかる。電流が導体棒におよぼす力をF_{L}[N]とすると，F_{L}はばねの復元力と同じ性質をもつ。この場合のばね定数に相当するものをB, d, Lのうち必要なものを用いて表しなさい。

(c) 導体棒を位置$x=0$[m]から位置y[m]まで動かす間に加えた外力がした仕事は，コイルにエネルギーとして蓄えられる。この仕事をB, d, L, yのうち必要なものを用いて表しなさい。

次に，導体棒の質量が m[kg]の場合を考える。

問い

3．図2(ウ)のように，PとQの間に自己インダクタンス L[H]のコイルと電気容量 C[F]のコンデンサーを並列につないだ。最初に導体棒は位置 $x=0$ で静止しており，そのときコイルには電流が流れておらず，コンデンサーには電荷が蓄えられていないものとする。その後，導体棒に初速度を与えると，導体棒は単振動した。

(a) 導体棒には，コイルを流れる電流による力 F_L と，コンデンサーに接続されている導線を流れる電流による力 F_C が同時にはたらくので，運動方程式 $ma=F_L+F_C$ が満たされる。それをもとに，導体棒の加速度 a を，導体棒の位置 x および，m，B，C，d，L のうち必要なものを用いて表しなさい。

(b) (a)の答えを，ばね振り子の運動方程式と比較することにより，導体棒の単振動の角振動数 ω[rad/s]を求め，m，B，C，d，L のうち必要なものを用いて表しなさい。

(c) 導体棒の質量が0に近づくと，角振動数はどのような値に近づくかを答えなさい。

Ⅲ 次の問題の答えを解答用紙の所定の場所に書きなさい。(50点)

光は横波であり，振動方向は光の進む向きに垂直である。この振動が特定の方向に偏る偏光を考えよう。図1に示すように，光はz軸の正の向きに進むとする。光の振動方向はz軸に垂直な方向となる。以下の性質をもつ，ある特殊な透明の板を用意し，図1のように置く。空気中で波長がλ[m]の光がこの板の中を進むとき，振動方向によって光の進む速さが異なる。図1のx軸に平行な方向に振動するとき，図2の上に示すように波長はλ_F[m]となる。図1のy軸に平行な方向に振動するとき，図2の下に示すように波長はλ_S[m]となる。ここで$\lambda_F > \lambda_S$という関係が成り立つ。どちらの場合もこの光の角振動数は同じω[rad/s]という値をとる。振動の周期をT[s]とする。板の厚みがz軸方向にd[m]あるとし，板のあるところを$0 < z < d$とする。ここで扱う角振動数ωの光については，ある整数mに対して，$d = m\lambda_F = \left(m + \frac{1}{4}\right)\lambda_S$の関係が成り立つ。光がこの板に入るときとこの板から出るときに，光の反射はないものとする。以下では光を正弦波とみなして考えよう。以下の問いに答えなさい。

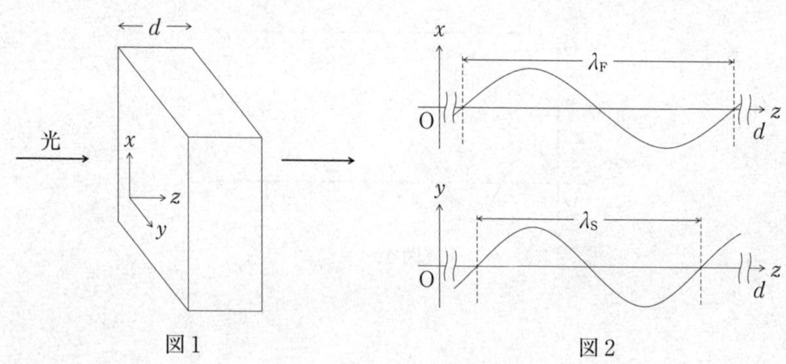

図1　　図2

問い

1．nをある整数とする。n回振動した光は板の中をどれだけ進むか。振動がx軸に平行な場合とy軸に平行な場合それぞれについて答えなさい。ただし，n回振動した光はまだ板の中にあるとする。

光が板に入るところの空気と板の界面を$z = 0$とする。空気中の$z < 0$で，x軸に平行に振動する偏光とy軸に平行に振動する偏光を同じ振幅，同じ位相で重ね合わせ

る。すると，重ね合わされた光は $x=y$ の方向，すなわち図 3 の左の太い線に沿って振動する。この変位を x 成分と y 成分に分解すると，振動は図 3 の右のように表される。この光が板に入るところで変位の x 成分と y 成分が図 4 のようになる時刻を $t=0$[s]とする。

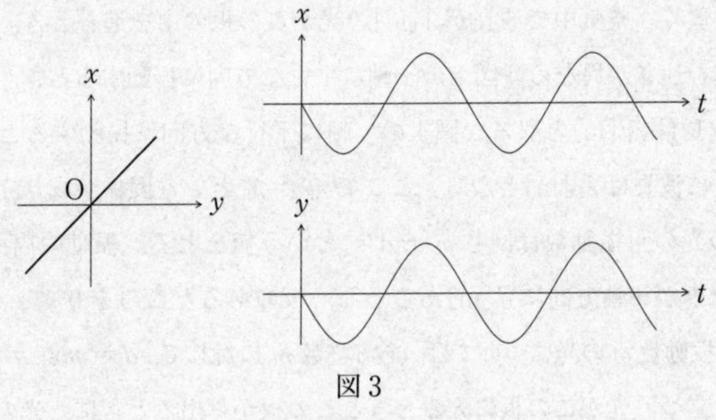

図 3

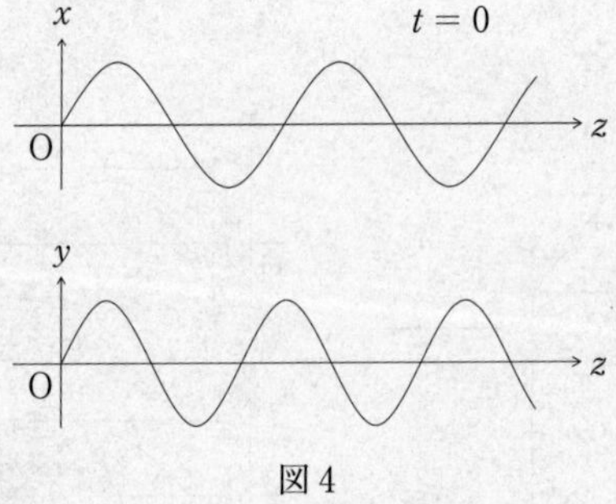

図 4

問い

2．時刻 $t=0$ において，光が板から出て空気に入るところでは，z の変化とともにどのように振動するか。変位の x 成分と y 成分それぞれについて，図 5 の中から選びなさい。

ア.

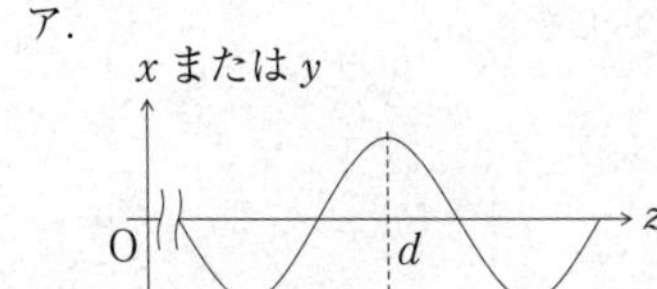

イ.

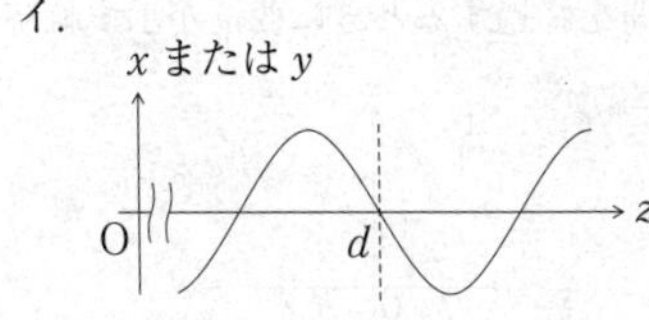

ウ.

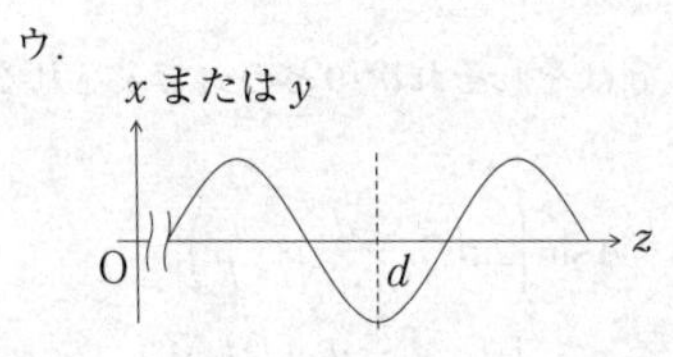

エ.

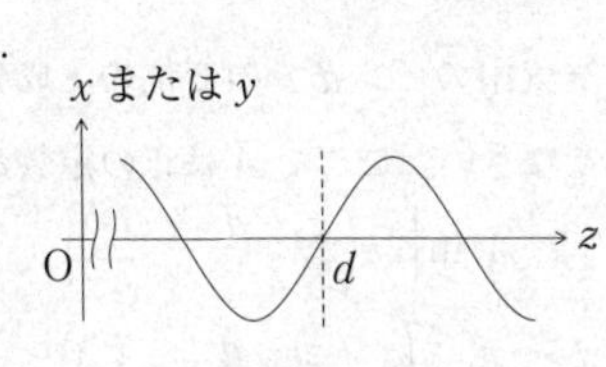

図5

この光を，図6に示すように板の右端からλだけ離れたところ（$z = d + \lambda$）で観測する。

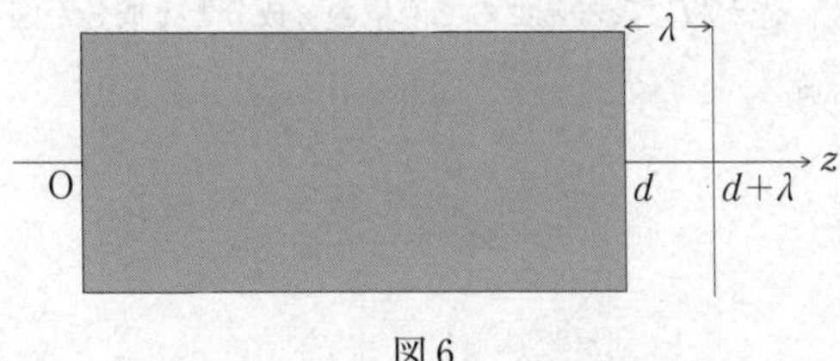

図6

問い

3．$z = d + \lambda$で，変位のx成分とy成分は時間とともにどのように変化するか，それぞれを$0 \leqq t \leqq 2T$の範囲で描きなさい。

〔解答欄〕

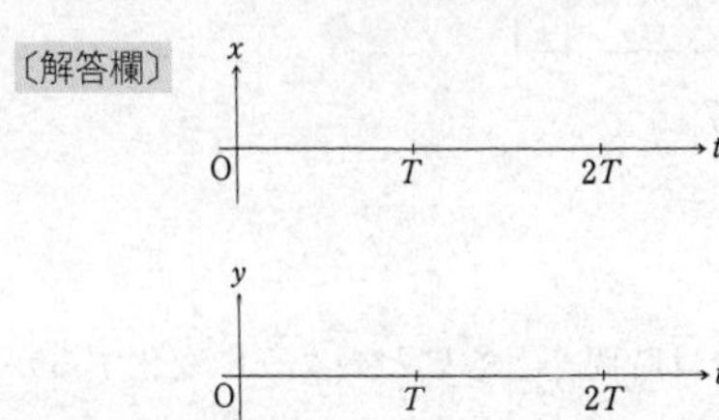

4．$z = d + \lambda$で，時刻$t = 0$での変位を×印で，時刻$t = \frac{1}{4}T$での変位を○印で，時刻$t = \frac{1}{2}T$での変位を△印でそれぞれ示しなさい。さらに，時間が$0 \leqq t \leqq T$

の間を経過するときに変位が示す軌跡を線で示しなさい。

〔解答欄〕

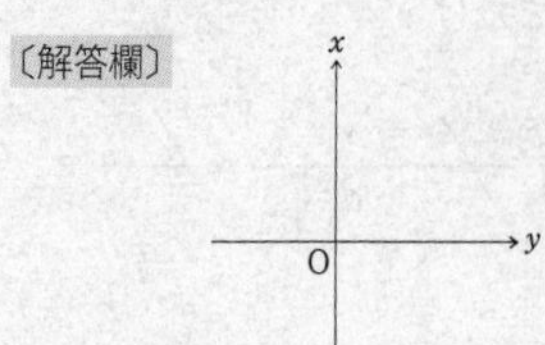

5．空気中の $z > d$ での変位の x 成分と y 成分はそれぞれ次のどの式で表されるか答えなさい。ここで A は正の定数とする。

ア．$A\sin\left\{2\pi\left(\dfrac{z-d}{\lambda}-\dfrac{t}{T}\right)\right\}$　　イ．$-A\sin\left\{2\pi\left(\dfrac{z-d}{\lambda}-\dfrac{t}{T}\right)\right\}$

ウ．$A\cos\left\{2\pi\left(\dfrac{z-d}{\lambda}-\dfrac{t}{T}\right)\right\}$　　エ．$-A\cos\left\{2\pi\left(\dfrac{z-d}{\lambda}-\dfrac{t}{T}\right)\right\}$

図7に示すように，図1と比べて板の厚みが2倍になり，ほかは同じ性質をもつ板に，上述の場合と同様に，図3の左の太い線に沿って図3の右のように振動する光を入れる。この場合に，図6に示すように，板の右端から λ だけ離れたところで光を観測する。ここでも，光が板に入るところで変位の x 成分と y 成分が図4のようになる時刻を $t = 0$ とする。

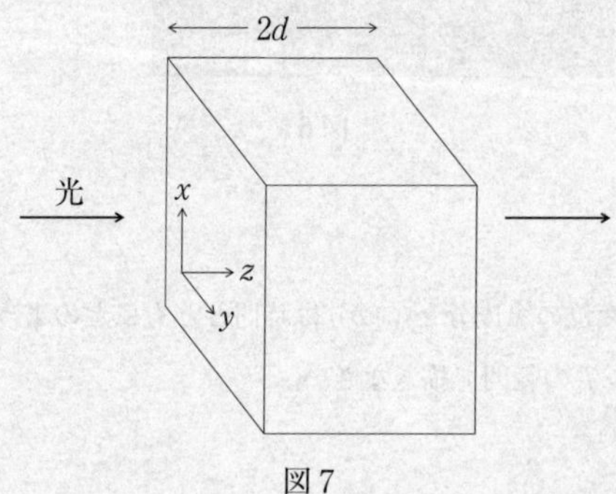

図7

問い

6．$z = 2d + \lambda$ で，変位の x 成分と y 成分は時間とともにどのように変化するか，それぞれを $0 \leqq t \leqq 2T$ の範囲で描きなさい。

〔解答欄〕

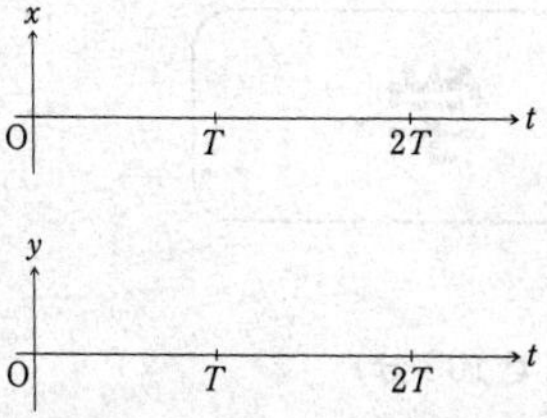

7．$z = 2d + \lambda$で，時間が$0 \leqq t \leqq T$の間を経過するときに変位が示す軌跡を線で示しなさい。

〔解答欄〕

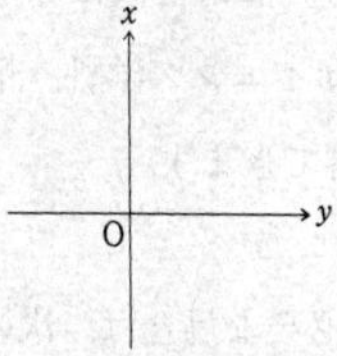

化　学

（理科 3 題で 100 分）

（注）　問題は，「物理」：Ⅰ～Ⅲ，「化学」：Ⅰ～Ⅲ，「生物」：Ⅰ～Ⅲの９題あります。そのうち３題を選択して解答してください。「生物」は精密機械工学科，電気電子情報通信工学科，応用化学科，ビジネスデータサイエンス学科，情報工学科，生命科学科，人間総合理工学科受験者のみ選択解答できます。

Ⅰ　次の文章を読み，以下の問い(1)～(8)に答えなさい。必要な場合は，次の値を用いなさい。(50 点)

原子量：H = 1.0，C = 12，O = 16

気体定数：$R = 8.3 \times 10^3$ Pa・L/(K・mol)

27 ℃での水の飽和蒸気圧：3.60×10^3 Pa

化合物**A**は１価のカルボン酸であり，(a)その分子式は x，y を整数として $C_xH_yO_2$ で表せる。以下の燃焼実験を行って x，y の値を決めた。なお，この実験では，不完全燃焼は考慮せず，反応で生じる気体はすべて理想気体の状態方程式に従うものとする。また，**A**は常に液体として存在しており，その蒸気圧や体積は無視できるほど小さく，**A**への気体の溶解も考えなくてよいものとする。

燃焼実験

実験１：容積 24.9 L の反応容器に化合物**A**を 0.840 g 入れ，内部の空気を一度すべて排気したのち，27 ℃の酸素を導入して全圧を 5.00×10^3 Pa にした。容器内の**A**に点火して燃焼させると，酸素が完全に消費されて二酸化炭素と水のみが生じ，一部の**A**は未反応のままであった。容器内の温度を 27 ℃に戻したところ，**A**以外の容器内の物質はすべて気体として存在し，全圧は 6.80×10^3 Pa であった（**状態１**）。

実験２：**実験１**と同じ反応容器に化合物**A**を0.840 g 入れ，内部の空気を一度すべて排気したのち，27℃の酸素を導入して全圧を1.000×10^4 Paにした。容器内の**A**に点火すると，**A**は完全に燃焼して二酸化炭素と水が生じた。容器内の温度を27℃に戻したところ，容器壁面には水滴が付着しており，全圧は1.150×10^4 Paであった（**状態２**）。

問い

(1) 下線部(a)について，この分子式で表される化合物の分子量をMとする。Mをxとyを含む式で書きなさい。

(2) 下線部(a)について，この分子式で表される化合物の完全燃焼の化学反応式は次のように書ける。係数z，s，tは，それぞれxやy，あるいはその両方を含む式で表される。

$$C_xH_yO_2 + zO_2 \longrightarrow sCO_2 + tH_2O$$

係数zをxとyを含む式で書きなさい。

(3) **実験１**の燃焼反応では，容器内に導入した酸素がすべて消費されて二酸化炭素と水蒸気が生じる。このことに注意して，**状態１**における容器内の二酸化炭素の分圧と水蒸気の分圧を［　　］$\times 10^3$ Paの式で表したとき，［　　］にあてはまるものを次の解答群①～⑧の中からそれぞれ１つ選び番号で答えなさい。同じ解答を２回選んでもよい。

［解答群］

① $\dfrac{5x}{4z}$　② $\dfrac{5x}{2z}$　③ $\dfrac{5x}{z}$　④ $\dfrac{10x}{z}$

⑤ $\dfrac{5y}{4z}$　⑥ $\dfrac{5y}{2z}$　⑦ $\dfrac{5y}{z}$　⑧ $\dfrac{10y}{z}$

(4) **状態１**での全圧は，容器内の二酸化炭素の分圧と水蒸気の分圧の合計に等しい。実験結果と問い(3)の答えからx，y，zについての関係式を作ることができる。その式と問い(2)の答えから，x，yのみを含む式に整理すると，$9.0x+$ (ア) $y=34$ が得られる。 (ア) にあてはまる最も適切な値を有効数字2桁の数値で答えなさい。

(5) **状態2**において，容器内の混合物を乾燥剤と接触させて水および水蒸気をすべて除去した。このとき，容器内にある気体の物質量をすべて足し合わせると何 mol になるか，有効数字2桁の数値で求めなさい。

(6) **実験2**の燃焼反応で生じる二酸化炭素の物質量と，燃焼反応で失われる酸素の物質量を $\boxed{}\times 10^{-2}$ mol の式で表したとき，$\boxed{}$ にあてはまるものを次の解答群①～⑧の中からそれぞれ1つ選び番号で答えなさい。同じ解答を2回選んでもよい。

[解答群]

① $\dfrac{84x}{M}$　② $\dfrac{42x}{M}$　③ $\dfrac{84y}{M}$　④ $\dfrac{42y}{M}$

⑤ $\dfrac{84z}{M}$　⑥ $\dfrac{42z}{M}$　⑦ $\dfrac{10x}{z}$　⑧ $\dfrac{5x}{z}$

(7) **状態2**において，容器内に存在する酸素と二酸化炭素の物質量の合計は，問い(5)で求めた物質量に等しい。このことから x，y，z，M についての関係式を作ることができる。その式と問い(1)，(2)の答えから，x，yのみを含む式に整理すると，(イ) $x+3.0y=24$ が得られる。 (イ) にあてはまる最も適切な値を有効数字2桁の数値で答えなさい。

(8) 整数 x および y を求めなさい。

Ⅱ　次の文章を読み，以下の問い(1)〜(10)に答えなさい。必要な場合は，次の値を用いなさい。(50 点)

塩化ナトリウムの結晶の単位格子一辺の長さ：5.6×10^{-8} cm

ナトリウムイオン（Na^+）1 個の質量：3.8×10^{-23} g

塩化物イオン（Cl^-）1 個の質量：5.9×10^{-23} g

説明

固体の塩化ナトリウムは，同じ数のナトリウムイオン（Na^+）と塩化物イオン（Cl^-）とが交互に並んだ構造になっている。このように構成粒子である原子・分子・イオンが規則正しく配列している固体を結晶といい，イオン結合でできている結晶をイオン結晶(a)という。塩化ナトリウムの結晶は，外部から強い力が加わり，Na^+ と Cl^- の位置関係がずれると，イオンどうしが反発しあうようになるため，特定の面に沿って割れやすい(b)。

また，1 mol のイオン結晶のイオン結合を切断して，気体状態のばらばらのイオンにするのに必要なエネルギーをイオン結晶の格子エネルギー(c)という。格子エネルギー Q_L〔kJ/mol〕は正の値として定義され，NaCl では熱化学方程式(i)で表される。

$$NaCl\,(固) = Na^+\,(気) + Cl^-\,(気) - Q_L\ \mathrm{kJ} \qquad \cdots(\mathrm{i})$$

格子エネルギーの値を実験で直接求めることはできないが，式(ii)〜(vi)で表されるいくつかの熱化学方程式を組み合わせることで計算することができる。

$$Na\,(固) + \frac{1}{2}Cl_2\,(気) = NaCl\,(固) + 411\ \mathrm{kJ} \qquad \cdots(\mathrm{ii})$$

$$\frac{1}{2}Cl_2\,(気) = Cl\,(気) - 122\ \mathrm{kJ} \qquad \cdots(\mathrm{iii})$$

$$Na\,(固) = Na\,(気) - 93\ \mathrm{kJ} \qquad \cdots(\mathrm{iv})$$

$$Na\,(気) = Na^+\,(気) + e^- - 496\ \mathrm{kJ} \qquad \cdots(\mathrm{v})$$

$$Cl\,(気) + e^- = Cl^-\,(気) + 349\ \mathrm{kJ} \qquad \cdots(\mathrm{vi})$$

問い

(1)　図1に塩化ナトリウムの結晶の単位格子を示す。イオン半径は，黒（●）のイオンが白（○）のイオンよりも大きい。このとき白（○）は Na^+ と Cl^- のどちらを示すか。解答欄の正しいほうを丸で囲みなさい。

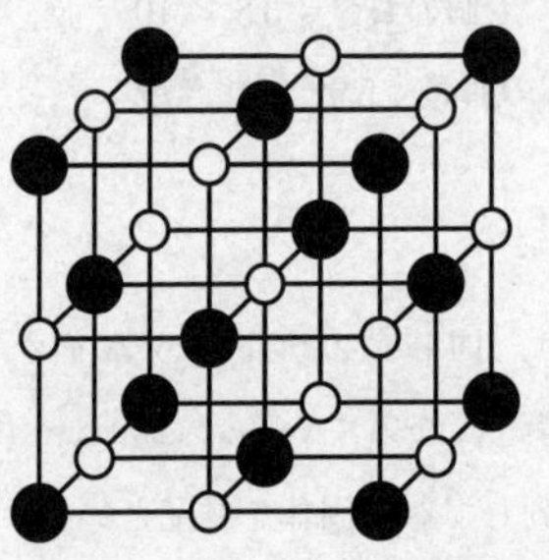

図1　塩化ナトリウムの結晶の単位格子

(2)　塩化ナトリウムの結晶の単位格子に含まれる Na^+ と Cl^- の数をそれぞれ答えなさい。

(3)　塩化ナトリウムの結晶の密度〔g/cm^3〕を有効数字2桁で求めなさい。

(4)　第一イオン化エネルギーは Na と Cl でどちらが大きいか。また，電子親和力はどちらが大きいか。次の解答群①～④の中から正しいものを1つ選び番号で答えなさい。

[解答群]

	第一イオン化エネルギーが大きい	電子親和力が大きい
①	Na	Na
②	Na	Cl
③	Cl	Na
④	Cl	Cl

(5)　18族の元素のうち，原子の状態でCl^-と同じ電子配置を持つ元素の元素記号を書きなさい。

(6)　下線部(a)に関する説明のうち正しいものを，次の解答群①～⑤の中からすべて選び番号で答えなさい。

[解答群]

① 一般に，イオン結晶は分子結晶と比較して柔らかい

② イオン結晶の化合物はすべて水によく溶ける

③ イオン結晶の化合物は高温で融解すると電気を通しやすい状態になる

④ イオン結晶は結晶全体としては電気的に中性である

⑤ 一般に，イオン結晶は分子結晶と比較して融点が高い

(7)　下線部(a)に関して，固体状態でイオン結晶を作る物質を次の解答群①～⑥の中からすべて選び番号で答えなさい。

[解答群]

① 水

② 硫酸ナトリウム

③ 二酸化炭素

④ 塩化セシウム

⑤ ヨウ素

⑥ 金

(8)　下線部(b)の説明の割れやすい面を示している図として，次の解答群①～③の中から正しいものを１つ選び番号で答えなさい。

［解答群］

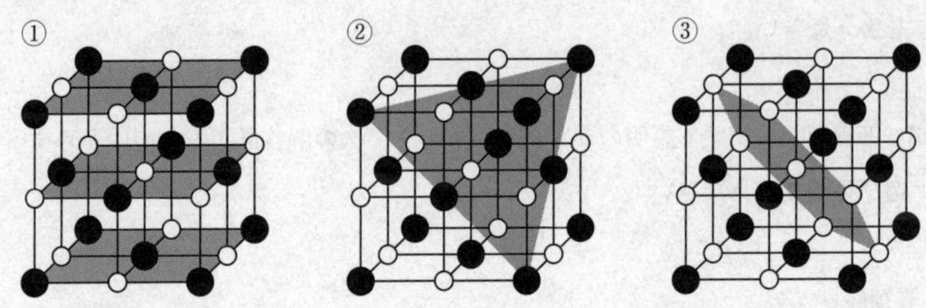

(9)　下線部(c)の格子エネルギー Q_L〔kJ/mol〕の値を，熱化学方程式(i)～(vi)を利用して，整数値で求めなさい。

(10)　式(v)の第一イオン化エネルギーおよび式(i)の格子エネルギー Q_L〔kJ/mol〕の値は，Na を K に置換したときどうなるか。次の解答群①～⑨の中から正しいものを1つ選び番号で答えなさい。ただし，式(ii)および(iv)のエネルギーは，Na を K に置換してもその差は無視できるとする。

［解答群］

	第一イオン化エネルギー	格子エネルギー
①	大きくなる	大きくなる
②	大きくなる	小さくなる
③	大きくなる	変わらない
④	小さくなる	大きくなる
⑤	小さくなる	小さくなる
⑥	小さくなる	変わらない
⑦	変わらない	大きくなる
⑧	変わらない	小さくなる
⑨	変わらない	変わらない

Ⅲ　次の文章を読み，以下の問い(1)～(8)に答えなさい。**A**～**F**はすべて異なる化合物であるとし，有機化合物の構造式は図1の例にしたがって書きなさい。必要な場合は，次の値を用いなさい。(50点)

原子量：H＝1.0，C＝12，O＝16

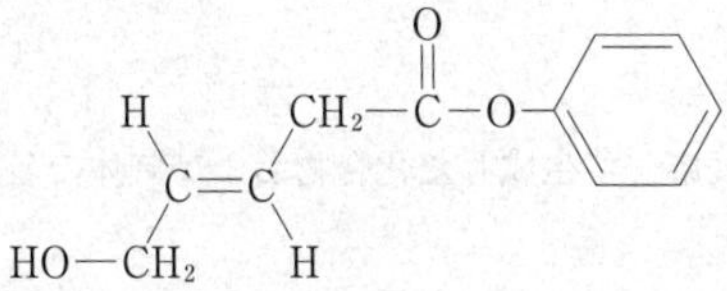

図1　構造式の例

分子式が$C_{10}H_{10}O_4$のオルト二置換芳香族化合物**A**および**B**がある。その構造を調べるため，以下の**実験1**～**実験6**の実験操作を行った。

実験操作

実験1：**A**，**B**のそれぞれに炭酸水素ナトリウム水溶液を加えて混ぜたところ，**A**のみが反応して気体を発生した。

実験2：**A**，**B**のそれぞれに十分な量の水酸化ナトリウム水溶液を加えて加熱すると，いずれも反応して溶液となった。完全に反応が終わってから，それぞれの反応液を中和することなく，そのまま注意深く蒸留した。すると，**A**の反応液からは化合物**C**が，また**B**の反応液からは化合物**D**が，ともに水より沸点の低い生成物として得られた。この際の蒸留では，**C**と**D**以外に揮発性の有機化合物は得られなかった。

実験3：**C**と**D**をある温度に温めて気化させたときの蒸気の密度を利用して分子量を調べると，**C**は**D**よりも分子量の大きい化合物であることがわかった。

実験4：蒸留で得られた化合物**C**，**D**の水溶液はpH試験紙で調べるとほぼ中性であった。一方，**C**，**D**に含まれる水分を完全に除いてからナトリウムと反応させたところ，**C**，**D**のいずれも(a)反応して気体を発生した。

実験5：先端部分をコイル状に巻いた銅線を，(b)表面が黒くなるまでガスバーナーで焼き，熱いうちに化合物**D**の入った試験管に差し込むと，(c)銅線の表面が金属銅の色に戻るようすが観察された。

実験6：**実験2**で化合物C，Dを蒸留で除いたあとの溶液に希硫酸を注意深く加えて強酸性にしたところ，Aの反応液からは芳香族化合物Eが，Bの反応液からはサリチル酸が，それぞれ析出した。また，Aの反応液からはそれ以上異なる有機化合物は回収されなかったが，サリチル酸をろ別したあとのBの反応液を蒸留すると，水より沸点の高い有機化合物Fが得られた。

問い

(1) 下線部(a)でCが反応して生成した化合物および気体の名称を答えなさい。

(2) 下線部(b)の黒色の化合物の組成式を答えなさい。

(3) 下線部(c)の際に，Dが反応して生成した有機化合物の名称を答えなさい。

(4) **実験4**のとおり，pHの測定やナトリウムとの反応では，CとDはともに類似した挙動を示す。化学反応を利用してこれら2つの化合物を区別するためには，どのような試薬を組み合わせて使用すればよいか。次の解答群①～⑧の中から2つ選び，番号で答えなさい。

［解答群］

① 酢酸
② アンモニア水
③ 硫黄
④ ヨウ素
⑤ 硝酸銀水溶液
⑥ 塩化ナトリウム水溶液
⑦ 水酸化ナトリウム水溶液
⑧ 塩化カルシウム水溶液

(5) 化合物Cは酵素の働きによってグルコースから生成する。このときの化学反応式を分子式を用いて答えなさい。

(6) 0.20 g の化合物 E を水に溶かし，フェノールフタレインを指示薬として 0.30 mol/L 水酸化ナトリウム水溶液で滴定するとき，中和点に達するまでに必要な水酸化ナトリウム水溶液の体積〔mL〕を有効数字 2 桁で答えなさい。

(7) 化合物 E を合成する方法として適切なものはどれか。次の解答群①〜⑤の中からあてはまるものをすべて選び，番号で答えなさい。

[解答群]

① ベンゼンと炭酸ナトリウムを加熱反応させたのち酸性にする

② *o*-キシレンを過マンガン酸カリウム水溶液と反応させたのち酸性にする

③ フェノールに塩基性条件下で高圧の二酸化炭素を加熱反応させたのち酸性にする

④ ナフタレンを酸化バナジウム(V)触媒を用いて酸素で酸化したのち加水分解する

⑤ *o*-ジクロロベンゼンと高圧の二酸化炭素を反応させる

(8) 化合物 A，B，F の構造式をそれぞれ答えなさい。

生　物

（理科3題で100分）

（注）　問題は，「物理」：Ⅰ～Ⅲ，「化学」：Ⅰ～Ⅲ，「生物」：Ⅰ～Ⅲの9題あります。そのうち3題を選択して解答してください。「生物」は精密機械工学科，電気電子情報通信工学科，応用化学科，ビジネスデータサイエンス学科，情報工学科，生命科学科，人間総合理工学科受験者のみ選択解答できます。

Ⅰ　以下の**文章A**，**B**を読み，問い⑴～⑽に答えなさい。(50点)

A　PCRとはポリメラーゼ連鎖反応（polymerase chain reaction）のことで，微量のDNAから大量にDNAを増幅する技術である。

PCR法では，DNAポリメラーゼ，鋳型となるDNA，プライマー，4種類のヌクレオチドと適切な緩衝液を含む反応液を調製し，目的とするDNA断片を増幅する。以下の手順でPCRを行う。

（ステップ1）上述の反応液を90～95℃で加熱する。
（ステップ2）50～60℃に温度を下げる。
（ステップ3）68～72℃に温度を上げる。
この（ステップ1）～（ステップ3）を1サイクルとし，これを繰り返すことによりDNA断片を増幅する。

近年用いられるリアルタイムPCRという方法では，連鎖反応によりDNAを増幅させながら，同時に増幅されたDNAの量を測定する（図1）。これにより，もとの試料に含まれる微量の鋳型DNAの量を調べることができる。

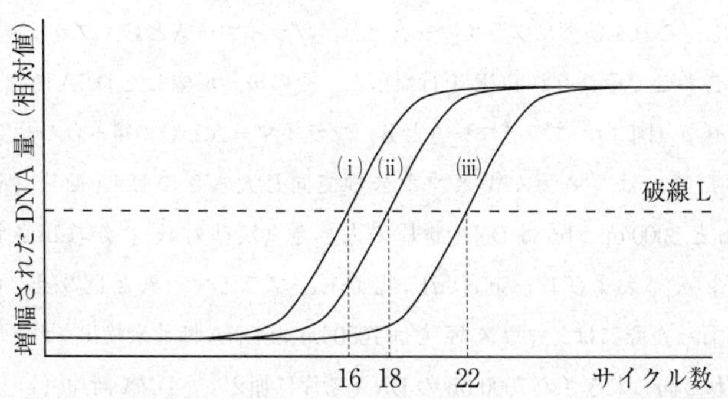

図1　あるDNAの試料をリアルタイムPCR法を用いて増幅した結果

(i), (ii), (iii)の曲線では，PCRを行う前に試料に含まれていた鋳型DNAの量が異なる。横軸に示した数字は一定のDNA量（破線Lで示す）に達したときのサイクル数を示している。原理的には，サイクル数が増加するとPCR産物は指数関数的に増加する。実際には，PCR産物は開始からしばらくの間は検出されず，その後増加し，しばらくすると増幅しなくなるため，グラフはS字型の曲線を示す。

問い

(1)（ステップ1）～（ステップ3）において，DNAはそれぞれどのように変化しているか。30字以内で説明しなさい。ただし，英数字や句読点は1字と数える。

(2) PCRで一般に使用するDNAポリメラーゼには，ヒトのDNA複製に関わるDNAポリメラーゼと比較すると，酵素として異なる特徴が認められる。それは何か，1つ挙げなさい。

(3) 図1において，PCRを行う前の試料に含まれていた鋳型DNAの量比はいくらか。サイクル数の違いを参照して計算し，答えなさい。

〔解答欄〕(i) : (ii) : (iii)＝

B PCRを利用して，マウスの遺伝病の系統G（以下マウスG）の原因遺伝子Eを解析するため，野生型マウス（以下マウスW）の遺伝子EのゲノムDNA配列に基づき，4種類のプライマーA，B，C，Dを作成した（図2）。

マウスW，および，遺伝病を発症しているマウスGの同じ組織からゲノムDNA

を抽出し，これを鋳型にプライマーAとB，プライマーAとC，プライマーAとDの組み合わせでそれぞれPCRを行なった。その後，増幅したDNA断片を電気泳動で調べた（図3）。プライマーAとB，プライマーAとCの組み合わせでPCRを行なった際には，マウスWとマウスGで同じ大きさのDNA断片［それぞれ3000 bpと5000 bp，bpはDNA断片の大きさ（塩基対数）］が検出された（図3レーン*a*，*b*およびレーン*c*，*d*）。しかし，プライマーAとDの組み合わせでPCRを行った際には，マウスWでは7000 bpのDNA断片が検出され，マウスGではこれと同じ大きさの7000 bpのDNA断片に加えて，DNA断片（x）が検出された（図3レーン*e*，*f*）。

次にRT-PCRを行った。この方法では，マウスWおよびマウスGの同じ組織からすべてのmRNAを抽出し，試験管内でそれらに相補的な1本鎖DNA（cDNA）を合成する。①そして，これらのcDNAを鋳型にしたPCRによって，②DNA断片を増幅する。プライマーAとBの組み合わせでPCRを行ない電気泳動で調べると，マウスWとマウスGで同じ大きさのDNA断片が検出された（図3レーン*g*，*h*）。プライマーAとCの組み合わせでPCRを行なった際には，マウスWとマウスGの両方でバンドは検出されなかった（図3レーン*i*，*j*）。しかし，プライマーAとDの組み合わせでPCRを行なった際には，マウスWではDNA断片（y）が検出され，マウスGではDNA断片（y）に加え，大きさの異なるDNA断片（z）が検出された（図3レーン*k*，*ℓ*）。ただし，PCRは理想的な条件で行われたとする。

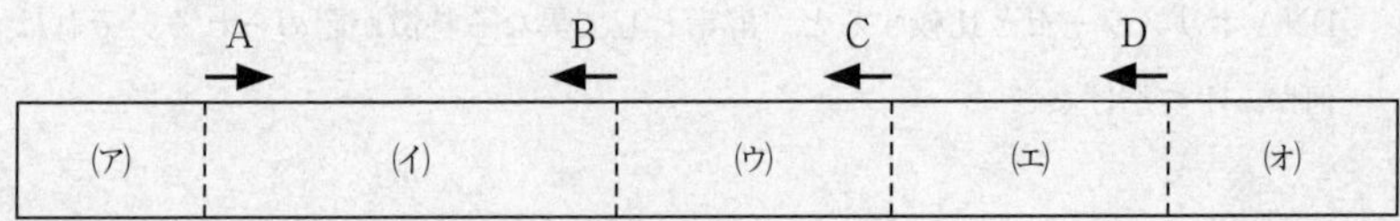

図2　遺伝子Eの構造

遺伝子Eの領域(ア)〜(オ)とプライマーA〜Dを示す。開始コドンは(ア)の内部に，終止コドンは(オ)の内部にそれぞれ存在する。図のプライマーの大きさは実際と異なるが，矢印の向きは5′から3′方向である。また，プライマーA〜Dが結合するゲノムDNA上の位置は，それぞれ1カ所であるとする。

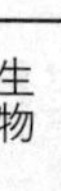

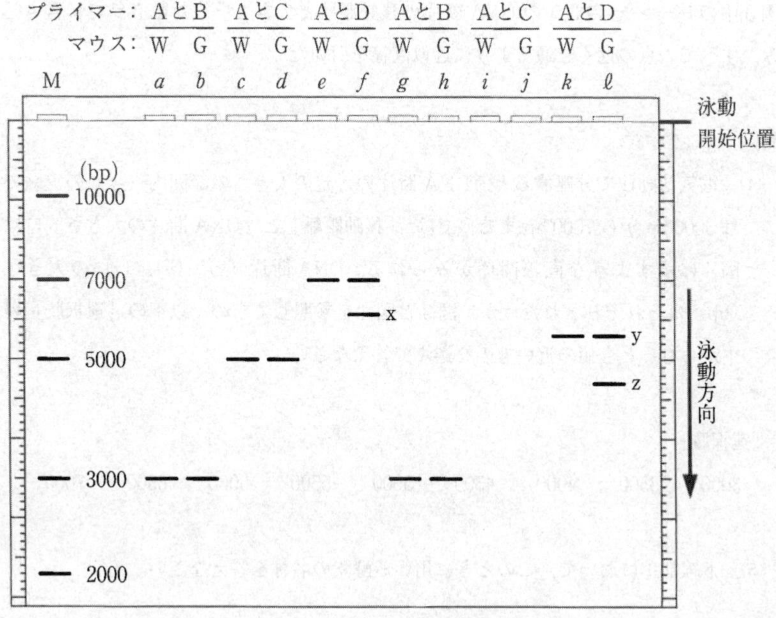

図3　電気泳動結果の模式図

PCR あるいは RT-PCR を行なったのち，図中の開始位置から矢印の方向に電気泳動を行い，DNA を染色した。レーン M には，大きさが既知の DNA 断片をマーカーとして泳動している。マーカー中の各 DNA 断片の大きさは，すぐ横の数字（bp）で示す。左右の定規の1目盛は 1 mm。

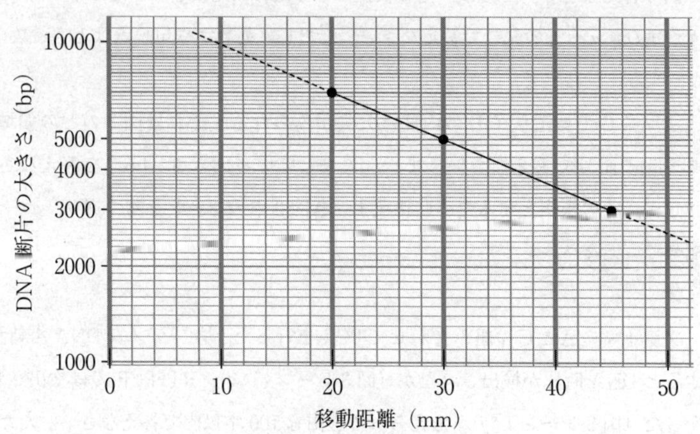

図4　DNA 断片の移動距離（mm）と大きさ（bp）の関係

図3中のレーンMの3つのDNA断片の移動距離と大きさを片対数グラフに書き込み，すべての点の近くを通るように近似直線を引いた。

問い

(4) 電気泳動法で分離すると，DNA断片の一定の大きさの範囲内（今回の実験では3000 bpから7000 bpまで）では，「移動距離」と「DNA断片の大きさ」には，図4に示すような直線関係がみられる。DNA断片（x），（y），（z）の大きさ（bp）はそれぞれどれだけか，図3と図4を参照して求め，以下の［選択肢］の中からもっとも値の近いものを選んで答えなさい。

［選択肢］

3000　3500　4000　4500　5000　5500　6000　6500　7000

(5) 下線部①において，このときに用いる酵素の名称を答えなさい。

(6) 下線部②において，このcDNAに結合するプライマーはどれか。図2中のA～Dの記号で答えなさい。

(7) この遺伝病の遺伝的性質は，優性，劣性，あるいはそのどちらでもない，のいずれであるか，解答欄の該当するものを丸で囲みなさい。また，その理由を30字以内で答えなさい。さらに，その根拠とするために比較すべき図3中のレーンを4つ選び，*a*～*ℓ*の記号で答えなさい。ただし，英数字や句読点は1字と数える。

(8) マウスGでは遺伝子Eの内部に欠失がみられる。それは図2のどの領域か，(ア)～(オ)の記号で答えなさい。また，欠失している大きさ（bp）を答えなさい。さらに，その根拠とするために比較すべき図3中のレーンを4つ選び，*a*～*ℓ*の記号で答えなさい。

(9) プライマーAとCの組み合わせでPCRを行ったとき，ゲノムDNAを鋳型にするとDNA断片が検出されたが（図3レーン*c*，*d*），RT-PCRでは検出されなかった（図3レーン*i*，*j*）。考えられる理由を100字以内で答えなさい。ただし，英数字や句読点，記号は1字と数える。

(10) プライマーAとBの組み合わせで遺伝子Eの一部をPCRで増幅させると，図5に示す二本鎖DNAがおもに増幅された。ここでは一部の塩基配列のみを示す。この増幅に用いたプライマーAとBの塩基配列を5′から3′方向に10塩基分示しなさい。

5′ GTTGAATTCCGG・・・・・・・・・・・・・・・・・・・・AAATTTGGACAT 3′
3′ CAACTTAAGGCC・・・・・・・・・・・・・・・・・・・・TTTAAACCTGTA 5′

図5　増幅された二本鎖DNA

Ⅱ 以下の**文章A**，**B**を読み，問い(1)〜(9)に答えなさい。(50点)

A 動物の体ではさまざまな臓器や組織が互いに協調し，①内部環境を一定に保ち，体内の機能が正常にはたらくように調整することで，生命活動が維持されている。内分泌系，循環器系，神経系，消化器系などを通じて，体内の②血糖値やナトリウムなどの物質の濃度や，pH，体温などが調節されている。臓器や組織の細胞は，③臓器や組織ごとに異なる幹細胞（組織幹細胞）により常に入れ替わることで，形と機能を維持している。臓器の損傷が許容範囲であれば，それぞれの臓器は自己修復能を発揮することで再生できる。また，哺乳類では④肝臓は再生するが，腎臓はほとんど再生しない。これには⑤腎臓の複雑な構造が関係している。

問い

(1) 下線部①について，以下の問い(i)，(ii)に答えなさい。

(i) このような作用を何とよぶか，答えなさい。

(ii) このような作用の例として，体温の制御がある。以下の文章中の空欄 (ア) 〜 (エ) にあてはまる適切な語を後の［選択肢］より選びなさい。

体温の変化は，［(ア)］にある体温中枢が感知し，元の体温に戻す反応が起きる。体温が上昇すると，［(イ)］が汗腺にはたらきかけて発汗を促進し，また，［(ウ)］が心臓に直接作用することにより，心拍数を減少させる。反対に，体温が低下すると，いくつかの段階を経て［(エ)］よりチロキシンが分泌されることで代謝が促進されると同時に，心臓の拍動が促進される。

［選択肢］

交感神経　副交感神経　脳下垂体　視床下部　甲状腺　副腎髄質

(2) 下線部②の血糖値を下げるホルモンと，そのホルモンを分泌する細胞のある場所の名称を答えなさい。

(3) 哺乳類初期胚の内部細胞塊に由来する幹細胞がある。この名称を答えなさい。また，下線部③の組織幹細胞と分化能について比較し，異なる点を説明しなさい。

(4) 下線部④の肝臓の役割を3つ答えなさい。

(5) 下線部⑤について記した以下の文章中の空欄［(オ)］～［(ク)］にあてはまるもっとも適切な語を答えなさい。

腎臓には，血液をろ過して［(オ)］を生成する役割をもつ腎小体という構造体がある。腎小体は，血液中の水や溶質をろ過する役割をもつ［(カ)］と，［(カ)］を包むボーマン囊からなる。ボーマン囊からは，［(キ)］が伸びており，ここで［(オ)］が濃縮される。［(カ)］とボーマン囊，［(キ)］を合わせて［(ク)］とよぶ。哺乳類では1つの腎臓に100万個以上もの［(ク)］が存在している。

B　イモリの肢を切断すると，切断面に再生芽とよばれる未分化細胞の集合体ができ，これが成長することで，新しい肢ができあがる。肢をどこで切断しても，肢の長さや指の数がほぼ元通りの状態まで再生する。四肢がどのような原理で再生するのかを調べるために，イモリの前肢（図1）を使って以下のような実験1～5を行った（図2）。

実験１　イモリの右前肢の手首の部分を切断してできた再生芽を，別の個体の右前肢上腕部の切断面に移植すると，正常な前肢が形成された。

実験２　イモリの右前肢の上腕部を切断してできた再生芽を，別の個体の手首の部分の切断面に移植すると，移植した場所から上腕を含む右前肢が形成された。

実験３　イモリの右前肢の手首の部分を切断し，形成された再生芽をレチノイン酸で処理した後に，別の個体の右前肢の手首の部分の切断面に移植すると，移植した場所から上腕を含む右前肢が形成された。

実験４　イモリの右前肢の手首の部分を切断し，同じ個体の胴体の皮膚を除去して縫合すると，手首の部分と胴体が癒(ゆ)合する（図２実験４左）。この状態で肢を切断すると，切断面から肢が再生する。そのとき，Ⓐの部分からは右前肢が，Ⓑの部分からは左前肢が形成された。

実験５　イモリの左前肢の手首の部分を切断し，形成された再生芽を右前肢の手首の部分の切断面に，背腹軸を合わせて移植したところ，移植した場所から，第１指どうし，第４指どうしが向き合った，３つの手が形成された。

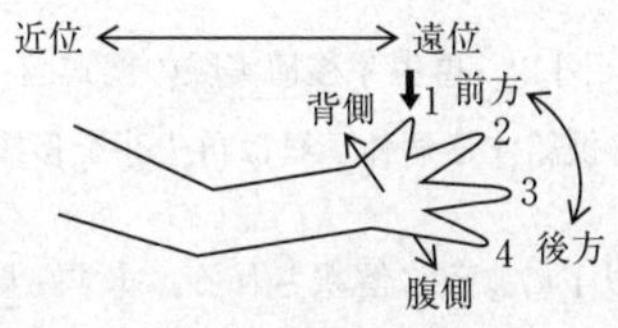

図１　前肢の方向

イモリの前肢の指は４本である。肢の方向は，体に近い上腕側を近位，遠い手首側を遠位，第１指側を前方，第４指側を後方，手の甲が背側，手のひらが腹側と定義する。小さい矢印は第１指を示す。

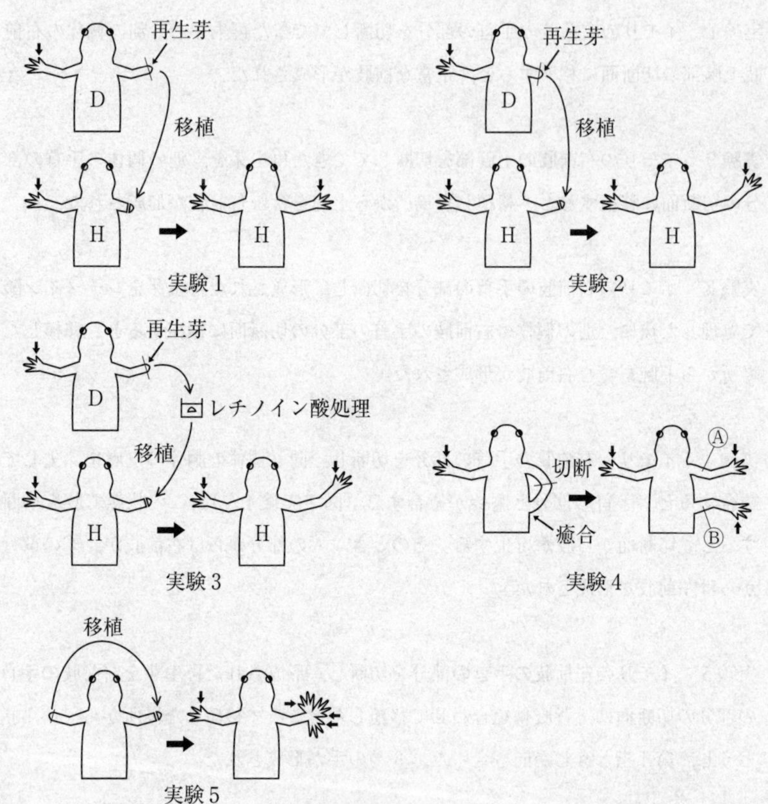

図2　再生芽移植実験の模式図
Dは再生芽を供給する個体，Hは再生芽を移植される個体。

これらの実験結果は以下のように解釈される。まず，⑥再生は必ず近位から遠位方向に向かって起こる。さらにイモリの前肢の細胞は，⑦自分が遠位と近位のどこにいたかを覚えている。これを位置記憶とする。この⑧位置記憶は書き換えが可能である。また，⑨細胞には前後の位置記憶もある。実験5のように左右の再生芽が入れ替わると，再生芽と移植された肢の基部で前方と後方が直接，隣接することになる。この前後方向の不連続性を解消するため，再生芽と基部の間に，前後方向をもつ新たな組織を形成させ，再生が進む。その結果，手が3つ形成されたと考えられる。

問い

(6)　下線部⑥は実験１～５のどの実験から導かれるか，もっともふさわしいと思われる実験を選び数字で答えなさい。また，その理由を前肢の方向に注目して説明しなさい。ただし，前肢の方向は図１の語を使って示しなさい。

(7)　下線部⑦は実験１～５のどの実験から導かれるか，もっともふさわしいと思われる実験を選び数字で答えなさい。また，その理由を前肢の方向に注目して説明しなさい。ただし，前肢の方向は図１の語を使って示しなさい。

(8)　下線部⑧は実験１～５のどの実験から導かれるか，もっともふさわしいと思われる実験を選び数字で答えなさい。また，その理由を前肢の方向に注目して説明しなさい。ただし，前肢の方向は図１の語を使って示しなさい。

(9)　実験４でⒷの部分から再生した肢が，右前肢ではなく左前肢になった理由を，下線部⑨を参考にして説明しなさい。

Ⅲ　以下の**文章A**，**B**を読み，問い(1)～(9)に答えなさい。(50点)

A　図１は世界の陸上のバイオーム（生物群系）と気候との関係を示す。バイオームの違いは気温と降水量との組み合わせで決まり，大きく荒原，［(ア)］，［(イ)］に分けられる。

降水量に恵まれた地域では，温度が植物の分布に強く影響する。このため，日本においては，植物の分布が地理的な気候帯とよく対応している。一般に，月別平均気温が５℃より低くなると，植物は正常な生活活動ができなくなることが知られている。そこで，ある地点において，月別平均気温を測定し，１年のうちその値が５℃以上の月について“それぞれの月別平均気温から５℃を差し引いた値”をすべて足し合わせてみる。この積算値は，１年の間に植物にとって正常な生活活動が保証される期間を示すので「暖かさの指数」とよばれている（図２）。日本列島にみられる気候帯の境界における暖かさの指数を調べると，亜熱帯，暖温帯，冷温帯，亜寒帯，寒帯の境界において，それぞれ180，85，45，15である（表１）。

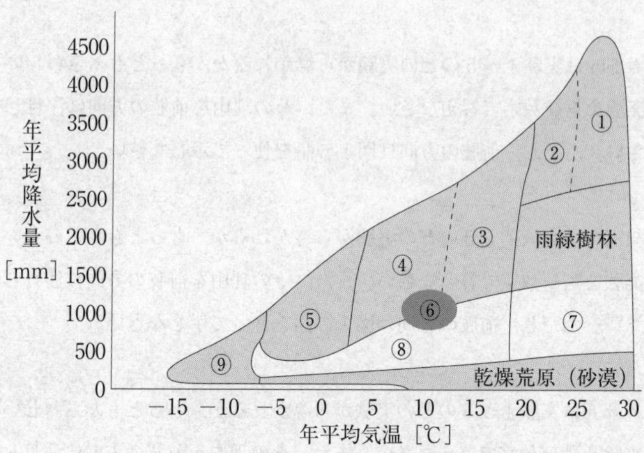

図1　バイオームと気候との関係

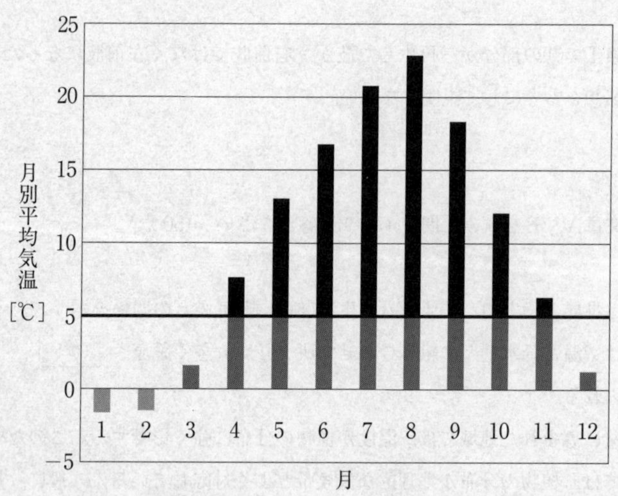

図2　暖かさの指数の概念

黒色部分を積算すると暖かさの指数となる。

表1　暖かさの指数と気候帯の境界との関係

240-180	180-85	85-45	45-15	15-0
亜熱帯	暖温帯	冷温帯	亜寒帯	寒帯

問い

(1) 文章中の空欄 (ア) ， (イ) にあてはまるもっとも適切な語を答えなさい。

(2) 図1の①～⑧にあてはまるバイオームを，以下の［語群］から選び，記号で答えなさい。

［語群］

(a) ステップ　(b) 夏緑樹林　(c) 寒地荒原（ツンドラ）
(d) 熱帯多雨林　(e) 照葉樹林　(f) 硬葉樹林
(g) サバンナ　(h) 針葉樹林　(i) 亜熱帯多雨林

(3) 地中海地域などのように，冬に降水があり，夏に乾燥する地域に発達するバイオームを，(2)にある［語群］から選び，記号で答えなさい。

(4) 表2は，日本のある地点Yにおける月別平均気温の最近の平均値を示す。Y地点における暖かさの指数を求め，整数で答えなさい。

表2　Y地点における月別平均気温

1月	2月	3月	4月	5月	6月	7月	8月	9月	10月	11月	12月
−2	−1	2	8	13	17	21	23	19	13	6	1

(5) 中央大学理工学部のある東京都文京区の暖かさの指数は，115である。以下の［選択肢］にある植物のうち，この指数が示す気候帯には生育していない樹木で，日本在来であるものを3つ選び，記号で答えなさい。ただし，垂直分布による変化については考慮しない。

［選択肢］

(a) ヤブツバキ　(b) ブナ　(c) セイタカアワダチソウ
(d) エゾマツ　(e) オリーブ　(f) ハシラサボテン
(g) バナナ　(h) スダジイ　(i) メヒルギ（マングローブ）

B　アメリカのウォルフは，世界各地の森林に生育している広葉樹の葉の形に基づいて，森林が存在する場所の年平均気温を推定する方法を提案した。広葉樹の葉には，葉の周縁に鋸歯（きょし）というギザギザをもつもの（鋸歯縁）と，周縁に鋸歯をもたないもの（全縁）とがある（図3）。詳しい理由はまだ解明されていないが，鋸歯縁の葉は寒冷地に多く，温暖になるほど減少する。一方で，全縁の葉の割合は温暖地域ほど増加し，熱帯域ではほとんどすべてが全縁葉となる。この傾向を明らかにするために，世界各地の森林に生育する広葉樹の葉を，樹種の違いは考慮せずに無作為に集め，全縁葉と鋸歯葉の枚数を数えた。すると，全縁葉が占める割合（全縁率［%］）と，生育地の年平均気温との間には，<u>明らかな直線関係がみられた</u>①（図4）。この関係を利用すると，ある地域において産出する植物化石葉群集について，その全縁率を求めれば，森林があった場所の過去の年平均気温が推定できる。この方法を葉縁解析法という。

図3　鋸歯縁葉（左）と全縁葉（右）

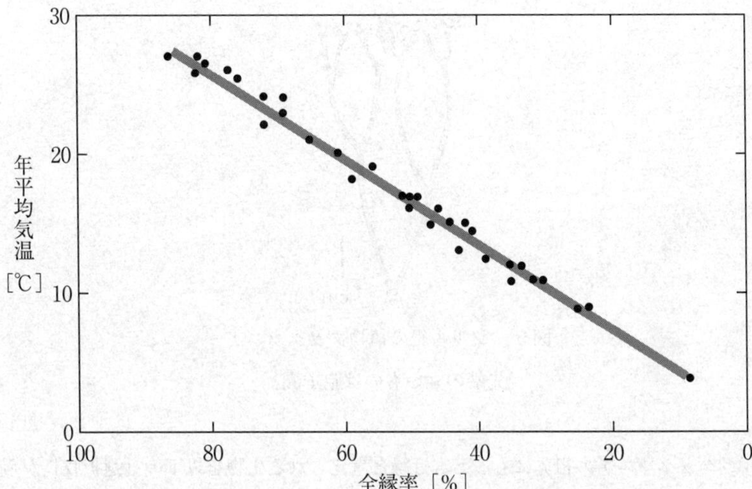

図4　全緑率と年平均気温との関係

黒丸は各地の森林における測定値を示す。

問い

(6)　(4)にあるY地点における全緑率[%]はおよそどれだけか，以下の[選択肢]から選び，記号で答えなさい。

[選択肢]

(a)　90　(b)　80　(c)　70　(d)　60　(e)　50　(f)　40

(g)　30　(h)　20　(i)　10

(7)　図5は，古生代シルル紀の植物，クックソニアの復元図である。クックソニアの形態をもとに葉縁解析法を用いてこの時代の年平均気温を推定することは困難である。その理由を20字以内で答えなさい。

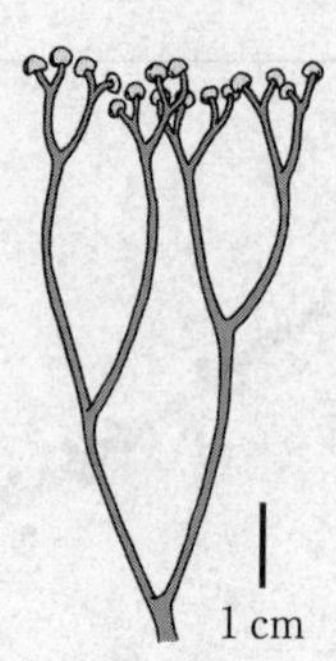

図5　シルル紀の植物クックソニア
先端の丸いものは胞子嚢。

(8) クックソニアの祖先にもっとも近縁と考えられる生物を以下の［選択肢］から選び，記号で答えなさい。

［選択肢］

(a) ワラビ	(b) シャジクモ	(c) ワカメ
(d) イチョウ	(e) ウメノキゴケ	(f) ミドリムシ
(g) ユレモ	(h) アメーバ	(i) アオサ

(9) 以下の［選択肢］からヒトが属する分類群をすべて選びなさい。次にその中からシルル紀の陸上生物群には存在しなかった分類群をすべて選び，その記号を解答欄に答えなさい。

［選択肢］

(a) 節足動物	(b) 真核生物	(c) 食肉目
(d) 軟体動物	(e) 四肢（四足）動物	(f) 両生類
(g) 有胎盤類	(h) 有袋類	(i) 爬虫類

解答編

数学

I **解答** x, y は実数で

$\alpha = 3x-3+yi$ ……①

$\beta = 6y+2xi$ ……②

(1) ①, ②より

$$\alpha-\beta+\frac{1}{2}i=(3x-3+yi)-(6y+2xi)+\frac{1}{2}i$$

$$=(3x-3-6y)+\left(y-2x+\frac{1}{2}\right)i \quad \cdots\cdots③$$

③が実数より　$y-2x+\dfrac{1}{2}=0$

よって，直線 l の方程式は

$y=2x-\dfrac{1}{2}$ ……④ ……(答)

(2) ①, ②より

$$\alpha\beta=(3x-3+yi)(6y+2xi)$$

$$=\{6(3x-3)y-2xy\}+\{2(3x-3)x+6y^2\}i \quad \cdots\cdots⑤$$

⑤が実数より

$2(3x-3)x+6y^2=0$

円 C の方程式は　$x^2-x+y^2=0$ ……⑥

ゆえに　$\left(x-\dfrac{1}{2}\right)^2+y^2=\left(\dfrac{1}{2}\right)^2$

よって，C は中心 $\left(\dfrac{1}{2},\ 0\right)$，半径 $\dfrac{1}{2}$ の円である。 ……(答)

(3)　l と C の交点の x 座標は，④，⑥より

$$(x^2-x)+\left(2x-\frac{1}{2}\right)^2=0$$
$$20x^2-12x+1=0$$
$$(2x-1)(10x-1)=0$$
$$x=\frac{1}{2},\ \frac{1}{10}$$

④より

$$\begin{cases} x=\dfrac{1}{2}\text{ のとき} & y=\dfrac{1}{2} \\ x=\dfrac{1}{10}\text{ のとき} & y=-\dfrac{3}{10} \end{cases}$$

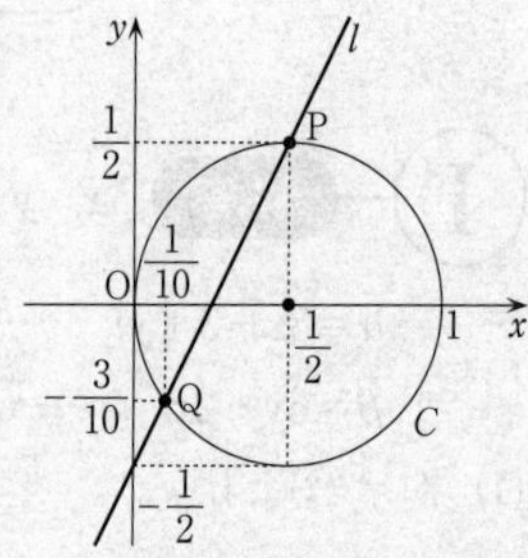

ゆえに，右図のようにP，Qをとると，l と C との交点の座標は

$$\mathrm{P}\left(\frac{1}{2},\ \frac{1}{2}\right),\ \mathrm{Q}\left(\frac{1}{10},\ -\frac{3}{10}\right)\quad\cdots\cdots(\text{答})$$

(4)　線分PQを表す図形は，直線 $y=2x-\dfrac{1}{2}$ の $\dfrac{1}{10}\leqq x\leqq\dfrac{1}{2}$ の部分であるから，線分PQ上の点の x 座標を $x=t$ $\left(\dfrac{1}{10}\leqq t\leqq\dfrac{1}{2}\right)$ とおくと，y 座標は $y=2t-\dfrac{1}{2}$ とおける。

よって

$$\begin{aligned}|\beta|^2&=(6y)^2+(2x)^2\\&=(12t-3)^2+(2t)^2\\&=144t^2-72t+9+4t^2\\&=148t^2-72t+9\quad\left(\frac{1}{10}\leqq t\leqq\frac{1}{2}\right)\end{aligned}$$

ここで

$$\begin{aligned}|\beta|^2&=148\left(t-\frac{36}{148}\right)^2-\frac{36^2}{148}+9\\&=148\left(t-\frac{9}{37}\right)^2+\frac{9}{37}\end{aligned}$$

$|\beta|^2$ は

$$\begin{cases} t=\dfrac{9}{37}\text{ のとき} & \dfrac{9}{37} \\ t=\dfrac{1}{10}\text{ のとき} & \dfrac{82}{25} \\ t=\dfrac{1}{2}\text{ のとき} & 10 \end{cases}$$

よって，$|\beta|^2$ のとりうる値の範囲は

$$\frac{9}{37} \leqq |\beta|^2 \leqq 10 \quad \cdots\cdots(\text{答})$$

解説

《複素数の絶対値の値域》

(1)　与式の虚部を求める。

(2)　積 $\alpha\beta$ を計算して，虚部を求める。

(3)　このときの直線と円は 2 点で交わる。

(4)　線分 PQ 上の点の x 座標を $x=t$ とおく。

II　解答

(1)　$1 \geqq a_1 \geqq a_2 \geqq \cdots \geqq a_n > 0 \quad (n \geqq 2)$

$$f_n(x) = 3x^4 - 4(a_1+a_2+\cdots+a_n)^{\frac{1}{4}}x^3 + a_1a_2\cdots a_n$$

関数 $f_n(x)$ の増減を調べる。

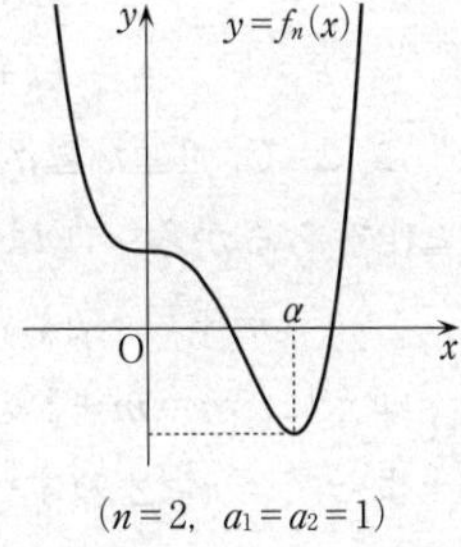

$(n=2,\ a_1=a_2=1)$

$$f_n'(x) = 12x^3 - 12(a_1+a_2+\cdots+a_n)^{\frac{1}{4}}x^2$$
$$= 12x^2\{x-(a_1+a_2+\cdots+a_n)^{\frac{1}{4}}\}$$

$\alpha = (a_1+a_2+\cdots+a_n)^{\frac{1}{4}} > 0$ とおく。

x		0		α	
$f_n'(x)$	$-$	0	$-$	0	$+$
$f_n(x)$	↘		↘	極小	↗

増減表より，$f_n(x)$ は $x=\alpha$ で最小値 $f_n(\alpha)$ をとる。

$$\alpha = (a_1+a_2+\cdots+a_n)^{\frac{1}{4}} \quad \cdots\cdots(\text{答})$$

また，$f_n(x)$ の最小値 $f_n(\alpha)$ は

$$f_n(\alpha) = a_1a_2\cdots a_n - (a_1+a_2+\cdots+a_n) \quad \cdots\cdots(※)$$

(2)　$f_n(x) \geqq f_n(\alpha)$ より，$f_n(x) \geqq 1-n \ (n \geqq 2)$ を示すには

$f_n(\alpha) \geqq 1-n \quad (n \geqq 2) \quad \cdots\cdots(*)$

を示せばよい。

(i) $n=2$ のとき，$1 \geqq a_1 \geqq a_2 > 0$ より

$(1-a_1)(1-a_2) \geqq 0$

$1-(a_1+a_2)+a_1a_2 \geqq 0$

$\therefore \quad f_2(\alpha) = a_1a_2-(a_1+a_2) \geqq -1 = 1-2$

ゆえに，$n=2$ のとき，$(*)$は成り立つ。

(ii) $n=m$ のとき，$(*)$が成り立つと仮定すると

$f_m(\alpha) = a_1a_2\cdots a_m-(a_1+a_2+\cdots+a_m) \geqq 1-m \quad \cdots\cdots(**)$

$f_{m+1}(x)$ の最小値 $f_{m+1}(\alpha)$ は，$a_1a_2\cdots a_ma_{m+1}-(a_1+a_2+\cdots+a_m+a_{m+1})$ と表せる。

ここで（※）より

$a_1+a_2+\cdots+a_m = a_1a_2\cdots a_m - f_m(\alpha)$

と変形すると

$$\begin{aligned}
f_{m+1}(\alpha) &= a_1a_2\cdots a_ma_{m+1}-(a_1a_2\cdots a_m - f_m(\alpha)+a_{m+1}) \\
&= f_m(\alpha)+a_1a_2\cdots a_ma_{m+1}-a_1a_2\cdots a_m-a_{m+1} \\
&= f_m(\alpha)-a_{m+1}-(1-a_{m+1})a_1a_2\cdots a_m \\
&\geqq 1-m-a_{m+1}-(1-a_{m+1})a_1a_2\cdots a_m \quad (\because \quad (**)) \\
&= -m+(1-a_{m+1})-(1-a_{m+1})a_1a_2\cdots a_m \\
&= -m+(1-a_{m+1})(1-a_1a_2\cdots a_m) \quad \cdots\cdots ①
\end{aligned}$$

ここで，$1 \geqq a_1 \geqq a_2 \geqq \cdots \geqq a_m \geqq a_{m+1} > 0$ より，$1-a_{m+1} \geqq 0$，$1-a_1a_2\cdots a_m \geqq 0$ であるから，①は

$-m+(1-a_{m+1})(1-a_1a_2\cdots a_m) \geqq -m = 1-(m+1)$

ゆえに，$n=m+1$ のときも$(*)$は成り立つ。

よって，$n \geqq 2$ のすべての自然数 n に対して$(*)$が成り立つ。

（証明終）

(3) $n \geqq 3$ のとき

$f_n(\alpha) = 1-n$

すなわち

$a_1a_2\cdots a_{n-1}a_n-(a_1+a_2+\cdots+a_{n-1}+a_n) = 1-n \quad \cdots\cdots ②$

を満たす $a_1, a_2, \cdots, a_{n-1}, a_n$ は，条件より

$1 \geqq a_1 \geqq a_2 \geqq \cdots \geqq a_{n-1} \geqq a_n > 0$

かつ，(2)より　$f_{n-1}(\alpha)\geqq 2-n$

すなわち

$$a_1a_2\cdots a_{n-1}-(a_1+a_2+\cdots+a_{n-1})\geqq 2-n \quad \cdots\cdots③$$

を満たす。

ここで，③より

$$-(a_1+a_2+\cdots+a_{n-1})\geqq -a_1a_2\cdots a_{n-1}+2-n$$

よって，②は③を用いて

$$\begin{aligned}1-n&=a_1a_2\cdots a_{n-1}a_n-(a_1+a_2+\cdots+a_{n-1}+a_n)\\&=a_1a_2\cdots a_{n-1}a_n\underline{-(a_1+a_2+\cdots+a_{n-1})}-a_n\\&\geqq a_1a_2\cdots a_{n-1}a_n\underline{-a_1a_2\cdots a_{n-1}+2-n}-a_n\end{aligned}$$

$$\iff 0\geqq 1-a_n-(1-a_n)a_1a_2\cdots a_{n-1}$$

$$\iff 0\geqq(1-a_n)(1-a_1a_2\cdots a_{n-1}) \quad \cdots\cdots④$$

となる。

条件より，$1-a_n\geqq 0$ かつ $1-a_1a_2\cdots a_{n-1}\geqq 0$ であるから，④を満たす条件は

$$1-a_n=0 \quad \text{または} \quad 1-a_1a_2\cdots a_{n-1}=0$$

• $1-a_n$，すなわち $a_n=1$ のとき

$1\geqq a_1\geqq a_2\geqq\cdots\geqq a_{n-1}\geqq a_n>0$ より

$$a_1=a_2=\cdots=a_{n-1}=a_n=1$$

• $1-a_1a_2\cdots a_{n-1}=0$，すなわち $a_1a_2\cdots a_{n-1}=1$ のとき

$a_1=a_2=\cdots=a_{n-1}=1$ であるから，②より

$$a_n-(n-1)-a_n=1-n$$

よって，$a_n=a_n$ であるから，a_n は $1\geqq a_n>0$ を満たす実数。

以上から，$n\geqq 3$ のとき，$f_n(\alpha)=1-n$ となる a_1，a_2，…，a_n は

$$a_1=a_2=\cdots=a_{n-1}=1,\ a_n \text{ は } 0<a_n\leqq 1 \text{ を満たす実数。} \quad \cdots\cdots⑤$$

$n=2$ のとき，$f_2(\alpha)=a_1a_2-(a_1+a_2)$ より

$$\begin{aligned}a_1a_2-(a_1+a_2)=-1 &\iff a_1a_2-a_1-a_2+1=0\\&\iff (a_1-1)(a_2-1)=0 \quad \cdots\cdots⑥\end{aligned}$$

よって　$a_1=1$　または　$a_2=1$

$a_2=1$ のとき，$1\geqq a_1\geqq a_2>0$ より　$a_1=a_2=1$

$a_1=1$ のとき，⑥より a_2 は $0<a_2\leqq 1$ を満たす実数。

以上より，$n=2$ のときも⑤を満たす。

したがって，$f_n(\alpha)=1-n$ を満たす $a_1,\ a_2,\ \cdots,\ a_n$ は

$a_1=a_2=\cdots=a_{n-1}=1$，a_n は $0<a_n\leqq 1$ を満たす任意の実数。

……(答)

解説

《4次関数の最小値，不等式の証明，数学的帰納法》

(1)　方程式 $f_n'(x)=0$ を解き，増減表を書く。なお，$f_n(0)$ は極値ではない。

(2)　$n=2$ のときは易しい。一般の場合，$f_{m+1}(\alpha)$ を $f_m(\alpha)+$(余り) の形に変形する。

(3)　(2)での式の変形を用いる。

III 解答

$A(-1,\ 0)$，$B(1,\ 0)$，$\angle ACB=\dfrac{\pi}{3}$，△ABCの内接円の中心を $O(x,\ y)$ $(y>0)$，内接円と，辺AC，BC，ABとの接点を，それぞれ，P，Q，Rとする。

なお，辺ABは x 軸上，Cの y 座標は正であるから，内心Oの y 座標は正，すなわち $y>0$ である。

(1)　点P，Q，Rの定義より

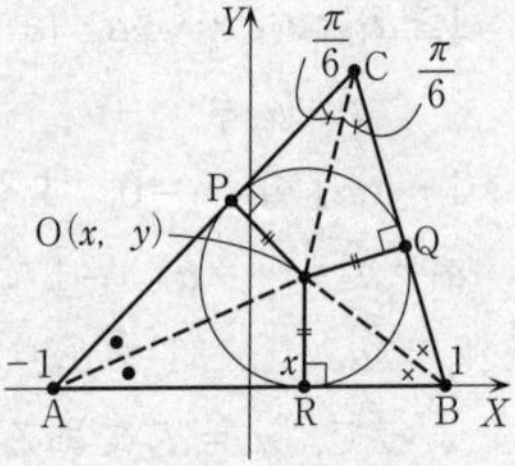

$$AP=AR=x-(-1)=x+1 \quad \cdots\cdots(答)$$

$$BQ=BR=1-x \quad \cdots\cdots(答)$$

$$OP=OR$$

$$OP=CP\tan\frac{\pi}{6}=\frac{1}{\sqrt{3}}CP$$

$OP=OR=y$ より

$$CP=\sqrt{3}y \quad \cdots\cdots(答)$$

(2)　定義より

$$AC=AP+CP=(1+x)+\sqrt{3}y \quad \cdots\cdots①$$

$$BC=BQ+CQ=BQ+CP=(1-x)+\sqrt{3}y \quad \cdots\cdots②$$

$$AB=2$$

△ABCに余弦定理を用いると

$$AB^2=AC^2+BC^2-2(AC)(BC)\cos\angle ACB$$

$$4=(1+\sqrt{3}y+x)^2+(1+\sqrt{3}y-x)^2$$

$$-2(1+\sqrt{3}y+x)(1+\sqrt{3}y-x)\cos\frac{\pi}{3}$$

展開して両辺を3で割ると，内心Oの軌跡 K の方程式は

$$x^2+y^2+\frac{2}{\sqrt{3}}y-1=0$$

ゆえに　$x^2+\left(y+\dfrac{1}{\sqrt{3}}\right)^2=\left(\dfrac{2}{\sqrt{3}}\right)^2$　……(＊)　……(答)

ただし，条件より

$$\begin{cases}\mathrm{AP}=1+x>0\\ \mathrm{BQ}=1-x>0\end{cases}$$

∴　$-1<x<1$　……(答)

(＊)より

$$x^2=\left(\frac{2}{\sqrt{3}}\right)^2-\left(y+\frac{1}{\sqrt{3}}\right)^2\geqq 0$$

$$(y+\sqrt{3})\left(y-\frac{1}{\sqrt{3}}\right)\leqq 0$$

$$-\sqrt{3}\leqq y\leqq\frac{1}{\sqrt{3}}$$

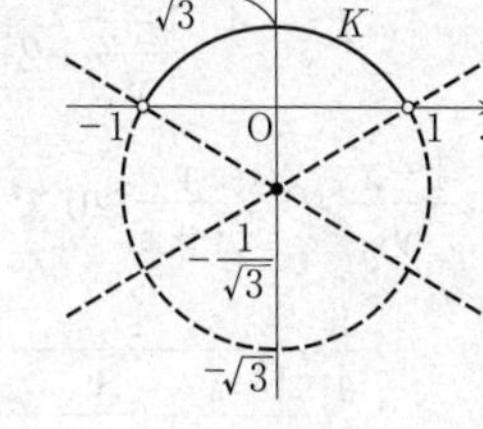

$y>0$ より

∴　$0<y\leqq\dfrac{1}{\sqrt{3}}$　……(答)

(3)　△ABCの面積 S は

$$S=\triangle\mathrm{OAB}+\triangle\mathrm{OBC}+\triangle\mathrm{OCA}$$

$$=\frac{1}{2}\cdot 2\cdot y+\frac{1}{2}\cdot(1-x+\sqrt{3}y)\cdot y+\frac{1}{2}\cdot(1+x+\sqrt{3}y)\cdot y$$

$$=\sqrt{3}y^2+2y \quad \text{……(答)}$$

$$=\sqrt{3}\left(y+\frac{1}{\sqrt{3}}\right)^2-\frac{1}{\sqrt{3}}$$

$$=S(y)\quad\left(0<y\leqq\frac{1}{\sqrt{3}}\right)$$

$S\left(\dfrac{1}{\sqrt{3}}\right)=\sqrt{3}\cdot\dfrac{1}{3}+2\cdot\dfrac{1}{\sqrt{3}}=\sqrt{3}$ より

$0<S\leqq\sqrt{3}$　……(答)

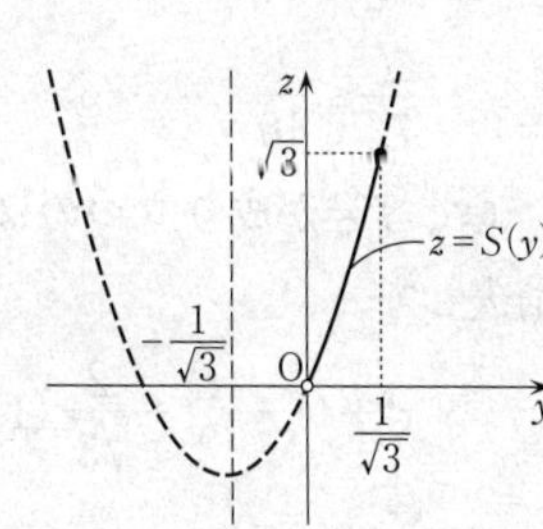

(4) 四角形OQBRの面積 T および周長 L は

$$T=\triangle\mathrm{OQB}+\triangle\mathrm{ORB}=2\cdot\triangle\mathrm{ORB}$$

$$=2\cdot\frac{1}{2}(1-x)y=(1-x)y$$

$$L=2y+2(1-x)=2(1-x+y)$$

$$\therefore\quad \frac{T}{L^2}=\frac{(1-x)y}{4\{(1-x)+y\}^2}\quad\cdots\cdots③$$

$$=\frac{1}{4}\frac{(1-x)y}{(1-x)^2+2(1-x)y+y^2}$$

ここで，(2)より，$1-x>0$，$y>0$ であるから，分母・分子を $(1-x)y$ で割ると

$$\frac{T}{L^2}=\frac{1}{4}\cdot\frac{1}{\dfrac{1-x}{y}+2+\dfrac{y}{1-x}}=\frac{1}{4}\cdot\frac{1}{\dfrac{1-x}{y}+\dfrac{y}{1-x}+2}$$

$\dfrac{1-x}{y}>0$，$\dfrac{y}{1-x}>0$ であるから，相加・相乗平均の大小関係より

$$\frac{1}{4}\cdot\frac{1}{\dfrac{1-x}{y}+\dfrac{y}{1-x}+2}\leqq\frac{1}{4}\cdot\frac{1}{2\sqrt{\dfrac{1-x}{y}\cdot\dfrac{y}{1-x}}+2}$$

$$=\frac{1}{4}\cdot\frac{1}{2+2}=\frac{1}{16}\quad\cdots\cdots④$$

等号成立は　$\dfrac{1-x}{y}=\dfrac{y}{1-x}$

すなわち　$y^2=(1-x)^2$

$1-x>0$，$y>0$ より　$y=1-x$　……⑤

のときである。

③，④より

$$\frac{T}{L^2}\leqq\frac{1}{16}\quad\cdots\cdots⑥$$

⑥で等号が成り立つのは，(＊)，⑤より，y を消去して

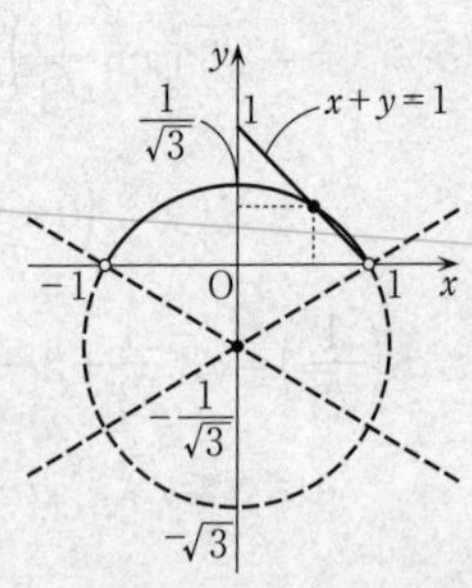

$$x^2+(1-x)^2+\frac{2}{\sqrt{3}}(1-x)-1=0$$

$$2x^2-2x+1+\frac{2}{\sqrt{3}}(1-x)-1=0$$

$$2x(x-1)-\frac{2}{\sqrt{3}}(x-1)=0$$

$$2(x-1)\left(x-\frac{1}{\sqrt{3}}\right)=0$$

$x \neq 1$ より　　$x=\dfrac{1}{\sqrt{3}}$

よって，$x=\dfrac{1}{\sqrt{3}}$ のとき，$\dfrac{T}{L^2}$ の最大値は $\dfrac{1}{16}$ をとる。　……(答)

解説

《三角形の内心の軌跡，相加・相乗平均》

(1)　AP＝AR，BQ＝BR を用いる。また，△OCP は∠OCP＝$\dfrac{\pi}{6}$ の直角三角形である。

(2)　3 辺の長さと 1 つの角が既知（x，y で表示）であるから，余弦定理を用いればよい。また，付加条件は

$\{\mathrm{OR}=y>0,\ \mathrm{AC}=1+x+\sqrt{3}y>0,\ \mathrm{BC}=1-x+\sqrt{3}y>0\}$

として，領域の問題と捉えてもよい。

(3)　公式 $S=ys$（s は周長の半分）を用いてもよい。

〔解答〕はこの公式の証明と同じ過程をたどっている。

$S=\sqrt{3}$，$y=\dfrac{1}{\sqrt{3}}$ のとき，（＊）より　　$x=0$

このとき，①，②より　　AC＝BC＝2

ゆえに，S が最大になるのは，△ABC が正三角形になるときである。

さらに，このとき，C$(0,\ \sqrt{3})$ である。

(4)　一見すると 2 変数関数のようでもあるが，$(x,\ y)$ は円 K 上の点であるから，媒介変数は 1 つである。相加平均と相乗平均の関係を効果的に用いる。

Ⅳ 解答 (1) $I_0=\int_{\frac{1}{3}}^{\frac{2}{3}}\sin(3\pi x)\,dx$ とおく。

$3\pi x=t$ とおくと　$x=\frac{1}{3\pi}t$　$\left(dx=\frac{1}{3\pi}dt\right)$

x と t の対応は右のようになる。

x	$\frac{1}{3}\to\frac{2}{3}$
t	$\pi\to 2\pi$

$$I_0=\int_{\pi}^{2\pi}(\sin t)\frac{1}{3\pi}dt=\frac{1}{3\pi}\Big[-\cos t\Big]_{\pi}^{2\pi}$$

$$=-\frac{2}{3\pi}\quad\cdots\cdots(\text{答})$$

(2) $f(n,\ k)=\int_{\frac{k-1}{n}}^{\frac{k}{n}}|\sin(n\pi x)|\,dx\ (1\leqq k\leqq n)$ とおく。

$n\pi x=t+(k-1)\pi$ とおくと

$n\pi dx=dt$

すなわち　$dx=\frac{1}{n\pi}dt$

x と t の対応は右のようになる。

x	$\frac{k-1}{n}\to\frac{k}{n}$
t	$0\ \to\pi$

$$f(n,\ k)=\int_0^{\pi}|\sin\{t+(k-1)\pi\}|\frac{1}{n\pi}dt$$

$$=\frac{1}{n\pi}\int_0^{\pi}|(-1)^{k-1}\sin t|\,dt$$

$$=\frac{1}{n\pi}\int_0^{\pi}|\sin t|\,dt$$

$$=\frac{1}{n\pi}\int_0^{\pi}\sin t\,dt\quad(\because\ 0\leqq t\leqq\pi \text{ において }\ \sin t\geqq 0)$$

$$=\frac{1}{n\pi}\Big[-\cos t\Big]_0^{\pi}$$

$$=\frac{1}{n\pi}(-\cos\pi+\cos 0)$$

$$=\frac{2}{n\pi}\quad\cdots\cdots(*)\quad\cdots\cdots(\text{答})$$

(3) $g(n,\ k)=\int_{\frac{k-1}{n}}^{\frac{k}{n}}\frac{|\sin(n\pi x)|}{1+x}dx\ (1\leqq k\leqq n)$ とおく。

$0\leqq\frac{k-1}{n}\leqq x\leqq\frac{k}{n}$ のとき，$1+\frac{k-1}{n}\leqq 1+x\leqq 1+\frac{k}{n}$ で

$$\frac{1}{1+\frac{k}{n}} \leqq \frac{1}{1+x} \leqq \frac{1}{1+\frac{k-1}{n}}$$

辺々に $|\sin(n\pi x)|$ をかけて

$$\frac{|\sin(n\pi x)|}{1+\frac{k}{n}} \leqq \frac{|\sin(n\pi x)|}{1+x} \leqq \frac{|\sin(n\pi x)|}{1+\frac{k-1}{n}}$$

$$\therefore \quad \int_{\frac{k-1}{n}}^{\frac{k}{n}} \frac{|\sin(n\pi x)|}{1+\frac{k}{n}} dx \leqq \int_{\frac{k-1}{n}}^{\frac{k}{n}} \frac{|\sin(n\pi x)|}{1+x} dx \leqq \int_{\frac{k-1}{n}}^{\frac{k}{n}} \frac{|\sin(n\pi x)|}{1+\frac{k-1}{n}} dx$$

$$\frac{1}{1+\frac{k}{n}} \int_{\frac{k-1}{n}}^{\frac{k}{n}} |\sin(n\pi x)| dx \leqq \int_{\frac{k-1}{n}}^{\frac{k}{n}} \frac{|\sin(n\pi x)|}{1+x} dx$$

$$\leqq \frac{1}{1+\frac{k-1}{n}} \int_{\frac{k-1}{n}}^{\frac{k}{n}} |\sin(n\pi x)| dx$$

$$\frac{2}{n\pi} \cdot \frac{1}{1+\frac{k}{n}} \leqq g(n,\ k) \leqq \frac{2}{n\pi} \cdot \frac{1}{1+\frac{k-1}{n}} \quad (\because \quad (*)) \quad \cdots\cdots ①$$

（証明終）

(4)　区分求積法より

$$\lim_{n\to\infty} \sum_{k=1}^{n} \frac{1}{n} \cdot \frac{1}{1+\frac{k}{n}} = \lim_{n\to\infty} \frac{1}{n} \sum_{k=1}^{n} \frac{1}{1+\frac{k}{n}} = \int_0^1 \frac{1}{1+x} dx$$

$$= \Big[\log(1+x)\Big]_0^1 = \log 2 \quad \cdots\cdots ② \quad \cdots\cdots(答)$$

(5)　①の辺々の k に関する和をとる。

$$\sum_{k=1}^{n} \frac{2}{n\pi} \cdot \frac{1}{1+\frac{k}{n}} \leqq \sum_{k=1}^{n} g(n,\ k) \leqq \sum_{k=1}^{n} \frac{2}{n\pi} \cdot \frac{1}{1+\frac{k-1}{n}} \quad \cdots\cdots ③$$

$$\sum_{k=1}^{n} g(n,\ k) = \int_0^1 \frac{|\sin(n\pi x)|}{1+x} dx = G(n) \ (とおく。) \quad \cdots\cdots ④$$

②，③，④より，③で，$n\to\infty$ として

$$\frac{2}{\pi}\log 2 \leqq \lim_{n\to\infty} G(n) \leqq \frac{2}{\pi}\log 2$$

$$\lim_{n\to\infty} G(n) = \frac{2}{\pi}\log 2 \quad \cdots\cdots(\text{答})$$

解説

《定積分，不等式の証明，区分求積法，極限値》

(1) $\sin(3\pi x) \leqq 0 \left(\frac{1}{3} \leqq x \leqq \frac{2}{3}\right)$，$\sin(3\pi x) < 0 \left(\frac{1}{3} < x < \frac{2}{3}\right)$ より　$I_0 < 0$

(2) まず，変数変換する。次に，絶対値をはずす。

(3) 積分範囲での $(1+x)$ の最大値，最小値ではさむ。

(4) 区分求積法の公式の通り。

(5) (3)の評価式で k に関する和をとり，(4)も使って極限値を求める。

〔解答〕では，次式を用いた。

$$\lim_{n\to\infty}\sum_{k=1}^{n}\frac{2}{n\pi}\cdot\frac{1}{1+\frac{k-1}{n}}$$

$$=\lim_{n\to\infty}\left(\sum_{k=1}^{n+1}\frac{2}{n\pi}\cdot\frac{1}{1+\frac{k-1}{n}}-\frac{2}{n\pi}\cdot\frac{1}{1+\frac{n}{n}}\right)$$

$$=\frac{2}{\pi}\int_0^1\frac{1}{1+x}dx=\frac{2}{\pi}\log 2$$

講評

共通テスト併用方式は全問記述式であり，4題中3題を選択する形式である。一般方式と試験時間が同じで，大問数が1題少ない。レベルは一般方式とほぼ同じである。どの問題も出題者が受験生に何を求めているかが明確な良問である。一番重要な分野は微・積分法であるが，まんべんなく出題されている。

Ⅰ　複素数平面の問題である。直線，円の方程式を求めるのは易しい。交点の座標も簡単に求められる。最後の複素数の絶対値の計算は少し複雑な数値になる。標準問題である。

Ⅱ　4次関数列の最小値の問題である。(2)数学的帰納法を使うために，$f_{n+1}(\alpha)$ を $f_n(\alpha)$ で表すのが核心部分である。(3)も(2)での式の変形がヒントになる。やや難しい問題である。

Ⅲ　三角形の内心の軌跡の問題である。三角形の２辺（１辺は固定）の長さは内心の座標を用いて表される。余弦定理より，内心の軌跡の方程式が求まる。付加条件は２辺が正であることから求められる。面積が最大になるのは，三角形 ABC が正三角形になるときである。⑷は相加平均と相乗平均の関係を用いる。やや難しい問題である。

Ⅳ　関数列の定積分の評価式の問題である。絶対値を含む関数の定積分なので，絶対値を外す必要がある。区分求積法，極限は易しい。標準問題である。

物理

I 解答

1．$\sqrt{\dfrac{2h}{g}}$〔s〕

2．$\sqrt{2gh}$〔m/s〕

3．$h-\dfrac{gL^2}{2v^2}$〔m〕

4．$2L-v\sqrt{\dfrac{2h}{g}}$〔m〕

5．$v_{min}=L\sqrt{\dfrac{g}{2h}}$〔m/s〕，$v_{max}=2L\sqrt{\dfrac{g}{2h}}$〔m/s〕

6．$(-e)^i v$〔m/s〕

7．$\dfrac{L}{e^i v}$〔s〕

8．$\dfrac{eL}{(1-e)v}\left\{\left(\dfrac{1}{e}\right)^i-1\right\}$〔s〕

9．$\dfrac{1-e^{n+1}}{e(1-e^n)}$

10．$\dfrac{1}{e}$

解説

《側壁に衝突を繰り返しながら落下する小球》

1． 側壁は滑らかであるため速度の鉛直方向成分は衝突の影響を受けず，床面をはなれてから面Aに衝突するまで，加速度 g で運動する。

よって，面Aに衝突するまでの時間を t〔s〕とおくと

$$h=\frac{1}{2}gt^2 \qquad \therefore \quad t=\sqrt{\frac{2h}{g}}\text{〔s〕}$$

2． 加速度 g で時間 t だけ加速されるので，速度の鉛直方向成分は

$$gt=\sqrt{2gh}\text{〔m/s〕}$$

3． 速度の水平方向成分は一定であるので，小球が床面を離れてから側壁2に衝突するまでの時間 t'〔s〕は

$$t' = \frac{L}{v}$$

$$\therefore \quad H = h - \frac{1}{2}gt'^2 = h - \frac{gL^2}{2v^2} \text{〔m〕}$$

4. 右図のように小球の軌跡を側壁2で折り返して考えると，軌跡は放物線になるので

$$x = 2L - vt$$
$$= 2L - v\sqrt{\frac{2h}{g}} \text{〔m〕}$$

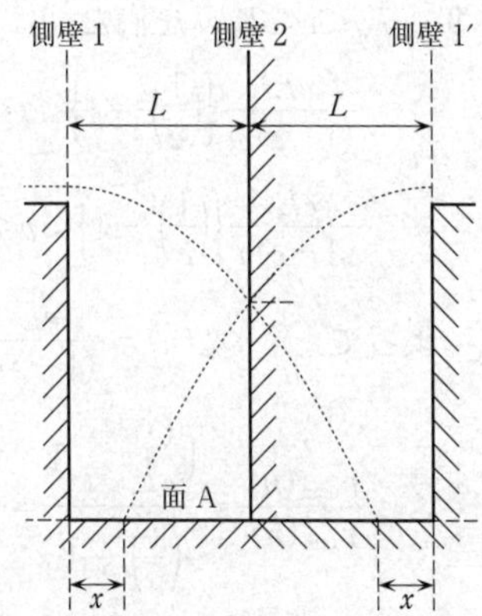

5. 時間 t の間に小球が移動する水平方向の距離 vt が L 以下であれば側壁2に衝突できない。また，$2L$ 以上であれば側壁1に衝突してしまう。よって

$$L < vt < 2L$$
$$\frac{L}{t} < v < \frac{2L}{t}$$
$$L\sqrt{\frac{g}{2h}} < v < 2L\sqrt{\frac{g}{2h}}$$

$$\therefore \quad v_{\min} = L\sqrt{\frac{g}{2h}} \text{〔m/s〕}, \quad v_{\max} = 2L\sqrt{\frac{g}{2h}} \text{〔m/s〕}$$

6. 1回衝突するごとに小球の速度の水平方向成分は $-e$ 倍されるので，i 回目の衝突直後における小球の速度の水平方向成分 v_i〔m/s〕は

$$v_i = (-e)^i v \text{〔m/s〕}$$

7. i 回目の衝突から $i+1$ 回目の衝突までに小球は水平方向に距離 L だけ進むので，要する時間 t_i〔s〕は

$$t_i = \frac{L}{|v_i|} = \frac{L}{e^i v} \text{〔s〕}$$

8. 床面をはなれてから i 回目の側壁との衝突までに要する時間 T_i〔s〕は

$$T_i = t_0 + t_1 + \cdots + t_{i-1} = \frac{L}{v}\left\{1 + \frac{1}{e} + \cdots + \left(\frac{1}{e}\right)^{i-1}\right\}$$

$$=\frac{L}{v}\left\{\frac{1-\left(\frac{1}{e}\right)^i}{1-\frac{1}{e}}\right\}=\frac{eL}{(1-e)v}\left\{\left(\frac{1}{e}\right)^i-1\right\}\text{〔s〕}$$

9. $T_n<t<T_{n+1}$ を満たせばよいので

$$\frac{eL}{(1-e)v}\left\{\left(\frac{1}{e}\right)^n-1\right\}<t<\frac{eL}{(1-e)v}\left\{\left(\frac{1}{e}\right)^{n+1}-1\right\}$$

$$\frac{eL}{(1-e)t}\left\{\left(\frac{1}{e}\right)^n-1\right\}<v<\frac{eL}{(1-e)t}\left\{\left(\frac{1}{e}\right)^{n+1}-1\right\}$$

よって　$v_{\min}(n)=\frac{eL}{(1-e)t}\left\{\left(\frac{1}{e}\right)^n-1\right\},\ v_{\max}(n)=\frac{eL}{(1-e)t}\left\{\left(\frac{1}{e}\right)^{n+1}-1\right\}$

$$\therefore\quad\frac{v_{\max}(n)}{v_{\min}(n)}=\frac{\left(\frac{1}{e}\right)^{n+1}-1}{\left(\frac{1}{e}\right)^n-1}=\frac{1-e^{n+1}}{e(1-e^n)}$$

10. $$\lim_{n\to\infty}\frac{1-e^{n+1}}{e(1-e^n)}=\lim_{n\to\infty}\frac{e(1-e^n)+(1-e)}{e(1-e^n)}=\lim_{n\to\infty}\left\{1+\frac{(1-e)}{e(1-e^n)}\right\}$$

$$=1+\frac{1-e}{e}=\frac{1}{e}$$

Ⅱ 解答

1. (a) $CvBd$〔C〕　(b) $CBd\frac{\Delta v}{\Delta t}$〔A〕

(c) $-CB^2d^2a$〔N〕　(d) $\frac{1}{2}Cw^2B^2d^2$〔J〕

2. (a) $\frac{Bd}{L}\Delta x$〔A〕　(b) $\frac{B^2d^2}{L}$〔N/m〕　(c) $\frac{B^2d^2y^2}{2L}$〔J〕

3. (a) $-\frac{B^2d^2}{(m+CB^2d^2)L}x$〔m/s^2〕　(b) $\frac{Bd}{\sqrt{(m+CB^2d^2)L}}$〔rad/s〕

(c) $\frac{1}{\sqrt{LC}}$〔rad/s〕

解説

《磁場中を運動する導体棒による振動回路》

1. (a)　ファラデーの電磁誘導の法則より，導体棒の両端に生じる電位差はP側が高く，大きさは vBd〔V〕である。よって，コンデンサーに蓄えられる電荷 q は $CvBd$〔C〕である。

(b) 導体棒の速度がΔv変化したとき，コンデンサーに蓄えられる電荷の変化量ΔQ〔C〕は

$$\Delta Q = CBd\Delta v$$

であるので

$$I = \frac{\Delta Q}{\Delta t} = CBd\frac{\Delta v}{\Delta t}\text{〔A〕}$$

(c) フレミングの左手の法則より，導体棒にQ′→P′の向きに電流が流れるとき，F_{C}の向きは負であることに注意して

$$F_{\mathrm{C}} = -IBd = -CB^2d^2\frac{\Delta v}{\Delta t} = -CB^2d^2a\text{〔N〕}$$

(d) 導体棒の速度がwのときにコンデンサーに蓄えられている電荷Q_w〔C〕は

$$Q_w = CwBd$$

であるので，コンデンサーに蓄えられているエネルギーは

$$\frac{{Q_w}^2}{2C} = \frac{1}{2}Cw^2B^2d^2$$

したがって，外力がする仕事は

$$\frac{1}{2}Cw^2B^2d^2\text{〔J〕}$$

別解 一定の加速度a〔m/s^2〕で導体棒を加速させた場合，導体棒を動かした距離l〔m〕は

$$w^2 - 0^2 = 2al \qquad \therefore \quad l = \frac{w^2}{2a}$$

外力$F = -F_{\mathrm{C}} = CB^2d^2a$〔N〕であるので，外力がする仕事は

$$Fl = CB^2d^2a\frac{w^2}{2a} = \frac{1}{2}Cw^2B^2d^2\text{〔J〕}$$

2. (a) 導体棒に生じる誘導起電力とコイルに生じる誘導起電力は等しくなるから

$$-\frac{Bd\Delta x}{\Delta t} = -L\frac{\Delta I}{\Delta t} \qquad \therefore \quad \Delta I = \frac{Bd}{L}\Delta x\text{〔A〕}$$

(b) I-xグラフの傾きが$\dfrac{\Delta I}{\Delta x} = \dfrac{Bd}{L}$であること，位置$x$が0のときの電流$I$が0であることから

$$I=\frac{Bd}{L}x\text{〔A〕}$$

よって

$$F_{\mathrm{L}}=-IBd=-\frac{B^2d^2}{L}x\text{〔N〕}$$

ばね定数を k〔N/m〕としたときの，フックの法則の形 $F_{\mathrm{L}}=-kx$ と比較して

$$k=\frac{B^2d^2}{L}\text{〔N/m〕}$$

(c)　$x=y$ のとき流れる電流は $\dfrac{Bd}{L}y$〔A〕であり，このときコイルに蓄えられているエネルギーは

$$\frac{1}{2}L\left(\frac{Bd}{L}y\right)^2=\frac{B^2d^2y^2}{2L}$$

したがって，外力がした仕事は

$$\frac{B^2d^2y^2}{2L}\text{〔J〕}$$

別解　外力がした仕事はばねに弾性エネルギーを蓄えるときと同様に考えられるので

$$\frac{1}{2}ky^2=\frac{B^2d^2y^2}{2L}\text{〔J〕}$$

3. (a)　$ma=F_{\mathrm{L}}+F_{\mathrm{C}}=-\dfrac{B^2d^2}{L}x-CB^2d^2a$

$$\therefore\quad a=-\frac{B^2d^2}{(m+CB^2d^2)L}x\text{〔m/s}^2\text{〕}$$

(b)　$ma=-m\dfrac{B^2d^2}{(m+CB^2d^2)L}x$ であるので，角振動数が ω であるばね振り子の運動方程式

$$ma=-m\omega^2x$$

と比較して

$$\omega=\frac{Bd}{\sqrt{(m+CB^2d^2)L}}\text{〔rad/s〕}$$

(c)　$\displaystyle\lim_{m\to0}\frac{Bd}{\sqrt{(m+CB^2d^2)L}}=\frac{Bd}{\sqrt{CB^2d^2L}}=\frac{1}{\sqrt{LC}}$〔rad/s〕

解答

1． x 軸に平行な場合：$n\lambda_{\mathrm{F}}$〔m〕

y 軸に平行な場合：$n\lambda_{\mathrm{S}}$〔m〕

2． x 成分：エ　y 成分：ア

3．

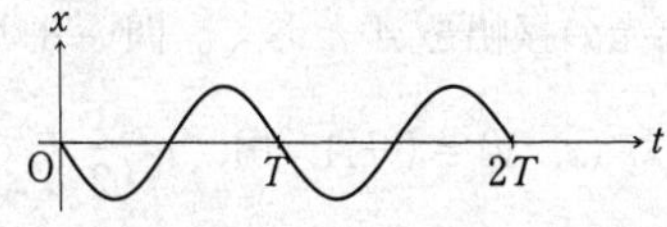

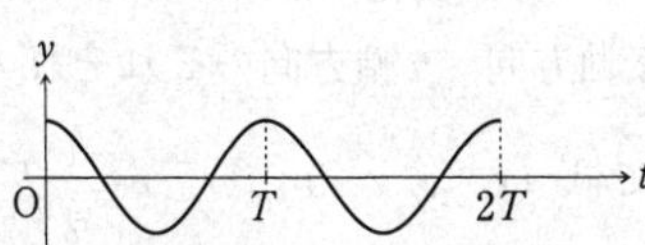

4．

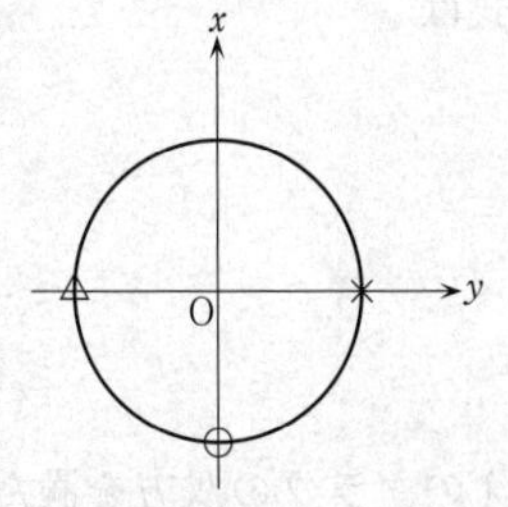

5． x 成分：ア　y 成分：ウ

6．

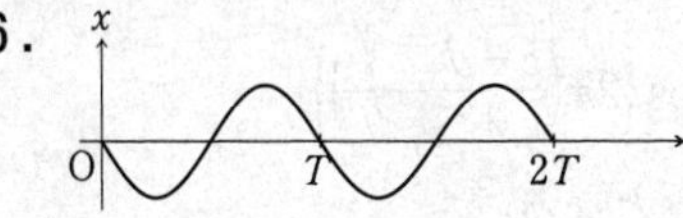

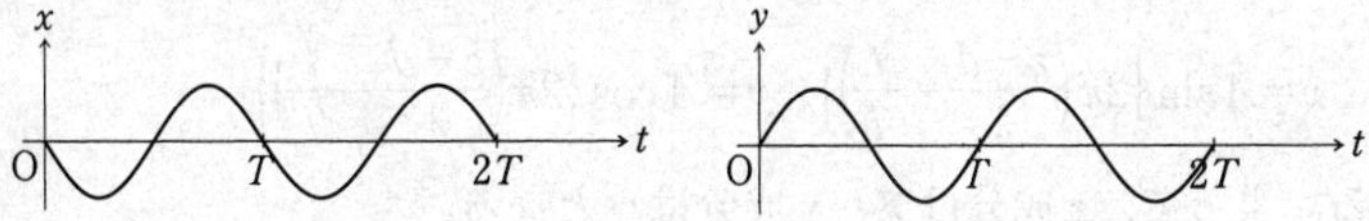

7．

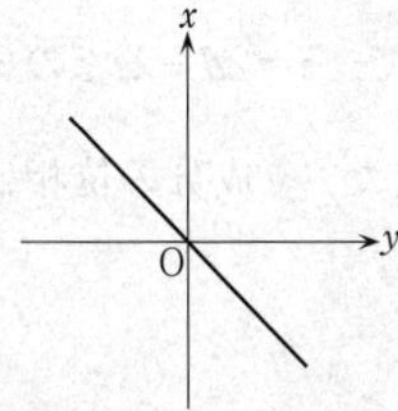

解説

《結晶中を通過する偏光》

1． 1回振動するごとに波長の長さだけ進むので，それぞれの方向における波長に n をかければよい。

2． $d=m\lambda_{\mathrm{F}}$ なので，板から出て空気に入るところでの x 成分の位相は，板に入るところでの位相と等しい。よって，エのグラフを選ぶ。

また，$d=\left(m+\dfrac{1}{4}\right)\lambda_{\mathrm{S}}$ なので，板から出て空気に入るところでの y 成分の位相は，板に入るところでの位相より $\dfrac{\pi}{2}$〔rad〕進んでいる。よって，アのグラフを選ぶ。

3． $z=d+\lambda$ における位相は $z=d$ と等しいため，問い２で選んだ図の $z=d$ での時間変化のグラフを描けばよい。

4． x 軸方向，y 軸方向のそれぞれの偏光の振幅を A とおく。問い３より，$t=0$ では $(x,\ y)=(0,\ A)$，$t=\dfrac{1}{4}T$ では $(x,\ y)=(-A,\ 0)$，$t=\dfrac{1}{2}T$ では $(x,\ y)=(0,\ -A)$ である。変位が示す軌跡の式は

$$x=-A\sin 2\pi\frac{t}{T},\quad y=A\cos 2\pi\frac{t}{T}$$

のパラメーター t を消去することで得られ

$$x^2+y^2=A^2$$

となる。

5． 問い２の $t=0$ のグラフ，問い３の $z=d+\lambda$ のグラフの双方を満たすように式をたてると

$$x=A\sin\left\{2\pi\left(\frac{z-d}{\lambda}-\frac{t}{T}\right)\right\},\quad y=A\cos\left\{2\pi\left(\frac{z-d}{\lambda}-\frac{t}{T}\right)\right\}$$

となる。よって，x 成分はア，y 成分はウとなる。

6． $2d=2m\lambda_{\mathrm{F}}=2\left(m+\dfrac{1}{4}\right)\lambda_{\mathrm{S}}=\left(2m+\dfrac{1}{2}\right)\lambda_{\mathrm{S}}$ であるので，$z=2d+\lambda$ での x 成分の位相は，板に入るところでの位相と等しい。また，y 成分の位相は，板に入るところでの位相より π〔rad〕進んでいる。

7． 変位が示す軌跡の式は

$$x=-A\sin 2\pi\frac{t}{T},\quad y=A\sin 2\pi\frac{t}{T}$$

のパラメーター t を消去することで得られ

$$y=-x\quad (-A\leqq x,\ y\leqq A)$$

となる。

講評

出題数は大問３題で，力学，電磁気，波動から各１題だった。描図問題もあった。

Ｉ　溝の中に水平投射された小球が壁面にぶつかりながら運動する設

定の問題。問題文をよく読み，基本的な立式・計算をミスなく積み重ねることが重要である。

Ⅱ 磁場中を運動する導体棒によって生じる起電力と回路の問題。電流に対するコンデンサー，コイルのそれぞれの特性を正確に把握していることが求められた。誘導に乗って解答したい。

Ⅲ 光の振動方向により進む速さが異なる性質を持つ物質中を通過する偏光の問題。光の振動方向により進む速さが異なるということはつまり屈折率が異なるということで，方解石など複屈折を示す物質中を通過する光についての問題であった。設定は見慣れないもので戸惑った受験生も多かったかもしれないが，内容を理解できれば問われていることは難しくない。グラフを描く問題や式やグラフを選択する問題もあった。

化　学

I 解答 (1) $M=12x+y+32$

(2) $z=x+\frac{1}{4}y-1$

(3) 二酸化炭素の分圧：③　水蒸気の分圧：⑥

(4) -4.0

(5) 7.90×10^{-2} mol

(6) 二酸化炭素の物質量：①　酸素の物質量：⑤

(7) -4.0

(8) $x=18$, $y=32$

解説

《気体の反応，飽和蒸気圧，分圧》

(2)　両辺の炭素の数から　　$s=x$

水素の数から　　$t=\frac{1}{2}y$

酸素の数から　　$2+2z=2s+t$

$\therefore$　$z=x+\frac{1}{4}y-1$

(3)　消費された O_2，生成した CO_2，H_2O の物質量の比は

$$O_2 : CO_2 : H_2O = z : s : t$$

分圧の比は物質量の比に等しいこと，生成した H_2O がすべて気体であることから，状態1における二酸化炭素の分圧，水蒸気の分圧を p_1，p_2 とすると

$$5.00\times10^3 : p_1 : p_2 = z : s : t$$

したがって　　$p_1=5.00\times10^3\times\frac{s}{z}=\frac{5x}{z}\times10^3$

$$p_2=5.00\times10^3\times\frac{t}{z}=\frac{5y}{2z}\times10^3$$

(4)　$\frac{5x}{z}\times 10^3+\frac{5y}{2z}\times 10^3=6.80\times 10^3$ より

$$10x+5y=13.6z$$

(2)より，$z=x+\frac{1}{4}y-1$ なので

$$10x+5y=13.6\left(x+\frac{1}{4}y-1\right)$$

∴　$9x-4y=34$　……(i)

(5)　状態2の全圧 1.150×10^4 Pa のうち，水蒸気の圧力は飽和水蒸気圧と等しい 3.60×10^3 Pa だから，残りの気体（反応で残った酸素と生じた二酸化炭素）の圧力は

$$1.150\times 10^4-3.60\times 10^3=7.90\times 10^3\text{〔Pa〕}$$

求める物質量を n_1〔mol〕とすると，気体の状態方程式より

$$7.90\times 10^3\times 24.9=n_1\times 8.3\times 10^3\times(273+27)$$

∴　$n_1=7.90\times 10^{-2}$〔mol〕

(6)　はじめに入れた化合物**A**の物質量 $\frac{0.840}{M}$〔mol〕がすべて反応したので，反応で生じる二酸化炭素，反応で失われた酸素の物質量は

二酸化炭素：$\frac{0.840}{M}\times s=\frac{84x}{M}\times 10^{-2}$〔mol〕

酸素：$\frac{0.840}{M}\times z=\frac{84z}{M}\times 10^{-2}$〔mol〕

(7)　実験2で，反応前の酸素の物質量を n_2〔mol〕とすると，気体の状態方程式より

$$1.000\times 10^4\times 24.9=n_2\times 8.3\times 10^3\times(273+27)$$

∴　$n_2=0.100$〔mol〕

反応後の容器内の気体の物質量は，(6)より

$$\left(0.100-\frac{84z}{M}\times 10^{-2}\right)+\frac{84x}{M}\times 10^{-2}\text{〔mol〕}$$

これが(5)で求めた物質量と等しいから

$$\left(0.100-\frac{84z}{M}\times 10^{-2}\right)+\frac{84x}{M}\times 10^{-2}=7.90\times 10^{-2}$$

∴　$-40x+40z=M$

(1)の $M=12x+y+32$，(2)の $z=x+\frac{1}{4}y-1$ を用いて

$$-40x+40\left(x+\frac{1}{4}y-1\right)=12x+y+32$$

$$\therefore \quad -4x+3y=24 \quad \cdots\cdots(\text{ii})$$

(8) (4)の式(i)と(7)の式(ii)から　$x=18,\ y=32$

Ⅱ 解答

(1) Na^+

(2) Na^+：4個　Cl^-：4個

(3) 2.2 g/cm^3

(4)—④　**(5)** Ar

(6)—③・④・⑤

(7)—②・④　**(8)**—①

(9) 773 kJ/mol

(10)—⑤

解説

《イオン結晶，結晶格子の計算，熱化学》

(1) Na^+ は Ne と同じ電子配置，Cl^- は Ar と同じ電子配置なので，イオン半径は

$Na^+ < Cl^-$

したがって，図1の白（○）は Na^+ である。

(2) Na^+：単位格子の辺上 $\left(\frac{1}{4}\text{個分}\times 12\right)$ と単位格子の中心（1個分×1）なので

$$\frac{1}{4}\times 12+1=4\ \text{個}$$

Cl^-：単位格子の頂点 $\left(\frac{1}{8}\text{個分}\times 8\right)$ と面の中心 $\left(\frac{1}{2}\text{個分}\times 6\right)$ なので

$$\frac{1}{8}\times 8+\frac{1}{2}\times 6=4\ \text{個}$$

(3) 単位格子の質量は

$$3.8\times 10^{-23}\times 4+5.9\times 10^{-23}\times 4=3.88\times 10^{-22}\,[\text{g}]$$

よって

$$密度〔g/cm^3〕=\frac{単位格子中の原子の質量〔g〕}{単位格子の体積〔cm^3〕}$$

$$=\frac{3.88\times10^{-22}}{(5.6\times10^{-8})^3}=2.209\fallingdotseq2.2〔g/cm^3〕$$

(4)　第一イオン化エネルギーとは原子から1個の電子を取り去って一価の陽イオンにするのに必要なエネルギーのことで，第一イオン化エネルギーが小さいほど陽イオンになりやすい。

よって　Na＜Cl

電子親和力とは原子が1個の電子を受け取って一価の陰イオンになるときに放出されるエネルギーのことで，電子親和力が大きいほど陰イオンになりやすい。

よって　Na＜Cl

(6)　①誤文。一般に，イオン結晶は分子結晶と比較して硬い。

②誤文。イオン結晶の化合物は水によく溶けるものが多いが，$CaCO_3$ など溶けないものもある。

③正文。イオン結晶の化合物は融解するとイオンが移動できる状態になるので，電気を通す。

④正文。イオン結晶の化合物では，陽イオンの電荷×陽イオン数と陰イオンの電荷×陰イオン数が絶対値として等しいので，電気的に中性である。

⑤正文。一般に，イオン結合は分子間力より強いので，イオン結晶は分子結晶と比較して融点が高い。

(7)　①・③・⑤は分子結晶。⑥は金属結晶。

(8)　力を加えられて①の面が少しずれると，同種のイオンが接触する状況になり，そこで割れやすい。②・③は同種のイオンのみで構成されている面なので，少しずれても同種のイオンが接触しないので，割れにくい。

(9)　−(ii)+(iv)+(iii)+(v)+(vi) より

$NaCl$ (固) = Na^+ (気) + Cl^- (気) − 773kJ

よって　$Q_L=773$〔kJ/mol〕

(10)　第一イオン化エネルギー：同族元素の場合，イオン半径が大きくなるほど最外殻電子が原子核から遠くなるので，離れやすくなる。

格子エネルギー：イオンの価数が同じ場合，イオン半径が大きいほどイオン間にはたらくクーロン力が小さくなり，格子エネルギーは小さくなる。

III　解答　(1)化合物の名称：ナトリウムエトキシド
気体の名称：水素

(2) CuO　(3)ホルムアルデヒド

(4)—④・⑦

(5) $C_6H_{12}O_6 \longrightarrow 2C_2H_6O + 2CO_2$

(6) 8.0mL

(7)—②・④

(8) A. （ベンゼン環のオルト位に $-C(=O)-OH$ と $-C(=O)-O-CH_2-CH_3$）

B. （ベンゼン環のオルト位に $-O-C(=O)-CH_3$ と $-C(=O)-O-CH_3$）

F. $CH_3-C(=O)-OH$

解説

《芳香族化合物の構造決定》

各実験操作と結果について，次のように考えられる。

実験1：炭酸水素ナトリウム水溶液を加えて気体（CO_2）が発生するのはカルボン酸。実験結果から，**A**はカルボキシ基をもち，**B**はもたない。

実験2：エステルのけん化。エステルは

$$R-COO-R' \longrightarrow R-COOH + R'-OH$$

と加水分解されるが，そのときに生じるカルボン酸やフェノール類は酸としてはたらくので，NaOH と中和しナトリウム塩になる。一般に塩は水より沸点が高いので，実験2の蒸留では得られない。

実験4：ヒドロキシ基をもつ化合物はナトリウムと反応し水素を発生する。

$$2R-OH + 2Na \longrightarrow 2R-ONa + H_2$$

実験5：揮発性のアルコールを酸化する実験。まず銅線を焼いて

$$2Cu + O_2 \longrightarrow 2CuO$$

のように酸化する。このときに生じる CuO（設問(2)の答え）が黒色。

次に CuO を使ってアルコールを酸化する。

$$R-OH \longrightarrow R-CHO$$

実験6：実験2の蒸留後に残った溶液にはカルボン酸やフェノール類の

塩が含まれており，希硫酸を加えてもとの酸に戻している。

全体として

$$\mathrm{A} \xrightarrow[\text{加水分解}]{} \mathrm{C}\,(\text{アルコール}) + \mathrm{E}\,(\text{芳香族カルボン酸})$$

Eは二価のカルボン酸で，片方のカルボキシ基がエステル化した化合物が**A**と考えられる。

$$\mathrm{B} \xrightarrow[\text{加水分解}]{} \mathrm{D}\,(\text{アルコール}) + \text{サリチル酸} + \mathrm{F}\,(\text{カルボン酸})$$

サリチル酸のカルボキシ基が**D**と，ヒドロキシ基が**F**とエステル化した化合物が**B**。

実験3より分子量が**C**>**D**で，**A**と**B**の炭素数がともに10であることから

A．（ベンゼン環のオルト位に $\mathrm{-C(=O)-OH}$ と $\mathrm{-C(=O)-O-CH_2-CH_3}$）　**C**．$CH_3-CH_2-OH$

E．（ベンゼン環のオルト位に $\mathrm{-C(=O)-OH}$ と $\mathrm{-C(=O)-OH}$）

なお，**C**がエタノールであることは，設問(5)からも推測できる。

B．（ベンゼン環のオルト位に $\mathrm{-O-C(=O)-CH_3}$ と $\mathrm{-C(=O)-O-CH_3}$）　**D**．CH_3-OH

サリチル酸：（ベンゼン環のオルト位に $\mathrm{-OH}$ と $\mathrm{-C(=O)-OH}$）　**F**．$CH_3-C(=O)-OH$

(1)　次の反応がおこる。

$$2CH_3CH_2OH + 2Na \longrightarrow 2CH_3CH_2ONa + H_2$$

(3)　**D**（メタノール）が酸化されてホルムアルデヒドが生じる。

$$CH_3OH \longrightarrow HCHO$$

(4)　ヨードホルム反応で，**C**は陽性，**D**は陰性。

2024年度 共通テスト併用 化学

(6)　化合物E（フタル酸，分子量166）は二価の酸であることに注意。
求める体積をx〔mL〕とすると

$$\frac{0.20}{166}\times 2=0.30\times\frac{x}{1000} \quad \therefore \quad x=8.03\fallingdotseq 8.0\text{〔mL〕}$$

(7)　一般に，芳香族カルボン酸は芳香族炭化水素の側鎖の酸化で得られる。④のナフタレンの酸化では無水フタル酸が生成し，その後，加水分解することでフタル酸が得られる。

講評

Ⅰ・Ⅱは理論分野，Ⅲは有機分野からの出題で，無機分野からの出題はなかった。

Ⅰ　気体の化学反応に関して，気体の状態方程式や水の飽和蒸気圧を絡めた計算問題だった。設定は込み入っているものの，誘導が非常に丁寧で，出題者の意図がくみ取れれば対応できただろう。

Ⅱ　イオン結晶について，結晶格子の計算，格子エネルギーを求める問題，イオンの構造などについての問題だった。問われていることのほとんどは頻出事項なので，しっかりした学習ができているかどうかが表れるだろう。(8)の「割れやすい面」は想像力が必要。

Ⅲ　芳香族エステルの構造決定の問題だった。分子量が大きい化合物についての推定問題なので，苦労したかもしれない。問題文のヒントからうまく推定することが必要で，たくさん練習をして臨めたかどうかで差がついたと思われる。

全体的な難易度は例年並み。ただし，Ⅰ・Ⅲは途中でつまずくと大きく失点してしまうため，得点が分かれやすい問題設定だった。

生物

I 解答

(1)（ステップ1）二本鎖DNAが1本ずつのヌクレオチド鎖に解離する。(30字以内)

（ステップ2）2種類のプライマーが，それぞれヌクレオチド鎖に結合する。(30字以内)

（ステップ3）DNAポリメラーゼによって，ヌクレオチド鎖が伸長する。(30字以内)

(2)高温下でも失活しない。

(3)(i)：(ii)：(iii)＝64：16：1

(4)(x) 6000　(y) 5500　(z) 4500

(5)逆転写酵素

(6)―A

(7)遺伝的性質：優性

理由：この遺伝病を発症しているマウスGがヘテロ接合体であるため。(30字以内)

レーン：*e*，*f*，*k*，*l*

(8)領域：(エ)　大きさ：1000 bp　レーン：*c*，*d*，*e*，*f*

(9)　スプライシングによって除去されるイントロン領域の中にプライマーCが結合する部位が含まれ，RT-PCRによって合成されたDNA断片にはプライマーCが結合する部位が存在しなかったため。(100字以内)

(10)
プライマーA：GTTGAATTCC
プライマーB：ATGTCCAAAT

または
プライマーA：ATGTCCAAAT
プライマーB：GTTGAATTCC

解説

《PCR法，電気泳動法，変異》

A. (3)　図1より，一定のDNA量（破線LにおけるDNA量）に達したときのサイクル数が(i)では16サイクル，(ii)では18サイクル，(iii)では22サイクルであることがわかる。したがって，(i)におけるPCRを行う前の試料に含まれていた鋳型DNAの量を a，(ii)におけるPCRを行う前の試料に含まれていた鋳型DNAの量を b，(iii)におけるPCRを行う前の試料に含まれていた鋳型DNAの量を c とすると，次の式が成立する。

$$\underbrace{a\times 2^{16}=b\times 2^{18}}_{①}=c\times 2^{22}\quad(②: b\times 2^{18}=c\times 2^{22})$$

①に注目すると $a:b=2^{18}:2^{16}=4:1$，②に注目すると $b:c=2^{22}:2^{18}=16:1$ となり，$a:b=4:1=64:16$ とすると

$$\begin{array}{ccccc} a & : & b & : & c \\ 64 & : & 16 & & \\ & & 16 & : & 1 \\ \hline 64 & : & 16 & : & 1 \end{array}$$

B. **(4)**　図3で，左右の定規の目盛から各DNA断片(x)～(z)の移動距離（mm）をそれぞれ測定し，それらの値を用いて，図4での(x)～(z)のそれぞれの大きさ（bp）を測定する問題である。図3より，(x)の移動距離は24mm，(y)の移動距離は27mm，(z)の移動距離は33mmであることから，(x)～(z)のそれぞれの大きさは次の通りである。

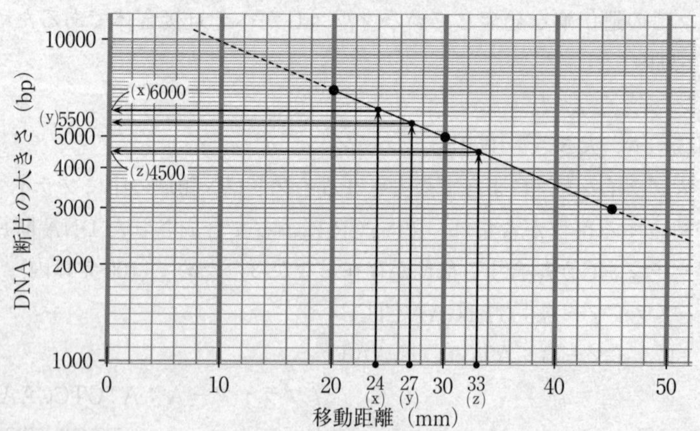

(6)　(4)の結果を元に，図3における各DNA断片の長さに関する情報を次に示す（次の図を図3－1とおく）。

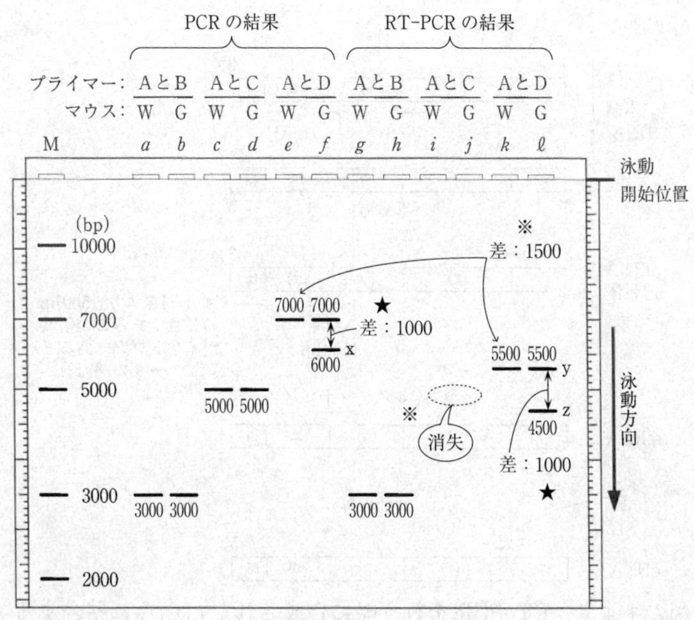

上図の情報を元に，本実験の概略をPCRとRT-PCRに分けてそれぞれ示す。

〈PCR〉

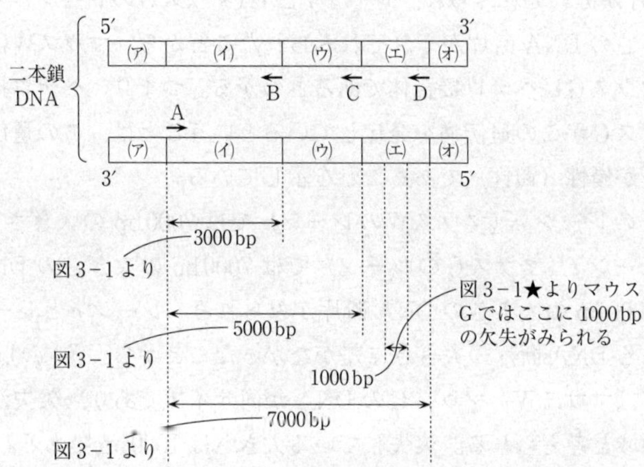

（この際，プライマーは鋳型DNAの3′→5′方向に結合することに注意）

〈RT-PCR〉

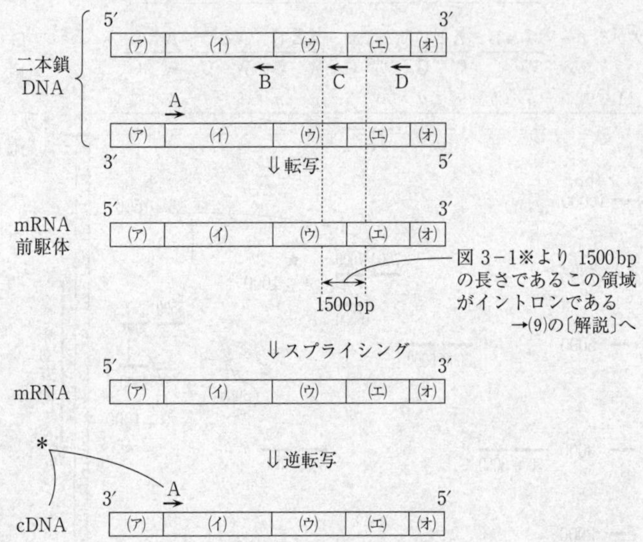

上図の＊より，RT-PCR を行う際に合成された cDNA に結合するプライマーはAであることがわかる。

(7) 図3のレーン e と k（マウスWのレーン）では1種類の大きさの DNA 断片がそれぞれみられ，レーン f と l（マウスGのレーン）では2種類の大きさの DNA 断片がそれぞれみられたことから，マウスWはホモ接合体，マウスGはヘテロ接合体であるとわかる。つまり，ヘテロ接合体であるマウスGがこの遺伝病を発症しているということは，この遺伝病の遺伝的性質が優性（顕性）であることを示している。

(8) 図3のレーン e（マウスWのレーン）では 7000 bp の大きさの DNA 断片，レーン f（マウスGのレーン）では 7000 bp の大きさの DNA 断片以外に 6000 bp の大きさの DNA 断片がみられる。レーン c とレーン d では得られる DNA 断片の大きさに差がなかったことから，領域(ア)，(イ)，(ウ)についてはマウスWとマウスGの DNA が同サイズであり，欠失があるのは(エ)の領域と考えられる。欠失している大きさは 1000 bp である。

(9) ((6)の〔解説〕の図3-1※参照)

PCR と RT-PCR とで DNA 断片の検出の有無がみられたことから，スプライシングによる影響が考えられる。まずは，プライマーAとB，プライマーAとDの組み合わせについて考えてみる。これらについては，PCRの結果とRT-PCRの結果の両方でそれぞれDNA断片が検出されたことから，スプライシングによって除去されるイントロン領域の中にプライマーA，B，Dが結合する部位が含まれていないとわかる。その上で，プライマーAとCの組み合わせについて考えてみると，PCRの結果，DNA断片が検出され，RT-PCRの結果，DNA断片が検出されなかったことから，スプライシングによって除去されるイントロン領域の中にプライマーCが結合する部位が含まれていたことがわかる。また，図3-1※より，このイントロン領域の大きさは1500bpであることもわかる。解答では，「スプライシングによって除去されるイントロン領域の中にプライマーCが結合する部位が含まれること」「RT-PCRによって合成されたDNA断片にはプライマーCが結合する部位が存在しなかったこと」の2点を盛り込みたい。

⑽　図5の二本鎖DNAが増幅される様子を次に示す。

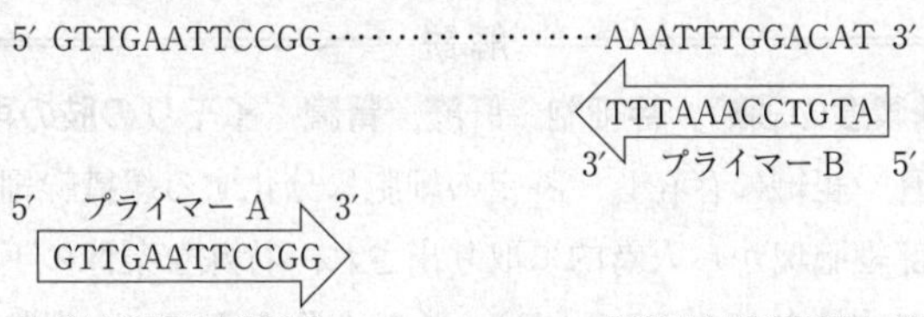

したがって，プライマーAの塩基配列を5′から3′方向に10塩基分示すと「GTTGAATTCC」，プライマーBの塩基配列を5′から3′方向に10塩基分示すと「ATGTCCAAAT」となる。図5の二本鎖DNAの方向は不明のため，プライマーA，Bの組み合わせは2通り考えられる。

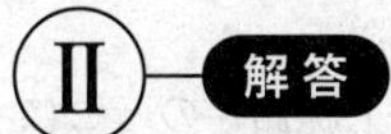

⑴(i)恒常性（ホメオスタシス）

(ii)(ア)視床下部　(イ)交感神経　(ウ)副交感神経

(エ)甲状腺

⑵ホルモン：インスリン

細胞のある場所：すい臓のランゲルハンス島β細胞

⑶幹細胞の名称：ES細胞（胚性幹細胞）

異なる点：胎盤以外のすべての細胞に分化できる。

⑷　血糖濃度の調節，タンパク質の合成と分解，尿素の合成，胆汁の生成，解毒作用，血液の保持，体温の維持などから3つ

⑸㈫原尿　㈬糸球体　㈭細尿管（腎細管）　㈮ネフロン（腎単位）

⑹実験の番号：4

理由：本来の近位遠位軸とは反対向きの再生芽であっても，上腕→手首→指と近位から遠位方向に前肢が再生したため。

⑺実験の番号：2

理由：近位にある上腕部の再生芽を移植した場合，遠位の手首の部分からでも上腕→手首→指と近位から右前肢が再生したため。

⑻実験の番号：3

理由：遠位にある手首の再生芽をレチノイン酸処理すると，遠位の手首の部分から上腕→手首→指と近位から右前肢が再生したため。

⑼　Ⓑの肢の切断部分では，前方の位置記憶をもった細胞が再生芽の後方に，後方の位置記憶をもった細胞が前方に存在するようになったため。

解説

《体温・血糖濃度の調節，幹細胞，肝臓，腎臓，イモリの肢の再生》

A. ⑶　器官や組織に存在し，特定の細胞に分化する組織幹細胞に対して，胚盤胞の内部細胞塊から人為的に取り出され，特殊な条件の下で培養することによって作製されるES細胞は，胎盤を除くすべての細胞に分化できる。

B. ⑹　イモリの前肢の再生が，必ず近位（上腕側）から遠位（手首側）に向かって起こることを支持する実験を選び，その理由を論述する考察問題である。実験4において正常な前肢が形成されたのは，近位遠位軸が反対向きになった再生芽であっても，上腕→手首→指と近位から遠位方向への再生が正確に行われたからである。

⑺　イモリの前肢の再生芽が，遠位（手首側）と近位（上腕側）のどこにいるのかを覚えていることを支持する実験を選び，その理由を論述する考察問題である。実験2において上腕が重複する長い前肢が形成されたのは，近位にある上腕部の再生芽が近位にいることを覚えていて，遠位の手首の部分からでも上腕→手首→指と近位から右前肢を再生させたからである。

⑻　イモリの前肢の再生芽がもつ位置記憶には，書き換えが可能であることを支持する実験を選び，その理由を論述する考察問題である。実験2同

様，実験３においても上腕が重複する長い前肢が形成されたのは，手首の再生芽がもつ位置記憶がレチノイン酸によって書き換えられ，近位の情報をもった手首の部分の再生芽が上腕→手首→指と近位から右前肢を再生させたからである。

(9)　リード文を読みながら実験５の結果を考察し，実験４のⒷの部分から右前肢ではなく左前肢が再生してきた理由を論述する問題である。まず，リード文には，実験５において第１指どうし，第４指どうしが向き合った，３つの手が形成されたのは，「前肢の再生芽の細胞には前後の位置記憶があるから」といった内容が記載されている。この内容を図示すると次のようになる。

〈実験５において〉

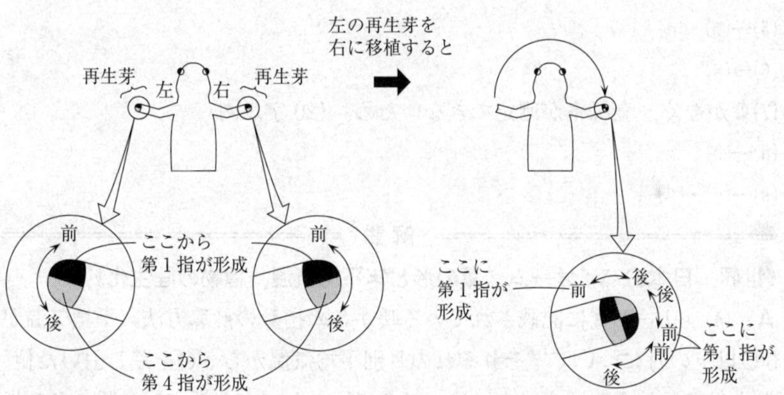

上記の内容を元に，実験４のⒷから右前肢ではなく左前肢が再生するしくみを図示すると次のようになる。

〈実験４において〉

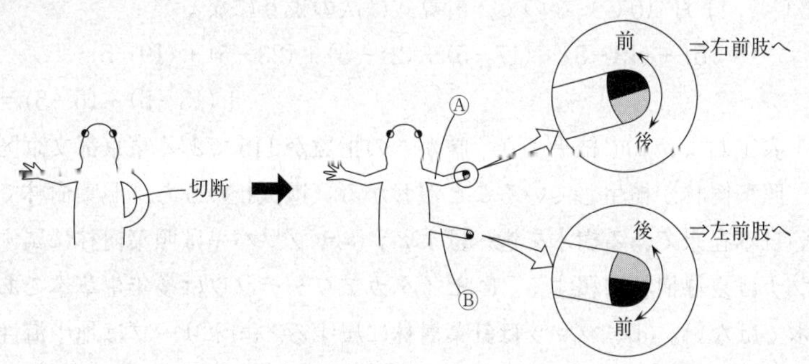

つまり，Ⓑの肢の切断部分において，前方の位置記憶をもった細胞が再生芽の後方に，後方の位置記憶をもった細胞が再生芽の前方に存在するようになり，右体側部に第1指を後方に向けた前肢が再生する。これは前後軸を逆転して考えると左体側の前肢と同じ形になる。すなわち，Ⓑの部分からは右前肢ではなく左前肢が再生したと考えることができる。

(1)(ア)・(イ)草原・森林（順不同）

(2)①—(d)　②—(i)　③—(e)　④—(b)　⑤—(h)　⑥—(f)　⑦—(g)　⑧—(a)

(3)—(f)

(4) 80

(5)—(b)・(d)・(i)

(6)—(g)

(7)葉がなく，全緑率が測定できないため。(20字以内)

(8)—(b)

(9)—(e)・(g)

解説

《世界・日本のバイオーム，葉の形と年平均気温，植物の陸生化》

A．(4)　リード文に記載されている暖かさの指数の計算方法（平均気温が5℃以上の月について“それぞれの月別平均気温から5℃を差し引いた値”をすべて足し合わせる）を元に，表2に示されている地点Yの暖かさの指数を算出する。表2より，平均気温が5℃以上の月は4月（8℃），5月（13℃），6月（17℃），7月（21℃），8月（23℃），9月（19℃），10月（13℃），11月（6℃）なので，計算式は次のようになる。

$$(8-5)+(13-5)+(17-5)+(21-5)+(23-5)+(19-5)+(13-5)+(6-5)=80$$

(5)　表1および(2)の結果より，暖かさの指数が115である東京都文京区では，照葉樹林が植生していることがわかる。選択肢のうち，照葉樹林ではない日本在来である樹木を選べばよい。(a)ヤブツバキは照葉樹林に属する。(b)ブナは夏緑樹林に属する。(c)セイタカアワダチソウは多年生草本であり，樹木ではない。(d)エゾマツは針葉樹林に属する。(e)オリーブは地中海性気候帯に生育しており，日本在来ではない。(f)ハシラサボテンは砂漠に生育しており，日本在来ではない。(g)バナナは亜熱帯～熱帯の気候帯に生育しており，日本在来ではない。(h)スダジイは照葉樹林に属する。(i)メヒルギは熱帯から亜熱帯の河口干潟に生息し，日本では沖縄県および鹿児島県薩摩半島以南に自然分布している。

B. **(6)**　表2より，Y地点の年平均気温は次の式で導くことができる。

$$\{(-2)+(-1)+2+8+13+17+21+23+19+13+6+1\}\div 12=10〔℃〕$$

したがって，図4より，Y地点における全緑率を測定すると次のようになる。

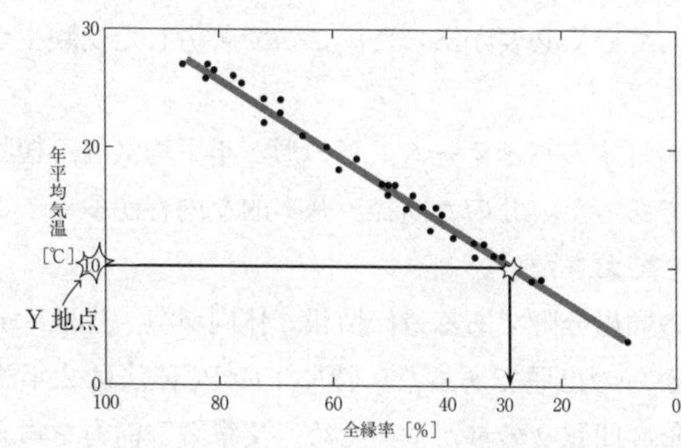

(7)　図5の復元図を元に，クックソニアには葉がないことに注目すればよい。

(8)　クックソニアは，化石がある最古の陸上植物である。陸上植物は，緑藻類である(b)シャジクモの仲間が共通祖先であったと考えられている。

(9)　選択肢のうち，ヒトが属する分類群は(b)真核生物，(e)四肢（四足）動物，(g)有胎盤類である。この中で，(b)真核生物（先カンブリア時代に出現）だけはシルル紀の陸上生物群に存在していた。(e)四肢（四足）動物（デボン紀に出現）と(g)有胎盤類（新生代に出現）はシルル紀の陸上生物群には存在していなかった。

講評

例年，理科3科目から各3題，計9題が出題され，その中から3題を選択して解答する形式である。2023年度と比べ，論述問題の数は増加したが，計算問題の数は減少した。難易度は，2023年度同様，例年に比べてやや易化していた。Ⅰの(6)～(9)やⅡの(6)～(9)の考察問題で差がついたことが予想される。

Ⅰ　PCR 法，電気泳動法，変異に関する出題であった。基本的な知識問題と，標準レベルの計算問題，やや難度の高いレベルの考察問題で構成されていた。DNA の方向性に注意しながら考察していく必要があった。

Ⅱ　体温・血糖濃度の調節，幹細胞，肝臓，腎臓，イモリの肢の再生に関する出題であった。Aでは基本的な内容が多く，ここでしっかりと得点しておきたい。(9)では手の前後方向の極性をリード文から読み取り，正確に論述していく必要があった。ここで苦労した受験生が多かったと思われる。

Ⅲ　世界・日本のバイオーム，葉の形と年平均気温，植物の陸生化に関する出題であった。ⅡのA同様，基本的な内容が多く，ここでもしっかりと得点しておきたい。

従来からの頻出分野である遺伝情報，体内環境，生殖・発生，生態，進化・系統からの出題であった。特にⅠの PCR 法は2年連続での出題である。例年，問題文の量が多いため，文章読解能力を鍛えておくと有利にはたらくと思われる。また，2024 年度では論述問題の数が増え(2023 年度比で＋8問)，解答に時間がかかっただろう。100 分の試験時間を有効に使うことを意識しておきたい。

//////////////////// · memo · ////////////////////

//////////////////// · memo · ////////////////////

////////////////////// ·memo· //////////////////////

////////////////////// · memo · //////////////////////

2023年度

問題と解答

■一般方式・英語外部試験利用方式

問題編

▶試験科目・配点

〔一般方式〕

教　科	科　　　目	配　点
外国語	コミュニケーション英語Ⅰ・Ⅱ・Ⅲ，英語表現Ⅰ・Ⅱ	100点
数　学	数学Ⅰ・Ⅱ・Ⅲ・A・B	100点
理　科	物理学科・電気電子情報通信工学科 「物理基礎，物理」「化学基礎，化学」から1科目選択 上記以外の学科 「物理基礎，物理」「化学基礎，化学」「生物基礎，生物」から1科目選択	100点

▶備　考

- 「数学B」は「数列，ベクトル」から出題する。
- 数学科は「数学」の配点を200点に換算する。

〔英語外部試験利用方式〕

- 指定の英語資格・検定試験のスコアおよび合格級により，中央大学独自の「外国語」の受験が免除される。
- 各外部試験のスコアおよび合格級は出願資格としてのみ使用する。
- 合否判定は，一般方式の「数学」および「理科」の2教科2科目の合計得点（200点満点〈数学科は300点満点〉）で行う。

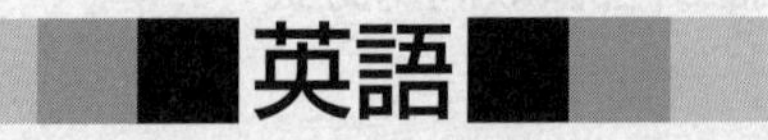

(80分)

I　次の英文を読み，設問に答えなさい（＊印の語は〔注〕を参照しなさい）。(34点)

Aircraft use an incredible amount of fuel. A large passenger jet carries 240,000 liters of fuel, equal to about a tenth of an Olympic-sized swimming pool, and burns through it at a rate of four liters per second. That is [1] flying individuals or goods around the world is so energy intensive and so terrible for the climate. Just one flight can emit as much CO_2 as many people do in a year, and the number of flights globally is expected to grow at a sharp pace over the coming decades. Compared to other industries, *aviation is a relatively small contributor to greenhouse emissions, but it is also one of the fastest growing. Between 2000 and 2019, there was a five percent rise in flights per year. By 2019, they were causing 2.5 percent of the world's CO_2 emissions.

What this means is that we need to start doing far more on aviation emissions. If the world hopes to limit global warming, aviation will need to move away from fossil fuels completely in the long term. Companies like Airbus have ambitious plans to develop hydrogen planes within fifteen years, but, considering the cost and complexity, powering aircraft with this technology appears unrealistic within this time frame. In the meantime, what can be done to reduce the aviation industry's impact on the climate? Can we find alternative fuels to burn in our aircraft until hydrogen planes become a reality?

In 2010, a company called SkyNRG began one of the first efforts to develop a more environmentally friendly fuel for aircraft. Eleven years later, it is one of a few companies that supplies "advanced waste" *biofuels to airlines, made from recycled waste such as used cooking oil and industrial chemicals. Another short-term alternative to fossil jet fuel is *synthetic fuel made using chemical reactions between water and carbon. Known together as sustainable aviation fuels (SAFs), these two types of fuel have a similar chemistry to conventional jet fuel. They can be mixed with fossil fuels and used on aircraft without needing any new engine technology. Some(ア) can be used with up to a 50:50 blend with the fuels that have been in use for many years.

[　2　], the use of alternative sustainable fuels in the airline industry remains tiny. The reason is that they are both expensive and have limited supply. Along with aircraft, there is a demand for SAFs from other kinds of transport, such as ships, trucks, and cars. There is simply not enough to go around. In 2019, 50 million liters of SAFs were used in flights, just 0.01 percent of global aviation fuel, meaning that the industry missed a goal set in 2010 to reach six percent by 2020. A recent study found that at most 5.5 percent of aviation fuel in the EU could come from sustainable sources by 2030.

If sustainable fuels are not a realistic answer to the problem of aviation emissions, what else can we do? Until now, the industry has made most progress on fuel efficiency gains in planes, with new aircraft today around eighty percent more efficient than those(イ) entering service in the 1960s. The UN's aviation agency aims to achieve a two percent improvement in efficiency a year up to 2050.

The problem is that the growth in flights strongly exceeds these gains, and the industry's long-term predictions for growth will see this continue. "Even if the new generation of aircraft is more efficient," says Jo Dardenne, a transport analyst, "if you add more flights, you're going to increase your emissions overall."

Flights nowadays are *optimized on a cost basis, but optimizing them for the environment could have a more positive impact. Technology is available that can support this: airlines such as Air France and Norwegian Airlines have signed up to use Sky Breathe, an AI technology which analyzes flight operations to make them(ウ) as least damaging as possible.

One important aspect of the contribution Sky Breathe could make is the issue of airplane *contrails, the white, line-shaped clouds left behind as a plane flies through the sky. Contrails, which in some conditions can spread out and last for extended periods of time, block and absorb heat as it leaves the Earth at night, increasing the greenhouse effect. Studies have estimated that contrails may [3] over half of the climate impact of aviation.

But not all flights create contrails to the same extent. A 2020 study found that just two percent of flights contributed to eighty percent of the contrail warming effect. The study indicated that relatively simple changes to altitude to these flights could greatly reduce <u>their</u>(エ) production. "That's something that we think could be done easily within the next decade," says Marc Stettler, an aviation expert at Imperial College London.

These measures could go some way to reducing the climate impact of aviation. However, they are still not likely to be enough. Studies predict aviation emissions in 2030 will be higher than 2020 levels, even including these measures, [4] the expected growth in the number of flights. In the end, the only real way to prevent this is to get people to fly less. The climate action group "Possible" is pushing for a change to airline taxation, proposing that everyone should get one tax-free flight each year but pay a gradually rising tax on any flights afterwards. Technology alone, they argue, is not sufficient to solve the problem.

*〔注〕aviation　航空　　biofuel　バイオ燃料　　synthetic　合成
　　　optimize　最適化する　　contrail　飛行機雲

設　問

1．下線部(ア)～(エ)が指すものをA～Dよりそれぞれ1つ選び，その記号をマークしなさい。

(ア)　<u>Some</u>

A．aircraft　　B．fossil jet fuels

C．airplane engines　　D．SAFs

(イ)　<u>those</u>

A．efficiency gains　　B．aircraft

C．aviation emissions　　D．sustainable fuels

出典追記：The fastest way aviation could cut its carbon emissions, BBC Future on May 26, 2021 by Jocelyn Timperley

(ウ)　them

A．flight operations　　B．CO_2 levels

C．the growth in flights　　D．Air France and Norwegian Airlines

(エ)　their

A．contrails　　B．flights

C．changes to altitude　　D．aircraft

2．本文の［　1　］～［　4　］に入る最も適当なものをA～Dよりそれぞれ1つ選び，その記号をマークしなさい。

1．A．because　　B．so　　C．why　　D．for

2．A．Consequently　　B．Eventually

C．Unfortunately　　D．Accordingly

3．A．set out　　B．draw up　　C．consist of　　D．account for

4．A．due to　　B．despite　　C．regardless of　　D．since

3．次の1～4の問いの答えとして最も適当なものをA～Dよりそれぞれ1つ選び，その記号をマークしなさい。

1．Why is the problem of aviation emissions unlikely to be solved soon?

A．Aviation emissions are comparatively small, so they are not a high priority.

B．It will be difficult to make further improvements in fuel efficiency.

C．Plans to create hydrogen planes are not ambitious enough.

D．Technological gains cannot make up for the growth in flights.

2．What advantage of sustainable aviation fuels is NOT mentioned in the article?

A．They can replace as much as fifty percent of an aircraft's fuel.

B．Unlike hydrogen planes, they are already available today.

C．Thanks to new technologies, they will soon be cheaper than fossil fuels.

D．They do not require special adjustments to a plane's engine.

3．How might Sky Breathe help to reduce the damage caused by airplanes?

A．It could recommend adjustments to an airplane's altitude so that it leaves fewer contrails.

B．It could show how contrails could be used to block heat from the sun.

C．It could prove that contrails contribute a small amount of CO_2 to the atmosphere.

D．It could make flight operations more cost-efficient.

4．How does the climate action group "Possible" propose to reduce airline emissions?

A．By increasing taxes on airlines that do not optimize their flight operations.

B．By preventing people from flying more than once a year.

C．By taxing each flight a person takes more than the one before.

D．By using taxation to encourage more technological improvements.

4．次のA～Gの英文で，本文の内容に一致しているものを2つだけ選び，その記号をマークしなさい。

A．The aviation industry's contribution to CO_2 emissions will reach a peak of 2.5 percent.

B．In fifteen years' time, we are unlikely to be using hydrogen planes.

C．SkyNRG began to sell the first sustainable fuel in 2010.

D．SAFs appear to be the key for reducing airplane emissions by 2030.

E．Aircraft in the 1960s could carry much less fuel than modern airplanes.

F．Only a very small proportion of flights leave damaging contrails.

G．Under the proposal of "Possible," the first flight a person takes each year will be free.

Ⅱ　次の1～10の英文の空所に入る最も適当なものをA～Dよりそれぞれ1つ選び，その記号をマークしなさい。(10点)

1．(　　　) in simple words, this book is very easy to understand.

A．Writing　B．Wrote　C．Write　D．Written

2．(　　　) there be mistakes in the file, the computer will stop processing the data.

A．Before　B．Should　C．If　D．As

3．I will always help you, (　　　) happens.

A．no longer if　B．no sooner it

C．no matter what　D．no more than

4．I am not good at making plans. That is (　　　) worries me most.

A．what　B．why　C．where　D．which

5．The concert was so popular all tickets sold out. (　　　) were available on the day of the concert.

A．No　B．None　C．Neither　D．Nothing

6．She likes jogging (　　　) her dog following her.

A．on　B．with　C．for　D．in

7．According to Professor Smith, the university museum (　　　) by local architects a long time ago.

A．will be built　B．building　C．build　D．was built

8．I went to the bank today, but I don't think I have received my payment (　　　).

A．yet　B．hardly　C．all　D．clearly

9．(　　) my poor performance, I was lucky enough to pass the test.

A．Nevertheless　B．However

C．In spite of　D．But

10. It is not clear (　　) the traffic accident happened last night.

A．how　B．who　C．which　D．what

Ⅲ　次の1～10の英文の空所に入る最も適当なものをA～Dよりそれぞれ1つ選び，その記号をマークしなさい。(10点)

1．Although Tom had been in a serious condition, he recovered (　　) by exercising hard.

A．mostly　B．additionally　C．inclusively　D．variously

2．Before starting my talk, I would like to take this (　　) to thank you all for your continued support.

A．advantage　B．place　C．break　D．opportunity

3．The researchers planned to (　　) a survey to better understand the issue.

A．conduct　B．work　C．decide　D．increase

4．Don't (　　) to contact me if you have any further questions about our businesses or products.

A．ask　B．hesitate　C．apply　D．enable

5．It is a great honor to (　　) my country and compete with athletes from many parts of the world.

A．represent　B．top　C．register　D．charge

6．Building a strong house cost much more than we thought, since we used a lot of ( ) materials for the walls.

A．late B．durable C．short D．analytic

7．He was hired as the new president of the company given his ( ) knowledge and experience in the field.

A．exotic B．excessive C．extensive D．explosive

8．It is difficult even to provide a ( ) estimate of how many hours you need to practice in order to be a professional baseball player.

A．rough B．familiar C．recent D．background

9．Do you happen to have time to answer our questionnaire? We are interested to receive your ( ).

A．agreement B．signal C．feedback D．passion

10. There were several mechanical ( ), so it was a miracle no one was injured in the accident.

A．conclusions B．faults C．essence D．data

Ⅳ　次のA～Lに示された1と2の英文の組み合わせのうち，1の文で示されている内容から判断して2の文の内容が妥当と考えられるものを<u>4つだけ</u>選び，その記号をマークしなさい。例を参照のこと。(12点)

(例)　1：I'm 18 years old and Takeshi is 10 years old.

2：I'm much older than Takeshi.（妥当）/I'm a little younger than Takeshi.（誤っている）

A．1：The most you could score on the test is eighty percent.

2：You should be able to get at least eighty percent on the test.

B．1：We are proceeding ahead of schedule.

2：The schedule may need to be revised so we can catch up.

C．1：The candidate exaggerated his ability with computers.

2：The candidate was not as skilled with computers as he said he was.

D．1：Please follow these instructions in the event of an emergency.

2：These instructions are to be used if the event is unable to take place.

E．1：Against our expectations, the project was completed on time.

2：We had not believed the project would be finished by the deadline.

F．1：Her daughter will have gone to bed by the time she gets home.

2：She will arrive home just in time to put her daughter to bed.

G．1：This is as far as this train line goes.

2：This is the final stop on this train line.

H．1：If you had brought the map, we wouldn't have ended up lost.

2：I can't believe you lost the map we brought.

I．1：I don't mind the hot weather as long as it doesn't get humid.

2：This humidity is making the hot weather even harder to bear.

J．1：Why don't you pay attention to your teacher for a change?

2：For once, you should listen to what your teacher is saying.

K．1：He tripped and fell on the way home.

2：He went home after a holiday.

L．1：I don't suppose you know the way to the station, do you?

2：I'm afraid I can't tell you how to get to the station.

V 次の設問1，2に答えなさい。(20 点)

設　問

1．次の英文を読み，本文の空所［ 1 ］～［ 5 ］に入る最も適当なものを A～Dよりそれぞれ1つ選び，その記号をマークしなさい。

WATER FROM NOTHING

People need both energy and clean water to live. Sadly, millions around the world have no reliable access to [1]. But a new system can provide these resources, and it can work anywhere — even in remote deserts.

Peng Wang is an environmental scientist who has been developing the new system. Growing up in western China, Wang's home had no tap water, so his family had to get water from a village well. His new research could now bring water and power to regions like the one [2] he grew up. He is part of a team in Saudi Arabia that has created a water-based gel that can suck fresh water out of seemingly dry air.

The gel is placed on the back of solar panels that generate electricity. A metal chamber attached to the system stores the water collected by the material. The water can be used to cool down the solar panels, [3] them to function more efficiently, or it can be taken away for drinking. In a three-month trial in the Saudi desert, the device collected an average of 1.2 liters per solar panel each day, [4] satisfy the needs of one person. While the research is still in its early stages, Wang hopes it will become a practical solution for some of the world's poorest regions. [5].

1. A. neither B. either C. both D. none
2. A. in which B. which C. that D. from which
3. A. enables B. enabled C. enable D. enabling
4. A. enough to B. able to C. so that D. so as
5. A. Someday, it may no longer be necessary to live in a desert
   B. With clean energy, people's lifestyles should improve a great deal
   C. The quicker this can happen, the better
   D. Many of these regions do not have access to wells

出典追記：This sun-powered system delivers energy as it pulls water from the air, Science News Explores on May 2, 2022 by Laura Allen, Society for Science & the Public

2．次の英文を読み，本文の空所［ 1 ］～［ 5 ］に入る最も適当なものをA～Dよりそれぞれ1つ選び，その記号をマークしなさい。

To: Ace Software Solutions
From: David Griffiths
Subject: Accounting software

Dear Sir / Madam

I am wondering [1] you could assist me. I saw on the Internet recently that your firm supplies software for accounting, and I am writing to request some more details about one of the products you offer.

I run a small bookselling company and I need some easy-to-use software that will help me keep track of my daily expenses. I currently use the IP Account software supplied by Max Computing, but I have not been [2] with either the functions provided by the software or its reliability. It does not suit the particular needs of my business and it has a distressing tendency to crash at the wrong moment! On more than one occasion, I have lost several days' worth of accounts after the software suddenly froze [3] I had a chance to save my work.

I noticed on your website that you sell a piece of software called Wave XP, which appears to [4] for small businesses such as mine. [5]

Thank you very much for your attention. I look forward to hearing from you soon.

Yours sincerely,

David Griffiths

1．A．that　B．if　C．why　D．what

2．A．familiar　B．concerned　C．understood　D．satisfied

3. A. before　B. without　C. unless　D. despite

4. A. design　B. be designed
C. have designed　D. be designing

5. A. This software is not available at Max Computing.
B. Could you tell me why it does not crash so often?
C. I am hoping you will be interested in purchasing my business.
D. Could you send me some more information about its functions?

Ⅵ 次の英文を読み，本文の空所［ 1 ］～［ 7 ］に入る最も適当なものをA～Gよりそれぞれ1つ選び，その記号をマークしなさい。ただし，同じものを繰り返して選ぶことはできない（＊印の語は〔注〕を参照しなさい）。(14点)

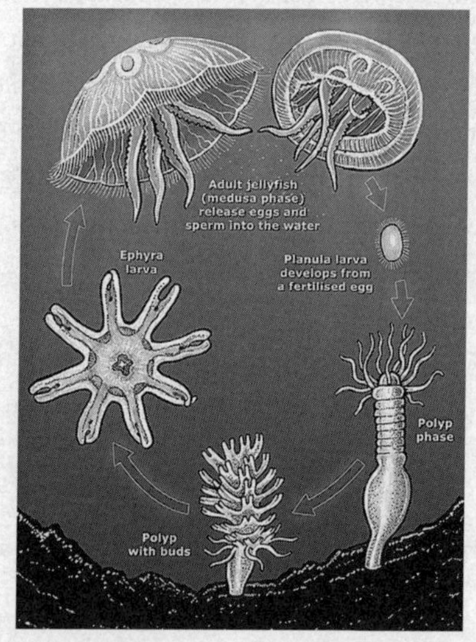

Figure. Jellyfish life cycle

Te Ara—The Encyclopedia of New Zealand
Artwork by Bruce Mahalski

*〔注〕tentacles 触手 larva 幼生 polyp ポリープ
sea anemone イソギンチャク

A．can rise from the dead

B．sinks to the ocean floor and begins to decay

C．have been floating in the ocean this whole time

D．are created when the polyp clones itself

E．use its incredible ability and regenerate

F．starts its life as a tiny organism

G．was growing out of the top of the jellyfish

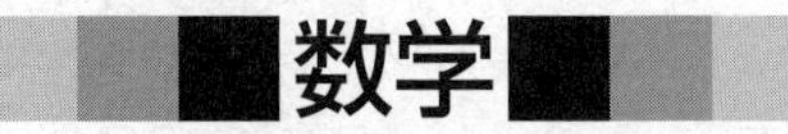

数学

（100 分）

（注）満点が 100 点となる配点表示になっていますが，数学科は満点が 200 点であり，各問の配点は 2 倍となります。

Ⅰ　次の問題文の空欄にもっとも適する答えを解答群から選び，その記号をマーク解答用紙にマークせよ。ただし，同じ記号を 2 度以上用いてもよい。(20 点)

さいころを 2 回ふって出た目の数を順に a, b とし，複素数 α, β を

$$\alpha = \cos\frac{a\pi}{3} + i\sin\frac{a\pi}{3}, \qquad \beta = \cos\frac{b\pi}{3} + i\sin\frac{b\pi}{3}$$

と定める（i は虚数単位)。また，$\alpha - \beta$ の絶対値を $d = |\alpha - \beta|$ とおく。

(1) d のとりうる値は，小さいものから順に

0, [ア], [イ], [ウ]

である。$d = 0$, [ア], [イ], [ウ] が成り立つ確率はそれぞれ

[エ], [オ], [カ], [キ]

である。

(2) $\alpha - \beta$ が実数となる確率は [ク] であり，$\alpha - \beta$ が実数という条件の下で $d <$ [ウ] が成り立つ条件付き確率は [ケ] である。

(3) $\alpha^2 = \beta^3$ という条件の下で $\alpha + \beta$ の虚部が正となる条件付き確率は [コ] である。

問題 I のア〜コの解答群

ⓐ 0　ⓑ 1　ⓒ 2　ⓓ 3　ⓔ $\dfrac{1}{2}$　ⓕ $\dfrac{1}{3}$

ⓖ $\dfrac{2}{3}$　ⓗ $\dfrac{1}{4}$　ⓘ $\dfrac{3}{4}$　ⓙ $\dfrac{1}{6}$　ⓚ $\dfrac{5}{6}$　ⓛ $\sqrt{2}$

ⓜ $\dfrac{\sqrt{2}}{2}$　ⓝ $\dfrac{3\sqrt{2}}{2}$　ⓞ $\sqrt{3}$　ⓟ $\dfrac{\sqrt{3}}{2}$　ⓠ $\dfrac{\sqrt{3}}{3}$　ⓡ $\dfrac{2\sqrt{3}}{3}$

II

次の問題文の空欄にもっとも適する答えを解答群から選び，その記号をマーク解答用紙にマークせよ。ただし，同じ記号を 2 度以上用いてもよい。(20 点)

(1) $\dfrac{\pi}{12} \leqq x \leqq \dfrac{\pi}{6}$ のとき，関数 $\dfrac{\sin x}{x}$ は $\boxed{\text{サ}}$ する。このことより，$\dfrac{\pi}{12} \leqq x \leqq \dfrac{\pi}{6}$ では

$$\boxed{\text{シ}} \leqq \frac{\sin x}{x} < \boxed{\text{シ}} + 0.05$$

が成り立つ。

(2) 底面が正五角形 PQRST で，側面が正三角形である五角錐を K とする。ただし，K の各辺の長さを 1 とする。底面にはない K の頂点を A とし，線分 PQ の中点を M とする。また，線分 PS と QT の交点を U とする。このとき，△PUT と △STP は相似であり，線分 PS の長さは $\boxed{\text{ス}}$ である。これより，$\cos\angle\text{SAM}$ の値は

$$\boxed{\text{セ}} - 0.025 \ \leqq\ \cos\angle\text{SAM} \ <\ \boxed{\text{セ}} + 0.025$$

を満たす。さらに，(1) の $\dfrac{\sin x}{x}$ についての結果より，$\angle\text{SAM}$ の大きさは

$$\boxed{\text{ソ}} - 1.5^\circ \ \leqq\ \angle\text{SAM} \ <\ \boxed{\text{ソ}} + 1.5^\circ$$

を満たす。

なお，必要ならば，

$$\sqrt{2} = 1.41\cdots,\quad \sqrt{3} = 1.73\cdots,\quad \sqrt{5} = 2.23\cdots$$

を用いてよい。

問題 II のサの解答群

ⓐ 区間 $\frac{\pi}{12} \leqq x \leqq \frac{\pi}{6}$ で増加

ⓑ 区間 $\frac{\pi}{12} \leqq x \leqq \frac{\pi}{6}$ で減少

ⓒ 区間 $\frac{\pi}{12} \leqq x \leqq \frac{\pi}{8}$ で増加し，区間 $\frac{\pi}{8} \leqq x \leqq \frac{\pi}{6}$ で減少

ⓓ 区間 $\frac{\pi}{12} \leqq x \leqq \frac{\pi}{8}$ で減少し，区間 $\frac{\pi}{8} \leqq x \leqq \frac{\pi}{6}$ で増加

ⓔ 区間 $\frac{\pi}{12} \leqq x \leqq \frac{1}{2}$ で増加し，区間 $\frac{1}{2} \leqq x \leqq \frac{\pi}{6}$ で減少

ⓕ 区間 $\frac{\pi}{12} \leqq x \leqq \frac{1}{2}$ で減少し，区間 $\frac{1}{2} \leqq x \leqq \frac{\pi}{6}$ で増加

問題 II のシの解答群

ⓐ 0.8　ⓑ 0.85　ⓒ 0.9　ⓓ 0.95　ⓔ 1　ⓕ 1.05　ⓖ 1.1　ⓗ 1.15

問題 II のスの解答群

ⓐ $\sqrt{2}$　ⓑ $\sqrt{3}$　ⓒ $\sqrt{5}$

ⓓ $\frac{1+\sqrt{2}}{2}$　ⓔ $\frac{1+\sqrt{3}}{2}$　ⓕ $\frac{1+\sqrt{5}}{2}$

ⓖ $\frac{\sqrt{2}+\sqrt{3}}{2}$　ⓗ $\frac{\sqrt{2}+\sqrt{5}}{2}$　ⓘ $\frac{\sqrt{3}+\sqrt{5}}{2}$

ⓙ $\frac{\sqrt{2}+\sqrt{3}}{3}$　ⓚ $\frac{\sqrt{2}+\sqrt{5}}{3}$　ⓛ $\frac{\sqrt{3}+\sqrt{5}}{3}$

問題 II のセの解答群

ⓐ -0.4　ⓑ -0.35　ⓒ -0.3　ⓓ -0.25　ⓔ -0.2　ⓕ -0.15　ⓖ -0.1

問題 II のソの解答群

ⓐ 105°　ⓑ 108°　ⓒ 111°　ⓓ 114°　ⓔ 117°　ⓕ 120°

III　$f(x) = \dfrac{1}{1+e^{-x}}$ とし，曲線 $y = f(x)$ を C とする。以下の問いに答えよ。(30点)

(1) 曲線 C の変曲点 P の座標を求めよ。

(2) 曲線 C の点 P における接線 ℓ の方程式を求めよ。また，直線 ℓ と直線 $y = 1$ の交点の x 座標 a を求めよ。

(3) b を (2) で求めた a より大きい実数とする。曲線 C と直線 $y = 1, x = a, x = b$ で囲まれた部分の面積 $S(b)$ を求めよ。

(4) $\displaystyle\lim_{b\to\infty} S(b)$ を求めよ。

IV　以下の問いに答えよ。(30点)

(1) 整式

$$f(x) = a_n x^n + a_{n-1}x^{n-1} + \cdots + a_1 x + a_0 \quad (a_n \neq 0)$$

に対し，$f(x+1) - f(x) = b_n x^n + b_{n-1}x^{n-1} + \cdots + b_1 x + b_0$ と表すとき，b_n と b_{n-1} を求めよ。

(2) 整式 $g(x)$ が恒等式 $g(x+1) - g(x) = (x-1)x(x+1)$ および $g(0) = 0$ を満たすとき，$g(x)$ を求めよ。

(3) 整式 $h(x)$ が恒等式 $h(2x+1) - h(2x) = h(x) - x^2$ を満たすとき，$h(x)$ を求めよ。

物理

（90分）

I 次の文章の空欄にあてはまる最も適した数式を解答群の中から選び，マーク解答用紙の所定の場所にマークしなさい。(30点)

質量 m[kg]の物体を地表から高さ H[m]の位置Pから，水平方向に速さ v[m/s]で投射する。図1のように，点Pの鉛直真下の地表の点Oを原点として，投射した向きを正とした水平軸と，鉛直上向きを正とした鉛直軸の2つの座標軸をとる。以下では物体の大きさや空気の抵抗は無視できるものとする。また，重力加速度の大きさを g[m/s^2]とする。水平に投射した時刻を0とし，物体が地表に到達する時刻を T[s]とする。$t < T$ を満たすある時刻 $t > 0$ での物体の位置をQとすると，この点の座標の水平成分は [(1)]，鉛直成分は [(2)] で与えられる。

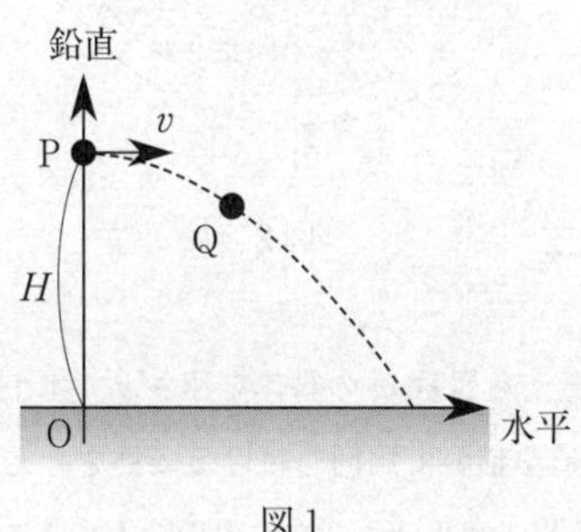

図1

この物体の水平投射を「地球規模のサイズ」で考え直してみよう。地球を半径 R[m]の球とし，地表の重力の方向（鉛直線）は地球の中心に向かう方向と考えてよいものとする。あらためて，地球の中心を原点として図2のように座標軸をとり，位置Qの座標を(x, y)とする。上の結果より，$x =$ [(1)]，$y = R +$ [(2)] である。この2つの式から t を消去すると，y 座標は x を用いて $y =$ [(3)] と表せる。また原点から点Qまでの距離を r[m]とすると，

$$r^2 = (R+H)^2 + (\boxed{\quad (4) \quad})x^2 + (\boxed{\quad (5) \quad})x^4$$

と書ける。この式より，水平投射の速さがある値 $\boxed{\quad (6) \quad}$（これを以下では V とおく）をこえると，物体と原点（地球の中心）との間の距離 r は常に $R+H$ より大きくなること，つまり地表から測った物体の高さは投射したときの高さを下回ることはなく，したがって物体が地表に落ちることはないことがわかる。このことより，水平投射した物体は，その初速度の大きさが $\boxed{\quad (6) \quad}$ の限界値 V よりも大きければ，宇宙に脱出することができるといえるのだろうか。その点を以下で検討してみることにしよう。

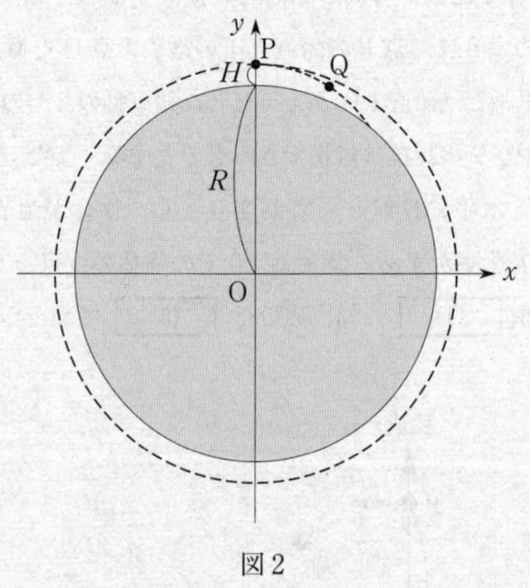

図2

地表から高さ H の位置から質量 m の物体を速さ v で水平投射したとき，地球の周りを半径 $R+H$ の円軌道を描いて周回し続ける条件を考えよう。地球が地球上の物体に及ぼす引力は，地球各部が及ぼす万有引力の合力で，これは地球の全質量が地球の中心に集まったときに及ぼす引力に等しい。地球の質量を M[kg]，万有引力定数を G[N・m^2/kg^2]とすると，物体にはたらく地球の万有引力の大きさは $\boxed{\quad (7) \quad}$ と与えられ，その向きは物体から地球の中心に向かう方向となる。半径 $R+H$ の円軌道を描いて地球を周回する物体にはたらく遠心力は $\boxed{\quad (8) \quad}$ であるので，これが地球の万有引力 $\boxed{\quad (7) \quad}$ とつりあうという条件から，v は G などを用いて $\boxed{\quad (9) \quad}$ と与えられる。地表付近の重力が地球の万有引力によるものであることから，g を地表から高さ H の地点での重力加速度の大きさと考えて G，M などを用いて表すと g

は [(10)] となり，[(6)] の限界値 V は物体が円軌道を描いて地球を周回し続ける場合の速さになっていることがわかる。

それでは，水平投射されるときの初速度の大きさが [(6)] の限界値 V をこえると物体は地球の周りの円軌道を離れて無限の彼方に飛び去ることができるのだろうか。地表から高さ H の地点から速さ v で水平投射された物体の力学的エネルギーの総和は，万有引力による位置エネルギーを考慮すると [(11)] と与えられる。ただし，無限遠点を万有引力による位置エネルギーの基準点とする。この物体が地球を離れて無限の彼方に飛び去るためには，地球の中心からの距離 r が無限大のところで物体が 0 でない速さをもって運動していなければならない。したがって，無限の彼方に飛び去る物体にも力学的エネルギー保存の法則が成り立つことを考慮すれば，初速度の大きさは [(12)] より大きくなくてはならないといえる。

［解　答　群］

(1)，(2)に対するもの

(a) vt　　(b) $vt+\frac{1}{2}gt^2$　　(c) $vt-\frac{1}{2}gt^2$

(d) $H+vt$　　(e) $H+\frac{1}{2}gt^2$　　(f) $H-\frac{1}{2}gt^2$

(g) $H+vt+\frac{1}{2}gt^2$　　(h) $H+vt-\frac{1}{2}gt^2$

(3)に対するもの

(a) $H+\frac{g}{2v^2}x^2$　　(b) $H-\frac{g}{2v^2}x^2$　　(c) $H+x+\frac{g}{2v^2}x^2$

(d) $H+x-\frac{g}{2v^2}x^2$　　(e) $R+H+\frac{g}{2v^2}x^2$　　(f) $R+H-\frac{g}{2v^2}x^2$

(g) $R+H+x+\frac{g}{2v^2}x^2$　　(h) $R+H+x-\frac{g}{2v^2}x^2$

(4)に対するもの

(a) $1+\frac{g(R+H)}{v^2}$　　(b) $1+\frac{g(R+H)}{2v^2}$　　(c) $1-\frac{g(R+H)}{v^2}$

(d) $1-\frac{g(R+H)}{2v^2}$　　(e) $-1+\frac{g(R+H)}{v^2}$　　(f) $-1+\frac{g(R+H)}{2v^2}$

(g) $1-\frac{gR}{v^2}$　　(h) $1-\frac{gR}{2v^2}$

⑸に対するもの

(a) $\dfrac{g}{2v^2}$ (b) $\dfrac{g}{4v^2}$ (c) $\dfrac{g}{2v^4}$ (d) $\dfrac{g}{4v^4}$

(e) $\dfrac{g^2}{2v^2}$ (f) $\dfrac{g^2}{4v^2}$ (g) $\dfrac{g^2}{2v^4}$ (h) $\dfrac{g^2}{4v^4}$

⑹に対するもの

(a) $\sqrt{gR}$ (b) $\sqrt{\dfrac{gR}{2}}$ (c) $\sqrt{g(R+H)}$ (d) $\sqrt{\dfrac{g(R+H)}{2}}$

(e) gR (f) $\dfrac{gR}{2}$ (g) $g(R+H)$ (h) $\dfrac{g(R+H)}{2}$

⑺に対するもの

(a) $\dfrac{GMm}{R}$ (b) $\dfrac{GMm}{R^2}$ (c) $\dfrac{GMm}{2R}$ (d) $\dfrac{GMm}{2R^2}$

(e) $\dfrac{GMm}{R+H}$ (f) $\dfrac{GMm}{(R+H)^2}$ (g) $\dfrac{GMm}{2(R+H)}$ (h) $\dfrac{GMm}{2(R+H)^2}$

⑻に対するもの

(a) $\dfrac{mv^2}{R}$ (b) $\dfrac{mv^2}{R^2}$ (c) $\dfrac{mv^2}{2R}$ (d) $\dfrac{mv^2}{2R^2}$

(e) $\dfrac{mv^2}{R+H}$ (f) $\dfrac{mv^2}{(R+H)^2}$ (g) $\dfrac{mv^2}{2(R+H)}$ (h) $\dfrac{mv^2}{2(R+H)^2}$

⑼に対するもの

(a) $\sqrt{\dfrac{GM}{R}}$ (b) $\sqrt{\dfrac{GM}{2R}}$ (c) $\dfrac{GM}{R^2}$ (d) $\dfrac{GM}{2R^2}$

(e) $\sqrt{\dfrac{GM}{R+H}}$ (f) $\sqrt{\dfrac{GM}{2(R+H)}}$ (g) $\dfrac{GM}{(R+H)^2}$ (h) $\dfrac{GM}{2(R+H)^2}$

⑽に対するもの

(a) $\dfrac{GM}{R}$ (b) $\dfrac{GM}{R^2}$ (c) $\dfrac{GM}{2R}$ (d) $\dfrac{GM}{2R^2}$

(e) $\dfrac{GM}{R+H}$ (f) $\dfrac{GM}{(R+H)^2}$ (g) $\dfrac{GM}{2(R+H)}$ (h) $\dfrac{GM}{2(R+H)^2}$

⑾に対するもの

(a) $\dfrac{1}{2}mv^2-\dfrac{GMm}{R}$ (b) $\dfrac{1}{2}mv^2-\dfrac{GMm}{R^2}$ (c) $\dfrac{1}{2}mv^2-\dfrac{GMm}{2R}$

(d) $\frac{1}{2}mv^2-\frac{GMm}{2R^2}$ (e) $\frac{1}{2}mv^2-\frac{GMm}{R+H}$ (f) $\frac{1}{2}mv^2-\frac{GMm}{(R+H)^2}$

(g) $\frac{1}{2}mv^2-\frac{GMm}{2(R+H)}$ (h) $\frac{1}{2}mv^2-\frac{GMm}{2(R+H)^2}$

(12)に対するもの

(a) $\sqrt{\frac{GM}{R}}$ (b) $\sqrt{\frac{2GM}{R}}$ (c) $\sqrt{\frac{3GM}{R}}$ (d) $2\sqrt{\frac{GM}{R}}$

(e) $\sqrt{\frac{GM}{R+H}}$ (f) $\sqrt{\frac{2GM}{R+H}}$ (g) $\sqrt{\frac{3GM}{R+H}}$ (h) $2\sqrt{\frac{GM}{R+H}}$

Ⅱ 次の問題の答えを記述解答用紙の所定の場所に書きなさい。(40 点)

図1のように鉛直下向きを正として z 軸をとり，直線状の金属レール P，Q を L[m] の間隔で z 軸と平行になるように xz 平面内に置く。重力加速度の大きさは g[m/s^2] であり，時間変化しない磁束密度の大きさ B[T] の一様な磁場が y 軸正の向きにかかっている。レール P，Q の上端には電気抵抗 R[Ω]，長さ L[m]，質量 m[kg] の導体棒1が取りつけられ，その下に電気抵抗の無視できる長さ L[m]，質量 m[kg] の導体棒2が取りつけられている。導体棒1，2は留め具で固定されているが，留め具を外すと水平な状態を保ちながらレールに沿ってなめらかに動くことができる。導体棒1，2の両端はレールと接しており，レールとの接触部分を含めて導体棒1以外の導体部分の電気抵抗は考えなくてよい。空気抵抗やレールとの摩擦，回路を流れる電流によって生じる磁場の影響は無視してよい。レールは十分に長く，運動中に導体棒1，2が下端に達することはないものとする。

まず，導体棒2の留め具だけを静かに外した。鉛直下向きに落下する導体棒2の速度を v[m/s]，加速度を a[m/s^2] として，問1～6に答えなさい。

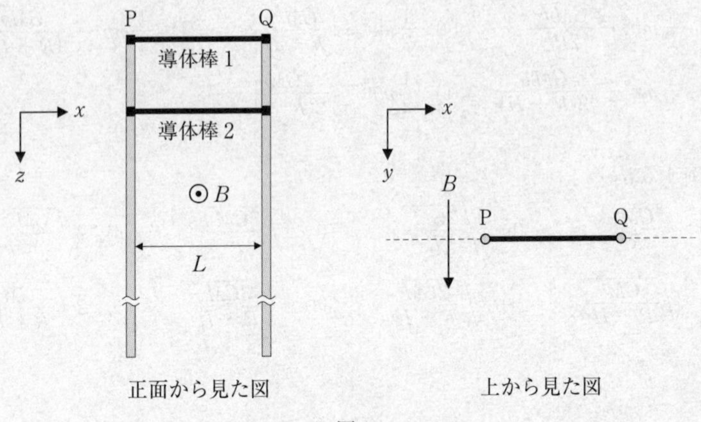

図 1

問い

1．導体棒 2 に流れる電流の大きさとその向きを答えなさい。

2．導体棒 2 の運動方程式を a, v, B, L, m, R, g のうち必要なものを用いて答えなさい。

3．導体棒 1 の電気抵抗によって単位時間当たりに消費されるエネルギーを v, B, L, m, R, g のうち必要なものを用いて答えなさい。

4．導体棒 2 の留め具を外して十分長い時間が経過すると導体棒 2 の速度は一定となった。このときの速度 v_{f} を B, L, m, R, g のうち必要なものを用いて答えなさい。

5．問 4 のとき，時間 t[s]の間に失われる導体棒 2 の重力による位置エネルギーを B, L, m, R, g, t のうち必要なものを用いて答えなさい。

6．問 4 のとき，時間 t[s]の間に導体棒 1 の電気抵抗で消費されるエネルギーを B, L, m, R, g, t のうち必要なものを用いて答えなさい。

次に，導体棒 2 の速度が $v = v_{\mathrm{f}}$ で一定になってから導体棒 1 の留め具も静かに外した。その結果，導体棒 2 の速度は再び変化した。このときの導体棒 1 の速度を w[m/s]，導体棒 2 の速度を v[m/s]として，問 7 〜10 に答えなさい。

問い

7．導体棒 2 に流れる電流の大きさとその向きを答えなさい。

8．導体棒2に流れる電流が磁場から受ける力の大きさF[N]とその向きを答えなさい。また，導体棒1に流れる電流が磁場から受ける力の大きさf[N]とその向きも答えなさい。

9．十分長い時間が経過したとき，vとwの大小関係はどうなるか。その理由も分かるように70字程度（77字以内）で説明しなさい。記号を用いる場合は，記号1つにつき1字とする。

10．十分長い時間が経過したとき，導体棒2を単独で見るとどのような運動をしているとみなせるか。20字以内で答えなさい。

Ⅲ　次の文章の空欄にあてはまる最も適した数式または数値を解答群の中から選び，マーク解答用紙の所定の場所にマークしなさい。(30点)

レンズの多くは2つの球面の一部にはさまれたガラスでできており，中心部が周辺部より厚いレンズを凸レンズという。ここでは，凸レンズの両側の面が球面の一部からなる場合について考えよう。凸レンズの両側の球面を形づくる2つの球の中心を結ぶ直線（以下，光軸とよぶ）に平行な光線が凸レンズに入射すると，レンズ後方の光軸上の1点に光が集まる。この点を凸レンズの焦点という。焦点は凸レンズの両側に，レンズの中心に対して対称な位置にある。図1は凸レンズの断面を表している。凸レンズの焦点の外側の点Mから出た光線は，点Nに集まる。点Mから光軸に下した垂線の足をM′，点Nから光軸に下した垂線の足をN′とし，レンズの中心から点M′までの距離をa，レンズの中心から点N′までの距離をb，レンズの中心から焦点までの距離をfとすると，aとbとfの間に

$$\frac{1}{a}+\frac{1}{b}=\frac{1}{f} \qquad (ア)$$

の関係式が成り立つ。この関係式が光軸の近くで成り立つことを以下の手順で示してみよう。

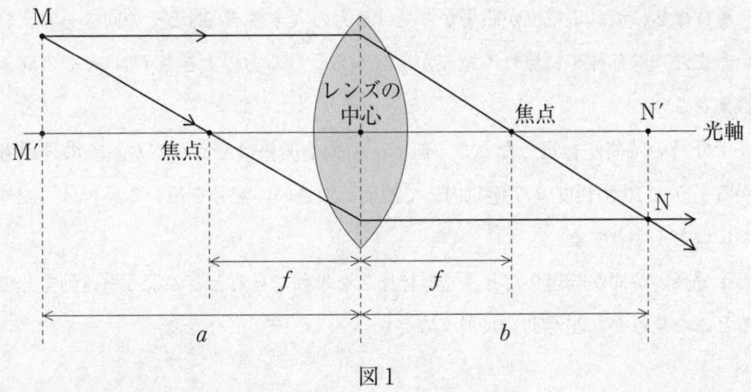

図1

図2は，厚いガラス板の表面に加工された凸部の断面を表している。凸部は，点Cを中心とする半径Rのガラス球の左半分の一部である。空気中の点Aから出た光線が球面上の点Pで屈折して点Bに達したとする。点Bは，点Aと点Cを通る直線（以下，中心軸とよぶ）上にある。点Pにおける入射角をθ，屈折角をϕとすると，空気の絶対屈折率を1，ガラスの絶対屈折率をnとして，θとϕの間には屈折の法則より［(1)］という関係式が成り立つ。また，APと中心軸のなす角度をα，PBと中心軸のなす角度をβ，PCと中心軸のなす角度をγとすると，θとϕは，それぞれ，

$$\theta = \alpha + \gamma,\ \phi = \gamma - \beta \qquad (イ)$$

と表される。ここで，点Pが中心軸の近くにあるとすると，α，β，γは小さく，(イ)式よりθとϕも小さい。ここで，$|x|$が1に比べて十分に小さいときに$\sin x \fallingdotseq x$，$\cos x \fallingdotseq 1$，$\tan x \fallingdotseq x$が成り立つので，［(1)］は［(2)］のように近似される。［(2)］に(イ)式を代入すれば，α，β，γの間に成り立つ関係式［(3)］が得られる。また，点Pから中心軸に下した垂線の足を点Hとすると，点Pが中心軸の近くにある場合，CHの長さはガラス球の半径Rに等しいとみなせる。HPの長さをh，HAの長さをa，HBの長さをbで表すことにすると，α，β，γは［(4)］のように近似される。こうして得られたα，β，γを［(3)］に代入することにより，

$$\frac{\boxed{(5)}}{a} + \frac{1}{b} = \frac{\boxed{(6)}}{R} \qquad (ウ)$$

の関係式が得られる。

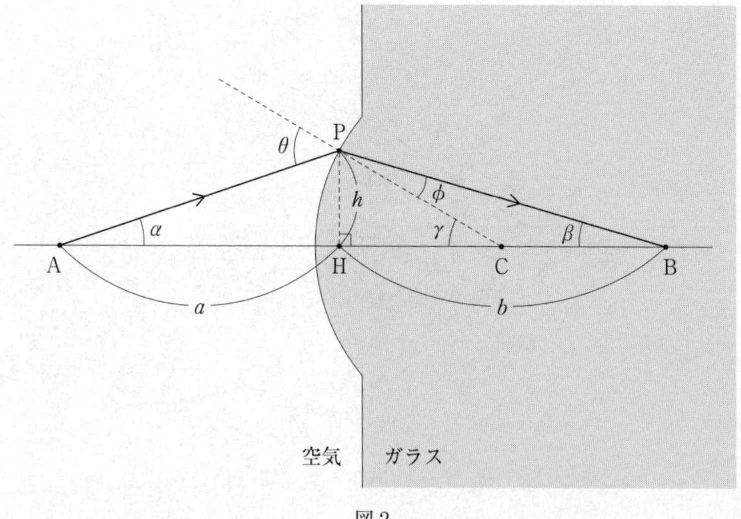

図2

次に，点Aを図2に示した位置からガラス球に近づけていったところ，$a=$ [(7)] の位置に達したときに点Pで屈折した光線が中心軸に届かなくなった。図3は，点Aが $a<$ [(7)] を満たす位置にあるときの，点Aから出た光線の経路を表している。図2で中心軸上にあった点Bは，図3の断面図の中心軸上には存在しないことがわかる。そこで，点Pで屈折した光線の延長線と中心軸の交点（点Aの左側）を点B′として，HB′の長さを b' で表すことにする。(ウ)式の b を $-b'$ に置き換えることにより，

$$\frac{\boxed{(5)}}{a}-\frac{1}{b'}=\frac{\boxed{(6)}}{R} \quad (エ)$$

の関係式が得られる。

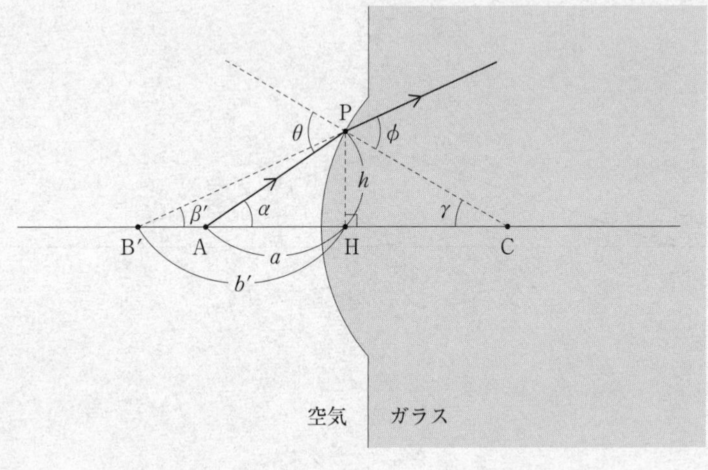

図 3

最後に，凸レンズによる光線の屈折について考えよう。図 4 は凸レンズの断面を表している。凸レンズは空気中にあるとして，光軸上の点 A から出た光線が，凸レンズの表面の点 P で屈折したあと，さらに点 P′で屈折して光軸上の点 B に達したとする。ここで，凸レンズの左半分は半径 R_1 の球の一部からなり，凸レンズの右半分は半径 R_2 の球の一部からなるとする。点 P から光軸に下した垂線の足を点 H，点 P′から光軸に下した垂線の足を点 H′とする。凸レンズの厚さは球の半径 R_1 と R_2 に比べて無視できるくらい薄く，点 P と点 P′は光軸の近くにあるとする。点 A の位置については，点 P における屈折光が光軸に届かない条件を満たしているとする。HA の長さを a，H′B の長さを b，HB′の長さを b' とすると，凸レンズの左半分に対しては(エ)式より，

$$\frac{\boxed{(5)}}{a}-\frac{1}{b'}=\frac{\boxed{(6)}}{R_1} \qquad (オ)$$

の関係式が成り立つ。一方，レンズの右半分に対しては光線の経路を逆にたどると(ウ)式と同様に考えることができて，

$$\left(\boxed{(8)}\times\frac{\boxed{(5)}}{a}\right)+\left(\boxed{(9)}\times\frac{1}{b}\right)=\frac{\boxed{(6)}}{R_2} \qquad (カ)$$

の関係式が得られる。こうして得られた(オ)式と(カ)式より，

$$\frac{1}{a}+\frac{1}{b}=\boxed{(10)}\qquad\text{(キ)}$$

の関係式が得られる。ここで，$\frac{1}{f}=\boxed{(10)}$ とおくと，(キ)式は

$$\frac{1}{a}+\frac{1}{b}=\frac{1}{f}\qquad\text{(ク)}$$

と表される。凸レンズの厚さが無視できるくらい薄いことを考慮すると，レンズの中心Oから点Aまでの距離とレンズの中心Oから点Bまでの距離は，それぞれHAとH′Bの長さに等しいとみなせる。また，無限遠にある光源からの平行光線が集まる点が焦点であることから，(ク)式で a を無限に大きくすると $b=f$ となり，焦点距離 f が求まる。(ク)式は，点Aから出た光線の点Pにおける屈折光が光軸に届く条件を満たす場合についても成り立つ。以上のようにして，(ア)式が光軸の近くで成り立つことを示すことができた。

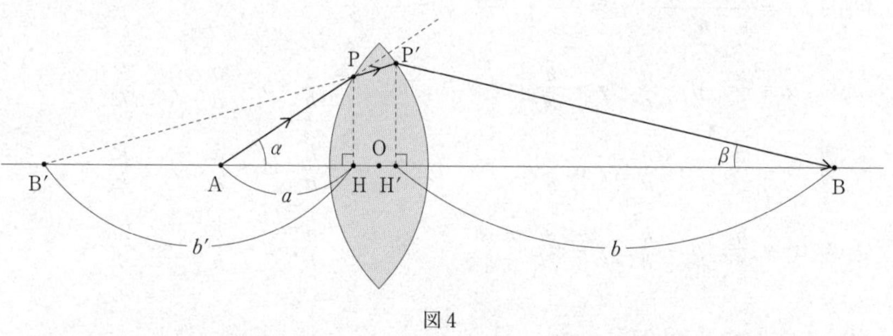

図4

［解　答　群］

(1)に対するもの

(a) $\frac{\sin\theta}{\sin\phi}=n$　(b) $\frac{\sin\phi}{\sin\theta}=n$　(c) $\frac{\cos\theta}{\cos\phi}=n$

(d) $\frac{\cos\phi}{\cos\theta}=n$　(e) $\frac{\tan\theta}{\tan\phi}=n$　(f) $\frac{\tan\phi}{\tan\theta}=n$

(g) $\sin\theta\sin\phi=n$　(h) $\cos\theta\cos\phi=n$

(2)に対するもの

(a) $\theta=\phi$　(b) $\theta=n\phi$　(c) $\phi=n\theta$

(d)　$\theta\phi = 1$　　(e)　$\theta\phi = n$　　(f)　$\theta\phi = \dfrac{1}{n}$

(g)　$\theta = n(\theta - \phi)$　　(h)　$\phi = n(\theta - \phi)$

(3)に対するもの

(a)　$\gamma - \beta = n(\alpha + \gamma)$　　(b)　$\gamma - \beta = n(\alpha + \beta)$　　(c)　$\alpha + \gamma = n(\gamma - \beta)$

(d)　$\alpha + \gamma = n(\alpha + \beta)$　　(e)　$(\alpha + \gamma)(\gamma - \beta) = n$　　(f)　$(\alpha + \gamma)(\gamma - \beta) = 1$

(g)　$(\alpha + \beta)(\gamma - \beta) = \dfrac{1}{n}$　　(h)　$\alpha + \beta - 2\gamma = 0$

(4)に対するもの

(a)　$\alpha = \dfrac{a}{\sqrt{a^2 + h^2}},\ \beta = \dfrac{b}{\sqrt{b^2 + h^2}},\ \gamma = \dfrac{R}{\sqrt{R^2 + h^2}}$

(b)　$\alpha = \dfrac{\sqrt{a^2 + h^2}}{a},\ \beta = \dfrac{\sqrt{b^2 + h^2}}{b},\ \gamma = \dfrac{\sqrt{R^2 + h^2}}{R}$

(c)　$\alpha = \dfrac{h}{a},\ \beta = \dfrac{h}{b},\ \gamma = \dfrac{h}{R}$　　(d)　$\alpha = \dfrac{a}{h},\ \beta = \dfrac{b}{h},\ \gamma = \dfrac{R}{h}$

(e)　$\alpha = \dfrac{h}{b},\ \beta = \dfrac{h}{a},\ \gamma = \dfrac{h}{R}$　　(f)　$\alpha = \dfrac{b}{h},\ \beta = \dfrac{a}{h},\ \gamma = \dfrac{R}{h}$

(g)　$\alpha = \dfrac{h}{a},\ \beta = \dfrac{h}{b},\ \gamma = \dfrac{h}{2R}$　　(h)　$\alpha = \dfrac{a}{h},\ \beta = \dfrac{b}{h},\ \gamma = \dfrac{2R}{h}$

(5), (6)に対するもの

(a)　$n - 1$　　(b)　n　　(c)　$n + 1$　　(d)　$\dfrac{1}{n - 1}$

(e)　$\dfrac{1}{n}$　　(f)　$\dfrac{1}{n + 1}$　　(g)　$\dfrac{n - 1}{n}$　　(h)　$\dfrac{n}{n + 1}$

(7)に対するもの

(a)　R　　(b)　$\dfrac{R}{n - 1}$　　(c)　$\dfrac{R}{n}$　　(d)　$\dfrac{R}{n + 1}$

(e)　$\dfrac{nR}{n - 1}$　　(f)　$\dfrac{(n - 1)R}{n}$　　(g)　$\dfrac{(n + 1)R}{n}$　　(h)　$\dfrac{nR}{n + 1}$

(8), (9)に対するもの

(a) 1 (b) -1 (c) $\dfrac{a}{b}$ (d) $-\dfrac{a}{b}$

(e) $\dfrac{a}{b'}$ (f) $-\dfrac{a}{b'}$ (g) $\dfrac{b}{b'}$ (h) $-\dfrac{b}{b'}$

⑽に対するもの

(a) $\dfrac{1}{R_1}+\dfrac{1}{R_2}$ (b) $(n-1)\left(\dfrac{1}{R_1}+\dfrac{1}{R_2}\right)$ (c) $n\left(\dfrac{1}{R_1}+\dfrac{1}{R_2}\right)$

(d) $(n+1)\left(\dfrac{1}{R_1}+\dfrac{1}{R_2}\right)$ (e) $\dfrac{1}{n-1}\left(\dfrac{1}{R_1}+\dfrac{1}{R_2}\right)$ (f) $\dfrac{1}{n}\left(\dfrac{1}{R_1}+\dfrac{1}{R_2}\right)$

(g) $\dfrac{1}{n+1}\left(\dfrac{1}{R_1}+\dfrac{1}{R_2}\right)$ (h) $\dfrac{n-1}{n}\left(\dfrac{1}{R_1}+\dfrac{1}{R_2}\right)$

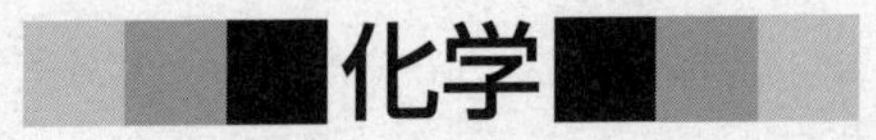

（90分）

問題Ⅰ，Ⅱの解答は，マーク解答用紙の指定された欄にマークしなさい。問題Ⅲ，Ⅳの解答は，記述解答用紙の解答欄に書きなさい。必要な場合は，次の値を用いなさい。

気体定数：$R = 8.3 \times 10^3$ Pa・L/(K・mol)

原子量：H = 1.0，He = 4.0，C = 12，N = 14，O = 16

Ⅰ　以下の問い(1)～(10)の解答は，それぞれの解答群のどれに該当するか。番号を1つ選んでマークしなさい。(40点)

(1)　原子の構造に関する次の記述(ア)～(ウ)について，正しい正誤の組み合わせはどれか。

(ア)　あらゆる原子について，原子核中の陽子数と中性子数は等しい。

(イ)　電子1個の質量は，陽子1個の質量に比べて小さい。

(ウ)　1つの陽子と1つの電子がもつ電荷の絶対値は互いに等しい。

[解答群]

	(ア)	(イ)	(ウ)
①	正	正	正
②	正	正	誤
③	正	誤	正
④	正	誤	誤
⑤	誤	正	正
⑥	誤	正	誤
⑦	誤	誤	正
⑧	誤	誤	誤

(2)　図 1 は，4 種の物質**A**-**D**（酸素，オゾン，水素，水のいずれか）の気体を密閉容器に入れ，温度が一定の条件で圧力を加えていったときのグラフである。p，V，T，n はそれぞれ，圧力，体積，絶対温度，および気体の物質量である。図 1 に関する次の記述(ア)〜(ウ)について，正しい正誤の組み合わせはどれか。

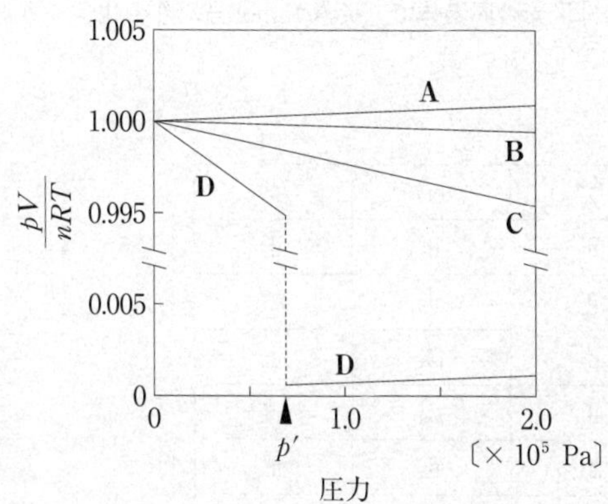

図 1　物質**A**-**D**の $\dfrac{pV}{nRT}$ の値と気体の圧力 p の関係

(ア)　物質**B**はオゾンである。

(イ)　物質**D**は圧力を上げていくと，圧力 p' において凝縮する。

(ウ)　この図は 110 ℃で測定されたデータを示している。

［解答群］

	(ア)	(イ)	(ウ)
①	正	正	正
②	正	正	誤
③	正	誤	正
④	正	誤	誤
⑤	誤	正	正
⑥	誤	正	誤
⑦	誤	誤	正
⑧	誤	誤	誤

(3)　状態変化，化学変化とエネルギーに関する次の記述(ア)〜(ウ)について，正しい正誤

の組み合わせはどれか。

(ア)　化学反応の際には，必ず熱の出入りを伴う。

(イ)　固体から液体への変化時に必要なエネルギーを融解熱と呼ぶ。

(ウ)　C_{60} と黒鉛は炭素の同素体で，炭素 1 mol 当たりの化学エネルギーは等しい。

［解答群］

	(ア)	(イ)	(ウ)
①	正	正	正
②	正	正	誤
③	正	誤	正
④	正	誤	誤
⑤	誤	正	正
⑥	誤	正	誤
⑦	誤	誤	正
⑧	誤	誤	誤

(4)　ベンゼンの水素原子のうち2つをメチル基で置換したキシレン（ジメチルベンゼン）には，オルト・メタ・パラの3種の構造異性体が存在する。同様に，ナフタレンの水素原子のうち2つをメチル基で置換したジメチルナフタレンには，何種の構造異性体が存在するか。

［解答群］

①　3種　②　4種　③　5種　④　6種
⑤　7種　⑥　8種　⑦　9種　⑧　10種

(5)　試験管中にニトロベンゼンをとり，そこにスズを加えたあと，(ア)～(オ)の5つの操作の中の3つを組み合わせて行うことにより，アニリンを合成し単離したい。操作は矢印で示す順に行うとしたとき，正しいものはどれか。

(ア)　適切な量の塩酸を加えて温めながら振り混ぜる

(イ) 冷却してから適切な量の亜硝酸ナトリウム水溶液を加えて振り混ぜる

(ウ) 冷却してから適切な量の水酸化ナトリウム水溶液を加えて振り混ぜる

(エ) エーテルを加えて抽出し，エーテルを注意深く揮発させる

(オ) 沈殿物をろ過により集める

[解答群]

① (ア) → (イ) → (エ)

② (ア) → (イ) → (オ)

③ (ア) → (ウ) → (エ)

④ (イ) → (ア) → (オ)

⑤ (イ) → (ウ) → (オ)

⑥ (ウ) → (ア) → (エ)

⑦ (ウ) → (イ) → (エ)

⑧ (ウ) → (イ) → (オ)

(6) アミノ酸とタンパク質に関する次の記述(ア)〜(ウ)について，正しい正誤の組み合わせはどれか。

(ア) 硫黄を含むタンパク質は，水酸化ナトリウム水溶液を加えて加熱してから酢酸鉛(Ⅱ)水溶液を加えると黒色沈殿を生じる。

(イ) タンパク質水溶液に濃い水酸化ナトリウム水溶液を加えて加熱すると，アンモニアが発生する。

(ウ) アミノ酸に水酸化ナトリウム水溶液と硫酸銅(Ⅱ)水溶液を加えても，ビウレット反応は示さない。

［解答群］

	(ア)	(イ)	(ウ)
①	正	正	正
②	正	正	誤
③	正	誤	正
④	正	誤	誤
⑤	誤	正	正
⑥	誤	正	誤
⑦	誤	誤	正
⑧	誤	誤	誤

(7)　3 本の試験管に，濃度 0.5 mol/L の硝酸ナトリウム水溶液，炭酸ナトリウム水溶液，硫酸ナトリウム水溶液のいずれか 1 種ずつが入っている。2 種の適切な試薬を用いることによって，どの試験管にどの水溶液が入っているかを確かめたい。そのためには，どの試薬の組み合わせを用いればよいか。

［解答群］

①　塩化アンモニウム水溶液，塩化バリウム水溶液
②　塩化アンモニウム水溶液，塩酸
③　塩化アンモニウム水溶液，塩化カルシウム水溶液
④　塩化カルシウム水溶液，　塩化バリウム水溶液
⑤　塩化カルシウム水溶液，　塩化ナトリウム水溶液
⑥　塩化カルシウム水溶液，　塩酸
⑦　塩化カリウム水溶液，　塩酸
⑧　塩化カリウム水溶液，　塩化アンモニウム水溶液

(8)　ケイ素の単体と化合物に関する次の記述(ア)～(ウ)について，正しい正誤の組み合わせはどれか。

(ア)　高純度のケイ素は電気をわずかに通す半導体で，これに少量のリンやホウ素などを加えると，電気を通しにくくなる。

(イ)　二酸化ケイ素は，水や塩酸などの強酸にも溶けない安定な化合物であるが，フッ化水素酸とは反応する。

(ウ)　ケイ素は，天然には主に酸化物または単体で存在する。

[解答群]

	(ア)	(イ)	(ウ)
①	正	正	正
②	正	正	誤
③	正	誤	正
④	正	誤	誤
⑤	誤	正	正
⑥	誤	正	誤
⑦	誤	誤	正
⑧	誤	誤	誤

(9)　化合物 **X** の気相における熱分解反応（$2\mathbf{X}(g) \longrightarrow \mathbf{Y}(g) + \mathbf{Z}(g)$）は，反応速度が反応物の濃度の 2 乗に比例する。時間 t〔s〕における反応速度 v〔mol/(L・s)〕は，化合物 **X** の濃度を $[\mathbf{X}]$〔mol/L〕，反応速度定数を k〔L/(mol・s)〕とすると，次式で表される。

$$v = -\frac{d[\mathbf{X}]}{dt} = k[\mathbf{X}]^2$$

この式を変形して積分すると次式が得られる。

$$\frac{1}{[\mathbf{X}]} = kt + C \quad (C \text{は定数})$$

ここで，反応物の初濃度（$t = 0$ における濃度）を $[\mathbf{X}]_0$〔mol/L〕とすると，

$$C = \frac{1}{[\mathbf{X}]_0}$$

となる。

これらのことを用いて，化合物 **X** の濃度が初濃度の半分になるまでの時間を求めるとどのようになるか。

［解答群］

① $\dfrac{1}{k[\mathbf{X}]_0}$　② $\dfrac{1}{2k[\mathbf{X}]_0}$　③ $\dfrac{2}{k[\mathbf{X}]_0}$　④ $\dfrac{4}{k[\mathbf{X}]_0}$

⑤ $k[\mathbf{X}]_0$　⑥ $2k[\mathbf{X}]_0$　⑦ $\dfrac{k[\mathbf{X}]_0}{2}$　⑧ $\dfrac{k[\mathbf{X}]_0}{4}$

⑽　空気（窒素と酸素の体積比が 8.0：2.0 である混合気体とする）が，40 ℃，4.0×10^5 Pa で水に接しているとき，この水に溶けている酸素に対する窒素の質量比の値として，最も近い値はどれか。ただし 40 ℃において，気体の圧力が 1.013×10^5 Pa のとき，水 1 L に溶ける気体の体積を標準状態（0 ℃，1.013×10^5 Pa）に換算した値は，窒素は 0.0123 L，酸素は 0.0231 L である。

［解答群］

① 0.27　② 0.47　③ 0.54　④ 0.93

⑤ 1.1　⑥ 1.9　⑦ 2.2　⑧ 3.7

Ⅱ　次の**文章**①および②の中の空欄 (ア) ～ (キ) の値として最も適切なものを，以下の解答群より選びなさい。ただし，気体は理想気体としてふるまうものとする。(20 点)

文章①

気体**A**，**B**，**C**でそれぞれ満たした 3 つの容器をコックで連結して一定温度に保つ装置を作製し（図 1），下記の操作に従って実験を行った。コック連結部分の容積は無視できるものとする。

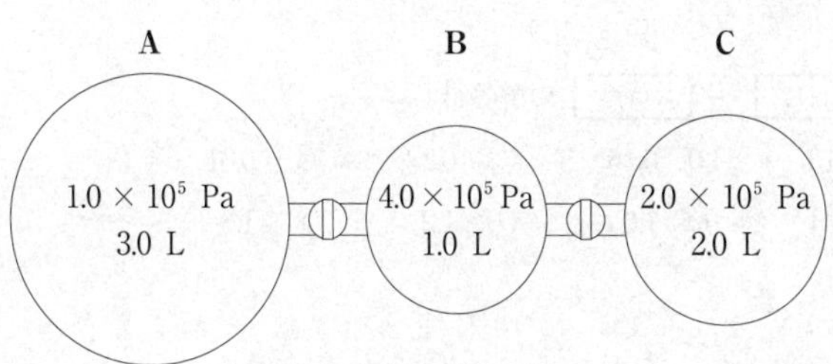

図 1　気体の実験装置

操作

(1)　全てのコックを開いて気体を完全に混合した。このとき，混合気体中の気体**A**，**B**，**C**は反応しなかった。混合後の気体**C**の分圧は (ア) $\times 10^5$ Pa となる。

(2)　気体**A**は，外部から光を照射すると気体**B**と反応し，このとき 1 mol の気体**A**と 3 mol の気体**B**から 2 mol の気体**D**が生じる。気体**C**は気体**A**，**B**，**D**とは反応しない。また，気体**D**は気体**A**，**B**とは反応しない。操作(1)で得られた混合気体について，外部から光を照射して反応させた。気体**A**あるいは**B**のいずれかが完全になくなるまで反応させたとき，反応後の混合気体の全圧は (イ) $\times 10^5$ Pa であり，反応後に残った気体（**A**または**B**）の分圧は (ウ) $\times 10^5$ Pa，気体**D**の分圧は (エ) $\times 10^5$ Pa となった。

［空欄 (ア) ～ (エ) の解答群］

①　0.20　　②　0.28　　③　0.33　　④　0.44

⑤　0.50　　⑥　0.67　　⑦　1.4　　⑧　1.8

文章②

ヘリウム気球を考える。温度が 300 K で圧力が 1.0×10^5 Pa のとき，体積 1.0 m^3 のヘリウムの質量は [(オ)] kg である。また，このヘリウムと同温同圧における体積 1.0 m^3 の空気（窒素と酸素を物質量比 8.0：2.0 で混合した気体）の質量は，[(カ)] kg である。従って，体積 1.0 m^3 のヘリウム気球は，地表近くでは，気球の質量を含めて [(キ)] kg までの物体を持ち上げる能力がある。ただし，地表近くでは温度が 300 K で圧力が 1.0×10^5 Pa とする。

［空欄 [(オ)] ～ [(キ)] の解答群］

①　0.13　　②　0.16　　③　0.23　　④　0.81

⑤　0.94　　⑥　1.0　　⑦　1.2　　⑧　1.6

Ⅲ　次の文章を読み，以下の問い(1)～(7)に答えなさい。数値は有効数字 2 桁で答えなさい。(20 点)

中和反応を用いて，食酢中の酢酸の濃度を求めるため，次の操作を行った。ただし食酢中の酸はすべて酢酸であるとし，食酢の密度は 1.00 g/cm^3 とする。

操作　食酢 10.0 mL を [(ア)] でとり，100 mL 用の [(イ)] に入れて，純水で正確に 10 倍に薄めた。薄めた水溶液 10.0 mL をふたたび [(ア)] でとり，[(ウ)] に入れた。そこに**指示薬A**を加え，[(エ)] から 0.100 mol/L の水酸化ナトリウム水溶液を滴下した。7.10 mL 加えたところで**指示薬Aを加えた溶液がB色からC色に**変色した。

(1)　空欄 [(ア)] ～ [(エ)] にあてはまる最も適切な実験器具を次の解答群①～⑧の中からそれぞれ 1 つ選び番号で答えなさい。

［解答群］

① メスフラスコ　② シャーレ（ペトリ皿）

③ メスシリンダー　④ ビュレット

⑤ コニカルビーカー　⑥ 試験管

⑦ ホールピペット　⑧ 駒込ピペット

(2) 空欄 (ア) と (エ) の実験器具の内側が水でぬれている場合は，使用する水溶液で数回すすいだ後に用いる。この操作の名称を答えなさい。

(3) **指示薬A**および**B・C色**の正しい組み合わせを次の解答群①～⑧の中から１つ選び番号で答えなさい。

［解答群］

	指示薬A	**B色**	**C色**
①	メチルオレンジ	赤	無
②	メチルオレンジ	無	赤
③	メチルオレンジ	黄	赤
④	メチルオレンジ	赤	黄
⑤	フェノールフタレイン	赤	無
⑥	フェノールフタレイン	無	赤
⑦	フェノールフタレイン	黄	赤
⑧	フェノールフタレイン	赤	黄

(4) この中和反応で生じる塩の化学式を書きなさい。

(5) 水酸化ナトリウム水溶液は，使用直前に酸の標準溶液で滴定し，正確な濃度を求めてから使用する。この標準溶液で使用する酸として最も適切なものを次の解答群①～⑤の中から１つ選び番号で答えなさい。

［解答群］

① 塩酸　② 硫酸　③ 硝酸　④ ギ酸　⑤ シュウ酸

(6)　10倍に薄める前の食酢中の酢酸のモル濃度を求めなさい。

(7)　10倍に薄める前の食酢中の酢酸の質量パーセント濃度を求めなさい。

Ⅳ　次の文章を読み，以下の問い(1)〜(8)に答えなさい。有機化合物の構造式は図1の例にしたがって書くこと。(20点)

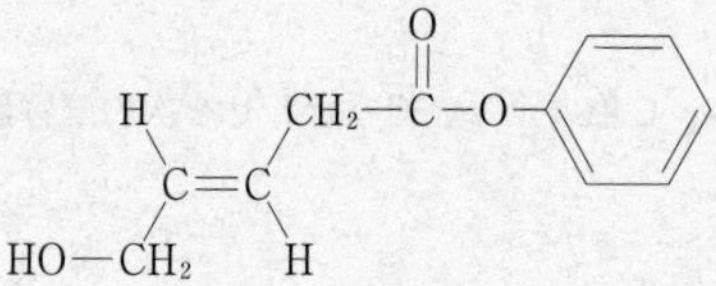

O
H　　　CH_2—C—O—(ベンゼン環)
C=C
HO—CH_2　　H

図1　構造式の例

先生　今日はアルケンの性質を調べることになっていたね。

生徒　教科書にあまり書いていない反応について資料を使って予習してみましたが，全部の空欄は埋まりませんでした。

アルケン	燃焼熱〔kJ/mol〕	HCl の付加の主生成物	オゾン分解の生成物
エチレン $CH_2{=}CH_2$	1411	$Cl{-}CH_2{-}CH_3$	$H{-}C({=}O){-}H$
プロペン $CH_2{=}CHCH_3$	2058	$CH_3{-}CH(Cl){-}CH_3$	
1-ブテン (H)(H)C=C(H)($CH_2{-}CH_3$)	2717		$H{-}C({=}O){-}CH_2{-}CH_3$ $H{-}C({=}O){-}H$
シス-2-ブテン (H)(H_3C)C=C(H)(CH_3)	2710		
トランス-2-ブテン (H)(H_3C)C=C(CH_3)(H)	2706		

先生 調べて書き込んだところは，それぞれの反応などの特徴がちゃんと表れているよ。だから，書き込まれていることを参考にすれば，いろいろなことが推定できるんじゃないかな。

たとえば，アルケンと HCl の付加反応を見てごらん。

生徒 Br_2 との反応のように，HCl もアルケンと付加反応をするんですね。

先生 そうだね。(a)<u>1-ブテンと HCl の反応</u>では何ができるか，表の結果を参考にして考えてみよう。

生徒 H と Cl の付加する位置には規則があるのでしょうか…確かに，推定できました。

ところで，エチレンよりプロペンのほうが燃焼熱が大きいのは 1 分子に含まれる炭素原子や水素原子の数が多いから理解できるのですが，1-ブテンとシス-2-ブテン，トランス-2-ブテンという 3 種のブテンの燃焼熱は同じにならないんですね。

先生 うん。それに関して考えてみよう。触媒を使うと 1-ブテンをトランス-2-ブテンに変えられるんだけれど，そのときの反応熱はどうなるだろう。(b)<u>次の熱化学方程</u>

式のQだね。(c)［(ア)］の法則で燃焼熱から求められるんじゃないかな。

$$\underset{\text{H}}{\overset{\text{H}}{\diagdown}}\text{C}=\text{C}\underset{\diagdown\ CH_2-CH_3}{\overset{\diagup\ H}{}} = \underset{H_3C\ \diagup}{\overset{H\ \diagdown}{}}\text{C}=\text{C}\underset{\diagdown\ H}{\overset{\diagup\ CH_3}{}} + Q\,[\text{kJ}] \qquad \text{（式1）}$$

生徒　はい。このQの値の正負から考えると，どちらのアルケンの化学エネルギーが低いかわかるんですね。

先生　化学エネルギーが低いアルケンのほうが安定だと考えると，(d)ブテンの3種の異性体の安定性の順番も決められることになるね。

生徒　アルケンの異性体は構造により安定性が異なっていたんですね。

先生　そういうことになるね。さて，オゾン分解の生成物も見てみよう。オゾン分解というのは，アルケンを低温で(e)オゾンと反応させてから亜鉛で還元する反応のことで，C=C結合が開裂してカルボニル化合物が得られるんだ。

生徒　表を見ると，確かにそうなっていますね。

先生　この反応は，アルケンの構造を調べるのに使えるね。C_5H_{10}の分子式をもつ2種の**アルケンA**，**B**で考えてみよう。**A**は分枝状，**B**は直鎖状の構造であるとし，またオゾン分解で**A**からは**C**と**D**の2種，**B**からは**E**と**F**の2種の生成物がそれぞれ得られて，**C**～**F**はすべて異なる化合物だったとしよう。**C**と**D**はどちらもヨウ素と水酸化ナトリウム水溶液を加えて加熱したときに黄色沈殿を生じたとすると，**A**と**B**の構造はどうなるかな。

生徒　**C**と**D**を区別するには銀鏡反応が使えそうですね。

先生　そうだね。では，**C**は銀鏡反応をするけれども**D**はしないとして，まず(f)**C**と**D**それぞれの構造を考えてごらん。もう(g)**A**と**B**の構造も決められるね。

問い

(1)　下線部(a)について，1-ブテンとHClの付加反応の主生成物を表の結果から推定して構造式で答えなさい。

(2)　1-ブテンの完全燃焼の化学反応式を答えなさい。

(3)　下線部(b)について，式1の Q〔kJ〕の値を求め，正負の符号をつけた整数値で答えなさい。

(4)　下線部(c)の空欄　(ア)　に当てはまる法則の名前を答えなさい。

(5)　下線部(d)について，1-ブテン，シス-2-ブテン，トランス-2-ブテンの中で最も安定なもの，最も不安定なものを選ぶとどのようになるか。正しい組み合わせを次の解答群①～⑥の中から1つ選び番号で答えなさい。

[解答群]

	最も安定なもの	最も不安定なもの
①	1-ブテン	シス-2-ブテン
②	1-ブテン	トランス-2-ブテン
③	シス-2-ブテン	1-ブテン
④	シス-2-ブテン	トランス-2-ブテン
⑤	トランス-2-ブテン	1-ブテン
⑥	トランス-2-ブテン	シス-2-ブテン

(6)　下線部(e)のオゾンの分子式を答えなさい。

(7)　下線部(f)について，**C**および**D**の構造式を答えなさい。

(8)　下線部(g)について，**A**および**B**の構造式を答えなさい。

生物

（90 分）

問題ⅠとⅡの解答は，マーク解答用紙の指定された欄にマークしなさい。問題ⅢとⅣの解答は，記述解答用紙の解答欄に答えなさい。

Ⅰ　以下の**A**～**C**の設問に答えなさい。（30 点）

A　真核生物に関する以下の問い(1)～(9)に答えなさい。

(1)　細胞周期に関する以下の記述の中で，誤っているものを 1 つ選び，記号をマークしなさい。

(a)　細胞周期は，分裂期と間期とに大分される。
(b)　染色体の DNA が複製されるのは，S 期だけである。
(c)　分裂期の前期に染色体が凝縮し，紡錘体が形成される。
(d)　分裂期の中期に染色体が赤道面に整列する。
(e)　分裂期の終期に染色体が分離し，両極へ移動する。

(2)　減数分裂に関する以下の記述の中で，誤っているものを 1 つ選び，記号をマークしなさい。

(a)　第一減数分裂前期に，相同染色体の対合がみられる。
(b)　第一減数分裂前期に，二価染色体がつくられる。
(c)　第二減数分裂で，相同染色体の分離がみられる。
(d)　第一減数分裂で，相同染色体の乗換えがみられる。
(e)　第一減数分裂と第二減数分裂の間には，DNA 複製は起こらない。

(3) 染色体構成が $2n = 8$ の生物において，乗換えが起こらないと仮定すると，1個体から生じる配偶子の染色体の組み合わせはいくつになるか，以下の中から適切なものを1つ選び，記号をマークしなさい。

(a) 4

(b) 8

(c) 12

(d) 16

(e) 32

(4) ヒトの染色体に関する以下の記述の中で，適切なものを1つ選び，記号をマークしなさい。

(a) 染色体複製後にできる2本の染色体は相同染色体である。

(b) 配偶子の核に含まれる染色体は，どれも互いに相同染色体ではない。

(c) 23組の常染色体をもつ。

(d) 男女に共通する性染色体はY染色体である。

(e) Y染色体はX染色体よりも大きく，その中に含まれる遺伝子の数も多い。

(5) DNAに関する以下の記述の中で，誤っているものを1つ選び，記号をマークしなさい。

(a) ヌクレオソームは，DNAがヒストンに巻きついた構造である。

(b) ヌクレオチドは，リン酸と糖と塩基からなる。

(c) アデニン，チミン，グアニン，シトシンの4種類の塩基を含む。

(d) ヌクレオチド鎖の一方の塩基が決まると，もう一方も自動的に決まる相補的な関係にある。

(e) ヌクレオチド鎖には方向性があり，リン酸で終わる末端は3′末端，糖で終わる末端は5′末端とよばれる。

(6) DNAに含まれる塩基数の割合として，アデニンが20%含まれていた場合，グアニンが含まれる割合はいくらか。適切なものを1つ選び，記号をマークしなさい。

(a)　20%
(b)　30%
(c)　40%
(d)　50%
(e)　70%

(7)　以下の記述の中で，DNA ポリメラーゼのはたらきを正しく説明したものを1つ選び，記号をマークしなさい。

(a)　鋳型鎖に相補的な RNA プライマーを合成する。
(b)　岡崎フラグメントを連結する。
(c)　鋳型鎖と同じ塩基配列の DNA を合成する。
(d)　1本鎖 DNA どうしを連結する。
(e)　ヌクレオチド鎖とデオキシリボヌクレオシド三リン酸を連結する。

(8)　DNA の複製に関する以下の記述の中で，適切なものを1つ選び，記号をマークしなさい。

(a)　DNA ヘリカーゼは，二重らせんを1本鎖にほどく。
(b)　DNA リガーゼは，ラギング鎖を合成する。
(c)　リーディング鎖はセンス鎖である。
(d)　リーディング鎖では，断片的な DNA が合成される。
(e)　岡崎フラグメントはアンチセンス鎖である。

(9)　染色体の複製起点（▶印）から DNA が合成され始めるとき，DNA はふくらんだ輪のような構造になる。以下の図は，これを模式的に表している。複製起点から同じスピードで左右に複製フォークが進んでいると仮定して，DNA 複製時の様子を正しく示しているものを1つ選び，記号をマークしなさい。ただし，矢印は新しく合成されている DNA の鎖を，矢印の向きは DNA の合成方向を示している。鋳型鎖に 5′ 末端と 3′ 末端を示している。

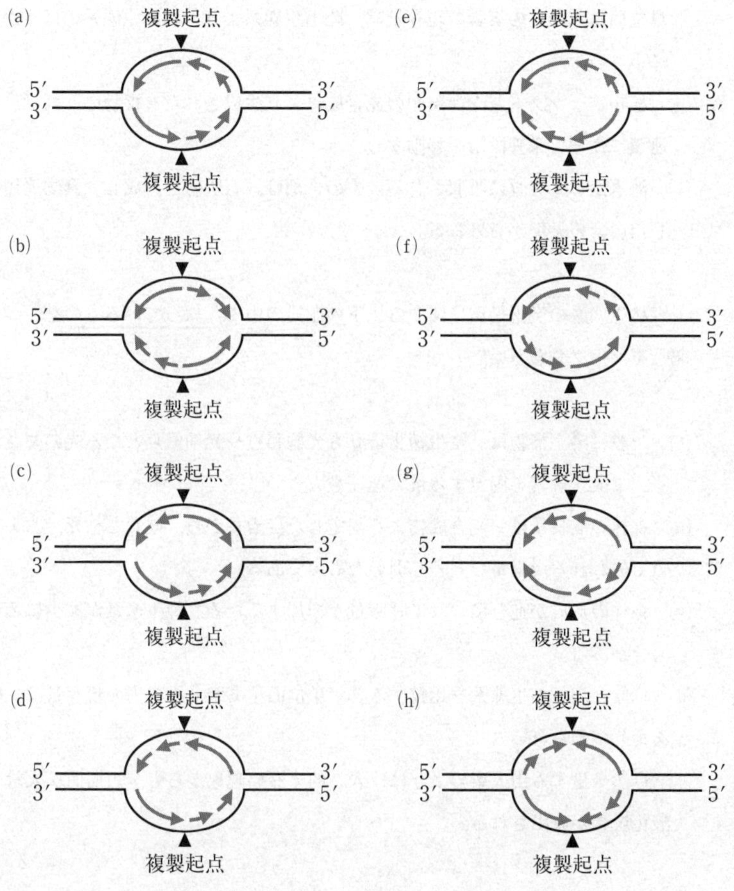

B　環境における物質循環に関する以下の問い(1)～(5)に答えなさい。

(1)　海洋生態系の炭素循環に関する以下の記述の中で，誤っているものを1つ選び，記号をマークしなさい。

(a)　河川を流れる植物の分解物など，様々な有機物が陸上生態系から海洋生態系へと移動するが，海洋生態系から陸上生態系へも，有機物は移動する。

(b)　沿岸部よりも外洋のほうが，単位面積あたりの生産量は一般に大きい。

(c)　海洋生態系においては，幹や茎などの支持組織をもつ生産者が少ないため，単位面積あたりの炭素の現存量は，陸上生態系よりも海洋生態系のほうが一般に小さい。

(d)　植物プランクトンや海藻類の光合成により生成された有機物の一部は，食物連鎖に従って栄養段階を移動する。

(e)　海水からサンゴに吸収される炭素の一部は，石灰岩を形成し，食物連鎖を通した炭素の循環から外れる。

(2)　森林生態系の炭素循環に関する以下の記述の中で，誤っているものを1つ選び，記号をマークしなさい。

(a)　一般に陽生植物は，陰生植物よりも光飽和点や光補償点となる光の強さが強く，二酸化炭素を固定する最大速度も大きい。

(b)　森林の成長量は，光合成により固定した炭素量から，被食と枯死，および呼吸で失われる炭素量を，差し引いたものである。

(c)　森林の形成が進むにつれて呼吸量が増加するため，純生産量が減少に転じる場合がある。

(d)　草原と森林の生態系を比較すると，単位面積あたりの炭素の現存量は一般にあまり変わらない。

(e)　自然発生する山火事のように，人為的でない現象からも，短期間に大量の二酸化炭素が放出される。

(3)　農地の窒素循環に関する以下の記述の中で，誤っているものを1つ選び，記号をマークしなさい。

(a)　根粒菌と共生するマメ科植物を育てることで，肥料成分となる土壌中の窒素化合物を増やすことができる。

(b)　大気から人工的に固定された窒素の一部は，肥料成分として作物に吸収された後，食物として人間社会へと移動する。

(c)　土壌中の窒素化合物の一部は，土壌動物や作物の体内における呼吸に使われ，窒素分子として大気に放出される。

(d)　微生物の分解作用により，肥料成分となる土壌中のアンモニウム塩が，増加する場合がある。

(e)　土壌中の窒素化合物のうち，作物により吸収されないものは水域に流出し，水質問題の原因となることがある。

(4)　富栄養化に関する以下の記述の中で，誤っているものを1つ選び，記号をマークしなさい。

(a)　特定のプランクトンが大量発生し，水中の酸素濃度が低下することを富栄養化とよぶ。

(b)　富栄養化の結果，生息する生物の種構成や個体数が大きく変化することがある。

(c)　一般に富栄養化は，海だけでなく，湖沼においても発生する。

(d)　水質汚染の度合いを測定するためには，指標生物の有無など，様々な目安が活用される。

(e)　富栄養化は，栄養塩の希釈や，泥や岩石への吸着で緩和されることがある。

(5)　炭素や窒素の循環において，人間社会におけるヒト体内の代謝も重要な要素である。以下の(ア)〜(オ)は，ヒト体内の代謝に関連する化合物に関する記述である。それぞれの記述に該当する化合物を［選択肢］(a)〜(i)から1つずつ選び，記号をマークしなさい。

(ア)　ヒトが食べる作物に含まれる代表的なタンパク質であり，光合成における重要な酵素である。

(イ)　体内のアンモニア濃度を下げるために，肝臓で合成される。

(ウ)　作物の細胞壁を構成する主成分の1つだが，ヒトにはこれを消化するしくみがない。

(エ)　筋肉が酸素を使わずに活動を続ける際の，解糖における最終生成物である。

(オ)　細胞質やミトコンドリアで合成され，様々な生命活動に必要なエネルギー源となる。

［選択肢］

(a)　ATP　(b)　アミラーゼ　(c)　ルビスコ
(d)　デンプン　(e)　セルロース　(f)　グルコース
(g)　グリコーゲン　(h)　尿素　(i)　乳酸

C　個体群や生物群集，生態系に関する以下の問い(1)～(5)に答えなさい。

(1)　個体群の相互作用に関する以下の記述の中で，適切なものを1つ選び，記号をマークしなさい。

(a)　競争の程度は，生態的地位が遠い種間ほど強い傾向がある。
(b)　同じ資源を利用する種どうしでも，生活空間を分けたり活動時間を分けたりして同所に共存することができる。
(c)　捕食者は，別の生物の被食者にはなりえない。
(d)　相互作用しながら生活している異種の個体群の集まりを，生態系という。

(2)　外来生物に関する以下の記述の中で，適切なものを1つ選び，記号をマークしなさい。

(a)　外来生物が生態系や人間の活動に悪影響を与える場合がある一方，在来生物がそのような影響を与えることはない。
(b)　国内であれば，本来生息していない地域に生物が持ち込まれても問題は生じない。
(c)　外来生物による生態系，人間の生命・身体，農林水産業への被害を防止することを目的として，いわゆる「外来生物法」が制定された。
(d)　外来生物を駆除して生態系を復元する試みは，世界各地で行われている。日本でも，ほとんどの外来生物の根絶に成功している。

(3)　以下のうち特定外来生物に指定されていない生物を1つ選び，記号をマークしなさい。

(a)　ボタンウキクサ　　(b)　オオクチバス

(c)　アライグマ　　(d)　アマミノクロウサギ

(4)　生物多様性に関する以下の記述の中で，適切なものを1つ選び，記号をマークしなさい。

(a)　生物多様性には，遺伝的多様性，種多様性，地域多様性の3種類がある。

(b)　撹乱がない場合，種間競争に強い種だけが存在するようになり，生物多様性は高くなる。

(c)　一般に食物や生活空間などの資源が多様であれば，そこに生息する生物の種も多様になる。

(d)　野焼きや草刈りなどの人為的な撹乱は生物多様性を減少させるため，生物多様性の保全の観点から避けるべきである。

(5)　生態系サービスに関する以下の記述の中で，適切なものを1つ選び，記号をマークしなさい。

(a)　人間に生態系サービスを与える生物を選別し，それらを保全することが重要である。

(b)　生態系サービスのうち，人間の生活を支える物質などを提供するものを調節サービスとよぶ。

(c)　森林をハイキングし自然に触れる体験ができることは，生態系サービスの1つである。

(d)　農業生産により農産物が得られることは，生態系サービスには含まれない。

Ⅱ　以下の問い(1)〜(5)に答えなさい。(20点)

(1)　下記のできごと(a)〜(e)は，最初の生命の誕生から陸上植物の出現までの間に起こった。それらを古い順に並び替え，記号(a)〜(e)を下の空欄 (ア) 〜 (オ) にマークしなさい。

(a)　多細胞生物の出現　　(b)　酸素非発生型光合成の開始

(c)　オゾン層の形成と，オゾン層による紫外線の大幅な吸収

(d)　酸素発生型光合成の開始　　(e)　真核生物の出現

「最初の生命の誕生」→ (ア) → (イ) → (ウ) → (エ) → (オ) →「陸上植物の出現」

(2)　古生代以降の地質時代での生物の変遷を表1に示す。つぎの(i)〜(iii)に答えなさい。

(i)　表1中の空欄 (カ) 〜 (コ) にあてはまる地質時代の名称を下の［選択肢］から1つ選び，記号をマークしなさい。

［選択肢］

(a)　ジュラ紀　　(b)　石炭紀　　(c)　白亜紀　　(d)　デボン紀

(e)　シルル紀

(ii)　表1中の下線部①が示す，最初の脊椎動物に最も近いと考えられている現生の脊椎動物を下の［選択肢］から1つ選び，記号をマークしなさい。

［選択肢］

(a)　サメ　　(b)　ヤツメウナギ　　(c)　ナメクジウオ

(d)　シーラカンス　　(e)　肺魚

表1　古生代以降の地質時代での生物の変遷

地質時代				生物の変遷
古生代	カンブリア紀		5.4 億年前	バージェス動物群 ①脊椎動物の出現
古生代	オルドビス紀	㋐		陸上植物の出現
古生代	(カ)			あごのある魚類の出現 シダ植物の出現
古生代	(キ)	㋑		両生類の出現 裸子植物の出現
古生代	(ク)			は虫類の出現 シダ植物が大森林を形成
古生代	ペルム紀	㋒		シダ植物の衰退
中生代	三畳紀	㋓	2.5 億年前	は虫類の発展 哺乳類の出現
中生代	(ケ)			裸子植物の繁栄 鳥類の出現
中生代	(コ)	㋔		被子植物の出現
新生代	古第三紀		6600 万年前	被子植物の繁栄 哺乳類の繁栄
新生代	新第三紀			人類の出現
新生代	第四紀			ヒトの出現

(iii)　化石の研究から，古生代以降の地球では少なくとも5回，表1中の㋐～㋔で示す地質時代（紀）の最後に大量絶滅があったと考えられている。つぎの(あ)～(え)のできごとはどの地質時代で起こったか。表1中の㋐～㋔から1つ選び，記号をマークしなさい。同じ記号を何度選んでもよい。

(あ)　非常に活発な火山活動が原因と考えられている最大規模の大量絶滅で，海生生物の9割が絶滅したとされる

(い)　アンモナイトの絶滅　　(う)　三葉虫の絶滅　　(え)　恐竜の絶滅

(3)　化石でしか知られていないシダ植物を下の［選択肢］から1つ選び，記号を

マークしなさい。

[選択肢]

(a) ゼンマイ (b) ソテツ (c) メタセコイア (d) ロボク (e) イチョウ

(4) 大量絶滅を生き延びた生物種の中で，ある系統はさまざまな環境に適応して多数の系統に分岐した。「さまざまな環境に適応して多数の系統に分岐すること」を何というか。もっともよくあてはまる語を下の［選択肢］から1つ選び，記号をマークしなさい。

[選択肢]

(a) 自然選択 (b) 遺伝的浮動 (c) 収れん (d) 共進化 (e) 適応放散

(5) 生物の系統樹には，祖先である生物が新たな形質を獲得しながら進化した過程が示されている。植物の系統についてみると（図1），造卵器はすべての植物に，［(サ)］はコケ植物以外の植物に共通する形質である。図1中の空欄［(サ)］〜［(ス)］にあてはまる形質を下の［選択肢］から1つ選び，記号をマークしなさい。

[選択肢]

(a) 菌糸 (b) 種子 (c) りん片 (d) 子房 (e) 維管束

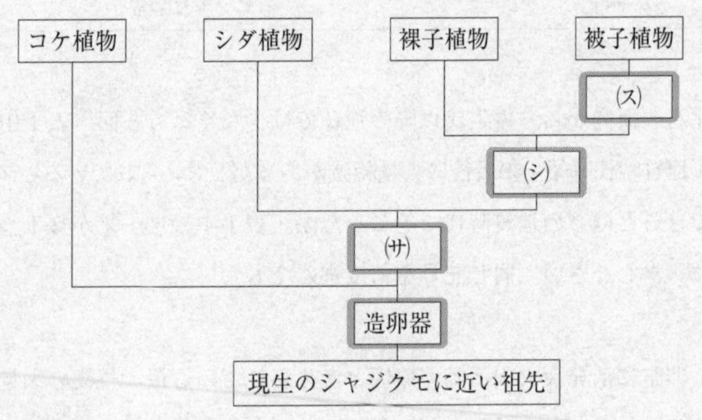

図1 植物の系統

Ⅲ　以下の文章を読み，問い(1)〜(5)に答えなさい。(25点)

大腸菌などの原核生物では，遺伝子の転写と翻訳は同時に起こる①。しかし，下に示すオペロンO（オー）のように，転写されたmRNAが細胞内の特定の場所に運ばれたのちに，そこで翻訳が行われる②例も知られている。

転写されたmRNAが細胞内のどこに存在するかは，ウイルス由来のあるタンパク質Tを使って調べることができる。タンパク質Tには，RNA上の配列Sと結合する性質がある。そこであらかじめ，その存在場所を知りたいmRNAに，配列Sを挿入しておく。そして，mRNA上の配列Sに，タンパク質Tと緑色蛍光タンパク質（GFP）との融合タンパク質（T-GFP）を結合させる。そうすると，目的のmRNAが存在する場所に，緑色蛍光が検出される。この方法を用いて，大腸菌のあるオペロンから転写されたmRNAの存在場所を調べた。

オペロンOは，遺伝子A，遺伝子B，遺伝子Cからなる（図1）。これらの遺伝子からつくられる酵素A，酵素B，酵素Cのうち，酵素Aと酵素Cは細胞質基質に存在し，酵素Bは細胞膜に埋め込まれてはたらく。遺伝子Aの上流領域に配列Sを数回繰り返して挿入したオペロンOと，T-GFPを発現させる遺伝子とを導入した大腸菌の株を用いて，オペロンOから転写されたmRNAの存在場所を調べた。その結果，mRNAは細胞膜に存在することがわかった。さらに，配列の一部を欠損させたオペロンOをもつ2種の株を用いて，オペロンOから転写されたmRNAの存在場所を調べた（実験1）。その結果を表1に示す。

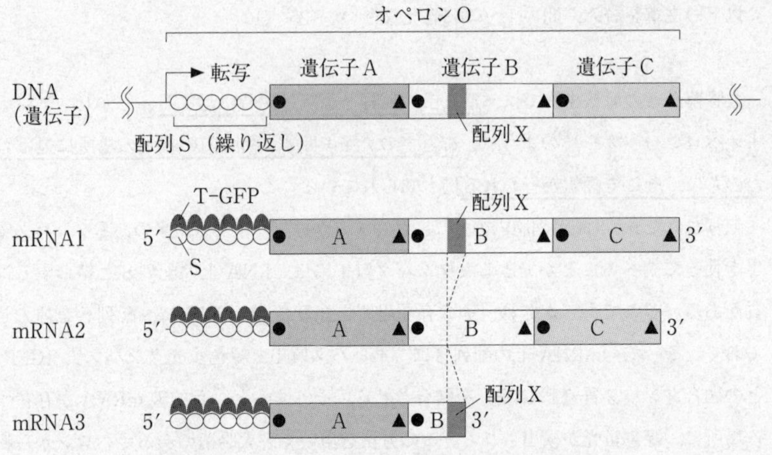

図1　オペロンOとその転写産物の構造

(T-GFPの記号)はmRNA上の配列Sに結合したT-GFPを，●と▲は各遺伝子内の開始コドンと終止コドンの位置をそれぞれ示す。配列Xは遺伝子Bの内部に存在する。

表1　実験1の結果

	転写産物(mRNA)	転写産物の存在場所
オペロンO	mRNA1	細胞膜
配列Xを欠損させたオペロンO	mRNA2	細胞質基質
配列Xよりも3′側を欠損させたオペロンO	mRNA3	細胞膜

(1)　下線部①に関連して，図2はある原核生物と真核生物の染色体の電子顕微鏡像とその模式図である。それぞれ，転写が起きている1つの遺伝子領域を示す。以下の(i)，(ii)の問いに答えなさい。

(i)　原核生物の例である図2Aでは，矢印の方向で示すように，転写は図の上側から下側に向かって進行すると考えられる。その理由を説明しなさい。

(ii)　図2を説明する以下の文中の空欄 (ア) ～ (オ) にあてはまる適切な語を答えなさい。

原核生物では転写と翻訳が同時に起こることから，写真AにおいてRNAに結合している多数の粒子は ｱ であると考えられる。一方，真核生物では一般に，転写と翻訳が起こる細胞内の場所は異なり，転写のみが ｲ 内で行われる。転写されたRNAからは， ｳ によって ｴ が取り除かれ，mRNAとして完成する。写真BのRNAにみられるループ状の構造は，この ｴ であると考えられる。こののち，mRNAは ｲ の外に運ばれ，細胞質基質，または， ｵ の膜上にある ｱ で翻訳が行われる。

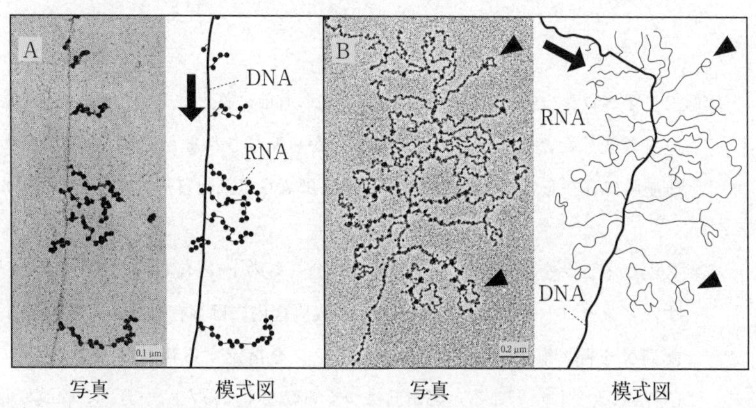

図2　原核生物の染色体（A）および真核生物の染色体（B）の構造

それぞれ左は転写が起きている領域の電子顕微鏡像，右はその模式図。模式図内の太線はDNAを，細線はRNAを表す。矢印は転写の方向，▶はRNAにみられるループ状の構造の例。

(2)　オペロンOから転写されるmRNAに関して，実験1の結果（表1）にもとづいて考えられることを，以下の記述からすべて選び，記号で答えなさい。

(a)　オペロンOから転写されたmRNAが細胞膜に運ばれるためには，酵素Aが翻訳される必要がある。

(b)　オペロンOから転写されたmRNAが細胞膜に運ばれるためには，mRNA上の遺伝子Cの配列は必要ない。

(c)　遺伝子Aの塩基配列に改変を加えなければ，オペロンOから転写されたmRNAは細胞質基質に運ばれる。

(d)　オペロンOから転写されるmRNAが細胞膜に運ばれるためには，mRNA上の配列Xに相当する部分が必要である。

(e)　mRNA2やmRNA3からは，酵素Aは翻訳されない。

(3)　さらに，以下の実験（実験2～4）を行い，実験1と同じ方法でmRNAの存在場所を調べた。同時に，翻訳された酵素の存在場所も調べた。実験2～4の結果にもとづいて考えられることを，(a)～(e)の記述からすべて選び，記号で答えなさい。

実験2：オペロンO内の遺伝子Bの，配列Xの直前に終止コドンが生じるように配列を改変したところ，このオペロンOから転写されるmRNA（mRNA1′）は細胞膜に存在していた。また，酵素Aと酵素Cは細胞質基質に存在していた。

実験3：ロイシンを指定する6つのコドンのうちの1つ（CUA）は，それと結合するアンチコドンをもつtRNAがこの大腸菌内には存在しない。遺伝子Bの，配列Xを除く領域に存在する，ロイシンを指定する複数箇所のコドンを，CUAに改変したところ，酵素Bはつくられなくなった。一方，この改変したオペロンOから転写されるmRNA（mRNA1″）は細胞膜に存在し，酵素Aと酵素Cは細胞質基質に存在していた。

実験4：オペロンOをもたない大腸菌の株に遺伝子Cを導入し，遺伝子Cが他の遺伝子とオペロンを構成せずに転写・発現するようにした。その結果，遺伝子CのmRNAも酵素Cも，細胞質基質に存在していた。

(a)　酵素Bは，酵素Aと酵素Cに結合し，それらを細胞膜に移動させる。

(b)　ロイシンを指定するコドンCUAをもつmRNAは，オペロンOのmRNA以外でも，細胞膜に存在する。

(c)　オペロンO内に存在する配列Xの塩基配列を改変しなければ，酵素Bが翻訳されなくても，オペロンOのmRNAは細胞膜に存在する。

(d)　遺伝子Bとともにオペロンを構成しなければ，遺伝子CのmRNAは細胞膜に存在できない。

(e)　T-GFPは，配列CUAにも結合できる。

(4) 膜タンパク質である酵素Bのはたらきとして，可能性のもっとも高いものは以下のうちどれか。１つ選び，記号で答えなさい。

(a) 遺伝子の転写を調節する。
(b) 細胞に物質を取り込む。
(c) 解糖系で糖の代謝を行う。
(d) RNA を合成する。
(e) DNA の特定の配列を認識して切断する。

(5) 下線部②に関連して，真核生物においても，転写された mRNA が細胞内の特定の場所に運ばれたのちに，そこで翻訳が行われる例が知られている。ショウジョウバエの発生過程において，卵の特定の場所に存在することが知られている mRNA の名称と，分布のしかた，およびその効果について説明しなさい。

Ⅳ 以下の文章**A**，**B**を読み，問い(1)〜(11)に答えなさい。(25 点)

A 温泉が自噴する所では，そこから湯の流れができる。その湯の中からシアノバクテリアを採取した。採取地点の泉温は 55 ℃であった。

このシアノバクテリアを顕微鏡で観察したところ，単細胞で細長く，その長さは大腸菌の約１〜２倍①であった。この細胞の特性を詳しく調べるため，培養を試みた。無機塩類のみを加えた培地に細胞を懸濁し，50 ℃で光を照射すると同時に，CO_2 を加えた空気を通気したところ良好な生育を示した。

シアノバクテリアのなかには，空気中の窒素を還元してアンモニウムイオンを合成する②ものがある。しかし，培養したシアノバクテリアにはこのはたらきはみられなかった。増殖した細胞の吸収スペクトルを測定したところ，図１の実線で示されるスペクトルが得られた。これは，クロロフィルとカロテノイド③の吸収スペクトル，さらに，シアノバクテリアと紅藻がもつ光合成色素である，フィコシアニンの吸収スペクトルをすべて足し合わせたものに近かった。

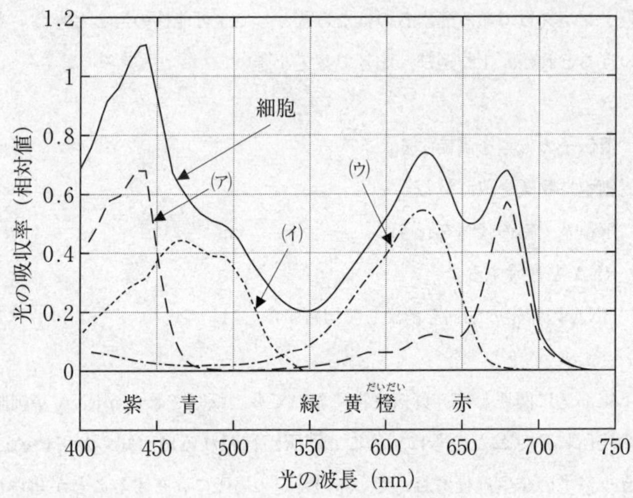

図1　温泉から採取したシアノバクテリア細胞と各色素の吸収スペクトル

(1)　ウーズはさまざまな生物の遺伝子の塩基配列を解析し，生物を大きく3つのドメインに分類した。この分類では，シアノバクテリアはバクテリアドメインに属している。あと2つのドメインは何とよぶか。名称を答えなさい。

(2)　下線部①について，採取したシアノバクテリアの細胞の長さはどのくらいだと考えられるか。以下の［選択肢］の中からもっとも適切と考えられるものを1つ選び，記号で答えなさい。

［選択肢］

(a)　0.02～0.05 μm　　(b)　0.2～0.5 μm　　(c)　2～5 μm

(d)　20～50 μm　　(e)　200～500 μm

(3)　大腸菌のように，有機物を摂取し，それらを利用して生命活動に必要な物質につくり変えたり，エネルギーを得たりして生きている生物を総称して何とよぶか，漢字で答えなさい。

(4)　下線部②のはたらきは何とよぶか答えなさい。

(5) 紅色硫黄細菌も光合成を行う生物である。シアノバクテリアと紅色硫黄細菌について述べた以下の文の中から正しいものをすべて選び，記号で答えなさい。

(a) シアノバクテリアは炭酸同化を行うが，紅色硫黄細菌は炭酸同化を行わない。

(b) シアノバクテリアはクロロフィルをもつが，紅色硫黄細菌はバクテリオクロロフィルをもつ。

(c) シアノバクテリアは1種類の光化学系をもつが，紅色硫黄細菌は2種類の光化学系をもつ。

(d) シアノバクテリアは光合成で酸素を発生するが，紅色硫黄細菌は酸素を発生しない。

(e) シアノバクテリアは葉緑体をもつが，紅色硫黄細菌は葉緑体をもたない。

(6) 下線部③について，それぞれの吸収スペクトルは図1の(ア)〜(ウ)のどれにあたるか，記号で答えなさい。

(7) 図1の吸収スペクトルから，この温泉産シアノバクテリアはどんな色をしていると考えられるか。図1に示した6つの色の中からもっとも近いものを1つ選び，答えなさい。

(8) 真核生物の葉緑体はシアノバクテリアが，ミトコンドリアは好気性細菌が，他の細胞に取り込まれて成立したと考えられている。この考えを何とよぶか答えなさい。また，これを提唱した人の名前を答えなさい。

B 温泉から採取したシアノバクテリアが増殖していく過程を追跡するために，一定時間毎に試料を取り，1 mL あたりの細胞数を計数した。これを 30，35，40 および 50 ℃の4つの異なる温度で行った（図2）。

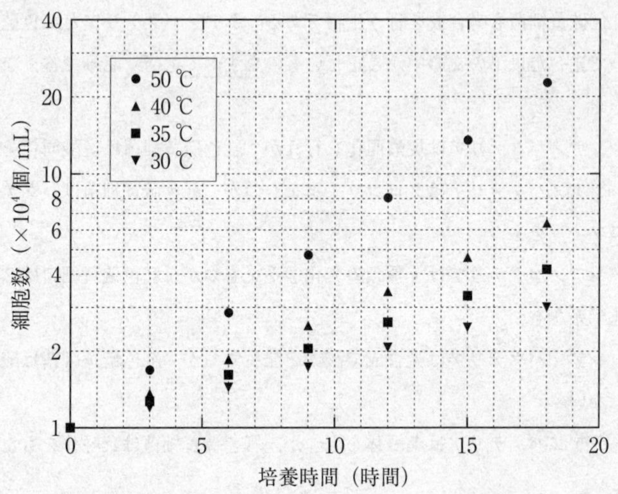

図2　温泉から採取したシアノバクテリアの増殖

培養液中で細胞数が2倍になるのに要する時間を倍加時間（T）として定義すると，2T時間後には細胞数が最初の［(エ)］倍に，3T時間後には［(オ)］倍になる。任意の時間t時間後には［(カ)］倍になるので，最初の細胞数をN_0とすると，t時間後の細胞数Nは［(キ)］と表すことができる。実際には細胞数の時間経過をグラフに表したものから数値を読み取って，この倍加時間Tを求めることになる。

(9)　上の文中の［(エ)］～［(キ)］に入るもっとも適切な数値もしくは式を答えなさい。

(10)　このシアノバクテリアを50℃で培養したときの倍加時間Tをグラフから読み取って計算し，小数点第2位の値を四捨五入して小数第1位までの値で答えなさい。

(11)　30，35，40℃における倍加時間Tは，それぞれ11.42，8.79，6.76時間であった。これらの間にはある規則性があり，それは50℃での倍加時間にもあてはまる。このとき45℃での倍加時間は何時間になると推定されるか。その根拠，ならびに推定倍加時間を小数点第2位の値を四捨五入して小数第1位までの値で答えなさい。

解答編

英語

I 解答 1．(ア)―D (イ)―B (ウ)―A (エ)―A
2．1―C 2―C 3―D 4―A
3．1―D 2―C 3―A 4―C
4．B・F

◆全 訳◆

≪飛行機の二酸化炭素削減問題≫

飛行機は信じられないくらいの量の燃料を使う。大型旅客機は24万リットルの燃料を積んでいる。これはオリンピックで使われるプールの大きさの約10分の1に相当し，1秒につき4リットルの割合で燃やし続ける。そのような理由から人やモノを世界中に運ぶことは，集中的にエネルギーを使い，気候にはひどく悪いことになる。たった1回の飛行で多くの人が1年に排出する二酸化炭素と同量の二酸化炭素を排出する可能性があり，世界的な飛行回数はこれからの数十年の間に急速に増加するとみられている。他の産業と比べて，航空産業は温室効果ガスの排出量は比較的少ない。しかし，航空産業は成長が最も速い産業でもある。2000年から2019年の間は，1年間の飛行回数は5％増え，2019年までに世界の二酸化炭素排出量の2.5％を排出している。

このことの意味は，航空機の排出ガスに関して今よりはるかに多くのことを始める必要があるということだ。世界中で地球温暖化を制限することが望まれているとするならば，航空業界は長期的には化石燃料から完全に撤退する必要があるだろう。エアバスのような会社には，15年以内に水素飛行機を開発するという野心的な計画がある。しかし，その費用と複雑さを考えると，この技術を使って，この期間の枠内で飛行機を飛ばせるようになるというのは，非現実的なように思われる。航空業界が気候に与える影響を減らすために，当面できることは何があるだろうか。水素燃料の飛行機が現実のものとなるまで，飛行機で使う代替燃料が見つけられるであろうか。

2010年，SkyNRGという会社が，航空機用の環境により優しい燃料開発のための，最初の努力の一つを始めた。11年後，それは「高次廃棄物」バイオ燃料を飛行機に供給する数少ない会社の一つとなった。この燃料は，使用済みの料理用油や産業用の化学物質のような再利用廃棄物から作られる。飛行機用化石燃料に代わる短期的な代用燃料のもう一つは，水と炭素の化学的反応を使って作られる合成燃料である。この2種類の燃料はともに持続可能な航空機燃料（SAFs）として知られており，従来の飛行機の燃料と似た化学的性質を持っている。これらは，新たなエンジン技術を必要とせず，化石燃料と混合させて飛行機で使うことができる。この燃料の一部は，長年使われてきた燃料と半々の割合まで混合して使うことができる。

残念なことに，航空業界における持続可能な代替燃料の利用はごくわずかなままである。その理由は，それらはどちらも価格が高く，供給に限界があることである。航空機とともに，他の輸送機関，例えば船，トラック，車のような輸送機関からのSAFsに対する需要がある。端的に言って，行き渡るだけの十分なSAFsがないのである。2019年に，5,000万リットルのSAFsが飛行機で使われたが，それは世界中で使われている航空機燃料の0.01％に過ぎない。つまり，2020年までに6％にするという，2010年に取り決められた目標に航空産業は達していないということである。最近のある研究でわかったのは，EUにおける航空機燃料は，2030年までに持続可能な資源から得られるものはせいぜい5.5％くらいのものだろうということである。

もし持続可能な燃料が航空機の排出ガス問題の現実的な答えとならないならば，他に我々にできることがあるだろうか。今まで航空産業では飛行機の燃料効率向上に関しては最も進歩し，今日の新しい飛行機は1960年代に運航を始めた飛行機よりも約80％効率がよくなっている。国連航空機関の目標は，2050年までに，年2％の効率向上を達成することである。

問題は，航空便の増加がこのような効率向上をはるかに上回っており，航空産業の成長に関する長期的予測では，この傾向は続くということである。「たとえ新世代航空機の効率がよくなっても，もし航空便が増えれば，全体的に排出量は増すことになる」と輸送アナリストのジョー=ダーデンは言う。

近頃，航空便はコスト面で最適化されているが，環境のために航空便を最適化すれば，もっとよい影響が出るであろう。これを支援できる技術は利用可能である。エールフランスやノルウェー航空のような航空会社は，航空便の運航を分析してできるだけ被害を少なくさせる，スカイブリーズという AI 技術を使う契約を結んだ。

スカイブリーズがなし得る貢献の重要な面の一つに，飛行機が空を飛んで行くときに，尾を引いて残す白い線状の雲，飛行機雲の問題がある。飛行機雲は状況によっては，拡大し，長い時間継続し，夜，熱が地球から離れていくときに，その熱を遮断し吸収してしまい，温室効果を増大させてしまう。複数の研究では，飛行機雲は飛行機が気候に与える影響の半分以上を占めていると推定している。

しかし，すべての飛行機が同じ程度の飛行機雲を作り出すわけではない。2020 年のある研究によって，たった 2％の航空便が飛行機雲の温暖化効果の 80％を占めていることがわかった。この研究によって，これら 2％の航空便に比較的単純な高度の変更を行うことで，飛行機雲の発生を激減させることが示された。「それは，次の 10 年のうちには簡単にできると私たちが考えていることだ」とインペリアル=カレッジ=ロンドンの航空専門家のマーク=ステットラーは言う。

このような方法によって，ある程度航空機が気候に与える影響を減らすことはできるかもしれない。しかし，それでもまだ十分とは言えないだろう。複数の研究では，たとえ，このような措置をとっても，予測される航空便の数の増加のために，2030 年の航空機の排出ガスは 2020 年レベルよりも高くなるであろうと予測している。結局，これを防ぐ唯一の現実的方法は，人々の航空機利用を減らすことだけである。「ポシブル」という気候行動グループは航空税の変更を強く求め，誰でも毎年 1 回無課税の飛行機利用はできるが，その後の飛行機利用は段階的に高くなる税金を払うべきだと提案している。科学技術だけでは，この問題を解決するには不十分だというのが彼らの主張である。

◀解　説▶

1. (ア)前文の主語をみると They が化石燃料と混合できると書かれている。

このTheyはさらに前文のSAFsとして知られる種類の燃料を指す。したがって，このSomeはSAFsの一部であり，今まで使われてきた燃料と5対5の割合で使うことができると述べていることがわかる。正解はD。

(イ) thoseは複数形名詞を受ける指示代名詞。前述部分で複数形を探すとplanesとgainsがあるが，gainsのここでの意味は「燃料効率の向上」のことで，entering service「サービスを始める」という述部と合わない。ここは1960年代に「運航サービス」を始めたという文脈。選択肢にはplanesがないが，Bのaircraft「航空機」がある。aircraftは第1段第1文をみると，Aircraft useと動詞にuseが使われており，aircraftは三人称単数扱いではなく，複数形扱いとなっている。したがって，Bが正解だとわかる。

(ウ) make them as least damaging as possibleは「できる限りそれらを被害の少ないものにする」という意味。下線部の「それら」に当たるものとして，すぐ前にflight operations「飛行機の運航」という複数形の名詞がある。これで考えれば，「飛行機の運航によって生じる被害を少なくするために，その運航を分析するAI技術」ということで意味が通る。したがって，Aが正解。

(エ) reduce their productionは「それらの産出を減らす」という意味。複数名詞を受けるtheir「それらの」に相当するものを探すとthat節の主語に相当する部分にchangesとflightsがあるが，このthat節の主語に相当する部分の意味は「これらの航空便の高度を比較的単純に変えること」である。したがって，theirがこの部分の中のchangesやflightsでは意味が通らない。もっと遡って複数名詞を探すと，段落最初のcontrails「飛行機雲」が相当するとわかる。やや遠いものを受けているが，Aが正解。

2．1．前文の主旨は飛行機が膨大な燃料を使うということである。この前文を受けるのがThatである。空所以下の主旨は，人やモノを飛行機で運ぶのはenergy intensive「エネルギー集約型だ」という意味。つまり，Thatが空所以下の文の理由となっている。したがって，Cのwhyを入れ，That is why～「そういうわけで～だ」が正解となる。ちなみに，That is because～の形は「それは～が理由だ」となり，因果関係が逆になるので注意。

2．前段落では，SAFsが従来の燃料と混合して使うことができると述べられているが，この空所の後では，持続可能な代替燃料の利用は，tiny「ほんのわずかだ」と述べられている。この逆接的ニュアンスを表すには，CのUnfortunately「残念なことに」が適切。

3．この段落では，飛行機雲が温室効果に影響を与えているということが述べられている。したがって，この文脈では，Dのaccount for〜「〜を占める」を入れ，「飛行機雲が航空機の気候に与える影響の半分以上を占める」と理解するのが適切。ちなみにCのconsist of〜は「〜から成り立っている」という意味で，これを入れると「飛行機雲が気候の影響からできている」ことになり意味が通らなくなる。

4．この文の前半は，飛行機の排出ガスは減らないということであり，その理由が空所の後の「予測される航空便の増大」である。したがって，理由を表すAのdue to〜「〜のために」が適切。Dのsinceは理由を表す接続詞でもあるが，その場合，sinceの後に直接名詞は来ないので不可。

3．1．航空機の排出ガスの問題がすぐには解決しない理由を問う問題。

A．「航空機の排出ガスは比較的少ないので，優先順位が高くない」

B．「燃料効率をこれ以上改善するのは困難である」

C．「水素燃料の飛行機を作る計画は野心的でない」

D．「技術的向上が航空便の増加に追いつくことはできない」

第6段第1文（The problem is…），および最終段第3文（Studies predict aviation…）に「航空便の増加」が理由として挙げられている。この内容と一致するのが，Dである。

2．SAFsの利点として本文に述べられていないものを問う問題。

A．「それらは航空機の燃料の50％も代替することができる」

B．「水素燃料の飛行機とは異なり，現在すでに利用可能である」

C．「新しい技術のおかげで，すぐに化石燃料より安くなるだろう」

D．「飛行機のエンジンに特別な調整をする必要がない」

Aは第3段最終文（Some can be…）に，Bは第2段第3文（Companies like Airbus…）と第3段最終文（Some can be…）に述べられていることと一致する。また，Dは第3段の最後から2番目の文（They can be…）に言及がある。Cは，第4段第2文（The reason is…）に「価格が高く，供給に限りがある」と述べられてはいるが，今後安くなるという言及はない。したがって，Cが正解。

3．飛行機による被害を緩和するためにスカイブリーズが貢献する方法を問う問題。

A.「飛行機の高度調節を勧めて，飛行機雲の発生を少なくすることができる」

B.「飛行機雲を使って太陽からの熱を遮る方法を示すことができる」

C.「飛行機雲が大気中にある少量のCO_2の原因になっていることを証明できる」

D.「航空便運航の費用効率を高めることができる」

第9段第3文（The study indicated …）に「航空便の高度に比較的単純な変更を加えることで，飛行機雲をかなり減らすことができる」と述べられている。この内容と一致するのがAである。

4．気候行動グループ「ポシブル」が提案している飛行機の排出ガス減少方法について問う問題。

A.「航空便運航を最適化しない航空会社に対する課税を強化することによって」

B.「人々が1年に2回以上飛行機に乗ることを禁止することによって」

C.「2回目以降飛行機に乗るごとに，前回より多く課税することによって」

D.「技術的な改善を促すために税金を使うことによって」

第10段第5文（The climate action …）に「気候行動グループ『ポシブル』が航空税の変更を強く求め，1年に1回の飛行機利用では無税だが，その後の飛行機利用については段階的に税を上げていくことを提案している」と述べられている。この内容と一致するのがCである。

4．各選択肢の訳は以下の通り。

A.「航空産業によるCO_2排出量の全体に占める割合は，ピーク時の2.5％に達するだろう」

B.「15年間のうちに，水素燃料の飛行機は利用できそうにない」

C.「SkyNRGは2010年に最初のサステナブル燃料の販売を開始した」

D.「2030年までに航空機の排出量を削減するためには，SAFsがカギとなるようだ」

E.「1960年代の航空機は，現代の航空機よりもはるかに少ない燃料しか運べなかった」

F.「被害をもたらす飛行機雲を出す航空便の割合は，ほんのわずかである」

G.「『ポシブル』の提案では，毎年最初に乗る航空便は無料になる」

Bが第2段第3文（Companies like Airbus …）後半で「その費用と複雑さを考えると，この技術を使って，この期間の枠内で飛行機が飛べるようになるというのは，非現実的なように思われる」と述べられていることと一致する。また，Fが第9段第2文（A 2020 study …）で「たった2％の航空便が飛行機雲の温暖化効果の80％を占めていることがわかった」と述べられていることと一致する。「たった2％」であるから，航空便全体からみれば「ほんのわずか」である。

II 解答

1－D　2－B　3－C　4－A　5－B　6－B
7－D　8－A　9－C　10－A

◀解　説▶

1.「簡単な言葉で書かれているので，この本はとても理解しやすい」この文は分詞構文。分詞構文の隠れ主語は主節の主語である。したがって，「この本は書かれている」と受動態で考えること。したがって，Dが正解。なお，Being written の Being は省略される。

2.「万が一ファイルの中に間違いがあったら，コンピュータはデータ処理を止める」 there の後が be と原形になっている。原形がきてもよいのは，仮定法の倒置形となるBの Should のみ。元の形は，If there should be である。

3.「何があっても私はいつでもあなたを助ける」 空所の後の動詞 happens の主語になりうるのは，BかCであるが，no sooner はこのように主語の働きをする接続詞的な使い方はできない。no matter what＝whatever の譲歩構文でCが正解となる。

4.「私は計画を立てるのは苦手だ。それが私の一番の心配の種だ」 worries が動詞なので主語が必要。主語になれるのは what と which だが，which の疑問詞では意味をなさない。また，関係代名詞なら which の前に名詞が必要。先行詞がなく，主語になれる関係代名詞はAの what のみ。

5.「そのコンサートは非常に人気で，チケットはすべて売り切れた。コンサートの日に手に入るチケットはない」 空所の後は were という複数名詞を受ける be 動詞。したがって，neither は原則単数扱い，nothing は単数扱いの名詞なので不適。none は単数・複数両方を表せる名詞。また，neither は原則２つの人・ものについて用いて，３つ以上については none が通常使われる。本問は文脈上，３枚以上のチケットになるので，このことからもＢの None が正解。

６.「彼女は犬を連れてジョギングするのが好きだ」 付帯状況の with の構文。with の後は〈意味上の主語＋述部〉の関係になっていることにも注意。直訳すれば「彼女の犬が彼女の後を追って」となる。Ｂが正解。

７.「スミス教授によれば，大学の博物館は，かなり昔に地元の建築家によって建てられた」 文の主語は「大学の博物館」である。したがって，「博物館は建てられる」と受け身で理解すること。Ａの未来形は a long time ago と過去を表す副詞と矛盾するので不可。したがって，Ｄが正解。

８.「私は今日，銀行へ行ったが，まだ支払いを受けていないと思う」 not ～ yet「まだ～でない」の構文でＡが正解。日本語では「支払いを受けていない」と「受ける」の方を否定の形にするが，英語は「思う」の方で否定するので注意。

９.「出来は悪かったが，幸い試験に合格できた」 my poor performance という名詞句を後に続けられる形は，Ｃの In spite of ～「～にもかかわらず」のみ。Ａの Nevertheless「それにもかかわらず」，Ｂの However「しかしながら」は前文を受ける副詞であり，単独で名詞を直接続けることはできない。

10.「昨夜，その交通事故がどのようにして起こったかは明らかでない」 空所以下が完全な文になっているので，who，which，および what の名詞を表す疑問詞は使えない。したがって，Ａの how「どのようにして」の副詞を表す疑問詞が適切。

Ⅲ　解答

1－A　2－D　3－A　4－B　5－A　6－B
7－C　8－A　9－C　10－B

◀解　説▶

１.「トムは深刻な状態だったが，運動を一生懸命してほとんど回復した」 Ａの mostly は「ほとんど」という意味の副詞。意味がよく似ている almost とセットで覚えること。almost は almost all students などのように使われ，単独の副詞として動詞を修飾しないので注意。

2．「私の話を始める前に，この機会に皆様の継続的な支援に感謝の言葉を述べたいと思います」 take this opportunity to *do* は「この機会を利用して〜する」という意味。Dが正解。なお，日本語的発想で，take this place to *do*「この場をお借りして〜する」とは言わないので注意。

3．「研究者たちは，その問題をよりよく理解するために調査を行う計画を立てた」 a survey「調査」を目的語に取って不自然でないのはAの conduct「行う」である。

4．「もし我が社の事業や商品についてさらに質問がある場合には，遠慮なく私に連絡してください」 don't hesitate to *do* は「躊躇なく〜する」の意味。Bが正解。

5．「我が国を代表して世界各国のアスリートたちと戦えることを非常に名誉に思います」 my country を目的語に取り，世界のアスリートたちと競技するという内容にふさわしい動詞はAの represent「代表する」である。

6．「強靭な家を建てるのに，思ったよりはるかに多くの費用がかかった。壁に耐久性のある資材を多く使ったからだ」「強靭な家」を建てるためには materials「資材」が強くなければいけない。その意味の語はBの durable「耐久性のある」である。

7．「その分野における彼の広範囲な知識と経験を考えて，彼は会社の新社長として雇われた」「社長」になるには「知識と経験」が必要である。その「知識と経験」を修飾する形容詞としては，Cの extensive「広範囲な」が適切。Bの excessive は「過度の」という意味なので，「過度の知識」では不自然。なお，文中の given は「〜を考えると」の意味で使われる分詞構文必須表現。

8．「プロ野球選手になるのに練習時間がどれくらい必要かを，大ざっぱに見積もることさえ難しい」 estimate は「見積もり」という意味。プロの野球選手になれるのは個人の能力にも左右されるので，必要な練習時間を推定することは難しい。したがって，Aを入れて rough estimate「大ざっぱな見積もり」とするのが適切。

9．「今，ちょっとアンケートにお答えいただける時間はおありでしょうか。あなたのご意見をお伺いしたいと思うのですが」 questionnaire「アンケート」にはいろいろな種類があるが，その回答に関連する語はCのfeedbackが適切。「フィードバック」はそのままカタカナで言われることが多いが，「意見」「評価」などの意味である。

10.「機械的欠陥がいくつかあった。だから，その事故で一人も負傷しなかったのは奇跡だった」 誰も負傷しなかったことを「奇跡」だと言っている。ということは，負傷者が出るような mechanical「機械的な」なんらかの不備，欠陥があったということ。したがって，「欠陥」「不備」に相当するBの faults が正解。

Ⅳ　**解答**　C・E・G・J

◀解　説▶

A．1．「テストで取れる点はせいぜい80％だ」

2．「テストでは少なくとも80％は取れるはずだ」

1の The most you could score は，All you can *do*「できることは～だけだ」の類いのバリエーション。直訳すれば「取れる最も多くの点」ということで，「最も多くても80％」ということになる。2の at least は「少なくとも」という意味なので，意味が逆になる。

B．1．「予定より早く進んでいる」

2．「追いつけるように予定を変える必要がある」

1の ahead of schedule は「予定より早く」という意味である。したがって，2の catch up「追いつく」ことは不要となるので，誤り。

C．1．「その候補者は自身のコンピュータ能力を誇張した」

2．「その候補者は彼が言うほどコンピュータに習熟していなかった」

1の exaggerated は「誇張した」という意味。したがって，2の was not as skilled with computers as ～「～ほどにはコンピュータに習熟していなかった」と同じ意味になる。

D．1．「緊急事態の場合，これらの指示に従って下さい」

2．「これらの指示は，もしそのイベントが行えないならば使われます」

1の in the event of an emergency は火事や地震などの「緊急事態の場合には」という意味。2の the event は「行事」などの意味で，「緊急避難」の意味合いはなく，1とは全く意味が異なり誤り。

E．1．「予測に反して，そのプロジェクトは時間通りに完成した」
2．「我々はそのプロジェクトが期日までに終えられるとは信じていなかった」
1 の Against our expectations は「我々の予測に反して」という意味であり，on time は「時間通りに」という意味。したがって，このプロジェクトは予定通りに完成するとは信じられていなかった。2 の by the deadline は「期日までに」という意味であり，期日までに終えられるとは思っていなかったということで，1 と 2 は同じ意味になる。
F．1．「彼女の娘は彼女が家に帰る頃までには寝てしまっているであろう」
2．「彼女は娘を寝かせる時間に間に合うように家に着くだろう」
1 の by the time は「～する頃までには」という意味。つまり彼女が家に着いたときには娘は寝ているということ。2 の in time は「間に合って」の意味。また，put *A* to bed は「*A* を寝かせる」という意味で，娘を寝かせるのに間に合うように帰宅できるという意味となる。1 と 2 は意味が逆。
G．1．「ここがこの路線が行ける範囲で最も遠い場所だ」
2．「ここがこの路線の最終駅だ」
1 の as far as *A* goes は「*A* が行ける範囲の最大」のこと。つまり This「ここ」が最終地点ということ。したがって，2 の the final stop「最終駅」と一致する。
H．1．「もし地図を持ってきていれば，私たちは道に迷うことにならなかったであろうに」
2．「私たちが持ってきた地図をあなたがなくしたとは私は信じられない」
1 の lost は「道に迷う」の意味で使われており，2 は「なくす」の意味で使われているので，1 と 2 は意味が全く異なる。なお，end up は後に前置詞句や分詞などがきて，「結局～になる」の意味になる必須表現。
I．1．「暑い天気は湿度がない限り私は気にならない」
2．「この湿度は暑い天気を一層耐えがたいものにしている」
1 では「湿度」が高いのか低いのかに言及はなく，ただ「湿度がなければ」暑いのは気にならないと言っている。一方，2 では暑さも耐えがたいが，「この湿度」で一層耐えがたいと言っているので，1 と 2 では意味が異なる。

J．1．「気分を変えて先生の話に注意を向けたらどうか」
2．「たまには先生が言っていることにも耳を傾けるべきだ」
1の Why don't you は提案の表現の一つ。また，for a change は「気分転換に」の意味のイディオム表現。2の For once は「1回は，たまには」という意味で，1の for a change に近い。また should listen to は「聞くべきだ」でやはり，1の意味に近い。したがって，1と2は同じ意味内容のことを伝えている。

K．1．「彼は家に帰る途中，つまずいて転んだ」
2．「彼は休日の後に家へ帰った」
1の trip は「旅行する」の意味ではなく「つまずく」という意味。また，fell は fall の過去形で「倒れる」の意味。2の holiday とは全く関係がない。

L．1．「あなたは駅への道を知らないよね」
2．「残念ながら，駅への行き方を私は教えられないと思うよ」
1は駅への道を知らないのは「あなた」であり，2では道を知らないのは「私」なので意味が全く異なる。

V　解答

1．1－B　2－A　3－D　4－A　5－C
2．1－B　2－D　3－A　4－B　5－D

◆全　訳◆

1．≪空気中から水を採取≫

無から水を生み出す

人々は生きていくのにエネルギーときれいな水の両方を必要としている。悲しいことに，世界にはその両方とも安心して利用できない人々が何百万人といる。しかし新しいシステムによって，この両方の資源を提供できる。また，このシステムはどこでもうまく機能する――たとえ僻地の砂漠であっても。

ペン=ワンは環境科学者で，この新しいシステムを開発してきた人物である。中国西部で成長したワンの家庭には水道がなかった。それで彼の家族は村の井戸から水を手に入れなければならなかった。彼の新しい研究によって，今や彼が育った地域のようなところでも水と電気が得られる可能性が出てきた。ワンは，一見乾燥した空気から新鮮な水を取り出すことができる，水性のジェルを作ったサウジアラビアの研究チームの一員である。

このジェルは電気を生み出すソーラーパネルの裏側に置かれる。システムに取り付けられた金属製の部屋にジェルによって集められた水が貯蔵される。その水はソーラーパネルの冷却に使って，パネルをより効率的に機能させることができる。もしくは，この水は飲料水として取り出すこともできる。サウジの砂漠で3カ月間，試行的にこのシステムを使ったところ，このシステムは毎日，ソーラーパネル1枚につき平均1.2リットルの水を集めた。これは，1人分の需要を満たすには十分な量である。研究はまだ初期段階であるが，ワンの希望としては，このシステムが世界の最貧地域の一部で実用的な解決策となることである。それも早ければ早いほどよいのである。

2．《会計ソフトについて》

宛先：エース=ソフトウエア=ソリューションズ様

送信者：ディヴィッド=グリフィス

件名：会計ソフト

担当者様

貴社に助けて頂けるのではないかと思っています。最近，インターネットを見て貴社では会計ソフトを提供されていることがわかりました。それで，貴社が提供されている商品の一つについてもう少し詳しいことを教えて頂きたく，メールをさせて頂いております。

私は本を販売する小さな会社を経営しており，日々の支出を追っていくのに役立つ，使いやすいソフトを必要としています。今使っていますのは，IP Accountのソフトでマックス=コンピューティングが提供しているものです。しかし，このソフトは，その機能面でも信頼性でも満足できるものではありません。このソフトは私の仕事が特に必要とすることには合っておらず，また悪いときにクラッシュする傾向があり，悩まされております！　今までに2回以上，作ったデータを保存する前にソフトが突然フリーズしてしまい，数日分の経理データが消失してしまいました。

貴社のウェブサイトを見て気づきましたが，貴社ではWave XPというソフトを販売されており，このソフトは私のような小規模事業者向けに設計されているように思いました。このソフトの機能について，もう少し情報を送って頂けませんか。

メールをお読み頂きありがとうございます。近いうちに返信を頂ければ幸甚です。

敬具

ディヴィッド=グリフィス

◀解　説▶

1．1．この文には，no が使われている。したがって，これは not ～ either＝neither「両方とも～でない」のバリエーションだということに気づくこと。Bが正解。なお，not ～ both の形は「両方とも～とは限らない」という意味の部分否定。

2．空所直前の the one の one はその直前の regions を受けた不定代名詞。したがって，場所を受ける関係副詞の where か in which が入るが，where はないので，Aの in which を入れ，the region in which he grew up「彼が育った地域」と理解すること。

3．この 1 文は後半で，or it can … と文が始まっている。主語（it）を含む選択肢がないので，この文は The water …, it …, or it … と 3 つの文から成り立っているのではなく，or までで 1 文，or の後が 1 文と考えるべき。とすれば，この設問は分詞構文の理解を問うているとわかる。つまり，「その水がソーラーパネルを冷却するのに使え，そして，その結果，ソーラーパネルがより効率的に機能することを可能にする」という意味になる付帯状況を表す分詞構文である。Dが正解。

4．空所直後に satisfy という動詞があるので，C，Dは使えない。また，Bを入れて，分詞構文の being able to の being の省略形だとしても，意味上の主語が the device という無生物主語となり，文法的にはあまり適切ではない。また，文脈的にも不自然。したがって，Aの enough to を入れて，「1 日にパネル 1 枚につき 1.2 リットルは 1 人の需要を満たすには十分である」と理解するのが妥当。

5．空所直前の文では，最貧地域の人々が安心して電気と水が手に入るようにできることは，研究者ワンの願いであると述べられている。したがって，ワンの研究がまだ初期段階だとしても，Cの「これが早く実現できればできるほどよい」が適切。Bは clean energy「きれいなエネルギー」ということにだけ言及され，安心して利用できる「水」には言及がない。

エネルギーを作り出すソーラーパネルが安全な「水」も作り出す研究がワンの研究なので，Bは不適切。

2．1．wonder if S V「～かしら」は受験必須表現だが，wonder why S V も wonder that S V もある。why がくれば「なぜだろう」の意味になり，that 節がくれば「～ということに驚く」の意味になる。文脈上，Bを入れて wonder if とするのが正解。

2．空所の次の文で，自分の仕事に合っていない，また，悪いときにクラッシュすると言っているので，グリフィスは今使っているソフトに「満足していない」と理解できる。したがって，Dが正解。

3．several days' worth of accounts「数日分の経理データ」を失ったと述べられている。失うのは，データを save「保存する」前だと理解するのが適切。したがって，Aが正解。なお，Bの前置詞 without の後に文はこない。

4．空所の前の関係代名詞 which が受けているのは，a piece of software called Wave XP である。したがって，「ソフトは設計される」と受動態で考えるのが適切なので，Bが正解。

5．グリフィスは，Wave XP というソフトの情報がもっと欲しいということであるから，締めの言葉としては，Dの「このソフトの機能についてもう少し情報を送って頂けませんか」が適切。

Ⅵ 解答

1－C　2－F　3－D　4－B　5－A　6－G　7－E

◆全　訳◆

≪永遠の命の獲得のヒントとなるクラゲのライフサイクル≫

著作権の都合上，省略。

著作権の都合上，省略。

◀解　説▶

1．空所の前に助動詞 may があるので，選択肢は，CかEに限られる。同文前半では人間がいろいろなところで不死の謎を探究していたということが述べられているが，実は，その秘密はクラゲにあるかもしれないという内容になると考えられる。あてはめてみてどちらが自然かを考えてみるのもよいが，一つ着目すべきは，Cの this whole time「この期間」。同文前半の While we were searching…「人類が宇宙から…地球の隅々までを探している間」を指していると考えられるので，Cの「この間，(不死の秘密は) 海に漂っていたのかもしれない」が正解。

2．空所の後の a bean-shaped larva「豆のような形の幼生」は図を見るとわかるように，クラゲの最も初期の段階を示している。したがって，Fの「クラゲの一生が小さな生物から始まる」が適切。ちなみに，空所直前の it は三人称単数なので，この段階でもA，B，F，Gと選択肢は限られ，さらに文脈の時制からGも自動的に除外できる。

3．この文の主語は Colonies と複数形である。したがって，すでに使った選択肢を除いて，この段階で選択可能なものはA，Dのみである。注目すべきは，空所直後の，which means… である。直前の内容を言い換えている。「コロニーが広範囲を覆うことができる」というのは，Dの「ポリープ自身がクローンを作り」数が増えるからと考えられるので，Dが正解。なお最後まで読めば，Aはクラゲが死骸から蘇るという文脈だとわかるので，不適切。

4．文の主語は it である。また文脈の時制からみて，文法的に可能な選択肢はA，Bしか残っていない。空所以下の文脈では，クラゲの蘇りの〈過程〉が描かれているので，Aの「蘇ることができる」は不自然で，Bの「死んだ後は海底に沈んで腐敗し始める」が，蘇るまでの過程に言及していて適切。

5．所空の後の文では，死から蘇る他の種のクラゲの説明が続いている。したがって，ここでは，Aの「死から蘇ることができる」のは，*Turritopsis dohrnii* だけではないと理解するのが適切。なお，この文が It is ～ that … の強調構文であり，not just が not only *A* but also *B* のバリエーションだと気づくこと。

6．残った選択肢と時制からみて，正解はGだとすぐわかる。つまり，死んだと思っていたのに，ポリープが成長し始めていたということ。

7．最後の選択肢Eを入れ，クラゲは老いたり病気になったりしたとき，「再生する能力がある」という理解で文脈的に妥当であることを確認。

❖講　評

2023年度は，2022年度とほぼ同じ形式。読解問題が3題で，うち1題は2つに分かれている。文法・語彙問題が3題で，大問は計6題である。記述式はなく，すべてマークシート法による選択式の出題である。

読解問題の内容は，自然科学に関するものが多いが，2023年度は2022年度と同様，TOEICや英検で出題されるようなビジネスに関するものも出題されている。読解問題は，概ね標準的で設問もそれほど紛らわしいものはない。文法・語彙問題は，分詞構文，疑問詞，仮定法などの基本的なもの，またイディオム表現など，基本をしっかり押さえておけば十分解答できるレベルの問題である。

全般的に，基本的な英文の内容把握に関する問題が中心。読解問題は英文全体の内容が把握されていれば解きやすい問題であり，内容真偽や全体の内容把握の問題も設問の関連箇所を見つけだせば，それほど紛らわしいものではない。

数学

I

解答　(1)ア—ⓑ　イ—ⓞ　ウ—ⓒ　エ—ⓙ　オ—ⓕ　カ—ⓕ　キ—ⓙ　(2)ク—ⓕ　ケ—ⓚ　(3)コ—ⓕ

◀解　説▶

≪複素数平面上の点と条件付き確率≫

a，b は整数で，$1\leqq a\leqq 6$，$1\leqq b\leqq 6$ を満たす。

$$\alpha=\cos\frac{a\pi}{3}+i\sin\frac{a\pi}{3}$$

$$\beta=\cos\frac{b\pi}{3}+i\sin\frac{b\pi}{3}$$

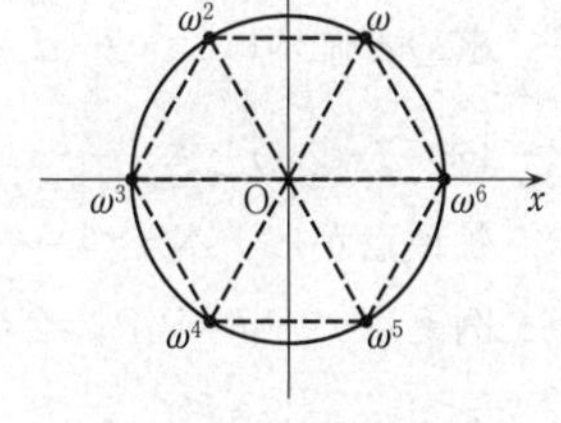

$\omega=\cos\dfrac{\pi}{3}+i\sin\dfrac{\pi}{3}$ とおき，

$P_k(\omega^k)$ （$k=0$，1，2，…）と定める。

このとき，$P_{6n+k}=P_k$ は正六角形の頂点である。ド・モアブルの定理より，α，β は $\{\omega^k|1\leqq k\leqq 6\}$ のどれかと一致する。

(1)　$d=|\alpha-\beta|$ の値は

(i)　$d=|\omega-\omega|=0$

(ii)　$d=|\omega-\omega^2|=1$　（正六角形の1辺の長さ）　（→ア）

(iii)　$\triangle OP_1P_3$ に正弦定理を用いると

$$\frac{P_1P_3}{\sin\angle P_1OP_3}=\frac{OP_1}{\sin\angle OP_3P_1}$$

$$d=|\omega-\omega^3|=P_1P_3=\frac{\sin\dfrac{2\pi}{3}}{\sin\dfrac{\pi}{6}}=\frac{\sqrt{3}}{2}\cdot 2=\sqrt{3}\quad（→イ）$$

(iv)　$d=|\omega-\omega^4|=2$　（外接円の直径）　（→ウ）

a，b はさいころを2回ふって出た目の数だから，目の出方の総数 N は

$N=6^2=36$ 通り

(i)　$d=0$ のとき

$(a,\ b)=(1,\ 1)$，$(2,\ 2)$，…，$(6,\ 6)$ で6通り。

求める確率は　　$P(d=0)=\frac{6}{N}=\frac{1}{6}$　(→エ)

(ii)　$d=1$ のとき

各頂点から両隣に 2 本ずつで，合計 $2\times 6=12$ 通り。

例えば　　$d=\mathrm{P_1P_2}=\mathrm{P_1P_6}=1 \Longleftrightarrow (a,\ b)=(1,\ 2),\ (1,\ 6)$

求める確率は　　$P(d=1)=\frac{12}{N}=\frac{1}{3}$　(→オ)

(iii)　$d=\sqrt{3}$ のとき

各頂点から 2 本ずつで，合計 $2\times 6=12$ 通り。

例えば　　$d=\mathrm{P_1P_3}=\mathrm{P_1P_5}=\sqrt{3} \Longleftrightarrow (a,\ b)=(1,\ 3),\ (1,\ 5)$

求める確率は　　$P(d=\sqrt{3})=\frac{12}{N}=\frac{1}{3}$　(→カ)

(iv)　$d=2$ のとき

各頂点から 1 本ずつ，外接円の直径の端点を結ぶ，合計 6 通り。

例えば　　$d=\mathrm{P_1P_4}=2 \Longleftrightarrow (a,\ b)=(1,\ 4)$

求める確率は　　$P(d=2)=\frac{6}{N}=\frac{1}{6}$　(→キ)

(2)　　$\alpha-\beta=\left(\cos\frac{a\pi}{3}-\cos\frac{b\pi}{3}\right)+i\left(\sin\frac{a\pi}{3}-\sin\frac{b\pi}{3}\right)$

　$\alpha-\beta$ が実数

$\Longleftrightarrow \sin\frac{a\pi}{3}=\sin\frac{b\pi}{3}$

$\Longleftrightarrow \{\alpha,\ \beta\}$ が次のどれかの組と一致

　$\{\omega^k,\ \omega^k\}\ (1\leqq k\leqq 6),\ \{\omega^1,\ \omega^2\},\ \{\omega^3,\ \omega^6\},\ \{\omega^4,\ \omega^5\}$

$\Longleftrightarrow (a,\ b)=(k,\ k)\ (1\leqq k\leqq 6),\ (1,\ 2),\ (2,\ 1),\ (3,\ 6),$

　　$(6,\ 3),\ (4,\ 5),\ (5,\ 4)$　…12 通り

$\alpha-\beta$ が実数という事象を A とする。求める確率は

$$P(A)=\frac{12}{N}=\frac{1}{3}\quad (\to ク)$$

$\alpha-\beta$ が実数かつ $d<2$ という事象を B とする。このとき

　$(a,\ b)=(k,\ k)\ (1\leqq k\leqq 6),\ (1,\ 2),\ (2,\ 1),\ (4,\ 5),\ (5,\ 4)$

…10 通り

求める条件付き確率は

$$P_A(B)=\frac{10}{12}=\frac{5}{6}\quad (\to ケ)$$

(3)　$\alpha^2=\beta^3$ が成り立つ事象を C とする。

ド・モアブルの定理より

$$\cos\frac{2a\pi}{3}+i\sin\frac{2a\pi}{3}=\cos\frac{3b\pi}{3}+i\sin\frac{3b\pi}{3}$$

$$\begin{cases}\cos\frac{2a\pi}{3}=\cos(b\pi)=(-1)^b & \cdots\cdots① \\ \sin\frac{2a\pi}{3}=\sin(b\pi)=0 & \cdots\cdots②\end{cases}$$

②より，a は 3 の倍数である。

$a=3k$ とおくと，①より　　$1=(-1)^b$

ゆえに，b は 2 の倍数である。

$$C:(a,\ b)=(3,\ 2),\ (3,\ 4),\ (3,\ 6),\ (6,\ 2),\ (6,\ 4),\ (6,\ 6)$$

…6 通り

$$\alpha^2=\beta^3\quad かつ\quad \mathrm{Im}(\alpha+\beta)>0$$

が成り立つ事象を D とする。

ここで，$\mathrm{Im}(z)$ は複素数 z の虚部を表す。

$$f(a,\ b)=\mathrm{Im}(\alpha+\beta)=\sin\frac{a\pi}{3}+\sin\frac{b\pi}{3}$$

とおく。

$$f(3,\ 2)=\sin\frac{3\pi}{3}+\sin\frac{2\pi}{3}>0$$

$$f(3,\ 4)=\sin\frac{3\pi}{3}+\sin\frac{4\pi}{3}<0$$

$$f(3,\ 6)=\sin\frac{3\pi}{3}+\sin\frac{6\pi}{3}=0$$

$$f(6,\ 2)=\sin\frac{6\pi}{3}+\sin\frac{2\pi}{3}>0$$

$$f(6,\ 4)=\sin\frac{6\pi}{3}+\sin\frac{4\pi}{3}<0$$

$$f(6,\ 6)=\sin\frac{6\pi}{3}+\sin\frac{6\pi}{3}=0$$

$D:(a,\ b)=(3,\ 2),\ (6,\ 2)$　…2 通り

ゆえに，求める条件付き確率は

$$P_C(D)=\frac{2}{6}=\frac{1}{3}\quad(\to コ)$$

II 解答

(1)サ―ⓑ　シ―ⓓ

(2)ス―ⓕ　セ―ⓑ　ソ―ⓒ

◀解　説▶

≪正五角形の対角線，余弦定理，三角比の近似値≫

(1)　$f(x)=\dfrac{\sin x}{x}=x^{-1}\sin x\quad\left(0<x<\dfrac{\pi}{2}\right)$ とおく。

積（または商）の微分法より

$$f'(x)=-x^{-2}\cdot\sin x+x^{-1}\cdot\cos x$$

$$=\frac{(x-\tan x)\cos x}{x^2}\quad\cdots\cdots①$$

$g(x)=x-\tan x$ とおく。

$$g'(x)=1-\frac{1}{\cos^2 x}=-\tan^2 x<0\quad\left(0<x<\frac{\pi}{2}\right)\quad\cdots\cdots①'$$

①，①′ より　　$f'(x)<0\quad\left(0<x<\dfrac{\pi}{2}\right)$

ゆえに，$f(x)$ は $0<x<\dfrac{\pi}{2}$ で減少関数である。（→サ）

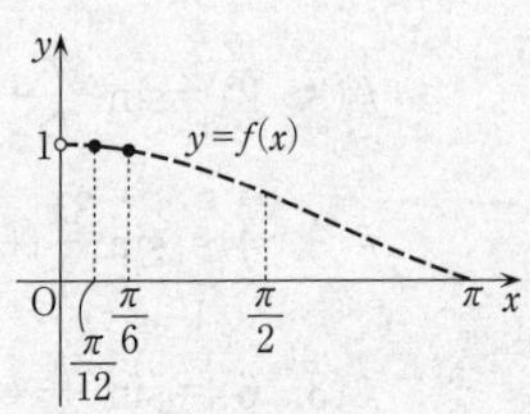

$a=\dfrac{\pi}{12}$，$b=\dfrac{\pi}{6}$ とおくと，上の結果より

$$f(b)\leqq f(x)\leqq f(a)\quad(a\leqq x\leqq b)\quad\cdots\cdots②$$

$$f(b)=f\left(\frac{\pi}{6}\right)=\frac{6}{\pi}\cdot\sin\frac{\pi}{6}=\frac{3}{\pi}\quad\cdots\cdots③$$

また，半角公式より

$$\sin^2 a=\frac{1}{2}(1-\cos b)=\frac{2-\sqrt{3}}{4}$$

$$=\frac{4-2\sqrt{3}}{8}=\left(\frac{\sqrt{3}-1}{2\sqrt{2}}\right)^2$$

$$\therefore\quad f(a)=f\left(\frac{\pi}{12}\right)=\frac{12}{\pi}\cdot\frac{\sqrt{3}-1}{2\sqrt{2}}=\frac{3}{\pi}\cdot\sqrt{2}(\sqrt{3}-1)$$

$$=\frac{3}{\pi}\cdot\frac{4}{\sqrt{2}\,(\sqrt{3}+1)}\quad\cdots\cdots④$$

$c=\dfrac{3}{\pi}$, $d=\dfrac{3}{\pi}\cdot\dfrac{4}{\sqrt{2}\,(\sqrt{3}+1)}$ とおくと，②，③，④より

$$c\leqq f(x)\leqq d\quad(a\leqq x\leqq b)$$

c, d を評価すればよい。

$3.14<\pi<3.15$, $\sqrt{2}>1.41$, $\sqrt{3}>1.73$ より

$$c=\frac{3}{\pi}>\frac{3}{3.15}=0.952\cdots$$

$$d=\frac{3}{\pi}\cdot\frac{4}{\sqrt{2}\,(\sqrt{3}+1)}<\frac{3}{3.14}\times\frac{4}{1.41\times2.73}=0.992\cdots$$

$$\therefore\quad 0.95\leqq c\leqq f(x)\leqq d<0.95+0.05=1\quad(\to シ)$$

(2)　1 辺の長さが 1 である正五角形を PQRST とする。正五角形の内角の和は，3 つの三角形 PQR，PRS，PST の内角の和であるから，3π である。

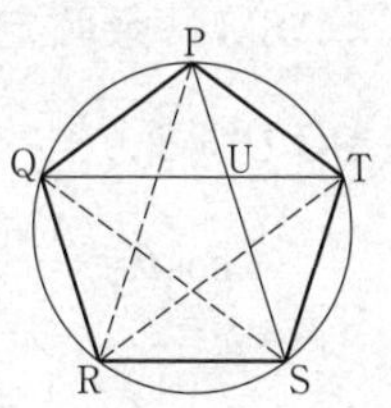

ゆえに，正五角形の 1 つの内角は，$\dfrac{3\pi}{5}$ である。

また，等しい弦の円周角は等しいから，各頂点から出る 2 本の対角線は頂角を 3 等分する。

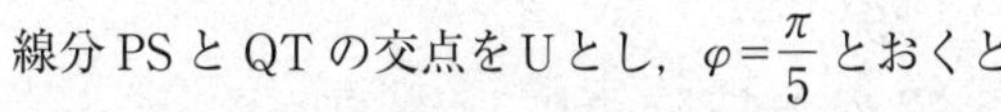

線分 PS と QT の交点を U とし，$\varphi=\dfrac{\pi}{5}$ とおくと

$$\angle\mathrm{RQT}+\angle\mathrm{QRS}=2\varphi+3\varphi=5\varphi=\pi\Longrightarrow \mathrm{QT}\,/\!/\,\mathrm{RS}$$
$$\angle\mathrm{QRS}+\angle\mathrm{PSR}=3\varphi+2\varphi=5\varphi=\pi\Longrightarrow \mathrm{QR}\,/\!/\,\mathrm{PS}$$

ゆえに，四辺形 QRSU は平行四辺形である。

$$\therefore\quad \mathrm{US}=\mathrm{QR}=1$$

一方，$\angle\mathrm{SPT}=\angle\mathrm{PST}=\angle\mathrm{PTQ}=\varphi$ より

$$\triangle\mathrm{PST}\backsim\triangle\mathrm{PTU}$$

$\mathrm{PU}=\mathrm{UT}=x$ とおくと

$$\mathrm{PS}:\mathrm{PT}=\mathrm{PT}:\mathrm{PU}$$

$$(1+x):1=1:x$$

$$x^2+x-1=0$$

$$x=\frac{-1+\sqrt{5}}{2}\quad(\because\quad x>0)$$

$$\mathrm{PS}=1+x=\frac{1+\sqrt{5}}{2}\quad (\rightarrow ス)$$

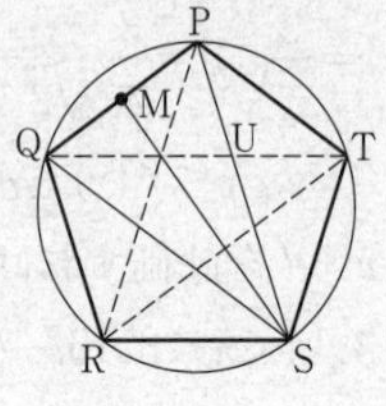

線分PQの中点をMとすると，△SPQにおいて

SP＝SQ，PM＝QMより　　SM⊥PQ

$$\begin{aligned}\mathrm{SM}^2&=\mathrm{PS}^2-\mathrm{PM}^2\\&=(\mathrm{PS}-\mathrm{PM})(\mathrm{PS}+\mathrm{PM})\\&=\frac{\sqrt{5}}{2}\cdot\frac{2+\sqrt{5}}{2}\end{aligned}$$

$$\therefore\quad \mathrm{SM}=\frac{\sqrt{5+2\sqrt{5}}}{2}\quad\cdots\cdots⑤$$

∠SAM＝θ $(0<\theta<\pi)$ とおく。△APQは正三角形である。

△ASMに余弦定理を用いると，AS＝1，AM＝$\frac{\sqrt{3}}{2}$ および⑤より

$$\begin{aligned}\cos\theta&=\frac{\mathrm{AM}^2+\mathrm{AS}^2-\mathrm{SM}^2}{2\cdot\mathrm{AM}\cdot\mathrm{AS}}\\&=\frac{1}{\sqrt{3}}\left(\frac{3}{4}+1-\frac{5+2\sqrt{5}}{4}\right)\\&=\frac{1-\sqrt{5}}{2\sqrt{3}}=\frac{-2}{\sqrt{3}\,(1+\sqrt{5})}<0\quad\cdots\cdots⑥\end{aligned}$$

$1.73<\sqrt{3}<1.74$，$2.23<\sqrt{5}<2.24$ および⑥より

$$(-\cos\theta)>\frac{2}{1.74\times3.24}=0.354\cdots>0.35>0.35-0.025$$

$$(-\cos\theta)<\frac{2}{1.73\times3.23}=0.357\cdots<0.375=0.35+0.025$$

$$\therefore\quad -0.35-0.025\leqq\cos\theta<-0.35+0.025\quad(\rightarrow セ)$$

$g(x)=\cos x$ とおくと，$f(x)$ は $0\leqq x\leqq\pi$ の範囲で減少関数である。

⑥より，$g(\theta)=\cos\theta<0=f\left(\frac{\pi}{2}\right)$ だから　　$\frac{\pi}{2}<\theta<\pi$

$$g\left(\frac{\pi}{6}+\frac{\pi}{2}\right)=-\sin\frac{\pi}{6}=-\frac{1}{2}\qquad\cdots\cdots⑥'$$

$$g\left(\frac{\pi}{12}+\frac{\pi}{2}\right)=-\sin\frac{\pi}{12}=\frac{1-\sqrt{3}}{2\sqrt{2}}\qquad\cdots\cdots⑥''$$

⑥，⑥′，⑥″より

$$g(\theta)-g\left(\frac{\pi}{6}+\frac{\pi}{2}\right)=\frac{1+\sqrt{3}-\sqrt{5}}{2\sqrt{3}}$$

$$=\frac{2\sqrt{3}-1}{2\sqrt{3}\,(1+\sqrt{3}+\sqrt{5})}>0$$

$$g\left(\frac{\pi}{12}+\frac{\pi}{2}\right)-g(\theta)=\frac{1-\sqrt{3}}{2\sqrt{2}}-\frac{1-\sqrt{5}}{2\sqrt{3}}$$

$$=\frac{\sqrt{3}+\sqrt{10}-(3+\sqrt{2})}{2\sqrt{6}}$$

$$=\frac{(\sqrt{3}+\sqrt{10})^2-(3+\sqrt{2})^2}{2\sqrt{6}\,(\sqrt{3}+\sqrt{10}+3+\sqrt{2})}$$

$$=\frac{2+2\sqrt{30}-2\sqrt{18}}{2\sqrt{6}\,(\sqrt{3}+\sqrt{10}+3+\sqrt{2})}>0$$

$$g\left(\frac{\pi}{6}+\frac{\pi}{2}\right)<g(\theta)<g\left(\frac{\pi}{12}+\frac{\pi}{2}\right)$$

$$\frac{\pi}{12}<\theta-\frac{\pi}{2}<\frac{\pi}{6}\quad\cdots\cdots⑦$$

⑦および(1)の結果より

$$f\left(\frac{\pi}{6}\right)<f\left(\theta-\frac{\pi}{2}\right)<f\left(\frac{\pi}{12}\right)$$

$$f\left(\frac{\pi}{6}\right)\left(\theta-\frac{\pi}{2}\right)<\sin\left(\theta-\frac{\pi}{2}\right)<f\left(\frac{\pi}{12}\right)\left(\theta-\frac{\pi}{2}\right)$$

$$f\left(\frac{\pi}{6}\right)\left(\theta-\frac{\pi}{2}\right)<(-\cos\theta)<f\left(\frac{\pi}{12}\right)\left(\theta-\frac{\pi}{2}\right)$$

$$\frac{(-\cos\theta)}{f\left(\frac{\pi}{12}\right)}+\frac{\pi}{2}<\theta<\frac{(-\cos\theta)}{f\left(\frac{\pi}{6}\right)}+\frac{\pi}{2}$$

$$\frac{\sqrt{5}-1}{2\sqrt{3}}\cdot\sqrt{2}\,(\sqrt{3}+1)\frac{\pi}{12}+\frac{\pi}{2}<\theta<\frac{\sqrt{5}-1}{2\sqrt{3}}\cdot\frac{\pi}{3}+\frac{\pi}{2}$$

$$\left\{\frac{\sqrt{2}\,(\sqrt{3}+3)(\sqrt{5}-1)}{72}+\frac{1}{2}\right\}\pi<\theta<\left\{\frac{2}{3\sqrt{3}\,(\sqrt{5}+1)}+\frac{1}{2}\right\}\pi$$

$$\left\{\frac{\sqrt{2}\,(\sqrt{3}+3)(\sqrt{5}-1)}{72}+\frac{1}{2}\right\}\pi>\left(\frac{1.41\times4.73\times1.23}{72}+0.5\right)\times3.14=1.92\cdots$$

$$\left\{\frac{2}{3\sqrt{3}\,(\sqrt{5}+1)}+\frac{1}{2}\right\}\pi<\left(\frac{2}{3\times1.73\times3.23}+0.5\right)\times3.15=1.95\cdots$$

$\therefore\quad 1.92<\theta<1.96$　……⑧

rad（radian）と deg（degree）の変換式は　　$\text{rad}=\dfrac{\text{deg}}{180}\pi$

deg	1.5	111−1.5	111	111+1.5
rad	0.026	1.91	1.93	1.96

……(＊)

⑧および(＊)より

$111^\circ-1.5^\circ\leqq\angle\text{SAM}<111^\circ+1.5^\circ$　（→ソ）

Ⅲ　解答

(1)　$C: y=f(x)$，$f(x)=\dfrac{1}{1+e^{-x}}=(1+e^{-x})^{-1}$

合成関数の微分公式および積の微分公式より

$$f'(x)=(-1)(1+e^{-x})^{-2}(1+e^{-x})'$$
$$=(-1)(1+e^{-x})^{-2}(-e^{-x})=(1+e^{-x})^{-2}e^{-x}\quad\cdots\cdots①$$
$$f''(x)=(-2)(1+e^{-x})^{-3}(-e^{-x})e^{-x}+(1+e^{-x})^{-2}(-e^{-x})$$
$$=(e^{-x}-1)e^{-x}(1+e^{-x})^{-3}$$

$f''(x)=0$ より　　$e^{-x}=1$　　$\therefore\quad x=0$

ゆえに，変曲点は　　$\text{P}\left(0,\ \dfrac{1}{2}\right)$　……(答)

(2)　C 上の点 $\text{P}(0,\ f(0))$ における接線が l だから，①より

$$l: y=f'(0)x+f(0)$$
$$=\frac{1}{4}x+\frac{1}{2}\quad\cdots\cdots(答)$$

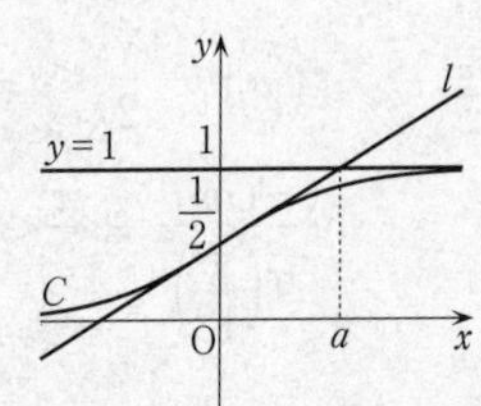

直線 l と直線 $y=1$ の交点の x 座標 a は

$$\frac{1}{4}x+\frac{1}{2}=1$$

$x=a=2$　……(答)

(3)　$b>a=2$ とする。

求める面積 $S(b)$ は

$$S(b)=\int_a^b\{1-f(x)\}dx$$

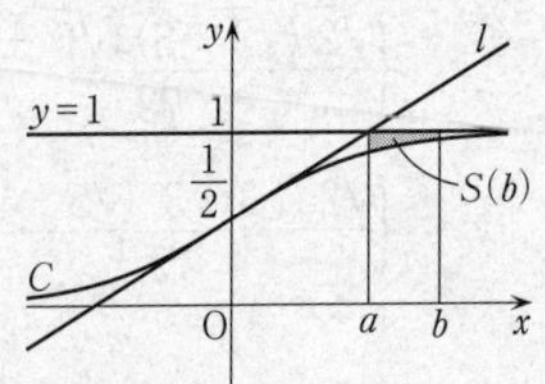

$$=\int_a^b\left(1-\frac{1}{1+e^{-x}}\right)dx$$

$$=\int_a^b\frac{e^{-x}}{1+e^{-x}}dx$$

$$=-\int_a^b\frac{-e^{-x}}{1+e^{-x}}dx$$

$$=-\Big[\log(1+e^{-x})\Big]_a^b$$

$$=\log(1+e^{-2})-\log(1+e^{-b})\quad\cdots\cdots②\quad\cdots\cdots(答)$$

(4) ②より

$$\lim_{b\to\infty}S(b)=\lim_{b\to\infty}\{\log(1+e^{-2})-\log(1+e^{-b})\}$$

$$=\log(1+e^{-2})-\log 1$$

$$=\log(1+e^{-2})\quad\cdots\cdots(答)$$

別解 (3) $b>a=2$ とする。

求める面積 $S(b)$ は

$$S(b)=\int_a^b\{1-f(x)\}dx=\int_a^b\frac{e^{-x}}{1+e^{-x}}dx$$

$$=\int_a^b\frac{1}{1+e^x}dx$$

$e^x=t$ とおくと $x=\log t,\ \dfrac{dx}{dt}=\dfrac{1}{t}$

$$S(b)=\int_{e^a}^{e^b}\frac{1}{(1+t)t}dt=\int_{e^a}^{e^b}\left(\frac{1}{t}-\frac{1}{1+t}\right)dt$$

$$=\Big[\log t-\log(1+t)\Big]_{e^a}^{e^b}=\left[\log\frac{t}{1+t}\right]_{e^a}^{e^b}$$

$$=\log\frac{e^b}{1+e^b}-\log\frac{e^2}{1+e^2}$$

(4) $$\lim_{b\to\infty}S(b)=\lim_{b\to\infty}\left(\log\frac{e^b}{1+e^b}-\log\frac{e^2}{1+e^2}\right)$$

$$=\lim_{b\to\infty}\left(\log\frac{1}{1+e^{-b}}-\log\frac{e^2}{1+e^2}\right)$$

$$=-\log\frac{e^2}{1+e^2}=\log\frac{1+e^2}{e^2}$$

$$=\log(1+e^{-2})$$

◀解　説▶

≪曲線，接線，変曲点，面積≫

(1)　まず，$f'(x)$ を求める。C の変曲点を求めるために，$f''(x)$ を計算する。

(2)　接線の方程式は公式の通り。直線 $y=1$ との交点の x 座標は l の方程式で $y=1$ とおく。

(3)　次の公式を用いた。

$$\int_a^b \frac{f'(x)}{f(x)}ds=\Big[\log|f(x)|\Big]_a^b$$

ここで，重要なことは，与えられた $f(x)$ を変形しないことである。

$f(x)$ を変形したときの解法が〔別解〕である。一見すると，被積分関数は簡単になったが，積分が簡単になるわけではない。本問では，その逆である。与えられた式の形には意味がある。

(4)　$\lim_{b\to\infty}e^{-b}=0$ を用いた。

Ⅳ

解答　(1)　$f_k(x)=x^k\quad(k=0,\ 1,\ 2,\ \cdots)$

$$f(x)=\sum_{k=0}^{n}a_kf_k(x)\quad\cdots\cdots(*)$$

ただし，整式において，$x^0=1$ と規約する。

$n\geqq 2$ とする。$(*)$および二項定理より

$$f_n(x+1)-f_n(x)=\sum_{k=0}^{n}{}_n\mathrm{C}_kx^{n-k}-x^n$$

$$=\sum_{k=1}^{n}{}_n\mathrm{C}_kx^{n-k}\quad[(n-1)\ \text{次式}]$$

$$f_{n-1}(x+1)-f_{n-1}(x)=\sum_{k=1}^{n-1}{}_{n-1}\mathrm{C}_kx^{n-1-k}\quad[(n-2)\ \text{次式}]$$

$$\therefore\quad f(x+1)-f(x)=\sum_{k=0}^{n}a_k\{f_k(x+1)-f_k(x)\}$$

$$={}_n\mathrm{C}_1a_nx^{n-1}+((n-2)\ \text{次以下の項})\quad\cdots\cdots①$$

一方

$$f(x+1)-f(x)=\sum_{k=0}^{n}b_kx^k\quad\cdots\cdots②$$

①，②より

$$b_n=0,\ b_{n-1}=na_n \quad \cdots\cdots ③ \quad \cdots\cdots(答)$$

③は $n=1$ のときも成り立つ。

(2)　$g(x+1)-g(x)=x^3-x \quad \cdots\cdots ④$

④の右辺は 3 次式だから，(1)の結果より，$g(x)$ は 4 次式である。

$g(0)=0$ より，$g(x)=ax^4+bx^3+cx^2+dx$ とおく。

$$af_4(x+1)-af_4(x)=a(4x^3+6x^2+4x+1)$$

$$bf_3(x+1)-bf_3(x)=b(3x^2+3x+1)$$

$$cf_2(x+1)-cf_2(x)=c(2x+1)$$

$$df_1(x+1)-df_1(x)=d$$

$$\therefore\quad g(x+1)-g(x)$$

$$=4ax^3+(6a+3b)x^2+(4a+3b+2c)x+(a+b+c+d) \quad \cdots\cdots ⑤$$

④，⑤より

$$\begin{cases} 4a=1 \\ 3(2a+b)=0 \\ 4a+3b+2c=-1 \\ a+b+c+d=0 \end{cases}$$

$$\therefore\quad (a,\ b,\ c,\ d)=\left(\frac{1}{4},\ \frac{-1}{2},\ \frac{-1}{4},\ \frac{1}{2}\right)$$

$$g(x)=\frac{1}{4}x^4-\frac{1}{2}x^3-\frac{1}{4}x^2+\frac{1}{2}x \quad \cdots\cdots(答)$$

(3)　$h(2x+1)-h(2x)=h(x)-x^2 \quad \cdots\cdots ⑥$

$h(x)$ を n 次式とする。

$2x=t$ とおくと，$h(2x+1)-h(2x)=h(t+1)-h(t)$ は t の $(n-1)$ 次式であり，したがって，x の $(n-1)$ 次式である。

⑥を　$h(2x+1)-h(2x)-h(x)=-x^2 \quad \cdots\cdots ⑦$

と変形すると，⑦の左辺は n 次式である。

⑦より，$h(x)$ は 2 次式である。

$$h(x)=ax^2+bx+c \quad \cdots\cdots ⑧$$

とおくと

$$h(2x+1)-h(2x)=a\{(2x+1)^2-(2x)^2\}+b\{(2x+1)-(2x)\}$$

$$=a(4x+1)+b$$

$$= 4ax + (a+b) \quad \cdots\cdots ⑨$$

⑦，⑧，⑨より，次式は恒等式である。

$$0 = h(2x+1) - h(2x) - h(x) + x^2$$
$$= (1-a)x^2 + (4a-b)x + (a+b-c)$$

$$\begin{cases} 1-a=0 \\ 4a-b=0 \\ a+b-c=0 \end{cases}$$

$\therefore \quad (a,\ b,\ c) = (1,\ 4,\ 5)$

$h(x) = x^2 + 4x + 5$ ……(答)

◀解　説▶

≪恒等式を満たす整式≫

(1)　$f(x)$ が n 次式のとき，$f(x+1) - f(x)$ は $(n-1)$ 次式である。

(2)　(1)の結果より，$g(x)$ は4次式である。

(3)　まず，$h(x)$ の次数を調べる。$h(x)$ が n 次式のとき $h(2x)$ も n 次式である。(1)の結果より，$h(2x+1) - h(2x)$ は $(n-1)$ 次式で，$h(2x+1) - h(2x) - h(x)$ は n 次式であるから，与式より $n=2$ である。

❖講　評

どの問題も出題者が受験生に何を求めているかが明確な良問である。分野で一番重要なのは，微・積分法であるが，重要な分野からまんべんなく出題されている。

Ⅰ　複素数平面上の点と確率の融合問題である。本質的には，条件を満たす複素数平面上の点の組を数えることである。確率に関しては，確率の定義および条件付き確率の定義を理解していればよい。標準問題である。

Ⅱ　前半は関数の値域の近似値の問題である。後半は，まず，正五角形の基本事項である対角線の長さの問題であり，黄金比を求める問題である。このとき，QRSU が平行四辺形であることがポイントである。なお，対角線とは，隣り合わない2頂点を結ぶ線分である。正五角形の5本の対角線はすべて長さが等しい。また，各頂点を出る2本の対角線は頂角を3等分する。次に，五角錐において，cos∠SAM の近似値を求める。最後に，∠SAM の値の近似値を求める。マークシート法であるが，計算量が多く，本問が一番時間がかかる。やや難しい標準問題である。

Ⅲ 微・積分法の典型的な問題である。変曲点，接線，面積，極限のどれも基本問題である。易しい標準問題である。

Ⅳ 関数方程式の問題である。あまり馴染みがない受験生もいたと思われる。基本事項として，n 次多項式 $f(x)$ の差分 $f(x+1)-f(x)$ は，$(n-1)$ 次多項式になる。標準問題である。

物理

I 解答

(1)—(a)　(2)—(f)　(3)—(f)　(4)—(c)　(5)—(h)　(6)—(c)
(7)—(f)　(8)—(e)　(9)—(e)　(10)—(f)　(11)—(e)　(12)—(f)

◀解　説▶

≪斜方投射と第一・第二宇宙速度≫

(1)　水平方向には等速運動をする。また，点Pの座標の水平成分は0であるので，点Qの座標の水平成分は　　vt

(2)　鉛直方向には下向きの重力加速度で等加速度運動をする。また，点Pの座標の鉛直成分は H であるので，点Qの座標の鉛直成分は

$$H-\frac{1}{2}gt^2$$

(3)　$x=vt$ より　　$t=\frac{x}{v}$

これを y の式に代入すると

$$y=R+H-\frac{1}{2}gt^2=R+H-\frac{g}{2v^2}x^2$$

(4)・(5)　三平方の定理より

$$r^2=x^2+y^2=x^2+(R+H)^2-(R+H)\frac{g}{v^2}x^2+\frac{g^2}{4v^4}x^4$$

$$=(R+H)^2+\left\{1-\frac{g(R+H)}{v^2}\right\}x^2+\frac{g^2}{4v^4}x^4$$

(6)　$(R+H)^2+\left\{1-\frac{g(R+H)}{v^2}\right\}x^2+\frac{g^2}{4v^4}x^4>(R+H)^2$ を満たせばよいので

$$\left\{1-\frac{g(R+H)}{v^2}\right\}x^2+\frac{g^2}{4v^4}x^4>0$$

$x^2>0$，$v^2>0$ であるので

$$v^2-g(R+H)+\frac{g^2}{4v^2}x^2>0$$

x によらず成り立つには $v^2-g(R+H)>0$ を満たせばよいので

$$v>\sqrt{g(R+H)}\ 〔\mathrm{m/s}〕$$

別解　第一宇宙速度を求めればよいので，重力と遠心力のつり合いより

$$mg=\frac{mV^2}{R+H}\qquad \therefore\quad V=\sqrt{g(R+H)}\,〔\mathrm{m/s}〕$$

(7)　万有引力の公式より，万有引力の大きさ F_G は

$$F_G=\frac{GMm}{(R+H)^2}\,〔\mathrm{N}〕$$

(8)　向心加速度の公式より，遠心力 F は

$$F=\frac{mv^2}{R+H}\,〔\mathrm{N}〕$$

(9)　万有引力と遠心力が等しいので

$$\frac{GMm}{(R+H)^2}=\frac{mv^2}{R+H}\qquad \therefore\quad v=\sqrt{\frac{GM}{R+H}}\,〔\mathrm{m/s}〕$$

(10)　重力の大きさは mg であるので

$$\frac{GMm}{(R+H)^2}=mg\qquad \therefore\quad g=\frac{GM}{(R+H)^2}\,〔\mathrm{m/s^2}〕$$

参考　ここで(6)の値に(10)の値を代入すると

$$V=\sqrt{\frac{GM}{(R+H)^2}(R+H)}=\sqrt{\frac{GM}{R+H}}$$

となり，(9)の値になっている。

(11)　運動エネルギーと万有引力による位置エネルギーの和は

$$\frac{1}{2}mv^2-\frac{GMm}{R+H}\,〔\mathrm{J}〕$$

(12)　$\displaystyle\frac{1}{2}mv^2-\frac{GMm}{R+H}>0\qquad v>\sqrt{\frac{2GM}{R+H}}\,〔\mathrm{m/s}〕$

II

解答　1．大きさ：$\dfrac{vBL}{R}$〔A〕　向き：x 軸負の向き

2．$ma=mg-\dfrac{vB^2L^2}{R}$

3．$\dfrac{v^2B^2L^2}{R}$〔J〕

4．$\dfrac{mgR}{B^2L^2}$〔m/s〕

5．$\dfrac{m^2g^2R}{B^2L^2}t$〔J〕

6．$\dfrac{m^2g^2R}{B^2L^2}t$〔J〕

7．大きさ：$\dfrac{(v-w)BL}{R}$〔A〕 向き：x 軸負の向き

8．$F=\dfrac{(v-w)B^2L^2}{R}$ Fの向き：z 軸負の向き

$f=\dfrac{(v-w)B^2L^2}{R}$ fの向き：z 軸正の向き

9．$v>w$ のとき，2つの導体棒は速度の差が減少する向きに電磁力を受けるが，差が縮まると電磁力は減少し，最終的に $w=v$ となると速度の差は変化しなくなる。(70字程度)

10．重力のみを受けた等加速度直線運動をする。(20字以内)

◀解 説▶

≪磁場中を落下する2本の導体棒≫

1．レールP，Qおよび導体棒1，2からなる回路を貫く磁束は毎秒 vBL〔Wb〕だけ増加するため，電磁誘導により大きさ vBL〔V〕の誘導起電力が生じ，流れる電流の大きさはオームの法則より $\dfrac{vBL}{R}$〔A〕となる。また，その方向はレンツの法則より図1正面から見て時計回りの方向であるため，導体棒2においては x 軸負の向きとなる。

2．導体棒2が受ける力は重力と流れる電流による電磁力である。大きさ I〔A〕の電流が磁場から受ける電磁力は IBL〔N〕で，その方向は z 軸負の向きであるので

$$ma=mg-IBL=mg-\frac{vB^2L^2}{R}$$

3．単位時間当たりに消費されるエネルギー，つまり消費電力は電圧と電流の積で求められるので

$$vBL\times\frac{vBL}{R}=\frac{v^2B^2L^2}{R}〔\mathrm{J}〕$$

参考 導体棒2が失った重力の位置エネルギーは，導体棒2の運動エネルギーの増加分と発生するジュール熱に等しい。

4．速度が変化しないとき，重力と電磁力がつり合っているので

$$mg=\frac{v_{\mathrm{f}}B^2L^2}{R} \qquad \therefore \quad v_{\mathrm{f}}=\frac{mgR}{B^2L^2}\text{〔m/s〕}$$

5．t〔s〕の間に落下する距離は $v_{\mathrm{f}}t$〔m〕であるので，t〔s〕の間に失われる導体棒2の重力による位置エネルギーは

$$mgv_{\mathrm{f}}t=\frac{m^2g^2R}{B^2L^2}t\text{〔J〕}$$

6．エネルギー保存則より，失われた位置エネルギーはすべてジュール熱として電気抵抗で消費されている。

よって　$\dfrac{m^2g^2R}{B^2L^2}t$〔J〕

別解 問3より，速さ v_{f}〔m/s〕で落下するときの消費電力は $\dfrac{v_{\mathrm{f}}^2B^2L^2}{R}$〔W〕である。

よって，t〔s〕の間に電気抵抗で消費されるエネルギーは

$$\frac{v_{\mathrm{f}}^2B^2L^2}{R}t=\frac{m^2g^2R}{B^2L^2}t\text{〔J〕}$$

7・9．導体棒1を外した瞬間，$v>w=0$ である。$v>w$ を満たすとき，P，Qおよび導体棒1，2からなる回路を貫く磁束は増加するため，導体棒1には x 軸正の向きに，導体棒2には x 軸負の向きに電流が流れる。このときフレミングの左手の法則より導体棒1，2に流れる電流が磁場から受ける力の向きは，それぞれ z 軸正の向き，z 軸負の向きである。よって，電磁力と z 軸正の向きの重力を受け運動する導体棒1，2の加速度は，導体棒1のほうが導体棒2よりも大きくなり，w は v に近づいていく。w と v の差が小さくなると，流れる電流が減少し，加速度の差も小さくなる。そして，$w=v$ となると，電流は流れず，導体棒1，2ともに重力のみを受けて同じ加速度で運動するようになるため，$w>v$ にはならない。よって，導体棒2に流れる電流の向きは常に x 軸負の向きとなる。

また，P，Qおよび導体棒1，2からなる回路を貫く磁束は毎秒 $(v-w)BL$〔Wb〕だけ増加するため，流れる電流の大きさは $\dfrac{(v-w)BL}{R}$〔A〕である。

8．前述のとおり導体棒1，2を流れる電流が磁場から受ける力の向きは

それぞれ z 軸正の向き，z 軸負の向きである。導体棒 1，2 を流れる電流の大きさは等しいため，その力の大きさはどちらも

$$IBL=\frac{(v-w)BL}{R}\times BL=\frac{(v-w)B^2L^2}{R}\text{〔N〕}$$

10．十分長い時間が経過したとき，流れる電流は 0 であり，導体棒が磁場から受ける電磁力も 0 となるので，導体棒 1，2 はともに重力のみを受けて等加速度直線運動をする。

Ⅲ　解答

(1)—(a)　(2)—(b)　(3)—(c)　(4)—(c)　(5)—(e)　(6)—(g)
(7)—(b)　(8)—(c)　(9)—(g)　(10)—(b)

◀解　説▶

≪レンズの式の導出≫

(1)　屈折の法則より

$$1\cdot\sin\theta=n\sin\phi \qquad \therefore\quad \frac{\sin\theta}{\sin\phi}=n$$

(2)　$n=\dfrac{\sin\theta}{\sin\phi}\fallingdotseq\dfrac{\theta}{\phi} \qquad \therefore\quad \theta=n\phi$

(3)　(イ)式，(2)の式より

$$\alpha+\gamma=n(\gamma-\beta)$$

(4)　$\alpha\fallingdotseq\tan\alpha=\dfrac{h}{a} \qquad \beta\fallingdotseq\tan\beta=\dfrac{h}{b} \qquad \gamma\fallingdotseq\sin\gamma=\dfrac{h}{R}$

(5)・(6)　(3)の式を変形して

$$\frac{1}{n}\alpha+\beta=\frac{n-1}{n}\gamma$$

これに(4)の値を代入して

$$\frac{1}{n}\cdot\frac{h}{a}+\frac{h}{b}=\frac{n-1}{n}\cdot\frac{h}{R} \qquad \therefore\quad \frac{\frac{1}{n}}{a}+\frac{1}{b}=\frac{\frac{n-1}{n}}{R}$$

(7)　題意のとき，直線 PB は光軸と平行になっているので，$\phi=\gamma$ である。(2)の式に代入すると

$$\theta=n\gamma$$

(イ)式，(4)より

$$\frac{h}{a}+\frac{h}{R}=n\frac{h}{R} \qquad \therefore \quad a=\frac{R}{n-1}$$

(8)・(9)　(ウ)式の a を b, b を H'B', R を R_2 に置き換えればよい。レンズの厚さは無視できるくらい薄いため, $H'B' \fallingdotseq b'$ とすると

$$\frac{\frac{1}{n}}{b}+\frac{1}{b'}=\frac{\frac{n-1}{n}}{R_2} \qquad \therefore \quad \frac{a}{b}\cdot\frac{\frac{1}{n}}{a}+\frac{b}{b'}\cdot\frac{1}{b}=\frac{\frac{n-1}{n}}{R_2}$$

(10)　(オ)式, (カ)式を辺々足し合わせると

$$\frac{\frac{1}{n}}{a}+\frac{\frac{1}{n}}{b}=\frac{\frac{n-1}{n}}{R_1}+\frac{\frac{n-1}{n}}{R_2}$$

$$\therefore \quad \frac{1}{a}+\frac{1}{b}=(n-1)\left(\frac{1}{R_1}+\frac{1}{R_2}\right)$$

❖講　評

出題数は大問3題で, 力学, 電磁気, 波動から各1題であった。Ⅰ, Ⅲは空所に適当な式を選択肢から選ぶマークシート法の問題, Ⅱは解答のみを答える問題と論述問題であった。

Ⅰ　水平投射した物体を地球規模サイズで考えたときに, 地面に到達しない条件や無限遠方に飛び去るための条件を求める問題。第一宇宙速度, 第二宇宙速度を求める典型的な問題で, 誘導も丁寧であるため高得点が期待できる。(4), (5)で三平方の定理を用いることに気がつけるか, (6)の不等式評価を適切に処理することができるかがポイント。

Ⅱ　磁場中に置かれた平行な金属レール上を運動する導体棒に関する問題。典型的な問題であるため, 特に前半は確実に得点したい。問7以降は電流, 力, 運動がどのように変化していくかしっかりとイメージしながら解答できるとよい。

Ⅲ　屈折の法則と近似を用いてレンズの式を導出する問題。誘導に従いながら図を活用し, 適切に近似を用いていくことが必要。問題自体の難易度は高くないが, あまり見ない問題設定であるため問題文を丁寧に読み解き理解する力が求められる。

化学

I　解答

(1)—⑤　(2)—⑥　(3)—⑥　(4)—⑧　(5)—③　(6)—①
(7)—⑥　(8)—⑥　(9)—①　(10)—⑥

◀解　説▶

≪小問 10 問≫

(2)　(ア)誤文。圧力を上げていくと途中で凝縮する物質**D**は水。O_2 と O_3 は，分子量が大きいほど分子間力が大きくなり体積が減少するため，$\dfrac{pV}{nRT}$ の値は 1.000 より小さくなる。よって，物質**B**は O_2，物質**C**は O_3 である。H_2 は分子間力が非常に小さく，分子自身の体積が強く影響するため，$\dfrac{pV}{nRT}$ の値は 1.000 より大きくなる。よって物質**A**は H_2 である。

(ウ)誤文。この温度では約 0.7×10^5 Pa で凝縮している。つまり，0.7×10^5 Pa における沸点がこの温度であるということがわかる。1.0×10^5 Pa における水の沸点は 100℃なので，この温度は 100℃より低いことがわかる。

(3)　(ア)誤文。化学発光では熱の出入りを伴わず，光により反応が進行する。

(ウ)誤文。同素体でも化学エネルギーは異なる。

(4)　置換基の位置を右図の数字で表すと

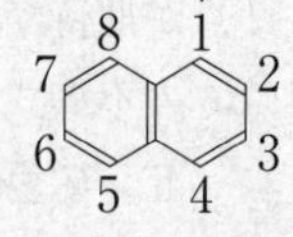

(1，2)，(1，3)，(1，4)，(1，5)，(1，6)，(1，7)，(1，8)，(2，3)，(2，6)，(2，7)

の 10 種類。

(5)　(ア)　$C_6H_5-NO_2 \xrightarrow{\text{Sn, HCl}} C_6H_5-NH_3Cl$

(ウ)　$C_6H_5-NH_3Cl \xrightarrow{\text{NaOH}} C_6H_5-NH_2$

のように反応させ，合成したアニリンをエーテルで抽出する。

(6)　(ア)正文。有機化合物中に硫黄を含むと，PbS の黒色沈殿が生じる。

(イ)正文。タンパク質水溶液に濃い水酸化ナトリウム水溶液を加え加熱するとタンパク質が分解され，アンモニアが生成される。

(ウ)正文。ビウレット反応はアミノ酸が 3 分子以上結合したペプチドを検出する反応。

(7)　$CaCl_2$ 水溶液を加えると，Na_2CO_3 水溶液から $CaCO_3$，Na_2SO_4 水溶液から $CaSO_4$ が沈殿し，どちらも白色である。なお，$BaCl_2$ 水溶液を加えても同様の反応が起こる。HCl 水溶液を加えると，Na_2CO_3 水溶液から CO_2 が発生する。NaCl 水溶液，KCl 水溶液，NH_4Cl 水溶液を加えても，いずれの試験管も変化しない。

(8)　(ア)誤文。高純度のケイ素に少量のリンやホウ素などを加えると，電気を通しやすくなる。

(ウ)誤文。ケイ素は天然には主に酸化物として存在する。単体のケイ素は天然には存在しない。

(9)　リード文から　$\dfrac{1}{[\mathbf{X}]}=kt+\dfrac{1}{[\mathbf{X}]_0}$

$[\mathbf{X}]=\dfrac{[\mathbf{X}]_0}{2}$ を代入して

$$\frac{2}{[\mathbf{X}]_0}=kt+\frac{1}{[\mathbf{X}]_0}\qquad\therefore\quad t=\frac{1}{k[\mathbf{X}]_0}$$

(10)　溶ける気体の質量は

$$窒素：\frac{0.0123}{22.4}\times 28\times\frac{4.0\times 10^5\times\dfrac{8.0}{8.0+2.0}}{1.013\times 10^5}〔\mathrm{g}〕$$

$$酸素：\frac{0.0231}{22.4}\times 32\times\frac{4.0\times 10^5\times\dfrac{2.0}{8.0+2.0}}{1.013\times 10^5}〔\mathrm{g}〕$$

よって

$$\frac{窒素}{酸素}=\frac{0.0123}{0.0231}\times\frac{28}{32}\times\frac{8.0}{2.0}=1.86\fallingdotseq 1.9$$

II　解答

(ア)―⑥　(イ)―⑦　(ウ)―②　(エ)―④　(オ)―②　(カ)―⑦
(キ)―⑥または⑦

◀解　説▶

≪ボイルの法則と気体の反応，気体の質量≫

文章①　操作(1)

混合後の気体 **C** の分圧を P_C〔Pa〕とすると，ボイルの法則より

$$2.0\times10^5\times2.0=P_C\times(3.0+1.0+2.0)$$

$\therefore\quad P_C=0.666\times10^5\fallingdotseq0.67\times10^5$〔Pa〕 ……(ア)

同様に，混合後の気体**A**，気体**B**の分圧はそれぞれ，

気体**A**：0.500×10^5〔Pa〕，気体**B**：0.666×10^5〔Pa〕と求められる。

操作(2)

	A	+ 3B	⟶ 2D
（反応前）	0.500	0.666	0
（変化量）	−0.222	−0.666	+0.444
（平衡時）	0.278	0	0.444

（単位は〔$\times10^5$Pa〕）

反応後の混合気体の全圧は

$$(0.278+0.444+0.666)\times10^5=1.388\times10^5$$
$$\fallingdotseq1.4\times10^5\text{〔Pa〕}$$ ……(イ)

反応後に残った気体**A**の分圧は

$0.278\times10^5\fallingdotseq0.28\times10^5$〔Pa〕 ……(ウ)

気体**D**の分圧は

$0.444\times10^5\fallingdotseq0.44\times10^5$〔Pa〕 ……(エ)

文章②

求めるヘリウムの質量を w〔g〕とすると，気体の状態方程式より

$$1.0\times10^5\times1.0\times10^3=\frac{w}{4.0}\times8.3\times10^3\times300$$

$\therefore\quad w\fallingdotseq1.60\times10^2$〔g〕$=0.16$〔kg〕 ……(オ)

空気の平均分子量は

$$28\times\frac{8.0}{8.0+2.0}+32\times\frac{2.0}{8.0+2.0}=28.8$$

同温同圧同体積の気体の質量は分子量に比例するから，1.0m^3 の空気の質量は

$$0.160\times\frac{28.8}{4.0}=1.152\fallingdotseq1.2\text{〔kg〕}$$ ……(カ)

空気の質量とヘリウムの質量の差の分だけ持ち上げることができるので

$1.152-0.160=0.992\fallingdotseq1.0$〔kg〕 ……(キ)

（なお，1.2−0.16=1.14〔kg〕と計算すると⑦の 1.2 も解となりうる）

Ⅲ 解答

(1)(ア)―⑦　(イ)―①　(ウ)―⑤　(エ)―④

(2)共洗い

(3)―⑥　(4) CH_3COONa　(5)―⑤

(6) 7.1×10^{-1} mol/L　(7) 4.3%

◀解　説▶

≪中和滴定≫

(2)　ホールピペットやビュレットのように，濃度を変化させてはいけない場面で使用するガラス器具が水でぬれているときは，共洗いを行う。

(3)　弱酸と強塩基の中和滴定において，中和点は塩基性である。そのため，変色域が塩基性側のフェノールフタレインを用いる。

(5)　空気中で安定である，固体なので質量が測りやすいなどの理由から，シュウ酸の標準溶液が用いられることが多い。

(6)　薄める前のモル濃度を x〔mol/L〕とすると

$$\frac{x}{10}\times\frac{10.0}{1000}\times1=0.100\times\frac{7.10}{1000}\times1$$

$\therefore\ x=7.1\times10^{-1}$〔mol/L〕

(7)　溶液1〔L〕$=1\times10^3\times1.00$〔g〕中に，溶質（$CH_3COOH=60$）は 0.71 mol，つまり，0.71×60 g 含まれているので

$$\frac{0.71\times60}{1\times10^3\times1.00}\times100=4.26\fallingdotseq4.3\text{〔\%〕}$$

Ⅳ 解答

(1) $H_3C-\underset{\underset{Cl}{|}}{CH}-CH_2-CH_3$

(2) $\overset{H}{\underset{H}{>}}C=C\overset{H}{\underset{CH_2-CH_3}{<}}+6O_2\longrightarrow4CO_2+4H_2O$

(3) +11 kJ　(4)ヘス

(5)―⑤　(6) O_3

(7) **C**．$H_3C-\underset{\underset{O}{\|}}{C}-H$　**D**．$H_3C-\underset{\underset{O}{\|}}{C}-CH_3$

(8) **A**．$\overset{H_3C}{\underset{H_3C}{>}}C=C\overset{H}{\underset{CH_3}{<}}$　**B**．$\overset{H}{\underset{H}{>}}C=C\overset{H}{\underset{CH_2-CH_2-CH_3}{<}}$

◀解　説▶

≪アルケンの付加反応とオゾン分解，熱化学≫

(1)　生成する物質は主に，次の①，②の 2 種類。

```
  H  H             H  H               H  H
  |  |             |  |               |  |
H-C=C-C-C ──→ H-C -C-C-C,   H-C -C -C-C
                   |  |               |  |
                   Cl H               H  Cl
                      ①                  ②
```

このうち，反応前の二重結合炭素のうち水素原子が多く結合している炭素原子に HCl の H 原子が結合した②が主生成物である（一部の水素原子は省略してある。反応前に，二重結合の左の炭素には 2 個，右の炭素には 1 個の水素原子が結合している）。この法則をマルコフニコフ則という。表のプロペンの付加反応主生成物でも同じ法則が確認できる。

(3)・(5)　燃焼熱をエネルギー図で表すと，次のようになる。

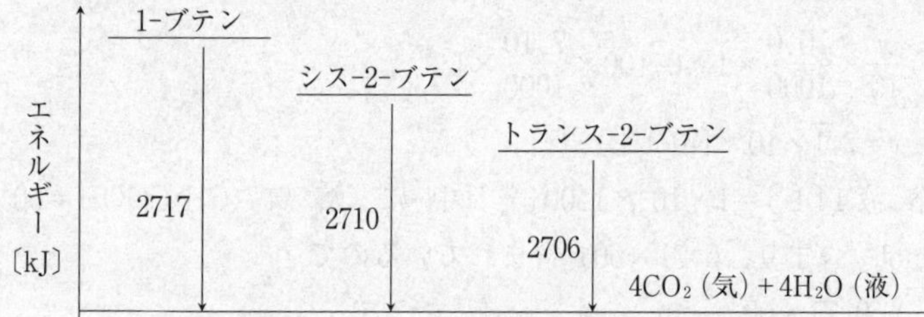

1-ブテンとトランス-2-ブテンのエネルギー差は

$$2717 - 2706 = 11\,〔kJ〕$$

また，化学エネルギーが低い物質ほど安定する。

(7)　アルケンのオゾン分解は，次のようになる。

```
R1       R3          R1
  >C=C<     ──→        >C=O + O=C<R3
R2       R4   O3     R2            R4
```

A は分枝状であることから，考えられる構造は以下の 3 種類。

```
  C             C              C
  |             |              |
C=C-C-C       C-C=C-C        C-C-C=C
   ③             ④              ⑤
```

オゾン分解で生成する **C**，**D** がともにヨードホルム反応を示すことから，**A** は④である。また，**A** をオゾン分解すると以下の⑥，⑦が得られる。

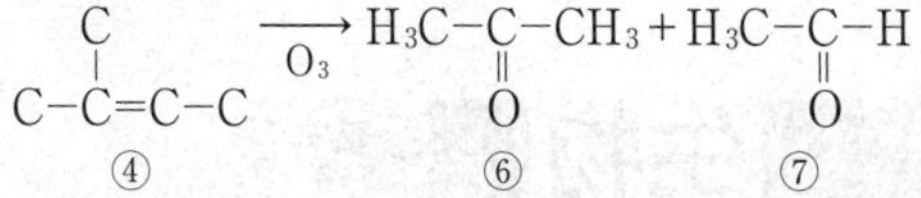

$$\begin{array}{c} \mathrm{C} \\ | \\ \mathrm{C{-}C{=}C{-}C} \\ ④ \end{array} \xrightarrow[\mathrm{O_3}]{} \mathrm{H_3C{-}\underset{\underset{\displaystyle O}{\|}}{C}{-}CH_3}\ (⑥) + \mathrm{H_3C{-}\underset{\underset{\displaystyle O}{\|}}{C}{-}H}\ (⑦)$$

Cが銀鏡反応を示す，つまりアルデヒドであることから，**C**は⑦，**D**は⑥である。

⑻　**B**は直鎖状であることから，考えられる構造は以下の 2 種類。

$$\underset{⑧}{\mathrm{C{=}C{-}C{-}C{-}C}} \qquad \underset{⑨}{\mathrm{C{-}C{=}C{-}C{-}C}}$$

このうち，⑨をオゾン分解すると⑦が生成するので，**C**～**F**はすべて異なるという記述に合わない。したがって**B**は⑧である。

なお，⑧のオゾン分解は以下のようになる。

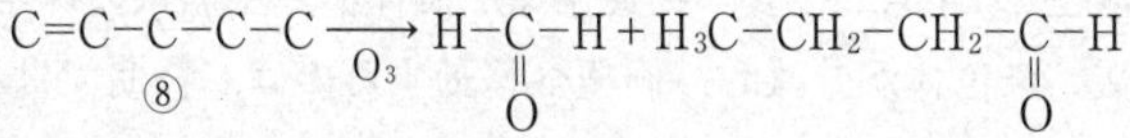

$$\underset{⑧}{\mathrm{C{=}C{-}C{-}C{-}C}} \xrightarrow[\mathrm{O_3}]{} \mathrm{H{-}\underset{\underset{\displaystyle O}{\|}}{C}{-}H} + \mathrm{H_3C{-}CH_2{-}CH_2{-}\underset{\underset{\displaystyle O}{\|}}{C}{-}H}$$

❖講　評

Ⅰ・Ⅱがマークシート法，Ⅲ・Ⅳが記述式で，2022 年度までと同じ形式であった。

Ⅰ　小問 10 問の構成で，2022 年度までと同じ。全分野からの出題で，正誤のセットを選ばせるものや計算問題の数値を選ばせるものなど，これまでの出題スタイルと同様であった。全体的に難易度も易化したが，⑷のように異性体の個数を正確に数えるのは難しく，正誤問題もしっかりした知識をもたないと対応できないなど，得点差は出やすかったと思われる。

Ⅱ　前半はボイルの法則と化学反応に関する出題であった。過不足のある化学反応に関して，分圧で計算するなど，計算の手間を省く工夫が必要。

Ⅲ　中和滴定に関する出題であった。基本的な実験操作や計算に関するもので，あまり苦労せずに解くことができただろう。

Ⅳ　アルケンの反応に関する出題であった。マルコフニコフ則やオゾン分解についてはあらかじめ知識をもっている受験生も多いと思われる。あるいは知らなくても，表や会話文から推測できる構成になっていた。

全体に，難易度は標準レベル。実験問題や会話文といった近年の傾向が続いている。

生物

I 解答

A. (1)―(e) (2)―(c) (3)―(d) (4)―(b) (5)―(e) (6)―(b) (7)―(e) (8)―(a) (9)―(f)

B. (1)―(b) (2)―(d) (3)―(c) (4)―(a) (5)(ア)―(c) (イ)―(h) (ウ)―(e) (エ)―(i) (オ)―(a)

C. (1)―(b) (2)―(c) (3)―(d) (4)―(c) (5)―(c)

◀解 説▶

≪細胞分裂，核型とDNA，複製，物質循環，個体群，生態系の保全≫

A. (1) (e)誤文。染色体が分離し，両極へ移動するのは，終期ではなく後期である。

(2) (c)誤文。相同染色体の分離がみられるのは，第二減数分裂ではなく第一減数分裂である。

(3) 減数分裂において，乗換えが起こらない場合，1組の相同染色体はそれぞれ2種類の配偶子へと分配される。$2n=8$ の生物は4組の相同染色体をもつため，この個体から生じる配偶子の染色体の組み合わせは $2^4=16$ 種類となる。

(4) (a)誤文。相同染色体は体細胞にみられる形や大きさの等しい2本の染色体であり，染色体を複製していない細胞にもみられる。染色体複製後にできるわけではない。

(c)誤文。ヒトの体細胞には22組の常染色体が含まれる。

(d)誤文。男女に共通する性染色体はY染色体ではなくX染色体である。

(e)誤文。Y染色体はX染色体に比べて小さく，その中に含まれる遺伝子の数は少ない。

(5) (e)誤文。ヌクレオチド鎖の3′末端は糖で終わる末端であり，5′末端はリン酸で終わる末端である。

(6) DNAに含まれる塩基数の割合はそれぞれ，アデニンとチミン，グアニンとシトシンとで等しいことから，アデニンが20％含まれていた場合，グアニンが含まれる割合は次のように求めることができる。

$$\{100-(20\times 2)\}\div 2=30〔\%〕$$

(7)　(a)誤文。鋳型鎖に相補的なRNAプライマーを合成するのは，DNAポリメラーゼではなくプライマーゼである。

(b)・(d)誤文。岡崎フラグメントや1本鎖DNAどうしを連結するのは，DNAポリメラーゼではなくDNAリガーゼである。

(c)誤文。DNAポリメラーゼは，鋳型鎖と同じ塩基配列のDNAを合成するわけではなく，鋳型鎖と相補的な塩基配列のDNAを合成する。

(8)　(b)誤文。ラギング鎖を合成するのは，DNAリガーゼではなくDNAポリメラーゼである。

(c)誤文。センス鎖とは転写の際に鋳型とならない鎖のことで，リーディング鎖がセンス鎖になるかどうかはDNAの領域ごとに異なる。

(d)誤文。断片的なDNAが合成されるのは，リーディング鎖ではなくラギング鎖である。

(e)誤文。アンチセンス鎖とは転写の際に鋳型となる鎖のことで，岡崎フラグメント（ラギング鎖）がアンチセンス鎖になるかどうかはDNAの領域ごとに異なる。

(9)　DNAポリメラーゼは，新生鎖を5′→3′方向へのみ伸長させる酵素であるため，リーディング鎖はDNAヘリカーゼの進行方向と同じ方向へ連続的に合成され，ラギング鎖はDNAヘリカーゼの進行方向と反対方向へ不連続的に合成される。このことを正しく表現している図は(f)である。

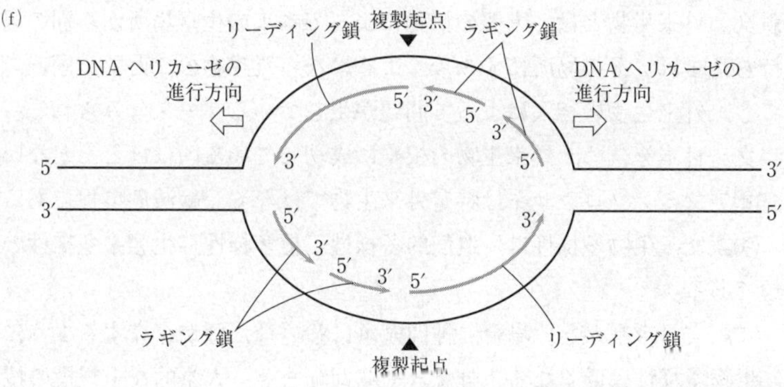

D．(1)　(b)誤文。沿岸部に比べて外洋は地球の表面積に占める割合が大きく，全地球の生産量に占める割合も大きいが，単位面積あたりの生産量は外洋よりも沿岸部のほうが大きい。

(2)　(d)誤文。草原を主に構成している草本に比べて，森林を主に構成している樹木は大きく，そのぶん炭素の現存量も大きい。したがって，単位面積あたりの現存量は草原よりも森林のほうが大きい。

(3)　(c)誤文。土壌中に含まれるNO_3^-などの窒素化合物は，脱窒素細菌の呼吸によって窒素分子として大気に放出される。土壌動物や作物の呼吸によるものではない。

(4)　(a)誤文。湖や内湾などにおいて富栄養化が進み，水中の栄養塩類の濃度が増加すると，それを取り込んだ特定の藻類（プランクトン）が水面近くで大量発生することがある。その際，中層や深層の酸素濃度は低下するが，表層の酸素濃度は上昇する。したがって，水中の酸素濃度がすべて低下するわけではない。

C．(1)　(a)誤文。競争の程度は，生態的地位が近い種間ほど強い傾向がある。生態的地位が遠い種間では競争が起きにくい。

(c)誤文。昆虫を食べるカエルがヘビに食べられるように，捕食者は，別の生物の被食者になりうる。

(d)誤文。相互作用しながら生活している異種の個体群の集まりを，生物群集という。生態系とは，生物群集とそれを取り巻く非生物環境を物質循環やエネルギーの流れに着目し，一体的なものとしてとらえたものである。

(2)　(a)誤文。農作物を荒らすイノシシなど，在来生物の中にも生態系や人間の活動に悪影響を与えるものもいる。

(b)誤文。外来生物とは，人間の活動によって本来の生息場所から別の場所へ持ち込まれ，その場所にすみ着くようになった生物のことで，国内であっても，外来生物の移入によって問題が生じているケースはみられる。

(d)誤文。日本を含め，外来生物の根絶に成功している国はほとんどない。

(3)　(d)アマミノクロウサギは特定外来生物ではなく，絶滅危惧種である。

(4)　(a)誤文。生物多様性は，遺伝的多様性，種多様性，生態系多様性の3種類である。

(b)・(d)誤文。撹乱がない場合，種間競争に強い種だけが存在するようになり，生物多様性は低くなる。野焼きや草刈りなど，人為的な中規模の撹乱が起きた場合は，多くの種の共存がみられ，生物多様性は高くなる。

(5)　(a)誤文。人間が生態系サービスの恩恵を持続的に受けるためには，生態系および生物多様性を保全する必要がある。生物を選別し，保全することは重要ではない。

(b)誤文。生態系サービスのうち，人間の生活を支える物質などを提供するものは調節サービスではなく，供給サービスである。

(c)正文。森林をハイキングし自然に触れる体験ができることは，生態系サービスの1つである文化的サービスに含まれる。

(d)誤文。農業生産により農産物が得られることは，生態系サービスの1つである供給サービスに含まれる。

II 解答

(1)(ア)―(b) (イ)―(d) (ウ)―(e) (エ)―(a) (オ)―(c)

(2)(i)(カ)―(e) (キ)―(d) (ク)―(b) (ケ)―(a) (コ)―(c)

(ii)―(b) (iii)(あ)―㋒ (い)―㋔ (う)―㋒ (え)―㋔

(3)―(d) (4)―(e) (5)(サ)―(e) (シ)―(b) (ス)―(d)

◀解 説▶

≪地質時代と生物界の変遷，進化のしくみ，植物の系統≫

(1) (a)多細胞生物の出現は約10億年前，(b)酸素非発生型光合成の開始（光合成細菌の出現）は最初の生命の誕生直後，(c)オゾン層の形成と，オゾン層による紫外線の大幅な吸収は約5億年前，(d)酸素発生型光合成の開始（シアノバクテリアの出現）は約27億年前，(e)真核生物の出現は約19億年前に起こった出来事であると考えられている。

(2)(ii) カンブリア紀の中頃に，最初の脊椎動物として無顎類が出現した。無顎類の現生の種の例としては，(b)ヤツメウナギやヌタウナギが挙げられる。

(iii) 古生代期以降の地球では，次の5回の大量絶滅が起きたと考えられている。

㋐オルドビス紀末：フデイシや三葉虫などが激減した。すべての生物の約8.5割が絶滅したとされる。

㋑デボン紀末：無顎類や三葉虫などが激減した。海水の酸素濃度の低下や寒冷化が起こったと考えられている。

㋒ペルム紀末：フズリナや三葉虫などが絶滅した。最大規模の大量絶滅で，海生生物の約9割が絶滅したとされる。大規模な火山活動とそれに伴う海洋無酸素事変が原因であると考えられている。 →(あ)，(う)

㋓三畳紀末：海生動物の約2割以上が絶滅したとされる。

㋔白亜紀末：恐竜やアンモナイトなどが絶滅した。巨大隕石の衝突が原因

であると考えられている。→(い)，(え)

III 解答

(1)(i)　図2Aにおいて，下側のmRNAが上側のmRNAよりも長いことから，RNAポリメラーゼが図の上側から下側に向かって進行していると考えられるため。

(ii)(ア)リボソーム　(イ)核　(ウ)スプライシング　(エ)イントロン
(オ)小胞体（粗面小胞体）

(2)―(b)・(d)　(3)―(c)・(d)　(4)―(b)

(5)　名称：ビコイドmRNA

分布のしかた：未受精卵の前端に局在している。

効果：翻訳されて前端から後端にビコイドタンパク質の濃度勾配ができ，からだの前後軸が決定される。

◀解　説▶

≪遺伝子発現，mRNAの輸送・修飾，ショウジョウバエの発生≫

(1)(i)　本問では「図2Aにおいて，下側のmRNAが上側のmRNAよりも長いこと」「RNAポリメラーゼが図の上側から下側に向かって進行していること」の2点を盛り込みたい。

(2)　(a)・(e)考えられない。実験1は，さまざまなオペロンOから転写されたmRNAの存在場所を調べる実験であり，実験1の結果（表1）にもとづいて，酵素Aの翻訳の必要性や有無を確かめることができない。

(b)考えられる。表1において，遺伝子Cの配列をもたないmRNA3が細胞膜に存在していることから，オペロンOから転写されたmRNAは，遺伝子Cの配列がなくても細胞膜に運ばれることがわかる。

(c)考えられない。表1において，遺伝子Aの塩基配列に改変を加えていないmRNA1やmRNA3が細胞膜に存在していることから，オペロンOから転写されたmRNAは，遺伝子Aの塩基配列に改変を加えていなくても細胞質基質に運ばれていないことがわかる。

(d)考えられる。表1において，配列XをもつmRNA1とmRNA3が細胞膜に存在していて，配列XをもたないmRNA2が細胞質基質に存在していることから，オペロンOから転写されたmRNAが細胞膜に運ばれるためには，配列Xに相当する部分が必要であることがわかる。

(3)　(a)考えられない。実験2～4では，酵素Bの発現がみられなかったことから，実験２～４の結果にもとづいて，酵素Ｂが酵素Ａと酵素Ｃに結合し，それらを細胞膜に移動させることを推測することができない。

(b)考えられない。実験３では，オペロンＯの mRNA 以外の CUA をもつ mRNA を用いた実験が行われていないため，オペロンＯの mRNA 以外の CUA をもつ mRNA が細胞膜に存在することを推測することができない。

(c)考えられる。配列Ｘをもつ（配列Ｘを改変していない）実験２の mRNA1′ と実験３の mRNA1″ が細胞膜に存在していて，配列Ｘをもたない（配列Ｘを改変した）実験４の mRNA が細胞質基質に存在していることから，配列Ｘを改変しなければ，オペロンＯの mRNA は細胞膜に存在することがわかる。

(d)考えられる。遺伝子Ｂの配列をもつ実験２の mRNA1′ と実験３の mRNA1″（ともに遺伝子Ｃの配列をもつ）が細胞膜に存在していて，遺伝子Ｂをもたない実験４の mRNA（遺伝子Ｃの配列をもつ）が細胞質基質に存在していることから，遺伝子Ｃの mRNA は，遺伝子Ｂとともにオペロンを構成しなければ，細胞膜に存在できないことがわかる。

(e)考えられない。実験２～４では，T-GFP と配列 CUA との結合に関する実験が行われていないため，T-GFP と配列 CUA が結合することを推測することができない。

(4)　酵素Ｂは膜タンパク質であるため，(b)のような細胞膜上でのはたらきについて言及している選択肢を選ぶ。(b)以外の選択肢はすべて，細胞内における酵素のはたらきである。

(5)　本問では，ショウジョウバエの卵の特定の場所に存在する mRNA について問われているため，母性因子であるビコイド mRNA が解答として適当である。ビコイド mRNA の分布としては「卵の前端に存在すること」，効果としては「からだの前後軸を決定する位置情報としてはたらくこと」について言及していればよいだろう。また，別解としてナノス mRNA も挙げられる。その際，分布としては「卵の後端に存在すること」，効果としてはビコイド mRNA のときと同様「からだの前後軸を決定する位置情報としてはたらくこと」について言及していればよいだろう。

Ⅳ 解答

(1)　ユーカリアドメイン（真核生物ドメイン），アーキアドメイン（古細菌ドメイン）

(2)―(c)

(3)　従属栄養生物

(4)　窒素固定

(5)―(b)・(d)

(6)　クロロフィル：(ア)　カロテノイド：(イ)

(7)　緑

(8)　名称：細胞内共生説（共生説）人名：マーグリス

(9)(エ) 4　(オ) 8　(カ) $2^{\frac{t}{T}}$　(キ) $N_0 \times 2^{\frac{t}{T}}$

(10)　4.0時間

(11)　根拠：6.76×1.3≒8.79，8.79×1.3≒11.42より，このシアノバクテリアでは，培養温度が5℃低くなる度にTが約1.3倍になる規則性があることがわかる。つまり，45℃におけるTは，50℃におけるTである4.0時間の1.3倍である5.2時間である。

倍加時間：5.2時間

◀解　説▶

≪ドメイン，代謝，光合成色素，細胞の進化，細胞の増殖と温度≫

A．(2)　下線部①を含むリード文にシアノバクテリアの長さは大腸菌の約1～2倍と記載されていることから，大腸菌のおおよその大きさである3μmの約1～2倍に相当する(c) 2～5μmが解答として適切である。

(5)　(a)誤文。シアノバクテリアと紅色硫黄細菌は，ともに炭酸同化を行う。

(c)誤文。シアノバクテリアは光化学系を2種類もつが，紅色硫黄細菌は光化学系を1種類しかもたない。

(e)誤文。シアノバクテリアと紅色硫黄細菌は，ともに原核生物であり，葉緑体をもたない。

(6)　クロロフィルは青紫色と赤色の光を効率よく吸収し，カロテノイドは青緑色の光を効率よく吸収する。したがって，図1において青紫色と赤色の2つの色で光の吸収率が高い(ア)がクロロフィル，青緑色のみで光の吸収率が高い(イ)がカロテノイドとなる。ちなみに，フィコシアニンは赤色の光を効率よく吸収し，図1において赤色のみで光の吸収率が高い(ウ)がフィコシアニンである。

(7)　図 1 の実線データをみると，緑色の光の吸収率が極端に低いことがわかる。これは，この温泉産のシアノバクテリアが緑色の光をあまり吸収せず，反射しているからである。したがって，このシアノバクテリアの色は緑色であると考えられる。

B．(9)　T 時間後に細胞数が 2 倍になることから，$2T$ 時間後には細胞数が最初の $2^2=4$ 倍(エ)，$3T$ 時間後には $2^3=8$ 倍(オ)になると考えられる。xT 時間後には細胞数が最初の 2^x 倍になり，この xT を任意の時間 t に置き換えて考えてみると

$$xT=t$$

$$x=\frac{t}{T}$$

となる。つまり

$$2^x=2^{\frac{t}{T}}$$

ということになり，任意の時間 t 時間後には細胞数は最初の $2^{\frac{t}{T}}$ 倍(カ)になると考えられる。また，最初の細胞数を N_0 とすると，t 時間後の細胞数 N は $N_0\times2^{\frac{t}{T}}$(キ)と表すことができる。

(10)　図 2 の●（50℃）のデータをみると，培養時間（横軸）が 12 時間のときに細胞数（縦軸）が 8×10^4 個であることを読み取ることができる。これは，12 時間後にシアノバクテリアの数が最初（1×10^4 個）の $8=2^3$ 倍になったということであり，これによりこのシアノバクテリアが 12 時間のうちに 3 回分裂したことがわかる。したがって，このシアノバクテリアの倍加時間 T は 12 時間 ÷ 3 = 4.0 時間 となる。

(11)　30℃における倍加時間 T である 11.42 時間が，35℃における倍加時間 T である 8.79 時間のおよそ 1.3 倍，35℃における倍加時間 T である 8.79 時間が，40℃における倍加時間 T である 6.76 時間のおよそ 1.3 倍，といった規則性をみつければ容易に解ける問題である。

培養温度	30℃	35℃	40℃	45℃	50℃
培養時間 T	11.42 時間	8.79 時間	6.76 時間	5.20 時間	4.00 時間

1.3 倍　1.3 倍　1.3 倍　1.3 倍

本問では「培養温度が 5℃低くなる度に T が約 1.3 倍になる規則性があ

ること」「45℃における T は4.0時間の1.3倍である5.2時間であること」の2点を盛り込みたい。

❖講　評

大問4題の出題であり，2022年度と比べ，小問の数は同じであったが，計算問題と論述問題の数は増加した。難易度は例年に比べてやや易化していた。Ⅲ．(2)・(3)の考察問題，Ⅳ．(9)・(11)の計算問題で差がついたことが予想される。

Ⅰ　細胞分裂，核型とDNA，複製，物質循環，個体群，生態系の保全に関する小問集合問題であった。ほとんどの問題が教科書レベルであったため，ここでしっかりと得点しておきたい。しかし，Bの物質循環の問題に関しては答えを選ぶのが難しく，苦労した受験生が多かったと思われる。

Ⅱ　地質時代と生物界の変遷，進化のしくみ，植物の系統に関する出題であった。基本的な内容が多く，ここでしっかりと得点しておきたい。

Ⅲ　遺伝子発現，mRNAの輸送・修飾，ショウジョウバエの発生に関する出題であった。(2)・(3)では，配列Xを含むmRNAが細胞膜へ輸送された後，酵素Bがそのまま細胞膜へ埋め込まれ，酵素AとCは細胞質基質へ移動することを見抜く必要があった。

Ⅳ　ドメイン，代謝，光合成色素，細胞の進化，細胞の増殖と温度に関する問題であった。(9)の(カ)における指数計算問題や，(11)における数字の規則性を見つける問題では，解きにくいと感じた受験生が多くいたであろう。

Ⅰは例年通り小問集合，Ⅱ～Ⅳは従来からの頻出分野である遺伝情報，代謝，生殖・発生，進化・系統からの出題であった。大問によっては時間がかかるものもあるので，90分という与えられた時間を有効に使うことを意識しておくとよいだろう。

■共通テスト併用方式

問題編

▶試験科目・配点（個別試験）

教科	科目	配点
数学	「数学Ⅰ・Ⅱ・Ⅲ・A・B」から4題出題し，そのうち任意の3題を選択解答	150 点
理科	数学科・物理学科・都市環境学科 「物理基礎，物理」「化学基礎，化学」から各3題，計6題出題し，そのうち任意の3題を選択解答 上記以外の学科 「物理基礎，物理」「化学基礎，化学」「生物基礎，生物」から各3題，計9題出題し，そのうち任意の3題を選択解答	150 点

▶備　考

- 「数学B」は「数列，ベクトル」から出題する。
- 数学科は「数学」の配点を 300 点に換算する。
- 合否判定は，上記の個別試験と大学入学共通テストの「英語」（150 点満点）の合計得点（450 点満点〈数学科は 600 点満点〉）で行う。

数学

（100 分）

（注）

1．問題は，Ⅰ～Ⅳの 4 題あります。そのうち 3 題を選択して解答してください。

2．満点が 150 点となる配点表示になっていますが，数学科は満点が 300 点であり，各問の配点は 2 倍となります。

Ⅰ　素数 p に対し，整式 $f(x)$ を

$$f(x)=x^4-(4p+2)x^2+1$$

により定める。以下の問いに答えよ。(50 点)

(1) $f(x)=(x^2+ax-1)(x^2+bx-1)$ を満たす実数 a と b を求めよ。ただし，$a \geqq b$ とする。

(2) 方程式 $f(x)=0$ の解はすべて無理数であることを示せ。

(3) 方程式 $f(x)=0$ の解のうち最も大きいものを α，最も小さいものを β とする。整数 A と B が

$$AB\alpha+A-B=p(2+p\beta)$$

を満たすとき，A と B を求めよ。

II　$n=1,\ 2,\ 3,\ \cdots$ に対し，$I_n=\displaystyle\int_0^{\frac{\pi}{4}} \tan^{n-1} x\,dx$ とおく。以下の問いに答えよ。(50点)

(1) I_n+I_{n+2} を n の式で表せ。

(2) $I_n<\dfrac{1}{n}$ を示せ。

(3) 次の等式を示せ。

$$I_1-(-1)^n I_{2n+1}=\frac{1}{1}-\frac{1}{3}+\frac{1}{5}-\frac{1}{7}+\cdots+(-1)^{n-1}\frac{1}{2n-1}$$

(4) (2) と (3) を利用して，次の等式を示せ。

$$\frac{\pi}{4}=\frac{1}{1}-\frac{1}{3}+\frac{1}{5}-\frac{1}{7}+\cdots+(-1)^{n-1}\frac{1}{2n-1}+\cdots$$

III　座標平面に2点 $\mathrm{A}(-3,-2)$，$\mathrm{B}(1,-2)$ をとる。また点Pが円 $x^2+y^2=1$ 上を動くとし，$S=\mathrm{AP}^2+\mathrm{BP}^2$，$T=\dfrac{\mathrm{BP}^2}{\mathrm{AP}^2}$ とおく。以下の問いに答えよ。(50点)

(1) 点Pの座標を (x, y) とするとき，S を x, y の1次式として表せ。

(2) S の最小値と S を最小にする点Pの座標を求めよ。

(3) T の最小値と T を最小にする点Pの座標を求めよ。

IV　微分可能な関数 $f(x)$ に対し，関数 $g(t)$ を以下で定める。$y=f(x)$ のグラフの点 $(t-1,\ f(t-1))$ における接線と直線 $x=t$ との交点の y 座標を $g(t)$ とする。以下の問いに答えよ。(50 点)

(1) a を定数とする。$f(x)=x^4+ax^2$ のとき，$g(t)$ を求めよ。

(2) $f(x)$ を (1) の通りとする。$f(x) \geqq g(x)$ がすべての実数 x で成り立つような a の条件を求めよ。

(3) n を 2 以上の自然数とし，$f(x)=x^n$ のときの $g(x)$ を $g_n(x)$ とする。方程式 $g_n(x)=0$ の解を求めよ。また，$n \geqq 3$ のとき，$g_n'(x)$ を $g_{n-1}(x)$ で表せ。

(4) $g_n(x)$ を (3) の通りとする。$n \geqq 3$ のとき，関数 $y=g_n(x)$ が極大値をもつための n の条件と，そのときの極大値を求めよ。

物理

(理科3題で100分)

(注)　問題は,「物理」: Ⅰ～Ⅲ,「化学」: Ⅰ～Ⅲ,「生物」: Ⅰ～Ⅲの9題あります。そのうち3題を選択して解答してください。「生物」は精密機械工学科，電気電子情報通信工学科，応用化学科，ビジネスデータサイエンス学科，情報工学科，生命科学科，人間総合理工学科受験者のみ選択解答できます。

Ⅰ　次の問題の答えを解答用紙の所定の場所に書きなさい。(50点)

図1のように質量M[kg]の重い球（今後，球Mとよぶ）を下に，質量m[kg]の軽い球（今後，球mとよぶ）をその上にして自由落下させ，水平な床ではね返らせる。時間の経過とともに図1の左から右に向かって示すように，まず球Mが床と衝突して，そのあとすぐに2つの球が衝突し，その結果として球mが上昇する，という順序で考えよう。球Mと床との間の反発係数をeとし，2つの球は弾性衝突するものとする。重力加速度の大きさをg[m/s^2]とし，球の大きさや空気抵抗はないものとする。また，鉛直方向の運動のみが起きるとする。図1(a)に示すように，床の上の高さh[m]のところから2つの球を同時にそっと落とした。図1(b)に示すように，球Mと球mが床に衝突する直前の速さをそれぞれv_0[m/s]とw_0[m/s]とおく。

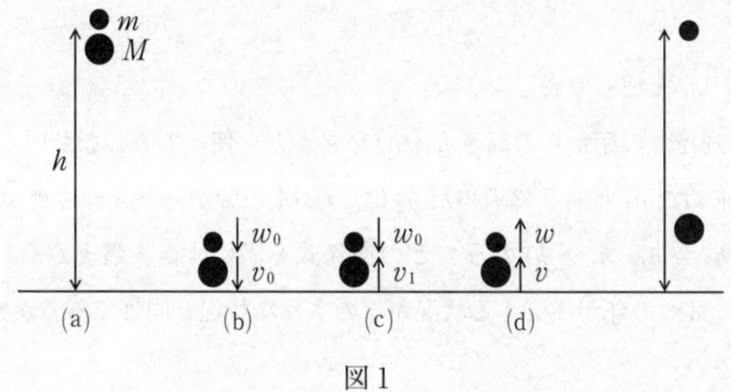

図1

問い

1．v_0 を M, g, h のうち必要なものを使って表しなさい。

2．図1(c)に示すように，球Mが床に衝突した直後の速さを v_1[m/s]とする。v_1 を M, g, e, v_0 のうち必要なものを使って表しなさい。

3．床からはね上がった直後の速さ v_1 の球Mと速さ w_0 で落下する球mが衝突した。図1(d)に示すように，この衝突の後の球Mの速度を v[m/s]，球mの速度を w[m/s]とする。ただし，速度については鉛直上向きを正とする。運動量保存則から v_1, w_0, v, w の間に成り立つ関係式を示しなさい。

4．2つの球が弾性衝突することから v_1, w_0, v, w の間に成り立つ関係式を示しなさい。

5．問2，問3，問4をもとにして，v と w をそれぞれ M, m, e, v_0 を使って表しなさい。

このあと，球mはある高さに達したのちに再び落下した。以下では2つの場合を考えよう。まず，問5で球Mの速度 v が0となるように質量 M と質量 m の比を選んだとする。

問い

6．w を e と v_0 を使って表しなさい。

7．球mの到達点の床からの高さ h_1[m]を e と h を使って表しなさい。

次に，質量 M が質量 m に比べて十分に大きい場合を考える。

問い

8．w を e と v_0 を使って表しなさい。

9．球mの到達点の床からの高さ h_2[m]を e と h を使って表しなさい。

10．問7で求めた h_1 と問9で求めた h_2 は，球Mと床が完全非弾性衝突するときに，$h_1 < h_2$, $h_1 = h_2$, $h_1 > h_2$ のうちどの関係式を満たすかを答えなさい。また，その理由を，2つの球が衝突する状況がどのような状況と同等であるかを考えながら説明しなさい。

Ⅱ　次の問題の答えを解答用紙の所定の場所に書きなさい。(50 点)

図 1 のように，電荷 q[C]（>0），質量 m[kg]の荷電粒子が座標原点から y 軸に沿って正の向きに一定の速さ v[m/s]で打ち出される場合を考えよう。このとき，z 軸に平行に正の向きに，時間によって変化しない一様な磁束密度の大きさが B[T]の磁場および，強さが E[N/C]の電場がかかっているとする。座標原点を時刻 $t=0\,\mathrm{s}$ に出発した荷電粒子は，電場に平行な方向（z 軸方向）には電場による静電気力によって等加速度運動をし，磁場に垂直な面内（xy 面に平行な面内）では磁場によるローレンツ力を向心力とする等速円運動をする。$z=L$[m]（>0）の位置には xy 面に平行な無限に広い平面があり，荷電粒子はこの平面を通り抜けること無く，完全弾性衝突をすることとする。

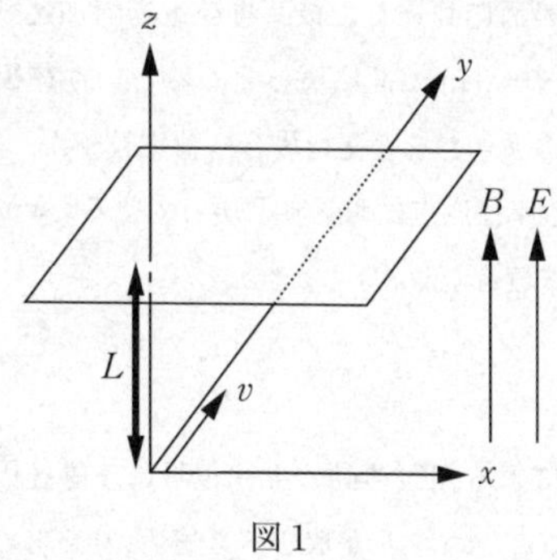

図 1

まずは，電場に平行な等加速度運動について考えよう。

問い

1．荷電粒子にかかる静電気力の向きと大きさを求めなさい。

2．座標原点から出発した荷電粒子が最初に平面に衝突する時刻を求めなさい。

3．最初に平面に衝突した荷電粒子がその後，最初に $z=0\,\mathrm{m}$ の面に戻ってくる時刻を T[s]とする。時刻 T を求めなさい。

4．$t=T$ の時の z 軸方向の速度を求めなさい。

次に磁場に垂直な面内の等速円運動について考えよう。

問い

5．ローレンツ力の大きさを求めなさい。

6．ローレンツ力を向心力とする等速円運動の角速度を求めなさい。

一般には荷電粒子は $t = T$ の時に，出発点である座標原点にちょうど戻ってくるわけではない。$t = T$ の時にちょうど座標原点に戻るための条件を考えよう。

問い

7．v，B の大きさを変えずに E の大きさを変えた場合，荷電粒子が，等速円運動で n 周して，$t = T$ の時に出発点である座標原点にちょうど戻ってくるために E が取るべき値 E_n を求めなさい。ただし，n は正の整数とする。

荷電粒子は $z = 0\,\mathrm{m}$ の面に到達した後，再び電場で加速されて平面に向かって運動し，平面に衝突して $z = 0\,\mathrm{m}$ の面に戻ってくるという往復運動を繰り返す。v，B の大きさを変えずに E の大きさを変えた場合，荷電粒子が，電場による往復運動の k 往復目に，出発点である座標原点にちょうど戻ってくるための条件を考えよう。ただし，ここで k は，正の整数とする。

問い

8．荷電粒子が，電場による往復運動の k 往復目に，等速円運動でちょうど 1 周して座標原点に戻ってくるために E が取るべき値 $E(k)$ を求めなさい。

9．荷電粒子が，電場による往復運動の k 往復目に，等速円運動でちょうど原点に戻ってくるような E は一般的に複数存在する。このような E を，E の大きい順に求めたとき，n 番目に大きな E を $E_n(k)$ と書くとする。$E_n(k)$ を n と k，及び問 7 までに出てきた変数を使って表しなさい。

以上のような $E_n(k)$ を様々な k と n について計測してプロットすることにより，この荷電粒子の比電荷 $\dfrac{q}{m}$ を求めることができる。

Ⅲ　次の問題の答えを解答用紙の所定の場所に書きなさい。ただし，問2，問5および問6については解答用紙のグラフにそれぞれ書き込みなさい。(50点)

水面上の十分離れた2か所を振動させて2方向から平面波を送るとき，これらの波が干渉する様子が現れる。図1(a)のように左斜め下方から右斜め上方に向かって進む波Aと，右斜め下方から左斜め上方に向かって進む波Bの重ねあわせを考えてみよう。平面波の基準の位置を基準線とよび，平面波は基準線と垂直に交わる線（以下，射線とよぶ）に沿って進む正弦波と考えてよい。このとき，2つの波の山と山（谷と谷）が重なりあう場所では波が強めあい，山と谷が重なりあう場所では波が弱めあう。

図1(a)は，同じ波長λ[m]と同じ振幅a[m]をもつ波Aと波Bについて，時刻$t=0$ sの波の山を実線，谷を破線，波Aの基準線Dと波Bの基準線Eを点線で表している。波Aおよび波Bは，それぞれの基準線Dおよび基準線Eでは同位相で振動し，基準線において$t=0$での位相（初期位相）をともに0 radとする。図1(b)では，波Aと波Bの射線が点Pで交差している様子を表している。ここで，波Aの射線と波Bの射線は120°で交差しているとする。

一般に，2つの波が干渉するとき，強めあう場所や弱めあう場所は2つの波源からの距離の差によって決まる。ここでは，波源の代わりに基準線を用いて，特定の点までの距離の差を考えてみよう。図1(b)のように，波Aでは点Pを通る射線を用意し，基準線Dから点Pまでの射線上の線分の長さを距離x_{P}[m]として考える。波Bの場合も，点Pを通る射線を用意し，基準線Eから点Pまでの射線上の線分の長さを距離x'_{P}[m]として考える。

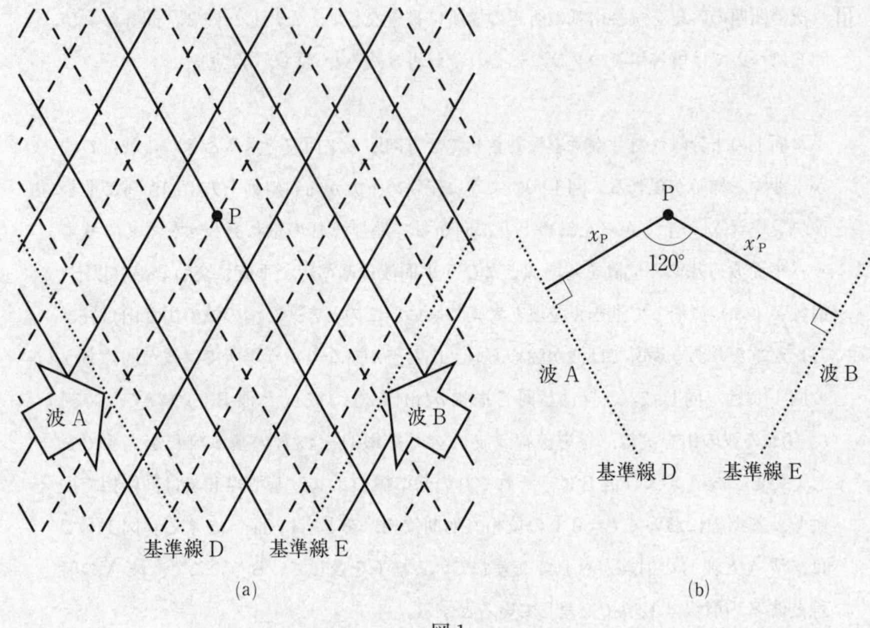

図 1

問い

1．点 P では波 A と波 B が干渉して弱めあう。x_P と x'_P の差 $|x_P - x'_P|$ を図 1 から読みとり，λ を用いて示しなさい。

2．波 A と波 B が干渉して弱めあう点は，連続的に分布し平行な直線となる。解答用紙のグラフ 1 内に現れる，これらのすべての直線を実線で書き込みなさい。

〔解答欄〕　グラフ 1

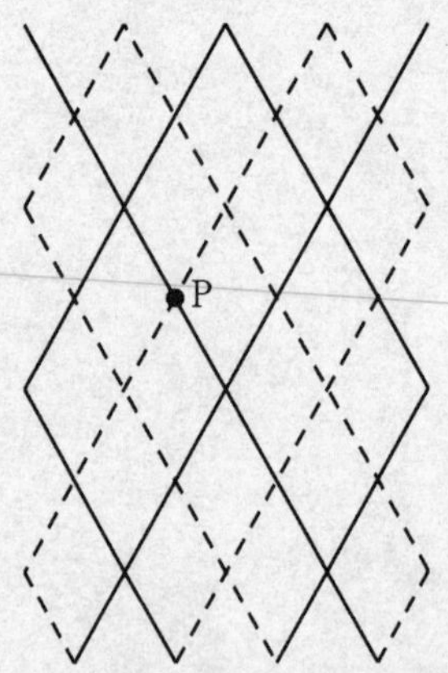

3．問2で求めた平行線の間隔 d[m]を，λ を用いて示しなさい。

次に図2(a)のように，図1(a)の波Aと波Bに加えて上方から下方に向かって進む，波長 λ と振幅 a をもつ平面波Cが十分離れた場所から進行する場合を考えてみよう。図2(a)では，時刻 $t=0$ の波A，波B，波Cの山を実線，波の谷を破線で表し，波Aの基準線D，波Bの基準線E，波Cの基準線Fを点線で表している。波Cは基準線Fでは，波Aの基準線Dおよび波Bの基準線Eと同位相で振動し，基準線において $t=0$ での初期位相はすべて 0 rad とする。波Aの射線と波Cの射線，波Bと波Cの射線もともに120°で交差しているとする。

3つの波が干渉するとき，強めあう場所や弱めあう場所は3つの波源からの距離の関係によって決まる。ここでも，図1で考えたように波源の代わりに基準線を用いて，特定の点までの距離の関係を考えてみよう。なお，点Qでは波A，波B，波Cのそれぞれの基準線からの距離がすべて等しく r_Q[m]となるとする。

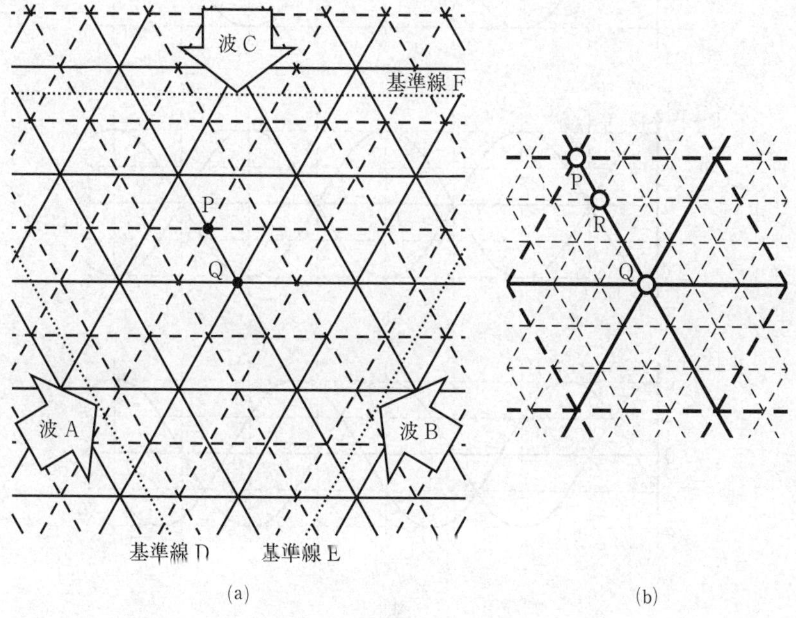

図2

ここで3つの波が弱めあう点について考えてみよう。一般に振幅a，波長λ，周期T[s]，波源から距離r[m]の位置における，時刻tで波の変位の式は$a\sin 2\pi\left(\frac{t}{T}-\frac{r}{\lambda}\right)$で表される。3つの波が弱めあうとき，3つの波の変位の和は時刻tによらず0となる。図2(b)では図2(a)の点Pと点Q付近を拡大し，それぞれの山と谷を3等分した場所を点線で書き加えてある。また，点Pと点Qをつないだ線分を1：2に分ける点を点Rとした。これらの3つの点について，3つの波の変位の時間変化を見てみよう。図3(a)は点Qにおける3つの波の変位について横軸を時刻tとして描いたグラフである。ここで波A，波B，波Cはすべて重なっている。同様に，図3(b)は点Pにおける3つの波の変位について横軸を時刻tとして描いたグラフであり，波Bと波Cが重なっている。最後に，図3(c)は点Rにおける波Aと波Bの変位について横軸を時刻tとして描いたグラフである。

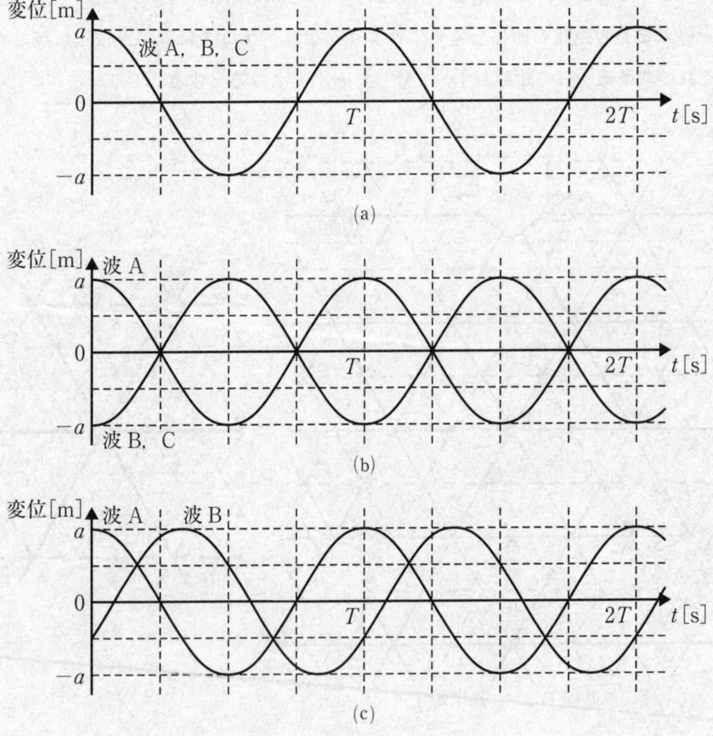

図3

問い

4．波Bの基準線Eから点Rまでの距離を r'_{R}[m]，波Aの基準線Dから点Rまでの距離を r_{R}[m]としたとき，これらの距離の差 $|r_{\mathrm{R}} - r'_{\mathrm{R}}|$ を，λ を用いて示しなさい。

5．点Rでは，図3(c)で示したように，基準線からの距離の差によって波Aと波Bの間には位相差が生じていることがわかる。このグラフに加えて，波Cの変位のグラフを解答用紙のグラフ2に実線で書き込みなさい。

〔解答欄〕グラフ2は図3(c)と同じ。

6．図2で示された3つの波が交差して弱めあう場所はすべて点として現れる。解答用紙のグラフ3内での，弱めあうすべての点を黒丸（●）で示しなさい。解答用紙のグラフ3には，点P，点Qおよび点Rを白丸（○）で表している。

〔解答欄〕　グラフ3

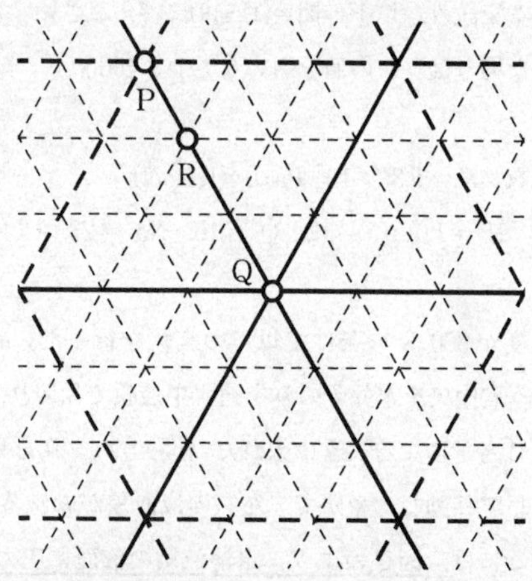

7．問6で示したすべての黒丸の位置を，波が強めあう点Qに近づけるためには，どのような波を用いればよいか記述しなさい。

化学

（理科3題で100分）

（注）問題は，「物理」：Ⅰ～Ⅲ，「化学」：Ⅰ～Ⅲ，「生物」：Ⅰ～Ⅲの9題あります。そのうち3題を選択して解答してください。「生物」は精密機械工学科，電気電子情報通信工学科，応用化学科，ビジネスデータサイエンス学科，情報工学科，生命科学科，人間総合理工学科受験者のみ選択解答できます。

Ⅰ　次の文章を読み，以下の問い(1)～(9)に答えなさい。数値は有効数字2桁で答えなさい。必要な場合は，次の値を用いなさい。(50点)

気体定数：$R = 8.3 \times 10^3$ Pa・L/(K・mol)

原子量：H = 1.0，C = 12，O = 16，Na = 23，Cl = 35.5

絶対温度が300 Kの条件で以下の実験を行った。断面積が1.0 cm^2 で一定のU字管のちょうど中央を水分子のみを通す半透膜で仕切り，左側に純水，右側に水溶液を液面が同じ高さになるように入れた（図A）。これを長時間放置すると水分子が半透膜を通過して移動し，やがて，左右の液面差が h に落ち着いた（図B）。この液面差を解消するには，(a)図Cのように水溶液側の液面に圧力 P を加えればよい。(b)希薄溶液の場合，この圧力 P は，溶媒や溶質の種類と無関係に，溶液のモル濃度と絶対温度に比例することが知られている。

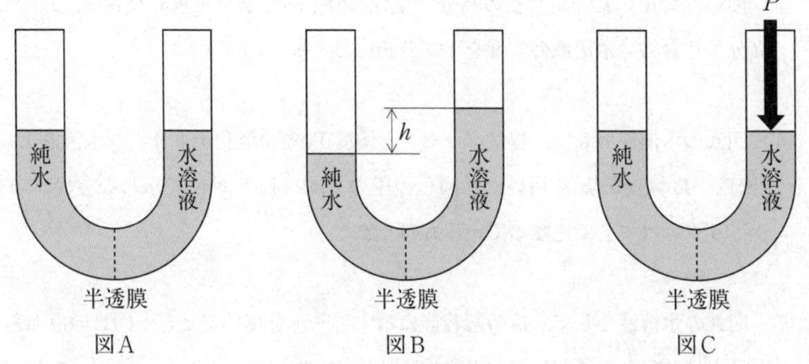

問い

(1) 半透膜は，溶液を構成する一部の成分を通すが，他の成分は通さない。

i ）下線部(a)の圧力 P に相当する圧力を何と呼ぶか。

ii ）半透膜の性質を用いて，コロイド溶液から半透膜を通れるイオンや分子を分離する操作を何と呼ぶか。

(2) 下線部(b)の法則の名称を答えなさい。

(3) 図Aの水溶液として，スクロース（$C_{12}H_{22}O_{11}$）3.6 g を純水に溶かして 1.0 L としたものを用いた。図Cの圧力 P を〔Pa〕単位で求めなさい。

(4) 大気圧（1.0×10^5 Pa とする）は，76.0 cm の水銀柱による圧力に等しい。問い(3)の圧力 P は，何 cm の水銀柱の圧力に相当するか。

(5) 液柱の底面にかかる圧力は，液柱の高さと溶液の密度の積に比例する。問い(3)の圧力 P は，何 cm の水溶液柱の圧力に相当するか。ただし，スクロースの水溶液および水銀の密度をそれぞれ 1.0 g/cm^3，13.6 g/cm^3 とする。

(6) 図Aの水溶液として，非電解質の高分子化合物 5.0 g を純水に溶かして 100 mL としたものを全量U字管の右側に入れたところ，水が半透膜を通過して移動し，図Bの液面差が h = 10 cm となって落ち着いた。このときの水溶液の濃度を〔g/L〕単位で求めなさい。

(7)　問い(6)で用いた非電解質の高分子化合物の平均分子量を求めなさい。ただし，高分子化合物の水溶液の密度を 1.0 g/cm^3 とする。

(8)　図Aの水溶液として，質量パーセント濃度 1.0%の塩化ナトリウム水溶液 1.0 L（密度：1.0 g/cm^3）を用いた。図Cの圧力 P を〔Pa〕単位で求めなさい。塩化ナトリウムはすべて電離しているものとする。

(9)　図Aの水溶液として，次の解答群に示す①～④を用いるとき，図Bの液面差 h が最大になるものはどれか。電解質は完全に電離しているものとする。また，すべての水溶液の密度は等しいとする。

[解答群]

①　2.0×10^{-3} mol/L のスクロース水溶液
②　2.0×10^{-3} mol/L の塩化ナトリウム水溶液
③　1.0×10^{-3} mol/L の尿素水溶液
④　1.0×10^{-3} mol/L の塩化マグネシウム水溶液

Ⅱ 次の文章を読み，以下の問い(1)〜(10)に答えなさい。数値は有効数字 2 桁で答えなさい。必要な場合は，次の値を用いなさい。(50 点)

ファラデー定数：$F = 9.65 \times 10^4$ C/mol

原子量：H = 1.0，O = 16，S = 32，Cl = 35.5，Cu = 63.5

実験操作

［実験 1］ 白金電極を陽極，陰極に用いて，硫酸銅(Ⅱ)水溶液を 0.643 A の電流で 25 分間電気分解した。

［実験 2］ 銅電極を陽極，陰極に用いて，硫酸銅(Ⅱ)水溶液を ［(ア)］ A の電流で 25 分間電気分解した。

［実験 3］ 炭素棒を陽極，陰極に用いて，塩化銅(Ⅱ)水溶液を 0.483 A の電流で 25 分間電気分解した。

気体が発生した場合は，水に溶けないものとする。

問い

(1) **［実験 1］** の陽極で起こる反応を，電子 e^- を含んだ反応式で書きなさい。

(2) **［実験 1］** の電気分解で流れた電子の物質量を求めなさい。

(3) **［実験 1］** の陰極で生成する物質の質量を求めなさい。

(4) **［実験 1］** の陽極で発生した気体の，標準状態における体積を求めなさい。標準状態での 1 mol の気体の体積は 22.4 L とする。

(5) **［実験 1］** の陽極付近の水溶液の pH を，反応の前後で測定した。説明として最も適切なものを解答群①〜③から 1 つ選び番号で答えなさい。

［解答群］

① 反応後は反応前と比較して上昇した

② 反応後は反応前と比較して低下した

③ 反応前後で変化は見られなかった

(6) **[実験 2]** の陰極で起こる反応を，電子 e^- を含んだ反応式で書きなさい。

(7) **[実験 2]** の陰極で生成する物質の質量は，**[実験 1]** の陰極で生成する物質の質量の 1.5 倍であった。 (ア) の値を求めなさい。

(8) **[実験 3]** の陽極で発生した気体の性質として，適切なものを解答群①～③から 1 つ選び番号で答えなさい。

[解答群]

① 極性分子である

② 無極性分子である

③ 単原子分子である

(9) **[実験 3]** の陽極で発生した気体の標準状態における体積は，**[実験 1]** の陽極で発生した気体の何倍になるか，求めなさい。

(10) **[実験 1]** **[実験 2]** **[実験 3]** の陽極で起こる反応について，同じ反応式で表せる組み合わせとして適切なものを解答群①～⑤から 1 つ選び番号で答えなさい。

[解答群]

① **[実験 1]** と **[実験 2]**

② **[実験 1]** と **[実験 3]**

③ **[実験 2]** と **[実験 3]**

④ **[実験 1]** と **[実験 2]** と **[実験 3]**

⑤ すべて異なる反応式である

Ⅲ　次の文章を読み，以下の問い(1)〜(8)に答えなさい。有機化合物の構造式は図1の例にしたがって書くこと。必要な場合は，次の値を用いなさい。(50点)

原子量：H = 1.0，C = 12，O = 16

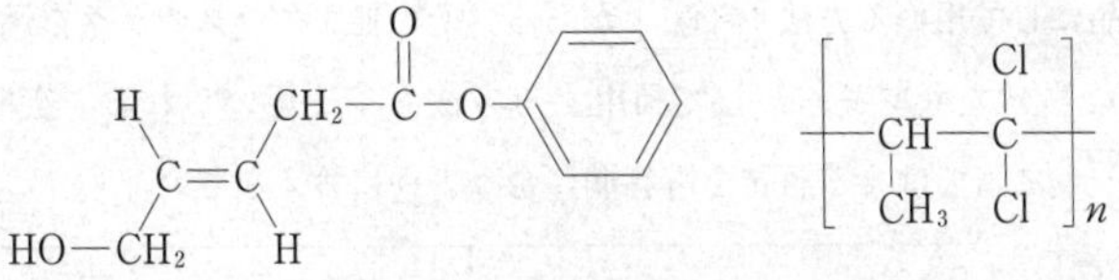

図1　構造式の例

プラスチックとして利用されている**ポリマーA**は，加熱すると軟化し(a)，やがて粘性の大きな液体となる。さらに高温にすると分解して**A**の**モノマーB**が主に生成する(b)。**B**の元素分析をすると，炭素92.3%，水素7.7%であり，その他の元素は含まれていなかった。また，1.30 gの**B**をベンゼン100 gに溶解して凝固点を測定すると，0.64 ℃の凝固点降下が観測された(c)。さらに，適当な触媒の存在下で**B**を水素と反応させると水素の付加が進行して**C**が生成した(d)。**C**は不飽和結合を持つが，それ以上の付加反応は受けにくいのに対し，濃硫酸と濃硝酸の混合物によるニトロ化などの置換反応は起こりやすい。一方，**B**を酸触媒の存在下で水と反応させると，水の付加（HとOHの付加）が進行して**アルコールD**が生成した。**D**は硫酸酸性の二クロム酸カリウム水溶液との反応で**E**となったが，単離した**E**はフェーリング液と加熱しても，また炭酸水素ナトリウム水溶液を加えても，どちらも反応しなかった。

問い

(1)　下線部(a)について，**A**と同様に熱可塑性樹脂に分類されるものを次の解答群①〜⑤の中からすべて選び，番号で答えなさい。

［解答群］

①　ポリプロピレン

②　フェノール樹脂

③　ポリメタクリル酸メチル（メタクリル樹脂）

④　ナイロン66

⑤　メラミン樹脂

(2)　プラスチックの再生利用（リサイクル）の手法には，利用後に下線部(b)のように原料になる物質まで分解して再利用する方法 (ア) と，融かしてからもう一度製品にして用いる方法 (イ) がある。その他，プラスチックを燃焼させて発生した熱をエネルギーとして利用する方法も多く用いられる。空欄 (ア)，(イ) に当てはまる語句を解答欄に合うように答えなさい。

〔解答欄〕

(ア)　　　　　リサイクル	(イ)　　　　　リサイクル

(3)　下線部(c)からBの分子量を求め，整数値で答えなさい。ただし，ベンゼンのモル凝固点降下を5.12 K･kg/molとする。

(4)　Aの構造式を答えなさい。

(5)　Cの水素原子のうちの1つを塩素原子に置き換えた構造の化合物は，立体異性体を区別して数えるとしたとき，全部で何種類考えられるか答えなさい。

(6)　下線部(d)のように，触媒の存在下でBを水素と反応させてCを合成するとき，1.30 gのBは標準状態で何mLの水素と反応するか。有効数字2桁で求めなさい。なお，標準状態での1 molの気体の体積は22.4 Lとする。

(7)　D，Eの構造式を答えなさい。

(8)　ペットボトルとして利用されているプラスチックであるPETも，原料物質へ分解して再利用できることが原理的に確かめられている。高温の水で加水分解することによってPETを分解したとき，回収される原料物質である**二価カルボン酸F**と**二価アルコールG**の構造式を答えなさい。

生物

（理科 3 題で 100 分）

（注）　問題は，「物理」：Ⅰ～Ⅲ，「化学」：Ⅰ～Ⅲ，「生物」：Ⅰ～Ⅲの 9 題あります。そのうち 3 題を選択して解答してください。「生物」は精密機械工学科，電気電子情報通信工学科，応用化学科，ビジネスデータサイエンス学科，情報工学科，生命科学科，人間総合理工学科受験者のみ選択解答できます。

Ⅰ　以下の**文章 A，B** を読み，問い(1)～(10)に答えなさい。（50 点）

A　DNA の複製においては，［(ア)］という酵素のはたらきにより，二重らせん構造をとるヌクレオチド鎖が，1 本鎖①にほどかれていく。各々の 1 本鎖では，［(イ)］という酵素のはたらきにより，②それぞれの配列に相補的な塩基配列をもつヌクレオチド鎖が新しく合成される。

塩基配列にタンパク質のアミノ酸配列の情報があることを，「コードする」という。コードする DNA 配列に突然変異が生じた場合は，それが形質の変化として現れることがある。例えば，遺伝病のひとつである［(ウ)］では，ヘモグロビン β 鎖の N 末端付近でグルタミン酸をコードするコドン GAG が GTG に変わり，コードされたアミノ酸がバリンに変わる。それによりヘモグロビンの立体構造が変化し，貧血などの症状が現れる。

問い

(1)　本文中の空欄［(ア)］，［(イ)］にあてはまる酵素の名称を答えなさい。

(2)　下線部①に関連して，DNA の構成単位であるヌクレオチドは，糖（dR），塩基（B），リン酸（P）からなる。次の選択肢のうち，1 本鎖 DNA のヌクレオチド鎖の基本構造として正しいものを 1 つ選び，記号で答えなさい。

［選択肢］

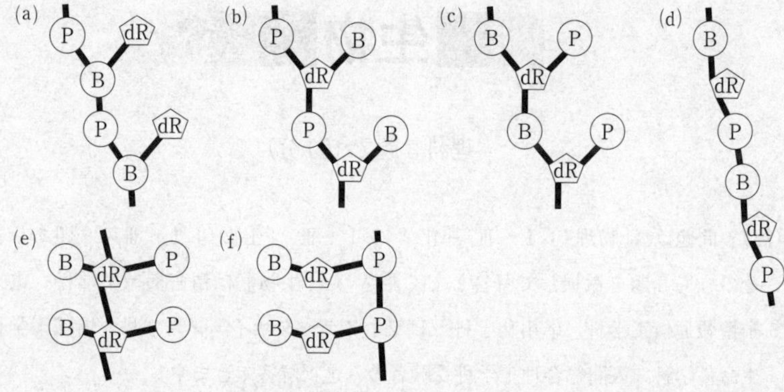

(3)　本文中の空欄 ［(ウ)］ にあてはまる病名を答えなさい。

(4)　ヘモグロビンβ鎖を構成するタンパク質のアミノ酸配列は，N 末端のメチオニンから，バリン，ヒスチジン，ロイシン，トレオニン，プロリン，グルタミン酸と続く。最初の4アミノ酸分「メチオニン–バリン–ヒスチジン–ロイシン」をコードするDNA塩基配列は，理論的には何通り考えられるか。145ページにある表2の遺伝暗号表を参照して答えなさい。

(5)　下線部②のような，DNAの複製方式を何とよぶか，答えなさい。また，このしくみを解明するために，メセルソンとスタールは以下の実験を行った。^{15}Nの窒素を含む培地で大腸菌を長時間培養して大腸菌内の窒素をすべて^{15}Nに置き換え，^{15}Nを含む重いDNAをつくらせた。その後，^{14}Nを含む培地に移し，大腸菌が1回分裂した後と，2回分裂した後で，大腸菌からDNAを抽出した。そして，得られたDNAの比重を密度勾配遠心分離法で比較した。表1の空欄 ［(エ)］ ～ ［(ケ)］ にあてはまる数値を答えなさい。

表1 大腸菌のDNAの比重比較

		比重別のDNAの存在割合		
		^{15}Nを含むDNA	^{15}Nと^{14}Nの両方を含むDNA	^{14}Nを含むDNA
	^{15}Nを含む培地	100%	0%	0%
段階	1回分裂後	(エ) %	(オ) %	(カ) %
	2回分裂後	(キ) %	(ク) %	(ケ) %

B ウイルスは，核酸をタンパク質の殻で包んだ微小構造体である。ウイルスは細胞に侵入し，細胞がもつ物質や反応系を利用することで増殖する。ヒトに感染して疾病を引き起こすコロナウイルスやインフルエンザウイルスは，③宿主の機能を借用して翻訳を行う。一般にウイルスのゲノムは④サイズが小さく，また，遺伝情報の複製時に突然変異を起こしやすい。

あるタンパク質をコードする配列内で1塩基の置換が起きたとき，コードするアミノ酸が変わらない場合を同義置換，コードするアミノ酸が変わる場合を非同義置換という。非同義置換には，コードするアミノ酸が他のアミノ酸に換わるミスセンス変異と，終止コドンに換わるナンセンス変異がある。

ウイルスのゲノムに突然変異が生じても，ほとんどは増殖に影響しないか，逆に増殖に不利な形質をもたらす。しかし，ウイルスは高頻度に多種の変異を起こすので，その中の1つでも感染や増殖に有利な変異があれば，その変異をもつウイルスが優先的に次の宿主へと感染するため，同じ変異型のウイルスが増加することになる。

(6) 下線部③に関連して，RNAを遺伝物質としてもつウイルスが翻訳の際に宿主から借用する2種類のRNAの名称とそのはたらきを答えなさい。

(7) 下線部④について，コロナウイルスのゲノム長は約30,000塩基である。これはヒトゲノム長の約何分の1か，もっとも適切な値を選択肢から1つ選び，記号で答えなさい。

［選択肢］

(a) $\dfrac{1}{1,000}$　(b) $\dfrac{1}{10,000}$　(c) $\dfrac{1}{100,000}$　(d) $\dfrac{1}{1,000,000}$

(e) $\dfrac{1}{10,000,000}$

(8) 図1は，ウイルスのあるタンパク質をコードする遺伝子の塩基配列を，メチオニンのコドン AUG から3文字ずつ区切って示したものである。右側の数字は5′末端のAを1としたときの塩基番号を示す。表2に示す遺伝暗号表を参考に，(i)〜(iii)の問いに答えなさい。

5′-AUG UUU CAU CUC GUU GAC UUU (コドン1) CAG GUU ACU AUA GCA GAG AUA UUA CUA　48

AUU AUU AUG AGG ACU UUU AAA GUU (コドン2) UCC AUU UGG AAU CUU GAU UAC AUC　96

AUA AAC CUC AUA AUU AAA AAU UUA UCU AAG UCA CUA ACU GAG AAU AAA　144

UAU (コドン3) UCU CAA UUA GAU GAA GAG CAA CCA AUG GAG AUU GAU UAA-3′　186

図1　ウイルスのあるタンパク質をコードする遺伝子の塩基配列

(i) この遺伝子がコードするタンパク質のアミノ酸数を答えなさい。

(ii) この遺伝子において，コドン1の3番目のU（下線）が欠失する1塩基欠失が起きた場合，この配列がコードするタンパク質のアミノ酸数を答えなさい。

(iii) 図1のコドン1，コドン2，コドン3の，それぞれの3番目の塩基のUがGに置換された場合，それぞれは同義置換か非同義置換のいずれか，答えなさい。非同義置換の場合は，ミスセンス変異なのか，ナンセンス変異なのかも，答えなさい。

表2 遺伝暗号表

1番目の塩基		2番目の塩基				3番目の塩基
		U	C	A	G	
	U	UUU UUC } フェニルアラニン UUA UUG } ロイシン	UCU UCC UCA UCG } セリン	UAU UAC } チロシン UAA UAG } (終止)	UGU UGC } システイン UGA (終止) UGG トリプトファン	U C A G
	C	CUU CUC CUA CUG } ロイシン	CCU CCC CCA CCG } プロリン	CAU CAC } ヒスチジン CAA CAG } グルタミン	CGU CGC CGA CGG } アルギニン	U C A G
	A	AUU AUC AUA } イソロイシン AUG メチオニン(開始)	ACU ACC ACA ACG } トレオニン	AAU AAC } アスパラギン AAA AAG } リシン	AGU AGC } セリン AGA AGG } アルギニン	U C A G
	G	GUU GUC GUA GUG } バリン	GCU GCC GCA GCG } アラニン	GAU GAC } アスパラギン酸 GAA GAG } グルタミン酸	GGU GGC GGA GGG } グリシン	U C A G

(9) コロナウイルスに感染したかどうかは，PCR 検査で調べることができる。ただし，PCR は DNA を増幅する技術であるため，ゲノムが RNA であるコロナウイルスに対して，そのままでは適用できない。そこで，ある酵素を用いてコロナウイルスのゲノム RNA を，DNA に変換する必要がある。この酵素の名称を答えなさい。

(10) PCR を行うには，増幅したい DNA 領域の両末端に対応するプライマーを 2 種類設計し，化学的に合成する必要がある。**問い**(8)の図 1 に示す遺伝子の全長を増幅するプライマーを設計することを想定し，(i)，(ii)の問いに答えなさい。

(i) 「開始コドン側」として適切なプライマーの塩基配列を下記の(a)～(d)より 1 つ選び記号で答えなさい。

(a) 5′-ATG TTT CAT CTC GTT-3′
(b) 5′-TAC AAA GTA GAG CAA-3′
(c) 5′-TTG CTC TAC TTT GTA-3′
(d) 5′-AAC GAG ATG AAA CAT-3′

(ii) 「終止コドン側」として適切なプライマーの塩基配列を下記の(e)～(h)より 1 つ

選び記号で答えなさい。

(e)　5′-ATG GAG ATT GAT TAA-3′

(f)　5′-TAC CTC TAA CTA ATT-3′

(g)　5′-AAT TAG TTA GAG GTA-3′

(h)　5′-TTA ATC AAT CTC CAT-3′

Ⅱ　動物のニューロンに関する以下の文章を読み，問い(1)〜(12)に答えなさい。(50点)

動物のニューロン（神経細胞）は，他の細胞から受け取った情報を別の決まった場所へ，膜電位の変化①として高速に伝播するはたらきを担う。この伝播の速度（V [m/秒]）は，以下の式(i)で示すように，神経軸索の半径（R [m]）と比例関係にある。

$$V = a \times R \qquad \text{式(i)}$$

ただし，aは神経軸索の細胞膜の種類や周囲の溶液などの条件によって変化する値で，哺乳類のニューロンの場合，5×10^4 [/秒] である。

神経軸索は，電気的な信号を高速で伝えるだけでなく，物質を輸送する役割も担う。このしくみによって，興奮伝達や神経の活動を維持するうえで必要な物質が神経軸索の末端へ供給される。物質輸送が単純な拡散だけで行われる場合，その平均的な移動距離（L）と移動に必要な時間（t）との関係は，以下の式(ii)で表される。

$$L = \sqrt{2Dt} \qquad \text{式(ii)}$$

ただし，Dは拡散するものの大きさ，温度，液体の粘性などで決まる定数である。例えば，直径が50 nm（0.05 μm）の大きさの細胞内の顆粒の場合，10 μm（式(ii)のLに相当）の距離を拡散で移動するのに平均で，100秒（式(ii)のtに相当）を要することがわかっている。

数μmほどの短い距離ならば，細胞小器官などは拡散だけで移動できる。しかし，神経軸索に沿った輸送など，数mm以上の距離では，エネルギーを使う輸送機構がないと非常に長い時間を要する。例えば，成人では，脊髄からつま先までのニューロンの長さが1mあるので，式(ii)を使って計算すると，輸送するのに［(ア)］日もの長い日数が必要になる。

動物の神経軸索の内部には，微小管に沿って能動的に顆粒を輸送するしくみが存在する。これを②神経軸索輸送という。ニューロン内の ATP の大半は，ミトコンドリアから供給されているが，最近，神経軸索輸送については，この常識を修正しなければならないような新事実がわかった。神経軸索内の顆粒を取り出して，そのタンパク質の成分を調べると，③微小管と相互作用するモータータンパク質の他に，GAPDH（グリセルアルデヒド3リン酸デヒドロゲナーゼ）など，図1に含まれる解糖系の酵素が見つかったのである。

神経軸索内で移動する顆粒は，蛍光色素で染色して観察できる。図2のようなニューロンの中の神経軸索に着目し，内部の顆粒がどのように移動するかを調べた結果が図3である。このような観察から，ミトコンドリアでの ATP 産生を抑制する薬剤（オリゴマイシン）でニューロンを処理しても神経軸索輸送は抑えられないことと，GAPDH の活性を抑える薬剤（ヨード酢酸）によって神経軸索輸送が停止することがわかった。さらに，ATP を枯渇させた後でも，ホスホエノールピルビン酸（図1参照）と ADP をニューロンに供給すると，運動が観察された。また，④ハンチントン病（神経軸索の変性が起こる疾患）の原因となるタンパク質として HTT（ハンチンチン）が知られていたが，このタンパク質がないと，GAPDH は神経軸索内の顆粒に安定して結合できないことが近年解明された。

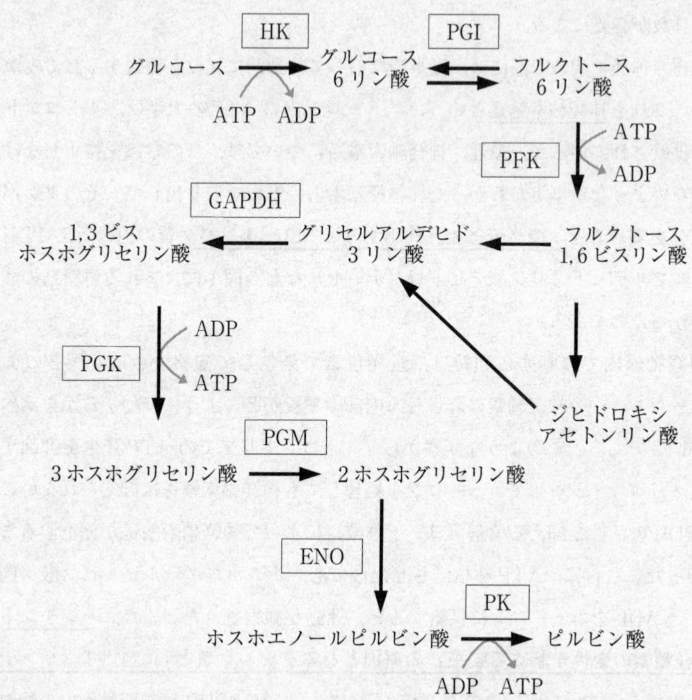

図1　解糖系の反応経路，およびATP加水分解と産生過程を示す模式図

神経軸索輸送によって運ばれる顆粒には，解糖系の酵素が存在する。図中の略称は以下の酵素名である。HK：ヘキソキナーゼ，PGI：ホスホグルコイソメラーゼ，PFK：ホスホフルクトキナーゼ，GAPDH：グリセルアルデヒド3リン酸デヒドロゲナーゼ，PGK：ホスホグリセリン酸キナーゼ，PGM：ホスホグリセリン酸ムターゼ，ENO：エノラーゼ，PK：ピルビン酸キナーゼ。

問い

(1)　下線部①について，神経軸索に沿って伝播する性質をもつ膜電位の変化を何とよぶか，その名称を答えなさい。

(2)　哺乳類の座骨神経では，0.1～0.8 μm の半径をもつ感覚ニューロンの神経軸索がみられる。これらの神経軸索に沿って電気的な信号が伝播する速度［m/秒］を，式(i)を使って計算し，答えなさい。

(3) イカには，半径 0.5 mm の巨大神経軸索があることが知られている。この神経軸索に沿って電気的な信号が伝播する速度［m/秒］を，式(i)を使って計算し，答えなさい。

(4) ネコの運動ニューロンの神経軸索では，半径 10〜20 μm でありながら，イカの巨大神経軸索と同等の伝播速度を達成しているものがある。そのような速い伝播速度を可能にするしくみの名称を答えなさい。

(5) 文中の空欄 (ア) に入れる数値を，式(ii)を使って計算し，答えなさい。ただし，1 日 ＝ 8.0×10^4 秒として，有効数字 2 桁で表記しなさい。

(6) 図 2 は，シャーレ内で培養したニューロンの写真をもとに描いた模式図である。図の中の空欄 (イ) 〜 (エ) が示す箇所の名称を答えなさい。

(7) 図 3 は，図 2 の中の神経軸索でみられる顆粒の動きを調べた結果である。このグラフから神経軸索内の顆粒運動速度を推測し，その最大速度で顆粒が移動している場合に，1 m の神経軸索内を進むのに必要な日数を答えなさい。ただし，1 日 ＝ 8.0×10^4 秒として，有効数字 2 桁で表記しなさい。

(8) 下線部②について，神経軸索輸送により軸索の末端まで運ばれる細胞小器官の中で，ニューロンによる興奮伝達に関わるものは何か，名称を答えなさい。

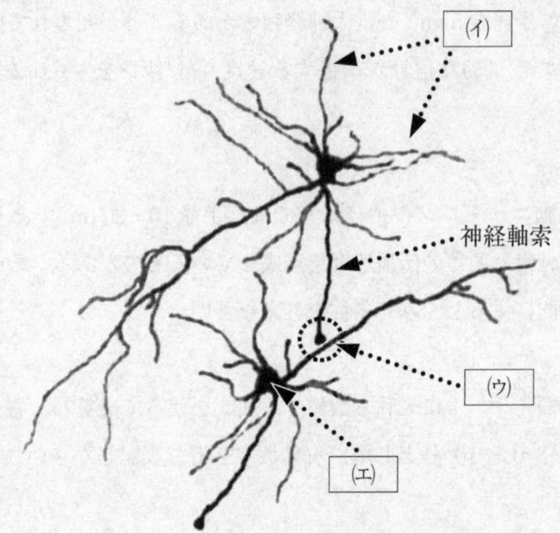

図2　ニューロンの顕微鏡観察像

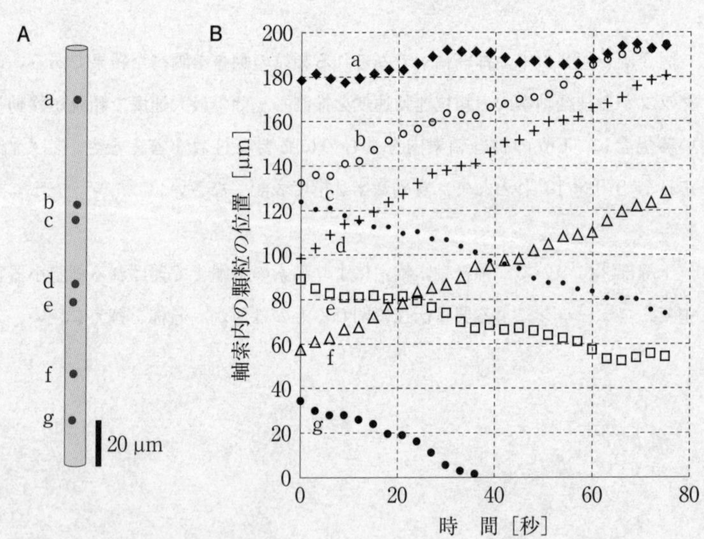

図3　図2で示した神経軸索の一部で蛍光染色した顆粒（a～g）の動き

Aは，時間0での顆粒の位置を示す。その位置がどのように変化するかを示したグラフがBである。

(9)　下線部③について，神経軸索の中にあり，微小管と相互作用すると考えられるモータータンパク質を2つ挙げ，その名称を答えなさい。

(10)　神経軸索輸送について説明した本文，および図3の観察結果をもとに，以下の記述(a)～(f)の中から，正しいものをすべて選び，記号で答えなさい。

(a)　モータータンパク質による神経軸索輸送では，ATPが必須である。
(b)　神経軸索輸送では，おもにミトコンドリアでつくられるATPが使われる。
(c)　神経軸索輸送では，解糖系の化学物質の中でも，ピルビン酸が必須である。
(d)　神経軸索輸送では，微小管の長軸に沿って双方向の輸送運動活性がみられる。
(e)　解糖系の代謝反応を考慮すると，ADPがなくてもホスホエノールピルビン酸だけで神経軸索輸送を引き起こすことができる。
(f)　GAPDHは直接ATP産生には関わらないが，神経軸索輸送には必須の酵素である。

(11)　ATPを加水分解する酵素として，神経軸索輸送に関わるモータータンパク質や図3に含まれる酵素以外の例を1つ挙げ，その酵素の名称と役割とを答えなさい。

(12)　下線部④について，ハンチントン病が発症する原因は何と推測できるか，HTTタンパク質の役割や解糖系の酵素の寄与を考慮して，100字以内で答えなさい。

Ⅲ 以下の**文章A**，**B**を読み，問い⑴〜⑽に答えなさい。(50点)

A この生物は，体の表面がクチクラとよばれる層で覆われている。このクチクラはキチンという多糖類およびタンパク質を含む。体は多数の節からなり，3対の歩行器官がある。発達した眼をもち，背側に生じた2対の器官を利用して空を飛ぶことができる。成長の初期にはえらで呼吸し，成長すると大気を直接体内に取り入れて(①)生活するようになる。

問い

⑴ **文章A**の生物としてあてはまるものを，次の語群から1つ選び，記号で答えなさい。

［語群］

(a) イセエビ　(b) ショウジョウバエ　(c) カイメン
(d) ミズクラゲ　(e) ゾウリムシ　(f) トビウオ
(g) ケンミジンコ　(h) トクサ　(i) ウミユリ
(j) ハス　(k) シオカラトンボ　(l) アオミドロ
(m) トノサマガエル　(n) マダコ　(o) モンシロチョウ

⑵ **文章A**の生物が属する分類群を，次の語群からすべて選び，記号で答えなさい。

［語群］

(a) 脱皮動物　(b) 原核生物　(c) 脊索動物　(d) 昆虫類
(e) 真核生物　(f) 甲殻類　(g) クモ類　(h) 軟体動物
(i) 原生生物　(j) 両生類　(k) 棘皮動物

⑶ 下線部①について，**文章A**の生物は，どのような器官を用いてこれを行っているか。その名称を答えなさい。

⑷ 個体の発生過程において，口と肛門が形成される過程に着目したとき，**文章A**の生物と同様の過程を経る生物を，次の語群から3つ選び，記号で答えなさい。

［語群］

(a) バフンウニ　(b) カタツムリ　(c) ヒト　(d) ミズクラゲ
(e) アンモナイト　(f) スズメ　(g) 恐竜　(h) オニグモ
(i) ミドリムシ　(j) ホヤ

(5) クチクラとは，生物の体表を覆う部分を記述する際に使われる用語で，生物によってその特徴や構成する化学物質が異なることがある。問い(1)に使用した語群から，キチンとは異なる多糖類を主成分とするクチクラによって表皮細胞が覆われる生物をすべて選び，記号で答えなさい。また，選んだ生物は同じ分類群に属している。この分類群の名称を答えなさい。

(6) **問い**(1)の語群にある生物を独立栄養生物と従属栄養生物とにそれぞれ分け，解答欄には独立栄養生物のみを記号で答えなさい。

(7) 従属栄養生物の中には，**問い**(6)で選別した生物とは異なる方法で従属的な栄養摂取を行う別の生物群がある。その生物群が属する代表的で大きな分類群の名称を解答欄に書きなさい。また，その分類群に分類される生物を次の語群からすべて選び，記号で答えなさい。

［語群］

(a) コウボ　(b) チスイビル　(c) モウセンゴケ
(d) シイタケ　(e) カイチュウ　(f) ゼニゴケ
(g) メタン（細）菌　(h) ワカメ　(i) アオカビ
(j) シアノバクテリア

B 次の図 1 は，ある生態系で生活し，食う－食われる関係にある 3 種の生物(イ)，(ロ)，(ハ)についての個体数ピラミッドである。

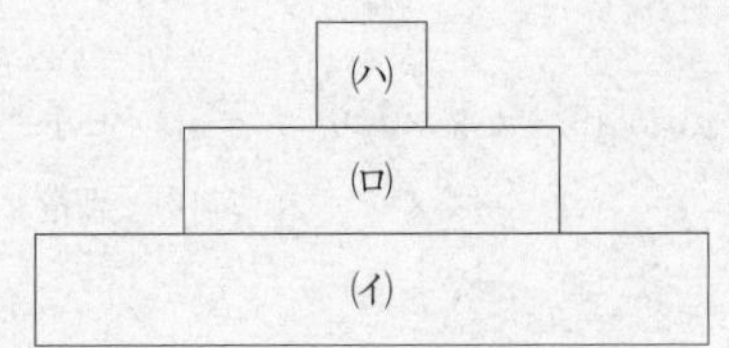

図1　3種の生物(イ)，(ロ)，(ハ)からなる個体数ピラミッドの模式図
図の横幅は個体数の違いを厳密に表しているわけではない。

問い

(8)　生物(ロ)の個体数が増加したとする。この変化にともなって，他の種の個体数は一般にどのように変動すると予想されるか。選択肢から適切なものを<u>すべて</u>選び，記号で答えなさい。

［選択肢］

(a)　生物(イ)が減少する。
(b)　生物(イ)が増加する。
(c)　生物(イ)はとくに変化しない。
(d)　生物(ハ)が減少する。
(e)　生物(ハ)が増加する。
(f)　生物(ハ)はとくに変化しない。

(9)　生物(イ)がこの生態系における生産者であるとすると，生物(ハ)の生態系における栄養段階上の役割はどのように位置づけできるか。適切な名称を答えなさい。

(10)　図2の写真にある生物の中から，生物(ロ)に相当する役割を果たしているものを2つ選び，記号で答えなさい。

図2　世界のさまざまな生態系にみられる生物

解答編

数学

I **解答** (1)　$f(x)=x^4-(4p+2)x^2+1$　(p は素数)　……①

$g(x)=x^2+ax-1$　(a は実数)

$h(x)=x^2+bx-1$　(b は実数)

$g(x)h(x)$ を展開して

$$\begin{aligned} g(x)h(x)&=(x^2+ax)(x^2+bx)-(x^2+ax)-(x^2+bx)+1\\ &=(x^4+ax^3+bx^3+abx^2)-(x^2+ax)-(x^2+bx)+1\\ &=x^4+(a+b)x^3+(ab-2)x^2-(a+b)x+1 \quad \cdots\cdots② \end{aligned}$$

$f(x)=g(x)h(x)$ および①，②より

$$\begin{cases} a+b=0 \\ ab-2=-(4p+2) \end{cases} \quad \therefore \quad \begin{cases} a+b=0 \\ ab=-4p \end{cases}$$

ゆえに，a，b は2次方程式 $t^2-4p=0$ の2つの解である。

$p>0$，$a\geqq b$ より

$(a,\ b)=(2\sqrt{p},\ -2\sqrt{p})$　……③　……(答)

(2)　$f(x)=g(x)h(x)=0$ の解は，③より

$g(x)=x^2+2\sqrt{p}x-1=0$ より

$$x=-\sqrt{p}\pm\sqrt{p+1}$$

$h(x)=x^2-2\sqrt{p}x-1=0$ より

$$x=\sqrt{p}\pm\sqrt{p+1}$$

$$\alpha=\sqrt{p+1}+\sqrt{p},\ \beta=-\sqrt{p+1}-\sqrt{p} \quad \cdots\cdots④$$

$$\gamma=\sqrt{p+1}-\sqrt{p},\ \delta=-\sqrt{p+1}+\sqrt{p}$$

とおくと，$f(x)=0$ の解の集合は $\{\alpha,\ \beta,\ \gamma,\ \delta\}$ となる。

また，$f(0)=1\neq0$ より，0は $f(x)=0$ の解ではない。

$$\beta=-\alpha,\ \delta=-\gamma$$

$$\gamma=\frac{(\sqrt{p+1}-\sqrt{p})(\sqrt{p+1}+\sqrt{p})}{\sqrt{p+1}+\sqrt{p}}=\frac{1}{\alpha}$$

すなわち，$f(x)=0$ の解の集合は　$\left\{\alpha,\ -\alpha,\ \dfrac{1}{\alpha},\ \dfrac{-1}{\alpha}\right\}$

ゆえに，α が有理数なら，すべての解は有理数であり，α が無理数なら，すべての解は無理数である。

α が無理数であることを示せばよい。

$\alpha=\sqrt{p+1}+\sqrt{p}=c$ とおくと，$p>0$ より　$c>1$

$$\sqrt{p+1}=c-\sqrt{p}$$

$$p+1=c^2-2c\sqrt{p}+p$$

$$\sqrt{p}=\frac{c^2-1}{2c}\quad \cdots\cdots⑤$$

ゆえに，$c=\alpha$ が有理数ならば，⑤より，$\sqrt{p}$ も有理数である。

対偶をとると，$\sqrt{p}$ が無理数ならば，α も無理数である。

$\sqrt{p}$ が無理数であることを背理法により示す。

$\sqrt{p}$ が有理数と仮定すると，$\sqrt{p}=\dfrac{m}{n}$（m，n は互いに素な自然数）と書ける。

$$pn^2=m^2\quad \cdots\cdots⑥$$

ゆえに，m は素因子 p をもち，$m=pl$ と書ける。

⑥に代入して　$n^2=pl^2$

ゆえに，n も素因子 p をもち，m，n が互いに素であることに矛盾する。

（証明終）

(3)　題意より，α，β は④で与えられる。$\beta=-\alpha$ より

$$AB\alpha+A-B=p(2+p\beta)$$

$$(AB+p^2)\alpha+(A-B-2p)=0\quad \cdots\cdots⑦$$

A，B は整数で，α は無理数だから，⑦より

$$\begin{cases}AB+p^2=0\\A-B-2p=0\end{cases}\quad \therefore\quad \begin{cases}A(-B)=p^2\\A+(-B)=2p\end{cases}$$

A，$-B$ は 2 次方程式　$t^2-2pt+p^2=0$　の解である。

ゆえに　$(A,\ B)=(p,\ -p)$　……(答)

この解は，A，B が整数であるという条件を満たす。

◀解　説▶

≪複2次方程式，相反4次方程式≫

(1)・(2)　$f(x)$ は x^2 の2次式である（x，x^3 の項を含まない4次式）。x，x^3 の項を含まない4次式を複2次式という。

一方，

$$R(x)=Ax^4+Bx^3+Cx^2+Dx+E \quad (A\neq 0)$$

が $A=E$，$B=D$ を満たすとき，$R(x)$ を相反4次式，$R(x)=0$ を相反4次方程式という。

本問では，$f(x)$ は $A=E=1$，$B=D=0$ の特別な場合である。

$f(0)=1\neq 0$ より，0は相反4次方程式 $f(x)=0$ の解ではない。

ゆえに　　$f(\alpha)=0$ ならば $f(\alpha^{-1})=0$

さらに $f(x)$ は複2次式より　　$f(\alpha)=0$ ならば $f(-\alpha)=0$

4つの解の集合 $\{\alpha,\ -\alpha,\ \alpha^{-1},\ -\alpha^{-1}\}$，$\{\beta,\ -\beta,\ \beta^{-1},\ -\beta^{-1}\}$，$\{\gamma,\ -\gamma,\ \gamma^{-1},\ -\gamma^{-1}\}$，$\{\delta,\ -\delta,\ \delta^{-1},\ -\delta^{-1}\}$ は一致する（集合として同じ）。

無理数であることの証明は2段階で示す。

(i) α が有理数ならば，$\sqrt{p}$ が有理数，(ii) $\sqrt{p}$ が有理数ならば，矛盾。

(3)　X，Y が整数（有理数でよい）で，α が無理数のとき

$X+Y\alpha=0$ ならば　　$X=Y=0$

II

解答　(1)　$I_n=\int_0^{\frac{\pi}{4}}\tan^{n-1}x\,dx \quad (n=1,\ 2,\ 3,\ \cdots)$

$$I_n+I_{n+2}=\int_0^{\frac{\pi}{4}}(1+\tan^2 x)\tan^{n-1}x\,dx$$

$$=\int_0^{\frac{\pi}{4}}\frac{\tan^{n-1}x}{\cos^2 x}dx \quad \cdots\cdots①$$

$\tan x=t$ とおくと　　$\dfrac{dt}{dx}=\dfrac{1}{\cos^2 x}$

$x=0$ のとき　　$t=0$

$x=\dfrac{\pi}{4}$ のとき　　$t=1$

①より

$$I_n+I_{n+2}=\int_0^1 t^{n-1}dt=\left[\frac{t^n}{n}\right]_0^1=\frac{1}{n}\quad\cdots\cdots②\quad\cdots\cdots(答)$$

(2)　$\tan x>0\ \left(0<x\leqq\frac{\pi}{4}\right)$ より　　$I_n>0\quad\cdots\cdots③$

②，③より

$$I_n<I_n+I_{n+2}=\frac{1}{n}$$

(証明終)

(3)　②より

$$I_{2k-1}+I_{2k+1}=\frac{1}{2k-1}\quad(k=1,\ 2,\ 3,\ \cdots)$$

$$(-1)^{k-1}(I_{2k-1}+I_{2k+1})=\frac{(-1)^{k-1}}{2k-1}\quad(k=1,\ 2,\ 3,\ \cdots)$$

$$\sum_{k=1}^{n}(-1)^{k-1}(I_{2k-1}+I_{2k+1})=\sum_{k=1}^{n}\frac{(-1)^{k-1}}{2k-1}\quad\cdots\cdots④$$

④の左辺は

$$\sum_{k=1}^{n}(-1)^{k-1}(I_{2k-1}+I_{2k+1})$$
$$=(I_1+I_3)-(I_3+I_5)+(I_5+I_7)+\cdots+(-1)^{n-1}(I_{2n-1}+I_{2n+1})$$
$$=I_1+(-1)^{n-1}I_{2n+1}$$
$$=I_1-(-1)^nI_{2n+1}\quad\cdots\cdots⑤$$

④，⑤より

$$I_1-(-1)^nI_{2n+1}=\sum_{k=1}^{n}\frac{(-1)^{k-1}}{2k-1}\quad\cdots\cdots⑥$$

(証明終)

(4)　$0<I_{2n+1}<\frac{1}{2n+1}$

および

$$\lim_{n\to\infty}\frac{1}{2n+1}=0$$

より

$$\lim_{n\to\infty}I_{2n+1}=0\quad\cdots\cdots⑦$$

また　$I_1=\int_0^{\frac{\pi}{4}}1dx=\frac{\pi}{4}\quad\cdots\cdots⑧$

⑥，⑦，⑧より

$$\lim_{n\to\infty}\{I_1-(-1)^n I_{2n+1}\}=\lim_{n\to\infty}\sum_{k=1}^{n}\frac{(-1)^{k-1}}{2k-1}$$

$$\therefore\quad \frac{\pi}{4}=\sum_{n=1}^{\infty}\frac{(-1)^{n-1}}{2n-1}$$ (証明終)

◀解 説▶

≪三角関数の定積分と無限級数≫

(1) $\tan x=t$ とおく置換積分法である。

(2) $I_n>0$ および(1)の結果を用いる。

(3) ②の等式を符号を交互に変えながら加える。

(4) I_1 の値および(2)の不等式を用いる。

III

解答 (1) $A(-3,\ -2)$, $B(1,\ -2)$, $P(x,\ y)$

$$S=AP^2+BP^2,\quad T=\frac{BP^2}{AP^2}$$

ただし，点Pは円 $K: x^2+y^2=1$ ……① 上の点。

$$AP^2=(x+3)^2+(y+2)^2,\quad BP^2=(x-1)^2+(y+2)^2$$

より

$$\begin{aligned}S&=AP^2+BP^2\\&=(x+3)^2+(y+2)^2+(x-1)^2+(y+2)^2\\&=2(x^2+y^2)+4x+8y+18\\&=4x+8y+20\quad(\because\ x^2+y^2=1)\end{aligned}$$ ……(答)

(2) $x+2y=k$ ……②

とおくと

$S=4k+20$ ……②′

点Pが円 K 上を動くとき，k の最小値を求めればよい。

k を定数として，方程式②が表す直線を l とすると，l は傾き $-\frac{1}{2}$，y 切片が $\frac{k}{2}$ の直線である。

円 K と直線 l が接するとき，k は最大最小となる。

$x^2+y^2=1$ と $y=2x$ の交点を l が通るとき，k は最大最小となる。

連立方程式 $x^2+y^2=1$，$y=2x$ の解は

$$(x,\ y)=\left(\pm\frac{1}{\sqrt{5}},\ \pm\frac{2}{\sqrt{5}}\right)$$ （複号同順）

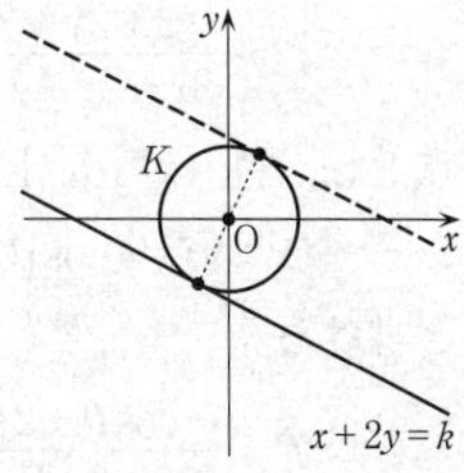

ゆえに，S が最小になるときの点 P は

$$P\left(\frac{-1}{\sqrt{5}},\ \frac{-2}{\sqrt{5}}\right)$$ ……（答）

このとき，S の最小値は，②′より

$$S=20+4\left(-\frac{1}{\sqrt{5}}-\frac{4}{\sqrt{5}}\right)$$
$$=20-4\sqrt{5}$$ ……（答）

別解　連立方程式①，②が実数解をもつような k の範囲を求める。

①，②から x を消去して

$$(k-2y)^2+y^2=1$$
$$5y^2-4ky+k^2-1=0$$ ……③

③は実数解をもつから

$$判別式\ \frac{D}{4}=4k^2-5(k^2-1)\geqq 0$$
$$k^2-5\leqq 0$$
$$-\sqrt{5}\leqq k\leqq\sqrt{5}$$

$k=-\sqrt{5}$ となるのは③が重解をもつときで，その重解は

$$y=\frac{2k}{5}=\frac{-2}{\sqrt{5}}$$

このとき，②より

$$x=k-2y=-\sqrt{5}-\frac{-4}{\sqrt{5}}=\frac{-1}{\sqrt{5}}$$

$P\left(\frac{-1}{\sqrt{5}},\ \frac{-2}{\sqrt{5}}\right)$ のとき，S は最小になり，最小値は②′より

$$S=20+4k=20-4\sqrt{5}$$

(3)　T の定義より

$$T=\frac{BP^2}{AP^2}=\frac{(x-1)^2+(y+2)^2}{(x+3)^2+(y+2)^2}$$
$$=\frac{x^2+y^2-2x+4y+5}{x^2+y^2+6x+4y+13}$$

$$= \frac{-x+2y+3}{3x+2y+7} \quad (\because \quad x^2+y^2=1)$$

点 P $(x,\ y)$ は円 K 上の点だから

$$(x,\ y) = (\cos\theta,\ \sin\theta) \quad (0 \leqq \theta < 2\pi)$$

と書ける。

$$T = \frac{-\cos\theta + 2\sin\theta + 3}{3\cos\theta + 2\sin\theta + 7} = f(\theta)$$

とおく。

$$f'(\theta) = \frac{g(\theta)}{(3\cos\theta + 2\sin\theta + 7)^2} \quad \cdots\cdots ④$$

とおく。

$$g(\theta) = (-\cos\theta + 2\sin\theta + 3)'(3\cos\theta + 2\sin\theta + 7) - (-\cos\theta + 2\sin\theta + 3)(3\cos\theta + 2\sin\theta + 7)'$$

$$= 8(\cos\theta + 2\sin\theta + 1) \quad \cdots\cdots ⑤$$

$f(\theta)$ の極値を調べる。

$f'(\theta) = 0$ および半角の公式より

$$g(\theta) = 8(1 + \cos\theta + 2\sin\theta) = 0$$

$$\cos^2\frac{\theta}{2} + 2\sin\frac{\theta}{2}\cos\frac{\theta}{2} = 0$$

$$\left(\cos\frac{\theta}{2} + 2\sin\frac{\theta}{2}\right)\cos\frac{\theta}{2} = 0 \quad (0 \leqq \theta < 2\pi)$$

(i)　$\cos\frac{\theta}{2} = 0$ $(0 \leqq \theta < 2\pi)$ のとき　　$\theta = \pi$

(ii)　$\cos\frac{\theta}{2} + 2\sin\frac{\theta}{2} = 0$ $(0 \leqq \theta < 2\pi)$ のとき　　$\theta \neq \pi$　……⑥

$$1 + 2\tan\frac{\theta}{2} = 0 \quad (0 \leqq \theta < 2\pi)$$

$$\tan\frac{\theta}{2} = -\frac{1}{2} \quad \left(0 \leqq \frac{\theta}{2} < \pi\right) \quad \cdots\cdots ⑥'$$

これを満たす $\theta = \alpha$ とおくと

$$\tan\frac{\alpha}{2} = -\frac{1}{2} \quad \left(\frac{5}{6}\pi < \frac{\alpha}{2} < \pi\right)$$

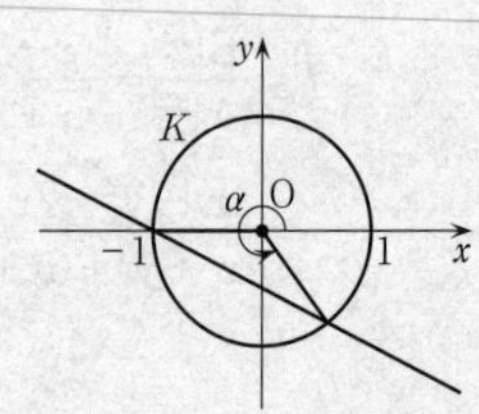

④, ⑤, ⑥, ⑥′ より

$$f'(\pi) = 0$$

$$f'(\alpha)=0 \quad \left(\frac{5}{3}\pi<\alpha<2\pi\right)$$

$$g(\theta)=16\left(1+2\tan\frac{\theta}{2}\right)\cos^2\frac{\theta}{2} \quad (0\leqq\theta<2\pi,\ \theta\neq\pi)$$

増減表は次の通り。

θ	0		π		α		(2π)
$f'(\theta)$		+	0	−	0	+	
$f(\theta)$		↗	1	↘		↗	

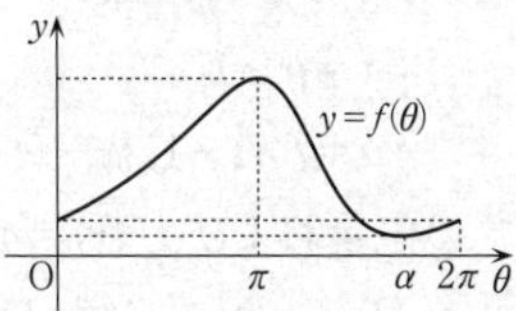

増減表より，$T=f(\theta)$ は $\theta=\alpha$ で最小値 $f(\alpha)$ をとる。

$\tan\frac{\alpha}{2}=t \left(\frac{5\pi}{3}<\alpha<2\pi\right)$ のとき，⑥′ より

$$x=\cos\alpha=2\cos^2\frac{\alpha}{2}-1=2\left(\frac{1}{1+\tan^2\frac{\alpha}{2}}\right)-1$$

$$=2\left(\frac{1}{1+t^2}\right)-1=\frac{1-t^2}{1+t^2}=\frac{3}{5}$$

$$y=\sin\alpha=-\frac{4}{5}$$

$$f(\alpha)=\frac{3-\cos\alpha+2\sin\alpha}{7+3\cos\alpha+2\sin\alpha}=\frac{1}{9}$$

よって，T は $\mathrm{P}\left(\frac{3}{5},\ \frac{-4}{5}\right)$ のとき，最小値 $\frac{1}{9}$ をとる。 ……(答)

◀解　説▶

≪関数の最大最小問題≫

(1)　x，y の 2 次の項は，x^2+y^2 の形のみであり，定数 1 に置き換えられる。

(2)　$x^2+y^2=1$　と　$x+2y=k$　の交点を考えればよい。

(3)　$(x,\ y)$ は円 K 上の点だから

$$(x,\ y)=(\cos\theta,\ \sin\theta) \quad (0\leqq\theta<2\pi)$$

と書ける。T を θ で表した式の導関数は少し複雑であり，符号を調べるのには少し工夫がいる。

Ⅳ **解答**　(1)　曲線 $C: y=f(x)$ 上の点 $\mathrm{P}(t-1,\ f(t-1))$ における接線を l とする。

直線 l と直線 $x=t$ との交点を $\mathrm{Q}(t,\ g(t))$ とする。

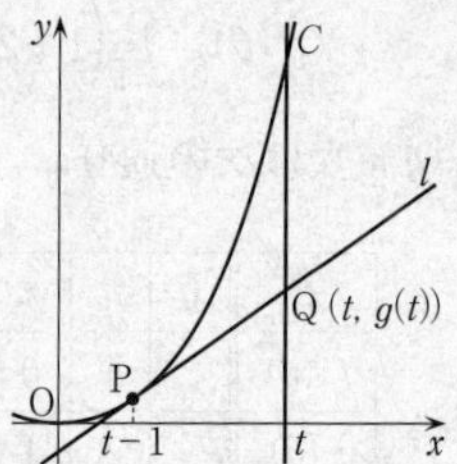

$f(x)=x^4+ax^2$（a は定数）とする。

点Pにおける C の接線 l の方程式は

$$l: y=p(x)$$
$$=f'(t-1)\{x-(t-1)\}+f(t-1)$$

$g(t)$ の定義および $f'(x)=4x^3+2ax$ より

$$g(t)=p(t)=f'(t-1)+f(t-1)$$
$$=\{(t-1)^4+4(t-1)^3\}+a\{(t-1)^2+2(t-1)\}$$
$$=(t^4+at^2)-(6t^2-8t+a+3)\quad\cdots\cdots①\quad\cdots\cdots(\text{答})$$

(2)　$h(x)=f(x)-g(x)$ とおくと，①より

$$h(x)=6x^2-8x+a+3\geqq 0\quad\cdots\cdots②$$

がすべての実数 x で成り立つから，②より

$$\text{判別式}\ \frac{D}{4}=16-6(a+3)\leqq 0$$

$$\therefore\quad a\geqq -\frac{1}{3}\quad\cdots\cdots(\text{答})$$

(3)　$f(x)=x^n\ (n\geqq 2)$ のとき，定義より

$$g_n(x)=f(x-1)+f'(x-1)\quad\cdots\cdots③$$
$$=(x-1)^n+n(x-1)^{n-1}$$
$$=(x+n-1)(x-1)^{n-1}$$

$g_n(x)=0$ より　　$x=1,\ 1-n$　……(答)

$n\geqq 3$ のとき，③より

$$g'_n(x)=f'(x-1)+f''(x-1)$$
$$=n(x-1)^{n-1}+n(n-1)(x-1)^{n-2}$$
$$=n(x+n-2)(x-1)^{n-2}$$
$$=ng_{n-1}(x)\quad\cdots\cdots(\text{答})$$

(4)　$n\geqq 3$ とする。

$$g_n(x)=(x+n-1)(x-1)^{n-1}$$
$$g'_n(x)=ng_{n-1}(x)=n(x+n-2)(x-1)^{n-2}$$

(i) n が偶数（$n\geqq 3$）のとき

$(n-2)$ は偶数より，増減表は次の通り。

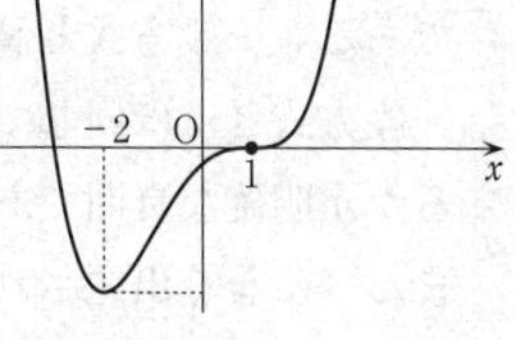

x		$2-n$		1	
$g'_n(x)$	$-$	0	$+$	0	$+$
$g_n(x)$	↘		↗		↗

増減表より，$g_n(x)$ は $x=2-n$ で極小値をとる。

しかし，$g_n(x)$ は極大値をもたない。

(ii) n が奇数（$n\geqq 3$）のとき

$(n-2)$ は奇数より，増減表は次の通り。

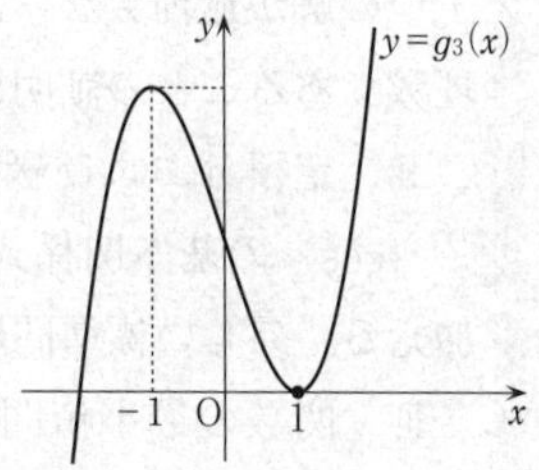

x		$2-n$		1	
$g'_n(x)$	$+$	0	$-$	0	$+$
$g_n(x)$	↗		↘		↗

増減表より，$g_n(x)$ は $x=2-n$ で極大値をとる。

$g_n(x)$ の極大値は

$$\begin{aligned} g_n(2-n) &= (1-n)^{n-1} \\ &= (-1)^{n-1}(n-1)^{n-1} \\ &= (n-1)^{n-1} \quad \cdots\cdots④ \\ &\quad (\because\ (n-1)\ は偶数) \end{aligned}$$

(i)，(ii)より，$y=g_n(x)$ が極大値をもつための条件は，n（$n\geqq 3$）が奇数であることである。 ……(答)

そのときの $y=g_n(x)$ の極大値は，④で与えられる。 ……(答)

◀解　説▶

≪曲線の接線，不等式，極値条件を満たす関数列≫

(1) 関係式 $g(t)=f'(t-1)+f(t-1)$ が基本である。$f(x)$ の具体形はなるべく表に出さずに計算するとよい。

(2) $f(x)-g(x)$ は x の 2 次式である。非負の定符号条件を考える。

(3) 基本関係式 $g_n(x)=f(x-1)+f'(x-1)$ から，求める式が出る。

(4) n の偶奇によって増減表が異なる。グラフは $n=3$，$n=4$ のときに示したが，他もほぼ同じ形状である。

❖講　評

共通テスト併用方式は全問記述式であり，4 題中 3 題を選択する形式である。一般方式と試験時間が同じで，問題数が 1 題少ない。レベルは一般方式とほぼ同じである。どの問題も出題者が受験生に何を求めているかが明確な良問である。分野で一番重要なのは微・積分法であるが，まんべんなく出題されている。

Ⅰ　複 2 次方程式かつ相反 4 次方程式は，0 を解としてもたず，1 つの解 α が求まれば，残りの 3 つの解は，$\{-\alpha,\ \alpha^{-1},\ -\alpha^{-1}\}$ で与えられる。したがって，1 つの解が有理数ならば，すべての解が有理数であり，1 つの解が無理数ならば，すべての解が無理数である。すべての解が無理数であることの証明は背理法による。標準問題である。

Ⅱ　定積分および級数の和の問題である。漸化式は正接（tan）と余弦（cos）の基本関係式を用いる。級数は漸化式を交互に符号を変えて加える。易しい標準問題である。

Ⅲ　関数の最小値問題である。前半の S の最小値問題は，円と傾きが一定な直線が共有点をもつための，直線の y 切片のとりうる値の範囲から求められる。後半の T は円を三角関数で媒介変数表示して，その導関数を求め，符号を調べる。そのために，座標平面で，導関数が正になる領域，負になる領域を調べる。標準問題である。

Ⅳ　関数列の問題である。多項式列 $\{f_n(x)\}$ から，関数列 $\{g_n(x)\}$ を

$$g_n(x)=f_n(x-1)+f'_n(x-1)\quad\cdots\cdots(*)$$

で定めている。本問では，$(*)$の幾何学的意味を接線を用いて示している。(3)，(4)が主要な設問であり，簡単な単項式 $f_n(x)=x^n$ から，n の偶奇により性質の異なる多項式 $g_n(x)$ が生成される過程が興味深い。標準問題である。

物理

I

解答

1．$v_0=\sqrt{2gh}$〔m/s〕

2．$v_1=ev_0$〔m/s〕

3．$Mv_1-mw_0=Mv+mw$

4．$1=-\dfrac{v-w}{v_1+w_0}$

5．$v=\dfrac{eM-(2+e)m}{M+m}v_0$〔m/s〕，$w=\dfrac{(1+2e)M-m}{M+m}v_0$〔m/s〕

6．$w=(1+e)v_0$〔m/s〕

7．$h_1=(1+e)^2h$〔m〕

8．$w=(1+2e)v_0$〔m/s〕

9．$h_2=(1+2e)^2h$〔m〕

10．$h_1=h_2$　〔理由〕球Mと床が完全非弾性衝突するとき，球mは床面上で静止した球M上で弾性衝突をするため，球mは床面上で弾性衝突をしたのと同等の運動をする。

◀解　説▶

≪落下した2球の衝突≫

1．力学的エネルギー保存則より

$$Mgh=\frac{1}{2}Mv_0^2 \qquad \therefore \quad v_0=\sqrt{2gh}\text{〔m/s〕}$$

2．鉛直上向きを速度の正方向として，反発係数の定義より

$$e=-\frac{-v_0}{v_1} \qquad \therefore \quad v_1=ev_0\text{〔m/s〕}$$

3．v_1，w_0 は速さであるので，図1(c)における球mの速度は $-w_0$ であることに注意して運動量保存則を立式する。

4．弾性衝突であるので反発係数は1である。

$$1=-\frac{v-w}{v_1-(-w_0)}=-\frac{v-w}{v_1+w_0}$$

5．$w_0=v_0$ であるので，問3より

$$eMv_0-mv_0=Mv+mw \quad \cdots\cdots①$$

問 4 より

$$ev_0+v_0=-v+w \quad \cdots\cdots②$$

②の両辺に M をかけ，①と辺々足すと

$$\{(1+2e)M-m\}v_0=(M+m)w$$

$$\therefore \quad w=\frac{(1+2e)M-m}{M+m}v_0 \text{〔m/s〕}$$

$$v=w-(1+e)v_0=\frac{eM-(2+e)m}{M+m}v_0 \text{〔m/s〕}$$

6．$$v=\frac{eM-(2+e)m}{M+m}v_0=0 \qquad \therefore \quad M=\frac{2+e}{e}m$$

$$w=\frac{(1+2e)\dfrac{2+e}{e}m-m}{\dfrac{2+e}{e}m+m}v_0=\frac{(1+2e)(2+e)-e}{2+2e}v_0$$

$$=\frac{2e^2+4e+2}{2(1+e)}v_0=(1+e)v_0 \text{〔m/s〕}$$

別解　$$v=\frac{eM-(2+e)m}{M+m}v_0=0 \qquad \therefore \quad M=\frac{2+e}{e}m$$

2 つの球は弾性衝突するので力学的エネルギーは保存する。

$$\frac{1}{2}mw_0{}^2+\frac{1}{2}Mv_1{}^2=\frac{1}{2}mw^2+\frac{1}{2}mv^2$$

$$\frac{1}{2}mv_0{}^2+\frac{1}{2}\cdot\frac{2+e}{e}m(ev_0)^2=\frac{1}{2}mw^2$$

$$\therefore \quad w=\pm(1+e)v_0$$

題意より $w \geqq 0$ なので

$$w=(1+e)v_0 \text{〔m/s〕}$$

7．力学的エネルギー保存則より

$$\frac{1}{2}mw^2=mgh_1$$

$$h_1=\frac{w^2}{2g}=(1+e)^2\frac{v_0{}^2}{2g}=(1+e)^2h \text{〔m〕}$$

別解　失われる力学的エネルギーは $\frac{1}{2}M(v_0{}^2-v_1{}^2)$〔J〕であるので

$$mgh_1=(m+M)gh-\frac{1}{2}M(v_0{}^2-v_1{}^2)$$

$$= (m+M)\,gh - \frac{1}{2}Mv_0{}^2(1-e^2)$$
$$= (m+M)\,gh - Mgh\,(1-e^2)$$
$$= (m+e^2M)\,gh = mg\,(1+e)^2h$$

$\therefore \quad h_1 = (1+e)^2h$〔m〕

8．質量 M が質量 m に比べて十分大きいとき，$\dfrac{m}{M} \fallingdotseq 0$ とみなせるので

$$w = \frac{(1+2e)\,M-m}{M+m}v_0 = \frac{1+2e-\dfrac{m}{M}}{1+\dfrac{m}{M}}v_0$$

$$\fallingdotseq (1+2e)\,v_0\text{〔m/s〕}$$

9．問 7 で代入する w の値を $(1+2e)v_0$ にすると

$$h_2 = \frac{w^2}{2g} = (1+2e)^2\frac{v_0{}^2}{2g} = (1+2e)^2h\text{〔m〕}$$

10．$e=0$ のとき，$h_1 = h_2 = h$ である。

球Mは床面と非弾性衝突するため，球mは，運動していない球M上で跳ね返ることになる。それは球Mという弾性衝突をする面が床面上に固定されていた場合と同等である。

Ⅱ 解答

1．z 軸正の向きに，qE〔N〕

2．$\sqrt{\dfrac{2mL}{qE}}$〔s〕

3．$2\sqrt{\dfrac{2mL}{qE}}$〔s〕

4．0

5．qvB〔N〕

6．$\dfrac{qB}{m}$〔rad/s〕

7．$\dfrac{2qLB^2}{\pi^2mn^2}$〔N/C〕

8．$\dfrac{2qLB^2k^2}{\pi^2m}$〔N/C〕

9．$\dfrac{2qLB^2k^2}{\pi^2mn^2}$〔N/C〕

◀解　説▶

≪磁場と電場を受けて運動する荷電粒子の跳ね返り≫

1．電場の大きさは，1Cの正電荷に及ぼす静電気力の大きさである。

2．荷電粒子は z 軸方向に等加速度運動をするので，z 軸方向の加速度を a〔m/s^2〕，荷電粒子が最初に平面に衝突する時刻を t_0〔s〕とおくと

$$L=\frac{1}{2}at_0{}^2$$

また，運動方程式より

$$ma=qE$$

2式を連立して

$$t_0=\sqrt{\frac{2mL}{qE}}\text{〔s〕}$$

3・4．荷電粒子の z 軸方向の速度変化は右図のようになる。完全弾性衝突するので，力学的エネルギーは保存されている。よって，$t=T$ における z 軸方向の速度は0である。

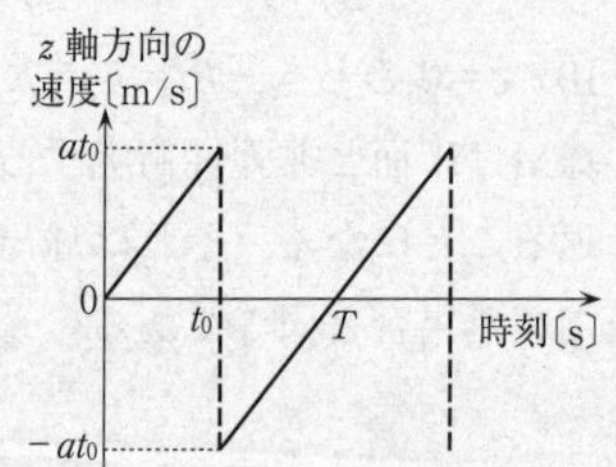

また，等加速度運動であるので，原点から平面，平面から xy 面に移動する過程でそれぞれかかる時間は等しい。よって

$$T=2t_0=2\sqrt{\frac{2mL}{qE}}\text{〔s〕}$$

6．等速円運動の運動方程式より

$$qvB=mr\omega^2=mv\omega \qquad \therefore\quad \omega=\frac{qB}{m}\text{〔rad/s〕}$$

7．荷電粒子が n 周するのにかかる時間 t_n は

$$t_n=\frac{2\pi}{\omega}\times n=2\pi\frac{mn}{qB}\text{〔s〕}$$

$T=t_n$ となればよいので

$$2\sqrt{\frac{2mL}{qE_n}}=2\pi\frac{mn}{qB} \qquad \therefore\quad E_n=\frac{2qLB^2}{\pi^2mn^2}\text{〔N/C〕}$$

8．$kT=t_1$ となればよいので

$$2k\sqrt{\frac{2mL}{qE(k)}}=2\pi\frac{m}{qB}$$

$$\therefore \quad E(k)=\frac{2qLB^2k^2}{\pi^2 m}\text{〔N/C〕}$$

9．$E_n(k)$ は大きい順に n が振られていく。$E_n(k)$ が大きければ荷電粒子の z 軸方向の往復にかかる時間は短くなるので，$E_1(k)$ のとき荷電粒子は等速円運動で最小の1周，$E_2(k)$ のとき2周，同様に $E_n(k)$ のとき n 周することになる。よって，ここでの n は問7の n と同じである。$kT=t_n$ となればよいので

$$2k\sqrt{\frac{2mL}{qE_n(k)}}=2\pi\frac{mn}{qB}$$

$$\therefore \quad E_n(k)=\frac{2qLB^2k^2}{\pi^2 mn^2}\text{〔N/C〕}$$

Ⅲ　解答

1．$|x_{\mathrm{P}}-x'_{\mathrm{P}}|=\dfrac{\lambda}{2}$〔m〕

2．

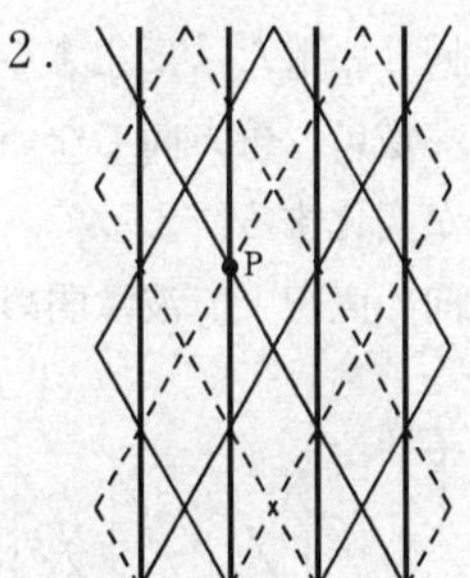

3．$d=\dfrac{\sqrt{3}}{3}\lambda$〔m〕

4．$|r_{\mathrm{R}}-r'_{\mathrm{R}}|=\dfrac{\lambda}{3}$〔m〕

5．

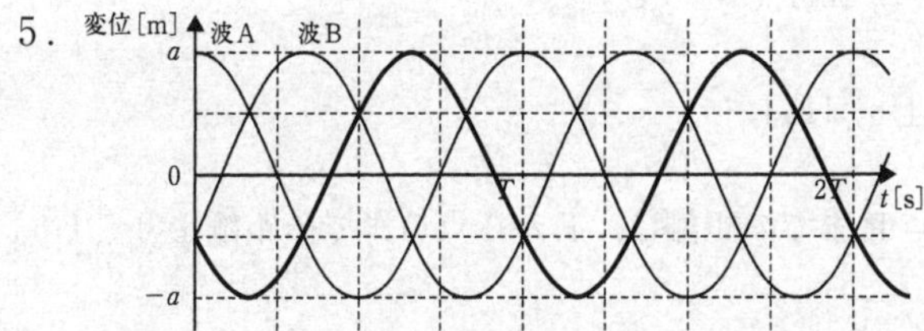

6．

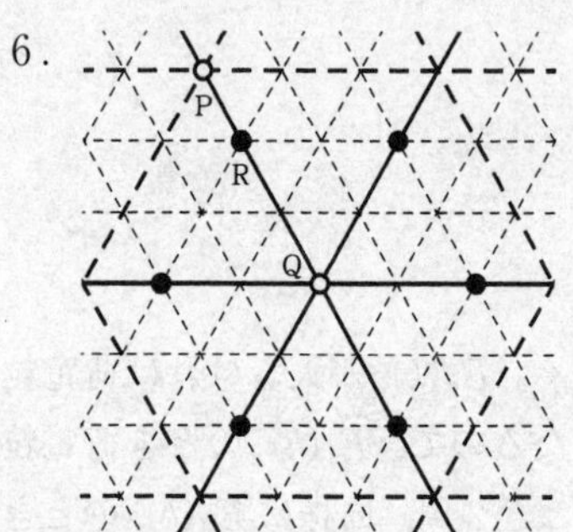

7．波長が小さな波。

◀解　説▶

≪3つの平面波の干渉≫

1．図1より，$x_P=\frac{7}{4}\lambda$，$x'_P=\frac{9}{4}\lambda$であるので

$$|x_P-x'_P|=\frac{\lambda}{2}〔m〕$$

2．山と谷が重なり合う点，すなわち実線と点線の交点で波は弱めあう。図1のある点Xに対し，その点から縦方向に引いた直線上の点を考えると，2本の基準線からの距離は，点Xと比べてそれぞれ同じ距離だけ変化するので，2本の基準線からの距離の差はすべて等しい。逆に，縦方向でない方向に移動した点は，2本の基準線からの距離の差が変化する。よって，波Aが山，波Bが谷の点に対し，その点を通る縦方向の直線上で波は弱めあっていることがわかる。

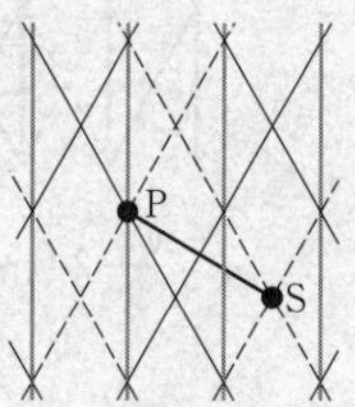

3．右図の線分PSの長さがλ〔m〕であるので，平行線の間隔は$\frac{\sqrt{3}}{3}\lambda$〔m〕となる。

4．基準線Dから点Rまでの距離は，Dから点Qまでの距離と等しい。基準線EからRまでの距離は，EからQまでの距離より$\frac{\lambda}{3}$〔m〕だけ大きい。

よって　$|r_R-r'_R|=\frac{\lambda}{3}$〔m〕

5．基準線Fから点Rまでの距離は，Fから点Qまでの距離より$\frac{\lambda}{3}$〔m〕

だけ小さい。よって，図3(c)において，波Aの波形に対し，波Bの波形は$\dfrac{T}{3}$〔s〕だけ遅れて，つまりt軸正方向にずれ，波Cの波形は$\dfrac{T}{3}$〔s〕だけ進んで，つまりt軸負方向にずれる。

6．点Rにおいて，波B，Cは波Aに対して位相がそれぞれ$\pm\dfrac{2}{3}\pi$〔rad〕だけずれているため，波A，B，Cの合成波の変位は常に0である。このことは，右図のように半径aの円周上に点A，B，Cを取り，そのy座標をそれぞれの波の変位と考えるとき，$\overrightarrow{OA}+\overrightarrow{OB}+\overrightarrow{OC}=\vec{0}$となることからもわかる。よって，示すべき点の1つは点Rである。

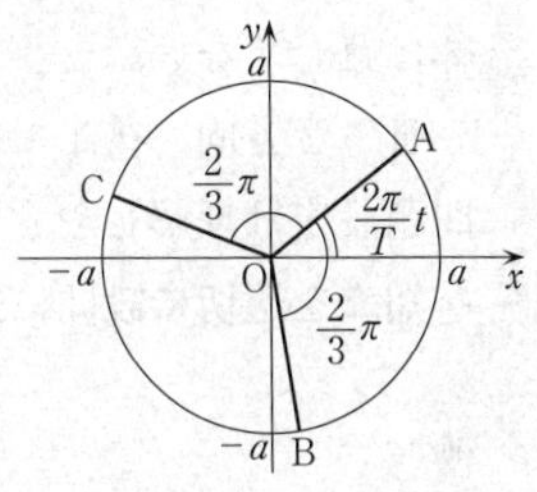

また，$\overrightarrow{OA}+\overrightarrow{OB}+\overrightarrow{OC}=\vec{0}$となる点A，B，Cの位置関係は図のA，B，Cを入れ替えたもの以外にない。よって，波A，B，Cの射線に対称な点も弱めあう点となり，点Qの周りの6点が答えとなる。

なお，図2(a)において，3つの山（実線）が交わるすべての点は3つの波の位相が揃っている点であるため，これらの点の周りにも，点Qの周りに生じたのと同様に弱めあう点がそれぞれ6点ずつ生じるが，今回示すべき解答用紙のグラフ3の範囲には，点Qの周りの6点以外は存在しない。

7．点Qから$\dfrac{\lambda}{3}$〔m〕離れた位置に黒丸が生じるので，短い波長の波を用いればよい。また，媒質である水や水深を変えないのであれば，波の進む速さは一定であり，波長と振動数は反比例の関係にあることから，大きな振動数の波と解答することもできる。

❖講　評

出題数は大問3題で，力学，電磁気，波動から各1題であった。理由の説明の論述問題や描図問題も出題された。

Ⅰ　落下した2つの球が床面で衝突，跳ね返る設定の問題。問題文をよく読み，状況の移り変わりを正確にとらえ，適切な式をきちんと立式・計算できるかが重要である。また，速さと速度がどちらも登場するため，向きを適切に処理することも求められた。

Ⅱ　電場と磁場がかかった空間中を運動する荷電粒子に関する問題。らせん状に運動する荷電粒子が跳ね返る運動の様子をイメージできたかがポイントである。さまざまな値が登場し，一見難解な問題設定であるが，各問ごとの必要なパラメータに着目できれば，問われている内容自体は難しくない。

Ⅲ　2方向，後半では3方向から進行する平面波の干渉に関する問題。問題設定は理解しやすいため，うまく誘導に乗って解答したい。基本的な知識を適切に設問に適用していくことが必要である。

化学

I　解答

(1) i) 浸透圧　ii) 透析

(2)ファントホッフの法則

(3) 2.6×10^4 Pa　(4) 2.0×10 cm　(5) 2.7×10^2 cm

(6) 4.8×10 g/L　(7) 1.2×10^5　(8) 8.5×10^5 Pa　(9)—②

◀解　説▶

《浸透圧》

(2)　下線部(b)の性質はペッファーが発見し，その後ファントホッフが現在のような式 $\Pi V=nRT$ に表した。

(3)　$\pi V=nRT$ より

$$P\times1.0=\frac{3.6}{342}\times8.3\times10^3\times300$$

$$\therefore\quad P=2.62\times10^4\fallingdotseq2.6\times10^4\,\text{[Pa]}$$

(4)
$$2.62\times10^4\times\frac{76.0}{1.0\times10^5}=19.9\fallingdotseq20=2.0\times10\,\text{[cm]}$$

(5)　同じ圧力の場合，溶液の高さと溶液の密度の積は等しいので，水溶液柱の高さを h〔cm〕とすると

$$h\times1.0=19.9\times13.6$$

$$\therefore\quad h=270\fallingdotseq2.7\times10^2\,\text{[cm]}$$

(6)　図Bのときの水溶液の体積は，図Aの 100mL より $\frac{10}{2}\times1.0=5.0$〔mL〕増加しているので，求める濃度は

$$\frac{5.0}{(100+5.0)\times10^{-3}}=47.6\fallingdotseq48=4.8\times10\,\text{[g/L]}$$

(7)　(5)と同様に，液面差 10cm が水銀柱 x〔cm〕に相当するとして

$$10\times1.0=x\times13.6\qquad\therefore\quad x=\frac{10}{13.6}\,\text{[cm]}$$

よって，浸透圧は

$$P=\frac{10}{13.6}\times\frac{1.0\times10^5}{76.0}=9.67\times10^2\,\text{[Pa]}$$

溶質の質量を w，分子量を M とすると，ファントホッフの法則より

$$PV=\frac{w}{M}RT \qquad M=\frac{w}{V}\cdot\frac{RT}{P}$$

これに上記および(6)の値を代入して

$$M=47.6\times\frac{8.3\times10^3\times300}{9.67\times10^2}=1.22\times10^5\fallingdotseq1.2\times10^5$$

(8)　水溶液中の NaCl（式量 58.5）の物質量は

$$1.0\times10^3\times1.0\times\frac{1.0}{100}\times\frac{1}{58.5}=\frac{10}{58.5}\text{〔mol〕}$$

で，NaCl は水溶液中で $NaCl \longrightarrow Na^+ + Cl^-$ と電離するので，水溶液中の総イオン濃度は

$$\frac{10}{58.5}\times2=\frac{20}{58.5}\text{〔mol〕}$$

したがって

$$P\times1.0=\frac{20}{58.5}\times8.3\times10^3\times300$$

$$\therefore\ P=8.51\times10^5\fallingdotseq8.5\times10^5\text{〔Pa〕}$$

(9)　液面差 h は，溶液のモル濃度に比例するが，(8)と同様に溶質が電解質の場合，電離後のモル濃度で考える必要がある。

①　スクロースは非電解質なので，2.0×10^{-3} mol/L のままである。

②　$NaCl \longrightarrow Na^+ + Cl^-$ のように2個のイオンに電離するので，総イオン濃度は

$$2.0\times10^{-3}\times2=4.0\times10^{-3}\text{〔mol/L〕}$$

③　尿素は非電解質なので 1.0×10^{-3} mol/L のままである。

④　$MgCl_2 \longrightarrow Mg^{2+} + 2Cl^-$ のように3個のイオンに電離するので，総イオン濃度は

$$1.0\times10^{-3}\times3=3.0\times10^{-3}\text{〔mol/L〕}$$

以上から，最も モル濃度が高い②が液面差が最も大きくなる。

II　解答

(1) $2H_2O \longrightarrow O_2 + 4H^+ + 4e^-$

(2) 1.0×10^{-2} mol　(3) 0.32 g

(4) 5.6×10^{-2} L　(5)—②

(6) $Cu^{2+} + 2e^- \longrightarrow Cu$

(7) 0.96　(8)—②　(9) 1.5倍　(10)—⑤

◀解　説▶

≪電気分解≫

各電極における反応式は

［実験1］陽極：$2H_2O \longrightarrow O_2 + 4H^+ + 4e^-$

陰極：$Cu^{2+} + 2e^- \longrightarrow Cu$

［実験2］陽極：$Cu \longrightarrow Cu^{2+} + 2e^-$

陰極：$Cu^{2+} + 2e^- \longrightarrow Cu$

［実験3］陽極：$2Cl^- \longrightarrow Cl_2 + 2e^-$

陰極：$Cu^{2+} + 2e^- \longrightarrow Cu$

(2)　$$\frac{0.643 \times (25 \times 60)}{9.65 \times 10^4} = 9.99 \times 10^{-3} \fallingdotseq 1.0 \times 10^{-2} \text{〔mol〕}$$

(3)　$$9.99 \times 10^{-3} \times \frac{1}{2} \times 63.5 = 0.317 \fallingdotseq 0.32 \text{〔g〕}$$

(4)　$$9.99 \times 10^{-3} \times \frac{1}{4} \times 22.4 = 5.59 \times 10^{-2} \fallingdotseq 5.6 \times 10^{-2} \text{〔L〕}$$

(5)　陽極ではH^+が生成するので，pHは小さくなる。

(7)　［実験1］の陰極で起こる反応は，［実験2］の陰極と同じで生成量が1.5倍なので，流れた電子の物質量は1.5倍。電流を流した時間は同じなので，電流が1.5倍。したがって

$$0.643 \times 1.5 = 0.9645 \fallingdotseq 0.96 \text{〔A〕}$$

(8)　生成する気体はCl_2であり二原子分子の単体は無極性分子である。

(9)　流れた電流は$\frac{0.483}{0.643}$倍で時間は同じなので，流れた電子の物質量は$\frac{0.483}{0.643}$倍。電子1molあたりに生成する気体の物質量は2倍なので

$$\frac{0.483}{0.643} \times 2 = 1.50 \fallingdotseq 1.5 \text{倍}$$

(1)—①・③・④

(2)(ア)ケミカルリサイクル　(イ)マテリアルリサイクル

(3) 104

(4)　$\left[CH_2-CH(C_6H_5) \right]_n$

(5) 6種類　(6) 2.8×10^2 mL

(7) **D**．$C_6H_5-CH(OH)-CH_3$　**E**．$C_6H_5-C(=O)-CH_3$

(8) **F**．$HO-C(=O)-C_6H_4-C(=O)-OH$　**G**．$HO-CH_2-CH_2-OH$

◀解　説▶

≪芳香族化合物の構造決定，合成高分子化合物≫

(3)　分子量を M とすると

$$0.64=5.12\times\left(\frac{1.30}{M}\times\frac{1000}{100}\right)\qquad\therefore\quad M=104$$

(4)　(3)および**B**の元素分析の結果から

炭素：$104\times\dfrac{92.3}{100}=95.99$　→C原子8個分

水素：$104\times\dfrac{7.7}{100}=8.00$　→H原子8個分

よって，**B**の分子式は C_8H_8 となる。付加反応をすること，ポリマーを分解して生成することなどから，**B**はスチレンである。**A**は，**B**が付加重合して生成するポリスチレンである。

$CH_2=CH-C_6H_5$

(5)　**B**に水素を付加して生成する**C**はエチルベンゼンである。

$C_6H_5-CH_2-CH_3$

Cの水素原子のうちの1つを塩素原子に置き換えた構造の化合物は，右図(i)の→の位置に塩素原子が結合した5種類が考えられる。

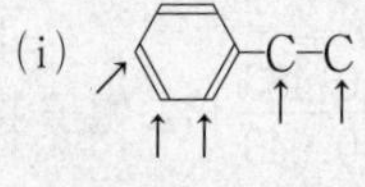

このうち右図(ii)の＊のついた炭素原子は不斉炭素原子なので，鏡像異性体が存在する。

(ii)　$C_6H_5-C^{*}H(Cl)-C$

したがって，全部で6種類。

(6)　1mol の**B**に1mol の H_2 が付加するので

$$\frac{1.30}{104}\times22.4\times10^3=2.8\times10^2\,\text{〔mL〕}$$

(7)　**B**に水を付加すると

①　$C_6H_5-\underset{\underset{OH}{|}}{C}-C$　　②　$C_6H_5-C-\underset{\underset{OH}{|}}{C}$

の 2 種類のアルコールが生成する（①が主生成物）。アルコール**D**を酸化して生じる**E**がフェーリング反応を示さなかったことから，**E**はアルデヒドではない，つまり**D**は第一級アルコールではないことがわかり，**D**は①である。

(8)　PET（ポリエチレンテレフタラート）は，テレフタル酸と 1,2-エタンジオール（エチレングリコール）を縮合重合させると得られる。

$$n\,HO-\underset{\underset{O}{\|}}{C}-C_6H_4-\underset{\underset{O}{\|}}{C}-OH+n\,HO-CH_2-CH_2-OH$$

$$\longrightarrow \left[\underset{\underset{O}{\|}}{C}-C_6H_4-\underset{\underset{O}{\|}}{C}-O-CH_2-CH_2-O\right]_n+2n\,H_2O$$

❖講　評

Ⅰ，Ⅱは理論分野，Ⅲは有機分野からの出題で，無機分野からの出題はなかった。

Ⅰ　浸透圧に関する出題で，主として計算問題であった。液柱の高さ，水銀柱の高さ，圧力の関係について，正しく理解しているかどうかが問われていて，標準程度の問題集をこなしているかどうかで差がついたと思われる。

Ⅱ　電気分解についての出題であった。条件ごとの電極の反応がきちんと整理できていれば，それほど難しくはなかっただろう。

Ⅲ　芳香族化合物の反応および構造決定，合成高分子化合物の知識に関する出題であった。異性体の個数を数えるのはやや難しかったが，それ以外は基本から標準レベルの知識を身につけていれば，困ることはなかったと思われる。

全体的な難易度は例年並み。複数科目から選択する受験生は，得意分野の問題を解くことで高得点を目指せる内容であった。

生物

I

解答　(1)　(ア)DNAヘリカーゼ　(イ)DNAポリメラーゼ

(2)―(b)

(3)　かま状赤血球貧血症（かま状赤血球症）

(4)　48通り

(5)　複製方式：半保存的複製

(エ)0　(オ)100　(カ)0　(キ)0　(ク)50　(ケ)50

(6)　RNAの名称：tRNA（運搬RNA，転移RNA）

はたらき：ウイルスがもつRNAがコードするアミノ酸を，リボソームまで運ぶ。

RNAの名称：rRNA（リボソームRNA）

はたらき：tRNAが運んできたアミノ酸どうしのペプチド結合を触媒し，タンパク質を合成する。

(7)―(c)

(8)　(i)61個　(ii)10個

(iii)コドン1：非同義置換　非同義置換の場合：ミスセンス変異

コドン2：同義置換　非同義置換の場合：該当なし

コドン3：非同義置換　非同義置換の場合：ナンセンス変異

(9)　逆転写酵素

(10)　(i)―(a)　(ii)―(h)

◀解　説▶

≪DNAの複製，遺伝子発現，突然変異，ウイルスゲノム，PCR法≫

A．(2)　隣り合うヌクレオチドどうしは，それぞれ一方のヌクレオチドの糖（デオキシリボース）と，他方のヌクレオチドのリン酸との間で結合している。この様子を表している模式図は(b)である。

(4)　表2の遺伝暗号表より，メチオニンをコードするコドンはAUGの1種類，バリンをコードするコドンはGUU・GUC・GUA・GUGの4種類，ヒスチジンをコードするコドンはCAU・CACの2種類，ロイシンをコードするコドンはUUA・UUG・CUU・CUC・CUA・CUGの6種類であることがわかる。したがって，これら 4 アミノ酸分をコードする塩基配列は，理論的には $1\times4\times2\times6=48$ 通りあると考えられる。

(5)　1 回分裂後の DNA は，すべて ^{15}N と ^{14}N の両方を含むので，比重別の DNA の存在割合は

$$^{15}N+^{15}N : ^{15}N+^{14}N : ^{14}N+^{14}N=0:1:0=0\%:100\%:0\%$$

となる。2 回分裂後の DNA は ^{15}N と ^{14}N の両方を含むものと，^{14}N のみを含むものとに分かれ，その存在割合は

$$^{15}N+^{15}N : ^{15}N+^{14}N : ^{14}N+^{14}N=0:1:1=0\%:50\%:50\%$$

となる。

B．(6)　コロナウイルスやインフルエンザウイルスなどの RNA ウイルスは，RNA そのものを mRNA としてはたらかせる。したがって，翻訳の際に宿主から借用する RNA は tRNA（運搬 RNA，転移 RNA）と rRNA（リボソーム RNA）の 2 種類であることがわかる。tRNA のはたらきとしては「規定のアミノ酸をリボソームに運ぶこと」，rRNA のはたらきとしては「タンパク質を合成すること」について言及していればよいだろう。

(7)　ヒトゲノム長は約 30 億塩基（3.0×10^9 塩基）である。したがって，コロナウイルスのゲノム長はヒトゲノム長の

$$(3.0\times10^4)\div(3.0\times10^9)=1.0\times10^{-5}\quad\left(=\frac{1}{100,000}\right)$$

(8)(i)　図 1 に記載されている塩基配列は 186 塩基からなり，ここから終止コドン（UAA）の 3 塩基分を引いた 183 塩基がアミノ酸をコードしていることとなる。したがって，この遺伝子がコードするタンパク質のアミノ酸数は

$183\div3=61$ 個

(ii)　図 1 において，コドン 1 の 3 番目の U が欠失するとコドンの読み枠がずれる。これにより 5′ 側から数えて 11 番目のコドンが終止コドンとなる UAG に変わる。したがって，図 1 の配列がコードするタンパク質のアミノ酸数は 10 個である。

(iii)　図 1 のコドン 1，コドン 2，コドン 3 の 3 番目の U が G に置換された場合，それぞれ次のようになる。

• コドン 1 の 3 番目の U が G に置換された場合，フェニルアラニンのコドン UUU からロイシンのコドン UUG に変わるため，非同義置換のミスセ

ンス変異である。

• コドン 2 の 3 番目の U が G に置換された場合，置換前の GUU も，置換後の GUG も，ともにバリンをコードするため，同義置換である。

• コドン 3 の 3 番目の U が G に置換された場合，チロシンのコドン UAU から，終止コドン UAG に変わるため，非同義置換のナンセンス変異である。

⑽　図 1 に記載されている RNA の塩基配列が逆転写により DNA の塩基配列に変換された場合，その開始コドン側 15 塩基分と終止コドン側 15 塩基分，および，PCR の際に設計された 2 種類のプライマーを次に示す。

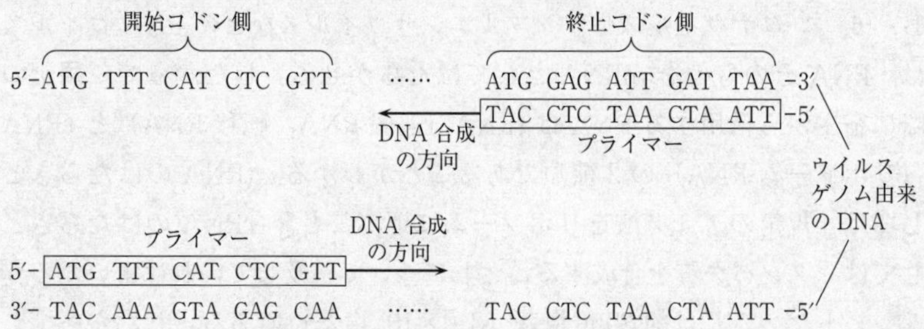

上記のように，DNA の合成が 5′→3′ 方向へのみ行われることから，開始コドン側のプライマーは(a)，終止コドン側のプライマーは(h)となる。

Ⅱ　解答

⑴　活動電位

⑵　5×10^{-3}～4×10^{-2} m/秒

⑶　25 m/秒

⑷　跳躍伝導

⑸　1.3×10^{7}

⑹　(イ)樹状突起　(ウ)シナプス　(エ)細胞体

⑺　1.3×10^{1} 日

⑻　シナプス小胞

⑼　キネシン，ダイニン

⑽―(a)・(d)・(f)

⑾　酵素名：Na^{+}-K^{+}-ATP アーゼ

役割：Na^{+} や K^{+} を能動輸送する。

⑿　HTT は GAPDH と神経軸索内の顆粒との結合を促進し，ニューロン

内へのATP供給を引き起こす役割をもつが，このHTTが正常に機能せず，ATPの合成が十分に起こらないことが原因で発症する。(100字以内)

◀解　説▶

≪興奮の伝導と伝達，細胞骨格と物質輸送，解糖系の反応経路≫

(1)　神経軸索への刺激によって生じる瞬間的な膜電位の変化を活動電位という。「興奮」と解答した受験生もいたかもしれないが，興奮とは活動電位が発生することであり，解答としては不可である。

(2)　リード文に「aは…哺乳類のニューロンの場合，5×10^4〔/秒〕である」と記載されていることから，式(i)のaに5×10^4〔/秒〕を，Rに0.1×10^{-6}mまたは0.8×10^{-6}mを代入して求めていく。

したがって，哺乳類の座骨神経において，0.1μm（0.1×10^{-6}m）の半径をもつ感覚ニューロンの神経軸索に沿って電気的な信号が伝播する速度（V）は

$$5\times10^4〔/秒〕\times0.1\times10^{-6}〔m〕=5\times10^{-3}〔m/秒〕$$

0.8μm（0.8×10^{-6}m）の半径をもつ感覚ニューロンの場合は

$$5\times10^4〔/秒〕\times0.8\times10^{-6}〔m〕=4\times10^{-2}〔m/秒〕$$

となることから，正解は5×10^{-3}～4×10^{-2}m/秒である。

(3)　(2)同様，式(i)に適する数値を代入して求めていく。本問において，イカのニューロンに関するaの値の記載がみられないが，ここでは(2)と同じ5×10^4〔/秒〕を使用する。したがって，0.5mm（0.5×10^{-3}m）の半径をもつイカの巨大神経軸索に沿って電気的な信号が伝播する速度（V）は

$$5\times10^4〔/秒〕\times0.5\times10^{-3}〔m〕=25〔m/秒〕$$

(4)　ネコ（脊椎動物）がもつ運動ニューロンは有髄神経であり，跳躍伝導を起こすため，イカ（無脊椎動物）がもつ無髄神経に比べ，伝導速度が速い。ネコの運動ニューロンの神経軸索は，この跳躍伝導のしくみによって，イカの巨大神経軸索と同等である速い伝播速度を可能にしている。

(5)　リード文に「直径が50nm（0.05μm）の大きさの細胞内の顆粒の場合，10μm（式(ii)のLに相当）の距離を拡散で移動するのに平均で，100秒（式(ii)のtに相当）を要する」と記載されていることから，式(ii)のLに10μmを，tに100秒を代入してDを求めていく。

$$10=\sqrt{2\times D\times100}$$

$$D=\frac{1}{2}$$

次に，上記で求めたDの値$\left(\frac{1}{2}\right)$をもとに，長さ1m（$1.0\times10^6\mu$m）のニューロン内の顆粒における，拡散の移動に必要な時間（t）を求めていく。

$$1.0\times10^6=\sqrt{2\times\frac{1}{2}\times t}$$

$$t=1.0\times10^{12}\text{秒}$$

このtの値の単位を「秒」から「日」へ換算すると

$$1.0\times10^{12}\div8.0\times10^4=1.25\times10^7\fallingdotseq1.3\times10^7\text{日}$$

(7)　図3の顆粒dのグラフにおいて，顆粒が平均して10秒あたり約10μm移動していることから，神経軸索内の顆粒の最大移動速度は$\frac{10}{10}=1$〔μm/秒〕である。

したがって，長さ1m（$1.0\times10^6\mu$m）のニューロン内の顆粒における，微小管に沿った能動的な移動に必要な時間は

$$1.0\times10^6\div1=1.0\times10^6\text{秒}$$

問い(5)同様，単位を「秒」から「日」へ換算すると

$$1.0\times10^6\div8.0\times10^4=12.5\fallingdotseq13\text{日}$$

(8)　ニューロンによる興奮伝達は，軸索の末端に多く存在するシナプス小胞から神経伝達物質が放出されることで起きる。

(10)　(a)正文。リード文に「動物の神経軸索の内部には，微小管に沿って能動的に顆粒を輸送するしくみが存在する」と記載されていることから，モータータンパク質による神経軸索輸送では，ATPが必須であることがわかる。

(b)誤文。リード文に「ミトコンドリアでのATP産生を抑制する薬剤（オリゴマイシン）でニューロンを処理しても神経軸索輸送は抑えられない」と記載されていることから，神経軸索輸送に使われるATPは主にミトコンドリアでつくられるわけではないことがわかる。

(c)誤文。図1において，ピルビン酸は解糖系の最終産物であり，解糖系でのATP合成に必要ではないことから，ピルビン酸はATPの供給を必要とする神経軸索輸送に必須でないことがわかる。

(d)正文。図3より，顆粒a・b・d・fは上側に，顆粒c・e・gは下側に移動していることから，神経軸索輸送では，微小管の長軸に沿って双方向の輸送運動活性がみられるといえる。

(e)誤文。リード文には「ATPを枯渇させた後でも，ホスホエノールピルビン酸とADPをニューロンに供給すると，運動が観察された」と記載されているが，ADPがなくてもホスホエノールピルビン酸だけで神経軸索輸送を引き起こすことができると断定することはできない。

(f)正文。図1より，GAPDHでの触媒においてATP産生が起きていないことがわかり，また，リード文に「GAPDHの活性を抑える薬剤（ヨード酢酸）によって神経軸索輸送が停止する」と記載されていることから，GAPDHは直接ATP産生には関わらないが，神経軸索輸送には必須の酵素であることがわかる。

(11)　Na^+-K^+-ATPアーゼはATPを加水分解する活性をもつ酵素であり，ATPを分解してできたエネルギーを利用して，Na^+の細胞外への排出と，K^+の細胞内への取り込みを行う。

(12)　問い(10)の選択肢(f)より，GAPDHが神経軸索輸送に必須の酵素であることがわかり，また，リード文に「ハンチントン病（神経軸索の変性が起こる疾患）の原因となるタンパク質としてHTT（ハンチンチン）が知られて」いる，HTTがないと，「GAPDHは神経軸索内の顆粒に安定して結合できない」と記載されていることから，HTTがGAPDHと神経軸索内の顆粒との結合を促進し，GAPDHを活性化することでニューロン内へATPを供給する役割をもち，それによって神経軸索輸送が起こることがわかる。字数制限は厳しいが，本問では「HTTがGAPDHと神経軸索内の顆粒との結合を促進すること」「HTTによってニューロン内へのATP供給が起こること」「HTTが正常に機能せず，ATPの合成が十分に起こらないことが原因でハンチントン病が発症すること」の3点を盛り込みたい。

III　解答

(1)—(k)　(2)—(a)・(d)・(e)

(3)　気門

(4)—(b)・(e)・(h)

(5)　生物：(h)・(j)　分類群：植物（維管束植物）

(6)―(h)・(j)・(l)

(7)　分類群：菌界　生物：(a)・(d)・(i)

(8)―(a)・(e)

(9)　二次消費者

(10)―A・E

◀解　説▶

≪系統と分類，個体数ピラミッドと栄養段階≫

A．(1)　文章Aの内容から，この生物は昆虫類に属することがわかる。選択肢の中に，昆虫類は(b)ショウジョウバエ，(k)シオカラトンボ，(o)モンシロチョウの3つがあるが，文中に「背側に生じた2対の器官」「成長の初期にはえらで呼吸」と記載されていることから，成虫期に2対の翅をもち，幼虫期を水中ですごす(k)シオカラトンボが正解となる。

(2)　昆虫類は節足動物であり，節足動物は脱皮動物に属する。また，昆虫類は真核生物である。

(4)　昆虫類（節足動物）は，原口が口になり，その反対側に肛門ができる旧口動物に属する。また，旧口動物には節足動物（(h)オニグモ）の他に，線形動物，環形動物，軟体動物（(b)カタツムリ，(e)アンモナイト），扁形動物，輪形動物などが属する。

(5)　コケ植物やシダ植物，種子植物（被子植物や裸子植物）などの陸上に生息する植物は，クチンやロウからなるクチクラによって表皮細胞が覆われている。選択肢において，陸上に生息する植物は(h)トクサ（シダ植物），(j)ハス（被子植物）であり，これらは分類群として維管束植物に属する。

(6)　独立栄養生物とは外界から取り入れた無機物から有機物を合成する生物のことで，従属栄養生物とは有機物（同化産物）を体内に取り入れる生物のことである。選択肢のうち，光合成を行う独立栄養生物は(h)トクサ，(j)ハス，(l)アオミドロである。

(7)　問い(6)で選別した従属栄養生物はすべて，取り入れた有機物を体内で消化する。それとは異なり，菌界に属する生物は，有機物を体外で消化し，その消化産物を体内に取り入れる。菌界には(a)コウボや(i)アオカビなどの子のう菌類，(d)シイタケなどの担子菌類が含まれる。

B．(8)　生物(ロ)の個体数が増加すると，その被食者である生物(イ)の食べられる機会が増える。したがって，生物(イ)の個体数は減少する。また，生物

(ロ)の個体数が増加すると，その捕食者である生物(ハ)の食べる機会が増える。したがって，生物(ハ)の個体数は増加する。

(9)　生物(イ)が生産者であった場合，生物(ロ)は一次消費者，生物(ハ)は二次消費者となる。

(10)　問い(9)同様，生物(イ)がこの生態系における生産者であるとする。Aはシカ（草食動物）の一種，Bはペンギン（肉食動物）の一種，Cはカエル（肉食動物）の一種，Dはアザラシ（肉食動物）の一種，Eはガ（草食動物）の一種，Fはキツネ（肉食動物）の一種である。このうち，生物(ロ)に相当する一次消費者である草食動物はAとEである。

❖講　評

例年，理科3科目から各3題，計9題が出題され，その中から3題を選択して解答する形式である。2022年度と比べ，計算問題と論述問題の数が増加した。難易度は例年に比べてやや易化していた。Ⅱ.(2)・(3)・(5)・(7)の計算問題で差がついたことが予想される。

Ⅰ　DNAの複製，遺伝子発現，突然変異，ウイルスゲノム，PCR法に関する出題であった。基本的な知識問題と，標準レベルの計算問題で構成されていた。ここでしっかりと得点しておきたい。

Ⅱ　興奮の伝導と伝達，細胞骨格と物質輸送，解糖系の反応経路に関する出題であった。分野横断型の出題であったが，1つ1つの問題は標準レベルであった。神経の電気信号が伝播する速度や細胞内構造物が輸送されるのにかかる時間を，単位に注意しながら求めていく計算問題もあった。情報をきちんと整理すればそれほど難しくはない問題である。

Ⅲ　系統と分類，個体数ピラミッドと栄養段階に関する出題であった。Ⅰ同様，基本的な内容が多く，ここでもしっかりと得点しておきたい。

従来からの頻出分野である遺伝情報，動物の反応，代謝，進化・系統，生態からの出題であった。Ⅱは近年ではみられなかった細胞骨格に関する問題が出題された。例年，問題文の量が多いため，文章読解能力を鍛えておくと有利にはたらくと思われる。2023年度では論述問題の数が増え，解答に時間がかかったと思われる。100分の試験時間を有効に使うことを意識していきたい。

//////////////////// · memo · ////////////////////

2022年度

問題と解答

■一般方式・英語外部試験利用方式

問題編

▶試験科目・配点

〔一般方式〕

教　科	科　　目	配 点
外国語	コミュニケーション英語Ⅰ・Ⅱ・Ⅲ，英語表現Ⅰ・Ⅱ	100 点
数　学	数学Ⅰ・Ⅱ・Ⅲ・A・B	100 点
理　科	物理学科・電気電子情報通信工学科 「物理基礎，物理」「化学基礎，化学」から１科目選択 上記以外の学科 「物理基礎，物理」「化学基礎，化学」「生物基礎，生物」から１科目選択	100 点

▶備　考

- 「数学Ｂ」は「数列，ベクトル」から出題する。
- 数学科は「数学」の配点を 200 点に換算する。

〔英語外部試験利用方式〕

- 指定の英語資格・検定試験のスコアおよび合格級により，中央大学独自の「外国語」の受験が免除される。
- 各外部試験のスコアおよび合格級は出願資格としてのみ使用する。
- 合否判定は，一般方式の「数学」および「理科」の２教科２科目の合計得点（200 点満点〈数学科は 300 点満点〉）で行う。

英語

(80 分)

I 次の英文を読み，設問に答えなさい（＊印の語は〔注〕を参照しなさい）。(34 点)

In February 2021, three new spacecraft arrived independently at Mars. For two of them, it was the first time their countries had sent craft so deeply into space, while the third opened a new period of Mars exploration. The first was the UAE's Mars Mission, also known as Hope, which entered *orbit on 9 February. Shortly after, China's Tianwen-1 spacecraft reached the planet with a plan to send a *rover down to its surface.

Both of these missions were extraordinary achievements for their countries, allowing their makers to join the U.S., Russia, Europe, and India in having successfully sent spacecraft to Mars. However, it was the third mission that captured the most headlines.

On 18 February, NASA landed the car-sized rover Perseverance onto the surface of Mars. It had a long list of scientific objectives to work through. "We want to get a fuller understanding of how Mars formed as a planet," says Sanjeev Gupta, a member of the Perseverance science team. On Earth, the constant movement of the *crust has mostly destroyed the very first surface rocks to form, but on Mars the oldest rocks are [1], so there is an unbroken record stretching back more than four billion years. As well as telling us about the history of the planet's formation, those ancient rocks could also contain clues as to whether life ever started on the red planet.

Yet what makes the Perseverance mission unique is that it is also the first part of an ambitious 10-year plan between NASA and the European Space Agency to bring *Martian rocks to Earth in around 2031. "Scientists really want rocks from Mars back on Earth," says Gupta. Samples can be analyzed much more carefully on Earth than using even the most advanced Mars vehicle. And because laboratory techniques improve constantly, they(ア) can continue to be examined year after year for new discoveries.

The [2] of returning samples to Earth was demonstrated in the 1970s when the analysis of moon rocks brought back by the Apollo astronauts changed our understanding of the solar system's history and formation.

To repeat this success for Mars, Perseverance is equipped with more than 30 containers into which interesting-looking rocks will be loaded. In accordance with the joint project between NASA and the European Space Agency, a European rover will arrive on Mars in 2028 to collect the containers. It will load them into a NASA spacecraft known as the Mars Ascent Vehicle, which will carry them to a European craft called the Earth Return Orbiter that will bring the samples to Earth.

[3] the moon samples of the 1970s were from a lifeless world, Mars could once have been a *habitable planet. So key investigations will involve looking for evidence of past — or possibly present — life, and that produces a whole new problem. "If you discover signs of life on Mars, you want to know that it's Martian life, right? You don't want to discover bacteria that accidentally came with you on your spacecraft," says Casey Dreier, a space policy adviser.

To keep the scientific results as pure as possible, spacecraft and equipment are cleaned with chemicals or by heating. Such measures are known as planetary protection, which is split into two parts. Forward *contamination is the introduction of Earth life on to other worlds; backwards contamination is concerned with the possibility, however unlikely, of alien life being brought back to Earth and escaping into the open.

The issue of planetary protection was originally discussed in the 1950s when the first satellites were launched into orbit around Earth. But the story changed in 1971 when Mariner 9 became the first spacecraft to enter orbit around Mars. The pictures it(イ) sent back disappointed many people. There was no vegetation and no visible signs of life. Indeed, there was not even an indication of past life. "People were surprised at just how dead Mars actually turned out to look," says space lecturer Thomas Cheney.

Closer investigation in more recent decades, however, has swung opinions back again. It is now thought that Mars could have been habitable and that tiny bacteria may still be surviving in parts of the planet where liquid water is present. Planetary protection means spacecraft cannot go into these areas(ウ). So life-detection experiments cannot investigate the areas most likely to support life and must concentrate, therefore, on looking for evidence of past life on Mars.

There is also concern about repeating the mistakes people made in terms of exploration on Earth in the past. The European colonization of Hawaii, for example, introduced various bacteria to the island that had not existed there previously, killing a large number of the native people with diseases they(エ) had no natural protection against. While there is no real chance of animal life on Mars, some scientists think that the same concerns should apply to bacteria. "If there's life there, we don't want to accidentally introduce an organism that destroys it," argues Cheney. This is particularly significant with NASA's plan to send people to Mars and eventually set up a human colony.

Not everyone agrees, however, that planetary protection rules should be [　4　]. Robert Zubrin, a strong supporter of sending humans to Mars, points out that *meteorites regularly crash into Earth from outer space. One Martian meteorite in particular, ALH84001, attracted great interest in 1996 when a group of scientists claimed to have found fossils of Martian bacteria inside. Although that conclusion is still hotly debated, the analysis showed that the meteorite had never been exposed to temperatures above 40 degrees Celsius. "If there had been bacteria in it, they could have survived the trip," says Zubrin, "and billions of tons of such material have transferred from Mars to Earth in the last four billion years." In other words, if nature does not respect planetary protection rules, why should we?

*〔注〕orbit　軌道　　rover　探査車　　crust　地殻

Martian　Mars の形容詞　　habitable　居住可能な

contamination　汚染　　meteorite　隕石

設　問

1．下線部(ア)〜(エ)が指すものをA〜Dよりそれぞれ１つ選び，その記号をマークしなさい。

(ア) they

A．laboratory techniques　B．scientists on Earth
C．rock samples　D．signs of life

(イ) it

A．Mariner 9　B．orbit around Mars
C．Mars　D．the first satellite

(ウ) these areas

A．areas that are now habitable
B．areas where tiny bacteria have been found
C．areas protected by planets
D．areas where liquid water is present

(エ) they

A．bacteria brought to Hawaii
B．diseases taken to Hawaii
C．animals on Hawaii
D．the native people of Hawaii

2．本文の［　1　］〜［　4　］に入る最も適当なものをA〜Dよりそれぞれ１つ選び，その記号をマークしなさい。

1．A．broken　B．preserved　C．missing　D．discovered
2．A．value　B．difficulty　C．danger　D．investigation
3．A．However　B．Unlike　C．Because　D．Whereas
4．A．warned　B．obeyed　C．allowed　D．ignored

3．次の１〜４の問いの答えとして最も適当なものをA〜Dよりそれぞれ１つ選び，その記号をマークしなさい。

1．Which objective is NOT part of the Perseverance mission to Mars?

A．Beginning the process of bringing Martian rocks back to Earth.

B．Discovering more about the formation of Mars.

C．Investigating crust movements on the surface of Mars.

D．Finding evidence of past life on Mars.

2．Why is it important to bring Martian rocks to Earth?

A．To prevent forward contamination on Mars.

B．Because the Mars rover cannot analyze them in as much detail.

C．So they can be compared to the moon rocks brought back in the 1970s.

D．Since pictures taken from space seem to show there is no life on the rocks.

3．What purpose of planetary protection rules is NOT mentioned in the article?

A．To prevent Earth bacteria being accidentally brought to Mars.

B．To make sure life on Mars is not destroyed if it exists.

C．To introduce Earth life safely to Mars.

D．To stop alien life escaping on Earth.

4．What is the significance of meteorite ALH84001 in terms of planetary protection?

A．It means that alien life might already have been brought to Earth.

B．It shows that bacteria can survive high temperatures.

C．It proves there used to be life on Mars.

D．It reminds us we must protect ourselves from large space objects.

4．次のA～Gの英文で，本文の内容に一致しているものを2つだけ選び，その記号をマークしなさい。

A．Of the three missions to Mars in February 2021, only NASA's intended to land on the planet.

B. As on Earth, the rocks on Mars can reveal a history of over four billion years.

C. Including Perseverance, at least four rovers and spacecraft will be needed to complete the process of bringing Martian rocks to Earth.

D. Casey Dreier is talking about the danger of backwards contamination.

E. Opinions about life on Mars have not really changed since 1971.

F. Perseverance cannot travel to the parts of Mars where life is most likely to exist.

G. Hawaii is mentioned as an example of the dangers of bringing harmful bacteria back to Earth.

Ⅱ

次の1～10の英文の空所に入る最も適当なものをA～Dよりそれぞれ1つ選び，その記号をマークしなさい。(10点)

1. There came the day (　　) the final presentation.

A. of　　B. that　　C. in　　D. as

2. Not (　　) has she collaborated internationally with leading researchers, Dr. Sato has led many research projects in Japan as well.

A. even　　B. all　　C. only　　D. always

3. It (　　) six o'clock, the office was closed.

A. was　　B. being　　C. has been　　D. is

4. It is careless (　　) you to make such an obvious mistake.

A. for　　B. of　　C. on　　D. to

5. I can't say anything (　　) relation to this matter.

A. in　　B. of　　C. for　　D. on

6. She hadn't done the assignment for the class, nor ( ) she read the textbook.

A. didn't B. had C. does D. has

7. There are, despite the criticism, still ( ) who follow that theory.

A. that B. some C. these D. them

8. He is now very different from ( ) he used to be five years ago.

A. as B. so C. that D. how

9. They made their speech scripts in such a way ( ) only the positive aspects were seen.

A. as B. which C. that D. it

10. The medicine should arrive tomorrow ( ) delivery services here usually run on schedule.

A. given that B. according to C. as if D. as soon as

Ⅲ　次の１～10 の英文の空所に入る最も適当なものをＡ～Ｄよりそれぞれ１つ選び，その記号をマークしなさい。(10 点)

1．I can't (　　　) to purchase the house.

Ａ．determine　　Ｂ．afford　　Ｃ．stand　　Ｄ．force

2．The document for the submission is (　　　) from the website of this company.

Ａ．capable　　Ｂ．suitable　　Ｃ．comfortable　　Ｄ．available

3．The part-time staff member has left without (　　　).

Ａ．notice　　Ｂ．exception　　Ｃ．potential　　Ｄ．regulation

4．The coach tried to (　　　) mental strength with physical fitness in order to develop the team.

Ａ．insert　　Ｂ．combine　　Ｃ．attach　　Ｄ．confuse

5．He (　　　) a schedule, taking into account the needs of all members.

Ａ．set up　　Ｂ．got over

Ｃ．brought about　　Ｄ．stood out

6．The team president apologized for the (　　　) wording.

Ａ．incorporated　　Ｂ．unemployed　　Ｃ．misleading　　Ｄ．depressed

7．The newspaper (　　　) some important information from the article.

Ａ．converted　　Ｂ．distracted　　Ｃ．registered　　Ｄ．omitted

8．I realized that my license was about to (　　　) when I received the message.

Ａ．expire　　Ｂ．exhaust　　Ｃ．extend　　Ｄ．exclude

9．We will need to find more (　　　) evidence if we want to confirm the idea.

A. considerable　B. reliable　C. conditional　D. functional

10. It is a widely (　　　) view that global warming is caused by human activity.

A. scientific　B. specific　C. opposing　D. accepted

Ⅳ　次のA～Lに示された1と2の英文の組み合わせのうち，1の文で説明されている内容から判断して2の文の内容が妥当と考えられるものを4つだけ選び，その記号をマークしなさい。例を参照のこと。(12点)

(例) 1：I'm 18 years old and Takeshi is 10 years old.
2：I'm much older than Takeshi. (妥当)/I'm a little younger than Takeshi. (誤っている)

A. 1：The trains rarely run on time around here.
2：It is unusual for the trains to be late in this town.

B. 1：There is nothing worse for me than roller coasters.
2：I love roller coasters more than anything else.

C. 1：Had I known about the test earlier, I would have studied for it.
2：By the time I heard about the test, it was too late to study for it.

D. 1：My proposal was turned down after some discussion.
2：Once we'd talked about it, we decided to go ahead with my idea.

E. 1：Innovation was said to be behind the firm's profitable year.
2：The firm made profits this year because of its ability to innovate.

F. 1：The company hires people regardless of experience.
2：Despite its lack of experience, the company was still hiring people.

G. 1：We anticipated the problems we would have in introducing the new system.

2：The introduction of the new system did not create any unexpected problems.

H. 1：Being alone does not necessarily mean you feel lonely.

2：It's not necessary to be by yourself if it makes you feel lonely.

I. 1：The harder the wind blew, the faster the boat began to go.

2：As the wind got stronger, the boat could hardly keep up its speed.

J. 1：It is an open question as to whether social media has been positive for society.

2：We now know that social media has been good for society on the whole.

K. 1：This lake is almost as large as the one in Michigan.

2：The lake in Michigan has only a slightly greater area than this one.

L. 1：I ran out of time before completing the test.

2：I managed to finish the test just in time.

V　次の設問1，2に答えなさい。(20点)

設　問

1．次の英文を読み，本文の空所［　1　］～［　5　］に入る最も適当なものをA～Dよりそれぞれ1つ選び，その記号をマークしなさい。

PLASTIC'S RECYCLING PROBLEM

It feels good to recycle. When you sort soda bottles and plastic bags from the rest of your garbage, it seems like you're helping the planet. The more plastic you put in the unburnable bin, the more you're keeping out of landfills, right? Wrong. [1] how much plastic you try to recycle, most ends up in the trash. Take food packages. Those packages contain several layers, each constructed of a different type of plastic. Because each type is different, these packages are not recyclable. Even some items made from only one kind of plastic are not recyclable. Yogurt cups, for instance, contain a plastic called polypropylene. When this gets recycled, it turns into a dark and smelly material. [2], most recycling plants don't do anything with it.

Only two kinds of plastic are commonly recycled. One is the type used in soda bottles, known as PET, and [3] is the plastic in soap containers. Together, those plastics [4] only a small fraction of plastic trash. What this means is that only 9 percent of all the world's plastic trash is recycled. Almost 12 percent is burned, while the remaining 79 percent piles up on land or sea. [5].

1．A．For　B．No matter　C．However　D．As

2．A．Likewise　B．Fortunately
　C．For example　D．As a result

3．A．the other　B．another　C．other　D．two

4．A．make by　B．make from　C．make out　D．make up

出典追記：New recycling technologies could keep more plastic out of landfills, Science News for Students on April 29, 2021 by Maria Temming, Society for Science & the Public

5．A．Plastic recycling is a problem that needs to be solved urgently

B．We must find a way to recycle more soda bottles and soap containers

C．This percentage must be increased dramatically

D．If we can burn more plastic, less will need to be thrown away

2．次の英文を読み，本文の空所［　1　］～［　5　］に入る最も適当なものをA～Dよりそれぞれ1つ選び，その記号をマークしなさい。

To: Richard Landon, Hinkerton Retail Ltd
From: Peter Girton
Subject: Retail Times advertisement

Dear Mr. Landon

I am writing to apply for the position of marketing manager that was advertised in Retail Times magazine on October 14th.

I have over twenty years' experience in the supermarket industry, having worked for Kallmart Holdings, Fresco Supermarkets and, most recently, the Balmoral Group. At the Balmoral Group, I served as the assistant manager of the marketing department, where I was jointly［　1　］organizing the launch of all new products and services within the group. In 2018, I took charge of Balmoral's move into banking services,［　2　］a national advertising campaign that helped to beat predicted sales by over forty percent. The following year, I managed a project to gather data about the［　3　］new store layouts on customer behavior. The project made several recommendations that were put into operation in Balmoral stores nationwide.

I believe that with my strong professional background and hard work, I can make a positive contribution to your marketing team at Hinkerton Retail. Please find［　4　］my resumé, which provides further details of my qualifications and experience.

［　5　］. I look forward to hearing from you in due course.

Yours sincerely,

Peter Girton

1. A. in place of　B. subject to
   C. responsible for　D. capable of
2. A. managed　B. manage　C. managing　D. have managed
3. A. effect of　B. change to　C. design of　D. turn to
4. A. placed　B. attached　C. arranged　D. concerned
5. A. I will contact you again soon to continue my application
   B. Thank you very much for your attention
   C. I know you will be satisfied with the recommendations of the Balmoral Group
   D. Please let me know when my first day of work will be

Ⅵ 次の英文を読み，本文の空所［ 1 ］～［ 7 ］に入る最も適当なものをA～Gよりそれぞれ1つ選び，その記号をマークしなさい。ただし，同じものを繰り返して選ぶことはできない。(14点)

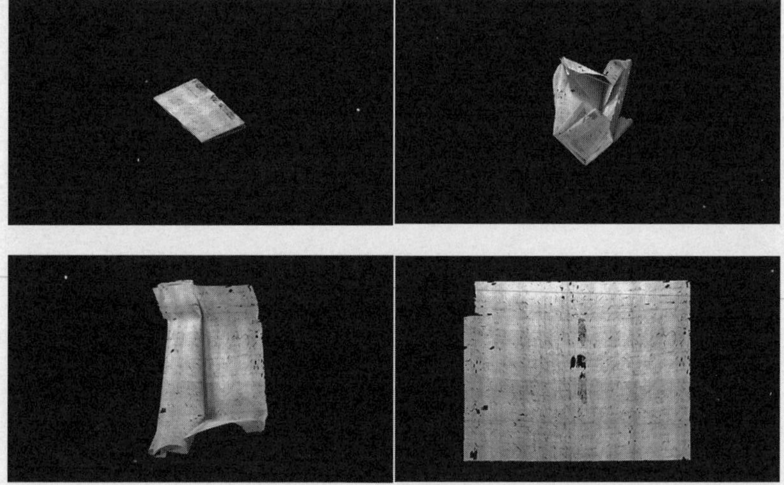

Figure. Images of a scanned and virtually unfolded letter

In 1697 a man in France wrote to his cousin in the Netherlands to request an important certificate. He folded and sealed his letter so it would hold together without an envelope and mailed it off to his cousin. For some reason, it [1] and remains sealed today. Yet a team of historians and scientists have still read it — thanks to high-resolution imaging and a "virtual unfolding" algorithm.

The scanning-and-unfolding technique [2] of applications, from revealing text on historical documents too delicate to touch to understanding historical origami procedures. But the researchers behind the new study, published in *Nature Communications*, are most excited about using it to examine the art of "letterlocking." Letterlocking is a technique to carefully fold, cut, and seal letters so that they cannot be opened easily. This technique was used widely in the period before the invention of modern envelopes, which are also used to keep letters "locked" inside. Almost two decades ago it [3] of Jana Dambrogio, a researcher at Massachusetts Institute of Technology Libraries and a co-author of the new paper.

Dambrogio had noticed tiny cuts and folds, apparently done on purpose, in a number of historical documents and eventually guessed their purpose. "They [4], and security was my guess — that it was built in on purpose," she says. "The reaction for me was, 'Oh my gosh, we need to let people know not to remove this evidence, because the little tiny cuts and folds [5] of this security tradition that has not been deeply studied.'"

For the past seven years, she has collaborated in this quest with Daniel Starza Smith, a lecturer in early modern English literature at King's College London and a co-author of the paper. The two researchers and their team [6] more than 60 letterlocking methods. "Before 1850 there weren't really any such things as modern envelopes," Smith says. Paper [7] not to be wasted on a separate envelope. "So if you wanted to send a letter, you had to use letterlocking — the letter had to become its own envelope or sending device."

出典追記：Algorithm Virtually Unfolds a Historical Letter without Unsealing It, Scientific American on April 21, 2021 by Sophie Bushwick

A．are the evidence

B．captured the interest

C．could have a variety

D．have catalogued

E．looked like locks

F．never reached its destination

G．was an expensive material

数学

（100分）

（注）　満点が100点となる配点表示になっていますが，数学科は満点が200点であり，各問の配点は2倍となります。

I　次の問題文の空欄にもっとも適する答えを解答群から選び，その記号をマーク解答用紙にマークせよ。ただし，同じ記号を2度以上用いてもよい。(20点)

関数 $f(x)$ が

$$f(x) = \int_0^\pi tf(t)\cos(x+t)\,dt + \frac{1}{4}$$

を満たしている。このとき，

$$A = \int_0^\pi tf(t)\cos t\,dt, \quad B = \int_0^\pi tf(t)\sin t\,dt \quad \cdots\cdots \quad ①$$

とおいて $f(x)$ を A と B で表すと，

$$f(x) = A \times \left(\boxed{\text{ア}}\right) + B \times \left(\boxed{\text{イ}}\right) + \frac{1}{4} \quad \cdots\cdots \quad ②$$

となる。ここで，

$$\int_0^\pi t\cos t\,dt = -2, \quad \int_0^\pi t\cos^2 t\,dt = \boxed{\text{ウ}}, \quad \int_0^\pi t\sin t\,dt = \pi,$$

$$\int_0^\pi t\sin^2 t\,dt = \boxed{\text{エ}}, \quad \int_0^\pi t\cos t\sin t\,dt = \boxed{\text{オ}}$$

を用い，① に ② を代入して整理すると，A と B の満たす連立方程式

$$\begin{cases} \left(\boxed{\text{カ}}\right)A - \pi B + 2 = 0 \\ \pi A + \left(\boxed{\text{キ}}\right)B - \pi = 0 \end{cases}$$

が得られる。この連立方程式を解くと

$$A = \frac{\boxed{ク}}{\pi^4 - \pi^2 - 16}, \quad B = \frac{\pi\left(\boxed{ケ}\right)}{\pi^4 - \pi^2 - 16}$$

が得られ，したがって

$$f(x) = \frac{\boxed{ク}}{\pi^4 - \pi^2 - 16} \times \left(\boxed{ア}\right) + \frac{\pi\left(\boxed{ケ}\right)}{\pi^4 - \pi^2 - 16} \times \left(\boxed{イ}\right) + \frac{1}{4}$$

となる。

問題Iのア，イの解答群

ⓐ $\sin x$　ⓑ $-\sin x$　ⓒ $\cos x$　ⓓ $-\cos x$

ⓔ $\tan x$　ⓕ $-\tan x$

問題Iのウ，エ，オの解答群

ⓐ π　ⓑ $\frac{\pi}{2}$　ⓒ $\frac{\pi}{4}$　ⓓ $\frac{\pi}{8}$

ⓔ $-\pi$　ⓕ $-\frac{\pi}{2}$　ⓖ $-\frac{\pi}{4}$　ⓗ $-\frac{\pi}{8}$

ⓘ π^2　ⓙ $\frac{\pi^2}{2}$　ⓚ $\frac{\pi^2}{4}$　ⓛ $\frac{\pi^2}{8}$

ⓜ $-\pi^2$　ⓝ $-\frac{\pi^2}{2}$　ⓞ $-\frac{\pi^2}{4}$　ⓟ $-\frac{\pi^2}{8}$

ⓠ $\frac{\pi^2+4}{16}$　ⓡ $\frac{\pi^2-4}{16}$　ⓢ $\frac{-\pi^2+4}{16}$　ⓣ $-\frac{\pi^2+4}{16}$

問題Iのカ，キ，ク，ケの解答群

ⓐ π^2+2　ⓑ π^2-2　ⓒ $-\pi^2+2$　ⓓ $-\pi^2-2$

ⓔ π^2+4　ⓕ π^2-4　ⓖ $-\pi^2+4$　ⓗ $-\pi^2-4$

ⓘ π^2+6　ⓙ π^2-6　ⓚ $-\pi^2+6$　ⓛ $-\pi^2-6$

ⓜ π^2+8　ⓝ π^2-8　ⓞ $-\pi^2+8$　ⓟ $-\pi^2-8$

II 次の問題文の空欄にもっとも適する答えを解答群から選び，その記号をマーク解答用紙にマークせよ。ただし，同じ記号を2度以上用いてもよい。(20 点)

$\mathrm{AB}=1$，$\angle\mathrm{ABC}=90^\circ$，$\angle\mathrm{BCA}=7.5^\circ$ である $\triangle\mathrm{ABC}$ の辺 BC 上に $\mathrm{AD}=\mathrm{CD}$ となるように点 D をとる。このとき，$\mathrm{BD}=$ [コ]，$\mathrm{CD}=$ [サ] である。したがって，

$$\tan 7.5^\circ=\frac{1}{\boxed{コ}+\boxed{サ}}$$

である。

次に，正の実数 k に対して，2 直線 $y=3kx$，$y=4kx$ のなす角度を θ とする。ただし，$0^\circ<\theta<90^\circ$ である。このとき，$\tan\theta=$ [シ] である。したがって，$\tan\theta$ は $k=\dfrac{1}{\boxed{ス}}$ のとき最大値 $\dfrac{1}{\boxed{セ}}$ をとる。また，$k=\dfrac{1}{\boxed{ス}}$ のとき [ソ] をみたす。

なお，必要ならば，

$$\sqrt{2}=1.4\cdots,\quad \sqrt{3}=1.7\cdots,\quad \sqrt{5}=2.2\cdots,\quad \sqrt{6}=2.4\cdots$$

を用いてよい。

問題 II のコ，サの解答群

ⓐ $\sqrt{2}+\sqrt{3}$　ⓑ $\sqrt{2}+\sqrt{5}$　ⓒ $\sqrt{2}+\sqrt{6}$　ⓓ $2+\sqrt{3}$
ⓔ $2+\sqrt{5}$　ⓕ $2+\sqrt{6}$　ⓖ $\sqrt{3}+\sqrt{5}$　ⓗ $\sqrt{5}+\sqrt{6}$

問題 II のシの解答群

ⓐ $\dfrac{k}{1-12k^2}$　ⓑ $\dfrac{k}{1+12k^2}$　ⓒ $\dfrac{7k}{1-12k^2}$　ⓓ $\dfrac{7k}{1+12k^2}$
ⓔ $\dfrac{12k^2}{1-12k^2}$　ⓕ $\dfrac{12k^2}{1+12k^2}$　ⓖ $\dfrac{12k^2}{1-7k}$　ⓗ $\dfrac{12k^2}{1+7k}$

問題 II のス，セの解答群

ⓐ 2　ⓑ $2\sqrt{2}$　ⓒ 3　ⓓ $2\sqrt{3}$

ⓔ 4　ⓕ $3\sqrt{2}$　ⓖ $3\sqrt{3}$　ⓗ $4\sqrt{2}$

ⓘ 6　ⓙ $4\sqrt{3}$　ⓚ 7　ⓛ $7\sqrt{2}$

問題 II のソの解答群

ⓐ $\theta > 7.5°$　ⓑ $\theta = 7.5°$　ⓒ $\theta < 7.5°$

III 関数 $f(x) = -xe^x$ を考える。曲線 $C : y = f(x)$ の点 $(a,\ f(a))$ における接線を ℓ_a とし，接線 ℓ_a と y 軸の交点を $(0,\ g(a))$ とおく。以下の問いに答えよ。(30 点)

(1) 接線 ℓ_a の方程式と $g(a)$ を求めよ。

以下，a の関数 $g(a)$ が極大値をとるときの a の値を b とおく。

(2) b を求め，点 $(b,\ f(b))$ は曲線 C の変曲点であることを示せ。

(3) 曲線 C の点 $(b,\ f(b))$ における接線 ℓ_b と x 軸の交点の x 座標 c を求めよ。さらに，$c \leqq x \leqq 0$ の範囲で曲線 C の概形と接線 ℓ_b を xy 平面上にかけ。

(4) 曲線 C，接線 ℓ_b および y 軸で囲まれた部分の面積 S を求めよ。

IV t を実数とし，x の 3 次式 $f(x)$ を

$$f(x) = x^3 + (1-2t)x^2 + (4-2t)x + 4$$

により定める。以下の問いに答えよ。(30 点)

(1) 3 次式 $f(x)$ を実数係数の 2 次式と 1 次式の積に因数分解し，$f(x) = 0$ が虚数の解をもつような t の範囲を求めよ。

実数 t が (1) で求めた範囲にあるとき，方程式 $f(x) = 0$ の異なる 2 つの虚数解を α，β とし，実数解を γ とする。ただし，α の虚部は正，β の虚部は負とする。以下，α，β，γ を複素数平面上の点とみなす。

(2) α，β，γ を t を用いて表せ。また，実数 t が (1) で求めた範囲を動くとき，点 α が描く図形を複素数平面上に図示せよ。

(3) 3 点 α，β，γ が一直線上にあるような t の値を求めよ。

(4) 3 点 α，β，γ が正三角形の頂点となるような t の値を求めよ。

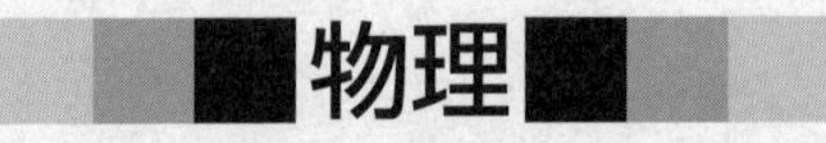

物理

（90 分）

I　次の問題の答えを，記述解答用紙の所定の場所に書きなさい。（40 点）

図 1 のように床から鉛直上向きに長い棒が立ててある。棒には，ばね定数 k の十分長いばねが巻き付いており，ばねの下端は床に固定されている。鉛直上向きに x 軸をとり，ばねが自然長のときのばねの上端の位置を $x=0$ とする。このばねの上端に，まず質量 m の物体 A を固定する。物体 A の貫通孔は棒に貫かれているため，物体 A は鉛直方向のみに動くことができる。物体 A の上方には，さらに質量 m の物体 B が棒に貫かれている。摩擦，空気抵抗，ばねの質量，物体の大きさはすべて無視できるものとし，重力加速度の大きさを g とする。

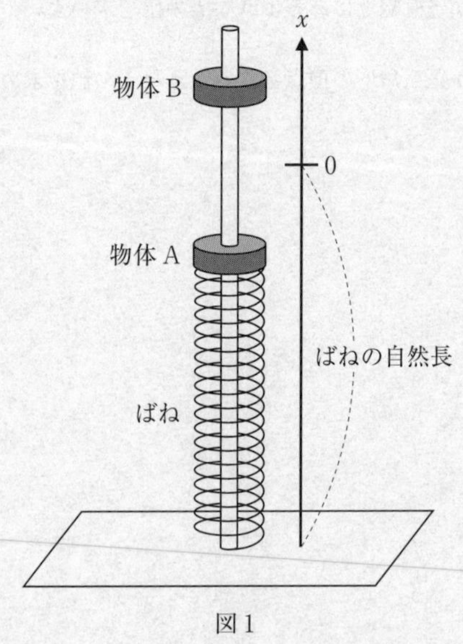

図 1

問い

1．以下の空欄(a)，(b)にあてはまる数式を書きなさい。答えのみ書けばよい。

物体Bが物体Aと離れている場合に，物体Aにはたらく重力とばねの弾性力がつりあう位置における x の値を k，m，g を用いて表すと [(a)] となる。一方，物体Aの上に物体Bを乗せた状態で，2つの物体にはたらく重力とばねの弾性力がつりあう位置における x の値を k，m，g を用いて表すと [(b)] となる。

まず，Aさんは物体Aを [(a)] より低い位置 $x=a$ まで押し下げて保持し，Bさんは物体Bを物体Aより上方の位置 $x=b$ に保持した。その後，Aさんは時刻 t_A に物体Aから，Bさんは時刻 t_B に物体Bから，それぞれ静かに手をはなして，その後の物体の運動を観察する実験を行った。その結果，a，b，t_A，t_B をうまく調整すると，それぞれの物体は動き始めてから一度も速度の向きを変えることなく運動した後，時刻 s に完全非弾性衝突して一体となり，その後は完全に静止し続けるということが起きた。以下ではこの条件を考えてみよう。衝突直前の物体Aの速度を v，物体Bの速度を w とする。

問い

2．衝突後に物体が完全に静止し続けるための条件は以下のとおりである。空欄(c)，(d)にあてはまる数式を書きなさい。答えのみ書けばよい。

条件1：2つの物体が衝突する位置における x の値を k，m，g を用いて表すと [(c)] となる。

条件2：$|v|$ と $|w|$ の間には [(d)] という関係が成り立っていなければならない。

3．問2に示された2つの条件が成り立っていなければならない理由を説明しなさい。

4．以下の空欄(e)，(f)にあてはまる数式を書きなさい。答えのみ書けばよい。

力学的エネルギー保存の法則を用いて，衝突直前の物体Aの運動エネルギーを k，m，g，a を用いて表すと

$$\frac{1}{2}mv^2 = \boxed{\text{(e)}} \qquad \text{(ア)}$$

となり，衝突直前の物体Bの運動エネルギーを k，m，g，b を用いて表すと

$$\frac{1}{2}mw^2 = \boxed{\text{(f)}} \qquad \text{(イ)}$$

となる。

5．運動エネルギーは正または0であること，さらに $a<$ [(a)] という条件で

実験していることから a, b のとりうる範囲は限定される。このことに注意して，式(ア)の関係を実線（——）で，式(イ)の関係を破線（------）で１つのグラフにプロットしなさい。ただし，解答用紙に書かれている x_0 は問１の [(a)] の値であり，$\dfrac{(mg)^2}{2k}$ を E_0 と表した。

〔解答欄〕

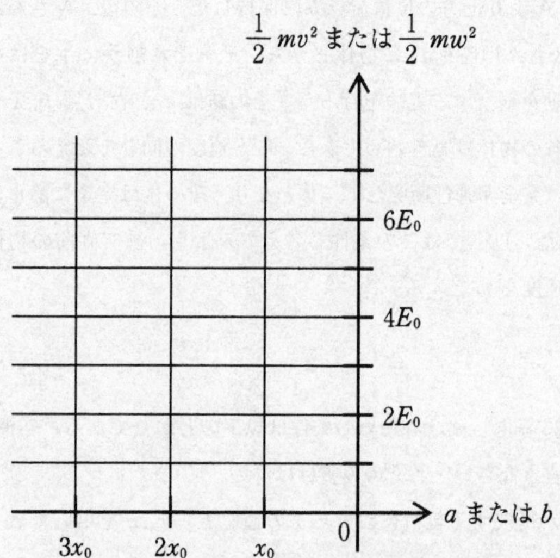

6．$a=-\dfrac{3mg}{k}$ の場合について，衝突後の物体が静止し続けるためには b はどのような値をとらなければならないか。導出の過程も含めて答えなさい。

以下では，$a=-\dfrac{3mg}{k}$ の場合について，衝突後の物体が静止し続けるために，それぞれが手をはなさなければならない時刻について考えてみよう。

問い

7．以下の空欄(g), (h), (i), (j)にあてはまる数式を k, m, g のうち必要なものを用いて書きなさい。答えのみ書けばよい。

Aさんが手をはなしてから衝突するまでの物体Aの運動は，周期 [(g)] の単振動の一部とみなすことができるので，この間の物体Aの位置を時刻 t の関数で表すと

$$\boxed{\text{(a)}} - \boxed{\text{(h)}} \times \cos\left\{\frac{2\pi}{\boxed{\text{(g)}}}(t-t_{\mathrm{A}})\right\} \qquad \text{(ウ)}$$

となる。これが [(c)] と同じ値をとる時刻のうち，t_A 以降で最も早いものが s であるので，A さんが手をはなしてから衝突するまでにかかる時間 $s-t_A$ は [(i)] である。一方，B さんが手をはなしてから衝突するまでにかかる時間 $s-t_B$ は [(j)] であり，これらを比較すると B さんが先に手をはなさなければならないことがわかる。

Ⅱ　次の文章の空欄にあてはまる最も適した数式を解答群の中から選び，マーク解答用紙の所定の場所にマークしなさい。(30 点)

図 1 のように，内部抵抗が無視できる起電力 V_0[V]の直流電源，交流電圧の最大値 V_1[V]，角周波数 ω[rad/s]の交流電源，静電容量がそれぞれ C_A[F]，C_B[F]のコンデンサー A，B，自己インダクタンス L[H]のコイル，抵抗値がそれぞれ $4R$[Ω]，$2R$[Ω]，R[Ω]の 3 つの抵抗，およびスイッチ S_1，S_2 からなる電気回路がある。時刻 t[s]における交流電源の交流電圧は $V_1\sin\omega t$[V]で表される。導線やコイルの抵抗は無視できるものとする。最初は，スイッチ S_1，S_2 の両方が図 1 のように開かれていて，コンデンサー A に蓄えられた電荷は 0 であった。

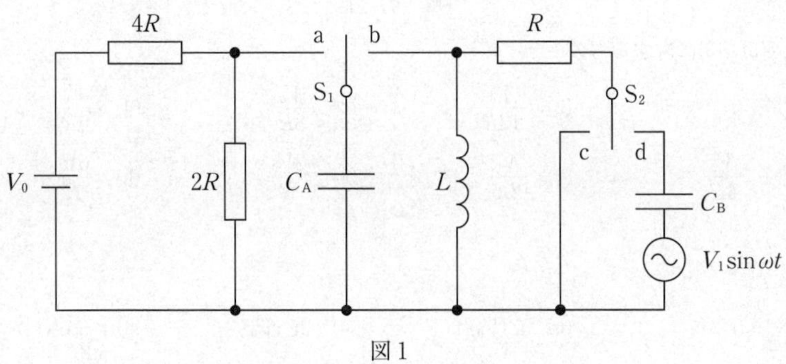

図 1

まず，スイッチ S_1 を点 a につないでコンデンサー A の充電を開始した。充電を開始した直後，点 a には大きさ [(1)] [A]の電流が流れた。その後，コンデンサー A の極板間の電位差が $\frac{V_0}{6}$[V]となる瞬間に点 a に大きさ [(2)] [A]の電流が流れた。十分に時間が経過すると，点 a に流れる電流の大きさは [(3)] [A]となり，コンデンサー A には [(4)] [C]の電荷が蓄えられて充電が完了した。

次に，スイッチ S_1 を点bにつなぎかえたところ，固有周波数 [(5)] [Hz]の振動電流がコイルに流れた。その電流の最大値を測定したところ [(6)] [A]であった。その後，スイッチ S_2 を点cにつなぐと抵抗値 R[Ω]の抵抗でジュール熱が発生し，振動電流は減衰を始めた。十分に時間が経過すると振動電流は0となり，コンデンサーAは完全に放電した。

放電後，コンデンサーAに蓄えられた電荷が0になった状態でスイッチ S_1 を点bからはなして開放し，スイッチ S_2 を点dにつないで交流電源と接続した。ここで，交流電圧の最大値 V_1[V]を一定にして周波数を変えたところ，ある特定の周波数でコイルに流れる電流の最大値が最も大きくなった。この現象を共振という。この回路の共振周波数を調べたところ [(5)] [Hz]の2倍であった。この結果から，C_B = [(7)] であることがわかる。

ここで，交流電圧の周波数を共振周波数に固定する。このとき，電流が流れる回路のインピーダンスは [(8)] [Ω]となり，交流1周期の間に [(9)] [J]のエネルギーが消費される。コンデンサーBに加わる電圧の最大値を V_B[V]，抵抗値 R[Ω]の抵抗に流れる電流の最大値を I_0[A]とすれば，それらの比 $\dfrac{V_B}{I_0}$ はコンデンサーBのリアクタンス（容量リアクタンス）を表し，その値は [(10)] [Ω]になる。

［解　答　群］

(1)，(2)，(3)に対するもの

(a) 0　(b) $\dfrac{V_0}{12R}$　(c) $\dfrac{V_0}{8R}$　(d) $\dfrac{V_0}{6R}$

(e) $\dfrac{V_0}{4R}$　(f) $\dfrac{V_0}{2R}$　(g) $\dfrac{2V_0}{R}$　(h) $\dfrac{6V_0}{R}$

(4)に対するもの

(a) 0　(b) C_AV_0　(c) $2C_AV_0$　(d) $\dfrac{1}{3}C_AV_0$

(e) $\dfrac{1}{6}C_AV_0$　(f) $\dfrac{1}{2}C_AV_0^2$　(g) $\dfrac{V_0^2}{C_A}$　(h) $\dfrac{3V_0^2}{C_A}$

(5)に対するもの

(a) $\dfrac{1}{\sqrt{LC_A}}$　(b) $\dfrac{1}{\pi\sqrt{LC_A}}$　(c) $\dfrac{1}{2\pi\sqrt{LC_A}}$　(d) $\dfrac{2\pi}{\sqrt{LC_A}}$

(e) $\sqrt{LC_A}$ (f) $2\pi\sqrt{LC_A}$ (g) $\frac{\pi\sqrt{LC_A}}{2}$ (h) $2\pi\sqrt{\frac{C_A}{L}}$

(6)に対するもの

(a) $\frac{V_0}{3}\sqrt{\frac{L}{C_A}}$ (b) $\frac{V_0}{3}\sqrt{\frac{2L}{C_A}}$ (c) $V_0\sqrt{\frac{L}{C_A}}$ (d) $\frac{V_0}{3R}$

(e) $\frac{V_0}{6R}$ (f) $V_0\sqrt{\frac{C_A}{L}}$ (g) $\frac{V_0}{3}\sqrt{\frac{C_A}{L}}$ (h) $\frac{V_0}{3}\sqrt{\frac{C_A}{2L}}$

(7)に対するもの

(a) 0 (b) $\frac{1}{16}C_A$ (c) $\frac{1}{4}C_A$ (d) $\frac{1}{2}C_A$

(e) C_A (f) $2C_A$ (g) $4C_A$ (h) $16C_A$

(8), (10)に対するもの

(a) 0 (b) R (c) $\frac{1}{2}\sqrt{\frac{C_A}{L}}$ (d) $\sqrt{\frac{L}{C_A}}$

(e) $2\sqrt{\frac{L}{C_A}}$ (f) $\sqrt{R^2+\frac{L}{C_A}}$ (g) $\sqrt{R^2+\frac{4L}{C_A}}$ (h) $\sqrt{R^2+\frac{C_A}{4L}}$

(9)に対するもの

(a) 0 (b) $\frac{V_1^2}{R}$ (c) $\frac{V_1^2}{2R}$ (d) $\frac{V_1^2}{R}\sqrt{LC_A}$

(e) $\frac{V_1^2}{2R}\sqrt{LC_A}$ (f) $\frac{\pi V_1^2}{R}\sqrt{LC_A}$ (g) $\frac{\pi V_1^2}{R}\sqrt{\frac{LC_A}{2}}$ (h) $\frac{\pi V_1^2}{2R}\sqrt{LC_A}$

Ⅲ　次の文章の空欄にあてはまる最も適した数式を解答群の中から選び，マーク解答用紙の所定の場所にマークしなさい。(30 点)

単原子分子理想気体 n[mol]に対して操作を行い，図 1 の 4 つの状態 A（圧力 p_1[Pa]，体積 V_1[m^3]），B（圧力 p_2[Pa]，体積 V_1[m^3]），C（圧力 p_1[Pa]，体積 V_2[m^3]），D（圧力 p_3[Pa]，体積 V_2[m^3]）の間を実線で表された直線にそって変化させる。図 1 の破線はそれぞれ温度 T_1[K]，T_2[K]の等温曲線を表す。定積モル比熱を C_V[J/(mol·K)]，定圧モル比熱を C_p[J/(mol·K)]，気体定数を R[J/(mol·K)]とする。

A → B，A → C の状態変化において気体が吸収した熱量は，それぞれ $Q_{AB}=$ [(1)] [J]，$Q_{AC}=$ [(2)] [J]と表される。また，A → C の状態変化において気体が外部にした仕事は $W_{AC}=$ [(3)] [J]と表される。他方，A → B，A → C の 2 つの状態変化における内部エネルギーの変化 $\varDelta U_{AB}$[J]，$\varDelta U_{AC}$[J]の間には関係式 [(4)] が成り立つ。これらの関係を用いると，定積モル比熱と定圧モル比熱の間にはマイヤーの関係 $C_p=C_V+R$ が成り立つことが示される。

以下では $C_V=\dfrac{3}{2}R$ を用いる。A → B → C → A を 1 サイクルとする熱機関 S_1 について考える。ただし，B → C の状態変化は全て吸熱過程であるとする。B → C の状態変化においては，B と C における温度が等しいため，気体が吸収した熱量は $Q_{BC}=$ [(5)] [J]と表される。このサイクル A → B → C → A において気体が外部から吸収する熱量，気体が外部にした仕事は，それぞれ $Q_+=$ [(6)] [J]，$W=$ [(7)] [J]と表される。これより，この熱機関 S_1 の熱効率は $e=\dfrac{W}{Q_+}=1-$ [(8)] と表される。

次に，A → B → C → D → A を 1 サイクルとする熱機関 S_2 について考える。ただし，D → A の状態変化は全て放熱過程であるとする。このサイクル A → B → C → D → A において気体が外部から吸収する熱量，気体が外部にした仕事は，それぞれ $Q'_+=$ [(9)] [J]，$W'=$ [(10)] [J]と表される。これより，この熱機関 S_2 の熱効率は，$\alpha=\dfrac{V_1}{V_2}$ とすると，$e'=\dfrac{W'}{Q'_+}=1-$ [(11)] と表される。したがって，S_2 の方が高い熱効率をもつことがわかる。

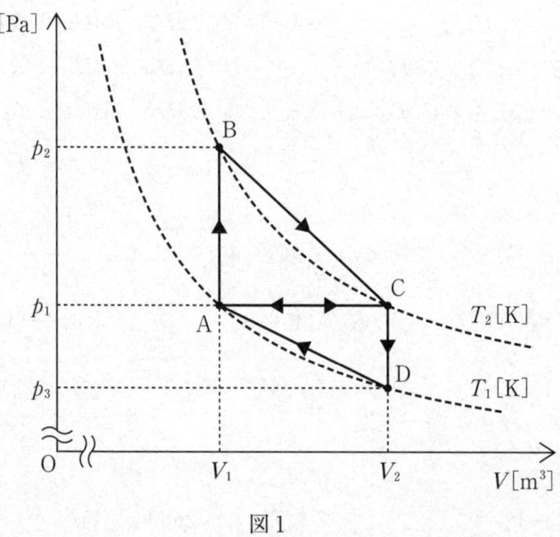

図 1

［解　答　群］

(1)に対するもの

(a)　$C_V(T_2 - T_1)$　(b)　$nC_V(T_2 - T_1)$　(c)　$\dfrac{C_V(T_2 - T_1)}{n}$　(d)　$\dfrac{nC_V}{T_2 - T_1}$

(e)　$C_p(T_2 - T_1)$　(f)　$nC_p(T_2 - T_1)$　(g)　$\dfrac{C_p(T_2 - T_1)}{n}$　(h)　$\dfrac{nC_p}{T_2 - T_1}$

(2)に対するもの

(a)　$C_V(T_2 - T_1)$　(b)　$nC_V(T_2 - T_1)$　(c)　$\dfrac{C_V(T_2 - T_1)}{2n}$　(d)　$\dfrac{2nC_V}{T_2 - T_1}$

(e)　$C_p(T_2 - T_1)$　(f)　$nC_p(T_2 - T_1)$　(g)　$\dfrac{C_p(T_2 - T_1)}{2n}$　(h)　$\dfrac{2nC_p}{T_2 - T_1}$

(3)に対するもの

(a)　$(p_1 - p_2)V_1$　(b)　$(p_1 - p_2)V_2$　(c)　$np_1(V_2 - V_1)$

(d)　$n(p_2 - p_1)(V_2 - V_1)$　(e)　$R(T_1 - T_2)$　(f)　$R(T_2 - T_1)$

(g)　$nR(T_1 - T_2)$　(h)　$nR(T_2 - T_1)$

(4)に対するもの

(a)　$\Delta U_{AB} = \Delta U_{AC}$　(b)　$\Delta U_{AB} = -\Delta U_{AC}$

(c)　$\Delta U_{AB} = 2\Delta U_{AC}$　(d)　$\Delta U_{AB} = \Delta U_{AC} + RT_1$

(e)　$\Delta U_{AB} = \Delta U_{AC} + 2RT_2$　(f)　$\Delta U_{AB} = \Delta U_{AC} + R(T_2 - T_1)$

(g)　$\Delta U_{AB} = \Delta U_{AC} + C_V T_1$　(h)　$\Delta U_{AB} = \Delta U_{AC} + C_p T_2$

(5)に対するもの

(a)　$p_2(V_2 - V_1)$　(b)　$\dfrac{p_2}{2}(V_2 - V_1)$　(c)　$\dfrac{p_2}{2V_2}(V_2 - V_1)^2$

(d)　$\dfrac{p_2}{2V_2}(V_2^2 - V_1^2)$　(e)　$p_2(V_1 + V_2)$　(f)　$\dfrac{p_2}{2}(V_1 + V_2)$

(g)　$\dfrac{p_2}{2V_2}(V_1 + V_2)^2$　(h)　$\dfrac{p_2}{2V_2}(V_1^2 + V_2^2)$

(6)に対するもの

(a)　$p_2(V_2 - V_1)$　(b)　$2p_2(V_2 - V_1)$

(c)　$\dfrac{2p_2}{V_2}(4V_1 + V_2)(V_2 - V_1)$　(d)　$\dfrac{2p_2}{V_2}(V_1 + 4V_2)(V_2 - V_1)$

(e)　$p_2(V_1 + V_2)$　(f)　$\dfrac{p_2}{2}(V_2 - V_1)$

(g)　$\dfrac{p_2}{2V_2}(4V_1 + V_2)(V_2 - V_1)$　(h)　$\dfrac{p_2}{2V_2}(V_1 + 4V_2)(V_1 + V_2)$

(7)に対するもの

(a)　$p_2(V_2 - V_1)$　(b)　$\dfrac{p_2}{2}(V_2 - V_1)$　(c)　$\dfrac{p_2}{2V_2}(V_2 - V_1)^2$

(d)　$\dfrac{p_2}{2V_2}(V_2^2 - V_1^2)$　(e)　$p_2(V_1 + V_2)$　(f)　$\dfrac{p_2}{2}(V_1 + V_2)$

(g)　$\dfrac{p_2}{2V_2}(V_1 + V_2)^2$　(h)　$\dfrac{p_2}{2V_2}(V_1^2 + V_2^2)$

(8)に対するもの

(a)　$\dfrac{T_1}{T_1 + T_2}$　(b)　$\dfrac{T_2}{T_1 + T_2}$　(c)　$\dfrac{2T_1}{2T_1 + T_2}$　(d)　$\dfrac{2T_2}{T_1 + 2T_2}$

(e)　$\dfrac{2T_1}{T_1 + 4T_2}$　(f)　$\dfrac{2T_2}{T_1 + 4T_2}$　(g)　$\dfrac{5T_1}{4T_1 + T_2}$　(h)　$\dfrac{5T_2}{4T_1 + T_2}$

(9)に対するもの

(a)　$p_2(V_2 - V_1)$　(b)　$\dfrac{p_2}{2}(V_2 - V_1)$

(c) $\dfrac{p_2}{2V_2}(4V_1 + V_2)(V_2 - V_1)$　(d) $\dfrac{p_2}{2V_2}(V_1 + 4V_2)(V_2 - V_1)$

(e) $p_2(V_1 + V_2)$　(f) $\dfrac{p_2}{2}(V_1 + V_2)$

(g) $\dfrac{p_2}{2V_2}(4V_1 + V_2)(V_1 + V_2)$　(h) $\dfrac{p_2}{2V_2}(V_1 + 4V_2)(V_1 + V_2)$

(10)に対するもの

(a) $p_1(V_1 + V_2)$　(b) $p_2(V_1 + V_2)$　(c) $(p_1 - p_2)(V_1 + V_2)$

(d) $\dfrac{1}{2}(p_1 - p_2)(V_1 + V_2)$　(e) $p_2(V_2 - V_1)$　(f) $p_3(V_2 - V_1)$

(g) $(p_2 - p_3)(V_2 - V_1)$　(h) $\dfrac{1}{2}(p_2 - p_3)(V_2 - V_1)$

(11)に対するもの

(a) $\dfrac{\alpha T_1}{T_1 + T_2}$　(b) $\dfrac{\alpha T_2}{T_1 + T_2}$　(c) $\dfrac{2\alpha T_1}{2T_1 + T_2}$　(d) $\dfrac{2\alpha T_2}{T_1 + 2T_2}$

(e) $\dfrac{(2 + \alpha)T_1}{T_1 + 4T_2}$　(f) $\dfrac{(2 + \alpha)T_2}{T_1 + 4T_2}$　(g) $\dfrac{(4 + \alpha)T_1}{4T_1 + T_2}$　(h) $\dfrac{(4 + \alpha)T_2}{4T_1 + T_2}$

化学

（90 分）

問題Ⅰ，Ⅱの解答は，マーク解答用紙の指定された欄にマークしなさい。問題Ⅲ，Ⅳの解答は，記述解答用紙の解答欄に書きなさい。必要な場合は，次の値を用いなさい。

アボガドロ定数：$N_A = 6.0 \times 10^{23}$/mol
ファラデー定数：$F = 9.65 \times 10^4$ C/mol
気体定数：$R = 8.3 \times 10^3$ Pa・L/(K・mol)
原子量：H = 1.0，C = 12，O = 16，Na = 23，Al = 27，S = 32，Cu = 63.5，
　　　Br = 80，Pb = 207

Ⅰ　以下の問い(1)〜(10)の解答は，それぞれの解答群のどれに該当するか。番号を選んでマークしなさい。(40 点)

(1)　水晶の主成分は元素 a と元素 b の化合物である。大理石の主成分は元素 b と元素 c と元素 d の化合物である。ホタル石の主成分は元素 c と元素 e の化合物である。5 種類の元素 a 〜 e に関する次の記述(ア)〜(ウ)について，正しい正誤の組み合わせはどれか。最もふさわしいものを以下の解答群より 1 つ選びなさい。

(ア)　元素 a 〜 e を原子番号の小さなものから順に並べたとき，元素 a は 3 番目である。

(イ)　元素 b と元素 c が 1 ： 1 の数の比で結合した化合物に水を加えると発熱しながら反応する。

(ウ)　元素 e の単体は二原子分子であり，きわめて酸化力が強く，水と激しく反応する。

［解答群］

	(ア)	(イ)	(ウ)
①	正	正	正
②	正	正	誤
③	正	誤	正
④	正	誤	誤
⑤	誤	正	正
⑥	誤	正	誤
⑦	誤	誤	正
⑧	誤	誤	誤

(2) 平均分子量 6.0×10^4 のスチレン-ブタジエンゴムに，臭素を完全に付加させて得た反応生成物の元素分析を行ったところ，臭素の質量パーセントは 40％であった。臭素を付加する前のスチレン-ブタジエンゴム中のブタジエン成分の質量パーセントは何％か。最も近いものを以下の解答群より 1 つ選びなさい。ただし，臭素はベンゼン環とは反応しないものとする。

［解答群］

① 11％　② 17％　③ 23％　④ 29％
⑤ 35％　⑥ 41％　⑦ 47％　⑧ 53％

(3) 化学反応に関する次の記述(ア)～(ウ)について，正しい正誤の組み合わせはどれか。最もふさわしいものを以下の解答群より 1 つ選びなさい。

(ア) 分子間で化学反応が起こるためには，反応物の分子どうしが衝突する必要がある。しかし，分子が衝突すれば必ず化学反応が起こるわけではない。

(イ) 温度が高いほど分子が高速に運動するため，分子が単位時間当たり衝突する回数が少なくなる。そのため，化学反応を効率よく起こさせるには適した温度がある。

(ウ) 一段階で起こる反応の活性化エネルギーとその反応の逆反応の活性化エネル

ギーがともにわかっていれば，反応熱を求めることができる。

［解答群］

	(ア)	(イ)	(ウ)
①	正	正	正
②	正	正	誤
③	正	誤	正
④	正	誤	誤
⑤	誤	正	正
⑥	誤	正	誤
⑦	誤	誤	正
⑧	誤	誤	誤

(4)　次の記述(ア)～(ウ)中の空欄(A)～(C)に当てはまる語句の組み合わせとして，最もふさわしいものを以下の解答群より1つ選びなさい。

(ア)　トタンは鉄に亜鉛をめっきしたものである。亜鉛の表面に傷がついて鉄が露出しても，［ (A) ］の大きい亜鉛が酸化されてイオンとなるので，鉄は酸化されず，さびにくい。

(イ)　$[Ag^+]$と$[Cl^-]$の積が，AgClの［ (B) ］を超えるとAgClの沈殿が生成する。

(ウ)　不揮発性の溶質を溶かした溶液の蒸気圧は，純溶媒の蒸気圧より［ (C) ］なる。

［解答群］

	(A)	(B)	(C)
①	イオン化傾向	溶解度	高く
②	イオン化傾向	溶解度	低く
③	イオン化傾向	溶解度積	高く
④	イオン化傾向	溶解度積	低く
⑤	電気陰性度	溶解度	高く
⑥	電気陰性度	溶解度	低く
⑦	電気陰性度	溶解度積	高く
⑧	電気陰性度	溶解度積	低く

(5) 硫酸は水に溶けると二段階で電離する。モル濃度 C〔mol/L〕の硫酸水溶液において，硫酸の一段階目の電離は完全に進行し，二段階目は一部が電離した状態になっているとする。二段階目の電離による電離度を α とすると，この水溶液の水素イオン濃度 $[H^+]$〔mol/L〕を表している式はどれか。最もふさわしいものを以下の解答群より 1 つ選びなさい。ただし，水の電離によって生じた水素イオンの濃度は無視できるものとする。

［解答群］

① C　② $2C$　③ $C\alpha$　④ $2C\alpha$
⑤ $C(1-\alpha)$　⑥ $C(1-2\alpha)$　⑦ $C(1+\alpha)$　⑧ $C(1+2\alpha)$

(6) 固体に関する次の記述(ア)〜(ウ)について，正しい正誤の組み合わせはどれか。最もふさわしいものを以下の解答群より 1 つ選びなさい。

(ア) 金属結晶の多くは，体心立方格子，面心立方格子，六方最密充填構造の三種類の結晶格子をとる。これらの充填率は，

体心立方格子 ＜ 面心立方格子 ＜ 六方最密充填構造

の順に大きくなる。

(イ) 1 価の陽イオン A^+ と 1 価の陰イオン X^- からなるイオン結晶 AX の単位格子

の構造は，常に同じ訳ではない。

(ウ)　すべての純物質の密度は，温度が低いほど大きくなる。

［解答群］

	(ア)	(イ)	(ウ)
①	正	正	正
②	正	正	誤
③	正	誤	正
④	正	誤	誤
⑤	誤	正	正
⑥	誤	正	誤
⑦	誤	誤	正
⑧	誤	誤	誤

(7)　鉛蓄電池は，負極に鉛，正極に酸化鉛(Ⅳ)，電解液に希硫酸を用いた代表的な二次電池である。放電前の希硫酸の質量パーセント濃度は 30％，質量は 1.0 kg であった。放電により 1.0 mol の電子が流れたとき，負極・正極の電極の質量はそれぞれ何 g 増加したか。また，放電後の希硫酸の質量パーセント濃度は何％か。最も近い値の組み合わせとして，ふさわしいものを以下の解答群より 1 つ選びなさい。

［解答群］

	増加した負極の質量〔g〕	増加した正極の質量〔g〕	希硫酸の質量パーセント濃度〔%〕
①	48	32	12
②	48	32	22
③	48	64	12
④	48	64	22
⑤	96	32	12
⑥	96	32	22
⑦	96	64	12
⑧	96	64	22

(8) 温度を20℃に保った容積10 Lの剛直な容器内を乾燥空気で満たし，圧力を2.0×10^4 Paにした。その中に水1.8 gを入れ，加熱して温度を60℃にしたときの圧力は何Paか。20℃および60℃における水の飽和水蒸気圧は，それぞれ2.3×10^3 Pa，2.0×10^4 Paとする。最も近いものを以下の解答群より1つ選びなさい。ただし，気体は理想気体の状態方程式に従うものとする。また，容器内での水の体積は無視できるものとする。

［解答群］

① 2.1×10^4 Pa　② 2.3×10^4 Pa　③ 2.5×10^4 Pa
④ 2.7×10^4 Pa　⑤ 4.1×10^4 Pa　⑥ 4.3×10^4 Pa
⑦ 4.5×10^4 Pa　⑧ 4.7×10^4 Pa

(9) 分子量未知の不揮発性の非電解質である有機化合物w〔g〕を，ある溶媒W〔g〕に溶解させた溶液の沸点上昇度はΔt_b〔K〕であった。この溶媒のモル沸点上昇をK_b〔K・kg/mol〕とすると，この有機化合物の分子量を表している式はどれか。最もふさわしいものを以下の解答群より1つ選びなさい。

［解答群］

① $\dfrac{1000WK_b}{w\Delta t_b}$　② $\dfrac{1000W\Delta t_b}{wK_b}$　③ $\dfrac{1000wK_b}{W\Delta t_b}$　④ $\dfrac{1000w\Delta t_b}{WK_b}$

⑤ $\dfrac{100WK_b}{w\Delta t_b}$　⑥ $\dfrac{100W\Delta t_b}{wK_b}$　⑦ $\dfrac{100wK_b}{W\Delta t_b}$　⑧ $\dfrac{100w\Delta t_b}{WK_b}$

(10) 次の記述(ア)〜(ウ)について，正しい正誤の組み合わせはどれか。最もふさわしいものを以下の解答群より1つ選びなさい。

(ア) 一般にエステルが水酸化ナトリウム水溶液のような強塩基によって加水分解され，カルボン酸の塩とアルコールを生じる反応をけん化という。

(イ) ヨウ素デンプン反応はヨウ素やデンプンの検出に用いられる。この反応で，呈色した水溶液を加熱するとヨウ素デンプン反応の色が消え，冷却すると再び呈色する。

(ウ) 生体のタンパク質を構成する主要なα-アミノ酸は20種類ある。この20種類のα-アミノ酸はすべて不斉炭素原子を持つ。

［解答群］

	(ア)	(イ)	(ウ)
①	正	正	正
②	正	正	誤
③	正	誤	正
④	正	誤	誤
⑤	誤	正	正
⑥	誤	正	誤
⑦	誤	誤	正
⑧	誤	誤	誤

Ⅱ　次の文章を読み，以下の問い(1)～(4)に答えなさい。(20点)

図1に示すように発泡スチロール（断熱材）でできた溶解熱測定装置を用いて，物質が水に溶ける際の溶解熱測定を行う。物質が溶解した際に装置内で発生する熱量 Q〔J〕は，装置内の温度変化 ΔT〔K〕と水を含む装置全体の熱容量 C〔J/K〕（装置全体の温度を1 K上げるのに必要な熱量）を用いて，式(i)で求めることができる。

$$Q = C\Delta T \qquad \cdots式(\mathrm{i})$$

一方，図1に示すように装置のヒーターに電源を入れたときに，ヒーターから発生する熱量 Q'〔J〕は，ヒーターにかかる電圧 V〔V〕，ヒーターを流れる電流 I〔A〕および通電時間 t〔s〕を用いて式(ii)で求めることができる。(〔J〕＝〔A・V・s〕)

$$Q' = IVt \qquad \cdots式(\mathrm{ii})$$

物質の溶解により発生した熱およびヒーター通電により発生した熱は，装置のみに伝わると考えることとする。また，断熱は完全であるとする。

この溶解熱測定装置を用いて，次の実験手順(A)～(H)より，硫酸銅(Ⅱ)五水和物およびその無水物の溶解熱を測定した。

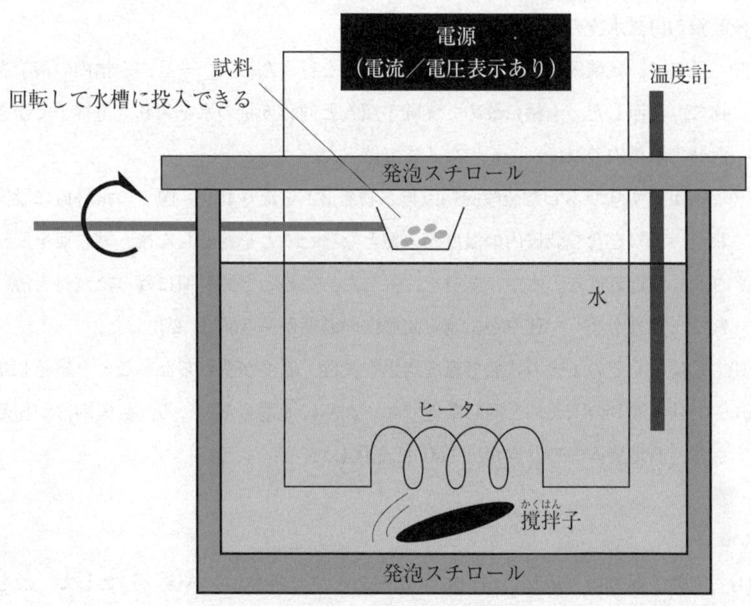

図１　溶解熱測定装置の概略図

［実験手順］

以下の実験において，温度変化量は十分小さく温度変化しても水が凝固点あるいは沸点に達することはないものとする。また，試料が試料皿の中で潮解することはないものとする。

＜硫酸銅(Ⅱ)五水和物の溶解熱測定＞

(A)　測定装置内の水槽に温度計とヒーターが浸かるように水を入れ，攪拌子でかき混ぜて水槽内の温度が一定になるまで待った。

(B)　細かくすりつぶした硫酸銅(Ⅱ)五水和物を 12.5 g 量り取り，図１の試料皿に設置した。試料を含む装置内の温度が一定となったことを確認した後，試料皿を反転させ，測定装置内の水中に試料を投入した。このとき試料皿に残った試料も溶け残った試料もなく，速やかに測定装置内の温度が −0.10 K 変化した。

(C) しばらくそのままの状態で温度測定を続け，温度が変わらないことを確認した。

(D) 電流が 1.4 A，電圧が 10.0 V の条件でヒーターに 5 分間通電したところ，装置内部が加熱され，測定装置内の温度が +1.00 K 変化した。

＜硫酸銅(Ⅱ)無水物の溶解熱測定＞

(E) 続いて，硫酸銅(Ⅱ)無水物の溶解熱測定を行うために，一旦，水槽内の溶液を捨て，洗浄した。水槽に改めて実験手順(A)と同程度量の水を入れ，撹拌子でかき混ぜて水槽内の温度が一定になるまで待った。

(F) 細かくすりつぶした硫酸銅(Ⅱ)無水物を 3.2 g 量り取り，図1の試料皿に設置した。試料を含む装置内の温度が一定となったことを確認した後，試料皿を反転させ，測定装置内の水中に試料を投入した。このとき試料皿に残った試料も溶け残った試料もなく，速やかに測定装置内の温度が +0.30 K 変化した。

(G) しばらくそのままの状態で温度測定を続け，温度が変わらないことを確認した。

(H) 実験手順(D)の下線部と同じ条件でヒーターに通電したところ，装置内部が加熱され，測定装置内の温度が +1.00 K 変化した。

問い

(1) 実験手順(D)の下線部について，ヒーターから発生した熱量〔kJ〕として，最も近いものを以下の解答群より1つ選びなさい。ただし，測定温度範囲内では熱容量は一定であるとする。

[解答群]

① 0.0007 kJ　② 0.007 kJ　③ 0.07 kJ　④ 0.7 kJ
⑤ 4.2 kJ　⑥ 42 kJ　⑦ 420 kJ　⑧ 4200 kJ

(2) 実験手順(A)～(H)に記した溶解熱測定手順に関する次の記述(ア)～(ウ)について，正しい正誤の組み合わせはどれか。最もふさわしいものを以下の解答群より1つ選びなさい。ただし，硫酸銅(Ⅱ)無水物の水溶液の熱容量は，水の熱容量と等しいとする。

(ア)　硫酸銅(Ⅱ)無水物の溶解熱測定に関わる手順(F)と手順(H)は入れ替えてはならない。

(イ)　手順(A)で水槽に入れた水の量と，手順(E)で水槽に入れた水の量を同じにしなければ，硫酸銅(Ⅱ)五水和物と硫酸銅(Ⅱ)無水物それぞれの試料 1 mol あたりの溶解熱を互いに比較することはできない。

(ウ)　各試料を溶解させる手順(B)または手順(F)で，試料の溶け残りが生じた場合でも，その後の操作で手順(D)または手順(H)のヒーター加熱により試料をすべて溶解させることができるならば，その試料の溶解熱を求めることができる。

［解答群］

	(ア)	(イ)	(ウ)
①	正	正	正
②	正	正	誤
③	正	誤	正
④	正	誤	誤
⑤	誤	正	正
⑥	誤	正	誤
⑦	誤	誤	正
⑧	誤	誤	誤

(3)　(ア)硫酸銅(Ⅱ)五水和物と(イ)硫酸銅(Ⅱ)無水物の 1 mol あたりの水への溶解熱〔kJ/mol〕として，最も近いものを以下の解答群よりそれぞれ 1 つ選びなさい。

［解答群］

(ア)　硫酸銅(Ⅱ)五水和物

①　4.0 kJ/mol　　②　8.0 kJ/mol　　③　12 kJ/mol

④　16 kJ/mol　　⑤　−4.0 kJ/mol　　⑥　−8.0 kJ/mol

⑦　−12 kJ/mol　　⑧　−16 kJ/mol

(イ)　硫酸銅(Ⅱ)無水物

①　48 kJ/mol　　②　53 kJ/mol　　③　58 kJ/mol

④　63 kJ/mol　⑤　−48 kJ/mol　⑥　−53 kJ/mol
⑦　−58 kJ/mol　⑧　−63 kJ/mol

(4) 硫酸銅(Ⅱ)五水和物および硫酸銅(Ⅱ)無水物は，水に溶解する際，陽イオンと陰イオンへと解離する。これは水和により各イオンが安定化されるためである。ヘスの法則を用いると，この安定化は，硫酸銅(Ⅱ)五水和物および硫酸銅(Ⅱ)無水物が気相中のイオン（五水和物の場合は，更に5つの水分子）にまず解離し，その後水和による安定化を受けると考えることができる。以上をふまえて考えたとき，次の記述(ア)〜(ウ)について，正しい正誤の組み合わせはどれか。最もふさわしいものを以下の解答群より1つ選びなさい。ただし，気相中の水分子が水和される際の水和熱は無視できるものとする。

(ア) 硫酸銅(Ⅱ)五水和物が気相中のイオンおよび水分子へと解離する際のエネルギーは，硫酸銅(Ⅱ)無水物が気相中のイオンへと解離する際のエネルギーより大きい。
(イ) 硫酸銅(Ⅱ)五水和物1 molおよび硫酸銅(Ⅱ)無水物1 molを十分な同じ量の水に溶解するとき，それぞれの水溶液中の銅(Ⅱ)イオンの物質量は等しい。
(ウ) 硫酸銅(Ⅱ)五水和物と硫酸銅(Ⅱ)無水物の生成熱は等しい。

[解答群]

	(ア)	(イ)	(ウ)
①	正	正	正
②	正	正	誤
③	正	誤	正
④	正	誤	誤
⑤	誤	正	正
⑥	誤	正	誤
⑦	誤	誤	正
⑧	誤	誤	誤

Ⅲ　次の文章を読み，以下の問い(1)～(7)に答えなさい。(20点)

アルミニウムは13族に属する元素であり，自然界には単体として存在しないが，地殻中には化合物として多く存在する。アルミニウムはイオン化傾向が大きいため，その塩を含む水溶液を電気分解してもアルミニウムの単体を得ることはできない。工業的には，原料鉱石であるボーキサイトから酸化アルミニウムをつくり，それを溶融塩（融解塩）電解して製造する。約1000℃に加熱した氷晶石（Na_3AlF_6）に酸化アルミニウムを加えて融解した後，(a)2つの炭素電極を用いて電気分解すると，陰極にアルミニウムが析出し，陽極では一酸化炭素および二酸化炭素が発生する。

陰極：［　　　　　　　　　　　　］・・・式(i)

陽極：　$C + O^{2-} \longrightarrow CO + 2e^-$　・・・式(ii)

［　　　　　　　　　　　　］・・・式(iii)

得られたアルミニウムの単体は銀白色の軟らかい軽金属で，展性・延性に富み，電気伝導性が大きい。(b)アルミニウムは塩酸および水酸化ナトリウム水溶液のいずれにも反応して気体を発生する。(c)アルミニウムと酸化鉄(Ⅲ)の粉末を混ぜて点火すると，激しく反応して融解した鉄の単体を生じる。

問い

(1)　下線部(a)の陰極で起こる反応の半反応式（式(i)）を書きなさい。なお，半反応式とは電子 e^- を含むイオン反応式である。

(2)　下線部(a)の陽極で起こる反応のうち，二酸化炭素を発生する反応の半反応式（式(iii)）を書きなさい。

(3)　酸化アルミニウムの溶融塩電解を行った。陽極の炭素電極で一酸化炭素が1.4 kgと二酸化炭素が4.4 kg発生したとき，陰極で生成したアルミニウムの質量は何kgか。有効数字2桁で求めなさい。ただし，発生した一酸化炭素と二酸化炭素はすべて電気分解により生成したものであり，酸素は発生していないものとする。

(4)　問い(3)とは異なる条件で酸化アルミニウムの溶融塩電解を行った。400 A の電流を 4.0 時間流したとき，陰極で生成するアルミニウムの質量は何 kg か。有効数字 2 桁で求めなさい。また，陽極で発生する気体がすべて一酸化炭素であると仮定して，その標準状態における体積は何 L となるか。有効数字 2 桁で求めなさい。ただし，発生した一酸化炭素はすべて電気分解により生成したものであり，酸素は発生していないものとする。

(5)　下線部(b)で，アルミニウムが水酸化ナトリウム水溶液に溶解するときの化学反応式は式(iv)のとおりである。空欄(ア)，(イ)に当てはまる化学式をそれぞれ書きなさい。

$$2Al + 2NaOH + 6H_2O \longrightarrow 2\,\boxed{\text{(ア)}} + 3\,\boxed{\text{(イ)}}\uparrow \quad \cdots 式(iv)$$

(6)　下線部(c)の化学反応式を書きなさい。

(7)　アルミニウムの結晶構造は面心立方格子である。アルミニウム原子は球とみなし，最近接の原子と互いに接しているとする。アルミニウムの原子半径を r〔cm〕，モル質量を M〔g/mol〕，アボガドロ定数を N_A〔/mol〕とすると，密度は，$\boxed{\text{(ウ)}} \times \dfrac{M}{N_A \cdot r^3}$〔g/cm^3〕と表せる。$r$ を 1.4×10^{-8} cm とすると，アルミニウムの密度は $\boxed{\text{(エ)}}$ g/cm^3 となる。空欄(ウ)，(エ)に当てはまる数値をそれぞれ有効数字 2 桁で求めなさい。ただし，$\sqrt{2} = 1.41$ とする。

Ⅳ　次の文章を読み，以下の問い(1)〜(8)に答えなさい。(20 点)

有機化合物Aに希硫酸を加えて加熱し加水分解すると，直鎖状の**有機化合物B**と**有機化合物C**の二種類のみが３：１の分子数の比で生成した[(a)]。**有機化合物A**の組成式は元素分析結果により $C_{15}H_{26}O_6$，分子量は凝固点降下度の測定により 301.8〜302.4 の間であることが判明した。**有機化合物A**は水に溶けにくく芳香がある。**有機化合物B**は水に溶かすとわずかに電離して弱酸性を示す化合物であり，**有機化合物D**や**有機化合物E**の酸化によって得られる。**有機化合物D**は水に少量溶け，フェーリング液を加えて加熱すると赤色沈殿を生じる。**有機化合物D**と**有機化合物E**は**有機化合物B**と同数の炭素原子をもち，ヨードホルム反応を示さない。**有機化合物C**の分子量は凝固点降下度の測定により 91.8〜92.3 の間であることが判明した。**有機化合物C**は水に非常によく溶け，合成樹脂の材料となるだけでなく，食品添加物，医薬品，化粧品等としても，広く使われている。**有機化合物C**に濃硫酸と濃硝酸の混合物（混酸）を加えると，脱水縮合反応が起こり，一分子中に３個の窒素原子を含む硝酸エステルである**有機化合物F**が生成した[(b)]。

問い

(1)　下線部(a)の反応において触媒としてはたらくイオンは何か。解答欄のイオンから１つ選んで，○で囲みなさい。

〔解答欄〕

H^+　　・　　OH^-

(2)　下線部(b)の反応で生成する**有機化合物F**の分子式を書きなさい。

(3)　**有機化合物B**の構造式を書きなさい。なお，構造式は図１の例にしたがって書くこと。

(4)　**有機化合物D**の構造式を書きなさい。なお，構造式は図１の例にしたがって書くこと。

(5)　**有機化合物E**の構造式を書きなさい。なお，構造式は図１の例にしたがって書くこと。

(6)　**有機化合物B**と構造異性体の関係にある化合物のうち，エステルは何種類あるか。その数を書きなさい。

(7)　**有機化合物E**と構造異性体の関係にある化合物は，何種類あるか。その数を書きなさい。ただし，**有機化合物E**は数には含めない。

(8)　問い(7)の異性体のうち，不斉炭素原子を有する**異性体G**の構造式を書きなさい。不斉炭素原子に＊印を付けなさい。なお，構造式は図1の例にしたがって書くこと。

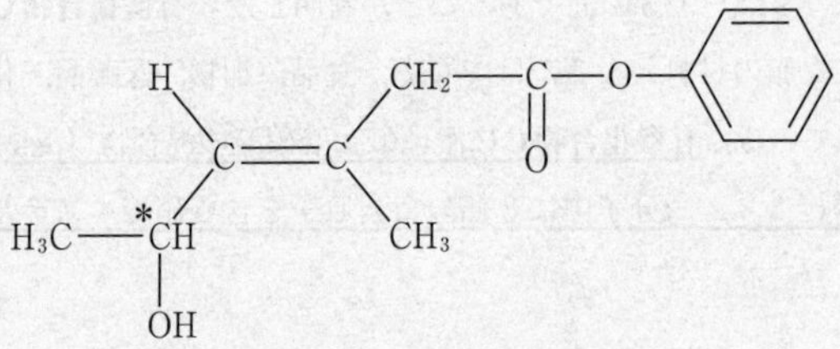

H　CH_2—C—O—(benzene ring)
C＝C　O
H_3C—$\overset{*}{C}H$　CH_3
OH

図1　構造式の例（＊印は不斉炭素原子を表す）

生物

（90分）

問題Ⅰの解答は，マーク解答用紙の指定された欄にマークしなさい。問題Ⅱ，Ⅲ，Ⅳの解答は，記述解答用紙の解答欄に答えなさい。

Ⅰ　以下のA～Cの設問に答えなさい。（30点）

A　生物の組織や細胞における，恒常性調節機構に関する以下の問い(1)～(9)に答えなさい。

(1)　以下の記述の中で，動物細胞の外側の塩濃度が細胞内よりも高くなったときの変化として適切なものを1つ選び，記号をマークしなさい。

(a)　水が細胞内から細胞外に出るので，細胞は収縮する。
(b)　水が細胞外から細胞内に入るので，細胞は膨張する。
(c)　塩類が細胞内から細胞外に出るので，細胞は収縮する。
(d)　塩類が細胞外から細胞内に入るので，細胞は膨張する。

(2)　以下の記述の中で，植物の組織を蒸留水に浸したときの変化として適切なものを1つ選び，記号をマークしなさい。

(a)　水が細胞内から細胞外に出るが，細胞壁があるので原形質分離が起こる。
(b)　水が細胞外から細胞内に入るが，細胞壁があるので細胞の膨張が制限される。
(c)　塩類が細胞内から細胞外に出るが，細胞壁があるので原形質分離が起こる。
(d)　塩類が細胞外から細胞内に入るが，細胞壁があるので細胞の膨張が制限される。

(3)　ゾウリムシは収縮胞を使って細胞内の水分量を調節している。以下の記述の中で，細胞外の塩濃度を細胞内よりも低くしたときに起こる変化として適切なものを1つ選び，記号をマークしなさい。

(a)　水が細胞内から細胞外に出るが，収縮胞の収縮頻度が下がり，細胞の体積は維持される。

(b)　水が細胞内から細胞外に出るが，収縮胞の収縮頻度が上がり，細胞の体積は維持される。

(c)　水が細胞外から細胞内に入るが，収縮胞の収縮頻度が下がり，細胞の体積は維持される。

(d)　水が細胞外から細胞内に入るが，収縮胞の収縮頻度が上がり，細胞の体積は維持される。

(4)　以下の記述の中で，炭水化物を多く含む食べ物を摂ったときに体内で起こる変化として適切なものを1つ選び，記号をマークしなさい。

(a)　消化酵素として重要なはたらきを担うトリプシンが，膵臓から分泌される。

(b)　筋でのグリコーゲン分解が促進され，グルコースが産生される。

(c)　小腸で吸収されたグルコースが肝門脈を通して肝臓へと運ばれる。

(d)　血糖値が下降し，膵臓でのグルカゴンの分泌が促進される。

(5)　以下の記述の中で，運動によってグルコースの血中濃度が下降したときに体内で起こる変化として適切なものを1つ選び，記号をマークしなさい。

(a)　肝臓でのグリコーゲンの分解が促進される。

(b)　脂肪組織での脂質の分解が抑えられる。

(c)　筋におけるグルコースの取り込み量が上昇する。

(d)　腎臓の集合管での水再吸収が促進される。

(6)　冬眠する小動物は，冬眠から目覚めるときに急速に体温を上昇させる。以下の記述の中で，冬眠から目覚めるときに体内で起こる変化として適切なものを1つ選び，記号をマークしなさい。

(a) 副交感神経が活性化する結果，立毛筋が弛緩する。
(b) 交感神経が活性化し，さらに，肝臓での代謝が上昇する。
(c) 甲状腺ホルモン（チロキシン）の分泌が減少し，代謝が抑えられる。
(d) 皮膚を流れる毛細血管の内径が拡張して，血流量が増加する。

(7) 以下の記述の中で，階段を上がるなどの軽い運動をしたときの変化として適切なものを１つ選び，記号をマークしなさい。

(a) 筋収縮刺激が引き金となり，骨格筋から心臓へと神経興奮が伝えられる結果，心拍数が増加する。
(b) 筋収縮により体温が上昇すると，アセチルコリンが副腎から分泌され，心拍数が増加する。
(c) 肺での呼吸による酸素の取り込み速度が上昇するとともに，筋での酸素の取り込みと細胞呼吸が促進される。
(d) 筋の内部で酸素が使われずにグルコースが分解し，血液中の二酸化炭素濃度が上昇する。

(8) 短距離走のアスリートは，100 m をほとんど無呼吸のまま走破する。以下の記述の中で，競技の直後に走者の体内で起こる変化として<u>誤っているもの</u>を１つ選び，記号をマークしなさい。

(a) 筋内のグルコースが分解し，乳酸の濃度が上昇する。
(b) 不足する血液中の酸素濃度を補うために，肺の呼吸数が上昇する。
(c) 心拍数の調節に関わる副交感神経の活動が活発になる。
(d) 筋組織が熱を産生するので，体温が上昇し発汗が促進される。

(9) 動物の体にはさまざまなフィードバック調節のしくみがある。以下の記述の中で，<u>フィードバックによる調節機構が関わらないものを２つ選び</u>，記号をマークしなさい。

(a) 血液中にチロキシンを注入すると，下垂体からの甲状腺刺激ホルモンの分泌が抑制される。

(b) 血糖値が上昇すると，その変化を膵臓のランゲルハンス島にあるB細胞が直接感知してインスリンを分泌し，このホルモンのはたらきで肝臓へのグルコースの取り込み速度が上昇する。

(c) ひざの腱紡錘によって受容された機械的な刺激の情報は，脊髄に伝えられ，運動ニューロンを経て，ひざの伸筋に伝えられ，収縮を引き起こす。

(d) 動物の皮膚の温度が低下すると，体の深部の温度が変化する前であっても，筋収縮などの体温調節反応が引き起こされる。

(e) 網膜上の視細胞が受ける光が増加すると，その刺激が視神経を介して中枢神経系へ，さらに，動眼神経とよばれるニューロンを介して眼に伝わり，瞳孔を収縮させる結果，視細胞が受ける光の量が減少する。

B 転写，翻訳に関する以下の問い(1)～(9)に答えなさい。

(1) mRNAを合成する際にRNA鎖を伸長させる酵素を何とよぶか。以下の選択肢の中から，もっとも適切なものを1つ選び，記号をマークしなさい。

(a) RNAポリメラーゼ
(b) RNAプライマーゼ
(c) RNAヘリカーゼ
(d) RNAキナーゼ
(e) RNAリガーゼ

(2) mRNAが合成されるときのDNA鎖について述べた以下の文の中から，正しいものを1つ選び，記号をマークしなさい。

(a) センス鎖もアンチセンス鎖も読み取られる。

(b) プロモーター領域にリプレッサーが結合しているかどうかでセンス鎖が読み取られるか，アンチセンス鎖が読み取られるかが変わる。

(c) センス鎖が読み取られる。

(d)　アンチセンス鎖が読み取られる。

(e)　センス鎖とアンチセンス鎖のどちらが読み取られるかは，エキソンごとに異なる。

(3)　真核生物において，翻訳開始コドンに結合するtRNAについて述べた以下の文の中から，正しいものを1つ選び，記号をマークしなさい。

(a)　メチオニンを運搬する。

(b)　フェニルアラニンを運搬する。

(c)　トリプトファンを運搬する。

(d)　運搬するアミノ酸は決まっていない。

(e)　運搬するアミノ酸はタンパク質の種類により異なる。

(4)　翻訳の終了について述べた以下の文の中から，もっとも適切なものを1つ選び，記号をマークしなさい。

(a)　3つの終止コドンが連続したところで終了する。

(b)　3つの終止コドンのいずれかが現れたところで終了する。

(c)　3つの終止コドンの中の1つのみを使うが，どれを使うかは生物ごとに異なる。

(d)　mRNAの3′末端まで翻訳されて終了する。

(e)　エキソンとイントロンの境界で終了する。

(5)　リボソームについて述べた以下の文の中から，もっとも適切なものを1つ選び，記号をマークしなさい。

(a)　分泌タンパク質は大サブユニットのみで合成される。

(b)　小サブユニットのみで合成されるタンパク質がある。

(c)　タンパク質だけでなくtRNAの合成の場でもある。

(d)　RNAだけからなる。

(e)　大小2つのサブユニットからなる。

(6)　コドンとそれに対応するアミノ酸について述べた以下の文の中から，正しいものを 1 つ選び，記号をマークしなさい。

(a)　すべてのコドンにアミノ酸が対応している。

(b)　タンパク質合成後に別のアミノ酸に変換されるものが 1 個あるので，コドン表にはそれを除く 19 種のアミノ酸が示されている。

(c)　20 種のアミノ酸はそれぞれ 1 個のコドンに対応しているので，対応しないコドンが 44 個存在する。

(d)　コドンの 1 番目と 2 番目の塩基が決まれば，対応するアミノ酸が決まる場合がある。

(e)　1 個のコドンに複数種のアミノ酸が対応する。

(7)　タンパク質合成が行われる場所もしくは細胞小器官として，適切でないものを 1 つ選び，記号をマークしなさい。

(a)　葉緑体

(b)　ミトコンドリア

(c)　核

(d)　細胞質基質

(e)　小胞体

(8)　以下の(ア)～(オ)は，翻訳の各ステップを述べたものである。正しい順番に並べられているものはどれか。もっとも適切な選択肢を 1 つ選び，記号をマークしなさい。

［ステップ］

(ア)　mRNA が核膜孔を通って細胞質に移動する。

(イ)　アミノ酸と結合した tRNA が mRNA に結合する。

(ウ)　リボソームが mRNA を 5′ から 3′ 末端の方向に移動するとともに tRNA がリボソームから離れる。

(エ)　アミノ酸どうしがペプチド結合により結びつく。

(オ)　mRNA がリボソームと結合する。

［選択肢］

(a) (ア) → (イ) → (ウ) → (エ) → (オ)

(b) (ア) → (オ) → (ウ) → (エ) → (イ)

(c) (ア) → (オ) → (イ) → (エ) → (ウ)

(d) (ア) → (エ) → (オ) → (イ) → (ウ)

(e) (ア) → (ウ) → (オ) → (イ) → (エ)

(9) tRNAの合成について述べた以下の文の中から，もっとも適切なものを1つ選び，記号をマークしなさい。

(a) 翻訳に使われたあとのmRNAを使い，細胞質で合成される。

(b) 核内でDNAの塩基配列を写し取って合成される。

(c) 細胞分裂にともなって娘細胞に分配されるので，新たな合成は起こらない。

(d) tRNA自身が鋳型となって新しいtRNAが細胞質で合成される。

(e) 細胞質にtRNAの遺伝情報を持つDNAがあり，これをもとに細胞質で合成される。

C 個体群や生物群集，生態系に関する以下の問い(1)～(5)に答えなさい。

(1) 動物種の個体の分布に関する以下の記述の中で，間違っているものを1つ選び，記号をマークしなさい。

(a) ある地域において，ある動物種の個体数を推定するには，個体の分布パターンや移動能力を把握することが必要不可欠である。

(b) 繁殖に適している生息地域においては，個体の分布は常に等間隔になる。

(c) 繁殖期と非繁殖期とでは，個体の分布が異なることが多い。

(d) 個体の分布には，各個体が必要とする資源の分布や種間相互作用が影響を与えている。

(2) 生物種の個体数の調査法に関する以下の記述の中で，適切でないものを1つ選び，記号をマークしなさい。

(a)　ある生物種の個体数を調査する際には，生息地域において全個体の位置を確かめ，観察された個体数を合計する。

(b)　生息地域に一定の面積をもつ区画を複数設け，その中で確認された個体数に基づいて生息地域全体の個体数を推定する。

(c)　移動能力の高い動物種の場合には，標識再捕法を用いて個体数を計算することができる。

(d)　個体数を調査する際には，対象種の行動や習性の日内変動や季節変動を考慮する必要がある。

(3)　個体群の成長に関する以下の記述の中で，間違っているものを1つ選び，記号をマークしなさい。

(a)　ある個体群が利用できる資源の量を制限すると，個体群の成長曲線がS字型になる傾向がある。

(b)　個体群密度には，利用可能な資源量以外に，個体の平均的な資源利用率や他の生物との相互作用，偶然に起きる撹乱が影響を与える。

(c)　個体群の成長は環境の収容力によって制限され，環境収容力に相当する個体数まで増えた後は一切変動しなくなり，長期的に安定する。

(d)　同種の個体間の競争は，異種の場合と比べて強い傾向があるので，個体群の成長が著しく制限されることが多い。

(4)　生物群集に関する以下の記述の中で，間違っているものを1つ選び，記号をマークしなさい。

(a)　ある一定の地域に生息する複数の種の個体群の集まりを生物群集とよぶ。

(b)　種の多様性を評価する指標として，出現する種の数や，それぞれの種の個体数の均等さを使うことができる。

(c)　生物群集の構成においては，共生や食物連鎖など種間相互作用が重要な役割を果たしている。

(d)　同じ地域に出現する複数の種の生態的地位は重ならないので，種間競争が起きない。

(5) 生物の個体群動態と人の生活との関係に関する以下の記述の中で，間違っているものを1つ選び，記号をマークしなさい。

(a) 農業や林業においては，作物や木材などの収穫量を減少させる害虫や病原菌の個体群動態を制御することが重要な課題である。

(b) 人間の営みは環境収容力に影響を及ぼさないので，野生生物個体群の成長曲線の形が人為的影響によって変わることはない。

(c) ある地域における野生生物個体数の変動を予測する際には，出生率や死亡率を把握するだけでなく，対象地域からの移出や移入も考慮する。

(d) 野生生物を資源として合理的に利用するには，個体群の齢構成と年齢毎の生存率から，個体数の動態を予測することが必要である。

Ⅱ 以下の文章を読み，問い(1)～(6)に答えなさい。(25点)

好熱菌は70℃以上の高温でも増殖できる。一方，大腸菌は40℃以下の温度でないと増殖できない。どちらの菌も，増殖する上で重要な役割を担う酵素A(①)をもち，好熱菌のものは約800アミノ酸，大腸菌のものは約600アミノ酸からなるポリペプチド鎖1本で構成されている。好熱菌由来の酵素Aは，C末端側の600アミノ酸の部分が大腸菌由来の酵素Aと同じ形に折りたたまれており，また，インスリンなど他のタンパク質にみられるシステイン残基を介した立体構造を強固にする力(②)がはたらいていないことも，共通点として挙げられる。しかし，これらの酵素Aの大きな違いとして，600アミノ酸の部分において，大腸菌の酵素Aでは，水になじみやすい親水性のアミノ酸残基の数がより多く，水をはじきやすい疎水性のアミノ酸残基の数がより少ない傾向にあることが挙げられる。つまり，2つの酵素Aでは［ア］次構造に大きな違いがあっても，よく似た［イ］次構造をもつといえる(③)。

タンパク質を構成する20種類のアミノ酸の間では，それぞれの側鎖の構造だけが異なっている。側鎖にはアルギニン側鎖のように親水性のものと，イソロイシン側鎖のように疎水性のものとがある。この性質の違いは，図1で示すように，アミノ酸の中にある炭素（C），水素（H），酸素（O），窒素（N）の間の化学結合において生じる電荷の偏りの違いに起因する。たとえば，CとCの間，またはCとHの間の化学結合に比べて，NとCの間の化学結合では，Nが負，Cが正の電荷を生じやすい。同様に，OとCの間の化学結合では，Oが負，Cが正の電荷を生じやすい。

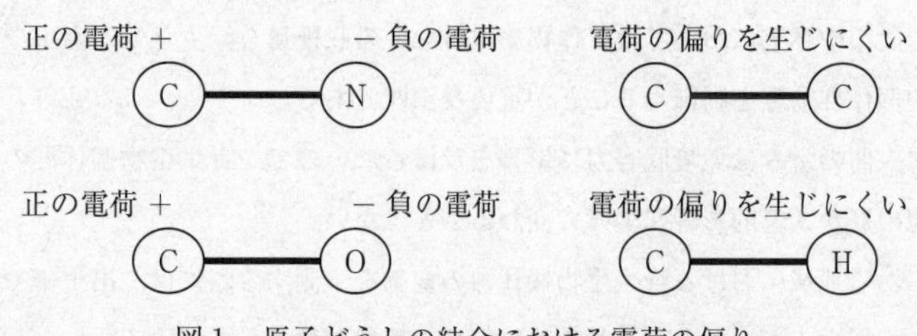

図1　原子どうしの結合における電荷の偏り

この原理によって，タンパク質中のアミノ酸の間で，水分子との相互作用における性質の違いが生じる。たとえば，④図2のアルギニン側鎖は，点線で示すNの集まっている部分で，3つのNが負の電荷を，それに化学結合しているCが大きな正の電荷をもつので，アルギニンを水に溶かすと，電荷の偏りをもつこの側鎖部分に，多くの水分子が接近する。このようなアミノ酸を総称して親水性アミノ酸とよぶ。⑤また，図2のイソロイシン側鎖は，電荷の偏りを生じにくいので，水分子は引き寄せられない。このようなアミノ酸を総称して疎水性アミノ酸とよぶ。

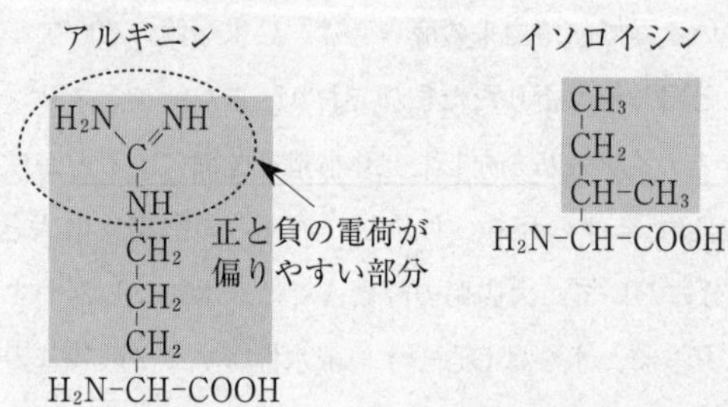

図2　親水性アミノ酸と疎水性アミノ酸の例（網掛けは側鎖を示す）

タンパク質の折りたたみのパターンは，そのタンパク質を構成するアミノ酸側鎖と水分子との間の相互作用に，深く関係している。親水性のアミノ酸側鎖と水分子との間は互いに引きあう力がはたらき，この力は疎水性のアミノ酸側鎖との間にははたらかない。水分子は安定して親水性のアミノ酸の周囲に集まろうとする。逆に，これが，疎水性のアミノ酸側鎖から水分子を遠ざけるので，疎水性のアミノ酸側鎖どうしを近くに集めるようにはたらく。これを「疎水性相互作用」という。タンパク質を⑥加熱すると，水分子が疎水性のアミノ酸の周囲にも接近しやすくなるので，特定の折りたたみ構造をとりにくくなり，その結果，立体構造が失われる。

(1)　下線部①の酵素Aは，遺伝子工学の実験では，微量の DNA を短時間で大量に増幅させる酵素として利用される。この酵素Aの名称と，DNA を増幅させる方法の名称を答えなさい。

(2)　(1)で答えた方法において，好熱菌の酵素Aがとくに利用される理由は何か。50 字以内で説明しなさい。ただし，「疎水性相互作用」の語句を用いること。

(3)　下線部②で示す立体構造を強固にする化学結合の名称を答えなさい。また，この結合に関与するアミノ酸を，選択肢１の**A**～**E**の中から選び，記号で答えなさい。

［選択肢１］

A

CH_3
S
CH_2
CH_2
$H_2N-CH-COOH$

B

OH
CH_2
$H_2N-CH-COOH$

C

CH_2
$CH_2\ CH_2$
$HN-CH-COOH$

D

CH_3
$H_2N-CH-COOH$

E

SH
CH_2
$H_2N-CH-COOH$

（網掛けは側鎖を示す）

(4)　下線部③の空欄 ア と イ にあてはまる整数を答えなさい。

(5)　下線部④と⑤の記述を参考に，選択肢２の**F**～**M**の中から，疎水性のアミノ酸をすべて選び，記号で答えなさい。

[選択肢 2]

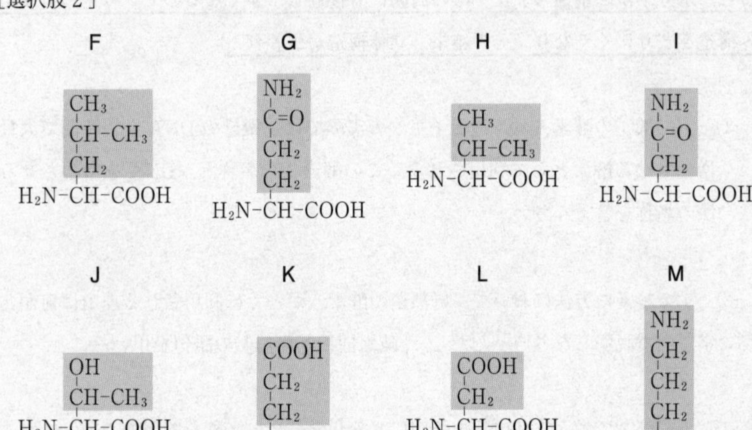

(網掛けは側鎖を示す)

(6)　下線部⑥に示す現象が酵素で起こり，酵素による化学反応速度が著しく低下することを何とよぶか，答えなさい。

Ⅲ　以下の文章を読み，問い(1)〜(6)に答えなさい。(25 点)

植物が，気孔の開閉を通して調節するCO_2固定経路は，図 1 の 3 つに大別される。1 つ目のC_3植物の場合，CO_2は最初に［(ア)］とよばれるC_5化合物と反応する。この反応では［(イ)］とよばれる酵素が触媒としてはたらき，C_3化合物である［(ウ)］が生成される。C_3植物は高温や乾燥といった条件下で，気孔を閉じやすくなり，CO_2固定速度が［(エ)］する。

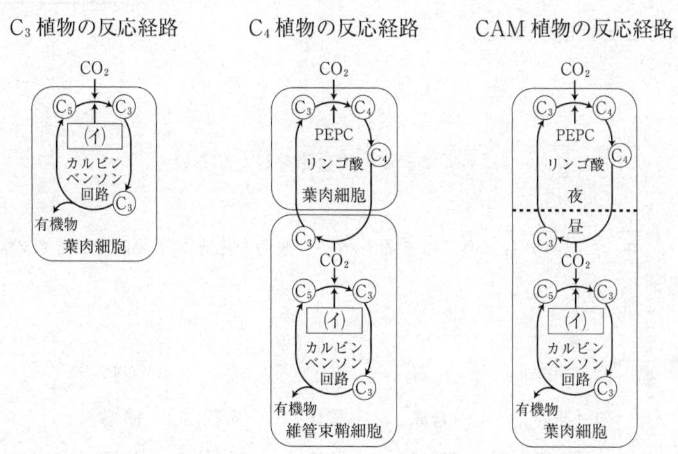

図 1　植物が気孔の開閉を通して調節するCO_2固定経路

2 つ目のC_4植物の場合，CO_2は最初にC_3化合物と反応する。この反応では，PEPC（ホスホエノールピルビン酸カルボキシラーゼ）とよばれる酵素が触媒としてはたらく。この反応で生成されたC_4化合物は，さらに維管束鞘細胞まで運搬されたのち，カルビン・ベンソン回路に取り込まれる。このしくみにより，気孔を半分閉じたままであっても，内部でCO_2を［(オ)］できるため，C_4植物は高温や乾燥といった条件下であっても，CO_2固定速度が［(エ)］しにくい。したがってC_3植物と比較して，C_4植物は高温の地域や，降水量の少ない地域に多い。この適応のしくみを理解するために，高温や乾燥といった条件に加え，光の強さやCO_2濃度を変化させ，C_4植物とC_3植物のCO_2吸収速度を比較する実験①が行われている。

3 つ目の CAM 植物は，まず夜間に気孔を開け，取り込んだCO_2をリンゴ酸のか

たちで ㈹ する。そして昼間に気孔を閉め，リンゴ酸から取り出したCO_2をカルビン・ベンソン回路に取り込む。したがってCAM植物は，CO_2固定経路を ㈺ に分けている。一方でC_4植物は，CO_2固定経路を ㈴ に分けているため，CAM植物との違いが明確である。CAM植物は茎や葉が肉厚な多肉植物に多く，昼間であっても気孔を閉めたまま，カルビン・ベンソン回路で有機物を合成できるため，C_4植物よりもさらに高温や乾燥に適応できる。このように，高温や乾燥に対する植物の適応に注目すると，上記の3つのCO_2固定経路の違いがよく理解できる。温度や湿度の変化が植物におよぼす影響を理解したうえで，地球温暖化の具体的な影響②と対策を考えることが重要である。

問い

(1) ㈠ ～ ㈬ にあてはまる適切な語を答えなさい。

(2) ㈣ ～ ㈹ にあてはまるもっとも適切な語を，下記のそれぞれの語群から選び，答えなさい。

㈣ の［語群］	上昇	低下	安定	変動
㈵ の［語群］	合成	酸化	希釈	濃縮
㈹ の［語群］	消費	蓄積	分離	分配

(3) ㈺ と ㈴ にあてはまるもっとも適切な語を，それぞれ下記の語群から選び，答えなさい。

［語群］

促進的	抑制的	好気的	嫌気的
空間的	時間的	酸化的	還元的

(4) 下線部①に該当する実験を行うために，ある実験装置の中に植物を入れた。その結果の一例を，図2に示す。下記の選択肢(a)～(f)から，図2の説明として適切なものをすべて選び，答えなさい。

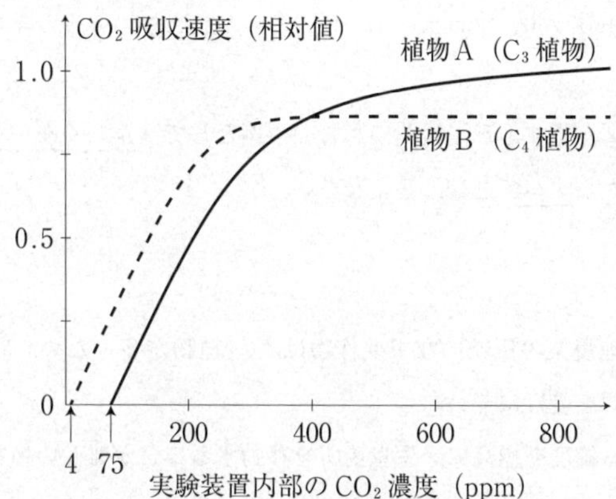

図2　CO_2濃度の変化に対する植物Aと植物BのCO_2吸収速度

CO_2吸収速度の値は，単位面積あたりの葉における，見かけの光合成速度（単位時間あたりに，葉への吸収が実際に観察されたCO_2重量）の相対値である。負の値は除外した。

［選択肢］

(a)　CO_2濃度が4 ppmのとき，植物Bのみが，光合成による成長が可能である。

(b)　CO_2濃度が75 ppmのとき，植物Bのみが，光合成による成長が可能である。

(c)　CO_2濃度が75 ppmのとき，植物Bのみが，光合成を行っている。

(d)　CO_2濃度が75 ppmのとき，植物Aの光合成によるCO_2吸収量と，呼吸によるCO_2放出量とがつり合っている。

(e)　CO_2濃度が600 ppmのとき，植物Aのみが，光合成による成長が可能である。

(f)　CO_2濃度が400 ppmから800 ppmに倍増するとき，植物Aのみが，光合成速度を増加させる。

(5)　C_3植物，C_4植物，CAM植物の，それぞれの例として，もっとも適切なものを，下記の解答群(a)〜(f)から選び，答えなさい。

［解答群］

(a)　イネ，ヒエ　　(b)　コムギ，レタス

(c)　シイタケ，ブナシメジ　　(d)　ウチワサボテン，イチョウ

(e)　パイナップル，アロエ　　(f)　トウモロコシ，サトウキビ

(6)　下線部②が指す地球温暖化の影響の事例として，正しくないものを下記の選択肢(a)〜(f)からすべて選び，答えなさい。

［選択肢］

(a)　寒冷地農業の伝統的な主要作物は，C_3 植物が多いため，収穫量は地球温暖化の影響を受けにくい。

(b)　異なる緯度や標高に，生息場所を移動することが難しい植物は，地球温暖化の影響による絶滅の危険性が高まりやすい。

(c)　熱帯地域の農業では，地球温暖化の影響により C_4 植物の雑草が増加し，収穫量の減少につながる場合がある。

(d)　人間の活動領域から遠く離れた高山や島においては，地球温暖化が植生に与える影響は少ない。

(e)　地球温暖化の影響で，短期的に収穫量が増加する地域や農作物がある。

(f)　地域と農作物の種類によっては，地球温暖化の影響で，従来の収穫量と品質を維持することが難しい。

Ⅳ　以下の図1をよく見て，問い(1)〜(8)に答えなさい。(20 点)

図1　中央大学多摩キャンパスの生物

B，Iは10月中旬，Gは6月中旬，それ以外はすべて4月末の撮影である。
Gの右側は左側の写真の拡大。

(1)　図1の生物から，従属栄養生物をすべて選び，記号で答えなさい。

(2)　図1の生物から，胞子で繁殖する独立栄養生物をすべて選び，記号で答えなさい。

(3)　写真Aは，ヤマツツジ *Rhododendron kaempferi* の一部である。写真にある番号1および2の名称を，それぞれ解答欄に答えなさい。また，その構造と同様のはたらきをする構造を，写真G（クロマツ *Pinus thunbergii*）にある黒と白の矢印から選び，解答欄にある文字のあてはまる方を丸で囲みなさい。なお，Gの左写真にある白矢印のうち上のものはこの年につくられ，下のものは前年につくられている。

〔解答欄〕

1の矢印の色：　黒　　　白

2の矢印の色：　黒　　　白

(4)　写真Dの中央にある葉をもつ植物は，矢印で示したような器官をつくる。この器官は中央に穴が開いた壺のような形をしており，写真Aにある器官と同じはたらきをする。写真Aに番号で示した構造はこの壺形の中にある。この器官はなぜこのような地表すれすれの場所につくられているか。理由を考えて，40字以内で答えなさい。

(5)　写真Fは，ブナ科のコナラ *Quercus serrata* という植物の種子が発芽後，しばらく経ったものである。白矢印で示した2つの構造は，右側の部分で茎の基部と連結しているが，色は茶色であった。この構造は何であると考えられるか。適切な用語を答えなさい。また，このような特徴をもつ種子を何とよぶか答えなさい。

(6)　写真Iの生物には，白矢印で示したように，よく見ると体表に短い突起のようなものがたくさんみられるが，これも生物である。この生物は生態系における食物連鎖の中では，分解者としてはたらいている。このような生物が関わる食物連鎖はとくに何とよばれるか，その名称を答えなさい。また，その連鎖において写真Iの生物と同様の役割を果たしている生物を，図1の写真A～Hの中から1つ選び，記号で答えなさい。

(7)　中央大学多摩キャンパスがある地域のバイオームの名称を，答えなさい。

(8)　日本のバイオームは，特殊な環境を除けば，どの地域でも森林である。その理由を40字以内で答えなさい。

解答編

英語

I **解答** 1．(ア)—C (イ)—A (ウ)—D (エ)—D
2．1—B 2—A 3—D 4—B
3．1—C 2—B 3—C 4—A 4．C・F

◆全 訳◆

≪宇宙探査機，火星へ行く≫

2021年2月，新たな3機の宇宙探査機がそれぞれ別々に火星に到達した。それらのうち2機は，それを宇宙の奥深くまで送った国にとっては初めてのものだった。一方で3番目の宇宙探査機は，火星探索に新たな時代を開いた。最初の探査機はHopeとしても知られる，アラブ首長国連邦のMars Mission（火星ミッション）だった。この探査機は2月9日に軌道に入った。その後まもなく，中国の天問1号探査機が火星に到達した。この探査機は火星の表面に探査車を下ろす計画だった。

これらのミッションはどちらも両国にとっては並外れた偉業であり，おかげで両国は火星に探査機を送ることに成功したアメリカ，ロシア，ヨーロッパ，インドの仲間入りを果たした。しかしながら，新聞の見出しが最も躍ったのは3番目の探査機のミッションだった。

2月18日，NASAは自動車サイズの探査車，パーサヴィアランスを火星表面に着陸させた。この探査車には行うべき科学的目標の長いリストがあった。「我々は火星が惑星としていかにして形成されたか，もっと十分に理解したいのである」と，パーサヴィアランス科学チームの一員であるサンジーブ・グプタは言う。地球上では地殻が絶えず動いており，そのせいで，形成されたまさに最初の地球表面の岩石がほとんど破壊されてしまっている。しかし，火星では最も古い岩石が保存されている。したがって，40億年以上，絶えることなくずっと記録を遡れる。そのような非常に古い岩石は火星の生成の歴史を教えてくれるばかりではなく，そもそも生命がこの赤い惑星に誕生したかどうかの鍵も含んでいるかもしれない。

しかしパーサヴィアランスの任務がユニークなものになっているのは，これが 2031 年頃に火星の岩石を地球に持ち帰るという，NASA と欧州宇宙機関共同の野心的な 10 年計画の第一弾でもあるということだ。「科学者たちは火星から地球に岩石を持ち帰ることを非常に望んでいる」とグプタは言う。最も進んだ火星探査車であっても，それを使うより地球での方がサンプルをはるかに丁寧に分析できる。また，実験技術は絶えず向上しているので，サンプルは年々調べ続けることができ，新たな発見があるかもしれないのである。

サンプルの岩石を地球に持ち帰ることの価値が実証されたのは，1970 年代だった。アポロ宇宙船の飛行士たちが持ち帰った月の岩石の分析によって，太陽系の歴史と形成に関する我々の理解が変わってしまったのである。

この成功を火星で繰り返すために，パーサヴィアランスには 30 個以上の容器が備え付けられており，その中に興味深そうな岩石を積み込むことになっている。NASA と欧州宇宙機関との共同プロジェクトに従って，欧州の探査車が 2028 年に火星に到達して容器を回収してくる予定だ。探査車はそれらの容器を火星上昇機として知られる NASA の宇宙探査機に詰め込む。そして，この火星上昇機がそれらの容器を地球回帰軌道機と呼ばれる欧州の探査機に運び，その探査機がサンプルを地球に持ってくることになっている。

1970 年代の月の岩石サンプルは生命のない世界から持ち帰られたが，一方火星はかつて生命体が存在可能な惑星であった可能性がある。したがって，重要な調査は過去，もしくは恐らく現在の生命体の証拠探しを伴うものとなるであろう。そして，それはまったく新たな問題を生み出すことになる。「もし火星で生命を示すしるしを発見すれば，それが火星の生命体であるということを知りたくなるだろう。そうではないか？　宇宙探査機で自分に偶然くっついてきたバクテリアなど発見したくはないだろう」と宇宙政策アドバイザーのケーシー=ドレイアーは言う。

科学的結果をできるだけ純粋なものにしておくために，宇宙探査機と装備は薬品もしくは熱処理によってきれいにされる。そのような措置は惑星保護として知られているものであり，二つの部分に分かれる。一つは前方汚染で，地球生命体を他の世界に持ち込むことであり，もう一つは後方汚染である。これはどれだけ可能性が少ないとしても，地球外生命体が地球に持ち帰られ，それが外に逃れ出す可能性に関わるものである。

惑星保護の問題は，元々は初めての衛星が地球周回軌道に打ち上げられた 1950 年代に議論されていたものである。しかし，1971 年にマリナー 9 号が火星の周回軌道に入った初めての宇宙探査機となったとき，話は変わった。マリナー 9 号が送ってきた映像に多くの人々が失望した。なんら植物は見られず，生命体を示す目に見えるものは何もなかったからである。実際，過去の生命体を示すものさえ何もなかった。「実際，火星がどれだけただ死んだ様相を呈していたか，それを見た人々は驚いた」とトーマス=チェニー宇宙学講師は言う。

しかし，もっと最近の数十年間におけるより詳しい研究により，再び意見は逆になった。火星は生物が住める可能性があったし，液体の水が存在する惑星の部分にはまだ小さなバクテリアが生存しているかもしれないと，今では考えられている。惑星保護が意味するのは，宇宙探査機がこのような地域には入れないということだ。したがって生命探知実験は生命を維持している可能性が最も高い地域は調査できず，それゆえに火星の過去の生命体の証拠を探すことに集中しなければならないのである。

また，地球探検の観点から，過去に人間が犯した間違いを繰り返すのではないかという懸念もある。たとえば，ヨーロッパ人のハワイ植民は，その島にはそれまでなかった種々のバクテリアを島に持ち込み，ハワイ原住民が生まれつきの抵抗力を持っていない病気で彼らの多くを殺してしまった。火星には動物という生命体が実際にいる可能性はゼロだが，一方，科学者の中にはハワイの場合と同じ懸念がバクテリアにもあると考えている者もいる。「もし生命がそこにあるならば，偶然にしろ，その生命体を殺してしまう生物を持ち込みたくはない」とチェニーは主張する。これは，人間を火星に送り，やがて人間の居住地を作るという NASA の計画では，特に重要なことなのである。

しかし惑星保護の規則に従わなければならないということに，すべての人が同意しているわけではない。人間を火星に送ることを強く支持しているロバート=ズブリンは，宇宙からの隕石が何度も地球に衝突していることを指摘している。特に ALH84001 という火星から来た一つの隕石は，

1996年に科学者たちの研究グループが隕石内部に火星のバクテリアの化石を発見したと主張して，非常な関心を集めた。その結論は未だに熱く議論されているけれども，分析によって，その隕石は摂氏40度以上の温度にさらされたことは一度もないということがわかった。「もしその中にバクテリアが含まれていたとしたら，それらは地球に達するまで生き延びることができていたであろう。何十億トンものそのような物質が過去40億年の間に火星から地球へ運ばれてきている」とズブリンは言う。言い換えれば，もし自然が惑星保護の規則を尊重していないとしたら，どうして人間が尊重しなければならないのであろうか？

◀解　説▶

1．(ア)複数名詞を受けるtheyが何を指しているか。前にある複数名詞を見ると，laboratory techniquesとさらにその前文の主語samplesがある。ここでtheyに続く動詞を見ると，be examinedと受身になっている。techniquesが「調べられる」わけではない。調べられるのは火星から持ち帰ってきた「サンプル」である。したがって，Cが適切。

(イ) The pictures it sent backのit以下は関係代名詞節。したがって「送り返す」の主語はit。映像を「送り返す」ことができるものについては，前文にMariner 9とspacecraftがある。選択肢の中にはMariner 9があるので，これが正解。

(ウ) these areas「これらの地域」のtheseは複数名詞を受ける。前文を見ると，parts of the planet「惑星（火星）の地域」がある。文脈的にも水のあるところはバクテリアがいて，入っていくには危険だという話で辻褄が合う。ただし，選択肢はparts of the planetがareasと書き換えられているので注意。

(エ) they had no natural protection againstが関係代名詞節であることに注意。againstの目的語に相当する先行詞はdiseaseである。病気に対する生まれつきの抵抗力を持たない「彼ら」とは，ハワイに住むnative people「原住民」である。

2．1．文の前半で地球の岩石はdestroyed「破壊されている」と述べられている。そして，次に逆接のbut「しかし」があるので，火星の岩石は「破壊されていない」という趣旨の言葉が来るはず。それに相当するのはBのpreserved「保持されている」である。

2．月から持ち帰られた岩石が太陽系の歴史と生成に関する人々の理解を変えたと述べられている。それほど実際のサンプルを持って帰る「価値」はあるということ。したがって，Aの value が正解。

3．文の前半は月が生命のない世界であると述べられ，文の後半では火星は生物が生存可能であった可能性があると述べられている。前半と後半は逆接的関係になっている。したがって，Dの whereas「～である一方で」という接続詞が適切。なお，Aの However は副詞，Bの Unlike は前置詞などであり，文頭で接続詞としては使えないので不可。

4．次文でロバート=ズブリンが「惑星保護の規則」に反した主張をしており，すべての人が「惑星保護の規則」に賛同しているわけではないことがわかる。したがって，Bの obeyed「守られる」を入れて，「すべての人が規則は守られるべきだということに同意しているわけではない」と理解するのが適切。

3．1．パーサヴィアランスの目的と合致していないのは，Cの「火星表面の地殻の運動を調べること」である。第3段第4文（On Earth, the constant …）に「地殻の運動」の話はあるが，これは「地球」の話である。

2．火星の岩石を地球に持って来る理由については，第4段第3文（Samples can be analyzed …）に「地球での方がサンプルをはるかに丁寧に分析できる」と述べられている。このことと，Bの「火星探査車は詳しく岩石を調べられないから」が内容的に一致する。

3．惑星保護の規則の目的と一致しないのは，Cの「地球の生命体を無事に火星に持って行く」である。第8段第3文（Forward contamination is …）に述べられているように，惑星保護の目的は次の2つ。1つ目は，火星にもし生命体があるとしたら，それを殺すようなものを地球から持っていかない。2つ目は，その逆に地球の生命体を危険にさらすようなものを火星から持ち込まないということである。

4．ALH84001 については最終段で言及されている。同段第5文（"If there had been …）でズブリンが言っていることは，もし隕石にバクテリアが含まれているとしたら，すでに地球には火星から相当のバクテリアが入ってきているということである。Aの「その意味は，地球外生命がすでに地球に持ち込まれているかもしれないということである」がこの内容に一致する。

4．Cの「火星の岩石を地球に持ち帰る工程を完了するには，パーサヴィアランスを含めて少なくとも4機の探査車および宇宙探査機が必要だろう」は，第6段に具体的内容が書かれている。その工程は

①パーサヴィアランスが備え付けの容器に岩石を積み込む。

②欧州の探査車が火星に到着してその容器を回収する。

③欧州の探査車は火星上昇機として知られる宇宙探査機にその容器を詰め込む。

④火星上昇機はそれらの容器を地球回帰軌道機と呼ばれる欧州の探査機に運び，その探査機がサンプルを地球に持ち帰る。

の4段階である。したがって，少なくとも4機の探査車および宇宙探査機が必要であることがわかり，本文の内容に一致する。

Fの「パーサヴィアランスは火星で生命が存在している可能性が最も高い地域には行くことができない」は，第10段第2・3文（It is now … into these areas.）にバクテリアが存在する可能性のあるところには宇宙探査機は入れないと述べられていることと一致する。

II　解答

1―A　2―C　3―B　4―B　5―A　6―B
7―B　8―D　9―C　10―A

◀解　説▶

1．「最終プレゼンの日が来た」There came the day は「～の日が来た」という意味で主語は the day である。したがって，この文は「最終のプレゼンの日」と理解してAの of を入れるのが適切。

2．「サトウ博士は一流の研究者たちと国際的に協力したばかりでなく，日本でも同様に多くの研究プロジェクトをリードした」 not only *A* but also *B*「*A* ばかりでなく *B* も」のバリエーション。否定の副詞句 not only が前置されているので，has she と倒置になっている。

3．「6時になったので，オフィスは閉められた」 この文では接続詞がないのがポイント。接続詞がないので，Aの was は入れられない。Bの being を入れ分詞構文にする。

4．「そのような明らかなミスを犯すとは君は不注意だ」 形式主語構文の It is ～ for *A* to *do* は，～に人の性格などを表す形容詞（careless, kind

など）がくるとforではなくofになる。これも必須構文。

5.「この問題に関して，私は何も言うことができない」 in relation to ～という形で「～に関連して」という意味。

6.「彼女は授業の宿題をしなかった。また，教科書を読むこともしなかった」 Nor＋倒置文は「また～でない」という構文。肯定文のSo＋倒置文「また～である」とセットで覚えること。

7.「批判にもかかわらず，その理論に従う人が今でも一部いる」 despite the criticism という挿入句があるが，基本構文はThere are ～「～がある」である。したがってwhoの前には主語の形になれる名詞がくる。関係代名詞がwhoなので，人も表せるBのsomeが正解。

8.「今や彼は5年前の彼とは全く違う」「昔の彼」という言い方は通常，what he was もしくは what he used to be である。しかし，選択肢にwhatはない。whatに代わるものとして使え，また前置詞fromの目的語となり，かつbe動詞の補語になれるのはhowだけである。how he used to beも意味は「昔の彼」である。

9.「彼らは良い面だけが見られるようにスピーチ原稿を作った」 in such a way that ～は「～といった方法で，～となるように」という意味。これもひとつの形として覚えておきたい。

10.「ここでは通常，配達業務は予定通りに行われるので，薬は明日入るはずだ」 分詞構文で使われるgivenを問う問題。givenは「～を考えると」の意味。givenの後には名詞やthat節がくる。

III 解答

1―B　2―D　3―A　4―B　5―A　6―C
7―D　8―A　9―B　10―D

◀解　説▶

1.「その家を買う余裕はない」 can afford to *do*「～する余裕がある」の必須表現。

2.「その提出用の文書は，この会社のホームページから手に入る」 前置詞fromに相応しいのはDのavailableである。「～から手に入る」と理解するのが妥当。なお，Aのcapable「～できる」はbe capable ofの形で覚えること。

3.「そのパートの人は予告もなしに辞めた」 without noticeは「予告な

しに」という意味。

4.「コーチはチームの発展のために精神的強さと肉体的健康を結びつけようとした」 前置詞 with に相応しい動詞はBの combine である。combine *A* with *B* で「*A* を *B* と結びつける」の意味。

5.「彼はみんなの要望を考慮にいれて予定を立てた」 set up a schedule で「予定を立てる」の意味。また，take *A* into account は「*A* を考慮に入れる」という必須表現。

6.「そのチームの代表は誤解を招く言い方を謝罪した」 wording は「言い方，言葉遣い」の意味。「謝罪する」に相応しい形容詞はCの misleading「誤解を招く」である。

7.「新聞は記事からある重要な情報を省いた」 前置詞 from に相応しい動詞はDの omit「省略する」である。omit *A* from *B*「*B* から *A* を省く」の意。

8.「その知らせを受けて，私の免許が今にも有効期限が切れそうになっていることに気づいた」 license「免許」に相応しい動詞はAの expire「有効期限が切れる」である。なお，文中の be about to *do* は「まさに～しようとしている」の必須表現。

9.「もしその考えを確認したいならば，もっと信頼できる証拠を見つける必要があるだろう」 confirm the idea「その考えを確認する」ために必要な evidence「証拠」はどのような証拠かを考える。これに相応しいのはBの reliable「信頼できる」である。

10.「人間の活動が地球温暖化を引き起こしているということは広く受け入れられている考えである」 この文の It は that 節を受ける形式主語である。副詞 widely「広く」に相応しい形容詞はDの accepted「受け入れられている」である。

Ⅳ **解答** C・E・G・K

◀解 説▶

A. 1.「ここでは電車はめったに時間通り走らない」

2.「この町では電車が遅れるのは普通ではない」

1では「電車は遅れる」で，2では「時間通り」というのが基本的な文意なので，意味が反対。

B．1．「ジェットコースターほど悪いものは私にはない」

2．「私はジェットコースターが他の何よりも好きだ」

1は「ジェットコースターが嫌い」，2は「好き」ということなので意味が反対。

C．1．「もしテストのことをもっと早く知っていれば，テスト勉強をしていたのに」

2．「テストについて聞いたころには，試験勉強をするには遅すぎた」

1は仮定法の文。実際は勉強できなかったということなので，2と同じ意味になる。

D．1．「私の提案は少し議論された後，却下された」

2．「私の考えについていったん話し合うや否や，私たちはそれを推し進めることを決定した」

1は「却下された」で，2は「同意された」ということであるから意味が反対。

E．1．「イノベーションが，その会社の収益が出た年の後押しをしたと言われていた」

2．「会社はイノベーション能力のおかげで今年は収益を上げた」

1の文における behind（前置詞）は「支持して，後押しして，推進して」の意味である。

F．1．「その会社は，経験の有無にかかわらず人を雇う」

2．「経験不足にもかかわらず，その会社はまだ人を雇っていた」

1の「経験の有無」は人に関してであり，2の「経験不足」はその会社についてである。

G．1．「我々は新しいシステムの導入の際に出てくると思われる問題を予想していた」

2．「新しいシステムの導入は予想外の問題を作り出しはしなかった」

2は「予想外の問題を作り出さなかった」つまり「想定内の問題」だったという意味で1と意味内容が一致する。

H．1．「一人でいることは必ずしも孤独を感じるという意味ではない」

2．「もし一人でいて孤独を感じることがあるとしても，一人でいることは必要ではない」

1の not necessarily は「必ずしも～とは限らない」という部分否定であり，「～する必要がない」という2とは意味がずれている。

I．1.「風が強く吹けば吹くほど，舟は速く進み始めた」

2.「風が強くなるにつれて，舟はほとんどスピードを維持できなくなった」

1は「舟が速く進む」で，2は「速く進まなかった」ということで意味が反対。

J．1.「ソーシャルメディアが社会にとってよいものであるかどうかは議論の余地がある」

2.「今ではソーシャルメディアは全般的によいものだとわかっている」

1は，ソーシャルメディアが社会にとってよいかどうかわからないという内容，2はよいという内容なので意味がずれている。

K．1.「この湖はミシガンの湖とほぼ同じ大きさだ」

2.「ミシガンの湖はこの湖よりわずかに大きいだけだ」

1は「ほぼ同じ大きさ」，2は「わずかに大きいだけ」ということで，どちらも似たりよったりの大きさという点で，意味内容が近い。

L．1.「テストを終える前に時間切れとなってしまった」

2.「テストをなんとか時間内に終えることができた」

1は時間内にできなかったという意味であり，2は時間内にできたということで，意味が反対。

V 解答

1．1－B　2－D　3－A　4－D　5－A

2．1－C　2－C　3－A　4－B　5－B

◆全　訳◆

1．≪プラスチックのリサイクル問題≫

ものをリサイクルはよい感じがする。炭酸飲料容器とビニール袋を他のゴミと分別するとき，自分が地球を助けているように思える。不燃物用のゴミ箱にプラスチックをたくさん入れれば入れるほど，ゴミ埋め立て地からどんどん遠ざかっていくのだ。そうでしょ？　いや，それは間違っている。どれだけ多くのプラスチックをリサイクルしようとしても，ほとんどのプラスチックは結局ゴミになるのである。食品の包装材を取りあげてみよう。食品の包装材は数層から成っていて，それぞれの層は異なった種類のプラスチックからできている。それぞれの種類は異なっているので，これらの包装材はリサイクルできない。たった一種類のプラスチックから作られているものでさえ，リサイクルできないものがある。たとえばヨーグルトのカップにはポリプロピレンというプラスチックが含まれている。これがリサイクルされると，黒くて臭い物質になる。その結果，ほとんどのリサイクル工場はそれにまったく手を出さない。

2種類のプラスチックだけが一般的にリサイクルされている。1つは，炭酸飲料に使われる種類のもので，PET（ポリエチレンテレフタラート）として知られているものであり，もう1種類は洗剤容器に使われる種類のプラスチックである。これらのプラスチックを合わせても，プラスチックゴミのごくわずかにしかならない。これが意味するのは，世界中のプラスチックゴミのたった9％しかリサイクルされていないということなのだ。プラスチックのだいたい12％が焼却され，残りの79％が陸地や海に積み上がっているのである。プラスチックのリサイクルは緊急に解決される必要のある問題である。

2．≪求人応募≫

宛先：ヒンカートン・リテール社　リチャード=ランドン様

送信者：ピーター=ガートン

件名：『リテール・タイムズ』誌の広告

ランドン様

貴社が10月14日付けの『リテール・タイムズ』誌に広告を出された，マーケティング・マネージャーの職に応募するためにこれを書いております。

私はスーパー業界で20年以上の経験があります。カルマート・ホールディングス，フレスコ・スーパーマーケット，もっとも最近ではバルモラル・グループに勤務しておりました。バルモラル・グループでは，マーケティング部門の副マネージャーをしており，そこでグループ内の新製品の発売や新サービスの開始に関するすべての企画の共同責任者を務めておりました。2018年には，バルモラルの銀行業務進出の責任者を務め，全国宣伝キャンペーンを担当し，売上げを予測より40％以上押し上げることに貢献いたしました。翌年には，新しい店舗の設計が顧客の行動に与える影響に関するデータ集めの企画を担当いたしました。その企画でいくつかの提案を行い，それらは全国のバルモラルの店で実施されました。

プロとしての確かな経歴と勤勉さで，私はヒンカートン・リテール社のマーケティングチームに積極的な貢献ができるものと確信しております。私の資格および経験についての詳細は添付の履歴書を見てくださるようにお願いいたします。

お読みいただきありがとうございます。しかるべきときにお返事をいただければ幸甚です。

敬具

ピーター=ガートン

◀解　説▶

1．1．how much に繋がる形としては，B の No matter しかない。接続詞である D の As では how much 以下の意味が取れない。No matter how much plastic you try to recycle「どれだけ多くプラスチックを再利用しようとしても」という譲歩構文。

2．前文では，ヨーグルトのカップはリサイクルされるときに黒く臭い物質になってしまうと述べられている。空所 2 に続く文では「リサイクル工場がそれにまったく手を出さない」と述べられている。つまり，後続文は前文の「結果」となっている。したがって，D の As a result「結果として」が適切。

3．この段の第 1 文（Only two kinds of …）で「2 つのもの」しかリサイクルできないと述べられ，1 つが PET だと言われている。次に「もう 1 つのもの」が述べられている。「2 つのもの」しかない場合の「1 つは～，もう 1 つは…」の構文は，one ～ , the other … の組み合わせになる。B は 3 つ以上の場合になるので注意。

4．次の文で，リサイクルされるプラスチックゴミは，世界のプラスチックゴミの 9%に過ぎないと述べられている。つまり，PET と洗剤容器がプラスチックゴミのわずかな部分を占めるだけだとわかる。よって，D の make up「構成する」が適切。

5．プラスチックゴミのリサイクル率はとても低い。したがって，問題は残ったままで，事態は深刻になる一方である。だとすれば，空所には A の「プラスチックのリサイクルは緊急に解決される必要のある問題だ」がもっとも適切。B は，炭酸飲料や洗剤容器だけのリサイクルでは問題は解決しないので不可。また，Cは This percentage「このパーセンテージ」が何を指すのか不明。焼却分の12％を指すとすれば，リサイクルとは関係がなくなる。リサイクルの9％を指すとすれば，this ではなく，that のように遠くのものを指す指示代名詞か，the 9 percent「その9％」としないと意味がわからない。Dは「焼却」の話になっており，「リサイクル」の趣旨からずれる。

2．1．空所1の前の jointly は「共同で」という意味。つまり新製品発売の企画などを「共同で」行っていたという話である。したがって，Cの responsible for ～「～に責任がある」が適切。

2．これは文法問題。空所2の前に接続詞がない。つまり，この文が分詞構文であると気づけるかが問われている。それがわかれば，過去形の managed が不適切で，分詞の managing を選ぶべきだとわかる。

3．文末の on customer behavior の on を見て，effect on ～「～への影響」という形が見えるかという問題。the effect of new store layouts on customer behavior は「新しい店舗の設計が顧客の行動に与える影響」という意味である。

4．文法的には少々不思議な形だが，Please find attached my resumé. は「添付の履歴書をご確認ください」の意味の定型表現。

5．自己アピールの最後の言葉として適切なのは，Bの「お読みいただきありがとうございます」という感謝の言葉であろう。Aは自分からさらにしつこく連絡するという押しつけがましい表現。Cは本文中にバルモラル・グループは出てくるが，この会社の recommendations「推薦状」の話はない。Dはまだ採用が決まっていないので不適切。

Ⅵ　解答

1－F　2－C　3－B　4－E　5－A　6－D　7－G

◆全　訳◆

≪新技術で解明された「レターロック」≫

1697年，フランスのある男がオランダにいる従兄弟に手紙を書いて重要な証明書を求めた。彼はその手紙が封筒なしでもまとまるように折り畳み，封印して従兄弟に出した。なんらかの理由でその手紙が宛先に届くことは決してなく，今日でも封印されたままである。しかし，それでも歴史家と科学者のチームがその手紙を解読した。それは，高分解能撮影と「バーチャル開封」アルゴリズムのおかげである。

「スキャン＆開封」技術は様々な用途があり，たとえば非常に脆くて手で触れないような歴史的文書の文章を明らかにすることから，古い折り紙の折り方を理解することまで幅広く使われる。しかし，『Nature Communications』に発表されたこの新しい研究を推進した研究者たちが最もワクワクしたのは，スキャン＆開封技術を使って「レターロッキング」という技術を調べたことである。レターロッキングとは，手紙を簡単には開封できないように丁寧に折り畳んで，ハサミを入れ，封印する技術である。この技術は現代の封筒が発明される以前の時代に広く使われていた。現代の封筒も手紙を中に「ロック」するために使われるものである。ほぼ20年前に，この技術はマサチューセッツ工科大学図書館の研究者で『Nature Communications』に発表された新しい研究論文の共著者であるジャナ=ダンブロジオの関心を引いた。

ダンブロジオは，数多くの歴史的文書にある，明らかにわざとつけられた小さな切れ目と折り目に注目していた。やがて彼女はその目的を推測した。「切れ目や折り目は錠のように見えた。私の推測では，それは安全を保つためであり，つまりそれは意図的に組み込まれていたということである。私の反応は『まあ大変。この証拠を取り去ってしまわないように人々に知らせる必要がある。なぜなら，この小さな切り込みや折り畳みは，今まで深く研究されたことのない，安全性を保つためのこの慣習を示す証拠だから』というものだった」と彼女は言う。

過去7年間，彼女はダニエル=スターザ=スミス（ロンドン大学キングス・カレッジの初期近代英文学講師であり，論文の共著者）と協力してレターロッキングの探求を行ってきた。この二人の研究者とそのチームは60以上のレターロッキングの方法のカタログを作成した。「1850年以前には現代の封筒のようなものは実際まったくなかった」とスミスは言う。紙は高価なものであり，別の封筒用に無駄使いはできなかった。「だから，もし手紙を送りたいなら，レターロッキングを使わなければならなかった。つまり，その手紙はそれ自体が封筒，すなわち送るための道具となる必要があった」と彼女は言う。

◀解　説▶

1．空所 1 の後の and remains sealed today「今日も封印されたままである」という内容から見て，その手紙は never reached its destination「決して宛先に届かなかった」と考えるのが適切。よってFが入る。

2．空所 2 の後の applications は「用途」という意味。以下，その具体例となっている。この applications に相応しい選択肢はCの could have a variety である。have a variety of applications で「様々な用途がある」の意味。

3．この文の主語は it = this technique（レターロッキング）である。また空所 3 の後に前置詞 of がある。この主語と前置詞 of に相応しい選択肢はBの captured the interest である。つまり「ジャナ=ダンブロジオの関心を引いた」ということ。

4．文の主語の They は前文の cuts and folds「切れ目と折り目」である。また空所 4 の後には security「安全性」という言葉がある。つまり「安全」を保つための looked like locks「錠のように見えた」ということである。「切れ目と折り目」が「錠」の役割をしていたということ。よってEが入る。

5．because 以下の主語は「切れ目と折り目」である。この複数形の名詞と空所 5 の後の前置詞 of this security tradition「安全性を保つためのこの慣習」をつなぐのに相応しいのは，Aの are the evidence である。つまり，「切れ目と折り目が，安全性を保つためのこの慣習の証拠である」ということ。

6．文の主語は「二人の研究者とそのチーム」である。また目的語は「60 以上のレターロッキングの方法」となっている。研究者たちが行ったこととして相応しいのは，Dの have catalogued である。つまり，レターロッキングの方法のカタログを作成したということ。

7．封筒のなかった時代，「紙」はどういう存在であったか。空所 7 の後は「無駄にされるべきではない」となっているので，Gの was an expensive material を入れ，無駄にできないほど「高価なものであった」と理解するのが妥当。

❖講　評

2022 年度は 2021 年度とほぼ同じ形式であった。読解問題が 3 題で，うち 1 題は 2 つに分かれている。文法・語彙問題が 3 題で，大問は計 6 題。記述式はなく，すべてマークシート法による選択式の出題である。

読解問題の内容は，例年自然科学に関するものが多いが，2022 年度は 2021 年度と同様，TOEIC や英検で出題されるような求人応募のメール文も取り上げられている。読解問題は，おおむね標準的で設問もそれほど紛らわしいものはない。文法・語彙問題は，空所補充や同意表現の形式で問われており，文法やイディオム表現などの基本をしっかり押さえておけば十分解答できるレベルの問題である。

全般的に，基本的な英文の内容把握に関する問題が中心。読解問題は英文全体の内容が把握されていれば解きやすい問題である。内容真偽や全体の内容把握の問題も，設問の関連箇所を見つけだせば，それほど難しいものではない。

数学

I 解答

ア―ⓒ　イ―ⓑ　ウ―ⓚ　エ―ⓚ　オ―ⓖ　カ―ⓖ
キ―ⓔ　ク―ⓜ　ケ―ⓙ

◀解　説▶

≪積分方程式，三角関数の加法定理≫

$$f(x)=\int_0^{\pi} tf(t)\cos(x+t)\,dt+\frac{1}{4}\quad\cdots\cdots(*)$$

$$A=\int_0^{\pi} tf(t)\cos t\,dt,\ \ B=\int_0^{\pi} tf(t)\sin t\,dt\quad\cdots\cdots①$$

加法定理より

$$\cos(x+t)=\cos x\cos t-\sin x\sin t$$

よって　$\displaystyle\int_0^{\pi} tf(t)\cos(x+t)\,dt$

$$=\int_0^{\pi} tf(t)\cos x\cos t\,dt-\int_0^{\pi} tf(t)\sin x\sin t\,dt$$

$$=A\cos x+B(-\sin x)$$

$(*)$に代入して

$$f(x)=A\cos x+B(-\sin x)+\frac{1}{4}\quad\cdots\cdots②\quad(\to ア・イ)$$

ここで，$I_1\sim I_5$を以下のようにおく。

(i)　$I_1=\displaystyle\int_0^{\pi} t\cos t\,dt=-2$

(ii)　$I_2=\displaystyle\int_0^{\pi} t\cos^2 t\,dt=\frac{\pi^2}{4}$　(→ウ)

(iii)　$I_3=\displaystyle\int_0^{\pi} t\sin t\,dt=\pi$

(iv)　$I_4=\displaystyle\int_0^{\pi} t\sin^2 t\,dt=\frac{\pi^2}{4}$　(→エ)

(v)　$I_5=\displaystyle\int_0^{\pi} t\cos t\sin t\,dt=-\frac{\pi}{4}$　(→オ)

※(ii)，(iv)，(v)の計算については後述。(i)，(iii)については〔参考〕を参照。

②を①に代入すると

$$A=\int_0^{\pi}\left(A\cos t-B\sin t+\frac{1}{4}\right)t\cos t dt$$

$$=AI_2-BI_5+\frac{1}{4}I_1=\frac{\pi^2}{4}A+\frac{\pi}{4}B-\frac{1}{2}\quad\cdots\cdots③$$

$$B=\int_0^{\pi}\left(A\cos t-B\sin t+\frac{1}{4}\right)t\sin t dt$$

$$=AI_5-BI_4+\frac{1}{4}I_3=-\frac{\pi}{4}A-\frac{\pi^2}{4}B+\frac{\pi}{4}\quad\cdots\cdots③'$$

③，③′より

$$\begin{cases}(4-\pi^2)A-\pi B+2=0 & \cdots\cdots④ \quad (\to カ)\\ \pi A+(4+\pi^2)B-\pi=0 & \cdots\cdots④' \quad (\to キ)\end{cases}$$

④×$(4+\pi^2)$＋④′×π より

$$(4+\pi^2)(4-\pi^2)A+\pi^2A=-2(4+\pi^2)+\pi^2$$

$$(16+\pi^2-\pi^4)A=-(8+\pi^2)$$

よって　$A=\dfrac{\pi^2+8}{\pi^4-\pi^2-16}$　……⑤　(→ク)

④×$(-\pi)$＋④′×$(4-\pi^2)$ より

$$\pi^2B+(4+\pi^2)(4-\pi^2)B=2\pi+\pi(4-\pi^2)$$

$$(16+\pi^2-\pi^4)B=\pi(6-\pi^2)$$

よって　$B=\dfrac{\pi(\pi^2-6)}{\pi^4-\pi^2-16}$　……⑤′　(→ケ)

②，⑤，⑤′より

$$f(x)=\frac{\pi^2+8}{\pi^4-\pi^2-16}\cos x+\frac{\pi(\pi^2-6)}{\pi^4-\pi^2-16}(-\sin x)+\frac{1}{4}$$

〔定積分(ii)，(iv)，(v)の計算〕

部分積分法を用いる。まず，不定積分を求める。積分定数は省略。

(ii)について，半角の公式より

$$F_2(x)=\int t\cos^2 t dt=\frac{1}{2}\int t(1+\cos 2t)\,dt$$

$$G_2(x)=\int t\cos 2t dt$$

$$=t\cdot\frac{\sin 2t}{2}-\int 1\cdot\frac{\sin 2t}{2}dt$$

$$=\frac{t\sin 2t}{2}+\frac{\cos 2t}{4}$$

$$F_2(x)=\frac{t^2}{4}+\frac{t\sin 2t}{4}+\frac{\cos 2t}{8}$$

$$I_2=\Big[F_2(x)\Big]_0^{\pi}=\frac{\pi^2}{4}\quad\cdots\cdots⑥$$

(iv)について，⑥より

$$I_2+I_4=\int_0^{\pi}tdt=\left[\frac{t^2}{2}\right]_0^{\pi}=\frac{\pi^2}{2}$$

$$I_4=\frac{\pi^2}{2}-I_2=\frac{\pi^2}{4}$$

〔注〕 半角の公式を用いて，(ii)と同様に直接計算してもよい。

(v)について，２倍角の公式より

$$2F_5(x)=\int 2t\cos t\sin tdt=\int t\sin 2tdt$$

$$=t\cdot\frac{-\cos 2t}{2}-\int 1\cdot\frac{-\cos 2t}{2}dt$$

$$=-\frac{t\cos 2t}{2}+\frac{\sin 2t}{4}$$

$$I_5=\left[-\frac{t\cos 2t}{4}+\frac{\sin 2t}{8}\right]_0^{\pi}=-\frac{\pi}{4}$$

参考 〔定積分(i)，(iii)の計算〕

部分積分法を用いる。

(i)について $I_1=\int_0^{\pi}t\cos tdt=\Big[t\cdot\sin t\Big]_0^{\pi}-\int_0^{\pi}1\cdot\sin tdt$

$$=\Big[t\sin t+\cos t\Big]_0^{\pi}=-2$$

(iii)について $I_3=\int_0^{\pi}t\sin tdt=\Big[t\cdot(-\cos t)\Big]_0^{\pi}-\int_0^{\pi}1\cdot(-\cos t)\,dt$

$$=\Big[-t\cos t+\sin t\Big]_0^{\pi}=\pi$$

なお，$f(x)$ は周期 2π の周期関数である。グラフに示すと右図のようになる。

$$f(x)=A\cos x-B\sin x+\frac{1}{4}$$

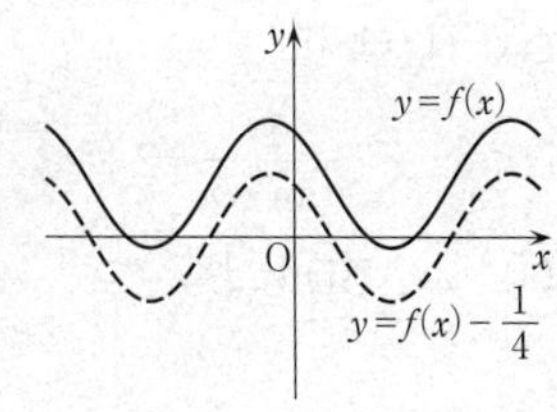

$$= \sqrt{A^2+B^2}\cos(x+\omega)+\frac{1}{4}$$

$$\cos\omega = \frac{A}{\sqrt{A^2+B^2}}$$

$$\sin\omega = \frac{B}{\sqrt{A^2+B^2}}$$

II　解答　コ―ⓓ　サ―ⓒ　シ―ⓑ　ス―ⓓ　セ―ⓙ　ソ―ⓐ

◀解　説▶

≪三角比，加法定理，半角公式，2 直線のなす角≫

AB＝1，∠ABC＝90°，∠BCA＝7.5°，点 D は辺 BC 上にあり，AD＝CD をみたす。

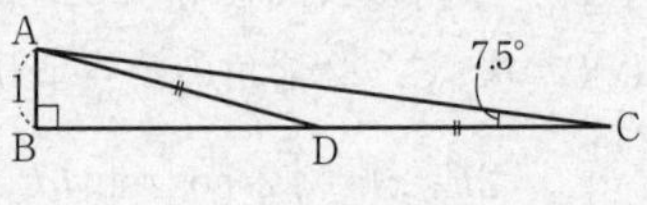

(i)　$\varphi=7.5°$ とおくと　　$2\varphi=15°$，$4\varphi=30°$

AD＝CD より　　∠CAD＝∠BCA＝φ

よって　　∠ADB＝∠ACD＋∠CAD＝2φ

BD＝x，CD＝y とおく。△ABD において

$$x = \mathrm{AB}\cdot\tan\angle\mathrm{DAB}$$

$$= 1\cdot\tan(90°-2\varphi) = \frac{1}{\tan 2\varphi} \quad \cdots\cdots①$$

半角の公式より

$$\tan^2 2\varphi = \frac{1-\cos4\varphi}{1+\cos4\varphi} = \frac{2-\sqrt{3}}{2+\sqrt{3}}$$

$$= \frac{(2-\sqrt{3})(2+\sqrt{3})}{(2+\sqrt{3})^2} = \frac{1}{(2+\sqrt{3})^2}$$

$$\tan 2\varphi = \frac{1}{2+\sqrt{3}} \quad \cdots\cdots①'$$

①，①′ より

$$x = \frac{1}{\tan 2\varphi} = 2+\sqrt{3} \quad (\to コ)$$

(ii)　△ABD において　　AB＝AD sin∠ADB

$$y=\mathrm{CD}=\mathrm{AD}=\frac{\mathrm{AB}}{\sin\angle\mathrm{ADB}}=\frac{1}{\sin 2\varphi}\quad\cdots\cdots②$$

半角の公式より

$$\sin^2 2\varphi=\frac{1-\cos 4\varphi}{2}=\frac{2-\sqrt{3}}{4}=\frac{(2-\sqrt{3})(2+\sqrt{3})}{4(2+\sqrt{3})}$$

$$=\frac{1}{2(4+2\sqrt{3})}=\frac{1}{2(\sqrt{3}+1)^2}$$

$$\sin 2\varphi=\frac{1}{\sqrt{2}+\sqrt{6}}\quad\cdots\cdots②'$$

②, ②′より

$$y=\frac{1}{\sin 2\varphi}=\sqrt{2}+\sqrt{6}\quad(\to サ)$$

(iii)　(i), (ii)より

$$\mathrm{BD}=x+y=2+\sqrt{2}+\sqrt{3}+\sqrt{6}$$

$$\tan\varphi=\frac{1}{\mathrm{BD}}=\frac{1}{2+\sqrt{2}+\sqrt{3}+\sqrt{6}}\quad\cdots\cdots③$$

2 直線 $l_1: y=3kx$, $l_2: y=4kx$ $(k>0)$ のなす角を θ とする。

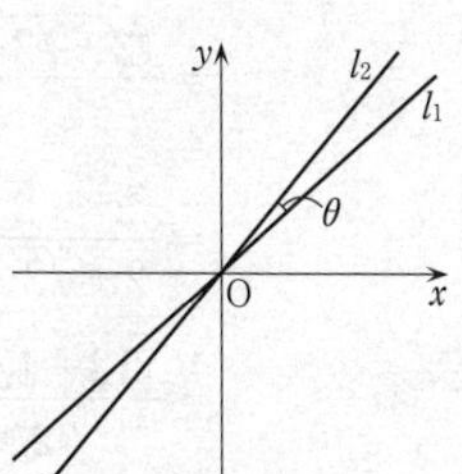

$k>0$ より

$$\tan\alpha=3k\quad(0<\alpha<90^\circ)$$
$$\tan\beta=4k\quad(0<\beta<90^\circ)$$

と書ける。定義より　　$\theta=\beta-\alpha$

$$\tan\theta=\tan(\beta-\alpha)=\frac{\tan\beta-\tan\alpha}{1+\tan\alpha\tan\beta}$$

$$=\frac{k}{1+12k^2}=f(k)\quad\cdots\cdots④\quad(\to シ)$$

$$f'(k)=\frac{1\cdot(1+12k^2)-k\cdot(24k)}{(1+12k^2)^2}$$

$$=\frac{1-12k^2}{(1+12k^2)^2}\quad(k>0)$$

$f'(k)=0$ $(k>0)$ より

$$k=k_0=\frac{1}{\sqrt{12}}=\frac{1}{2\sqrt{3}}\quad(\to ス)$$

$$f(k_0)=\frac{k_0}{2}=\frac{1}{4\sqrt{3}}\quad\cdots\cdots⑤\quad(\to セ)$$

k	(0)	$\cdots$	k_0	$\cdots$
$f'(k)$		+	0	−
$f(k)$		↗		↘

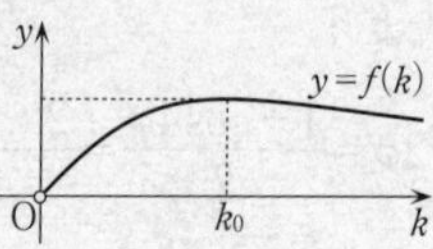

③，④，⑤より

$$\tan\varphi=\frac{1}{2+\sqrt{2}+\sqrt{3}+\sqrt{6}}\quad\cdots\cdots③$$

$$\tan\theta=\frac{1}{4\sqrt{3}}\quad(0<\theta<90°)\quad\cdots\cdots⑥$$

$$p=2+\sqrt{2}+\sqrt{3}+\sqrt{6},\ q=4\sqrt{3}\quad\cdots\cdots⑦$$

とおく。

φ と θ の大小を比較する。関数 $\tan t$ $(0<t<90°)$ は単調増加だから，p と q の大小を比較すればよい。

$$\begin{aligned}p-q&=2+\sqrt{2}+\sqrt{6}-3\sqrt{3}\\&=\frac{(2+\sqrt{2}+\sqrt{6}-3\sqrt{3})(2+\sqrt{2}+\sqrt{6}+3\sqrt{3})}{2+\sqrt{2}+\sqrt{6}+3\sqrt{3}}\\&=\frac{(2+\sqrt{2}+\sqrt{6})^2-27}{2+\sqrt{2}+\sqrt{6}+3\sqrt{3}}\\&=\frac{(12+4\sqrt{2}+4\sqrt{3}+4\sqrt{6})-27}{2+\sqrt{2}+\sqrt{6}+3\sqrt{3}}\\&=\frac{4\sqrt{2}+4\sqrt{3}+4\sqrt{6}-15}{2+\sqrt{2}+\sqrt{6}+3\sqrt{3}}\\&=\frac{4(\sqrt{2}-1)+2(2\sqrt{3}-3)+4(\sqrt{6}-2)+3}{2+\sqrt{2}+\sqrt{6}+3\sqrt{3}}>0\quad\cdots\cdots⑧\end{aligned}$$

ここで，$\sqrt{2}>1$，$\sqrt{3}>1.5$，$\sqrt{6}>2$ を用いた。

③，⑥，⑦，⑧より

$$p>q>0$$

$$\tan\theta=\frac{1}{q}>\frac{1}{p}=\tan\varphi$$

よって　　$\theta>\varphi=7.5°$　(→ソ)

別解　ス・セ．$\tan\theta=f(k)$ とおくところまでは〔解答〕と同じ。

$$f(k)=\frac{k}{1+12k^2}$$

$$=\frac{1}{\frac{1}{k}+12k}$$

$k>0$ だから，相加・相乗平均の大小関係から

$$\frac{1}{k}+12k\geqq 2\sqrt{\frac{1}{k}\cdot 12k}=4\sqrt{3}$$

等号は $\frac{1}{k}=12k$ のときに成り立つ。

すなわち　$k^2=\frac{1}{12}$

$k>0$ より　$k=\frac{1}{\sqrt{12}}=\frac{1}{2\sqrt{3}}$

したがって　$f(k)\leqq\frac{1}{4\sqrt{3}}$

$f(k)$ は $k=\frac{1}{2\sqrt{3}}$ のとき最大値 $\frac{1}{4\sqrt{3}}$ をとる。

III　解答　$C: y=f(x)$，$f(x)=-xe^x$

(1)　積の微分公式より

$$f'(x)=-\{1\cdot e^x+x\cdot e^x\}=-(x+1)e^x$$

$$f''(x)=-\{1\cdot e^x+(x+1)\cdot e^x\}=-(x+2)e^x \quad \cdots\cdots①$$

C 上の点 $(a,\ f(a))$ における接線が l_a だから

$$l_a: y=-(a+1)e^a(x-a)-ae^a$$

$$=-(a+1)e^a x+a^2e^a \quad \cdots\cdots(答)$$

直線 l_a の y 切片が $g(a)$ より

$$g(a)=a^2e^a \quad \cdots\cdots(答)$$

(2)　積の微分公式より

$$g'(a)=2ae^a+a^2e^a=a(a+2)e^a$$

増減表は次の通り。

a	$\cdots$	-2	$\cdots$	0	$\cdots$
$g'(a)$	$+$	0	$-$	0	$+$
$g(a)$	↗		↘		↗

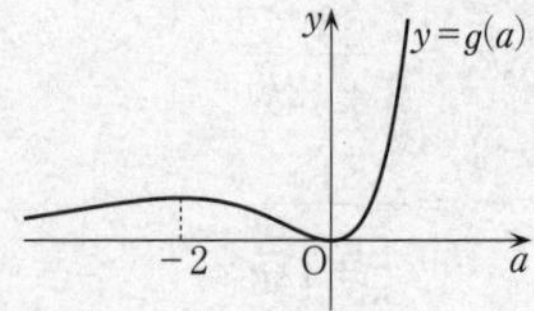

$g(a)$ が極大値をとるときの a の値が b だから

$$b=-2 \quad \cdots\cdots(\text{答})$$

一方，①より，$f''(x)$ は $x=-2$ の前後で符号が変化するので，C の変曲点は　$(-2,\ f(-2))$

ゆえに，$(b,\ f(b))=(-2,\ f(-2))$ は変曲点である。　（証明終）

(3)　点 $(b,\ f(b))$ における C の接線 l_b は，

$f'(b)=e^{-2}$，$f(b)=2e^{-2}$ より

$$l_b : y=e^{-2}(x+4)$$

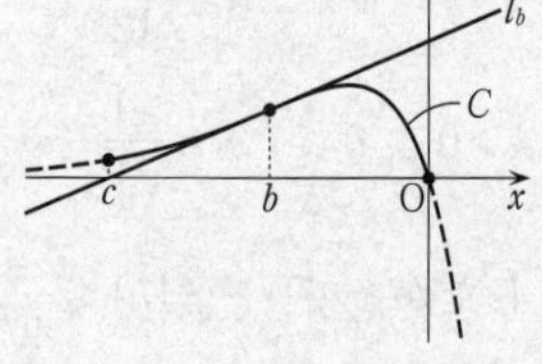

l_b と x 軸との交点が $(c,\ 0)$ より

$$c=-4 \quad \cdots\cdots(\text{答})$$

C，l_b は右図の通り。

(4)　$b \leqq x \leqq 0$ の範囲で　$f(x) \leqq e^{-2}(x+4)$

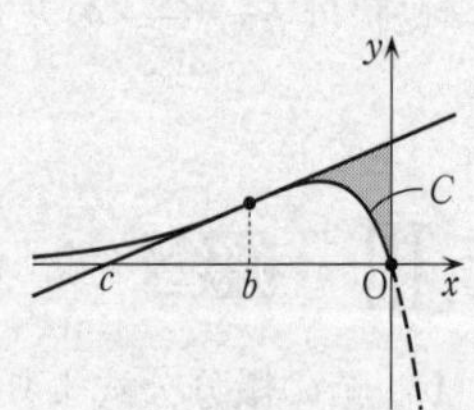

求める面積 S は，$b=-2$ より

$$S=\int_{-2}^{0}\{e^{-2}(x+4)-f(x)\}dx$$

$$=\int_{-2}^{0}\{e^{-2}(x+4)+xe^{x}\}dx$$

ここで，部分積分法より

$$F(x)=\int xe^{x}dx=xe^{x}-\int 1\cdot e^{x}dx$$

$$=(x-1)e^{x}$$

よって　$$S=\left[\frac{e^{-2}(x+4)^{2}}{2}+(x-1)e^{x}\right]_{b}^{0}$$

$$=(8e^{-2}-1)-(2e^{-2}-3e^{-2})$$

$$=\frac{9-e^{2}}{e^{2}} \quad \cdots\cdots(\text{答})$$

◀解　説▶

≪曲線，接線，変曲点，面積≫

(1)　まず，$f'(x)$ を求める。接線の方程式は公式の通り。y 切片の座標は

l_a の方程式で $x=0$ とおく。

(2)　$g(a)$ の極値を求めるために，増減表を作成する。C の変曲点を求めるために，$f''(x)$ を計算する。

(3)　曲線は変曲点で接しながら接線を横断する。すなわち，曲線は変曲点の近くで接線の両側に現れる。

(4)　面積を求めるために，まず，部分積分法を用いて，$f(x)$ の不定積分を求める。

Ⅳ　解答

$f(x)=x^3+(1-2t)x^2+(4-2t)x+4$　（t：実数）　……(＊)

(1)　(＊) より

$$f(x)=(x^3+x^2)-2t(x^2+x)+4(x+1)$$
$$=(x+1)(x^2-2tx+4)$$
$$g(x)=x^2-2tx+4$$

とおく。

$f(x)=0$ が虚数解をもつための条件は，$g(x)=0$ が虚数解をもつことである。

ゆえに　$\dfrac{D}{4}=t^2-4<0$

よって　$-2<t<2$　……(答)

(2)　$g(x)=(x-t)^2+(4-t^2)=0$

$x=t\pm i\sqrt{4-t^2}$　$(-2<t<2)$

$\alpha,\ \beta,\ \gamma$ の定義より

$\alpha=t+i\sqrt{4-t^2}$　……(答)

$\beta=t-i\sqrt{4-t^2}$　……(答)

$\gamma=-1$　……(答)

$\alpha=x+iy$（$x,\ y$ は実数）とおくと

$$\begin{cases} x=t \\ y=\sqrt{4-t^2} \end{cases} \quad (-2<t<2)$$

以上より　$y=\sqrt{4-x^2}$　$(-2<x<2)$

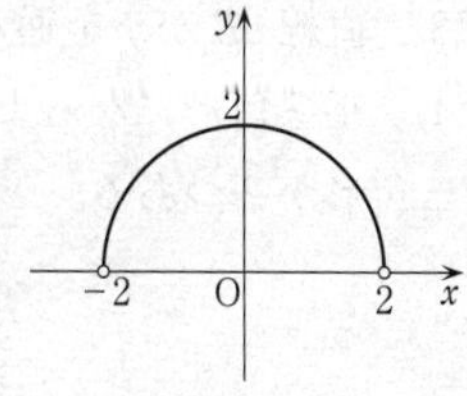

よって，t が $-2<t<2$ の範囲を動くときの点 α の軌跡は，円 $x^2+y^2=4$ の $y>0$ の部分（半円）である。

(3) α, β は互いに共役だから，α, β を通る直線は虚軸（y 軸）に平行である。

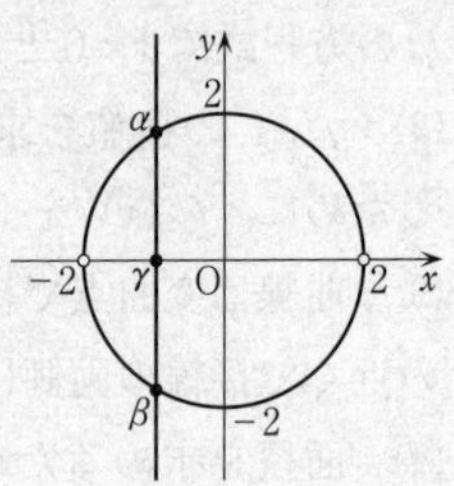

α, β を通る直線が γ を通るためには，α, β の実部が γ と一致しなければならない。

ゆえに　　$t=\gamma=-1$　……(答)

(4) $A(\alpha)$, $B(\beta)$, $C(\gamma)$ とおく。

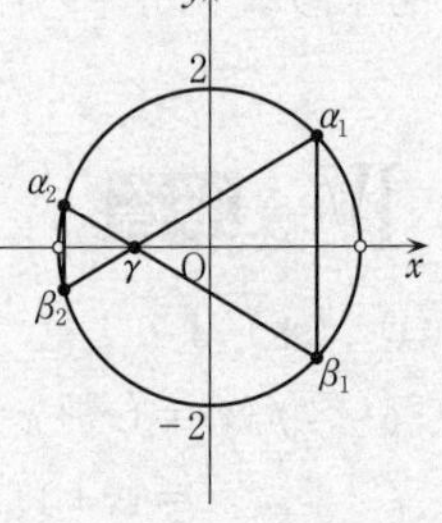

△ABC は AC＝BC である二等辺三角形だから，△ABC が正三角形になるための条件は，AB＝AC である。

$$\begin{cases} \alpha-\beta=2i\sqrt{4-t^2} \\ \alpha-\gamma=(t+1)+i\sqrt{4-t^2} \end{cases}$$

$$\begin{cases} |\alpha-\beta|^2=4(4-t^2) \\ |\alpha-\gamma|^2=(t+1)^2+(4-t^2)=2t+5 \end{cases}$$

AB＝AC より

$$4(4-t^2)=2t+5$$

$$4t^2+2t-11=0$$

$-2<t<2$ より

$$t=\frac{-1\pm3\sqrt{5}}{4}$$　……(答)

◀解　説▶

≪3次方程式の複素数解と実数解≫

(1) $f(-1)=0$ より，$f(x)$ は $(x+1)$ で割り切れる（因数定理）。$f(x)=(x+1)g(x)$ と分解し，$g(x)=0$ が虚数解をもつ条件を求めればよい。

(2) $g(x)=0$ の解が α, β である。α の軌跡は，原点中心，半径 2 の円の $y>0$ の部分である。

(3) 直線 $\alpha\beta$ が γ を通る条件を求める。

(4) 正三角形になるような t の値は 2 つある。すなわち，条件を満たす正三角形が 2 つある。

❖講　評

どの問題も出題者が受験生に何を求めているかが明確な良問である。微・積分法からの出題が多いが，重要な分野からまんべんなく出題されている。

Ⅰ　積分（定積分，不定積分）の被積分関数に未知関数を含む方程式を積分方程式という。加法定理により，$\cos(x+t)$ を x の関数と t の関数の積の和に分解する（変数分離する）ことがすべてである。定積分の計算は独立に計算できる。どれも部分積分法を用いる。$f(x)$ は $\cos x$, $\sin x$ に関する1次式であり，周期 2π の周期関数である。$y=f(x)$ は正弦曲線である。標準問題である。

Ⅱ　図形と計量の問題である。前半は，直角三角形を用いて $\tan 7.5°$ を求める問題。$\varphi=7.5°$ とおき，$2\varphi=15°$，$4\varphi=30°$ と半角の公式を用いる。後半は，2直線のなす角の最大値 θ と φ の大小を比較する問題である。その際，$\tan t$ が $0<t<90°$ で増加関数であることを用いる。標準問題である。

Ⅲ　微・積分法の問題である。関数 $g(a)$ は $a=b$ で極大値をとり，$a=0$ で極小値をとる。$a\leqq 0$ の範囲では，$g(b)$ は最大値であるが，$a>0$ の範囲では $g(a)$ はいくらでも大きくなる。曲線の図示の問題は多くあるが，曲線と接線を同じ座標系に図示させる問題は多くはない。その意図は，変曲点の近くでは，曲線が変曲点での接線の両側に現れることの確認である。標準問題である。

Ⅳ　3次方程式の解と複素数平面の問題である。3次関数 $f(x)$ は実数の範囲で簡単に因数分解できる。$f(x)=(x-\gamma)g(x)$ と書けるから，虚数解は，2次方程式 $g(x)=0$ から具体的に求められる。$g(x)$ の係数は実数だから，α, β は互いに共役である。$f(x)=0$ が虚数解をもつとき，α の軌跡は原点を中心とし，半径2の円の $y>0$ の部分である。α, β, γ が1直線上にあるのは，α, β の実部が γ に一致するときである。正三角形になる t の値は2つある。標準問題である。

物理

I 解答

1．(a)$-\dfrac{mg}{k}$ (b)$-\dfrac{2mg}{k}$

2．(c)$-\dfrac{2mg}{k}$ (d)$|v|=|w|$

3．衝突後に静止するためには，衝突位置が力のつりあいの位置である必要があるので条件1が必要。また，衝突直後に物体A，Bの速度が0になる必要があるので，運動量保存則より条件2が必要である。

4．(e)$\dfrac{1}{2}ka^2+mga$ (f)$mg\left(b+\dfrac{2mg}{k}\right)$

5．

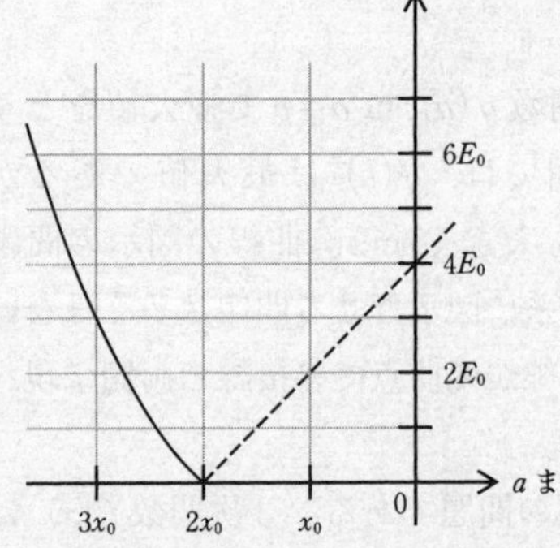

6．$a=-\dfrac{3mg}{k}$ のとき，$|v|=|w|$ より，$\dfrac{1}{2}mv^2=\dfrac{1}{2}mw^2$ となればよい。

$\dfrac{1}{2}mv^2=\dfrac{3m^2g^2}{2k}$，$\dfrac{1}{2}mw^2=mg\left(b+\dfrac{2mg}{k}\right)$ なので

$$\frac{3m^2g^2}{2k}=mg\left(b+\frac{2mg}{k}\right)$$

以上より　$b=-\dfrac{mg}{2k}$ ……(答)

7．(g)$2\pi\sqrt{\dfrac{m}{k}}$ (h)$\dfrac{2mg}{k}$ (i)$\dfrac{\pi}{3}\sqrt{\dfrac{m}{k}}$ (j)$\sqrt{\dfrac{3m}{k}}$

◀解　説▶

≪鉛直ばね振り子と自由落下する物体の衝突≫

1．(a)　力のつりあいの式より

$$kx+mg=0 \qquad x=-\frac{mg}{k}$$

(b)　力のつりあいの式より

$$kx+2mg=0 \qquad x=-\frac{2mg}{k}$$

2．(c)　衝突した直後静止し続けるためには，衝突後一体となった物体の位置が力のつりあいの位置である必要があるので，1の(b)と同様に，$x=-\frac{2mg}{k}$ である。

(d)　衝突直後の一体となった物体の速度が0になる必要があるので，運動量保存則より

$$mv+mw=0$$

よって　　$|v|=|w|$

3．衝突後の物体が静止し続けるためには，衝突直後の速度と加速度が0になる必要がある。

4．(e)　物体Aについて，力学的エネルギー保存則より

$$\frac{1}{2}ka^2=\frac{1}{2}mv^2+\frac{1}{2}k\left(\frac{2mg}{k}\right)^2-mg\left(\frac{2mg}{k}+a\right)$$

$$\frac{1}{2}mv^2=\frac{1}{2}ka^2-\frac{2(mg)^2}{k}+mg\left(\frac{2mg}{k}+a\right)=\frac{1}{2}ka^2+mga \quad \cdots\cdots①$$

(f)　物体Bについて，力学的エネルギー保存則より

$$\frac{1}{2}mw^2=mg\left(b+\frac{2mg}{k}\right)$$

5．物体Aについて考える。4の(e)より

$$\frac{1}{2}mv^2=\frac{1}{2}ka^2+mga=\frac{1}{2}k\left(a+\frac{mg}{k}\right)^2-\frac{(mg)^2}{2k}$$

となるので，2次関数である。$\frac{1}{2}mv^2>0$ の範囲においてグラフ化すればよい。続いて物体Bについて考えると，4の(f)より

$$\frac{1}{2}mw^2=mg\left(b+\frac{2mg}{k}\right)$$

となるので，$\dfrac{1}{2}mw^2>0$ の範囲においてグラフ化すればよい。

6．2 より $|v|=|w|$ を満たす必要があるので，5 より $\dfrac{1}{2}mv^2=\dfrac{1}{2}mw^2$ を説明すればよい。

①式に $a=-\dfrac{3mg}{k}$ を代入すると

$$\frac{1}{2}mv^2=\frac{1}{2}k\left(-\frac{3mg}{k}\right)^2+mg\times\left(-\frac{3mg}{k}\right)=\frac{3m^2g^2}{2k}$$

これが $\dfrac{1}{2}mw^2=mg\left(b+\dfrac{2mg}{k}\right)$ と等しくなればよいので

$$\frac{3m^2g^2}{2k}=mg\left(b+\frac{2mg}{k}\right)$$

よって　　$b=-\dfrac{mg}{2k}$

7．(h)　物体Aの単振動の振幅を求めればよい。$x=a=-\dfrac{3mg}{k}$ は振動の端であり，振動の中心は $x=-\dfrac{mg}{k}$ なので

$$\frac{3mg}{k}-\frac{mg}{k}=\frac{2mg}{k}$$

(i)　単振動は等速円運動の正射影であることを考慮すると，求める時間は右図のように円運動の周期の $\dfrac{1}{6}$ 周期に相当する。これは単振動でも同じことがいえるので

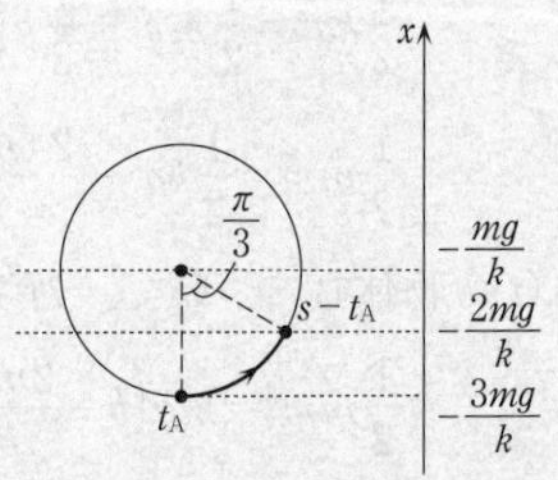

$$s-t_{\mathrm{A}}=\frac{1}{6}\times2\pi\sqrt{\frac{m}{k}}=\frac{\pi}{3}\sqrt{\frac{m}{k}}$$

(j)　物体Bの衝突直前の速さ $|w|$ は6より

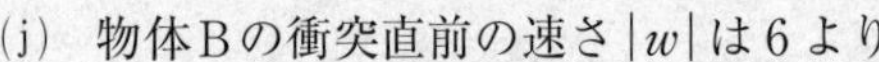

$$\frac{1}{2}m|w|^2=\frac{3(mg)^2}{2k}\qquad |w|=g\sqrt{\frac{3m}{k}}$$

また物体Bは自由落下することから，正負に注意して立式すると

$$g\sqrt{\frac{3m}{k}}=g(s-t_{\mathrm{B}})\qquad (s-t_{\mathrm{B}})=\sqrt{\frac{3m}{k}}$$

Ⅱ 解答

(1)—(e) (2)—(c) (3)—(a) (4)—(d) (5)—(c) (6)—(g)
(7)—(c) (8)—(b) (9)—(h) (10)—(e)

◀解 説▶

≪コンデンサーを含む直流回路とRLC直列回路≫

(1) 充電を開始した直後，電荷のないコンデンサーは導線とみなすことができるので抵抗値 $2R$〔Ω〕の抵抗には電流が流れない。よってオームの法則より点 a に流れる電流の大きさ I_1〔A〕は

$$V_0 = I_1 \times 4R \qquad I_1 = \frac{V_0}{4R}\text{〔A〕}$$

(2) 抵抗値 $4R$〔Ω〕の抵抗にかかる電圧は $\frac{5}{6}V_0$〔V〕なので，回路全体には $\frac{5V_0}{24R}$〔A〕の電流が流れる。また，抵抗値 $2R$〔Ω〕の抵抗にかかる電圧は $\frac{1}{6}V_0$〔V〕なので，流れる電流は $\frac{V_0}{12R}$〔A〕であるから，点 a に流れる電流の大きさ I_2〔A〕は

$$I_2 = \frac{5V_0}{24R} - \frac{V_0}{12R} = \frac{V_0}{8R}\text{〔A〕}$$

と求まる。

(3) 十分に時間が経過すると，コンデンサーの充電が完了するため，コンデンサーに電流は流れない。

(4) 抵抗値 $2R$〔Ω〕の抵抗にかかる電圧は $\frac{V_0}{3}$ になり，コンデンサーAにも同じ電圧がかかる。よってコンデンサーAには $C_A \times \frac{V_0}{3} = \frac{C_A V_0}{3}$〔C〕の電気量が蓄えられる。

(5) 充電されたコンデンサーAとコイルのLC回路である。固有周波数の公式は覚えておきたい。

(6) 求める電流の大きさを I_3〔A〕とすると，エネルギー保存則より

$$\frac{1}{2}C_A\left(\frac{V_0}{3}\right)^2 = \frac{1}{2}LI_3^2 \qquad I_3 = \frac{V_0}{3}\sqrt{\frac{C_A}{L}}\text{〔A〕}$$

(7) この回路の共振周波数 f〔Hz〕は $f = \frac{1}{2\pi\sqrt{LC_B}}$〔Hz〕である。これが(5)

の2倍であるので

$$\frac{1}{2\pi\sqrt{LC_B}}=2\times\frac{1}{2\pi\sqrt{LC_A}} \qquad C_B=\frac{C_A}{4}〔\mathrm{F}〕$$

(8) (7)より，共振周波数のとき $\omega L-\dfrac{1}{\omega C_B}=0$ になるので，インピーダンスは R〔Ω〕である。

(9) 共振周波数 $f=\dfrac{1}{2\pi\sqrt{LC_B}}$〔Hz〕より，周期 T〔s〕は $T=2\pi\sqrt{LC_B}$〔s〕である。また，交流電圧の最大値は V_1 なので電圧の実効値は $\dfrac{V_1}{\sqrt{2}}$〔V〕である。

以上より，1周期の間に消費されるエネルギーすなわち電力量 W〔J〕は

$$W=\frac{\left(\frac{V_1}{\sqrt{2}}\right)^2}{R}\times 2\pi\sqrt{LC_B}=\frac{\pi V_1{}^2\sqrt{LC_A}}{2R}〔\mathrm{J}〕$$

(10) コンデンサーBの容量リアクタンスは $\dfrac{1}{\omega C_B}$〔Ω〕である。よって

$$\frac{1}{\omega C_B}=\frac{1}{2\pi f\times\frac{1}{4}C_A}=\frac{1}{2\pi\times\frac{1}{\pi\sqrt{LC_A}}\times\frac{1}{4}C_A}=2\sqrt{\frac{L}{C_A}}〔\Omega〕$$

III 解答

(1)—(b) (2)—(f) (3)—(h) (4)—(a) (5)—(d) (6)—(g)
(7)—(c) (8)—(g) (9)—(c) (10)—(h) (11)—(g)

◀解 説▶

≪単原子分子理想気体の熱サイクル≫

(1) A→Bは定積変化であり温度変化は T_2-T_1〔K〕なので，定積モル比熱 C_V を用いると

$$Q_{AB}=nC_V(T_2-T_1)$$

(2) A→Cは定圧変化であり温度変化は T_2-T_1〔K〕なので，定圧モル比熱 C_p を用いると

$$Q_{AB}=nC_p(T_2-T_1)$$

(3) 気体がした仕事は p-V グラフの面積と等しい。理想気体の状態方程式を用いると

$$W_{AC}=p_1(V_2-V_1)=nR(T_2-T_1)\text{〔J〕}$$

(4)　A→B，A→Cはどちらも温度変化は T_2-T_1〔K〕なので

$$\Delta U_{AB}=\Delta U_{AC}=\frac{3}{2}nR(T_2-T_1)\text{〔J〕}$$

(5)　BとCの温度は等しいので，B→Cの変化における内部エネルギーの変化は0である。よって，この状態変化で気体が吸収した熱量 Q_{BC}〔J〕は，この間に気体が外部にした仕事 W_{BC}〔J〕と等しい。よって

$$Q_{BC}=W_{BC}=\frac{1}{2}\times(p_1+p_2)\times(V_2-V_1)$$

ここで，ボイル・シャルルの法則より

$$\frac{p_2V_1}{T_2}=\frac{p_1V_2}{T_2}\qquad p_1=\frac{V_1}{V_2}p_2$$

これを代入すると

$$Q_{BC}=\frac{1}{2}\times\left(\frac{V_1}{V_2}p_2+p_2\right)\times(V_2-V_1)=\frac{p_2(V_2{}^2-V_1{}^2)}{2V_2}$$

(6)・(7)　1サイクルで気体が外部にした仕事 W は p-V グラフの面積より

$$W=\frac{1}{2}(p_2-p_1)(V_2-V_1)=\frac{1}{2}\left(p_2-\frac{V_1}{V_2}p_2\right)(V_2-V_1)=\frac{p_2(V_2-V_1)^2}{2V_2}$$

C→Aは放熱過程，A→Bは吸熱過程である。A→Bで外部から吸収した熱量は，(1)より

$$Q_{AB}=nC_V(T_2-T_1)=\frac{3}{2}nR(T_2-T_1)=\frac{3}{2}V_1(p_2-p_1)$$

よって，1サイクルで気体が吸収した熱量 Q_+ は

$$\begin{aligned}Q_+&=Q_{AB}+Q_{BC}\\&=\frac{3}{2}V_1(p_2-p_1)+\frac{p_2(V_2{}^2-V_1{}^2)}{2V_2}\\&=\frac{3}{2}V_1\left(p_2-\frac{V_1}{V_2}p_2\right)+\frac{p_2(V_2{}^2-V_1{}^2)}{2V_2}\\&=\frac{3p_2V_1(V_2-V_1)+p_2(V_2{}^2-V_1{}^2)}{2V_2}\\&=\frac{p_2(V_2{}^2+3V_1V_2-4V_1{}^2)}{2V_2}=\frac{p_2(V_2+4V_1)(V_2-V_1)}{2V_2}\text{〔J〕}\end{aligned}$$

(8)　与えられた条件より

$$e=\frac{W}{Q_+}=\frac{\dfrac{p_2(V_2-V_1)^2}{2V_2}}{\dfrac{p_2(V_2+4V_1)(V_2-V_1)}{2V_2}}=\frac{V_2-V_1}{V_2+4V_1}$$

ここで，ボイル・シャルルの法則より

$$\frac{p_1V_2}{T_2}=\frac{p_1V_1}{T_1}\qquad V_2=\frac{T_2}{T_1}V_1$$

これを代入すると

$$e=\frac{V_2-V_1}{V_2+4V_1}=1-\frac{5V_1}{V_2+4V_1}=1-\frac{5V_1}{\dfrac{T_2}{T_1}V_1+4V_1}=1-\frac{5T_1}{T_2+4T_1}$$

(9)　A→B→C→D→Aの1サイクルで，吸熱過程になるのはA→BとB→Cのみである。よって

$$Q'_+=Q_+=Q_{\mathrm{AB}}+Q_{\mathrm{BC}}=\frac{p_2(V_2+4V_1)(V_2-V_1)}{2V_2}$$

(10)　p-Vグラフの面積が，1サイクルで気体が外部にした仕事になるので

$$W'=\frac{1}{2}(p_2-p_1)(V_2-V_1)+\frac{1}{2}(p_1-p_3)(V_2-V_1)$$
$$=\frac{1}{2}(p_2-p_3)(V_2-V_1)$$

(11)　ボイル・シャルルの法則より

$$\frac{p_2V_1}{T_2}=\frac{p_1V_2}{T_2}\qquad p_1=\frac{V_1}{V_2}p_2$$

$$\frac{p_3V_2}{T_1}=\frac{p_1V_1}{T_1}\qquad p_3=\frac{V_1}{V_2}p_1=\frac{{V_1}^2}{{V_2}^2}p_2$$

よって(10)より

$$W'=\frac{1}{2}\left(p_2-\frac{{V_1}^2}{{V_2}^2}p_2\right)(V_2-V_1)=\frac{p_2({V_2}^2-{V_1}^2)(V_2-V_1)}{2{V_2}^2}$$

以上より

$$e'=\frac{W'}{Q'_+}=\frac{\dfrac{p_2({V_2}^2-{V_1}^2)(V_2-V_1)}{2{V_2}^2}}{\dfrac{p_2(V_2+4V_1)(V_2-V_1)}{2V_2}}=\frac{{V_2}^2-{V_1}^2}{V_2(V_2+4V_1)}=\frac{V_2-\dfrac{{V_1}^2}{V_2}}{V_2+4V_1}$$

ここで，$\alpha=\dfrac{V_1}{V_2}$ を用いると

$$e'=\frac{V_2-\alpha V_1}{V_2+4V_1}=\frac{V_2+4V_1-(4+\alpha)V_1}{V_2+4V_1}=1-\frac{(4+\alpha)V_1}{V_2+4V_1}$$

ボイル・シャルルの法則より

$$\frac{p_1V_1}{T_1}=\frac{p_1V_2}{T_2}\qquad V_2=\frac{T_2}{T_1}V_1$$

なので

$$e'=1-\frac{(4+\alpha)V_1}{V_2+4V_1}=1-\frac{(4+\alpha)V_1}{\frac{T_2}{T_1}V_1+4V_1}=1-\frac{(4+\alpha)T_1}{T_2+4T_1}$$

❖講　評

出題数は大問3題で，力学，電磁気，熱力学から各1題だった。Ⅰは解答のみ答える問題と，導出過程を答えるものや，論述問題，描図問題もみられた。Ⅱ，Ⅲは空所に適当な式またはグラフを選択肢から選ぶマークシート法の問題であった。

Ⅰ　鉛直ばね振り子の運動をする物体と自由落下する物体の衝突を考える問題。丁寧な誘導があるので，それに乗ることができれば高得点を期待できる。座標を聞かれている問題が多いので，座標軸に注意が必要。

Ⅱ　前半はコンデンサーを含む直流回路問題。後半はRLC直列回路の問題であった。基本的な問題が多いので，1問1問慌てずに取り組みたい。

Ⅲ　p-Vグラフの問題。モル比熱の扱いはしっかり演習を積んでおきたい。典型的な問題なので完答を狙いたいが，計算量がやや多いので時間配分に気をつけたい。

化学

I 解答

(1)―⑤　(2)―③　(3)―③　(4)―④　(5)―⑦　(6)―⑥
(7)―②　(8)―⑥　(9)―③　(10)―②

◀解　説▶

≪小問10問≫

(1)　水晶 SiO_2，大理石 $CaCO_3$，ホタル石 CaF_2 なので

元素a：Si　元素b：O　元素c：Ca　元素d：C　元素e：F

(ア)誤文。原子番号の小さなものから順に並べると，d・b・e・a・cの順。

(イ)正文。この化合物はCaOで，水と反応すると発熱する。

$$CaO + H_2O \longrightarrow Ca(OH)_2$$

(ウ)正文。$2F_2 + 2H_2O \longrightarrow 4HF + O_2$

(2)　スチレン-ブタジエンゴム1分子中に含まれるブタジエン単位（$C_4H_6 = 54$）x 個，スチレン単位（$C_8H_8 = 104$）y 個とする。

ブタジエン単位　$-CH_2-CH=CH-CH_2-$

スチレン単位　$-CH_2-CH(C_6H_5)-$

ブタジエン単位1個に臭素（$Br_2 = 160$）1個付加するので

$$\frac{160x}{54x + 104y + 160x} \times 100 = 40 \quad \therefore \quad 93x = 52y$$

臭素付加前のブタジエン成分の質量パーセントは

$$\frac{54x}{54x + 104y} \times 100 = \frac{54x}{54x + 2 \times 93x} \times 100 = 22.5 \fallingdotseq 23\,[\%]$$

(3)　(ア)正文。活性化エネルギー以上でなければ反応は起こらない。

(イ)誤文。温度が高いほど衝突する回数が多くなる。また，高温にするほど反応速度は大きくなる（ただし，酵素が関連する場合は，最適な温度がある）。

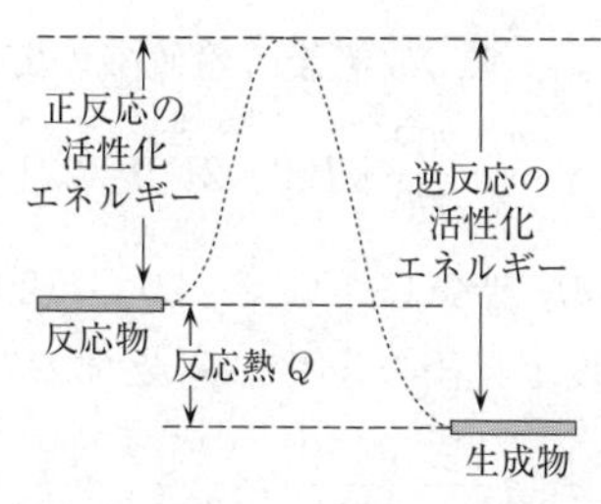

(ウ)正文。右図は正反応が発熱反応の場合。(反応熱) = (逆反応の活性化エネルギー) − (正反応の活性化エネルギー) から求めることができる。

(5)　一段階目：$H_2SO_4 \longrightarrow H^+ + HSO_4^-$

完全電離し，H^+，HSO_4^- がそれぞれ C〔mol/L〕生成する。

　二段階目：$HSO_4^- \longrightarrow H^+ + SO_4^{2-}$

電離前の HSO_4^- は C〔mol/L〕，電離度 α なので，H^+ は $C\alpha$〔mol/L〕生成する。

合わせて　$[H^+] = C + C\alpha = C(1+\alpha)$〔mol/L〕

(6)　(ア)誤文。体心立方格子＜面心立方格子＝六方最密充塡構造

(ウ)誤文。多くの場合，温度が低いほど体積が小さくなるので密度は大きくなるが，例外もある。水は 0℃のときよりも 4℃のときの方が密度は大きい。

(7)　負極での反応は　$Pb + SO_4^{2-} \longrightarrow PbSO_4 + 2e^-$

1.0 mol の電子が流れたときに負極の質量増加は

$$1.0 \times \frac{1}{2} \times 96 = 48\,〔g〕$$

正極での反応は

$$PbO_2 + SO_4^{2-} + 4H^+ + 2e^- \longrightarrow PbSO_4 + 2H_2O$$

正極の質量増加は　$1.0 \times \frac{1}{2} \times 64 = 32$〔g〕

全体の反応式は，電子 2 mol あたり

$$Pb + PbO_2 + 2H_2SO_4 \longrightarrow 2PbSO_4 + 2H_2O$$

放電前の電解液中の溶質は

$$1.0 \times 10^3 \times \frac{30}{100} = 3.0 \times 10^2\,〔g〕$$

放電時に 1.0 mol = 98 g 減少するから，放電後の質量は

$$3.0 \times 10^2 - 98 = 202\,〔g〕$$

また，水が 1.0 mol = 18 g 生成するので，放電後の溶液の質量は

$$1.0 \times 10^3 - 98 + 18 = 920\,〔g〕$$

よって，放電後の希硫酸の質量パーセント濃度は

$$\frac{202}{920}\times 100 = 21.9 \fallingdotseq 22〔\%〕$$

(8)　空気について，20℃（293K）→60℃（333K）に温度が変化する。温度上昇後の分圧を P_1 とすると，シャルルの法則より

$$\frac{2.0\times 10^4}{293}=\frac{P_1}{333}\qquad P_1 = 2.27\times 10^4〔\mathrm{Pa}〕$$

水について，すべて気体になっていると仮定したときの分圧を P_2 とすると，気体の状態方程式より

$$P_2\times 10=\frac{1.8}{18}\times 8.3\times 10^3\times 333\qquad P_2 = 2.76\times 10^4〔\mathrm{Pa}〕$$

これは60℃における飽和水蒸気圧を超えているので，水は一部液体になっていて，水蒸気の分圧は飽和水蒸気圧 2.0×10^4Pa に等しい。以上より容器内の気体の全圧は

$$2.27\times 10^4 + 2.0\times 10^4 = 4.27\times 10^4 \fallingdotseq 4.3\times 10^4〔\mathrm{Pa}〕$$

(9)　分子量を M とすると，質量モル濃度 m は

$$m=\frac{w}{M}\div\frac{W}{1000}=\frac{1000w}{MW}〔\mathrm{mol/kg}〕$$

よって，$\Delta t_b = K_b m$ より

$$\Delta t_b = K_b\cdot\frac{1000w}{MW}\qquad \therefore\quad M=\frac{1000wK_b}{W\Delta t_b}$$

(10)　(ウ)誤文。グリシンは不斉炭素原子を持たない。

Ⅱ　解答　(1)—⑤　(2)—⑧　(3)(ア)—⑥　(イ)—④　(4)—②

◀解　説▶

≪溶解熱の測定実験≫

(1)　式(ii)を用いて

$$1.4\times 10.0\times (5\times 60) = 4.2\times 10^3〔\mathrm{J}〕= 4.2〔\mathrm{kJ}〕$$

(2)　(ア)誤文。問題文より，硫酸銅(Ⅱ)水溶液と水の熱容量は等しいことから，(F)と(H)を入れかえて測定してもよい。

(イ)誤文。溶解熱は十分な量があれば溶媒の量に依存しない。また，手順(D)・(H)でそれぞれの溶液の熱容量を求めているので，水の量を一致させる

必要はない。

(ウ)誤文。溶解熱の測定は手順(B)・(F)なので，その段階で試料をすべて溶かしてしまわなければならない。

(3)　(ア)手順(D)で，ヒーターから発生した 4.2×10^3 J で溶液の温度が 1.00 K 上昇したことから，この装置の熱容量 C_1 は

$$4.2\times10^3 = C_1\times1.00 \qquad C_1 = 4.2\times10^3 \text{〔J/K〕}$$

手順(B)で温度が −0.10 K 変化したことから，吸熱量は

$$C_1\Delta T = 4.2\times10^3\times0.10 = 4.2\times10^2\text{〔J〕} = 0.42\text{〔kJ〕}$$

これが $CuSO_4\cdot5H_2O$（式量 249.5）12.5 g を溶解させたときの吸熱量だから，1 mol あたりの吸熱量は

$$0.42\div\frac{12.5}{249.5} = 8.383 \fallingdotseq 8.38\text{〔kJ/mol〕}$$

吸熱反応であることを考慮して最も近いのは⑥。

(イ)(ア)と同様で，手順(H)から装置の熱容量 C_2 は C_1 と同じ 4.2×10^3 J/K である。よって，手順(F)での発熱量は

$$4.2\times10^3\times0.30 = 1.26\times10^3\text{〔J〕} = 1.26\text{〔kJ〕}$$

1 mol あたりの発熱量は

$$1.26\div\frac{3.2}{159.5} = 62.8 \fallingdotseq 63\text{〔kJ/mol〕}$$

(4)　(ウ)誤文。$CuSO_4\cdot5H_2O$ の生成熱のほうが大きくなる。

III　解答

(1) $Al^{3+} + 3e^- \longrightarrow Al$

(2) $C + 2O^{2-} \longrightarrow CO_2 + 4e^-$

(3) 4.5 kg

(4) アルミニウムの質量：0.54 kg　気体の体積：6.7×10^2 L

(5) (ア) $Na[Al(OH)_4]$　(イ) H_2

(6) $2Al + Fe_2O_3 \longrightarrow Al_2O_3 + 2Fe$

(7) (ウ) 0.18　(エ) 2.9

◀解　説▶

≪アルミニウムとその化合物，溶融塩電解，結晶格子の計算≫

(3)　式(ii)，(iii)を用いて，流れた電子の物質量は

$$\frac{1.4\times10^3}{28}\times2+\frac{4.4\times10^3}{44}\times4=5.0\times10^2\,[\mathrm{mol}]$$

よって，式(i)から生成するアルミニウムの質量は

$$5.0\times10^2\times\frac{1}{3}\times27\times10^{-3}=4.5\,[\mathrm{kg}]$$

(4)　流れた電子の物質量は

$$\frac{400\times(4.0\times3600)}{9.65\times10^4}=59.6\,[\mathrm{mol}]$$

よって，生成するアルミニウムの質量は

$$59.6\times\frac{1}{3}\times27\times10^{-3}=0.536\fallingdotseq0.54\,[\mathrm{kg}]$$

また，発生する一酸化炭素の体積は

$$59.6\times\frac{1}{2}\times22.4=6.67\times10^2\fallingdotseq6.7\times10^2\,[\mathrm{L}]$$

(7)　(ウ)結晶格子の 1 辺の長さを a〔cm〕とすると，右下図の対角線の長さから

$$\sqrt{2}a=4r \qquad a=2\sqrt{2}r$$

単位格子内の原子数は左下図から

$$\frac{1}{2}\times6+\frac{1}{8}\times8=4\text{個}$$

よって

$$\text{密度}=\frac{\frac{M}{N_A}\times4}{a^3}=\frac{4M}{(2\sqrt{2}r)^3\cdot N_A}=\frac{\sqrt{2}}{8}\times\frac{M}{N_A\cdot r^3}$$

$$=\frac{1.41}{8}\times\frac{M}{N_A r^3}$$

$$\fallingdotseq0.18\times\frac{M}{N_A r^3}\,[\mathrm{g/cm^3}]$$

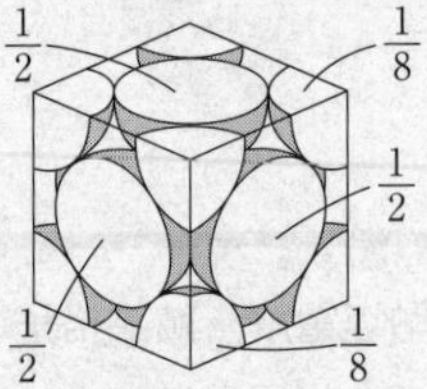

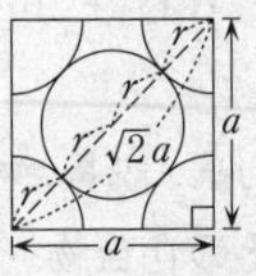

(エ) (ウ)に数値を代入して

$$\frac{1.41}{8}\times\frac{27}{6.0\times10^{23}\times(1.4\times10^{-8})^3}=2.89\fallingdotseq2.9\,[\mathrm{g/cm^3}]$$

Ⅳ　解答

(1)H^+　(2)$C_3H_5N_3O_9$

(3)$H_3C-CH_2-CH_2-\underset{\underset{O}{\|}}{C}-OH$

(4)$H_3C-CH_2-CH_2-\underset{\underset{O}{\|}}{C}-H$

(5)$H_3C-CH_2-CH_2-CH_2-OH$

(6)4 種類　(7)6 種類

(8)$H_3C-CH_2-\overset{*}{\underset{\underset{OH}{|}}{C}}H-CH_3$

◀解　説▶

≪エステルの構造決定≫

(2)　**A**の組成式 $C_{15}H_{26}O_6=302$ で分子量が 301.8～302.4 なので，分子式も　$C_{15}H_{26}O_6$

下線部(a)から**A**は 3 分子の**B**と 1 分子の**C**から成るエステルであり，リード文後半の情報から，**C**はグリセリン（$C_3H_8O_3=92$）である。下線部(b)の反応は

$$\begin{matrix}CH_2-OH\\|\\CH-OH\\|\\CH_2-OH\end{matrix}\xrightarrow[\text{濃硫酸，濃硝酸}]{}\begin{matrix}CH_2-ONO_2\\|\\CH-ONO_2\\|\\CH_2-ONO_2\end{matrix}$$

C（グリセリン）　**F**（ニトログリセリン）

(3)　下線部(a)の反応は

$$\mathbf{A}+3H_2O\longrightarrow3\mathbf{B}+\mathbf{C}$$

なので，**B**の分子式は

$$\{(C_{15}H_{26}O_6)+3\times(H_2O)-(C_3H_8O_3)\}\times\frac{1}{3}=C_4H_8O_2$$

直鎖状であることから〔解答〕の構造と決まる。

(4)・(5)　**B**はカルボン酸であり，**D**・**E**を酸化すると**B**が得られること，

Dがフェーリング液を還元することから，**E**は第一級アルコール，**D**はアルデヒドとわかり，それぞれ〔解答〕の構造が決まる。**D**・**E**がヨードホルム反応を示さないこととも合致する。

(6)

```
C−C−C−O−C      C−C−O−C−C      H−C−O−C−C
    ‖              ‖              ‖   |
    O              O              O   C

H−C−O−C−C−C
  ‖
  O
```

の4種類。

(7) アルコール3種類（*C は不斉炭素原子）。

```
                                  OH
                                  |
C−C−*C−C      C−C−C−OH      C−C−C
     |            |               |
     OH           C               C
```

エーテル3種類。

```
C−C−O−C−C      C−C−C−O−C      C−C−O−C
                                 |
                                 C
```

❖講　評

Ⅰ・Ⅱがマークシート法，Ⅲ・Ⅳが記述式で，2021年度と同じ形式であった。

Ⅰ　小問10問の構成である。全分野からの出題で，正誤のセットを選ばせるものや計算問題の数値を選ばせるものなど，これまでの出題スタイルと同様であった。難易度は標準で，2021年度よりはやや難化している。

Ⅱ　こちらもマークシート法であるが，2021年度の数値を答えるスタイルから，正しい数値を選ばせたり，正誤を判定させたりするスタイルに戻った。溶解熱を測定する実験に関する出題だったが，実験手順の文章が長く，内容を把握するのに時間がかかったと思われる。2022年度の大問の中では最も難しかった。

Ⅲ　溶融塩電解によるアルミニウムの製法およびアルミニウムに関する無機分野の知識，結晶格子の計算からの出題だった。計算・知識問題ともに頻出事項なので，きちんと学習してきた受験生にとっては解きやすかったはずだが，(4)・(7)は計算の手間はかかっただろう。

Ⅳ　エステルの構造決定の問題だった。グリセリンの脂肪酸エステルであることにさえ気づけば，容易だっただろう。

全体的に，難易度は標準レベルだが，実験問題など問題文が長くなる傾向が続いているので，しっかり読み取らなければならない。

生物

I　**解答**　A. (1)—(a)　(2)—(b)　(3)—(d)　(4)—(c)　(5)—(a)　(6)—(b)　(7)—(c)　(8)—(c)　(9)—(c)・(d)

B. (1)—(a)　(2)—(d)　(3)—(a)　(4)—(b)　(5)—(e)　(6)—(d)　(7)—(c)　(8)—(c)　(9)—(b)

C. (1)—(b)　(2)—(a)　(3)—(c)　(4)—(d)　(5)—(b)

◀解　説▶

≪浸透圧調節，ホルモン，遺伝子の発現，個体群，生物群集と生態系≫

A. (1)　(a)正文。細胞を塩濃度が高い溶液（高張液）に浸すと，細胞内（低張液）から細胞外へと水が移動し，細胞は収縮する。

(2)　(b)正文。植物細胞を蒸留水（低張液）に浸すと，細胞外から細胞内（高張液）へと水が移動し，細胞壁を押し広げようとする膨圧と細胞の浸透圧がつり合い，植物細胞は膨張が制限される緊張状態となる。

(3)　(d)正文。ゾウリムシを塩濃度が低い溶液（低張液）に浸すと，細胞外から細胞内（高張液）へと水が移動するが，ゾウリムシは収縮胞の収縮頻度を上げることで水を多く排出し，細胞の体積を元のまま維持する。

(4)　(a)誤文。トリプシンはタンパク質分解酵素であり，炭水化物を多く含む食べ物を摂ったときはアミラーゼやマルターゼなどの炭水化物分解酵素が多く分泌される。

(b)誤文。炭水化物を多く含む食べ物を摂ったときは，グリコーゲンの分解ではなく合成が促進される。

(d)誤文。炭水化物を多く含む食べ物を摂ったときは血糖値が上昇し，グルカゴンではなくインスリンの分泌が促進される。

(5)　運動によってグルコースの血中濃度が下降したときは，グルカゴンやアドレナリンなどのグリコーゲンを分解するホルモンの分泌が促進される。

(b)・(c)誤文。血中で不足したグルコースを補うために，脂質の分解によるグルコース生成が促進され，また筋からはグルコースが放出される。

(d)誤文。腎臓での水分再吸収促進は，グルコース濃度ではなく，Na^{+}イオン濃度などの影響を受ける。

(6)　(a)誤文。副交感神経は立毛筋に分布していない。

(c)誤文。チロキシンの分泌が減少し代謝が抑えられると，体温は下降する。

(d)誤文。皮膚の毛細血管が拡張して血流量が増加すると，放熱量が増加し，体温は下降する。

(7)　(a)誤文。骨格筋は効果器であり，神経興奮を心臓へと伝えるわけではない。

(b)誤文。体温が上昇することで副腎から分泌されるのはアセチルコリンではなく，アドレナリンである。

(d)誤文。筋でみられる発酵は解糖であり，解糖では二酸化炭素ではなく乳酸が合成される。

(8)　(c)誤文。100mを走破した直後は体内の酸素濃度が低下し肺における酸素の取り込み量を増加させるため，副交感神経ではなく交感神経の活動が活発になる。

(9)　フィードバック調節とは結果が原因にさかのぼって作用するしくみのことである。

(a)関わる。チロキシンの濃度上昇（結果）によって，甲状腺刺激ホルモンの分泌（原因）が抑制される。

(b)関わる。血糖値の上昇（結果）によって，インスリンによる肝臓へのグルコースの取り込み速度（原因）が上昇する。

(c)関わらない。刺激の情報が「腱紡錘→脊髄→伸筋」の順に伝わる伸長反射に関する記述であり，フィードバック調節とは無関係の記述である。

(d)関わらない。皮膚温度の低下に対して，体温を一定に保とうとする体の調節機能についての記述であり，筋収縮によって皮膚温度低下の直接的な原因（外気温の低下など）に影響を与えることはできないため，フィードバック調節とは無関係の記述である。

(e)関わる。瞳孔の収縮（結果）によって，視細胞への光刺激（原因）の量が減少する。

B．(1)　転写の際にmRNAを合成する酵素はRNAポリメラーゼである。よって(a)が適切。(b)複製の際にプライマーを合成する酵素はDNAプライマーゼであり，RNAプライマーゼという酵素は存在しない。(c)RNAヘリカーゼは，水素結合を切断し二本鎖RNAを開裂させる酵素である。(d)RNAキナーゼは，一本鎖RNAの3′末端をリン酸化する酵素である。(e)

RNAリガーゼは，一本鎖RNAを連結させる酵素である。

(2)　(d)正文。RNAポリメラーゼによって読み取られる鎖はアンチセンス鎖のみである。

(3)　(a)正文。翻訳開始コドンであるAUGに結合するtRNAは，メチオニンをmRNAまで運ぶ。

(4)　(b)正文。mRNAと結合したリボソームがUAA，UAG，UGAのいずれかの終止コドンに達すると，翻訳が終了する。

(5)　(a)・(b)誤文。リボソームの大小2つのサブユニットが合わさることで，タンパク質合成が行われる。

(c)誤文。tRNAはリボソームで合成されるのではなく，核内DNAの転写によって合成される。

(d)誤文。リボソームの構成成分はRNAだけではなく，タンパク質も含まれる。

(6)　(a)・(c)誤文。アミノ酸が対応していないコドンは3つの終止コドン（UAA，UAG，UGA）である。

(b)誤文。コドン表に示されているアミノ酸は20種類である。

(d)正文。たとえばロイシンに対応するコドン（CUU，CUC，CUA，CUG）など，3番目の塩基が決まらなくても，対応するアミノ酸が決まる場合がある。

(e)誤文。終止コドンはアミノ酸に対応しておらず，他のコドンでは1個のコドンに1種類のアミノ酸が対応している。

(7)　タンパク質はリボソームで合成される。リボソームを保有している細胞小器官は(a)葉緑体，(b)ミトコンドリア，(d)細胞質基質，(e)小胞体（粗面小胞体）である。

(9)　(b)正文。tRNAは核内DNAの転写によって合成される。

(c)誤文。tRNAは細胞の分化に応じてそれぞれ新たに合成される。

C.(1)　(b)誤文。繁殖に適している生息地域では，ある個体が別の個体を誘引するケースなどがみられ，個体は等間隔に分布するのではなく，集中的に分布することが多い。

(2)　(a)誤文。移動能力の高い種などでは，生息地域における全個体の位置を確かめることは非常に困難である。

(3)　(c)誤文。環境収容力に達した後でも，環境条件の変化，捕食者側の個体数変動，偶然による影響などによって，周期的変動を繰り返すことが多い。

(d)正文。同種個体どうしは「ニッチ」が共通しているので，他種個体どうしと比べて競争関係は強くなる傾向がある。

(4)　(d)誤文。カキとフジツボなど，生態的地位が重なっている生物種どうしが同じ地域に出現し，種間競争を起こす事例がみられている。

(5)　(b)誤文。サケ類など，人間による捕獲などの営みによって環境収容力が低下し，成長曲線の形が以前と比べ変わってしまった事例がみられている。

II 解答

(1)　酵素Aの名称：DNAポリメラーゼ

方法の名称：PCR法（ポリメラーゼ連鎖反応）

(2)　好熱菌の酵素Aは多くの疎水性相互作用により立体構造が安定し，高い耐熱性を示す。(50字以内)

(3)　結合の名称：S–S結合（ジスルフィド結合）

選択肢1の記号：E

(4)　ア．一　イ．三

(5)—F・H

(6)　失活

◀解　説▶

≪PCR法，タンパク質の構造，酵素反応≫

(2)　リード文に「大腸菌の酵素Aでは，水になじみやすい親水性のアミノ酸残基の数がより多く，水をはじきやすい疎水性のアミノ酸残基の数がより少ない傾向にある」「水分子は安定して親水性のアミノ酸の周囲に集まろうとする。逆に，これが，疎水性のアミノ酸側鎖から水分子を遠ざけるので，疎水性のアミノ酸側鎖どうしを近くに集めるようにはたらく」と記述されていることから，好熱菌の酵素Aでは疎水性相互作用が多くはたらき，そのぶん多くの安定した立体構造が形成されていることがわかる。PCR法では加熱と冷却が繰り返されるため，多くの疎水性相互作用により耐熱性を示す好熱菌の酵素A（DNAポリメラーゼ）がとくに利用されている。

(3)　側鎖として$-CH_2-SH$をもつシステイン（選択肢1のE）2分子が

それぞれのSH基のH原子を失ってつながる結合をS–S結合（ジスルフィド結合）という。

(4)　リード文より，好熱菌と大腸菌の酵素Aの共通点として，600アミノ酸の部分が同じ形に折りたたまれていること，システイン残基を介したジスルフィド結合がみられないことがあげられている。つまり，好熱菌と大腸菌の酵素Aは立体構造（三次構造）がよく似ていることがわかる。両者の相違点として，親水性／疎水性アミノ酸の含有割合が異なることがあげられていることから，アミノ酸配列，つまり一次構造に大きな違いがあることがわかる。

(5)　図1にあるように，NとCの間，またはOとCの間の化学結合では電荷の偏りが生じやすい。また，図2より，側鎖に電荷の偏りを生じやすい部分（N–C，またはO–Cの部分）をもつアミノ酸は親水性となり，その部分をもたないアミノ酸は疎水性となる。このことより，親水性のアミノ酸はG，I，J，K，L，Mとなり，疎水性のアミノ酸はF，Hとなる（下図：電荷の偏りを生じやすい部分を○で囲ってある）。ちなみに，Fはロイシン，Gはグルタミン，Hはバリン，Iはアスパラギン，Jはトレオニン，Kはグルタミン酸，Lはアスパラギン酸，Mはリシンである。

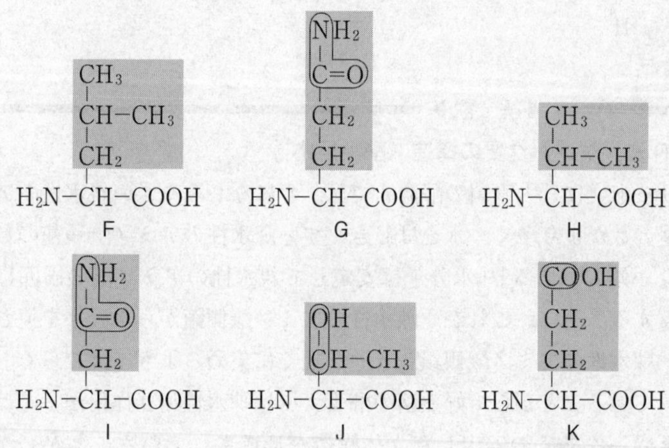

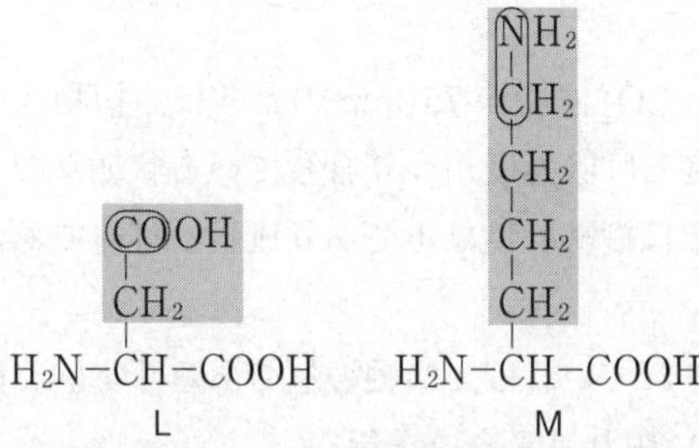

(6) 下線部⑥で示されている現象は「変性」である。変性により失活が起こるので，本問において，変性と解答しないように注意したい。

III **解答** (1) (ア)リブロースビスリン酸（RuBP）

(イ)ルビスコ（RubisCO，RuBP カルボキシラーゼ / オキシゲナーゼ）

(ウ)ホスホグリセリン酸（リングリセリン酸，PGA）

(2) (エ)低下 (オ)濃縮 (カ)蓄積

(3) (キ)時間的 (ク)空間的

(4)—(b)・(d)・(f)

(5) C_3 植物：(b) C_4 植物：(f) CAM 植物：(e)

(6)—(a)・(d)

◀解 説▶

≪C_4 植物と CAM 植物，地球温暖化≫

(3) 図 1 から以下の内容を読み取ることができる。

(キ)CAM 植物は C_4 回路（PEPC という酵素によって C_3 化合物をリンゴ酸などの C_4 化合物に変換する回路）を夜の間にはたらかせ，カルビン・ベンソン回路を昼の間にはたらかせる「時間的」分業により細胞内の CO_2 を濃縮している。

(ク)C_4 植物は葉肉細胞で C_4 回路をはたらかせ，維管束鞘細胞でカルビン・ベンソン回路をはたらかせる「空間的」分業により細胞内の CO_2 を濃縮している。

(4) (a)誤文。植物は，縦軸の値である「CO_2 吸収速度」が正であるときは成長が可能であるが，0 や負であるときは成長が不可能である。CO_2 濃度が 4ppm のときは，植物 A も植物 B も縦軸の値が正でないため，両者とも成長が不可能である。

(b)・(d)正文。下図の★より，CO_2 濃度が 75ppm のときは，植物Aでは縦軸の値が0であり光合成速度と呼吸速度がつり合っている状態なので成長が不可能であるが，植物Bでは縦軸の値は正であり成長が可能であることがわかる。

(c)誤文。植物は，光が照射されていれば，横軸の値である「実験装置内部の CO_2 濃度」が 0ppm でない限りは光合成を行う。

(e)誤文。CO_2 濃度が 600ppm のときは，植物Aも植物Bも縦軸の値が正であるため，両者とも成長が可能である。

(f)正文。下図の※より，CO_2 濃度が 400ppm から 800ppm に倍増するときは，植物Bのグラフは一定であり，植物Aのみが光合成速度を増加させていることがわかる。

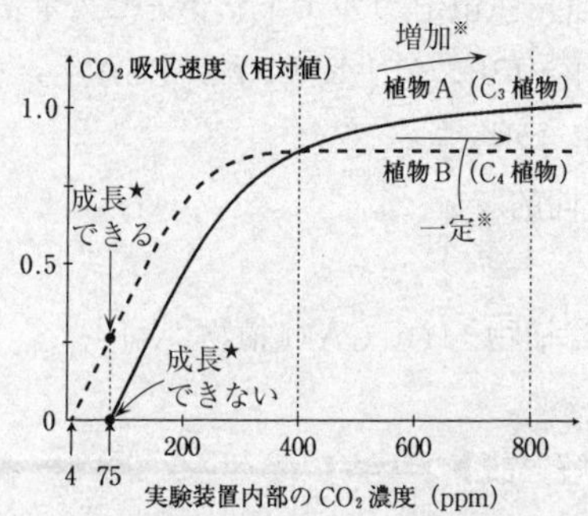

(5)　多くの植物種が C_3 植物であるため，C_4 植物と CAM 植物の例から考えていくとよい。C_4 植物の例としてはトウモロコシやサトウキビ，アワやヒエ，ススキなどがあげられる。また，CAM 植物の例としてはサボテンやベンケイソウ，パイナップルやアロエなどがあげられる。したがって，(f)が C_4 植物，(e)が CAM 植物と決まり，C_4 植物や CAM 植物が含まれていない(b)が C_3 植物と決まる。(c)のシイタケやブナシメジは植物ではなく菌類である。

(6)　(a)誤文。積雪寒冷地では温暖化による雪解け水の減少が見られ，寒冷地農業の主要作物が減少している事例も挙げられている。

(d)誤文。人間の活動領域から遠く離れた高山や島であっても，地球温暖化による異常気象などが原因で，植生に甚大な影響が及ぶ可能性は否定できない。

Ⅳ 解答

(1)ーB・E・I

(2)ーC・H

(3) 1．名称：雌しべ（雌ずい） 矢印の色：白
2．名称：雄しべ（雄ずい） 矢印の色：黒

(4) 花粉の媒介者として地面を歩く小型の生物を利用しているため。(40字以内)

(5) 構造：子葉 種子：無胚乳種子

(6) 名称：腐食連鎖 記号：E

(7) 照葉樹林

(8) 日本はどの地域でも年間を通して降水量が多く，温暖な季節がみられるため。(40字以内)

◀解 説▶

≪系統と分類，植物の生殖と発生，食物連鎖，日本のバイオーム≫

(1) Bはカタツムリの一種，Eはキノコの一種，Iはセミおよびセミに寄生する菌類の一種であり，いずれも有機物を外界から取り入れる従属栄養生物である。

(2) Cはイヌワラビ（シダ植物の一種），Hはアオキヌゴケ（コケ植物の一種）であり，いずれも胞子のうから放出される胞子で増える独立栄養生物である。その他のA（ヤマツツジ），D（タマノカンアオイ），F（コナラ），G（クロマツ）は種子で増える独立栄養生物である。

(3) Aのヤマツツジの花は，中心にある1本の長い雌しべ（番号1）とその周りを取り囲んでいる5本の雄しべ（番号2），および，5枚の花弁からなる。Gのクロマツは，雌しべに相当する雌花（黒矢印）を新枝の上部に2，3個つけ，雄しべに相当する雄花（白矢印）を新枝の下部にたくさんつける。

(4) 探究力が問われる問題である。設問文に「写真Aに番号で示した構造（雌しべや雄しべ）はこの壺型の中にある」と記述されていることから，この壺型の器官は花であることがわかる。その上で，地表すれすれの場所において，この壺型の花が生殖器官として有効に機能するための理由を考えていけばよい。

(5) Fの白矢印で示された構造が種子の大部分を表していることから，この構造は胚乳や子葉などの栄養器官であると考えられる。また，設問文に

「白矢印で示した2つの構造は，右側の部分で茎の基部と連結している」と記述されていることから，この構造は有胚乳種子がもつ胚乳ではなく，無胚乳種子がもつ子葉であることがわかる。

(8)　森林は年降水量が多い地域でみられる。日本は温暖湿潤気候であるため，特殊な環境を除けば，どの地域でもバイオームが森林である。本問では「日本はどの地域でも年降水量が多い」「日本はどの地域でも温暖な季節（夏）がみられる」の2点を盛り込みたい。

❖講　評

大問4題の出題であり，小問および論述問題の数は2021年度に比べ増加した。年々，考察問題の割合が増加しているが，その難度は易化傾向にある。

Ⅰ　浸透圧調節，ホルモン，遺伝子の発現，個体群，生物群集と生態系に関する小問集合問題であった。教科書レベルでの出題が多く，ここでしっかりと得点しておきたい。

Ⅱ　PCR法，タンパク質の構造，酵素反応に関する出題であった。好熱菌のDNAポリメラーゼが耐熱性をもっている理由を，リード文からしっかり考察していく必要があった。解きやすい問題が多かった。

Ⅲ　C_4植物とCAM植物，地球温暖化に関する出題であった。Ⅰ同様，基本的な内容が多く，ここでもしっかりと得点しておきたい。

Ⅳ　系統と分類，植物の生殖と発生，食物連鎖，日本のバイオームに関する問題で，写真の図から生物を推定する問題も出題された。クロマツの雄花と雌花の位置やタマノカンアオイの花について問われるなど，解きにくいと感じた受験生は多くいたであろう。

Ⅰは例年通り小問集合，Ⅱ～Ⅳは従来からの頻出分野である遺伝情報，代謝，生殖・発生，生態，進化・系統からの出題であった。大問によっては時間がかかるものもあるので，90分の試験時間を有効に使うことを意識していくとよいだろう。

■共通テスト併用方式

問題編

▶試験科目・配点（個別試験）

教 科	科　　目	配 点
数 学	「数学Ⅰ・Ⅱ・Ⅲ・A・B」から4題出題し，そのうち任意の3題を選択解答	150 点
理 科	数学科・物理学科・都市環境学科 「物理基礎，物理」「化学基礎，化学」から各3題，計6題出題し，そのうち任意の3題を選択解答 上記以外の学科 「物理基礎，物理」「化学基礎，化学」「生物基礎，生物」から各3題，計9題出題し，そのうち任意の3題を選択解答	150 点

▶備　考

- 「数学B」は「数列，ベクトル」から出題する。
- 数学科の「数学」の配点は300点となる。
- 合否判定は，上記の個別試験と大学入学共通テストの「英語」（150点満点）の合計得点（450点満点〈数学科は600点満点〉）で行う。

数学

（100分）

(注)

1．問題は，Ⅰ～Ⅳの4題あります。そのうち3題を選択して解答してください。

2．満点が150点となる配点表示になっていますが，数学科は満点が300点であり，各問の配点は2倍となります。

Ⅰ　$\triangle$ABC において，$\mathrm{AB}=\mathrm{AC}=1$，$\mathrm{BC}=2t$ $(0<t<1)$ とする。また，BC の中点を M とし，$\triangle$ABC の外心を O，内心を I とする。さらに，$\triangle$ABC の面積を S，外接円の半径を R，内接円の半径を r とする。以下の問いに答えよ。(50点)

(1) S，R，r をそれぞれ t を用いて表せ。

(2) $0<t<1$ において r を最大にする t の値を求めよ。

(3) t を (2) で求めた値とするとき，$\dfrac{\mathrm{OM}}{\mathrm{IM}}$ の値を求めよ。

II　1, 2, $\cdots$, n $(n \geqq 2)$ の番号を一つずつ書いた n 枚のカード 1 組ずつを A 君，B 君が持っている。A 君，B 君はそれぞれ自分の持っているカードの組からランダムに 2 枚抜き出す。A 君が抜き出した 2 枚のカードの番号の大きい方を a，B 君が抜き出した 2 枚のカードの番号の大きい方を b とする。以下の問いに答えよ。(50 点)

(1) $2 \leqq k \leqq n$ を満たす自然数 k に対し，$a \leqq k$ となる確率を p_k，$a = k$ となる確率を q_k とする。p_k，q_k を求めよ。

(2) $a = b$ となる確率を r とする。r を求めよ。

(3) $a < b$ となる確率を s とする。s を求めよ。

(4) $|a - b| \leqq 1$ となる確率を t とする。t を求めよ。

III　自然数 a，b，c，d により

$$n = b^3 - a^3 = c^2 + d^2$$

と表されるような素数 n を調べる。例えば

$$37 = 4^3 - 3^3 = 1^2 + 6^2, \qquad 397 = 12^3 - 11^3 = 6^2 + 19^2$$

などがある。以下の問いに答えよ。(50 点)

(1) 2 つの自然数 c，d の平方の和 $k = c^2 + d^2$ が奇数であれば，k を 4 で割った余りは 1 である。このことを，c が偶数の場合と奇数の場合に分けて示せ。

(2) 素数 ℓ が 2 つの自然数 a，b により $\ell = b^3 - a^3$ と表されるとき，3 次式 $b^3 - a^3$ の因数分解を用いて $b = a + 1$ であることを示せ。

(3) 素数 n が 4 つの自然数 a，b，c，d により $n = b^3 - a^3 = c^2 + d^2$ と表されるとき，b を 4 で割った余りは 0 か 1 であることを示せ。

(4) 200 以下の素数 n で (3) の条件を満たすものが $n = 37$ 以外にも存在する。それらをすべて求めよ。また，そのときの a，b，c，d $(c \leqq d)$ も求めよ。

IV n を 2 以上の整数とするとき，以下の問いに答えよ。(50 点)

(1) $x > 0$ で定義された微分可能な関数 $f(x)$ が $f'(x) > 0$，$f(1) = 0$ を満たしている。このとき次の不等式を示せ。

(a) $\displaystyle\sum_{k=1}^{n} f(k) < \int_{1}^{n+1} f(x)\,dx$

(b) $\displaystyle\int_{1}^{n} f(x)\,dx < \sum_{k=1}^{n} f(k)$

(2) (1) を利用して以下の不等式を示せ。

$$n\log n - n + 1 < \log n! < (n+1)\log(n+1) - n$$

(3) $K_n = \dfrac{(n!)^{\frac{1}{n}}}{n}$ とする。このとき，極限 $\displaystyle\lim_{n\to\infty} K_n$ を求めよ。なお，必要ならば，$\displaystyle\lim_{x\to\infty} \frac{\log x}{x} = 0$ を用いてよい。

物理

（理科3題で100分）

（注） 問題は，「物理」：Ⅰ～Ⅲ，「化学」：Ⅰ～Ⅲ，「生物」：Ⅰ～Ⅲの9題あります。そのうち3題を選択して解答してください。「生物」は精密機械工学科，電気電子情報通信工学科，応用化学科，ビジネスデータサイエンス学科，情報工学科，生命科学科，人間総合理工学科受験者のみ選択解答できます。

Ⅰ 次の問題の答えを導出の過程も含めて，解答用紙の所定の場所に書きなさい。(50点)

伸び縮みしない長さℓの糸の先端に質量mの小球をつけた振り子を2個用意し，図1のように小球が最下点にあるときに2個の小球が接するように糸の他端を天井に固定する。ここで，左側の小球を小球1，右側の小球を小球2とよぶことにする。2個の小球が最下点にあるときの小球1の重心と小球2の重心を含む鉛直面を考え，この鉛直面内での2個の小球の運動を考える。ただし，糸の長さに比べて小球の大きさは無視できるものとする。また，糸の質量，空気抵抗の効果は考えない。

図2左に示すように，小球1を糸がピンと張った状態で最下点から少しだけ持ち上げて，糸と鉛直方向のなす角がθのところで静かに手を離すと小球1は運動を始め，最下点に来たところでそこに静止していた小球2に水平右向きに速さvで衝突した（図2右）。小球1と2の反発係数（はねかえり係数）をe $(0 < e < 1)$，重力加速度の大きさをgとして，以下の問いに答えなさい。ただし，θは十分に小さく，衝突以外の小球の運動は単振動の一部とみなしてよいものとする。

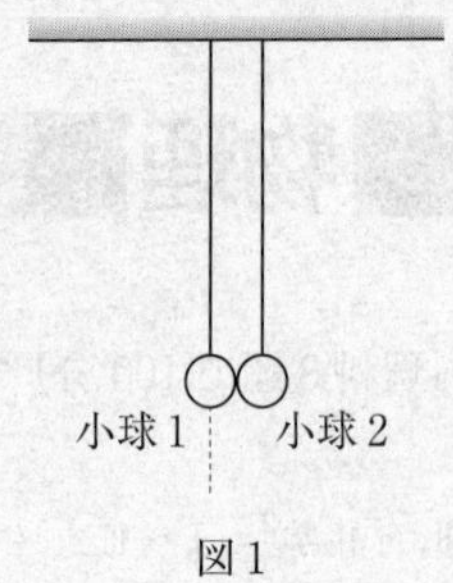

図 1

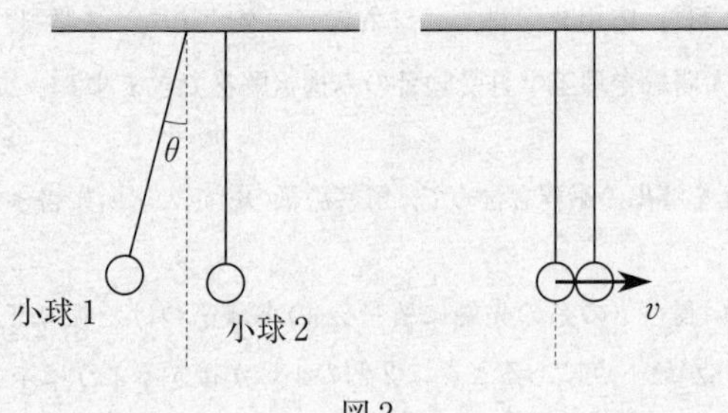

図 2

問い

1．衝突直後の小球 1 の速度 v_1 と小球 2 の速度 v_2 を v，e を用いて表しなさい。ただし，速度は右向きを正とする。また，この衝突で失われた力学的エネルギーの大きさ ΔE を m，v，e を用いて表しなさい。

2．衝突により小球 1 と 2 は最下点で水平方向にそれぞれ v_1，v_2 の初速度が与えられて単振動を始める。衝突の時刻を $t=0$ として，小球 1 と 2 が最下点に戻ってくる時刻 t_1，t_2 を求めなさい。また図 3 には，衝突の時刻から時刻 t_1 までの小球 1 の糸と鉛直線がなす角の大きさ θ_1 の時間変化が示されている。これと比較して小球 2 の糸と鉛直線がなす角の大きさ θ_2 はどのように変化するか，解答欄の図にその様子を描き入れなさい。（解答欄の図は図 3 と同じ－編集部）

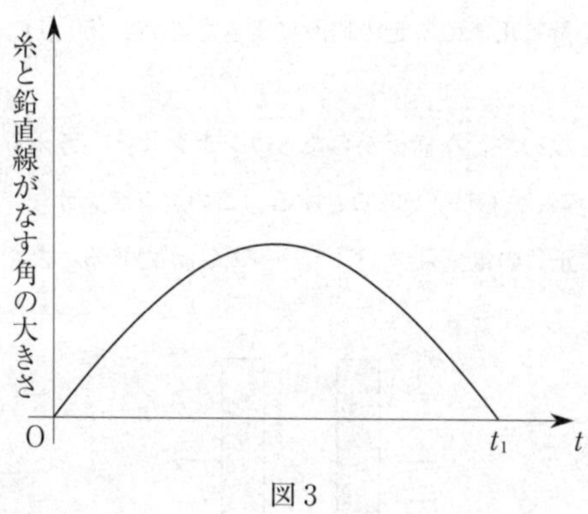

図 3

3．問 2 で考えた単振動の後，小球 1 と 2 が最下点に戻ってきたときに，水平左向きに小球 1 は速さ $|v_1|$ で，小球 2 は速さ $|v_2|$ で運動しているため，再び小球 1 と 2 は衝突する。この 2 回目の衝突直後の小球 1 の速度を v_1'，小球 2 の速度を v_2' としたとき，これらを v，e を用いて表しなさい。ただし，速度は右向きを正とする。また，この衝突で失われた力学的エネルギーの大きさ $\Delta E'$ を m，v，e を用いて表しなさい。

4．2 回目の衝突により小球 1 と 2 は最下点で左向きに初速度を与えられて単振動を始め，再び最下点に戻ってきたときに次の衝突が起こる。問 1 の衝突からここまでの運動を 1 往復の運動と考えて，N 回の往復運動の後の衝突直後の小球 1 と 2 の速度を $v_1(N)$，$v_2(N)$ とする。1 回目の往復運動の後の衝突直後の小球 1 と 2 の速度 $v_1(1)$，$v_2(1)$ を v，e を用いて表しなさい。ただし，速度は右向きを正とする。

5．以上のことから，N 回の往復運動の後の衝突直後の小球 1 と 2 の速度 $v_1(N)$，$v_2(N)$ を v，e，N を用いて表しなさい。ただし，速度は右向きを正とする。また非弾性衝突の場合（$0 < e < 1$）に，無限回の往復運動をくりかえした後の小球の速度 $v_1(\infty)$，$v_2(\infty)$ を求め，その運動の特徴を説明しなさい。

6．小球の衝突が弾性衝突の場合（$e = 1$）の往復運動はどうなるか，非弾性衝突の場合（$0 < e < 1$）との違いを説明しなさい。

Ⅱ 次の問題の答えを解答用紙の所定の場所に書きなさい。(50 点)

図 1 のように，2 枚の平行な極板からなるコンデンサーを考える。極板間の距離が d[m]のときに電気容量が C[F]であるとする。このコンデンサーに電圧 V[V]をかけると，極板 A，B に正負の電気量 $+Q$[C]，$-Q$[C]がたまる。ただし，$Q>0$ とする。

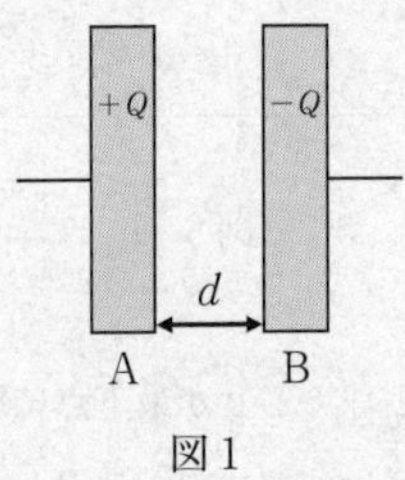

図 1

問い

1．正の電荷 $+Q$ をもつ極板 A から電気力線が出て，負の電荷 $-Q$ をもつ極板 B に電気力線が入る。極板は十分に広く，極板の縁の影響は無視できるものとする。仮に極板 A の正の電荷 $+Q$ だけがあるとすると，電気力線は図 2 のようになる。これを参考にして，図 1 に対する電気力線を，図 2 に示した向きと密度に注意して描きなさい。

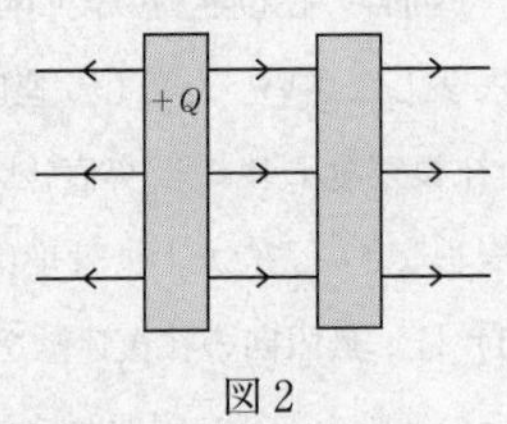

図 2

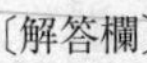

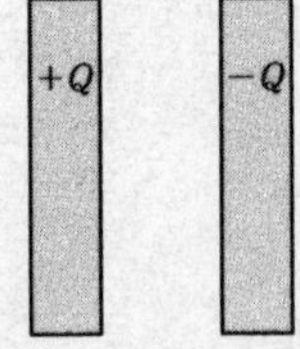

2．コンデンサー内部の電場 E[V/m]は，極板Aの正の電荷 $+Q$ がつくる電場 E_A[V/m]と極板Bの負の電荷 $-Q$ がつくる電場 E_B[V/m]を合わせたものになっている。E_A と E_B を，E を使って表しなさい。

図3のように，導線をはずして極板Aを固定し，極板Bを極板Aに平行なまま動かして，極板間の距離 x[m]を $0 < x \leqq d$ の範囲で変えられるようにする。極板が近づくことによって極板間で電荷は移動せず，極板A，Bは常に正負の電気量 $+Q$, $-Q$ をもっているとする。

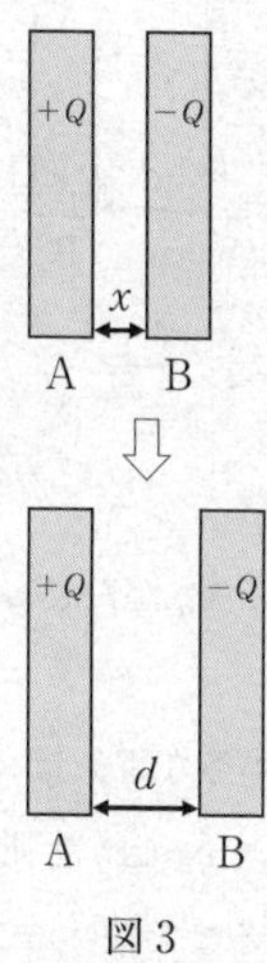

図3

問い

3．極板Bにある電荷 $-Q$ は，電場 E_A により力を受けている。極板間の距離が x のとき，その力の向きと大きさを Q, E, d, x のうち必要なものを使って表しなさい。

4．次に，極板間の距離 x が限りなく0に近い状態を考えよう。この状態から極板Bを引き離して，極板間の距離 x が d となるまで極板Bをゆっくりと移動させた。このときに外力がした仕事 W[J]を Q, E, d を使って表しなさい。

図4のように，極板A，Bを固定して極板間の距離を d にしたまま，最初は電荷がない状態から始め，導線をつなげて電荷を極板Bから極板Aに移動させる。こう

して極板Aの電気量q[C]を$0 \leqq q \leqq Q$の範囲で変えられるようにする。

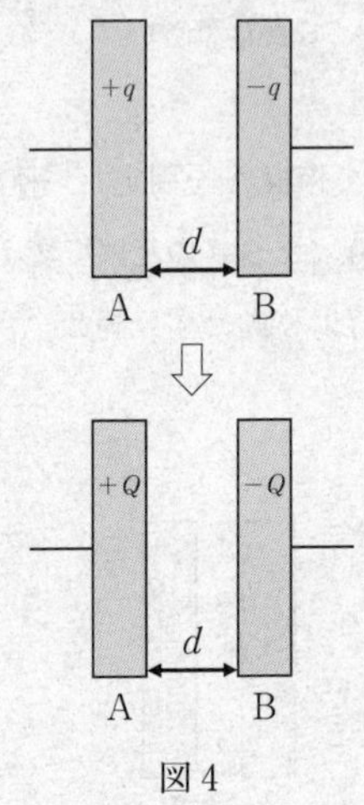

図4

問い

5．極板A，Bに正負の電気量$+q$，$-q$がたまっているとき，この極板間の電位差V_1[V]をC，qを使って表しなさい。

6．極板間の電位差がV_1のとき，小さな電気量$\varDelta q$[C]を極板Bから極板Aに移動させるのに必要な仕事$\varDelta W$[J]をC，q，$\varDelta q$を使って表しなさい。

7．問6の操作をqが0からQになるまで続けることによって，コンデンサーが得た静電エネルギーをU[J]とおく。図5を参考にして，UをC，Qを使って表しなさい。

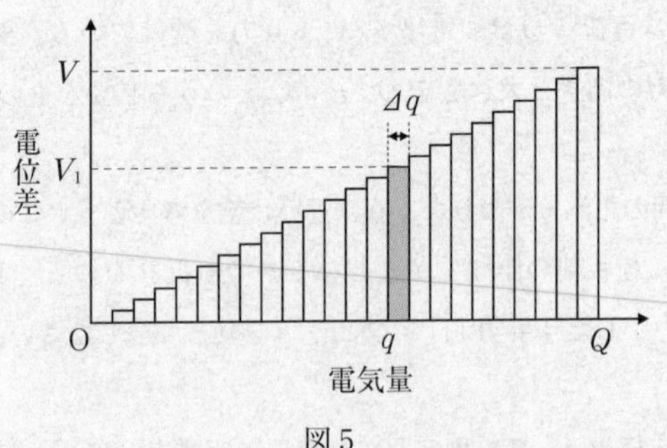

図5

今までに扱った過程を部分的に組み合わせてできる別の過程を考えよう。初期状態として，極板 A，B に正負の電気量 $+rQ$[C]，$-rQ$[C]があり，極板間の距離 x が限りなく 0 に近い状態を考える。ここで，$0 < r < 1$ とする。

問い

8．この状態から始めて，図 6 のように，極板 A を固定し，極板 B を極板 A に平行なまま動かして，それぞれの電気量を保ったまま，極板間の距離 x を d まで増加させる。このときにコンデンサーが得る静電エネルギー U_1[J]を C，Q，r を使って表しなさい。

9．次に，図 7 のように，極板 A，B を固定して極板間の距離を d にしたまま，導線をつなげて電荷を極板 B から極板 A に移動させて，極板 A の電気量を rQ から Q まで増加させる。このときにコンデンサーが得る静電エネルギー U_2[J]を，図 5 のようなグラフを使って求めなさい。導出の過程を書き，U_2 は C，Q，r を使って表しなさい。

〔解答欄〕のグラフ

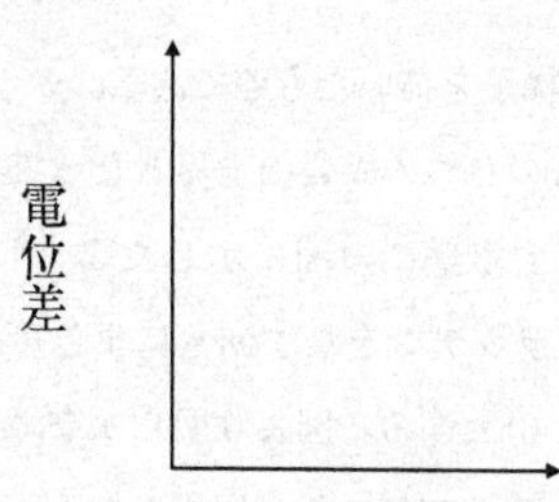

10．問 8 で求めた U_1 と問 9 で求めた U_2 および問 7 で求めた U の関係を説明しなさい。

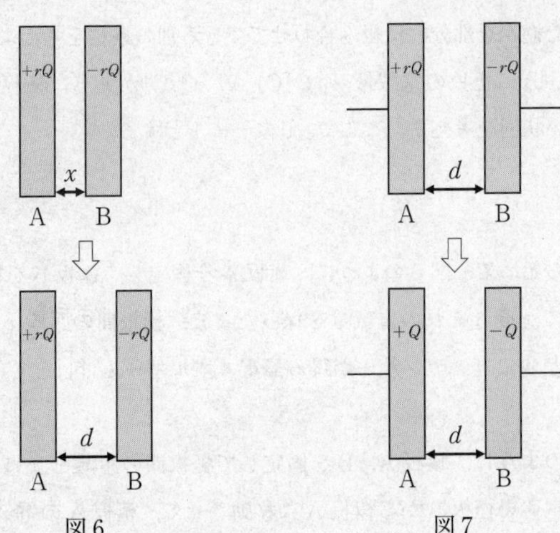

図 6　　　　　　　　図 7

Ⅲ　次の問題の答えを解答用紙の所定の場所に書きなさい。(50点)

図1は単色の可視光が水中から空気中へ入射する様子を描いたものである。$y<0$ の部分は水，$y>0$ の部分は空気であり，$y=0$ がこの2つの媒質の境界となっている。以下，位置座標の各成分の単位はメートルとする。この図に示したように，$x-y$ 平面上で，$(0, -1)$ の点から y 軸と正の角度 i ラジアンをなす向きに単色可視光を発射した。光が水から空気へ入射した位置を $(x, 0)$ とする。図より明らかなように，入射角は i である。屈折角を r ラジアンとする。水と空気の絶対屈折率をそれぞれ n_1，n_2 とすると，$n_1>n_2$ である。$A=\dfrac{n_1}{n_2}$ とする。

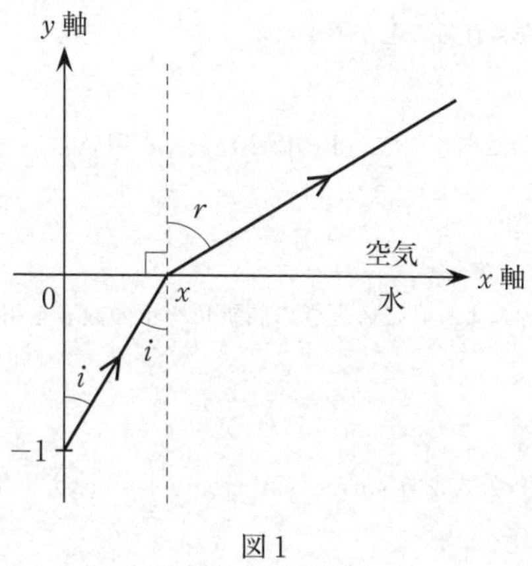

図 1

問い

1．下の文中の空欄(a)と(b)にあてはまる数式を書きなさい。答えのみ書けばよい。

$\sin i$ を x を用いて表すと [(a)] である。よって，屈折の法則より，

$$\sin r = \boxed{(a)} \times \boxed{(b)} \tag{1}$$

という等式が成り立つ。ただし，(b)は A を用いて表すこととする。

(1)式を詳しく調べることにより，屈折角 r が x によってどのように変化するかを明らかにしたい。以下では，実数 a，b，θ に対して成り立つ，次の近似式を用いる。

$|a|$ が 1 に比べて十分に小さいとき　$(1+a)^b \fallingdotseq 1+ab$　　(2)

θ（ラジアン）が 0 にきわめて近いとき　$\sin\theta \fallingdotseq \theta$　　(3)

$\cos\theta \fallingdotseq 1-\dfrac{\theta^2}{2}$　　(4)

問い

2．下の文中の空欄(c)と(d)にあてはまる数式を書きなさい。答えのみ書けばよい。

入射角 i を大きくしていくと x の値も大きくなる。入射角 i の値が小さいときには x の値も小さく，ともに十分に小さいときには，屈折角 r と x の間には比例関係 $r \fallingdotseq$ [(c)] x が成り立つ。しかし，入射角 i が大きくなり x がある値 x_0 以上になると，光は境界で全反射されてしまい空気には入射できなくなってしまう。$x=x_0$ のときでも，$r=\dfrac{\pi}{2}$ ラジアンとすれば(1)式は成り立つ。このことより，x_0 は A を

用いて [(d)] と表されることが導かれる。

x が x_0 よりもわずかに小さくて，正の微小な数 ε を用いて

$$x = x_0 - \varepsilon \tag{5}$$

と書ける場合を考えてみよう。このときの屈折角を正の数 δ を用いて

$$r = \frac{\pi}{2} - \delta \tag{6}$$

とすると，三角関数の公式より $\sin r = \sin\left(\frac{\pi}{2} - \delta\right) = \cos\delta$ と書くことができる。δ も微小な数であり，(4)式より

$$(1)\text{式の左辺} \fallingdotseq 1 - \frac{\delta^2}{2} \tag{7}$$

が成り立つ。他方，(1)式の右辺に(5)式を代入して式変形し(2)式を用いると

$$(1)\text{式の右辺} \fallingdotseq 1 - \frac{1}{x_0(1 + x_0^2)}\varepsilon \tag{8}$$

が得られる。

問い

3．(7)式と(8)式が等しいことから，δ^2 と ε が比例関係にあることになる。このことから，

$$x \fallingdotseq C(A)\left(r - \frac{\pi}{2}\right)^2 + x_0 \tag{9}$$

という関係式を導きなさい。ただし，係数 $C(A)$ は A の関数である。導出の過程を書き，$C(A)$ を A のみを用いて表しなさい。

4．以上より，$0 \leqq x \leqq x_0$ の範囲において，r の変化の様子を描きなさい。

〔解答欄〕

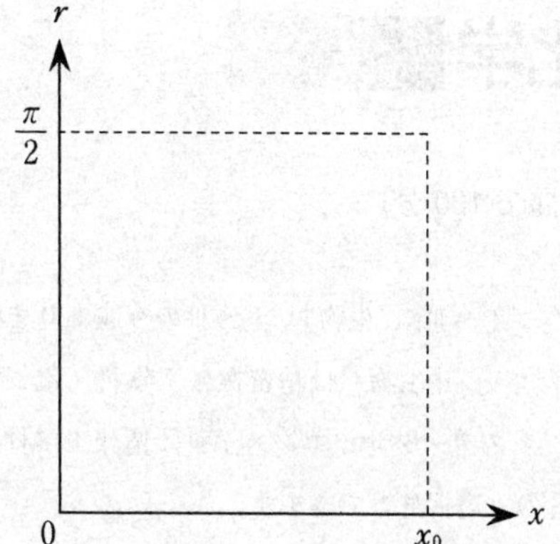

5．問 4 で描いたグラフから，実験によって x_0 の値を精度良く求めることは比較的容易であると考えられるか，それともむしろ難しいと考えられるか。答えには理由も書きなさい。

化学

（理科3題で100分）

(注)　問題は,「物理」：Ⅰ～Ⅲ,「化学」：Ⅰ～Ⅲ,「生物」：Ⅰ～Ⅲの9題あります。そのうち3題を選択して解答してください。「生物」は精密機械工学科，電気電子情報通信工学科，応用化学科，ビジネスデータサイエンス学科，情報工学科，生命科学科，人間総合理工学科受験者のみ選択解答できます。

Ⅰ　次の文章を読み，以下の問い(1)～(7)に答えなさい。必要な場合は，次の値を用いなさい。(50点)

原子量：H = 1.0，C = 12，O = 16，Na = 23，Cl = 35.5，Ca = 40

炭酸ナトリウムは，塩化ナトリウム，アンモニアおよび炭酸カルシウムを原料として，図1に示すような工程で，工業的に製造されている。塩化ナトリウムは海水中に多く含まれ，炭酸カルシウムは石灰石に多く含まれている。アンモニアは空気中の窒素から工業的に製造できる。

石灰炉内で原料の石灰石（炭酸カルシウム）を加熱分解すると，**化合物A（固体）**と**化合物B（気体）**が生成する。ガス吸収塔内で原料の塩化ナトリウムから作られた塩化ナトリウム飽和水溶液にアンモニアを吸収させ，炭酸化塔内で**化合物B（気体）**を通じると，溶解度の小さい**化合物C**が沈殿し，**化合物D**が含まれる水溶液が生成する。**化合物C**を回転炉内で加熱すると目的の生成物である炭酸ナトリウムと**化合物B（気体）**が得られる。**化合物B（気体）**は炭酸化塔に戻され再利用される。**化合物D**を取り出して，**化合物A**と水を反応させてできた化合物を蒸留塔内で混合し分離すると，塩化カルシウムとアンモニアが得られる。アンモニアはガス吸収塔で再利用することができる。この製造方法は副生成物を回収・再利用できる工業的に優れた製造工程である。

問い

⑴　文章中の**化合物A～D**に当てはまる物質の化学式をそれぞれ答えなさい。

⑵　空気中の窒素と水素とを反応させてアンモニアを生成する熱化学方程式は次式で表される。反応で平衡状態に達しているとき，アンモニアの生成率を大きくするためには，温度は［ ㈠ ］ほど，圧力は［ ㈡ ］ほどよい。空欄㈠，㈡に当てはまる語句の組合せとして，最も適わしいものを，次の解答群①～④の中から1つ選んで番号で答えなさい。

$$N_2\text{（気）} + 3H_2\text{（気）} = 2NH_3\text{（気）} + 92\ \text{kJ}$$

［解答群］

番号	㈠	㈡
①	高い	高い
②	高い	低い
③	低い	高い
④	低い	低い

⑶　図1において，**化合物B（気体）**やアンモニアをすべて回収して再利用するとする。炭酸ナトリウム 1.0 kg を生成するのに必要な原料の塩化ナトリウム，炭酸カルシウムおよび副生成される塩化カルシウムの3つの物質の中で，最も質量の大きいものはどれか。解答欄の物質名から1つ選んで，○で囲みなさい。

〔解答欄〕

塩化ナトリウム，炭酸カルシウム，塩化カルシウム

⑷　炭酸ナトリウムの濃い水溶液を放置すると，水が蒸発して無色透明な十水和物の結晶ができる。この結晶を乾いた空気中に放置すると，水和水の一部が失われて白色の粉末状になる。この現象を何というか，その名称を答えなさい。

⑸　副生成物である塩化カルシウムの無水物は，空気中に放置すると水分を吸収して溶ける。この現象を何というか，その名称を答えなさい。

⑹ 炭酸塩に**化合物B（気体）**を吸着させ，再利用するケミカルルーピング技術が注目されている。炭酸ナトリウム水溶液に**化合物B（気体）**を通じた時の化学反応式を書きなさい。

⑺ 問い⑹の反応により，炭酸ナトリウム1.0kgあたりに吸着される**化合物B（気体）**の物質量〔気体の吸着モル数 mol/吸着剤の質量 kg〕を有効数字2桁で求めなさい。ただし，炭酸ナトリウムと**化合物B（気体）**が100%反応すると仮定する。

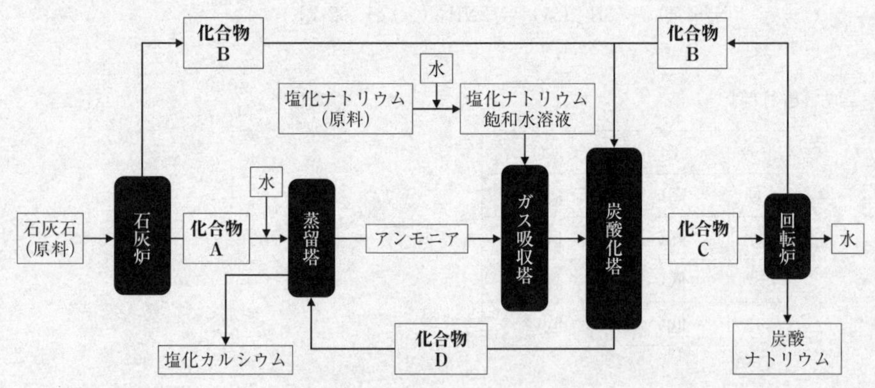

図1　炭酸ナトリウムの製造工程

Ⅱ 硫酸鉄(Ⅱ)七水和物を合成する実験操作(A)〜(F)およびそれに続く実験操作(G)に関する次の文章を読み，以下の問い(1)〜(8)に答えなさい。必要な場合は，次の値を用いなさい。(50点)

原子量：H = 1.0，C = 12，O = 16，S = 32，K = 39，Mn = 55，Fe = 56

実験操作

(A) さびていない鉄くぎ20 gを1 Lの丸底フラスコに入れ，(a)30 mLの濃硫酸を200 mLの水で薄めた希硫酸を加えた。

(B) 図1のように，ガラス管を挿した栓をフラスコに取りつけて穏やかに加熱すると鉄くぎが溶け始め，反応が進むにつれてフラスコ内の水溶液の色は徐々に淡緑色になった。

(C) 鉄くぎが十分に細くなった時点で加熱を終了し，反応液をろ過した。

(D) (b)ろ液にさびていない鉄くぎを少量加え，液量が100 mLになるまで穏やかに加熱し濃縮した。

(E) 続いて濃縮液を冷めないうちにろ過し，ろ液をふた付きの容器に入れ室温で一晩保存した。

(F) 翌朝，析出していた淡緑色の結晶をろ過して取り出した。得られた結晶を (ア) で洗い，ろ紙ではさんで余分な水分を取り除いた。その後，この結晶試料0.60 gを量り取ってシャーレに入れて保存した。

(G) 数日後にシャーレ内の結晶試料は，一部が鉄(Ⅱ)イオンから鉄(Ⅲ)イオンに酸化する。(完全に酸化した結晶試料を水に溶かすと (イ) 色になる。) シャーレ内のすべての結晶試料を水に溶かして，(c)硫酸酸性条件で，(d)濃度既知の過マンガン酸カリウム水溶液を用いて酸化還元滴定を行った。

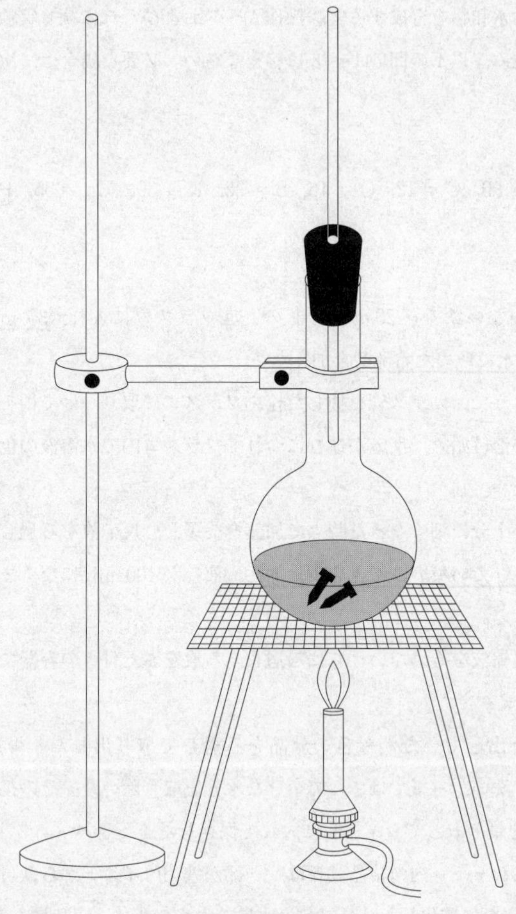

図1　実験装置

問い

(1)　下線部(a)において，希硫酸を調製する際の実験操作で，最もふさわしいものを，次の解答群①～④の中から1つ選んで番号で答えなさい。

［解答群］

①　攪拌している濃硫酸に少しずつ水を加える。

②　攪拌している水に少しずつ濃硫酸を加える。

③　攪拌している濃硫酸に一気に水を加える。

④　撹拌している水に一気に濃硫酸を加える。

(2)　下線部(b)において，さびていない鉄くぎを入れる理由として最もふさわしいものを，次の解答群①～④の中から1つ選んで番号で答えなさい。

[解答群]

①　鉄(Ⅱ)の酸化を防ぐため
②　鉄(Ⅱ)の還元を防ぐため
③　鉄(Ⅲ)の酸化を防ぐため
④　鉄(Ⅲ)の還元を防ぐため

(3)　空欄(ア)に当てはまる語句として最もふさわしいものを，次の解答群①～④の中から1つ選んで番号で答えなさい。

[解答群]

①　少量の冷水
②　大量の冷水
③　少量の熱水
④　大量の熱水

(4)　鉄と希硫酸から硫酸鉄(Ⅱ)七水和物を合成する反応を，1つの化学反応式にまとめて書きなさい。

(5)　空欄(イ)に当てはまる色として最もふさわしいものを，次の解答群①～④の中から1つ選んで番号で答えなさい。

[解答群]

①　黄褐色
②　濃青色
③　血赤色
④　灰白色

(6)　下線部(c)の条件で過マンガン酸カリウム水溶液による酸化還元滴定を行う際，ｉ）硫酸鉄(Ⅱ)の還元剤としての半反応式と，ⅱ）過マンガン酸カリウムの酸化剤としての半反応式をそれぞれ書きなさい。なお，半反応式とは電子 e^- を含むイオン反応式である。

(7)　下線部(c)において，加えるべき硫酸を入れずに過マンガン酸カリウム水溶液を用いて酸化還元滴定を行ったところ，黒褐色の沈殿を生じた。この時の過マンガン酸カリウムの酸化剤としての半反応式を書きなさい。

(8)　下線部(d)において，0.025 mol/L の過マンガン酸カリウム水溶液で滴定したところ，16.0 mL を要した。実験操作(G)におけるシャーレ内の結晶試料中に含まれる鉄イオンのうち，酸化数が +2 の鉄イオンの割合〔%〕を計算し，有効数字 2 桁で答えなさい。ただし，実験操作(F)で量り取った 0.60 g の結晶試料は，すべて硫酸鉄(Ⅱ)七水和物であるとする。

Ⅲ　次の文章を読み，以下の問い(1)～(9)に答えなさい。構造式は図 1 の例にしたがって書くこと。必要な場合は，次の値を用いなさい。(50 点)

原子量：H = 1.0，C = 12，O = 16

アセチレンは工業的にはメタンやナフサを熱分解して得るが，実験室では炭化カルシウム（カーバイド）を用いてつくられる(a)。アンモニア性硝酸銀水溶液にアセチレンを通じると，**化合物 A** の白色沈殿を生じる。

アセチレンを赤熱した鉄に接触させると 3 分子が重合してベンゼンが生成する。プロピン（炭素原子 3 つのアルキン）を用いて同様の反応を行ったところ，構造異性体の関係にある**芳香族化合物 B** と**芳香族化合物 C** が得られた。**芳香族化合物 B** のベンゼン環の水素原子を 1 つ塩素原子に置換すると，分子式 $C_9H_{11}Cl$ で表せる単一の**芳香族化合物 D** が得られた。

適当な触媒を用いてアセチレンに塩化水素，シアン化水素，酢酸を付加させると，それぞれ**化合物 E**，**化合物 F**，**化合物 G** が得られる。これらはいずれもビニル基を持ち，付加重合させると高分子化合物を生じる。**化合物 E** と**化合物 F** を共重合させたものからできる合成繊維は難燃性で，カーテンなどに用いられている。

一方，プロピンに酢酸を付加させると，異性体の関係にある３種類の化合物が生成した。そのうち，**化合物H**と**化合物I**はシス-トランス異性体の関係にあり，**化合物H**はシス体，**化合物I**はトランス体である。

化合物Gを付加重合して得た高分子化合物に水酸化ナトリウム水溶液を加えて加水分解（けん化）することで，ポリビニルアルコールが得られる。ポリビニルアルコールの水溶液（コロイド溶液）を細孔から硫酸ナトリウム水溶液中に押し出すと，塩析が起こり繊維状に固まる。それを乾燥後，ホルムアルデヒド水溶液で処理すると，ポリビニルアルコール中の二つのヒドロキシ基が１分子のホルムアルデヒドと反応（この反応を［(ア)］化という）して，水に不溶な繊維であるビニロンが得られる。ビニロンは適度な吸湿性を持ち，強度や耐摩耗性に優れるので，漁網，ロープ，作業着などに広く用いられている。

(b)アセチレンを付加重合させるとポリアセチレンが得られる。ポリアセチレンにハロゲン（塩素，ヨウ素など）を少量加えたものは，電気をよく通す導電性高分子としてコンデンサーや電池などに用いられている。

問い

(1)　下線部(a)の化学反応式を書きなさい。

(2)　**化合物A**の名称を答えなさい。

(3)　空欄(ア)に当てはまる語句を答えなさい。

(4)　**芳香族化合物C**および**芳香族化合物D**の構造式を書きなさい。

(5)　アセチレン 5.2×10^2 kg を原料として，何 kg の**化合物G**が得られるか。有効数字２桁で求めなさい。ただし，反応の収率は100％とする。

(6)　**化合物I**の構造式を書きなさい。

(7)　下線部(b)の化学反応式を書きなさい。ただし，ポリアセチレンの重合度を n とする。

(8)　ポリビニルアルコール分子中のヒドロキシ基のうち40%をホルムアルデヒドと反応させてビニロンを合成した。88 kgのポリビニルアルコールから何kgのビニロンが得られるか。有効数字2桁で答えなさい。ただし，反応の収率は100%とする。

(9)　問い(8)の合成の際に質量パーセント濃度15%のホルムアルデヒド水溶液を用いた場合，そのホルムアルデヒド水溶液は何kg必要か。有効数字2桁で答えなさい。ただし，ホルムアルデヒドは100%反応したものとする。

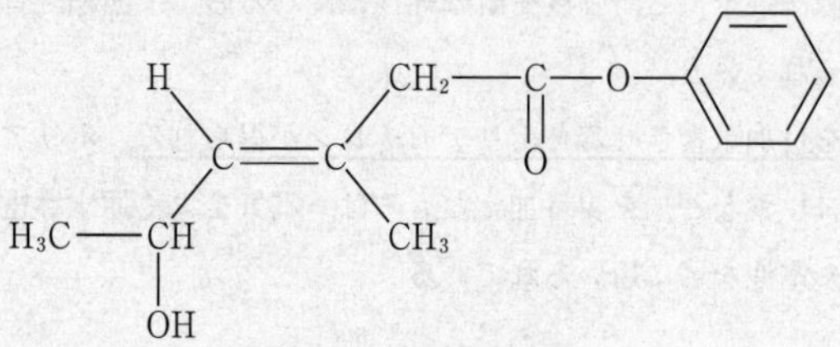

H　　CH_2—C—O—(benzene ring)
C＝C　　‖O
H_3C—CH　　CH_3
OH

図1　構造式の例

生物

(理科 3 題で 100 分)

(注)　問題は,「物理」: Ⅰ～Ⅲ,「化学」: Ⅰ～Ⅲ,「生物」: Ⅰ～Ⅲの 9 題あります。そのうち 3 題を選択して解答してください。「生物」は精密機械工学科, 電気電子情報通信工学科, 応用化学科, ビジネスデータサイエンス学科, 情報工学科, 生命科学科, 人間総合理工学科受験者のみ選択解答できます。

Ⅰ　以下の**文章 A**, **B** を読み, 問い(1)～(10)に答えなさい。(50 点)

A　ヒトを含む脊椎動物は 1 個の受精卵から発生し, その結果生じた個体はどの細胞も同じ遺伝情報がある。これは正確な細胞分裂が行われることによる。細胞分裂では, 分裂前の細胞を [(ア)] といい, 分裂後の細胞を [(イ)] という。体細胞分裂では, 1 個の [(ア)] に含まれているすべての遺伝情報が正確に複製され, 2 個の [(イ)] に分配される。このとき, まず [(ウ)] が起こり, 続いて細胞質分裂が起こる。[(ウ)] の開始から細胞質分裂の終了までの期間を①分裂期, それ以外の期間を間期といい, この繰り返しを細胞周期という。間期には②分裂の準備期間, ③DNA 合成の準備期間, ④DNA が合成される期間がある。

問い

(1)　**文章 A** 中の空欄 [(ア)] ～ [(ウ)] にあてはまる語を答えなさい。

(2)　下線部①の分裂期は, 前期, 中期, 後期, 終期に分けられる。それぞれの時期で起きていることを以下の記述からすべて選び, 記号で答えなさい。

(a)　凝縮していた染色体が, 糸状に広がった状態になる。
(b)　各染色体が分離し, 1 本ずつ細胞の両極に移動する。
(c)　核膜が消失する。

(d)　核内で染色体が凝縮し，太く短くなっていく。

(e)　染色体が細胞の赤道面に並ぶ。

(3)　染色体の構造に関する以下の文中の空欄 [(エ)] ～ [(カ)] にあてはまる語を答えなさい。

真核生物の染色体は，DNA分子とタンパク質で構成されている。DNA分子は [(エ)] というタンパク質に巻きついて [(オ)] を形成し，それらが規則的に折りたたまれて繊維状の [(カ)] という構造をとっている。細胞分裂の際には，[(カ)] がさらに折りたたまれて太く短い棒状の構造となる。

(4)　図1は細胞周期における1細胞あたりのDNA量の変化のグラフである。図中の(キ)～(コ)は下線部①～④のどの時期に該当するか，それぞれ番号を答えなさい。

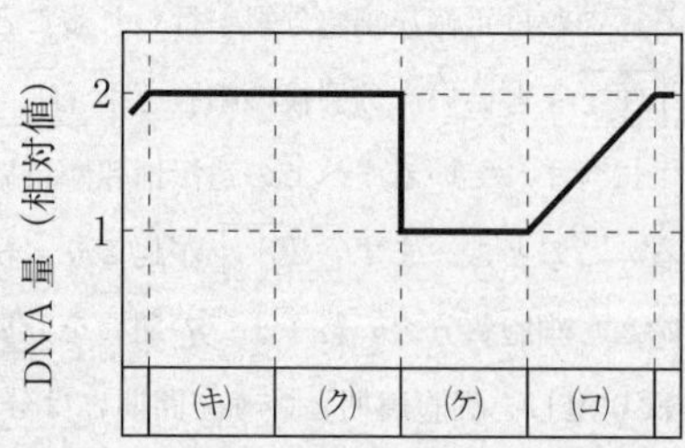

図1　1細胞あたりのDNA量の変化

B　アフリカツメガエルの発生では，胞胚期において利用される遺伝子産物*が，卵に蓄積されていた母体由来の初期発生に必要な遺伝子産物⑤から，接合子の染色体⑥に由来する遺伝子産物へと変化する。同時に，個々の細胞の運動性や卵割の速度なども変化する。

発生過程での分裂周期の変化を調べるため，細胞が観察しやすいように割球をばらばらにした状態で一定時間ごとに写真を撮り，一つの受精卵から生じるすべての細胞の卵割が始まる時間を記録した。その結果を図2に示す。また，一定時間あたりのDNAの取り込み量を調べるために，^{3}H-チミジンを含む溶液中で受精卵を発生させた。チミジンは核酸塩基のチミンを含む化合物であり，この実験では，分子中のH

が放射性同位元素である ^{3}H で標識（置換）された ^{3}H–チミジンを用いている。取り込まれた ^{3}H–チミジンの放射線量の相対値を対数目盛りで表したものを図 3 に示す。

＊遺伝子産物：RNA とタンパク質を合わせて遺伝子産物とよぶ。

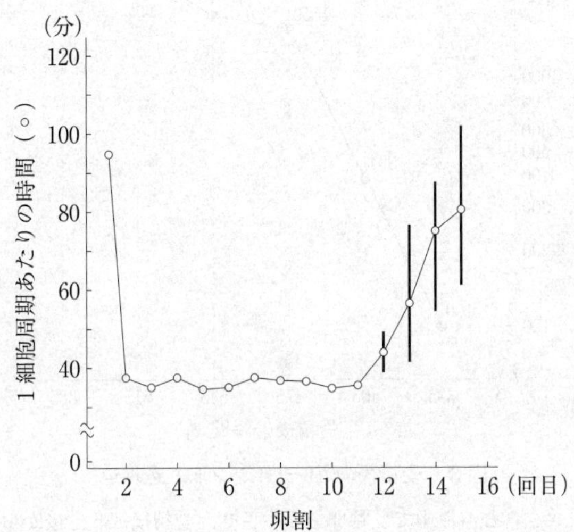

図 2　受精後の卵割の時間変化

アフリカツメガエル胚の各卵割での 1 細胞周期あたりの時間を表す。ただし，1 回目は受精から第 1 卵割開始までの時間である。○は各卵割における平均値である。○から上下に伸びている線は，各卵割における最大値から最小値までのばらつきを表す。卵割の測定は，15 回目まで行った。

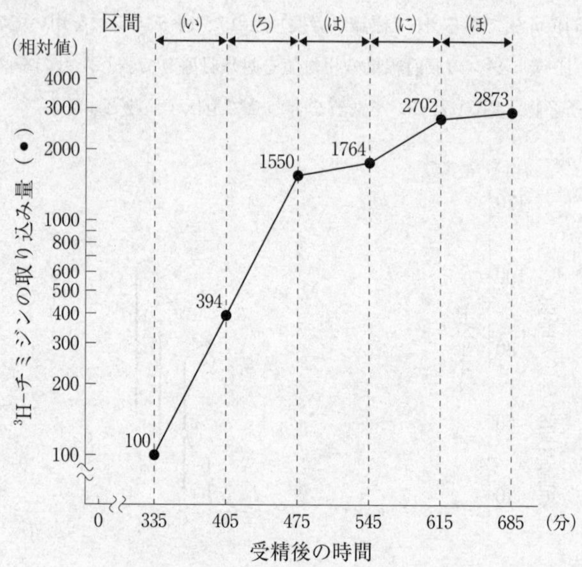

図3　受精後の ³H-チミジン取り込み量

³H-チミジンを含む溶液中で受精卵を発生させ，受精後335分後から70分ごとに胚を採取し，DNAを分離してそこに含まれる ³H-チミジンの放射線量を測定した。各●の左上の数値は ³H-チミジンの取り込み量の相対値である。

問い

(5)　以下の記述のうち，アフリカツメガエルの卵割でみられる現象として正しいものをすべて選び，記号で答えなさい。

(a)　16細胞期には植物極側に小割球が現れる。
(b)　細胞が成長してから細胞分裂が起きる。
(c)　植物極側の割球が動物極側に比べて大きい。
(d)　第一卵割は卵の動物極側付近から始まる。
(e)　端黄卵なので盤割を行う。

(6)　下線部⑤が示すものは何か，以下の選択肢の中からもっとも適切な語を選び，解答欄に記入しなさい。

［選択肢］

環境因子　　誘導物質　　ホルモン　　母性因子　　抗体

(7) 下線部⑥に関連して，接合子に関する以下の記述で間違っているものをすべて選び，記号で答えなさい。

(a) 染色体を２セットもつ。

(b) 植物では胞子体に相当する。

(c) 無性生殖では生じない。

(d) 減数分裂により形成される。

(e) 単相である。

(8) 図２を参照して，以下の(i)～(iii)の問いに答えなさい。

(i) 受精後，最初の卵割が始まるまでの時間を答えなさい。

(ii) １回目の卵割が始まってから２回目の卵割が始まるまでの時間を答えなさい。

(iii) 細胞が同時に分裂する同調分裂が，２回目の卵割から起きている。同調分裂は何回目の卵割まで続くか，答えなさい。また，その根拠を答えなさい。

(9) 図３を参照して，以下の(i)，(ii)の問いに答えなさい。

(i) 区間(い)～(ほ)の始点と終点で ^{3}H-チミジンの取り込み量はそれぞれ何倍増加したか，値を答えなさい。ただし，計算の結果は小数点第２位を四捨五入して，小数点第１位までの値として求めなさい。

(ii) 指数関数的にDNAが増加している期間は，卵割期の同調分裂を反映していると考えられる。その期間はいつまでか，答えなさい。

(10) 胞胚期の細胞でみられる変化は，つぎの原腸胚期に起きるさまざまな現象への準備である。以下の記述から，カエルの発生で原腸胚期に起きることをすべて選び，記号で答えなさい。

(a) レンズの誘導が起きる。
(b) 植物極側で胚表面の細胞が陥入する。
(c) 胚の表面にあった細胞が内部に移動する。
(d) 内部に卵割腔が生じる。
(e) 後方に尾が形成される。
(f) 背側に神経管が形成される。
(g) 植物極側に卵黄栓が形成される。

Ⅱ 以下の**文章A**，**B**を読み，問い(1)〜(7)に答えなさい。(50 点)

A ブルーベリーやラズベリーなどの紫色の果実に多く含まれる青色色素アントシアニンは，近年の動物実験においては，抗がん性や抗炎症作用などの効果が報告されている。ただし嗜好(しこう)性や価格の問題もあり，普段の食事でこれを大量に摂取するのは難しい。

以下の方法により，ナスと同程度に紫色でブルーベリーと同程度の量のアントシアニンを含むトマトの品種（以下，紫トマト）が開発された。アントシアニンの生合成経路自体はトマトにも存在するが，この経路ではたらく遺伝子はトマトの果実部分では全く発現しない。一方，花にアントシアニンを多く含むキンギョソウでは，2つの調節タンパク質が互いに相互作用し，アントシアニンの生合成を誘導することがわかっている。そこで①アグロバクテリウムを用いて，②これらの調節タンパク質の遺伝子を導入することにより，「紫トマト」が作成された（図1）。

紫トマトの粉末を 10% 含むマウスの餌は，従来の餌よりもカロリーが抑えられるが，マウスの食餌量はむしろ増加した。さらに，がんを発症するモデルマウスにこの餌を与えたところ，寿命が延びた。

紫トマトはヒトの健康においても有益であろう。たとえば，リコピンを多く含む一般的な赤いトマトとともに食材として加えることで，高い栄養価とさまざまな疾病への防御効果も期待でき，さらに彩りや嗜好性も高まる。ただしこの紫トマトは遺伝子組換え食品にあたるので，現在のところ日本では市販されていない。

薬剤耐性遺伝子*	領域A	遺伝子 B	領域A	遺伝子 C

図1　導入した人工遺伝子の構造

薬剤耐性遺伝子（図中＊）：導入された個体が薬剤への耐性を示すことを利用して，その薬剤存在下での培養により，目的の遺伝子の導入に成功したものを選別するために用いる。遺伝子 B と遺伝子 C は調節タンパク質の遺伝子。

問い

(1)　下線部①に関連して，以下の文中の空欄 ［(ア)］ ～ ［(オ)］ にあてはまる適切な語を答えなさい。

アグロバクテリウムは植物細胞に感染し，自身のもつ ［(ア)］ 内の特定のDNA 領域を送り込む性質をもつため，植物の遺伝子導入に用いられる。アグロバクテリウムは感染した植物が合成する窒素化合物を受け取るが，植物は異様な分裂と増殖を繰り返し，腫瘍が生じる。このような相互関係は ［(イ)］ とみなされる。一方，マメ科植物から有機物を受け取る ［(ウ)］ は，［(エ)］ によって N_2 を NH_4^+ に還元する。植物はこの NH_4^+ を栄養素として受け取る。このような相互関係は ［(オ)］ とよばれる。

(2)　下線部②に関連して，この実験では図1に示す遺伝子 B と遺伝子 C を含む領域を導入した。ここで，領域Aはトマトの DNA に由来する配列で，トマト果実内で遺伝子 B と遺伝子 C の転写を起こさせるために，これらの上流に挿入されたものである。このように，遺伝子の上流に存在し，転写の開始に必要な領域を何というか答えなさい。

(3)　トマトゲノムにおいて，領域Aの下流に存在する遺伝子は，果実でのみはたらき，エチレンの生合成を制御することがわかっている。エチレンの作用に関する以下の文中の空欄 ［(カ)］ ～ ［(サ)］ にあてはまる適切な語を答えなさい。

トマトなどの果実では，エチレンの作用により ［(カ)］ が進む。色や香り，味が変化するとともに，果皮や子房の細胞壁に含まれる ［(キ)］ を分解する酵素がはたらくことで果実が軟化する。果実以外の部分でも，呼吸活性の増加やクロロフィルの分解，［(ク)］ への糖の蓄積は，エチレンによってもたらされる。

エチレンはまた，［(ケ)］ の形成も促進する。［(ケ)］ は，果実や ［(コ)］ などの器官を茎から離脱させるための組織で，比較的小さな細胞が配列している。［(ケ)］ でも，果実を軟化させるものと同じ酵素がはたらき，機械的強度を低下させる。

化学構造が既知の植物ホルモンの中で，エチレンは常温で ［(サ)］ 体である。そのため植物体外に放出され，周りの植物体にも影響を及ぼす。同じ箱に入ったリンゴの1つが熟すと他のリンゴも一斉に熟しはじめるのはそのためである。

(4)　図2は，ある遺伝子の欠損により高頻度でがんを発症するモデルマウスを，通常餌，または，赤トマトもしくは紫トマトの粉末を10%配合した餌で飼育した際の生存曲線である。生存率0.5を与える日数を平均寿命としたとき，通常餌，赤トマト配合餌，紫トマト配合餌で飼育したマウスの平均寿命はそれぞれおよそ何日か，整数値で答えなさい。また，通常餌で飼育したマウスと比較して，紫トマト配合餌で飼育したマウスの平均寿命は何%にあたるか，以下の選択肢の中からもっとも近いものを選び，記号で答えなさい。

［選択肢］

(a)　60%　　(b)　80%　　(c)　130%　　(d)　150%　　(e)　180%

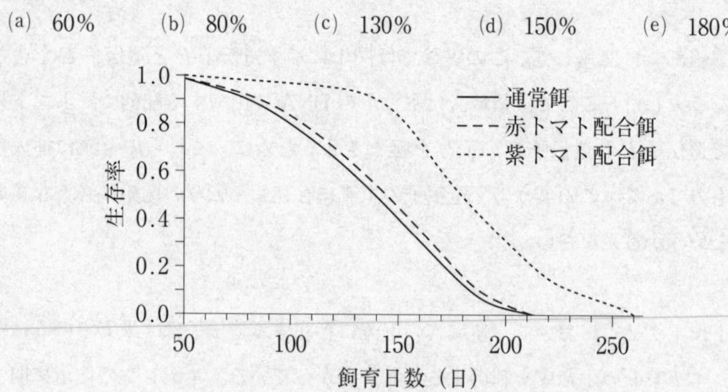

図2　通常餌，または，赤トマトもしくは紫トマトの粉末を10%配合した餌で飼育したがん化モデルマウスの生存曲線

B　食品中の抗酸化活性を直接計測するのは難しいが，以下のように，基準物質との比較によって示すことができる。ABTS（2, 2′-アジノビス（3-エチルベンゾチアゾリン-6-スルホン酸））という化合物（図3）は酸化され，734 nm（ナノメートル）の波長の光をよく吸収する。ABTSの酸化反応において，反応溶液中にビタミンE類似物質であるトロロックスなどの抗酸化作用をもつ物質が含まれると，反応が阻害されて発色の程度が抑えられる結果，波長734 nmの光の吸収値（A_{734}）が減少する。したがって，濃度既知のトロロックスを反応溶液に加えたときの，A_{734}の減少分を基準とすることで，任意の試料の抗酸化活性を，TEAC（トロロックス等価活性値）として見積もることができる。

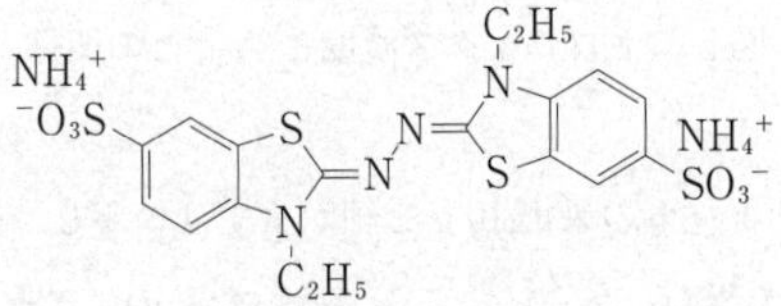

図3　ABTSの構造

以下の手順でTEACを測定した。ABTS反応液200 μL*（マイクロリットル）を入れたマイクロチューブに，さまざまな濃度のトロロックス希釈液10 μLを加え，よく混ぜてから暗所に7分間置いた。その後，分光光度計を用いて，A_{734}を測定した（図4）。測定結果を図5に示す。

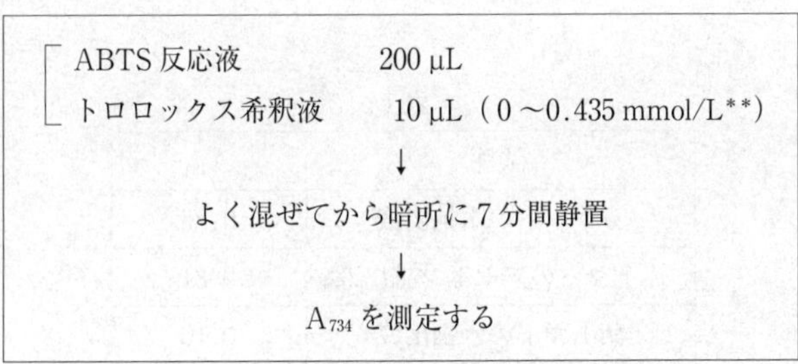

図4　TEACの測定法

＊1 μLは1/1000 mLである。

＊＊1 mmol/L（ミリモル/L）は1/1000 mol/Lである。

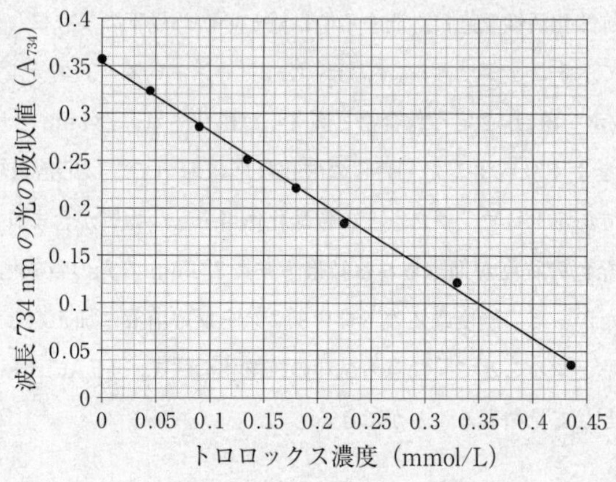

図5　トロロックス濃度と A_{734} との関係

赤トマトまたは紫トマトの果実10gを細かくすりつぶし，そこに蒸留水を加え，200mLの水抽出液を得た。さらに，ここで残ったものにアセトンを加え，200mLのアセトン抽出液を得た。水溶性のアントシアニンは水抽出液中に，脂溶性抗酸化物質であるリコピンはアセトン抽出液中に，それぞれ含まれる。

図4のTEACの測定において，トロロックス希釈液の代わりに赤トマトと紫トマトそれぞれのトマトの水抽出液と，アセトン抽出液を用いて，同様の測定を行った。すなわち，200µLのABTS反応液に10µLの抽出液を加え，暗所に7分間置いた後に A_{734} を測定した。結果を表1に示す。

表1

試料	A_{734}
赤トマトの水抽出液	0.26
赤トマトのアセトン抽出液	0.31
紫トマトの水抽出液	0.10
紫トマトのアセトン抽出液	0.30

問い

(5)　赤トマトのアセトン抽出液，紫トマトの水抽出液とアセトン抽出液，それぞれに含まれる抗酸化活性はいくらか。表1の値と図5から，何mmol/Lのトロロックス希釈液に相当するかを求めなさい。ただし，計算の結果は小数点以下第3位を四捨五入し，小数点以下第2位まで答えなさい。

(6) 各トマト抽出液の抗酸化活性は，以下の考え方により，TEAC［果実1kgあたりのトロロックス量（mmol)，mmolトロロックス/kg］として見積もることができる。以下の文中の空欄 [(シ)] ～ [(ツ)] にあてはまる適切な数値を答えなさい。ただし，有効数字は2桁とする。

表1と図5から，赤トマトの水抽出液には0.13 mmol/Lのトロロックス希釈液に相当する抗酸化活性を示す物質が含まれることがわかる。したがって赤トマトの水抽出液200 mL中には，

0.13 mmol/L × [(シ)] L = [(ス)] mmol

の抗酸化活性を示す物質が含まれる計算になる。ここで各抽出液は，トマト果実10 g分から得られたものなので，果実1 kgにはその [(セ)] 倍量の抗酸化活性を示す物質が含まれることになる。よって，赤トマト水抽出液のTEACは，

[(ス)] mmol × [(セ)] = [(ソ)] (mmolトロロックス/kg)

と求められる。同様に，赤トマトのアセトン抽出液にはTEAC値で [(タ)] mmolトロロックス/kg，紫トマトの水抽出液にはTEAC値で [(チ)] mmolトロロックス/kg，紫トマトのアセトン抽出液にはTEAC値で [(ツ)] mmolトロロックス/kgの抗酸化活性を示す物質が，それぞれ含まれる。

(7) 以下の記述のうち，これまでの内容から結論できることを<u>すべて</u>選び，記号で答えなさい。

(a) 紫トマトに含まれる脂溶性抗酸化物質の量は，赤トマトよりも少ない。
(b) 紫トマトでは，おもにアントシアニンが抗酸化活性を付与している。
(c) 紫トマトでは，水溶性成分による抗酸化活性が赤トマトのおよそ2.7倍ある。
(d) アントシアニンの生成量に対するリコピンの生成量の比は，紫トマトでも赤トマトでも一定である。

Ⅲ　以下の**文章A**，**B**を読み，問い(1)～(11)に答えなさい。(50 点)

A　地球上に生命が誕生する以前の，約 40 億年前の原始地球の大気は二酸化炭素(CO_2) をもっとも多く含み，ほかに，一酸化炭素や窒素，水蒸気などを含んでいたようだ。①そうした組成の気体に宇宙線，紫外線，あるいは放電や熱などが作用することで，アミノ酸などの有機物が生成されることが実験的に示されている。一方，海底には硫化水素 (H_2S)，メタン，水素などを含む熱水が噴出する熱水噴出孔がある。この周辺で比較的分子量の小さな有機物が生成し，さらにタンパク質や核酸などが生成した可能性もある。

地球上に存在した初期の生物には，環境中の有機物を取り入れて利用する ［(ア)］ 生物と，そのほかに ［(イ)］ 生物もいたと考えられるが，どちらが最初に出現したかはわかっていない。生命が誕生した頃の地球には分子状の酸素 (O_2) が非常に少なかったため，初期の ［(ア)］ 生物は ［(ウ)］ によって生命活動のための化学エネルギーを得たと考えられている。一方， ［(イ)］ 生物としては，メタンや水素などを酸化して得た化学エネルギーで有機物を合成する化学合成細菌が出現し，次いで光合成細菌が出現したと考えられている。②この光合成細菌は，光のエネルギーを使って H_2S などから電子を取り出して得た化学エネルギーで有機物を合成したと考えられており，その生息場所は H_2S などが存在するところに限られた。

その後， ［(エ)］ が出現し，③光エネルギーを使って水から電子を取り出して得た化学エネルギーで有機物を合成して O_2 を発生する光合成を最初に行った。④この生物が存在したことを示唆する証拠がオーストラリアの約 27 億年前の地層から見つかっている。地球上のどこにでもある水を利用できるこの光合成生物は広く分布するようになり，さかんに O_2 を放出しはじめた。放出された O_2 はまず海水中に溶け，溶解していた ［(オ)］ を酸化して不溶性の塩を大量に作り出した。それが堆積した結果， ［(カ)］ が大規模に形成された。 ［(オ)］ が酸化し尽くされたあと，海水中の O_2 濃度は上昇し，約 20 億年前には光合成で作られた O_2 は大気中に放出されるようになった。こうした海洋と大気の変化によって，O_2 を利用する代謝である ［(キ)］ を行う生物が出現したと考えられている。

約 21 億年前には⑤真核生物が出現した。⑥真核生物は，好気性の細菌が宿主生物(嫌気性菌と考えられている) に細胞内共生することによって誕生したという説が有力である。この説によると，細胞内に共生した好気性の細菌は ［(ク)］ という細胞内小器官になった。引き続いて光合成を行う真核生物が誕生したが，その生物の細胞中の [(ケ)] という細胞内小器官は，ある宿主細胞に [(エ)] が細胞内共生してできたものと考えられている。真核生物の合成によって大気中の O_2 濃度は上昇し続け，約5億年前には大気中の気体の10%に達していた。その頃になると上空の O_2 の一部は紫外線によって [(コ)] に変えられ，やがてそれが蓄積して層を成した。成層圏に形成されたこの層は，生物に有害な紫外線をさえぎるため，生物が上陸するきっかけのひとつとなった。⑦動物に先だって植物が上陸し，なかでも [(サ)] は地球史上はじめて森林を形成し，約3億年前には，かつてない規模で光合成を行った。そのとき固定された炭素は現在，[(シ)] として使用されている。

問い

(1) **文章A**中の空欄 [(ア)] ～ [(シ)] にあてはまるもっとも適切な語を答えなさい。

(2) 下線部①に書かれている，無機物から有機物が生成され，原始的な生物の誕生を可能にした過程は何とよばれるか，答えなさい。

(3) 下線部②について，以下の(i)，(ii)に答えなさい。

(i) この様式での光合成は（式1）の反応式で表すことができる。（式1）では有機物を $C_6H_{12}O_6$（グルコース）として表している。[(ス)]，[(セ)]，[(ソ)]，[(チ)] にはもっとも適切な整数を，また，[(タ)] と [(ツ)] にはこの反応で生成される物質を化学式で答え，（式1）を完成させなさい。

[(ス)] CO_2 + [(セ)] H_2S → $C_6H_{12}O_6$ + [(ソ)] [(タ)] + [(チ)] [(ツ)]　（式1）

(ii) この様式での光合成を行う細菌の種類を2つ答えなさい。

(4) 下線部③に書かれている様式での光合成は（式2）の反応式で表すことができる。（式2）では有機物を $C_6H_{12}O_6$（グルコース）として表している。[(テ)]，[(ト)]，[(ナ)]，[(ヌ)] にはもっとも適切な整数を，また，[(ニ)] と [(ネ)] にはこの反応で生成される物質を化学式で答え，（式2）を完成させなさい。

[(テ)] CO_2 + [(ト)] H_2O → $C_6H_{12}O_6$ + [(ナ)] [(ニ)] + [(ヌ)] [(ネ)]　（式2）

(5)　下線部④の「証拠」となる構造物は何とよばれるか，答えなさい。

(6)　下線部⑤および下線部⑦が起こった地質年代（地質時代）の区分名を答えなさい。

(7)　下線部⑥の「説」を提唱した科学者の名前を答えなさい。

(8)　H_2S が発生する環境では，H_2S を酸化することで化学エネルギーを獲得し，それを用いて炭酸固定（炭素固定）する化学合成細菌が生息している。（式 3）は，この細菌が H_2S を酸化し，硫黄（S）を生成して化学エネルギーを獲得する反応を示す。[(ノ)]，[(ハ)]，[(フ)] にはもっとも適切な整数を，また，[(ヒ)] にはこの反応で生成される物質を化学式で答え，（式 3）を完成させなさい。

[(ノ)] $H_2S + O_2 \rightarrow$ [(ハ)] [(ヒ)] + [(フ)] S + 化学エネルギー　　（式 3）

B　核酸の塩基配列を比較する方法が開発されてからは，それまで考えられていた生物の分類や系統樹は大きく書き換えられた。[(ヘ)] は，原核生物の [(ホ)] の塩基配列を比較し，メタン菌などがほかの細菌類と大きく異なることを見い出し，「界」よりも上位の新たな分類群である「ドメイン」を創設することを提唱した。この説によると，すべての生物は共通の祖先をもち，細菌ドメイン，アーキア（古細菌）ドメイン，真核生物ドメインの 3 つに分かれている（図 1）⑧。メタン菌の仲間はアーキアである。

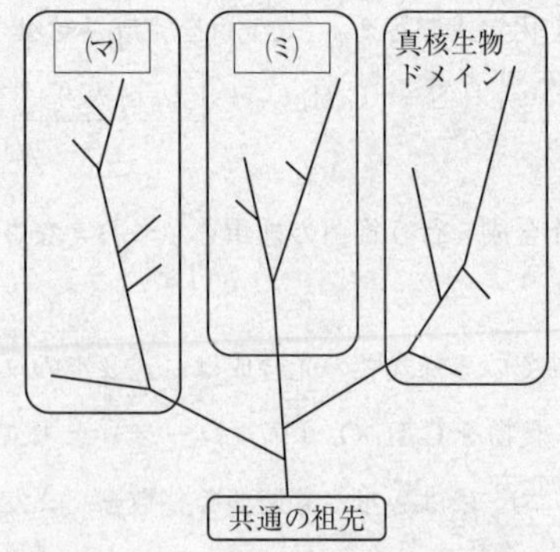

図 1　3 つのドメインの関係を示す模式的な分子系統樹

問い

(9) **文章B**中の空欄 (ヘ) に科学者の名前を， (ホ) にもっとも適切な語を答えなさい。

(10) 下線部⑧について，以下の(i)，(ii)に答えなさい。

(i) 図1は共通の祖先から3つのドメインがどのように枝分かれしたのかを模式的に示している。図1中の空欄 (マ) および (ミ) にあてはまるドメイン名を答えなさい。

(ii) 以下の生物群の(a)〜(j)の生物は，アーキアドメイン（A），細菌ドメイン（B），真核生物ドメイン（E）のどれにあてはまるか。記号A，B，またはEで答えなさい。

[生物群]

(a) アカパンカビ　　(b) 枯草菌　　(c) 高度好塩菌　　(d) 酵母菌
(e) シャジクモ　　(f) 乳酸菌　　(g) イシクラゲ　　(h) ユレモ
(i) ミドリムシ　　(j) オビケイソウ

(11) 原核生物である大腸菌のゲノムサイズは 4.6×10^6 塩基対である。以下の(i)，(ii)に答えなさい。

(i) DNAの10塩基対の長さを3.4 nmとして，大腸菌のゲノムDNAの長さは何mmか，求めなさい。計算の結果は，小数点以下第2位を四捨五入し，小数点以下第1位までの値として答えなさい。ただし，$1\,\text{nm} = 10^{-6}\,\text{mm}$ である。

(ii) 大腸菌のゲノムDNAの長さは，大腸菌細胞の長さの何倍に相当すると推定されるか。大腸菌細胞の長さを2 μmとして求めなさい。計算の結果は，整数として答えなさい。ただし，$1\,\mu\text{m} = 10^{-3}\,\text{mm}$ である。

解答編

数学

I　**解答**　AB＝AC＝1，BC＝$2t$（$0<t<1$），O：△ABCの外心，I：△ABCの内心，S：△ABCの面積，R：外接円の半径，r：内接円の半径

(1)　AB＝AC，BCの中点がMより　　AM⊥BC

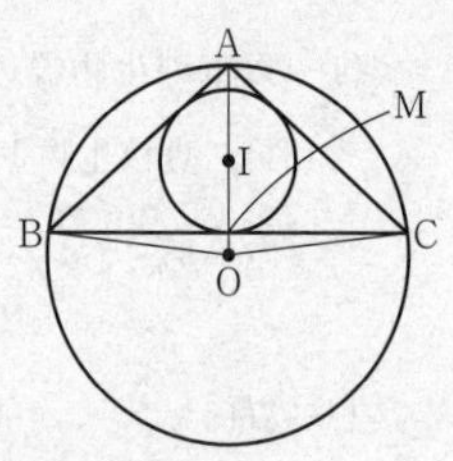

$$\mathrm{AM}^2=\mathrm{AB}^2-\mathrm{BM}^2=1-t^2$$

よって　　$\mathrm{AM}=\sqrt{1-t^2}\quad(0<t<1)$　……①

(i)　$S=\dfrac{1}{2}\mathrm{BC}\cdot\mathrm{AM}=\dfrac{1}{2}\cdot(2t)\cdot\sqrt{1-t^2}$

$=t\sqrt{1-t^2}\quad(0<t<1)$　……②　……（答）

$\mathrm{OM}=\sqrt{\mathrm{OB}^2-\mathrm{BM}^2}=\sqrt{R^2-t^2}\quad(0<t<1)$

(ii)　∠BAC＜90°のとき，AO＋OM＝AMより

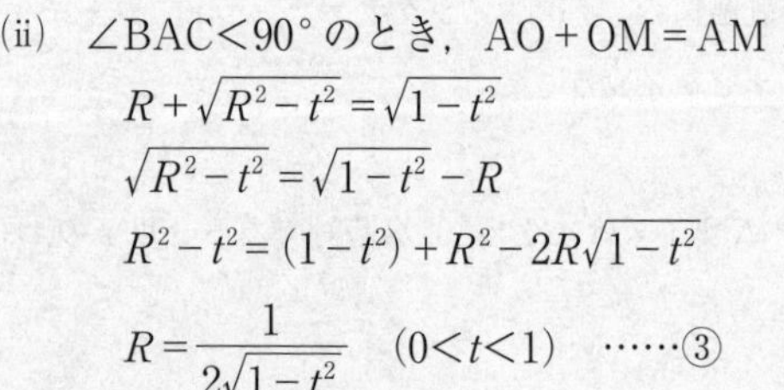

$$R+\sqrt{R^2-t^2}=\sqrt{1-t^2}$$
$$\sqrt{R^2-t^2}=\sqrt{1-t^2}-R$$
$$R^2-t^2=(1-t^2)+R^2-2R\sqrt{1-t^2}$$
$$R=\frac{1}{2\sqrt{1-t^2}}\quad(0<t<1)\quad\cdots\cdots③$$

(iii)　∠BAC＞90°のとき，AO－OM＝AMより

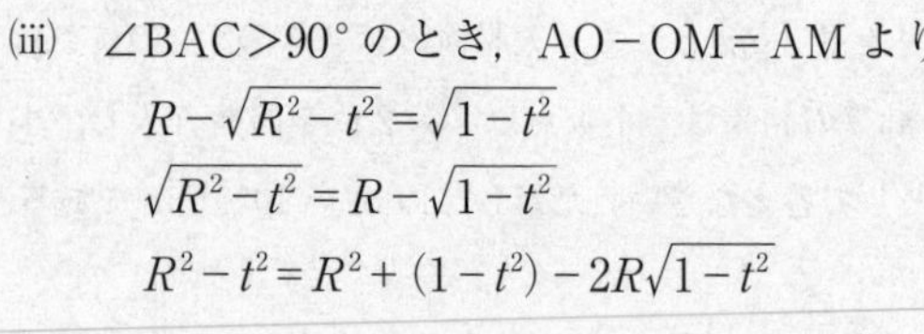

$$R-\sqrt{R^2-t^2}=\sqrt{1-t^2}$$
$$\sqrt{R^2-t^2}=R-\sqrt{1-t^2}$$
$$R^2-t^2=R^2+(1-t^2)-2R\sqrt{1-t^2}$$
$$R=\frac{1}{2\sqrt{1-t^2}}\quad(0<t<1)$$

(iv)　∠BAC＝90°のとき　　$R=\mathrm{AO}=\mathrm{AM}=\mathrm{BM}=t$

一方，AB＝1，AM＝BM＝tより

$$R=t=\frac{1}{\sqrt{2}}$$

ゆえに，直角二等辺三角形のときも，③が成り立つ。

(ii)，(iii)，(iv)より　$R=\dfrac{1}{2\sqrt{1-t^2}}$　$(0<t<1)$　……(答)

(v)　$\triangle\mathrm{IAB}+\triangle\mathrm{IAC}+\triangle\mathrm{IBC}=S$ より

$$\frac{1}{2}\times1\times r+\frac{1}{2}\times1\times r+\frac{1}{2}\times(2t)\times r=t\sqrt{1-t^2}$$

よって　$r=\dfrac{t\sqrt{1-t^2}}{1+t}$　$(0<t<1)$　……(答)

(2)　$r=f(t)$ $(0<t<1)$ とおく。

$$f(t)=t(1+t)^{-1}(1-t^2)^{\frac{1}{2}}$$

$$f'(t)=1\cdot(1+t)^{-1}\cdot(1-t^2)^{\frac{1}{2}}+t\cdot(-1)(1+t)^{-2}\cdot(1-t^2)^{\frac{1}{2}}+t\cdot(1+t)^{-1}\cdot\frac{1}{2}(1-t^2)^{-\frac{1}{2}}(-2t)$$

$$=-\frac{t^2+t-1}{(1+t)\sqrt{1-t^2}}\quad(0<t<1)$$

$f'(t)=0$ $(0<t<1)$ より

$$t^2+t-1=0\quad\cdots\cdots④$$

$$t=t_0=\frac{-1+\sqrt{5}}{2}\quad\cdots\cdots⑤$$

増減表は次の通り。

t	(0)	…	t_0	…	(1)
$f'(t)$		+	0	−	
$f(t)$	(0)	↗		↘	(0)

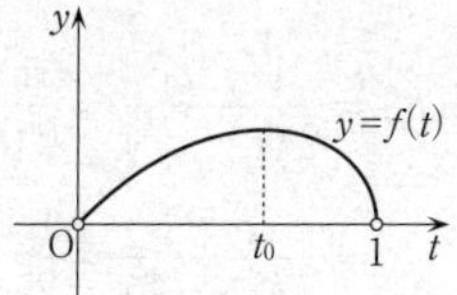

増減表より，$r=f(t)$ は $t=t_0=\dfrac{-1+\sqrt{5}}{2}$ で極大かつ最大になる。

……(答)

(3)　$r=f(t)$ を最大にする t の値は⑤で与えられる。

このとき，①，④より

$$\mathrm{BM}=t_0,\ \mathrm{AM}=\sqrt{1-t_0{}^2}=\sqrt{t_0}$$

解答編

$$0<\tan\angle \mathrm{BAM}=\frac{\mathrm{BM}}{\mathrm{AM}}=\frac{t_0}{\sqrt{t_0}}=\sqrt{t_0}<1$$

よって

$$0<\angle \mathrm{BAM}<45°$$

$$0<\angle \mathrm{BAC}=2\angle \mathrm{BAM}<90°$$

ゆえに，△ABC は鋭角二等辺三角形である。①，③より

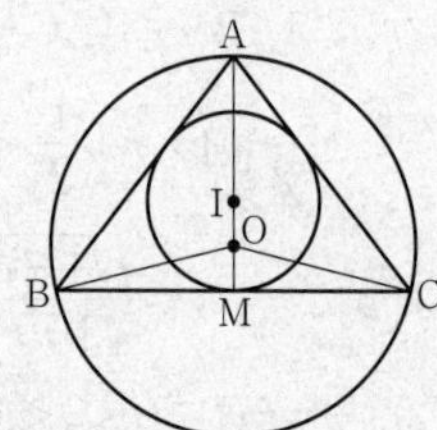

$$\mathrm{OM}=\mathrm{AM}-\mathrm{AO}=\sqrt{1-t^2}-\frac{1}{2\sqrt{1-t^2}}$$

$$=\frac{1-2t^2}{2\sqrt{1-t^2}}=g(t)\quad\cdots\cdots⑥$$

とおく。

$\mathrm{IM}=r=f(t)$ および⑥より

$$h(t)=\frac{\mathrm{OM}}{\mathrm{IM}}=\frac{g(t)}{f(t)}$$

$$=\frac{1-2t^2}{2\sqrt{1-t^2}}\cdot\frac{1+t}{t\sqrt{1-t^2}}$$

$$=\frac{(1+t)(1-2t^2)}{2t(1-t^2)}$$

$$=\frac{1-2t^2}{2(t-t^2)}\quad\cdots\cdots⑦$$

④，⑤より，t_0 は ${t_0}^2+t_0-1=0$ をみたす。

⑦および ${t_0}^2=1-t_0$ より

$$h(t_0)=\frac{1-2{t_0}^2}{2(t_0-{t_0}^2)}=\frac{1-2(1-t_0)}{2\{t_0-(1-t_0)\}}$$

$$=\frac{2t_0-1}{2(2t_0-1)}=\frac{1}{2}\quad\cdots\cdots(答)$$

別解　(1)〈その 1〉　△ABC の 3 辺を a，b，c とし，$2s=a+b+c$ とおく。

$a=2t$，$b=c=1$ より　　$2s=2t+1+1$　　∴　$s=t+1$

(i)　$s-a=1-t$，$s-b=t$，$s-c=t$

ヘロンの公式より

$$S=\sqrt{s(s-a)(s-b)(s-c)}=\sqrt{(1+t)(1-t)t^2}$$

$$=t\sqrt{1-t^2}\quad(0<t<1)$$

(ii) $sr=S$ より $(1+t)r=t\sqrt{1-t^2}$

よって $r=\dfrac{t\sqrt{1-t^2}}{1+t}$ $(0<t<1)$

(iii) $abc=2t$, $S=t\sqrt{1-t^2}$, $S=\dfrac{abc}{4R}$ より

$$R=\frac{abc}{4S}=\frac{2t}{4t\sqrt{1-t^2}}=\frac{1}{2\sqrt{1-t^2}} \quad (0<t<1)$$

〈その 2〉 (R についてのみ)

正弦定理を用いて，$2R=\dfrac{2t}{\sin A}$ より

$$\sin A=\frac{2t}{2R}=\frac{t}{R}$$

$$S=\frac{1}{2}\cdot 1\cdot 1\cdot \sin A$$

$$=\frac{t}{2R}$$

②より $t\sqrt{1-t^2}=\dfrac{t}{2R}$

よって $R=\dfrac{1}{2\sqrt{1-t^2}}$ $(0<t<1)$

(2) (1)より $r^2=\dfrac{t^2(1-t)}{1+t}$ $(0<t<1)$ であるので，$f(t)=\dfrac{t^2(1-t)}{1+t}$ $(0<t<1)$ とおいて

$$f(t)=\frac{t^2(1-t)}{1+t}=(-t^2+2t-2)+\frac{2}{1+t}$$

$$f'(t)=-2t+2-\frac{1}{(1+t)^2}=\frac{-2t^3-2t^2+2t}{(1+t)^2}=\frac{-2t(t^2+t-1)}{(1+t)^2}$$

$f'(t)=0$ $(0<t<1)$ より

$$t^2+t-1=0$$

$$t=t_0=\frac{-1+\sqrt{5}}{2}$$

よって，増減表は右の通り。

t	(0)	$\cdots$	t_0	$\cdots$	(1)
$f'(t)$		$+$	0		
$f(t)$	(0)	↗		↘	(0)

増減表より，$r^2=f(t)$ は $t=t_0$ で最大値をとり，$r>0$ より r と r^2 の最大となる t は

一致するので，r は $t=t_0=\dfrac{-1+\sqrt{5}}{2}$ で最大となる。

(3)　$\mathrm{OM}=\sqrt{\mathrm{OB}^2-\mathrm{BM}^2}=\sqrt{R^2-t^2}$

$$=\sqrt{\frac{1}{4(1-t^2)}-t^2}=\sqrt{\frac{4t^4-4t^2+1}{4(1-t^2)}}$$

$$=\frac{\sqrt{(2t^2-1)^2}}{2\sqrt{1-t^2}}=\frac{|2t^2-1|}{2\sqrt{1-t^2}}$$

$t=\dfrac{-1+\sqrt{5}}{2}$ のとき $2t^2-1=2-\sqrt{5}<0$ であることに注意して

$$\mathrm{OM}=\frac{1-2t^2}{2\sqrt{1-t^2}}$$

以下，〔解答〕と同じ。

◀解　説▶

≪二等辺三角形の面積，外接円の半径，内接円の半径≫

(1)　一般に，△ABC において，頂点A，B，Cの対辺の長さを，それぞれ a，b，c とし，$2s=a+b+c$ とおく。公式 $S=sr$ の証明を具体的な場合に示した。

(2)　導関数を求め，増減表を作る。

(3)　r が最大になる三角形は鋭角二等辺三角形である。

参考　$\left[S=\dfrac{abc}{4R}\text{ の証明}\right]$

正弦定理より

$$\begin{cases} a=2R\sin A \\ b=2R\sin B \\ c=2R\sin C \end{cases}$$

よって　$abc=(2R)^3\sin A\sin B\sin C$

$$\frac{abc}{(2R)^3}=\sin A\sin B\sin C \quad \cdots\cdots \text{ⓘ}$$

面積の公式より　$2S=bc\sin A=ca\sin B=ab\sin C$

$$(2S)^3=(abc)^2\sin A\sin B\sin C$$

よって　$\dfrac{(2S)^3}{(abc)^2}=\sin A\sin B\sin C \quad \cdots\cdots$ ⓘⓘ

ⓘ，ⓘⓘより

$$\frac{abc}{(2R)^3}=\frac{(2S)^3}{(abc)^2}$$

以上より　　$S=\dfrac{abc}{4R}$

II **解答**　n は整数で $n\geqq 2$ を満たす。1 から n までの番号が 1 つずつ書かれた n 枚のカードから，同時に 2 枚抜き出す取り出し方は，全部で

$${}_n\mathrm{C}_2=\frac{n(n-1)}{2}\ \text{通り}$$

(1)　$2\leqq k\leqq n$ をみたす自然数 k に対して，A君が抜き出した 2 枚のカードの番号を，a，a' とする。

題意より　　$a>a'\geqq 1$

(i)　カードの番号が 2 枚とも k 以下になる組合せを考えて

$${}_k\mathrm{C}_2=\frac{k(k-1)}{2}\ \text{通り}$$

よって　　$p_k=\dfrac{{}_k\mathrm{C}_2}{{}_n\mathrm{C}_2}=\dfrac{k(k-1)}{n(n-1)}$　……①　……(答)

[参考]　次のように数え上げる方法もある。

$a\leqq k$ をみたす組 $(a,\ a')$ は

$(a,\ a')=(2,\ 1)$　……1 通り

$(a,\ a')=(3,\ 2),\ (3,\ 1)$　……2 通り

$(a,\ a')=(4,\ 3),\ (4,\ 2),\ (4,\ 1)$　……3 通り

⋮

$(a,\ a')=(k,\ k-1),\ (k,\ k-2),\ \cdots,\ (k,\ 1)$　……$(k-1)$ 通り

合計は

$$1+2+\cdots+(k-1)=\frac{k(k-1)}{2}\ \text{通り}$$

定義より

$$p_k=\frac{1}{{}_n\mathrm{C}_2}\sum_{l=1}^{k-1}l=\frac{k(k-1)}{n(n-1)}$$

(ii)　$a=k$ となるのは

$(a,\ a')=(k,\ k-1),\ (k,\ k-2),\ \cdots,\ (k,\ 1)$　……$(k-1)$ 通り

定義より

$$q_k=\frac{k-1}{{}_n\mathrm{C}_2}=\frac{2(k-1)}{n(n-1)}\quad \cdots\cdots ②\quad \cdots\cdots(答)$$

以降，事象 $(a<b)$，$(a=b)$，$(a\leqq k)$ 等の確率を，それぞれ，$P(a<b)$，$P(a=b)$，$P(a\leqq k)$ 等と書く。定義より，$2\leqq k\leqq n$ に対して

$$p_k=P(a\leqq k),\ q_k=P(a=k)$$

(2)　$2\leqq k\leqq n$ をみたす自然数 k に対して，B君が抜き出した2枚のカードの番号を b，b' とする。

題意より　　$b>b'\geqq 1$

$a=b$ となるのは，$2\leqq k\leqq n$ をみたす自然数 k に対して，$a=k$，$b=k$ をみたすときである。

(1)の結果より

$$r=\sum_{k=2}^{n}P(a=k)P(b=k)=\sum_{k=2}^{n}(q_k)^2=\sum_{k=2}^{n}\frac{4(k-1)^2}{n^2(n-1)^2}$$

$$=\frac{4}{n^2(n-1)^2}\sum_{k=2}^{n}(k-1)^2=\frac{4}{n^2(n-1)^2}\sum_{l=1}^{n-1}l^2$$

$$=\frac{4}{n^2(n-1)^2}\cdot\frac{(n-1)n(2n-1)}{6}=\frac{2(2n-1)}{3n(n-1)}\quad \cdots\cdots(答)$$

(3)　$a<b$ となるのは，$2\leqq k\leqq n$ をみたす自然数 k に対して，$\{(a\leqq k)$（かつ）$(b=k)\}$ をみたす事象から，$\{(a=k)$（かつ）$(b=k)\}$ をみたす事象を除いた事象の確率を求めればよい。ゆえに

$$s=\sum_{k=2}^{n}P(a\leqq k)P(b=k)-\sum_{k=2}^{n}P(a=k)P(b=k)$$

$$=\sum_{k=2}^{n}\{(p_kq_k)-(q_k)^2\}=\sum_{k=2}^{n}(p_k-q_k)q_k$$

$$=\sum_{k=2}^{n}\frac{(k-1)(k-2)}{n(n-1)}\cdot\frac{2(k-1)}{n(n-1)}$$

$$=\frac{2}{n^2(n-1)^2}\sum_{l=1}^{n-1}(l^3-l^2)$$

$$=\frac{2}{n^2(n-1)^2}\left\{\frac{n^2(n-1)^2}{4}-\frac{(n-1)n(2n-1)}{6}\right\}$$

$$=\frac{1}{n(n-1)}\left\{\frac{n(n-1)}{2}-\frac{2n-1}{3}\right\}$$

$$=\frac{3n^2-7n+2}{6n(n-1)}=\frac{(3n-1)(n-2)}{6n(n-1)}\quad\cdots\cdots(答)$$

別解　〈その 1〉　事象（$a<b$）は，$3\leqq k\leqq n$ に対して，

$\{(a\leqq k-1)$ かつ $(b=k)\}$ の和事象に等しい。

$$s=\sum_{k=3}^{n}P(a\leqq k-1)P(b=k)=\sum_{k=3}^{n}p_{k-1}q_k$$

$$=\sum_{k=2}^{n}\frac{(k-1)(k-2)}{n(n-1)}\cdot\frac{2(k-1)}{n(n-1)}\quad(k=2 \text{ の項は } 0 \text{ なので})$$

以下，〔解答〕と同じ。

〈その 2〉　$a<b$ となる確率を s とすると，$a>b$ となる確率も s である。

よって

$$s=\frac{1}{2}(1-r)$$

$$=\frac{1}{2}\left\{1-\frac{2(2n-1)}{3n(n-1)}\right\}$$

$$=\frac{3n^2-7n+2}{6n(n-1)}=\frac{(3n-1)(n-2)}{6n(n-1)}$$

(4)　$|a-b|\leqq 1$ より　　$a-1\leqq b\leqq a+1$

　(i) $b=a$　または　(ii) $b=a-1$　または　(iii) $b=a+1$

(i)，(ii)，(iii)は互いに背反だから，それらの事象の確率の和を求めればよい。

ゆえに，$|a-b|\leqq 1$ をみたす確率 t は

$$t=\sum_{k=2}^{n}P(a=k)P(b=k)+\sum_{k=3}^{n}P(a=k)P(b=k-1)+\sum_{k=2}^{n-1}P(a=k)P(b=k+1)$$

$$=\sum_{k=2}^{n}(q_k)^2+\sum_{k=3}^{n}(q_kq_{k-1})+\sum_{k=2}^{n-1}(q_kq_{k+1})\quad\cdots\cdots③$$

③の第 2 項と第 3 項は等しいから

$$t=\sum_{k=2}^{n}(q_k)^2+2\sum_{k=2}^{n-1}(q_kq_{k+1})\quad\cdots\cdots④$$

①，②，④より

$$t=\frac{4}{n^2(n-1)^2}\sum_{k=2}^{n}(k-1)^2+\frac{4}{n^2(n-1)^2}\sum_{k=2}^{n-1}2(k-1)k$$

$$=\frac{4}{n^2(n-1)^2}\sum_{l=1}^{n-1}l^2+\frac{4}{n^2(n-1)^2}\sum_{k=1}^{n-1}2(k-1)k$$

$$=\frac{4}{n^2(n-1)^2}\sum_{k=1}^{n-1}\{k^2+2k(k-1)\}$$

$$=\frac{4}{n^2(n-1)^2}\sum_{k=1}^{n-1}(3k^2-2k)$$

$$=\frac{4}{n^2(n-1)^2}\left\{\frac{3(n-1)n(2n-1)}{6}-\frac{2(n-1)n}{2}\right\}$$

$$=\frac{4}{n(n-1)}\cdot\frac{(2n-1)-2}{2}=\frac{2(2n-3)}{n(n-1)}\quad\cdots\cdots(\text{答})$$

◀解　説▶

≪n 枚のカードから条件を満たす２枚を取り出すときの確率≫

次の和の公式を用いた。本問では，$n\to(n-1)$ として用いた。

$$\sum_{k=1}^{n}k=\frac{n(n+1)}{2},\quad \sum_{k=1}^{n}k^2=\frac{n(n+1)(2n+1)}{6},\quad \sum_{k=1}^{n}k^3=\left\{\frac{n(n+1)}{2}\right\}^2$$

(1)　p_k：１から k までの番号が１つずつ書かれた k 枚のカードから同時に２枚抜き出すことを考える。２枚のカードの番号 a，a' が，$1\leqq a'<a\leqq k$ を満たす $(a,\ a')$ の個数を数えてもよい。q_k：$1\leqq a'<a=k$ を満たす $(a,\ a')$ の個数を数える。

(2)　$P(a=b)=\sum_{k=2}^{n}P(a=b=k)$ より，r を $q_k\ (2\leqq k\leqq n)$ を用いて表す。

$r=r(n)$ と書くと　　$r(2)=1,\ 0<r(n)<1\quad(n=3,\ 4,\ 5,\ \cdots)$

(3)　$P(a<b)=P(a\leqq b)-P(a=b)$ より，s を p_k，$q_k\ (2\leqq k\leqq n)$ を用いて表す。

$s=s(n)$ と書くと　　$s(2)=0,\ 0<s(n)<1\quad(n=3,\ 4,\ 5,\ \cdots)$

(4)　$P(|a-b|\leqq 1)=P(b=a)+P(b=a+1)+P(b=a-1)$ より，t を $q_k\ (2\leqq k\leqq n)$，$q_kq_{k-1}\ (3\leqq k\leqq n)$，$q_kq_{k+1}\ (2\leqq k\leqq n-1)$ を用いて表す。

③の第１項は r であるから，④の第２項を計算すればよい。その際

$$\sum_{k=2}^{n-1}(k-1)k=\sum_{k=2}^{n-1}k(k-1)$$

$$=\frac{1}{3}\sum_{k=2}^{n-1}\{(k+1)k(k-1)-k(k-1)(k-2)\}$$

$$=\frac{1}{3}\{n(n-1)(n-2)-0\}$$

$$=\frac{1}{3}n(n-1)(n-2)$$

などと計算の工夫により，t を求めてもよい。

$t=t(n)$ と書くと　　$t(2)=t(3)=1$，$0<t(n)<1$ （$n=4$，5，6，…）

Ⅲ **解答** 素数 n は次式を満たす。ただし，a，b，c，d は自然数とする。

$$n=b^3-a^3=c^2+d^2 \quad \cdots\cdots(*)$$

以後，本問では変数・定数を表す文字はすべて整数または自然数を表す。

(1) $k=c^2+d^2$ が奇数ならば，$k\equiv 1 \pmod 4$ であることを示す。

(i) (c：偶数) $c=2p$ のとき，$k=4p^2+d^2$ が奇数だから，d^2 は奇数である。

ゆえに，d も奇数であるので，$d=2q+1$ （$q\geqq 0$）と書ける。

$$\begin{aligned} k&=(2p)^2+(2q+1)^2 \\ &=4(p^2+q^2+q)+1 \\ &\equiv 1 \pmod 4 \end{aligned}$$

（証明終）

(ii) (c：奇数) $c=2p+1$ （$p\geqq 0$）のとき，c^2 も奇数である。

$k=c^2+d^2$ および c^2 が奇数だから，d^2 は偶数である。

ゆえに，d も偶数であるので，$d=2q$ と書ける。

$$\begin{aligned} k&=(2p+1)^2+(2q)^2 \\ &=4(p^2+p+q^2)+1 \\ &\equiv 1 \pmod 4 \end{aligned}$$

（証明終）

(2) $l=b^3-a^3$ が素数のとき，$b-a=1$ ……① を示せばよい。

$$l=(b-a)(b^2+ba+a^2)$$

$a\geqq 1$，$b\geqq 1$ より　　$b^2+ba+a^2\geqq 3$

$l>0$ より，$b-a\geqq 2$ ならば，l は2以上の2つの自然数の積として表すことができるので，これは l が素数であることに矛盾する。

ゆえに，$b-a=1$ なので　　$b=a+1$ （証明終）

(3) 素数 n が $(*)$ を満たすとき，$b\equiv 0 \pmod 4$ または $b\equiv 1 \pmod 4$ であることを示す。

(i) (2)の結果より　　$b=a+1$

$$n=f(a)=(a+1)^3-a^3=3a^2+3a+1\geqq 7 \quad (a\geqq 1)$$

ゆえに，$n\neq 2$ かつ n は奇数である。

(ii) $b\equiv 2 \pmod 4$ と仮定する。

$b=4p+2$ （$p\geqq 0$）のとき　　$a=4p+1$

$$\begin{aligned} n &= 3a^2+3a+1 \\ &= 3(4p+1)^2+3(4p+1)+1 \\ &= 4(12p^2+9p+1)+3 \\ &\equiv 3 \pmod 4 \end{aligned}$$

これは(1)の結果に矛盾する。

(iii)　$b\equiv 3 \pmod 4$ と仮定する。

$b=4q+3$ $(q\geqq 0)$ のとき　　$a=4q+2$

$$\begin{aligned} n &= 3a^2+3a+1 \\ &= 3(4q+2)^2+3(4q+2)+1 \\ &= 4(12q^2+15q+4)+3 \\ &\equiv 3 \pmod 4 \end{aligned}$$

これは(1)の結果に矛盾する。

(i)〜(iii)より，題意は示された。　(証明終)

(4)　(i)　$b\equiv 0 \pmod 4$ のとき　　$b=4p,\ a=4p-1$

$$\begin{aligned} n &= 3a^2+3a+1 \quad \cdots\cdots ② \\ &= 3(4p-1)^2+3(4p-1)+1 \\ &= 12(4p^2-p)+1 \\ &\equiv 1 \pmod{12} \end{aligned}$$

(ii)　$b\equiv 1 \pmod 4$ のとき　　$b=4q+1,\ a=4q$

$$\begin{aligned} n &= 3a^2+3a+1 \\ &= 3(4q)^2+3(4q)+1 \\ &= 12(4q^2+q)+1 \\ &\equiv 1 \pmod{12} \end{aligned}$$

(iii)　(i)，(ii)より，素数 n が$(*)$を満たすとき　　$n\equiv 1 \pmod{12}$

このとき，$n=12r+1$　……③ と書ける。

$2\leqq n\leqq 200$ のとき　　$1\leqq r\leqq 16$

(iv)　②，③より

$$n=3a^2+3a+1=12r+1$$

$$a^2+a-4r=0$$

$a>0$ より

$$a=\frac{-1+\sqrt{D}}{2} \quad (D=1+16r) \quad \cdots\cdots ④$$

(v) ④より，a が有理数であるためには，判別式 D が平方数であることが必要である。

$n=12r+1 \quad (1\leqq r\leqq 16)$

$D=16r+1\leqq 16^2+1$

よって　$\sqrt{D}\leqq 16$ ……⑤

④，⑤および a は自然数より　$1\leqq a\leqq 7$

①より　$b=a+1$ ……①′

①′，②より　$n=1+3a(a+1)=1+3ab$ ……(＊＊)

(3)より，$b\equiv 0 \pmod 4$ または $b\equiv 1 \pmod 4$ のときのみ，n を求めればよい。

a	1	2	3	4	5	6	7
b	2	3	4	5	6	7	8
n	—	—	37	61	—	—	169

(vi) $\{(*),\ b=a+1\}$ を満たす $(a,\ b,\ n)$ $(1\leqq a\leqq 7)$ は

$(a,\ b,\ n)=(3,\ 4,\ 37),\ (4,\ 5,\ 61),\ (7,\ 8,\ 169)$

このうち，$n=169=13^2$ は素数ではない。

$n=37$ 以外の(＊)を満たす素数 n $(2\leqq n\leqq 200)$ は，$n=61$ である。

このとき　$(a,\ b)=(4,\ 5)$

(vii) $n=61$ のとき，(＊)より　$c^2+d^2=61 \quad (0<c\leqq d)$

$2c^2\leqq 61 \Longrightarrow c^2\leqq 30 \Longrightarrow 1\leqq c\leqq 5$

• $c=1$ のとき　$d^2=60$（整数解なし）

• $c=2$ のとき　$d^2=57$（整数解なし）

• $c=3$ のとき　$d^2=52$（整数解なし）

• $c=4$ のとき　$d^2=45$（整数解なし）

• $c=5$ のとき　$d^2=36$ より　$d=6$

以上より，(＊)を満たす素数 n $(2\leqq n\leqq 200)$ は，$n=37$ 以外では，$n=61$ のみである。 ……(答)

このとき　$(a,\ b,\ c,\ d)=(4,\ 5,\ 5,\ 6)$ ……(答)

◀解　説▶

≪条件を満たす整数の和への素数の分解≫

(1) 整数 p^2 が偶数のとき，p も偶数であり，整数 p^2 が奇数のとき，p も

奇数である。

(2)　$l=b^3-a^3=(b-a)(b^2+ba+a^2)$ を用いる。

(3)　$b\equiv 2\pmod 4$，$b\equiv 3\pmod 4$ が成り立たないことを示す（背理法）。

(4)　整数の2乗である数を平方数という（完全平方数ともいう）。

（例）$4=2^2$，$9=3^2$，$16=4^2$，$169=13^2$ など。

$b=a+1$ $(1\leqq a\leqq 7)$ のときの n の計算は，(＊＊)の表示式を用いるとよい。

(＊)を満たす素数 n は $2\leqq n\leqq 1000$ の範囲で，$n=37$，61，397 の3個である。

$n=169=13^2$ は素数ではないが，{(＊)，$b=a+1$} の解は，

$(a,\ b,\ c,\ d)=(7,\ 8,\ 5,\ 12)$ である。

$c^2+d^2=13^2$ をみたす $(c,\ d,\ n)=(5,\ 12,\ 13)$ はピタゴラス数と呼ばれている自然数の組である。$(c,\ d,\ n)=(3,\ 4,\ 5)$ はよく知られたピタゴラス数である。$c^2+d^2=n^2$ を満たす自然数の組 $(c,\ d,\ n)$ は無数にある。

Ⅳ　**解答**　n を2以上の整数とする。

(1)　$f'(x)>0$ $(x>0)$ より，$f(x)$ は $x>0$ で増加関数である。

したがって，自然数 k に対して

$k\leqq x\leqq k+1$ のとき　$f(k)\leqq f(x)\leqq f(k+1)$

よって　$f(k)<\int_k^{k+1}f(x)\,dx<f(k+1)$　$(k=1,\ 2,\ 3,\ \cdots)$　……①

(a)　①の第1項，第2項より

$$\sum_{k=1}^{n}f(k)<\sum_{k=1}^{n}\int_k^{k+1}f(x)\,dx=\int_1^{n+1}f(x)\,dx\quad\cdots\cdots②$$

（証明終）

(b)　$n\geqq 2$ および①の第2項，第3項より

$$\sum_{k=1}^{n-1}\int_k^{k+1}f(x)\,dx<\sum_{k=1}^{n-1}f(k+1)=\sum_{k=2}^{n}f(k)$$

$f(1)=0$ より

$$\int_1^n f(x)\,dx<\sum_{k=1}^{n}f(k)\quad\cdots\cdots③$$

（証明終）

(2)　(1)で $f(x)=\log x$ とおくと，$f'(x)=\dfrac{1}{x}>0$ かつ $f(1)=0$ だから，(1)の

(a), (b)が成り立つ。部分積分法より

$$F(x)=\int f(x)\,dx=x\cdot\log x-\int x\cdot\frac{1}{x}\,dx=x\log x-x$$

$$\sum_{k=1}^{n}f(k)=\sum_{k=1}^{n}\log k=\log n!$$

②より

$$\log n!<\Big[x\log x-x\Big]_1^{n+1}=(n+1)\log(n+1)-n\quad\cdots\cdots④$$

③より

$$\Big[x\log x-x\Big]_1^{n}=n\log n-n+1<\log n!\quad\cdots\cdots⑤$$

④, ⑤より

$$n\log n-n+1<\log n!<(n+1)\log(n+1)-n$$　　（証明終）

(3)　$K_n=\dfrac{(n!)^{\frac{1}{n}}}{n}$ より

$$\log K_n=\frac{1}{n}\log n!-\log n\quad\cdots\cdots⑥$$

④, ⑤, ⑥より

$$\log n-1+\frac{1}{n}<\frac{1}{n}\log n!<\left(1+\frac{1}{n}\right)\log(n+1)-1$$

$$-1+\frac{1}{n}<\frac{1}{n}\log n!-\log n<\log(n+1)-\log n+\frac{1}{n}\log(n+1)-1$$

$$-1+\frac{1}{n}<\frac{1}{n}\log n!-\log n<\log\left(1+\frac{1}{n}\right)+\frac{n+1}{n}\cdot\frac{\log(n+1)}{n+1}-1$$

$$-1+\frac{1}{n}<\log K_n<\log\left(1+\frac{1}{n}\right)+\left(1+\frac{1}{n}\right)\frac{\log(n+1)}{n+1}-1\quad\cdots\cdots⑦$$

⑦で, $n\to\infty$ とすると　$\displaystyle\lim_{n\to\infty}\frac{\log(n+1)}{n+1}=0\quad\cdots\cdots⑧$

⑧およびはさみうちの原理より

$$\lim_{n\to\infty}\log K_n=-1$$

$$\lim_{n\to\infty}K_n=\lim_{n\to\infty}e^{\log K_n}=e^{-1}\quad\cdots\cdots(答)$$

◀解　説▶

≪区分求積法, 級数, 極限値≫

(1)　$f(x)$ が $x>0$ で増加関数であることを用いる。(b)で $n\geqq 2$ を用いる。

区分求積法の考え方である。

(2)　$f(x)=\log x$ として，(1)の不等式を適用する。

(3)　K_n の対数をとり，(2)の不等式を用いる。

❖講　評

共通テスト併用方式は全問記述式であり，４題中３題を選択する形式である。一般方式・英語外部試験利用方式と試験時間が同じで，大問数が１題少ない。レベルは一般方式・英語外部試験利用方式とほぼ同じで，どの問題も出題者が受験生に何を求めているかが明確な良問である。最重要分野は微・積分法であるが，2022 年度は，図形と計量，確率，整数の性質，数列，極限からも出題された。

Ⅰ　二等辺三角形の等辺を固定し，底辺の長さを変化させるときの内接円の半径を最大にする問題である。ここで，微分法の問題にしている。三角形の面積，外接円の半径も求めさせる。外接円の半径は，三角形の頂角が鋭角か，直角か，鈍角かに分けて計算する必要がある。標準問題である。

Ⅱ　確率の問題である。番号の書かれたカードを２枚引くときの，番号の大きい方を a または b と指定されている。ある条件をみたすとき，２枚のカードの組が何通りあるかを数えるのがポイントである。その際，２乗和，３乗和の公式を用いる。標準問題といえるがやや難しめである。

Ⅲ　４題のうち一番記述量が多かったと思われる。$n=a^3+(-b)^3=c^2+d^2$ と書ける。整数を２乗和に分ける問題は多くあるが，３乗和に分ける問題は多くはないであろう。しかし，n が素数であるという仮定から $b=a+1$ となり，n は a の二次式になる。最終的には，条件(†)$\{1\leqq a\leqq 7,\ b=a+1,\ n=1+3ab\}$ から n が素数になる場合を探す。素数ではない $n=13^2$ が含まれるのは，条件(†)が n が素数であるための必要条件であることによる。これも標準問題といえるがやや難しい。

Ⅳ　区分求積法を用いて有限級数の和を評価する問題である。不等式の証明は易しい。定積分には部分積分法を用いる。その不等式を対数関数に適用する。最後に数列の極限値を求めるために(2)の不等式を用いる。４題のうち一番易しい問題である。

物理

I **解答** 1．運動量保存則より

$$mv = mv_1 + mv_2$$

反発係数の式より　$e = -\dfrac{v_1 - v_2}{v}$

よって　$v_1 = \dfrac{1-e}{2}v$，$v_2 = \dfrac{1+e}{2}v$，$\Delta E = \dfrac{(1-e^2)mv^2}{4}$　……(答)

2．t_1，t_2 ともに，小球 1，2 の単振り子の周期 $2\pi\sqrt{\dfrac{l}{g}}$ の半周期にあたるので

$$t_1 = \pi\sqrt{\frac{l}{g}},\ t_2 = \pi\sqrt{\frac{l}{g}}\quad \text{……(答)}$$

グラフ：右図。

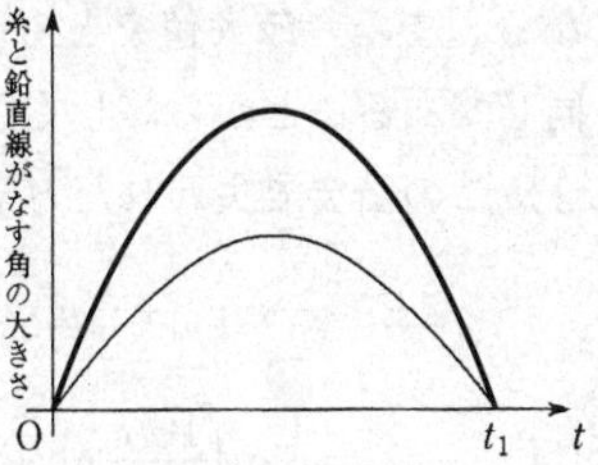

3．運動量保存則より

$$-mv_1 - mv_2 = mv_1' + mv_2'$$

反発係数の式より　$e = -\dfrac{v_1' - v_2'}{-v_1 + v_2}$

よって

$$v_1' = -\frac{1+e^2}{2}v,\ v_2' = -\frac{1-e^2}{2}v,\ \Delta E' = \frac{(1-e^2)e^2mv^2}{4}\quad \text{……(答)}$$

4．運動量保存則より

$$m|v_1'| + m|v_2'| = mv_1(1) + mv_2(1)$$

反発係数の式より　$e = -\dfrac{v_1(1) - v_2(1)}{|v_1'| - |v_2'|}$

よって　$v_1(1) = \dfrac{1-e^3}{2}v$，$v_2(1) = \dfrac{1+e^3}{2}v$　……(答)

5．$v_1(N) = \dfrac{1-e^{2N+1}}{2}v$，$v_2(N) = \dfrac{1+e^{2N+1}}{2}v$，$v_1(\infty) = \dfrac{1}{2}v$，$v_2(\infty) = \dfrac{1}{2}v$

運動の特徴：無限回の往復運動を繰り返すと，$v_1(\infty) = v_2(\infty)$ になるので，小球 1 と 2 は一体となって運動する。

6．この条件のとき速度交換が起こるので，小球1が速度 v で小球2に衝突すると，小球1は静止し，小球2の速度が v になる。これを繰り返すので，小球1と2が交互に単振動する。

◀解　説▶

≪単振り子の衝突≫

1．この衝突で失われた力学的エネルギーの大きさ ΔE は

$$\Delta E=\frac{1}{2}mv^2-\left(\frac{1}{2}mv_1{}^2+\frac{1}{2}mv_2{}^2\right)$$

$$=\frac{1}{2}mv^2-\frac{1}{2}m\left(\frac{1-e}{2}v\right)^2-\frac{1}{2}m\left(\frac{1+e}{2}v\right)^2$$

$$=\frac{1-e^2}{4}mv^2$$

2．1より $v_1<v_2$ とわかるので，θ_2 の最大値は θ_1 の最大値よりも大きくなる。また，最大値をとる時刻は，小球1，2の $t=0$ での位置と周期が同じであることから等しくなる。

3．この衝突で失われた力学的エネルギーの大きさ $\Delta E'$ は

$$\Delta E'=\frac{1}{2}mv_1{}^2+\frac{1}{2}mv_2{}^2-\left(\frac{1}{2}mv_1'^2+\frac{1}{2}mv_2'^2\right)$$

$$=\frac{1}{2}m\left(\frac{1-e}{2}v\right)^2+\frac{1}{2}m\left(\frac{1+e}{2}v\right)^2-\frac{1}{2}m\left(-\frac{1+e^2}{2}v\right)^2-\frac{1}{2}m\left(-\frac{1-e^2}{2}v\right)^2$$

$$=\frac{mv^2\{2+2e^2-(1+2e^2+e^4+1-2e^2+e^4)\}}{8}$$

$$=\frac{mv^2e^2(1-e^2)}{4}$$

4・5．この衝突直前，小球1，2の速度は右向きになっていることに注意して，運動量保存則と反発係数の式を用いる。

$N=2$ のとき　　$v_1(2)=\dfrac{1-e^5}{2}v,\ \ v_2(2)=\dfrac{1+e^5}{2}v$

$N=3$ のとき　　$v_1(3)=\dfrac{1-e^7}{2}v,\ \ v_2(3)=\dfrac{1+e^7}{2}v$

よって　　$v_1(N)=\dfrac{1-e^{2N+1}}{2}v,\ \ v_2(N)=\dfrac{1+e^{2N+1}}{2}v$

また，$0<e<1$ より $N=\infty$ のとき $e^{2N+1}=0$ となるので

$$v_1(\infty)=\frac{1}{2}v,\ \ v_2(\infty)=\frac{1}{2}v$$

と求まる。これより，最下点での速度が等しいことから，小球1と2は一体となって運動することがわかる。

6．質量の等しい物体が同一直線上を運動して弾性衝突する場合を考える。たとえば，水平面上で，速度 v，質量 m の物体Aが静止している質量 m の物体Bに衝突したとき，衝突直後の速度をそれぞれ v_A，v_B とすると，運動量保存則より

$$mv=mv_A+mv_B$$

また，反発係数の式より

$$1=-\frac{v_A-v_B}{v}$$

よって，$v_A=0$，$v_B=v$ となり，速度交換が起こることがわかる。

II　**解答**　1．右図。

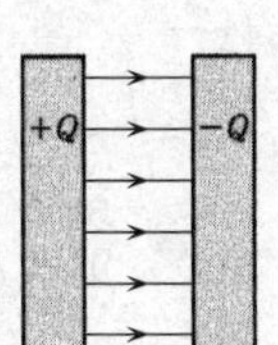

2．$E_A=\frac{1}{2}E$，$E_B=\frac{1}{2}E$

3．向き：B→Aの向き　大きさ：$\frac{1}{2}QE$

4．$W=\frac{1}{2}QEd$〔J〕

5．$V_1=\frac{q}{C}$〔V〕

6．$\Delta W=\frac{q\Delta q}{C}$〔J〕

7．$U=\frac{Q^2}{2C}$〔J〕

8．$U_1=\frac{r^2Q^2}{2C}$〔J〕

9．右のグラフの斜線部分の面積がコンデンサーの得る静電エネルギーなので

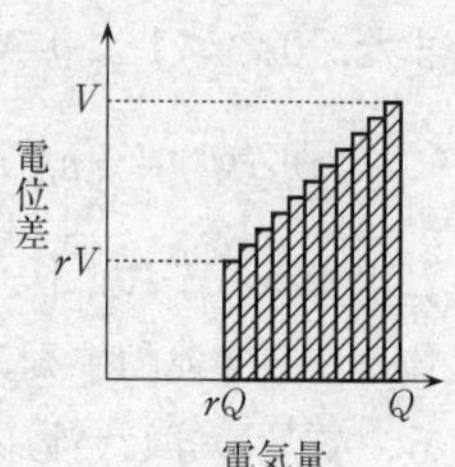

$$U_2=\frac{1}{2}\times(Q-rQ)\left(\frac{Q}{C}+\frac{rQ}{C}\right)$$

$$=\frac{Q^2(1-r^2)}{2C}〔\mathrm{J}〕 \quad \cdots\cdots(\text{答})$$

10．$U=U_1+U_2$

◀解　説▶

≪コンデンサーの極板間距離の変化≫

1．極板間の外では，電気力線が打ち消される。

2．極板間の電気力線の本数と，極板A，Bがそれぞれ極板間内に作る電気力線の本数を比べればよい。単位面積当たりの電気力線の本数が電場の強さになる。

3．導線をはずしているので，極板A，Bがもつ電気量は変化しない。つまり極板間の電場の強さ E も変化しない。よって，求める力の大きさ F は

$$F=|-Q\times E_{\mathrm{A}}|=\frac{1}{2}QE$$

また，電場 E_{A} は右向きであるので，負電荷をもつ極板Bは図の左向きに力を受ける。

4．加える外力は，極板Bが電場 E_{A} から受ける力とつりあっている。よって

$$W=F\times d=\frac{1}{2}QEd〔\mathrm{J}〕$$

6．求める仕事は，図5のグラフの網かけ部分の面積であるので

$$\Delta W=\Delta qV_1=\frac{q\Delta q}{C}〔\mathrm{J}〕$$

7．q が0から Q になるまでにコンデンサーが得た静電エネルギーは，図5のグラフの細長い長方形の面積の総和で表される。

$$U=\frac{1}{2}QV=\frac{Q^2}{2C}〔\mathrm{J}〕$$

8．はじめの状態での静電エネルギーは0である。よって

$$U_1=\frac{(rQ)^2}{2C}-0=\frac{(rQ)^2}{2C}$$

9．この過程をグラフにしたものが〔解答〕の図である。6と同様にこのグラフの斜線部分の面積がこの間にコンデンサーが得た静電エネルギーになる。

III 解答

1．(a) $\dfrac{x}{\sqrt{1+x^2}}$ (b) A

2．(c) A (d) $\dfrac{1}{\sqrt{A^2-1}}$

3．与えられた条件式より

$$1-\frac{\delta^2}{2}\fallingdotseq 1-\frac{1}{x_0(1+x_0{}^2)}\varepsilon$$

よって $\varepsilon\fallingdotseq\dfrac{x_0(1+x_0{}^2)}{2}\delta^2$ となる。

また，$\delta^2=\left(\dfrac{\pi}{2}-r\right)^2$ である。

これらを $x=x_0-\varepsilon$ に代入すると

$$x=x_0-\varepsilon\fallingdotseq x_0-\frac{x_0(1+x_0{}^2)}{2}\delta^2=x_0-\frac{x_0(1+x_0{}^2)}{2}\left(\frac{\pi}{2}-r\right)^2$$

ここで，2の(d)より $x_0=\dfrac{1}{\sqrt{A^2-1}}$ を代入すると

$$x=x_0-\frac{\dfrac{1}{\sqrt{A^2-1}}\left\{1+\left(\dfrac{1}{\sqrt{A^2-1}}\right)^2\right\}}{2}\left(\frac{\pi}{2}-r\right)^2$$

$$=x_0-\frac{A^2}{2\sqrt{A^2-1}\,(A^2-1)}\left(r-\frac{\pi}{2}\right)^2$$

以上より $C(A)=-\dfrac{A^2}{2\sqrt{A^2-1}\,(A^2-1)}$ ……(答)

4．右図。

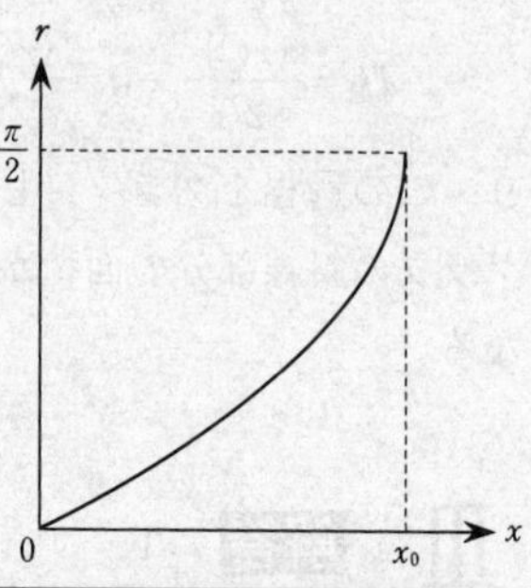

5．答：x_0 を精度よく求めることは比較的容易である。

理由：x_0 に近づくほど，x の値の変化による r の変化が大きくなるため。

◀解　説▶

≪全反射の数学的考察≫

1．屈折の法則より

$$\frac{\sin i}{\sin r}=\frac{n_2}{n_1}\qquad \sin r=\frac{n_1}{n_2}\sin i$$

図形的に考えると，$\sin i=\dfrac{x}{\sqrt{1+x^2}}$ である。以上より

$$\sin r=\frac{n_1}{n_2}\sin i=A\times\frac{x}{\sqrt{1+x^2}}\quad \cdots\cdots①$$

2．(c)　与えられた近似式を用いると　$\sin r\fallingdotseq r$

また，x^2 は 1 に比べて十分小さく無視できるので

$$\frac{1}{\sqrt{1+x^2}}=(1+x^2)^{-\frac{1}{2}}\fallingdotseq 1-\frac{1}{2}x^2\fallingdotseq 1$$

よって

$$\sin r=A\times\frac{x}{\sqrt{1+x^2}}\qquad r\fallingdotseq Ax$$

(d)　$r=\dfrac{\pi}{2}$ のとき，①式は

$$\sin\frac{\pi}{2}=A\times\frac{x_0}{\sqrt{1+{x_0}^2}}$$

$$1+{x_0}^2=A^2{x_0}^2$$

$$\therefore\quad x_0=\frac{1}{\sqrt{A^2-1}}$$

3．与えられた近似式を用いて計算すると

$$1-\frac{\delta^2}{2}\fallingdotseq 1-\frac{1}{x_0(1+{x_0}^2)}\varepsilon\qquad \varepsilon\fallingdotseq\frac{x_0(1+{x_0}^2)}{2}\delta^2$$

$$x=x_0-\varepsilon\fallingdotseq x_0-\frac{x_0(1+x_0{}^2)}{2}\delta^2=x_0-\frac{x_0(1+x_0{}^2)}{2}\left(\frac{\pi}{2}-r\right)^2$$

2の(d)より $x_0=\dfrac{1}{\sqrt{A^2-1}}$ を代入すると

$$x\fallingdotseq x_0-\frac{\dfrac{1}{\sqrt{A^2-1}}\left(1+\dfrac{1}{A^2-1}\right)}{2}\left(\frac{\pi}{2}-r\right)^2=x_0-\frac{A^2}{2\sqrt{A^2-1}\,(A^2-1)}\left(r-\frac{\pi}{2}\right)^2$$

これを $x\fallingdotseq x_0+C(A)\left(r-\dfrac{\pi}{2}\right)^2$　……②と比較すると

$$C(A)=-\frac{A^2}{2\sqrt{A^2-1}\,(A^2-1)}$$

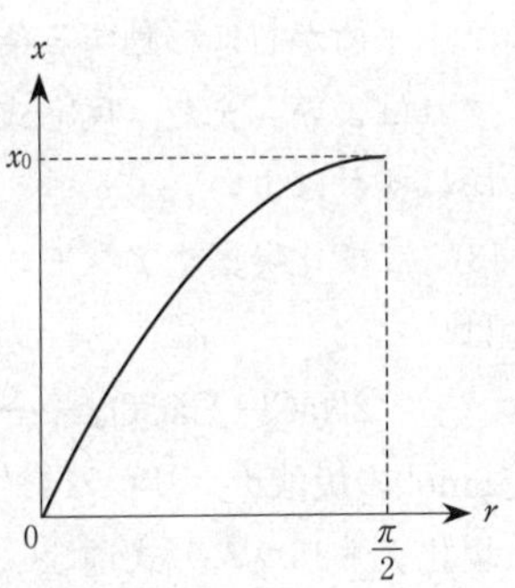

4．②式をグラフ化すると，右図のようになる。これを，解答欄のように，縦軸 r，横軸 x に変換すると，〔解答〕の図のようになる。

5．4のグラフを見ると，x_0 に近づくほど少しの x の変化によって r が大きく変化する。つまり，全反射する x_0 の付近では，屈折角 r の変化が顕著になるので，比較的精度よく x_0 を測定することができる。

❖講　評

大問は3題で，力学，電磁気，波動からの出題である。導出や説明などの記述，描図問題もあった。

Ⅰ　2つの単振り子の衝突問題。設問自体は易しいものだが，計算力が問われる。問題文をよく読み，状況の移り変わりを正確にとらえ，適切な式をきちんと立式・計算できるかが重要である。

Ⅱ　コンデンサーの基本的な問題。Ⅰ同様，状況の変化を正確にとらえよう。変化する物理量と変化しない物理量に気をつけて解答したい。

Ⅲ　光の屈折，全反射を扱った問題。近似式の計算に慣れていないと難しい問題があるが，うまく誘導に乗りたいところ。典型的な問題に加え，数学的なアプローチが必要な問題に普段から取り組んでおくとよい対策になる。

化学

I 解答

(1)A．CaO　B．CO_2　C．$NaHCO_3$　D．NH_4Cl
(2)―③　(3)塩化ナトリウム　(4)風解　(5)潮解
(6)$Na_2CO_3 + CO_2 + H_2O \longrightarrow 2NaHCO_3$
(7)9.4〔気体の吸着モル数 mol/吸着剤の質量 kg〕

◀解　説▶

≪アンモニアソーダ法≫

(2)　平衡が右に移動する条件を考える。正反応が発熱反応なので，低温にすればよい。また，反応式の係数の和が（反応物）>（生成物）なので，高圧にすればよい。

(3)　二酸化炭素やアンモニアをすべて再利用したときの全体の化学反応式は

$$2NaCl + CaCO_3 \longrightarrow Na_2CO_3 + CaCl_2$$

1 mol の炭酸ナトリウムを生成するときでも比は同じなので
塩化ナトリウム（式量 58.5）2 mol　　$58.5 \times 2 = 117$〔g〕
炭酸カルシウム（式量 100）　1 mol　　100 g
塩化カルシウム（式量 111）　1 mol　　111 g
よって，最も質量が大きいのは塩化ナトリウム。

(7)　(6)の化学反応式から，1.0 kg の炭酸ナトリウム（式量 106）と反応する二酸化炭素の物質量は

$$\frac{1.0 \times 10^3}{106} = 9.43 \fallingdotseq 9.4\text{〔mol〕}$$

II 解答

(1)―②　(2)―①　(3)―①
(4)$Fe + H_2SO_4 + 7H_2O \longrightarrow FeSO_4 \cdot 7H_2O + H_2$
(5)―①
(6) i) $Fe^{2+} \longrightarrow Fe^{3+} + e^-$
ii) $MnO_4^- + 8H^+ + 5e^- \longrightarrow Mn^{2+} + 4H_2O$
(7)$MnO_4^- + 2H_2O + 3e^- \longrightarrow MnO_2 + 4OH^-$

(8) 93 %

◀解　説▶

≪硫酸鉄（Ⅱ）七水和物の合成実験，酸化還元滴定≫

(1)　希釈するときに多量の熱が発生するため，撹拌しながら水に濃硫酸を少しずつ加える。

(2)　鉄（Ⅱ）イオンより単体の鉄の方が酸化されやすいことを利用している。

(3)　洗うとき，得られた結晶が溶けないようにする。

(8)　操作(F)で量り取った $FeSO_4 \cdot 7H_2O$（式量 278）は $\frac{0.60}{278}$ mol で，これが酸化される前に存在した Fe^{2+} である。

(6)の半反応式より MnO_4^- と Fe^{2+} は 1：5 で反応するから，操作(G)で酸化されずに残っていた Fe^{2+} の物質量は

$$0.025 \times \frac{16.0}{1000} \times 5 = 2.0 \times 10^{-3} \text{〔mol〕}$$

よって，求める割合は

$$\frac{2.0 \times 10^{-3}}{\frac{0.60}{278}} \times 100 = 92.6 \fallingdotseq 93 \text{〔\%〕}$$

Ⅲ　解答

(1) $CaC_2 + 2H_2O \longrightarrow Ca(OH)_2 + C_2H_2$

(2)銀アセチリド　(3)アセタール

(4) **C**. 1,2,4-トリメチルベンゼン（ベンゼン環に H_3C, CH_3, CH_3）　**D**. （ベンゼン環に CH_3, Cl, CH_3, H_3C）

(5) 1.7×10^3 kg

(6) $\mathrm{H_3C}$ と H が結合した $\mathrm{C{=}C}$ に H と $\mathrm{O{-}C({=}O){-}CH_3}$ が結合した構造

(7) $n\,H{-}C{\equiv}C{-}H \longrightarrow {-}\!\!\left[CH{=}CH\right]\!\!{-}_n$

(8) 93 kg　(9) 80 kg

◀解　説▶

≪アセチレンの製法と反応，ビニロン≫

(4)　プロピンが 3 分子重合して生成するのは

① $3\ H-C\equiv C-CH_3 \xrightarrow{\text{3 分子重合}}$ $C_6H_3(CH_3)_3$（CH_3, CH_3, H_3C が 1,3,5 位）

② $3\ H-C\equiv C-CH_3 \xrightarrow{\text{3 分子重合}}$ $C_6H_3(CH_3)_3$（CH_3, CH_3, H_3C が 1,2,4 位）

の 2 つの化合物。ベンゼン環の水素原子を 1 つ塩素原子に置換すると，①からは 1 種類，②からは 3 種類の化合物が得られることから，化合物 **B** が①，化合物 **C** が②である。

(5)　アセチレン（分子量 26）に酢酸を付加させると酢酸ビニル（化合物 **G**，分子量 86）が生成する。

$$H-C\equiv C-H \xrightarrow{\text{酢酸}} H_2C=CH-O-\underset{\underset{O}{\|}}{C}-CH_3$$

1 mol のアセチレンから 1 mol の酢酸ビニルが生成するので，求める質量は

$$\frac{5.2\times10^2\times10^3}{26}\times86\times10^{-3}=1.72\times10^3 \fallingdotseq 1.7\times10^3\,〔\mathrm{kg}〕$$

(6)　プロピンに酢酸を付加させると

$$H_3C-C\equiv C-H \xrightarrow{\text{酢酸}} ③\ H_3C-CH=CH-O-\underset{\underset{O}{\|}}{C}-CH_3$$

$$H_3C-C\equiv C-H \xrightarrow{\text{酢酸}} ④\ H_3C-\underset{\underset{O-\underset{\underset{O}{\|}}{C}-CH_3}{|}}{C}=CH_2$$

の 2 種類の化合物が生成するが，このうち③にはシス-トランス異性体が存在する。したがって，化合物 **H** は③のシス体，化合物 **I** は③のトランス体である。

(8)　ポリビニルアルコールの構成単位は，$-CH_2-CH(OH)-$ で式量は 44

なので，アセタール化前に存在したヒドロキシ基は

$$\frac{88\times10^3}{44}=2.0\times10^3〔\mathrm{mol}〕$$

そのうち 40％が反応したので，反応したヒドロキシ基は

$$2.0\times10^3\times\frac{40}{100}=8.0\times10^2〔\mathrm{mol}〕$$

アセタール化の反応は

$$\underset{\text{ポリビニルアルコールの構成単位2つ}}{-CH_2-\underset{|\atop OH}{CH}-CH_2-\underset{|\atop OH}{CH}-}\xrightarrow[HCHO]{}-CH_2-\underset{|}{CH}-CH_2-\underset{|}{CH}-$$
$$O-CH_2-O$$

ポリビニルアルコールの
構成単位２つ

ヒドロキシ基２つが反応して，炭素原子１つ分増加することから，アセタール化による質量増加は

$$8.0\times10^2\times\frac{1}{2}\times12\times10^{-3}=4.8〔\mathrm{kg}〕$$

したがって，得られるビニロンの質量は

$$88+4.8=92.8\fallingdotseq93〔\mathrm{kg}〕$$

(9)　(8)のように，ヒドロキシ基２つとホルムアルデヒド（分子量 30）１分子が反応するので，アセタール化に必要なホルムアルデヒドの質量は

$$8.0\times10^2\times\frac{1}{2}\times30\times10^{-3}=12〔\mathrm{kg}〕$$

水溶液の質量は

$$12\times\frac{100}{15}=80〔\mathrm{kg}〕$$

❖講　評

Ⅰは無機・理論分野，Ⅱは理論・無機分野，Ⅲが有機分野からの出題だった。論述問題や計算の途中経過を記述させる問題はこの3年間はみられない。

Ⅰ　アンモニアソーダ法など，無機物質に関する基本的な知識と計算問題であった。教科書レベルをきちんと整理できていれば，特に難しい問題はなかっただろう。

Ⅱ　硫酸鉄(Ⅱ)七水和物の合成実験に関する問題であった。近年出題頻度が増えているタイプの問題で，実験の文章から各操作の意味を読み取る必要があり，化学への理解度が問われる内容になっている。

Ⅲ　アセチレンの付加反応とビニロンの合成に関する出題だった。知識面ではほぼ教科書レベルだが，ポリアセチレンの構造を問われているのが目新しい。また，高分子化合物の計算問題は苦手な受験生も多いだろう。

全体的な難易度は例年並み。大問ごとのレベルの差はないので，複数科目から選択したい受験生は自分の得意な分野で勝負できただろう。

生物

I 解答

A. (1) (ア)母細胞　(イ)娘細胞　(ウ)核分裂

(2) 前期：(c)・(d)　中期：(e)　後期：(b)　終期：(a)

(3) (エ)ヒストン　(オ)ヌクレオソーム　(カ)クロマチン（クロマチン繊維）

(4) (キ)―②　(ク)―①　(ケ)―③　(コ)―④

B. (5)―(c)・(d)

(6) 母性因子

(7)―(b)・(d)・(e)

(8) (i)95 分　(ii)38 分

(iii)11 回目まで

根拠：11 回目の卵割までは，割球ごとの分裂時間にばらつきが見られないから。

(9) (i)(い)3.9　(ろ)3.9　(は)1.1　(に)1.5　(ほ)1.1

(ii)475 分まで

(10)―(b)・(c)・(g)

◀解　説▶

≪体細胞分裂と卵割，染色体，カエルの発生≫

A. (4) DNA 合成の準備期間（G_1 期，下線部③）における細胞あたりの DNA 量の相対値が 1 である場合，DNA が合成される期間（S 期，下線部④）の DNA 量は 1 から 2 の間，分裂の準備期間（G_2 期，下線部②）と分裂期（M期，下線部①）の DNA 量は 2 となる。

B. (5) (a)誤文。16 細胞期胚の植物極側に小割球が現れるのは，アフリカツメガエルではなくウニの卵割でみられる現象である。

(b)誤文。細胞の成長は卵割ではみられない。

(c)・(d)正文。アフリカツメガエルの卵は端黄卵であり，卵割を妨げる多くの卵黄が植物極側に偏っているため，第一卵割と第二卵割における経割は動物極側付近から始まる。また，第三卵割における緯割が動物極側に偏って起こるため，8 細胞期胚では植物極側の割球が動物極側に比べて大きい。

(e)誤文。アフリカツメガエルの卵は端黄卵だが，盤割ではなく不等割を行う。

(6)　受精前のアフリカツメガエルの卵には，mRNAやタンパク質などの初期発生に必要な母性因子が合成され蓄積されている。

(7)　(a)正文，(e)誤文。接合子は精子や卵などの配偶子の接合によって生じる複相の細胞であり，精子の染色体1セットと卵の染色体1セットを合わせた2セットの染色体をもつ。

(b)誤文。接合子は，植物では胞子体ではなく受精卵に相当する。

(c)正文。接合子は無性生殖ではなく有性生殖で生じる。

(d)誤文。接合子は減数分裂により形成される細胞ではなく，減数分裂で作られた精子や卵などの配偶子の接合により形成される細胞である。

(8)　(i)図2において，横軸の1に対する縦軸の値(95)を読み取ることで，最初の卵割が始まるまでの時間を求めることができる（下図）。

(ii)図2において，横軸の2に対する縦軸の値38は，1回目の卵割が始まってから2回目の卵割が始まるまでの時間である（下図）。

(iii)図2において，横軸の2～11の段階（下図の※）では割球ごとの分裂時間にばらつきが見られないが，横軸の12～15の段階（下図の★）では割球ごとの分裂時間にばらつきが見られている。したがって，同調分裂は11回目の卵割まで続くと言える。

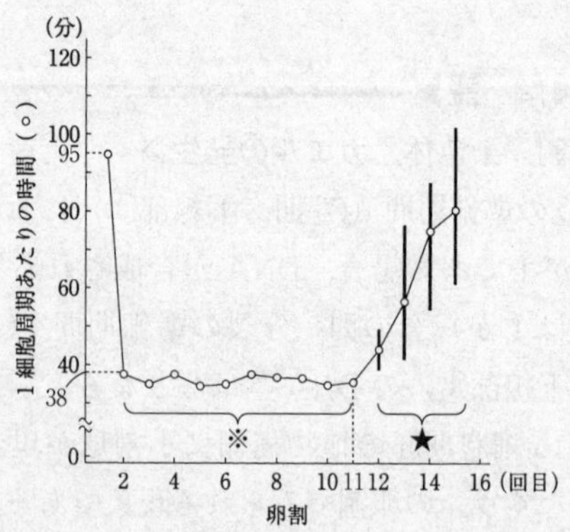

(9)　(i)各区間において，「終点での^{3}H-チミジンの取り込み量÷始点での^{3}H-チミジンの取り込み量」を求めていけばよい。

(い)　$394 \div 100 = 3.94 \fallingdotseq 3.9$

(ろ)　$1550 \div 394 = 3.93 \fallingdotseq 3.9$

(は)　$1764 \div 1550 = 1.13 \fallingdotseq 1.1$

(に)　$2702 \div 1764 = 1.53 \fallingdotseq 1.5$

(ほ)　2873÷2702＝1.06≒1.1

(ii)図3の縦軸は対数目盛りであり，グラフの傾きがそのまま「増加率」を表している。したがって，指数関数的にDNA量（^{3}H-チミジンの取り込み量）が増加している期間は，335分の始点から考えて，グラフの傾きが一定である475分までであるとわかる。

(10)　(a)誤文。レンズの誘導は原腸胚期に起こるのではなく，眼胞が形成される尾芽胚期以降で起こる。

(d)誤文。卵割腔は16細胞期には生じている。原腸胚期に生じるわけではない。

(e)誤文。尾が形成される時期は原腸胚期ではなく，尾芽が形成される尾芽胚期以降である。

(f)誤文。神経管が形成される時期は原腸胚期ではなく神経胚期である。

II　解答

A．(1)　(ア)プラスミド　(イ)寄生
(ウ)根粒菌（リゾビウム）　(エ)窒素固定　(オ)相利共生

(2)　プロモーター

(3)　(カ)成熟　(キ)セルロース　(ク)液胞　(ケ)離層　(コ)葉　(サ)気

(4)　通常餌：140日　赤トマト配合餌：145日　紫トマト配合餌：180日
寿命の伸び：(c)

B．(5)　赤トマトのアセトン抽出液：0.06mmol/L相当
紫トマトの水抽出液：0.35mmol/L相当
紫トマトのアセトン抽出液：0.08mmol/L相当

(6)　(シ)2.0×10^{-1}　(ス)2.6×10^{-2}　(セ)1.0×10^{2}　(ソ)2.6
(タ)1.2　(チ)7.0　(ツ)1.5

(7)―(b)・(c)

◀解　説▶

≪遺伝子の導入，エチレンの作用，抗酸化活性の計測≫

A．(1)　(イ)設問文中に「アグロバクテリウムは感染した植物が合成する窒素化合物を受け取るが，植物は異様な分裂と増殖を繰り返し，腫瘍が生じる」と記述されていることから，この両者の相互関係は，一方が利益を得て他方が損害を受ける「寄生」であると考えられる。

(4)　図2において，縦軸の0.5に対するそれぞれの餌における横軸の値

（通常餌は140，赤トマト配合餌は145，紫トマト配合餌は180）を読み取ることで，それぞれの飼育マウスの平均寿命を求めることができる（下図）。

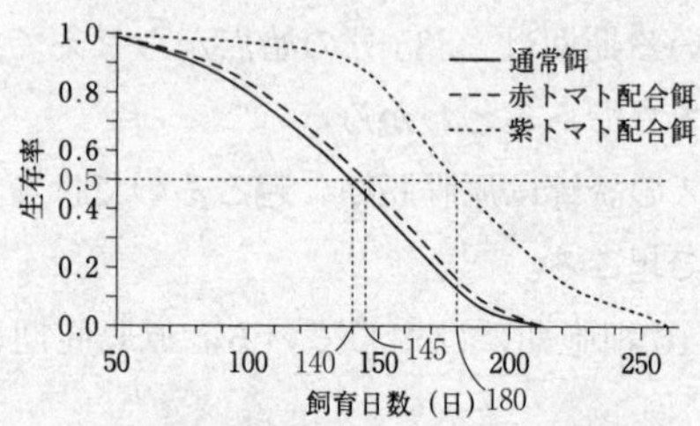

よって，紫トマト配合餌で飼育したマウスの平均寿命は，通常餌で飼育したマウスの180÷140×100＝128.5≒130％にあたることがわかる。

B．(5)　図5において，それぞれの試料における縦軸の値（赤トマトのアセトン抽出液は0.31，紫トマトの水抽出液は0.10，紫トマトのアセトン抽出液は0.30）に対する横軸の値（赤トマトのアセトン抽出液は0.06，紫トマトの水抽出液は0.35，紫トマトのアセトン抽出液は0.075≒0.08）を読み取ることで，それぞれの試料の抗酸化活性を求めることができる（下図）。

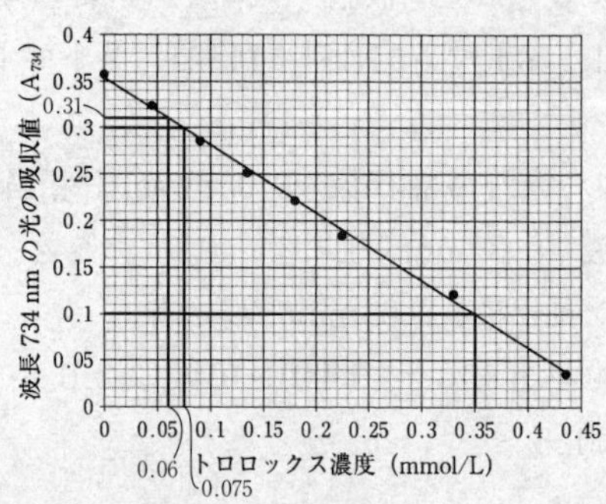

(6)　題意にもとづいて，適切な数値を算出していけばよい。

(シ)・(ス)単位をmLからLに変換することに注意する。赤トマトの水抽出液200mL（2.0×10^{-1}L）中に含まれる抗酸化活性を示す物質の物質量は

$$0.13\,[\text{mmol/L}]\times2.0\times10^{-1}\,[\text{L}]=2.6\times10^{-2}\,[\text{mmol}]$$

となる。

(セ)トマト果実1kg（1000g）には果実10gの100倍量（＝1000g÷10g）の抗酸化活性を示す物質が含まれていることになる。

(ソ)上記(ス)・(セ)より，赤トマトの水抽出液の TEAC 値は

2.6×10^{-2}〔mmol〕$\times100=2.6$〔mmolトロロックス/kg〕

となる。

(タ)〜(ツ) (シ)〜(ソ)と同様の計算方法で，それぞれの試料の TEAC 値を求めていく。

(赤トマトのアセトン抽出液の TEAC 値)

$0.06\times2.0\times10^{-1}\times100=1.2$〔mmolトロロックス/kg〕

(紫トマトの水抽出液の TEAC 値)

$0.35\times2.0\times10^{-1}\times100=7.0$〔mmolトロロックス/kg〕

(紫トマトのアセトン抽出液の TEAC 値)

$0.075\times2.0\times10^{-1}\times100=1.5$〔mmolトロロックス/kg〕

ここで紫トマトのアセトン抽出液の TEAC 値(ツ)を求める際に，四捨五入された(5)の答えの数値である 0.08 を用いて

$0.08\times2.0\times10^{-1}\times100=1.6$〔mmolトロロックス/kg〕

とせずに，四捨五入前の 0.075 を用いることに注意したい。

(7) (a)誤文。リード文に「脂溶性抗酸化物質であるリコピンはアセトン抽出液中に含まれる」と記述されていること，および，紫トマトのアセトン抽出液の TEAC 値（1.5）が赤トマトのアセトン抽出液の TEAC 値（1.2）より高いことから，紫トマトに含まれる脂溶性抗酸化物質の量は赤トマトよりも多いことがわかる。

(b)正文。リード文に「水溶性のアントシアニンは水抽出液中に…含まれる」と記述されていること，および，紫トマトにおいて水抽出液の TEAC 値（7.0）がアセトン抽出液の TEAC 値（1.5）より高いことから，紫トマトではおもにアントシアニンが抗酸化活性を付与していると言える。

(c)正文。紫トマトの水抽出液の TEAC 値が 7.0mmol トロロックス/kg であり，赤トマトの水抽出液の TEAC 値が 2.6mmol トロロックス/kg であることから，紫トマトの水溶性成分による抗酸化活性は赤トマトの $7.0\div2.6=2.69\fallingdotseq2.7$ 倍あると言える。

(d)誤文。紫トマトの水抽出液の TEAC 値（7.0）に対する紫トマトのアセトン抽出液の TEAC 値（1.5）の割合は $1.5\div7.0=0.21\fallingdotseq0.2$ であり，赤トマトの水抽出液の TEAC 値（2.6）に対する赤トマトのアセトン抽出液の TEAC 値（1.2）の割合は $1.2\div2.6=0.46\fallingdotseq0.5$ であることから，アン

トシアニンの生成量に対するリコピンの生成量の比は，紫トマトよりも赤トマトの方が高いことがわかる。

III 解答

A．(1)　(ア)従属栄養　(イ)独立栄養　(ウ)発酵
(エ)シアノバクテリア　(オ)鉄（鉄イオン，Fe^{2+}）
(カ)縞状鉄鉱層　(キ)呼吸　(ク)ミトコンドリア　(ケ)葉緑体　(コ)オゾン（O_3）
(サ)シダ植物（木生シダ植物）　(シ)石炭（化石燃料）

(2)　化学進化

(3)　(i) (ス)6　(セ)12　(ソ)6　(タ)H_2O　(チ)12　(ツ)S

別解　(ス)6　(セ)12　(ソ)12　(タ)S　(チ)6　(ツ)H_2O

(ii)紅色硫黄細菌，緑色硫黄細菌

(4)　(テ)6　(ト)12　(ナ)6　(ニ)H_2O　(ヌ)6　(ネ)O_2

別解　(テ)6　(ト)12　(ナ)6　(ニ)O_2　(ヌ)6　(ネ)H_2O

(5)　ストロマトライト

(6)　⑤先カンブリア時代　⑦オルドビス紀

(7)　マーグリス

(8)　(ノ)2　(ハ)2　(ヒ)H_2O　(フ)2

B．(9)　(ヘ)ウーズ　(ホ)rRNA（リボソームRNA）

(10)　(i) (マ)細菌ドメイン　(ミ)アーキアドメイン（古細菌ドメイン）

(ii) (a)―(E)　(b)―(B)　(c)―(A)　(d)―(E)　(e)―(E)　(f)―(B)　(g)―(B)　(h)―(B)
(i)―(E)　(j)―(E)

(11)　(i) 1.6mm　(ii) 780倍

◀解　説▶

≪生物界と大気組成の変遷，細菌の同化，ドメイン，大腸菌のゲノム≫

B．(10)　(i) 1990年にアメリカの生物学者であるウーズが提唱した三ドメイン説によると，細菌とアーキア（古細菌）を比較した場合，真核生物により近縁であるのはアーキアである。これは，1967年にアメリカの生物学者であるマーグリスが提唱した「大型の細胞内に細菌が共生したことにより真核細胞が進化した」という細胞内共生説の観点から理解していくことができる。

(11)　(i) DNAの10塩基対の長さが3.4nmであることから，4.6×10^6塩基対である大腸菌のゲノムDNAの長さ（x〔nm〕とする）は次の式で求

めることができる。

$$10\text{対} : 3.4\,\text{nm} = 4.6\times10^{6}\text{対} : x\,[\text{nm}]$$

$$x = 15.6\times10^{5}\,[\text{nm}]$$

単位を mm にすることに注意して

$$x = 15.6\times10^{5}\times10^{-6} = 1.56 \fallingdotseq 1.6\,[\text{mm}]$$

(ii)　(i)の〔解説〕より，大腸菌のゲノム DNA の長さは 1.56 mm である。大腸菌細胞の長さが $2\mu\text{m} = 2.0\times10^{-3}$ mm であることから，大腸菌のゲノム DNA の長さは大腸菌細胞の長さの $1.56\,\text{mm} \div (2.0\times10^{-3})\,\text{mm} = 780$ 倍となる。

❖講　評

例年，理科 3 科目から各 3 題，計 9 題が出題され，その中から 3 題を選択して解答する形式である。2021 年度は論述問題が多くみられたが，2022 年度は減少した。また毎年出題されていた描図問題が 2022 年度はみられなかった。例年に比べ，難易度はやや易化していた。

Ⅰ　体細胞分裂と卵割，染色体，カエルの発生に関する出題であった。A では基本的な知識問題，B では簡単なグラフ読み取り問題と計算問題が出題された。ここでしっかりと得点しておきたい。

Ⅱ　遺伝子の導入，エチレンの作用，抗酸化活性の計測に関する出題であった。分野横断型の出題であったが，１つ１つの問題は標準レベル。溶液の抗酸化活性を，単位に注意しながら求めていく計算問題もあった。情報をきちんと整理すればそれほど難しくはない問題である。

Ⅲ　生物界と大気組成の変遷，細菌の同化，ドメイン，大腸菌のゲノムに関する出題であった。Ⅱ同様，分野横断型の出題であったが，基本的な知識問題と，標準レベルの計算問題で構成されていた。

従来からの頻出分野である生殖・発生，遺伝情報，代謝，進化・系統を中心とした出題であった。Ⅱは近年では見られなかった植物ホルモンに関する問題が出題された。例年，問題文の量が多いため，文章読解能力を鍛えておくと有利にはたらくと思われる。2022 年度では大問 3 題すべてに計算問題がみられるなど，解答に時間がかかっただろう。100 分の試験時間を有効に使うことを意識しておきたい。

////////////////////// · memo · //////////////////////

////////////////////// · memo · //////////////////////

//////////////////// · memo · ////////////////////

//////////////////// · memo · ////////////////////

//////////////////// · memo · ////////////////////

教学社 刊行一覧

2025年版 大学赤本シリーズ

374大学556点
全都道府県を網羅

国公立大学(都道府県順)

全国の書店で取り扱っています。店頭にない場合は，お取り寄せができます。

1 北海道大学(文系－前期日程)
2 北海道大学(理系－前期日程) 医
3 北海道大学(後期日程)
4 旭川医科大学(医学部〈医学科〉) 医
5 小樽商科大学
6 帯広畜産大学
7 北海道教育大学
8 室蘭工業大学／北見工業大学
9 釧路公立大学
10 公立千歳科学技術大学
11 公立はこだて未来大学 総推
12 札幌医科大学(医学部) 医
13 弘前大学 医
14 岩手大学
15 岩手県立大学・盛岡短期大学部・宮古短期大学部
16 東北大学(文系－前期日程)
17 東北大学(理系－前期日程) 医
18 東北大学(後期日程)
19 宮城教育大学
20 宮城大学
21 秋田大学 医
22 秋田県立大学
23 国際教養大学 総推
24 山形大学 医
25 福島大学
26 会津大学
27 福島県立医科大学(医・保健科学部) 医
28 茨城大学(文系)
29 茨城大学(理系)
30 筑波大学(推薦入試) 医 総推
31 筑波大学(文系－前期日程)
32 筑波大学(理系－前期日程) 医
33 筑波大学(後期日程)
34 宇都宮大学
35 群馬大学 医
36 群馬県立女子大学
37 高崎経済大学
38 前橋工科大学
39 埼玉大学(文系)
40 埼玉大学(理系)
41 千葉大学(文系－前期日程)
42 千葉大学(理系－前期日程) 医
43 千葉大学(後期日程) 医
44 東京大学(文科) DL
45 東京大学(理科) DL 医
46 お茶の水女子大学
47 電気通信大学
48 東京外国語大学 DL
49 東京海洋大学
50 東京科学大学(旧 東京工業大学)
51 東京科学大学(旧 東京医科歯科大学) 医
52 東京学芸大学
53 東京藝術大学
54 東京農工大学
55 一橋大学(前期日程)
56 一橋大学(後期日程)
57 東京都立大学(文系)
58 東京都立大学(理系)
59 横浜国立大学(文系)
60 横浜国立大学(理系)
61 横浜市立大学(国際教養・国際商・理・データサイエンス・医〈看護〉学部)
62 横浜市立大学(医学部〈医学科〉) 医
63 新潟大学(人文・教育〈文系〉・法・経済科・医〈看護〉・創生学部)
64 新潟大学(教育〈理系〉・理・医〈看護を除く〉・歯・工・農学部) 医
65 新潟県立大学
66 富山大学(文系)
67 富山大学(理系) 医
68 富山県立大学
69 金沢大学(文系)
70 金沢大学(理系) 医
71 福井大学(教育・医〈看護〉・工・国際地域学部)
72 福井大学(医学部〈医学科〉) 医
73 福井県立大学
74 山梨大学(教育・医〈看護〉・工・生命環境学部)
75 山梨大学(医学部〈医学科〉) 医
76 都留文科大学
77 信州大学(文系－前期日程)
78 信州大学(理系－前期日程) 医
79 信州大学(後期日程)
80 公立諏訪東京理科大学 総推
81 岐阜大学(前期日程) 医
82 岐阜大学(後期日程)
83 岐阜薬科大学
84 静岡大学(前期日程)
85 静岡大学(後期日程)
86 浜松医科大学(医学部〈医学科〉) 医
87 静岡県立大学
88 静岡文化芸術大学
89 名古屋大学(文系)
90 名古屋大学(理系) 医
91 愛知教育大学
92 名古屋工業大学
93 愛知県立大学
94 名古屋市立大学(経済・人文社会・芸術工・看護・総合生命理・データサイエンス学部)
95 名古屋市立大学(医学部〈医学科〉) 医
96 名古屋市立大学(薬学部)
97 三重大学(人文・教育・医〈看護〉学部)
98 三重大学(医〈医〉・工・生物資源学部) 医
99 滋賀大学
100 滋賀医科大学(医学部〈医学科〉) 医
101 滋賀県立大学
102 京都大学(文系)
103 京都大学(理系) 医
104 京都教育大学
105 京都工芸繊維大学
106 京都府立大学
107 京都府立医科大学(医学部〈医学科〉) 医
108 大阪大学(文系) DL
109 大阪大学(理系) 医
110 大阪教育大学
111 大阪公立大学(現代システム科学域〈文系〉・文・法・経済・商・看護・生活科〈居住環境・人間福祉〉学部－前期日程)
112 大阪公立大学(現代システム科学域〈理系〉・理・工・農・獣医・医・生活科〈食栄養〉学部－前期日程) 医
113 大阪公立大学(中期日程)
114 大阪公立大学(後期日程)
115 神戸大学(文系－前期日程)
116 神戸大学(理系－前期日程) 医
117 神戸大学(後期日程)
118 神戸市外国語大学 DL
119 兵庫県立大学(国際商経・社会情報科・看護学部)
120 兵庫県立大学(工・理・環境人間学部)
121 奈良教育大学／奈良県立大学
122 奈良女子大学
123 奈良県立医科大学(医学部〈医学科〉) 医
124 和歌山大学
125 和歌山県立医科大学(医・薬学部) 医
126 鳥取大学 医
127 公立鳥取環境大学
128 島根大学 医
129 岡山大学(文系)
130 岡山大学(理系) 医
131 岡山県立大学
132 広島大学(文系－前期日程)
133 広島大学(理系－前期日程) 医
134 広島大学(後期日程)
135 尾道市立大学 総推
136 県立広島大学
137 広島市立大学
138 福山市立大学 総推
139 山口大学(人文・教育〈文系〉・経済・医〈看護〉・国際総合科学部)
140 山口大学(教育〈理系〉・理・医〈看護を除く〉・工・農・共同獣医学部) 医
141 山陽小野田市立山口東京理科大学 総推
142 下関市立大学／山口県立大学
143 周南公立大学 新 総推
144 徳島大学 医
145 香川大学 医
146 愛媛大学 医
147 高知大学 医
148 高知工科大学
149 九州大学(文系－前期日程)
150 九州大学(理系－前期日程) 医
151 九州大学(後期日程)
152 九州工業大学
153 福岡教育大学
154 北九州市立大学
155 九州歯科大学
156 福岡県立大学／福岡女子大学
157 佐賀大学 医
158 長崎大学(多文化社会・教育〈文系〉・経済・医〈保健〉・環境科〈文系〉学部)
159 長崎大学(教育〈理系〉・医〈医〉・歯・薬・情報データ科・工・環境科〈理系〉・水産学部) 医
160 長崎県立大学 総推
161 熊本大学(文・教育・法・医〈看護〉学部・情報融合学環〈文系型〉)
162 熊本大学(理・医〈看護を除く〉・薬・工学部・情報融合学環〈理系型〉) 医
163 熊本県立大学
164 大分大学(教育・経済・医〈看護〉・理工・福祉健康科学部)
165 大分大学(医学部〈医・先進医療科学科〉) 医
166 宮崎大学(教育・医〈看護〉・工・農・地域資源創成学部)
167 宮崎大学(医学部〈医学科〉) 医
168 鹿児島大学(文系)
169 鹿児島大学(理系) 医
170 琉球大学 医

2025年版　大学赤本シリーズ

国公立大学 その他

171 〔国公立大〕医学部医学科 総合型選抜・学校推薦型選抜※ 医 総推
172 看護・医療系大学〈国公立 東日本〉※
173 看護・医療系大学〈国公立 中日本〉※
174 看護・医療系大学〈国公立 西日本〉※
175 海上保安大学校／気象大学校
176 航空保安大学校
177 国立看護大学校
178 防衛大学校 総推
179 防衛医科大学校(医学科) 医
180 防衛医科大学校(看護学科)

※No.171〜174の収載大学は赤本ウェブサイト(http://akahon.net/)でご確認ください。

私立大学①

北海道の大学(50音順)

201 札幌大学
202 札幌学院大学
203 北星学園大学
204 北海学園大学
205 北海道医療大学
206 北海道科学大学
207 北海道武蔵女子大学・短期大学
208 酪農学園大学(獣医学群〈獣医学類〉)

東北の大学(50音順)

209 岩手医科大学(医・歯・薬学部) 医
210 仙台大学 総推
211 東北医科薬科大学(医・薬学部) 医
212 東北学院大学
213 東北工業大学
214 東北福祉大学
215 宮城学院女子大学 総推

関東の大学(50音順)

あ行(関東の大学)

216 青山学院大学(法・国際政治経済学部ー個別学部日程)
217 青山学院大学(経済学部ー個別学部日程)
218 青山学院大学(経営学部ー個別学部日程)
219 青山学院大学(文・教育人間科学部ー個別学部日程)
220 青山学院大学(総合文化政策・社会情報・地球社会共生・コミュニティ人間科学部ー個別学部日程)
221 青山学院大学(理工学部ー個別学部日程)
222 青山学院大学(全学部日程)
223 麻布大学(獣医、生命・環境科学部)
224 亜細亜大学
226 桜美林大学
227 大妻女子大学・短期大学部

か行(関東の大学)

228 学習院大学(法学部ーコア試験)
229 学習院大学(経済学部ーコア試験)
230 学習院大学(文学部ーコア試験)
231 学習院大学(国際社会科学部ーコア試験)
232 学習院大学(理学部ーコア試験)
233 学習院女子大学
234 神奈川大学(給費生試験)
235 神奈川大学(一般入試)
236 神奈川工科大学
237 鎌倉女子大学・短期大学部
238 川村学園女子大学
239 神田外語大学
240 関東学院大学
241 北里大学(理学部)
242 北里大学(医学部) 医
243 北里大学(薬学部)
244 北里大学(看護・医療衛生学部)
245 北里大学(未来工・獣医・海洋生命科学部)
246 共立女子大学・短期大学
247 杏林大学(医学部) 医
248 杏林大学(保健学部)
249 群馬医療福祉大学・短期大学部
250 群馬パース大学 総推
251 慶應義塾大学(法学部)
252 慶應義塾大学(経済学部)
253 慶應義塾大学(商学部)
254 慶應義塾大学(文学部) 総推
255 慶應義塾大学(総合政策学部)
256 慶應義塾大学(環境情報学部)
257 慶應義塾大学(理工学部)
258 慶應義塾大学(医学部) 医
259 慶應義塾大学(薬学部)
260 慶應義塾大学(看護医療学部)
261 工学院大学
262 國學院大學
263 国際医療福祉大学 医
264 国際基督教大学
265 国士舘大学
266 駒澤大学(一般選抜T方式・S方式)
267 駒澤大学(全学部統一日程選抜)

さ行(関東の大学)

268 埼玉医科大学(医学部) 医
269 相模女子大学・短期大学部
270 産業能率大学
271 自治医科大学(医学部) 医
272 自治医科大学(看護学部)／東京慈恵会医科大学(医学部〈看護学科〉)
273 実践女子大学 総推
274 芝浦工業大学(前期日程)
275 芝浦工業大学(全学統一日程・後期日程)
276 十文字学園女子大学
277 淑徳大学
278 順天堂大学(医学部) 医
279 順天堂大学(スポーツ健康科・医療看護・保健看護・国際教養・保健医療・医療科・健康データサイエンス・薬学部) 総推
280 上智大学(神・文・総合人間科学部)
281 上智大学(法・経済学部)
282 上智大学(外国語・総合グローバル学部)
283 上智大学(理工学部)
284 上智大学(TEAPスコア利用方式)
285 湘南工科大学
286 昭和大学(医学部) 医
287 昭和大学(歯・薬・保健医療学部)
288 昭和女子大学
289 昭和薬科大学
290 女子栄養大学・短期大学部 総推
291 白百合女子大学
292 成蹊大学(法学部ーA方式)
293 成蹊大学(経済・経営学部ーA方式)
294 成蹊大学(文学部ーA方式)
295 成蹊大学(理工学部ーA方式)
296 成蹊大学(E方式・G方式・P方式)
297 成城大学(経済・社会イノベーション学部ーA方式)
298 成城大学(文芸・法学部ーA方式)
299 成城大学(S方式〈全学部統一選抜〉)
300 聖心女子大学
301 清泉女子大学
303 聖マリアンナ医科大学 医
304 聖路加国際大学(看護学部)
305 専修大学(スカラシップ・全国入試)
306 専修大学(前期入試〈学部個別入試〉)
307 専修大学(前期入試〈全学部入試・スカラシップ入試〉)

た行(関東の大学)

308 大正大学
309 大東文化大学
310 高崎健康福祉大学
311 拓殖大学
312 玉川大学
313 多摩美術大学
314 千葉工業大学
315 中央大学(法学部ー学部別選抜)
316 中央大学(経済学部ー学部別選抜)
317 中央大学(商学部ー学部別選抜)
318 中央大学(文学部ー学部別選抜)
319 中央大学(総合政策学部ー学部別選抜)
320 中央大学(国際経営・国際情報学部ー学部別選抜)
321 中央大学(理工学部ー学部別選抜)
322 中央大学(5学部共通選抜)
323 中央学院大学
324 津田塾大学
325 帝京大学(薬・経済・法・文・外国語・教育・理工・医療技術・福岡医療技術学部)
326 帝京大学(医学部) 医
327 帝京科学大学 総推
328 帝京平成大学 総推
329 東海大学(医〈医〉学部を除くー一般選抜)
330 東海大学(文系・理系学部統一選抜)
331 東海大学(医学部〈医学科〉) 医
332 東京医科大学(医学部〈医学科〉) 医
333 東京家政大学・短期大学部 総推
334 東京経済大学
335 東京工科大学
336 東京工芸大学
337 東京国際大学
338 東京歯科大学
339 東京慈恵会医科大学(医学部〈医学科〉) 医
340 東京情報大学
341 東京女子大学
342 東京女子医科大学(医学部) 医
343 東京電機大学
344 東京都市大学
345 東京農業大学
346 東京薬科大学(薬学部) 総推
347 東京薬科大学(生命科学部) 総推
348 東京理科大学(理学部〈第一部〉ーB方式)
349 東京理科大学(創域理工学部ーB方式・S方式)
350 東京理科大学(工学部ーB方式)
351 東京理科大学(先進工学部ーB方式)
352 東京理科大学(薬学部ーB方式)
353 東京理科大学(経営学部ーB方式)
354 東京理科大学(C方式、グローバル方式、理学部〈第二部〉ーB方式)
355 東邦大学(医学部) 医
356 東邦大学(薬学部)

2025年版　大学赤本シリーズ

私立大学②

- 357 東邦大学(理・看護・健康科学部)
- 358 東洋大学(文・経済・経営・法・社会・国際・国際観光学部)
- 359 東洋大学(情報連携・福祉社会デザイン・健康スポーツ科・理工・総合情報・生命科・食環境科学部)
- 360 東洋大学(英語〈3日程×3カ年〉)
- 361 東洋大学(国語〈3日程×3カ年〉)
- 362 東洋大学(日本史・世界史〈2日程×3カ年〉)
- 363 東洋英和女学院大学
- 364 常磐大学・短期大学 総推
- 365 獨協大学
- 366 獨協医科大学(医学部) 医

な行(関東の大学)

- 367 二松学舎大学
- 368 日本大学(法学部)
- 369 日本大学(経済学部)
- 370 日本大学(商学部)
- 371 日本大学(文理学部〈文系〉)
- 372 日本大学(文理学部〈理系〉)
- 373 日本大学(芸術学部〈専門試験併用型〉)
- 374 日本大学(国際関係学部)
- 375 日本大学(危機管理・スポーツ科学部)
- 376 日本大学(理工学部)
- 377 日本大学(生産工・工学部)
- 378 日本大学(生物資源科学部)
- 379 日本大学(医学部) 医
- 380 日本大学(歯・松戸歯学部)
- 381 日本大学(薬学部)
- 382 日本大学(N全学統一方式−医・芸術〈専門試験併用型〉学部を除く)
- 383 日本医科大学 医
- 384 日本工業大学
- 385 日本歯科大学
- 386 日本社会事業大学 総推
- 387 日本獣医生命科学大学
- 388 日本女子大学
- 389 日本体育大学

は行(関東の大学)

- 390 白鷗大学(学業特待選抜・一般選抜)
- 391 フェリス女学院大学
- 392 文教大学
- 393 法政大学(法〈I日程〉・文〈II日程〉・経営〈II日程〉学部−A方式)
- 394 法政大学(法〈II日程〉・国際文化・キャリアデザイン学部−A方式)
- 395 法政大学(文〈I日程〉・経営〈I日程〉・人間環境・グローバル教養学部−A方式)
- 396 法政大学(経済〈I日程〉・社会〈I日程〉・現代福祉学部−A方式)
- 397 法政大学(経済〈II日程〉・社会〈II日程〉・スポーツ健康学部−A方式)
- 398 法政大学(情報科・デザイン工・理工・生命科学部−A方式)
- 399 法政大学(T日程〈統一日程〉・英語外部試験利用入試)
- 400 星薬科大学 総推

ま行(関東の大学)

- 401 武蔵大学
- 402 武蔵野大学
- 403 武蔵野美術大学
- 404 明海大学
- 405 明治大学(法学部−学部別入試)
- 406 明治大学(政治経済学部−学部別入試)
- 407 明治大学(商学部−学部別入試)
- 408 明治大学(経営学部−学部別入試)
- 409 明治大学(文学部−学部別入試)
- 410 明治大学(国際日本学部−学部別入試)
- 411 明治大学(情報コミュニケーション学部−学部別入試)
- 412 明治大学(理工学部−学部別入試)
- 413 明治大学(総合数理学部−学部別入試)
- 414 明治大学(農学部−学部別入試)
- 415 明治大学(全学部統一入試)
- 416 明治学院大学(A日程)
- 417 明治学院大学(全学部日程)
- 418 明治薬科大学 総推
- 419 明星大学
- 420 目白大学・短期大学部

ら・わ行(関東の大学)

- 421 立教大学(文系学部−一般入試〈大学独自の英語を課さない日程〉)
- 422 立教大学(国語〈3日程×3カ年〉)
- 423 立教大学(日本史・世界史〈2日程×3カ年〉)
- 424 立教大学(文学部−一般入試〈大学独自の英語を課す日程〉)
- 425 立教大学(理学部−一般入試)
- 426 立正大学
- 427 早稲田大学(法学部)
- 428 早稲田大学(政治経済学部)
- 429 早稲田大学(商学部)
- 430 早稲田大学(社会科学部)
- 431 早稲田大学(文学部)
- 432 早稲田大学(文化構想学部)
- 433 早稲田大学(教育学部〈文科系〉)
- 434 早稲田大学(教育学部〈理科系〉)
- 435 早稲田大学(人間科・スポーツ科学部)
- 436 早稲田大学(国際教養学部)
- 437 早稲田大学(基幹理工・創造理工・先進理工学部)
- 438 和洋女子大学 総推

中部の大学(50音順)

- 439 愛知大学
- 440 愛知医科大学(医学部) 医
- 441 愛知学院大学・短期大学部
- 442 愛知工業大学 総推
- 443 愛知淑徳大学
- 444 朝日大学 総推
- 445 金沢医科大学(医学部) 医
- 446 金沢工業大学
- 447 岐阜聖徳学園大学 総推
- 448 金城学院大学
- 449 至学館大学 総推
- 450 静岡理工科大学
- 451 椙山女学園大学
- 452 大同大学
- 453 中京大学
- 454 中部大学
- 455 名古屋外国語大学 総推
- 456 名古屋学院大学 総推
- 457 名古屋学芸大学 総推
- 458 名古屋女子大学 総推
- 459 南山大学(外国語〈英米〉・法・総合政策・国際教養学部)
- 460 南山大学(人文・外国語〈英米を除く〉・経済・経営・理工学部)
- 461 新潟国際情報大学
- 462 日本福祉大学
- 463 福井工業大学
- 464 藤田医科大学(医学部) 医
- 465 藤田医科大学(医療科・保健衛生学部)
- 466 名城大学(法・経営・経済・外国語・人間・都市情報学部)
- 467 名城大学(情報工・理工・農・薬学部)
- 468 山梨学院大学

近畿の大学(50音順)

- 469 追手門学院大学 総推
- 470 大阪医科薬科大学(医学部) 医
- 471 大阪医科薬科大学(薬学部) 総推
- 472 大阪学院大学 総推
- 473 大阪経済大学 総推
- 474 大阪経済法科大学 総推
- 475 大阪工業大学 総推
- 476 大阪国際大学・短期大学部 総推
- 477 大阪産業大学 総推
- 478 大阪歯科大学(歯学部)
- 479 大阪商業大学 総推
- 480 大阪成蹊大学・短期大学 総推
- 481 大谷大学 総推
- 482 大手前大学・短期大学 総推
- 483 関西大学(文系)
- 484 関西大学(理系)
- 485 関西大学(英語〈3日程×3カ年〉)
- 486 関西大学(国語〈3日程×3カ年〉)
- 487 関西大学(日本史・世界史・文系数学〈3日程×3カ年〉)
- 488 関西医科大学(医学部) 医
- 489 関西医療大学 総推
- 490 関西外国語大学・短期大学部 総推
- 491 関西学院大学(文・法・商・人間福祉・総合政策学部−学部個別日程)
- 492 関西学院大学(神・社会・経済・国際・教育学部−学部個別日程)
- 493 関西学院大学(全学部日程〈文系型〉)
- 494 関西学院大学(全学部日程〈理系型〉)
- 495 関西学院大学(共通テスト併用日程〈数学〉・英数日程)
- 496 関西学院大学(英語〈3日程×3カ年〉) 新
- 497 関西学院大学(国語〈3日程×3カ年〉) 新
- 498 関西学院大学(日本史・世界史・文系数学〈3日程×3カ年〉) 新
- 499 畿央大学 総推
- 500 京都外国語大学・短期大学 総推
- 502 京都産業大学(公募推薦入試) 総推
- 503 京都産業大学(一般選抜入試〈前期日程〉)
- 504 京都女子大学 総推
- 505 京都先端科学大学 総推
- 506 京都橘大学 総推
- 507 京都ノートルダム女子大学 総推
- 508 京都薬科大学 総推
- 509 近畿大学・短期大学部(医学部を除く−推薦入試) 総推
- 510 近畿大学・短期大学部(医学部を除く−一般入試前期)
- 511 近畿大学(英語〈医学部を除く3日程×3カ年〉)
- 512 近畿大学(理系数学〈医学部を除く3日程×3カ年〉)
- 513 近畿大学(国語〈医学部を除く3日程×3カ年〉)
- 514 近畿大学(医学部−推薦入試・一般入試前期) 医 総推
- 515 近畿大学・短期大学部(一般入試後期) 医
- 516 皇學館大学 総推
- 517 甲南大学 総推
- 518 甲南女子大学(学校推薦型選抜) 新 総推
- 519 神戸学院大学 総推
- 520 神戸国際大学 総推
- 521 神戸女学院大学 総推
- 522 神戸女子大学・短期大学 総推
- 523 神戸薬科大学 総推
- 524 四天王寺大学・短期大学部 総推
- 525 摂南大学(公募制推薦入試) 総推
- 526 摂南大学(一般選抜前期日程)
- 527 帝塚山学院大学 総推
- 528 同志社大学(法、グローバル・コミュニケーション学部−学部個別日程)

2025年版　大学赤本シリーズ

私立大学③

529 同志社大学(文・経済学部−学部個別日程)
530 同志社大学(神・商・心理・グローバル地域文化学部−学部個別日程)
531 同志社大学(社会学部−学部個別日程)
532 同志社大学(政策・文化情報〈文系型〉・スポーツ健康科〈文系型〉学部−学部個別日程)
533 同志社大学(理工・生命医科・文化情報〈理系型〉・スポーツ健康科〈理系型〉学部−学部個別日程)
534 同志社大学(全学部日程)
535 同志社女子大学 総推
536 奈良大学 総推
537 奈良学園大学 総推
538 阪南大学 総推
539 姫路獨協大学 総推
540 兵庫医科大学(医学部) 医
541 兵庫医科大学(薬・看護・リハビリテーション学部) 総推
542 佛教大学 総推
543 武庫川女子大学 総推
544 桃山学院大学 総推
545 大和大学・大和大学白鳳短期大学部 総推
546 立命館大学(文系−全学統一方式・学部個別配点方式)／立命館アジア太平洋大学(前期方式・英語重視方式)
547 立命館大学(理系−全学統一方式・学部個別配点方式・理系型3教科方式・薬学方式)
548 立命館大学(英語〈全学統一方式3日程×3カ年〉)
549 立命館大学(国語〈全学統一方式3日程×3カ年〉)
550 立命館大学(文系選択科目〈全学統一方式2日程×3カ年〉)
551 立命館大学(IR方式〈英語資格試験利用型〉・共通テスト併用方式)／立命館アジア太平洋大学(共通テスト併用方式)
552 立命館大学(後期分割方式・「経営学部で学ぶ感性+共通テスト」方式)／立命館アジア太平洋大学(後期方式)
553 龍谷大学(公募推薦入試) 総推
554 龍谷大学(一般選抜入試)

中国の大学(50音順)

555 岡山商科大学 総推
556 岡山理科大学 総推
557 川崎医科大学 医
558 吉備国際大学 総推
559 就実大学 総推
560 広島経済大学
561 広島国際大学 総推
562 広島修道大学
563 広島文教大学 総推
564 福山大学／福山平成大学
565 安田女子大学 総推

四国の大学(50音順)

567 松山大学

九州の大学(50音順)

568 九州医療科学大学
569 九州産業大学
570 熊本学園大学
571 久留米大学(文・人間健康・法・経済・商学部)
572 久留米大学(医学部〈医学科〉) 医
573 産業医科大学(医学部) 医
574 西南学院大学(商・経済・法・人間科学部−A日程)
575 西南学院大学(神・外国語・国際文化学部−A日程／全学部−F日程)
576 福岡大学(医学部医学科を除く−学校推薦型選抜・一般選抜系統別日程) 総推
577 福岡大学(医学部医学科を除く−一般選抜前期日程)
578 福岡大学(医学部〈医学科〉−学校推薦型選抜・一般選抜系統別日程) 医 総推
579 福岡工業大学
580 令和健康科学大学 総推

医 医学部医学科を含む
総推 総合型選抜または学校推薦型選抜を含む
DL リスニング音声配信　新 2024年 新刊・復刊

掲載している入試の種類や試験科目，収載年数などはそれぞれ異なります。詳細については，それぞれの本の目次や赤本ウェブサイトでご確認ください。

難関校過去問シリーズ

出題形式別・分野別に収録した
「入試問題事典」
20大学 73点
定価2,310～2,640円(本体2,100～2,400円)

先輩合格者はこう使った!
「難関校過去問シリーズの使い方」

61年，全部載せ!
要約演習で，総合力を鍛える
東大の英語
要約問題 UNLIMITED

国公立大学

東大の英語25カ年[第12版] 改
東大の英語リスニング20カ年[第9版] DL 改
東大の英語 要約問題 UNLIMITED
東大の文系数学25カ年[第12版] 改
東大の理系数学25カ年[第12版] 改
東大の現代文25カ年[第12版] 改
東大の古典25カ年[第12版] 改
東大の日本史25カ年[第9版] 改
東大の世界史25カ年[第9版] 改
東大の地理25カ年[第9版] 改
東大の物理25カ年[第9版] 改
東大の化学25カ年[第9版] 改
東大の生物25カ年[第9版] 改
東工大の英語20カ年[第8版] 改
東工大の数学20カ年[第9版] 改
東工大の物理20カ年[第5版] 改
東工大の化学20カ年[第5版] 改
一橋大の英語20カ年[第9版] 改
一橋大の数学20カ年[第9版] 改
一橋大の国語20カ年[第6版] 改
一橋大の日本史20カ年[第6版] 改
一橋大の世界史20カ年[第6版] 改
筑波大の英語15カ年 新
筑波大の数学15カ年 新
京大の英語25カ年[第12版]
京大の文系数学25カ年[第12版]
京大の理系数学25カ年[第12版]
京大の現代文25カ年[第2版]
京大の古典25カ年[第2版]
京大の日本史20カ年[第3版]
京大の世界史20カ年[第3版]
京大の物理25カ年[第9版]
京大の化学25カ年[第9版]
北大の英語15カ年[第8版]
北大の理系数学15カ年[第8版]
北大の物理15カ年[第2版]
北大の化学15カ年[第2版]
東北大の英語15カ年[第8版]
東北大の理系数学15カ年[第8版]
東北大の物理15カ年[第2版]
東北大の化学15カ年[第2版]
名古屋大の英語15カ年[第8版]
名古屋大の理系数学15カ年[第8版]
名古屋大の物理15カ年[第2版]
名古屋大の化学15カ年[第2版]
阪大の英語20カ年[第9版]
阪大の文系数学20カ年[第3版]
阪大の理系数学20カ年[第9版]
阪大の国語15カ年[第3版]
阪大の物理20カ年[第8版]
阪大の化学20カ年[第6版]
九大の英語15カ年[第8版]
九大の理系数学15カ年[第7版]
九大の物理15カ年[第2版]
九大の化学15カ年[第2版]
神戸大の英語15カ年[第9版]
神戸大の数学15カ年[第5版]
神戸大の国語15カ年[第3版]

私立大学

早稲田の英語[第11版] 改
早稲田の国語[第9版] 改
早稲田の日本史[第9版] 改
早稲田の世界史[第2版] 改
慶應の英語[第11版] 改
慶應の小論文[第3版] 改
明治大の英語[第9版] 改
明治大の国語[第2版] 改
明治大の日本史[第2版] 改
中央大の英語[第9版] 改
法政大の英語[第9版] 改
同志社大の英語[第10版]
立命館大の英語[第10版]
関西大の英語[第10版]
関西学院大の英語[第10版]

DL リスニング音声配信
新 2024年 新刊
改 2024年 改訂

2025年版　大学赤本シリーズ　No. 321

中央大学（理工学部－学部別選抜）

2024年7月10日　第1刷発行
ISBN978-4-325-26380-7
定価は裏表紙に表示しています

編　集　教学社編集部
発行者　上原 寿明
発行所　教学社
〒606-0031
京都市左京区岩倉南桑原町56
電話　075-721-6500
振替　01020-1-15695
印　刷　太洋社